第二版

证据法学

原则 规则 案例

EVIDENCE

PRINCIPLES RULES CASES

易延友 著

法律出版社
LAW PRESS · CHINA
——北京——

图书在版编目(CIP)数据

证据法学：原则 规则 案例 / 易延友著. -- 2 版
. -- 北京：法律出版社, 2024
ISBN 978 -7 -5197 -8827 -8

Ⅰ. ①证… Ⅱ. ①易… Ⅲ. ①证据－法学－中国
Ⅳ. ①D925.013

中国国家版本馆 CIP 数据核字(2024)第 036801 号

证据法学:原则 规则 案例(第二版)
ZHENGJU FAXUE:
YUANZE GUIZE ANLI (DI -ER BAN)

易延友 著

责任编辑 陈 慧
装帧设计 凌点工作室

出版发行 法律出版社
编辑统筹 法律教育出版分社
责任校对 王晓萍
责任印制 刘晓伟
经　　销 新华书店

开本 787 毫米×1092 毫米 1/16
印张 34.25 **字数** 633 千
版本 2024 年 3 月第 2 版
印次 2024 年 3 月第 1 次印刷
印刷 三河市兴达印务有限公司

地址:北京市丰台区莲花池西里 7 号(100073)
网址:www.lawpress.com.cn
投稿邮箱:info@lawpress.com.cn
举报盗版邮箱:jbwq@lawpress.com.cn

销售电话:010 -83938349
客服电话:010 -83938350
咨询电话:010 -63939796

书号:ISBN 978 -7 -5197 -8827 -8 **定价**:98.00 元
凡购买本社图书,如有印装错误,我社负责退换。电话:010 -83938349

作者简介

易延友

清华大学法学院教授，博士生导师，证据法研究中心主任，中国案例法学研究会副会长。著有《刑事诉讼法：规则、原理、应用》《证据法学：原则、规则、案例》《非法证据排除规则的中国范式》《陪审团审判与对抗式诉讼》《中国刑诉与中国社会》《证据法的体系与精神》《沉默的自由》等作品，在《中国社会科学》《法学研究》《中外法学》《政法论坛》《现代法学》《法律科学》《比较法研究》《环球法律评论》《政治与法律》等期刊发表论文五十余篇，在《南方周末》《法制日报》《检察日报》等媒体发表理论性随笔数十篇。

第二版序言

本书的篇章体系和内容风格，与市面上大部分证据法学教材有显著的不同。这既令人引以为傲，又令人隐隐担忧。好在本书第一版自 2017 年出版以来，大约每年重印一次，算是得到了广大读者的认可。如同我独著的《刑事诉讼法》教材那样，这本教材也获得多位同行的采用；有的同行悄悄地告诉我，尽管他们没有向学生公开推荐本教材，授课时却采用本教材的体系和内容，并且取得不俗的效果。

这期间，我多次动过修改这本教材的念头。2020 年本来已经完成了大部分的修订，但因为一次过于自信的电脑操作，将已经修订的内容删除殆尽。懊恼之下，很长时间我都难以重拾心情再次修订。在此期间，《行政诉讼法》修改了一次；《刑事诉讼法》修改了一次；最高人民法院《关于适用〈中华人民共和国刑事诉讼法〉的解释》也重新颁布；《民事诉讼法》修改了三次；最高人民法院《关于民事诉讼证据的若干规定》于 2019 年做了重大修订。与此同时，因为依法治国理念的普及，证据领域的司法实务也有长足的发展，相关的案例也日益丰富。本教材虽然侧重于原理的介绍，但是如果对相关法律法规的修订长期置之不理，对实务领域的案例和惯例视而不见，自然也影响本教材所含知识的实用性、针对性。因此，大约在两年前，我终于再次下定决心，对本教材进行修订。

人最宝贵的是生命——每个人都只有一次。我们生命中的绝大多数事情，往往只有一次机会。但是对于已经出版的教材，却可以进行多次修订。这是一件既不幸又幸运的事情。因为教材的每一次修订，除了反映相关法律的变化以外，也反映着作者对本领域问题的认知水平的变化（当然也可能没有变化）。因此，作者既可以在时间的长河中加深对相关问题的认知，通过再版修订之前的认知偏差，也可以拓展和延伸对特定问题的探讨，使得相关问题的阐述更加充分。但同时，再版修订也要求作者必须随时关注相关领域理论的更新，并着力提升自己的认知水准。本次再版，一是根据相关法律的改变进行修订；二是根据作者对特定问题重新分析和思考对相关问题展开更加深入的阐述；三是对实务中一些习惯做法和问题给予更多的关注和回应。

这次修订，也吸收了一些同行反馈的意见，纠正了第一版中的一些错误。

希望能一如既往地获得同行和读者的支持。

易延友

2024 年 1 月 8 日

第一版序言

本书与市面上其他证据法教材的最大区别在于:这是一本以可采性为核心内容的证据法教材。

我主张证据法学的知识体系应当以可采性为中心,教材和课程体系也应当以可采性规则为主要内容。这是因为,除了可采性规则以外,其他与证据有关的规则要么属于自然科学,从而不具备法学的品格;要么依附于法学的其他门类,根本无法承担起证据法学作为一门独立的知识体系之重任。如果不以可采性为中心,则学生在看完一本教材或修完一个学期的证据法学课程之后,要么感觉到证据法学知识性不强,看来看去净是一些大道理,或者纯粹是一些经验之谈,学术门槛很低;要么感觉这门学科知识杂乱,不成体系;要么感觉这门知识完全可以并入其他学科或课程当中。只有当证据法学以可采性规则为中心的时候,它作为一门学科知识的独立性、科学性、复杂性和完整性才能得到充分展示,证据法学的魅力也才能得到充分体现。

可采性规则主要存在于英美证据法中。证据法既然应以可采性为中心,其知识体系也就必然以英美证据法为核心内容。当然,我国法律体系中也有零星的关于证据可采性的规则。我们在讲授英美证据法课程时,对我国已经建立或移植的证据规则也应当提及;在证据规则日益受到重视,甚至日益繁多的情况下,我们也应当重点讲授那些已经建立或移植的证据规则。这样,在如何传授证据法知识上,就面临两种路径:一种是把英美证据法知识贯穿到中国相关证据规则中;另一种则是把中国证据法知识融入英美证据法中。由于我国法律中关于可采性的证据规则迄今为止尚不成体系,在此前提下,如果按照第一种路径,也就是以中国法为中心来建构证据法学的知识体系,这个学科很可能就是支离破碎的。以此为框架来传授证据法学知识,学生学习到的证据法知识必然是零散的、碎片化的和不成体系的。其对知识的运用也必将是一知半解的和毫无章法的。如同一部被撕掉了大半部分的辟邪剑谱,练此神功之人除了首先必须自我伤害以外,其实并没有什么大的收获。因此,作为一门专门的法学学科,证据法学仍然应当而且只能以英美证据法为核心,在英美证据法的知识框架内,对照我国的相应规定加以讲述。

毋庸回避,我所主张的这种路径必然面临这样的疑问:为什么不讲中国证据法,非要讲英美证据法?或者说,为什么不以中国法为中心,非要以英美法为中心?问题在于,这个世界上是不是存在一门叫作“中国证据法”的课程或学问?我认为并不存在。在佛教、佛学传入中国之前,没有一个正常人会愚蠢到发出这样的追问:为什么不讲中国佛学?在玉米没有传入中国以前,也不会有人问:为什么不吃中国玉米?我们可以在大学里开设中国民法、中国刑法、中国刑事诉讼法等课程,那是因为我们有民法总则、刑法典、刑事诉讼法典等作为该学科的基本研究对象。但是,中国没有证据法典;在诉讼法典中也很少有关于证据可采性的规则。因此,在大学法学院开设的证据法学课程,一开始就应当是作为一门比较法学而存在,是一门系统性地介绍英美证据法的基本概念、基本原理、基本规则和实施状况的课程,而不是以研究和阐释中国证据法为目的的课程,至少主要不是以此为目的。学生们在掌握英美证据法体系化知识的前提下,也不妨害对中国有关证据规则的了解和掌握。也只有在这个基础上,学生们学习并掌握这些知识,才能够既让别人对他们刮目相看,又让他们对自己肃然起敬。所以,在一部比较完备的证据法典颁布之前,中国的学者在讲授证据法学时仍然应当而且只能以英美的证据法知识为基本框架,才能达到体系化地传授证据法知识的目的。

基于以上原因,我将本教材的重心放在了证据可采性规则上。尽管全书仍然分为三编:总论、证据和证明,但第二编“证据”基本上只涉及证据的可采性问题,不涉及证据的审查判断。有关证据可采性规则的论述,占到全书篇幅的三分之二。

在形式方面,本书将全部内容分为“规则”“案例”“评注”“思考”等板块。规则及其原理的介绍是教材的基本内容,也是要求学生必须掌握的内容。评注主要是对规则或案例的反思与评价。思考则是对某一个规则或案例所体现问题的进一步追问。由于证据规则本身比较复杂,为便于学习和理解,本教材使用了大量的案例来说明规则的含义,基本上每一个规则之下都有一个案例。三分之二左右的案例是美国的案例,只有三分之一左右的案例是中国案例。我也希望尽可能地使用中国的案例。但既然我们认定世界上本不存在所谓“中国证据法学”这样一门学科,更多地援引美国证据法案例也就心安理得了。其中有些案例非常经典,我认为完全值得学生花时间全文通读。对于这样的案例,我只做了很少的删节。但是,至少有一半左右的案例,我是将课堂讲授的录音直接整理成文字,也就是对案例进行了剪裁。经过剪裁的案例,更容易理解。

写作这本教材的最初动因,是由于我讲授的证据法学课程在三年前的一次学生评教中,在全校同类课程中得分最高,为全校第一。这让我大受鼓舞。我分析学生喜爱这门课程的最主要原因,是该课程体系化程度高,逻辑性强,知识量大,再加上课堂讲授以案例为主,就显得这门课既有理论含量,又有实务内容。尽管我的证据法课程主要是讲授英美的证据规则,看上去貌似与我国司法实践没有太大关系,甚至让人觉得一门课程的核心内容居然是别国法律,说起来总有些心虚。即使是将每一个规则与具体的案例结合起来,那些案例也只是美国的案例,反映的是美国的司法实践,折射的是美国的社会生活,与我等何干。没想到,学生对我的课程评价颇高。这至少说明,我潜心研究的这些规则和精心挑选到课堂上讲授的这些案例,还是有些意思的;也说明,证据法课程是可以成为精品的。

因此,这本教材的文字最初是根据清华大学 2014 年春季学期法律硕士生证据法学课程的课堂录音整理而成。一开始我只想把它改写成一本讲义性质的专著,并没有想到要把它写成教材。后来觉得还是写成教材更有价值,因此又在原来的录音整理稿上对文字进行修订,增加了评注和案例等内容,尤其是在第二编各章增加翻译了一些美国证据法上的经典案例,在第三编则尽可能地从众多中国案例中选择了一些适合本教材的案例。

在这里,我要感谢法律出版社的丁小宣先生和陈慧编辑。没有丁小宣先生亲自鼓励,本教材可能遥遥无期。没有陈慧编辑的策划和催促,本教材可能根本不会问世。我要感谢清华大学 2013 级法律硕士生全体同学。没有他们在课堂上的深度参与和对授课的高度认可,我也不会想到要出一本证据法教材。我还要特别感谢我指导的 2013 级法律硕士生李文倩、胡丽蓉、黄建文、何平平、聂亭亭、宋立强、张伟等同学,他们的辛勤付出,是我得以在录音文字版的基础上进一步修改的前提。另外,书中第七章和第十章、第十五章个别案例的翻译,得到清华大学法学院博士生吴慧敏同学、马勤同学的鼎力相助。教材最后的校订,得到清华大学法学院博士生丁宇魁,硕士生姜雅坤、梁风培、侯尧、朱宗祺、陈双亚妮等同学的帮助。在此一并向他们致以诚挚的谢意!

当然,本书缺点错误在所难免。欢迎大家批评指正!

易延友

2017 年 9 月 1 日

简　目

第一编　总　论

第二编　证　据

第三编　证　明

详 目

第一编 总 论

第三编 证 明

案例和评注目录

第九章 特免权

第十章　实物证据

第十一章　证明责任

第十二章　推定

第一编　总　论

第一章　概　　论

学习证据法,自然首先要弄清楚证据是什么、证据法是什么,在这个基础上再来了解证据法学是一门什么样的学问。对于第一个问题,虽然众说纷纭,却基本上不会影响大家对这一问题的理解。但对证据的界定,仍然会影响有关证据属性的认识,而在关于证据属性的问题上,至今仍然谬误流传,歧见纷呈。另外,在证据的法定种类和理论分类问题上,也是众说纷纭,各叙其是。因此,本章在第一节界定证据概念的基础上,还将阐释在证据属性方面的理论分歧,并澄清证据法定分类的意义及其局限。对于第二个问题,则由于我国尚未制定统一的证据法典,大家对证据法是什么的理解也莫衷一是。本书明确将证据法的核心内容界定为有关证据可采性的规则,并对证据法基本上不规范证明力的审查判断,证据法不规范证据的收集、取得与固定,也不规范证据的运用等命题进行阐述和论证。对于第三个问题,由于对证据法的理解存在分歧,加上对法学究竟是一门什么样的学问本就存在分歧,因此,在证据法学是一门什么样的学问的问题上,自然也不容易达成统一的意见。本章将着力阐明,证据法学就是以探求证据规则的意义为主要目标的学问。证据法学既不属于自然科学,因此独立于法医学、犯罪心理学、犯罪侦查学、法庭科学技术等学科,也因其具有独立于诉讼法学的研究对象,因此无须依附于刑事诉讼法学、民事诉讼法学和行政诉讼法学。

第一节　证　　据

一、证据概念的界定

(一)证据就是证明的材料或根据

在英美法系,对于证据的定义主要有三种观点。第一种观点是将证据定义为事实。边沁和威格默都是这一观点的代表。边沁认为,就其字义而言,证据是指出示给法官并希望在法官的脑海中产生某事实存在或不存在的说服效果的另外一种事实。[1] 威格默也认为,(证据)既非法律原则也非逻辑原则,而是任何一个或一束已知的事实,其目的是在一个法庭审判中为审判的部分提供具有肯定或否定性力量的说服。[2] 第二种观点是对证据的形式进行较为详尽的列举。比较典型的是美国各州的证据法典。例如,美国《加利福尼亚州证据法典》对证据的定义是:"证据是指出示并用于证明某一事实存在或不存在的证人证言、书面文件、实质性物体或者其他事物。"[3]第三种观点是将证据定义为一种方法或一种"东西"。例如,美国密歇根州对证据的界定是:证据是指可以通过其合乎逻辑地推论出某一事实之存在的恰当方法。布莱克斯通认为,证据是指使争议中的事实或论点得到证明、变得清晰或被确定为真相的东西。[4]

我国《民事诉讼法》和《行政诉讼法》都没有对证据的概念加以界定,而 1979 年和 1996 年《刑事诉讼法》均规定:"证明案件真实情况的一切事实,都是证据。"这个规定接近边沁和威格默对证据是事实的界定,但是该规定不能简单地理解为对证据概念的界定,因为第一,用事实来界定证据的概念并不科学;第二,此处的表述并不符合《刑事诉讼法》下定义的习惯。2012 年《刑事诉讼法》第 48 条(2018 年《刑事诉讼法》第 50 条)第 1 款规定:"可以用于证明案件事实的材料,都是证据。"这个规定也没有明确给证据下一个定义,但是它接近证据的定义。

本书认为,证据就是证明案件事实的材料。正如墨菲指出:从科学的角度来看,司法语境中的证据,就是用来帮助法庭建构过去发生的事实到可接受程度的任何事物。[5] 从这个角度来讲,证据就是证明的根据。[6] 因此,不妨将证据界定为证明的根据。

(二)证据可以但不必然是事实

如前所述,边沁和威格默将证据定义为事实;我国有些证据法学者也将我国 1979 年和 1996 年《刑事诉讼法》有关"证明案件真实情况的一切事实,都是证据"的规定理解为对证据概念的界定,也就是将证据界定为事实。例如,传统证据学教材就将诉讼证据界定为"司法人员在诉讼过程中可以用以证明案件真实

---

〔1〕 Jeremy Bentham, *Introductory View of the Rationale of Evidence: For the Use of Non-Lawyers as Well as Lawyers*, in The Works of Jeremy Bentham, Vol. Ⅵ, Simpkin, Marshall & Co., London, p. 7.

〔2〕 John Henry Wigmore, *Evidence in Trials at Common Law*, revised by Peter Tillers, Little, Brown and Company, Boston & Toronto, 1983, Vol. 1, p. 8.

〔3〕 美国《加利福尼亚州证据法典》(Cal. Evid. Code), ξ140。

〔4〕 Blackstone, *Commentaries on the Law of England* 367(1768). See from Wigmore, *supra* note 2, Vol. 1, p. 9.

〔5〕 Peter Murphy, *Murphy on Evidence*, Seventh Edition, Blackstone Press Limited, 2000, p. 2.

〔6〕 何家弘:《让证据走下人造的神坛——试析证据概念的误区》,载《法学研究》1999 年第 5 期。

情况的各种事实”。[7] 这显然是不正确的，因为事实的特征决定了证据不可能都是事实。

根据哲学家的论述，事实具有以下五个方面的特征：

第一，事实是一种陈述，总是以陈述或命题的方式来表达。“事实就是一个陈述或命题，不管是可观察的，还是不可观察的，如果在经验上已证明为真，那么这个陈述或命题所叙述的东西就是一个事实。”[8] 换句话说，事实是被陈述出来的，没有陈述，事实不能自在自为。正因为事实是一种陈述，因此它不同于自在之物。首先，表示物的方式是概念，表示事实的方式是陈述和判断；其次，物必然占据一定的空间，事实则不存在空间上的占据；再次，物是一个实体概念，属于本体论范畴，事实则是一个属性概念，属于认识论范畴；最后，物必然要存在，但是也可以消灭，事实既然可以存而不在，自然也就不会消灭。会消灭的不是事实，而是物。事实不仅与物存在区别，也与东西存在区别。金岳霖指出：东西总要存在，事实可以存而不在；东西是可以搬动的而事实是无法搬动的；一件东西可以包含一大堆事实，而一大堆事实无论如何也无法凝固为一件东西。[9]

第二，事实具有确定性。事实是对过去已经发生了的事情的陈述。既然已经发生了，就不会再变化。从哲学上来说，事实和事情是有区别的。事情可以起变化，事实不会发生变化。所以哲学家说，“惟当尘埃落定，事情已经摆在那里，才有事实”。[10] 所谓“尘埃落定”，就是说这个事情已经过去了，才有事实。例如，中华人民共和国成立于1949年，这是一个事实，是一系列事情的一部分，它已经成为过去，不会再变化，这便是事实的确定性。

第三，事实具有客观性。事实是对过去已经发生的事情符合客观真实情况的陈述。“事实总是客观的，它底材料总是所与。”[11] 因此事实总是正确的判断。“事实都是客观事实。客观事实不是事实的一种，而是事实的强调提法。”[12] 人们经常讲“事实是硬邦邦的”，因为事实是不以人的意志为转移的。你承认它，它存在，你不承认它，它也存在。无论你是否承认，中华人民共和国都在1949年成立了。恰如罗素所言，大多数事实的存在都不依靠我们的意愿；这就是为什么我们把它们叫作“严峻的”、“不肯迁就的”或“不可抗拒的”的理由；大部分物理事

〔7〕 陈一云主编：《证据学》（第4版），中国人民大学出版社2010年版，第64页。

〔8〕 彭漪涟：《再论事实——评有关事实分类的某些观点》，载《学术月刊》1994年第7期。

〔9〕 金岳霖：《知识论》，商务印书馆1983年版，第741～744页。

〔10〕 陈嘉映：《事物，事实，论证》，载赵汀阳主编：《论证》（1999年秋季卷），辽海出版社1999年版，第7页。

〔11〕 金岳霖：《知识论》，商务印书馆1983年版，第739页。

〔12〕 陈嘉映：《事物，事实，论证》，前引注10，第7页。

实的存在不仅不依靠我们的意愿,而且也不依靠我们的存在。[13] 正因如此,如果一个卖肉的商人在肉还没有卖完的时候说:“我的肉卖完了。这是一个事实。”这时候他算是说了两次谎话,一次是说他的肉已经卖完了;另一次是说他的肉卖完了是一个事实。[14] 罗素想用这个例子说明只有当一个陈述是与过去已经发生的客观情况相吻合的陈述时,它才是事实。

第四,事实具有特定性。这是说,事实总是特定的,而不是普遍的;它强调的是事实与理论的不同。有人将事实区分为“经验事实”与“理论事实”,这种区分具有较强的误导性。主流观点认为,事实就是事实,理论就是理论;事实只能是经验事实,不存在所谓的“理论事实”。彭漪涟指出:“事实是真的特殊命题之所肯定的内容,理论是普遍命题的内容;事实是理论借以形成的根据和材料,而理论是在事实基础上对事物本质联系与规律性的概括和抽象。”[15] 理论有对错之分,事实则不存在“对的事实”“错的事实”之区分。

第五,事实还有片面性。我们讲事实是一种陈述、一种论断,包含了断定的内容,它是用来作论证的。武松杀死了潘金莲,这是一个事实,潘金莲毒死了武大郎,这也是一个事实。站在潘金莲的立场,可以说武松杀死了潘金莲,手段残忍;而站在武松的立场,也可以说潘金莲毒死了武大郎,动机恶劣。各自都是为了论证自己的主张或者行为的合理性。一个事情会有很多侧面,对于所有的事实,当你去陈述它的时候,你的目的决定了你不可能全面地把握这个事情的整体,所以事实有片面性。

当我们明确了这样一个基础,再来看证据与事实的关系,就不难得出证据并不必然是事实的结论,因此也不可能将证据定义为事实。如果说所有的证据都是事实,那不符合事实,因为有的证据是伪造的,不是事实。伪造证据比如做伪证出来的证人证言,它是跟过去发生的事情不相吻合的一种陈述。另外,在伪造书证的情况下,书证是一个物体,不是一个陈述,更谈不上事实,它如果连陈述都不是,怎么能够说是事实呢?所以说所有证据都是事实或者把证据定义为事实的做法都是不符合事实的,也是不了解事实的。因此证据可以是事实,但不一定是事实;事实可以是证据,但不是所有的事实都是证据。

(三)证据可以表现或者转换为命题但不必然是命题

有的学者主张,一切证据都是命题。这种观点认为,虽然发现一命题并不总

---

〔13〕[英]罗素:《人类的知识:其范围与限度》,商务印书馆1983年版,第177页。
〔14〕[英]罗素:《人类的知识:其范围与限度》,前引注13,第176页。
〔15〕彭漪涟:《事实论》,广西师范大学出版社2015年版,第70页。

发现一事实,但发现一事实总同时发现一命题,因此命题是发现与确认事实的内在因素与必要环节;无论是原始事实还是制度事实都必须依靠语言来描述,而语言的描述离不开命题的形式,因此命题是事实的形象,事实必须以命题的方式呈现;在司法场域中,刑事侦查、现场勘查、司法鉴定等活动都是对现实情况是什么或者不是什么进行判断,判断的结果就会形成命题,这个命题还必须以语言描述的方式呈现出来,否则就不能作为证据使用,因为“命题是可以藏之于心、隐而不显的,如果不将自己的认定说出来或者写出来,法官、公众就无法了解他们发现的事实”。[16] 这种观点很奇特,因为它主张一切证据都必须是命题。这和我们的常识完全相悖,人们在日常生活中会说“铁证如山”,但不会说“铁命题如山”,因为在人们的日常生活和法律人的日常实践中,物证、书证、照片、现场方位图等都是证据,但却不是命题。持该观点的学者实际上是从哲学的角度对诉讼中的证据下了一个定义。

问题是,诉讼上的证明和哲学上的证明是不一样的,哲学上所有命题的证明都必须以命题的形式来呈现,但是诉讼中却不必如此。生活当中的证明并不必然表现为哲学上的证明,诉讼中的证明也不能简单等同于哲学证明。比如甲对同在办公室的乙说现在外面下大雨,乙如果不相信,只需要打开窗户看一下就知道甲说的对不对,既没有必要也完全没有可能纯粹以命题的方式来验证甲陈述的真实性。在上述语境下,实地验证就是最好的证明方式。在诉讼中,有时候为了验证某个事情,例如在某一个特定的时间或空间内能否完成某一个动作,能否听到某种声音,或者能否看到某种画面,可以进行侦查实验。侦查实验也是证明案件真实情况的一种方法,它与哲学上完全以命题证明的路径完全不同。另外,我们经常看到在很多法庭审判中,当一方要求出示的物证、书证在法官内心深处形成内心确信的时候,必须要以观念的方式去呈现、论证、阐释,但是这并不意味着那个证据本身也必须是命题。书证可以是一份合同、一份契约、一个房产证,物证可以是一部被盗窃的手机、一把手枪,它们都是证据,却都不是事实,也不是命题。

可见,运用证据证明诉讼中的主张,需要运用逻辑思维,这个逻辑思维的过程固然表现为或转换为命题式的证明,但是诉讼证明本身并不必然以命题的方式进行,用于证明的证据也不必然是命题。

案例 1.01 | 张某新等盗窃案[17]

乐陵市人民检察院起诉书指控:被告人张某新、张某伙同张 FY、于 DB、张 H

[16] 张继成:《事实、命题与证据》,载《中国社会科学》2001 年第 5 期。

[17] 山东省乐陵市人民法院刑事判决书,(2014)乐刑初字第 92 号。

(以上三人另案处理)自2013年4月起交叉结伙行至乐陵、庆云、惠民、阳信等地进行盗窃。其中被告人张某新参与盗窃作案43起,盗窃财物包括黄色牳牛12头、草驴1只、山羊20只、绵羊30只、骡子1头、牛5头、电动车2辆、电动三轮车1辆、电视机2台,涉案价值42万余元。为证实上述犯罪,公安机关经过大量侦查,除了收集到被害人陈述、证人证言等证明被害人财产被盗经过及财物价值外,还收集到以下证据:(1)现场勘验检查笔录及现场平面示意图,证明被盗现场情况。(2)鉴定意见证实,经乐陵市公安局委托,乐陵市物价局对涉案财物电动车、电视机、牛、羊、驴等作出价格评估认定,通过市场调查,在价格鉴证基准日,山羊单价每斤16.5元、绵羊单价每斤13.5元。(3)被告人供述与辩解。被告人张某新对起诉书指控的第1、2、3、5、6、8、9、10、11、13、14、17、18、20、21、22、24、25、26、27、30、32、33、34、36、37、38、39、42、43起犯罪事实无异议,但认为指控的犯罪数额高于财物实际价值。对起诉书指控的第12、15、16、19、40起犯罪事实无异议,但辩解称起诉书指控的财物数量与实际盗窃的财物数量不符,其中在实施第12起盗窃案过程中,把大牛和小牛即将牵出被害人院门时被发现,而只盗走了1头小牛;实施第15起犯罪时,只盗窃了8只羊,而非13只;第16起犯罪中只盗窃3只羊,而非4只;第19起犯罪中只盗窃6只羊,而非14只;第40起犯罪中只盗窃2只羊,而非3只。

法院经审理认定:……关于第12起盗窃事实,被害人王某某陈述、证人王三、王四等的证言均证实,王某某被盗一大一小2头黄色牳牛,村民一起帮王某某找牛。对此,张某新辩解称,将牛牵出院子后因听到屋里有人骂街,同行的张H就把手里拴着大牛的绳子松开,把小牛拴上绳子,牵着小牛,大牛就跑回院子了,并没有偷到大牛。法院认为此辩解不合常理。通常情况下,大牛跑回院子,小牛不会跟陌生人跑。故应当认定被告人盗窃被害人一大一小2头黄色牳牛。关于起诉书指控的第15起事实,被害人陈述、证人证言及被告人张某供述均证实盗窃13只绵羊。被告人辩称只盗窃了8只与事实不符,因此应当认定被告人盗窃绵羊13只。关于起诉书指控的第16起,张某新、张某供述一致,当时偷的是3只白色的山羊,两大一小,大的有六七十斤重,小的四十斤左右重。对该起事实认定为盗窃山羊3只。关于起诉书指控的第19起盗窃事实,被害人陈述证实被盗14只山羊;张某新供述证实,进院后看到羊栏内有十多只白色山羊,张H从羊栏里牵出3只母羊来,后面还跟着六七只小羊,到了村北头停三轮摩托车的地方,其和张H把3只大山羊装到了三轮车上,然后和张H又抱了3只小羊装到了三轮车上,剩下的羊都跑了,没逮着。被告人将被害人的山羊赶出院子,被害人对山羊失去控制,盗窃行为既遂。因此应当认定被告人盗窃山羊14只。

基于以上事实,法院判定:被告人张某新、张某以非法占有为目的,采取撬门、掏洞、爬墙等方式盗窃他人财物,构成盗窃罪。其中张某新入户盗窃数额达到数额特别巨大的50%以上,属具有其他特别严重情节;张某系入户盗窃,数额巨大。鉴于张某新多次盗窃并有盗窃前科,依法从重处罚;其自愿认罪并有一起盗窃未遂,依法从轻处罚……综上,根据《刑法》之规定,判决:(1)被告人张某新犯盗窃罪,判处有期徒刑13年……(3)被告人张某新等非法占有的被害人财物,依法追缴后返还被害人。

在上述案件中,被害人关于被盗财物情况的陈述、证人的证言、被告人的供述与辩解,都属于典型的言词证据,都以命题的方式呈现。但是,其中有些陈述并不完全符合事实。例如,关于第16起盗窃事实,被害人陈述丢失了4只羊,被告人供述只偷了3只,这两种陈述只可能有一种是真实的,也就是符合事实的。法院无从辨别真伪,最后因张某新与张某在这一问题上供述一致,故从轻认定盗窃羊3只。关于第15起盗窃事实,被告人辩称只偷了8只羊,但被害人陈述、证人证言及另一名被告人供述均表明这次盗窃羊13只,故法院最后认定盗窃13只,被告人张某新的辩解显然不符合事实。关于第19起盗窃事实,被告人辩解只盗窃6只羊,法院按14只认定,其实都符合"事实":被告人是按照其实际盗窃所得计算的,法院则按照被害人的实际损失来计算。被害人的陈述与被告人的供述均属事实,它们都作为本案证据得到认定。但与此同时,本案还有现场勘验检查笔录,它们是对现场情况的描述,可以用来佐证被害人陈述、被告人供述的真实性,也可以在一定程度上证明案件发生时的情况。被盗窃的牛、羊、驴、骡子、电动车、电视机等如果被找到,也可以被用来作为本案的证据,用以证明被盗财物的情况。它们虽然既不是命题,也谈不上是事实,但它们往往是此类案件中更加关键的证据。

评注1.01 证据就是信息和信息的载体

无论是把证据定义为事实,还是把证据定义为命题,都显示了理论界对证据本质的把握。人们试图通过对证据本质的把握,加深对客观世界的理解和认识。但很多时候,我们的认识却往往"只见树木、不见森林",这样的认识必然将我们引入歧途。本书认为,如果说将证据定义为事实或命题的说法都属于"走火入魔"的话,将证据视为一种信息或者载体的观点,或许对于我们理解证据不无裨益。刑事诉讼法规定了八种证据,民事诉讼法也规定了八种证据。无论是何种证据,无非都是信息或信息的载体而已。例如,证人证言总是包含了人类沟通或交流的信息。信息的内容,也许就是案件事实,或者或多或少指向案件事实。刑事案件中的犯罪嫌疑人、被告人供述,被害人陈述,也都包含一定的案件信息。民事案件中的合同文书,同样包含了当事人之间的各种约定,只要满足关联性要件,当然也属于案件事实。各种物证、勘验笔录、鉴定意见等,也都包含了各种信息。所有的证据,无非都是以其包含的信息来证明案件事实的。所谓证人证言、鉴定意见,其实就是信息;各种笔录、物证、书证、电子证据等,也无非是信息的载体而已。载体可以因信息而异,但在包含案件信息这一方面,却是永恒不变的真理。

二、证据的属性

关于证据的属性,理论上主要有两种观点。一种观点认为证据具有关联性、客观性和合法性,即所谓"三性说"。例如,传统证据法学教材认为:"诉讼证据的特征是由证据的客观性、关联性和合法性三个基本因素构成的。这三个因素是互相联系、缺一不可的。客观性和关联性是证据的内容,合法性是证据的形式。证据的内容需要通过诉讼程序加以审查、检验和鉴定来确定。合法性是证据真实性和相关性的法律保证。"[18] 另一种观点认为,证据只有关联性和客观性,没有合法性即所谓"两性说"。本书认为,从实质上看,证据不但不具有合法性,而且也没有客观性;就其本质属性而言,也不存在关联性——关联性只是证据的外部属性。但是,在我国的司法实务当中,在对证据进行审查判断的语境下,从关联性、合法性、客观性的角度对证据进行审查判断已经是广泛存在的客观事实。对于一种普遍存在的客观现象,直接无视或者全盘否定,可能都会失之偏颇。因此,与其对这些概念横加指摘,不如正面阐述其应有的含义,以避免理论和实务滑入种种误区。

(一)客观性

传统观点认为,所谓证据的客观性,是指证据必须是确定的事实,是客观的存在,而非猜测和虚假的东西;正因为证据必须是确定的事实,因此,"任何猜测、幻想、梦境、迷信和虚构,皆非客观事实,都不能成为诉讼证据"。[19] 也有观点认为,证据的客观性,是指证据"必须是伴随着案件的发生、发展的过程,而遗留下来的、不以人们的主观意志为转移而存在的事实"。[20]

本书认为,以上对证据客观性的概括都失之偏颇,原因在于它们都将证据的真实性当成一种客观事实而不是应然事实来对待。如前文所述,证据并不都是事实,那些不是事实的证据、伪造的证据、虚假的证言,都没有客观性。但是,伪造的证据(如一份合同文书)、虚假的证言也是证据。伪造的合同文书在被确定

---

〔18〕 樊崇义主编:《证据法学》(第4版),法律出版社2008年版,第141页。

〔19〕 陈一云主编:《证据学》(第4版),中国人民大学出版社2010年版,第61页。

〔20〕 樊崇义主编:《证据法学》(第4版),前引注18,第137页。

系伪造之前,当事人拿到法庭上用来证明自己的主张,谁也不能说它不是证据;合同文书被确定系伪造之后,另一方当事人用该文书攻击伪造的一方当事人证言的可信度,其仍然是证据。虚假的证言也是一样的。法庭上常见的情形是双方都声称对方证人提供的证言是虚假的,一个证人证言一旦被客观事实确认为虚假,另一方又会拿该证人提供的虚假证言为武器来攻击该证人提供的其他证言的客观性。没有谁会说因为该证人证言中的某些部分已经确定为虚假所以就不是证据因此也不允许用它来攻击该证人证言的其他部分。所以,如果说证据具有客观性就是指证据必须是客观的、真实的,否则就不是证据,这一论断本身就不客观。

因此,如果一定要坚持证据的客观性,这个客观性应当是一种应然的要求。本书认为,证据的客观性,是指作为定案依据的证据应当已经查证属实,未经查证属实的证据,不得作为定案依据。这一定义表明,证据的客观性是一种规范要求,它不是对客观事实的描述,而是对当事人提出的证据以及审判人员作为定案依据的证据提出的一种应然的期待。刑法规定杀人者死,但事实上很多杀人者未必死;刑事诉讼法或者民事诉讼法规定证据必须查证属实才能作为定案依据,但实务中有些证据其实也并没有都经过查证属实,这也是我们不得不承认的客观事实。但是这并不妨碍我们从法律上要求当事人提交的证据以及人民法院用于作为定案依据的证据都必须查证属实。

本书承认和强调证据的客观性,并不是说客观性是证据的内在属性,而是因为法律明确规定,证据必须查证属实才能作为定案根据。它在法律上的意义是,首先,民事诉讼、行政诉讼中的当事人以及刑事诉讼中的控辩双方都应当以客观事实为依据,尽可能提出符合客观事实的证据证明各自的诉讼主张。其次,当事人、控辩双方在法庭上对证据展开质证时,可以而且必须从证据的客观性入手,既可以认同对方展示证据的客观性,也可以质疑证据的客观性。最后,客观性审查是人民法院审查判断证据的一个重要方面——只有具备客观性的证据,才能作为定案的依据;不具备客观性的证据,客观性存疑的证据,都不能作为定案的依据。

(二)合法性

证据的合法性,是指法律对有些证据规定了法定的形式,对有些证据规定了特定的提取方法;如果形式上存在瑕疵,或者提取方法存在缺陷,则该证据将丧失证据资格。从既有法律来看,证据合法性主要表现为三个方面:第一,有些证据种类,必须满足特定的形式,才具备证据资格。典型的如情况说明,应当由出具情况说明的单位盖章和说明情况的自然人签名,两方面的形式要件同时具备,才能作为定案的依据。又如鉴定意见,也必须由鉴定机构盖章,鉴定人签名,而且鉴定机构还必须具备相应的资质,这些都属于鉴定意见必须具备的形式要件。如果不满足这些形式要件,则鉴定意见也不具备证据资格。第二,有些证据,法律规定了特定的取证程序,例如毒品,应当由具备执法资格的人员提取,提取后应当立即封存,等等。这类证据如果因取证方式存在缺陷,可能导致证据本身的真实性无法保证,因此有可能丧失证据资格。第三,在特定的诉讼——专指刑事诉讼——当中,以侵犯犯罪嫌疑人、被告人基本权利的方法取得的证据,一律不具备证据资格。这类证据由于取证手段违反法定程序,导致犯罪嫌疑人、被告人基本权利受到侵犯而丧失证据资格。至于真实性是否受到影响,在所不问。

从以上对证据合法性的类型化划分来看,证据的合法性也不是证据的内在属性,而是法律对某些证据施加的外部要求。同时,由于证据法关注的核心是真实的发现(详见第三章)而不是人权的保障,因此,对于第三种合法性,其实应由刑事诉讼法学这一门学问来探讨;证据法学只关心第一种和第二种合法性。

值得指出的是,传统证据法学并未认真对待证据的合法性,尤其是没有严格地界定证据的合法性,没有严格区分证据的形式缺陷、取证程序缺陷和对基本权利的侵犯,而是将上述不同种类的合法性混为一谈,导致有关证据合法性的论述遭到猛烈的攻击。本书认为,只要不是将合法性当成证据的内在属性和固有属性,只要不是笼统地声称一切证据都具有合法性,而是从证据审查判断的角度界定合法性,有关合法性的论述就能得到更加普遍的接受。这里必须强调的是,并非所有的诉讼都要求收集证据的手段必须具有合法性。在美国,非法证据排除规则仅适用于刑事诉讼,并不适用于民事诉讼。在我国,非法证据排除规则也主要仅适用于刑事诉讼,民事诉讼虽然也有个别关于非法证据排除的规则,但是该规则在理论上存在很大争议,实务中的适用也并不普遍。另外,即使在刑事诉讼中,法律对证据合法性的要求也仅适用于特定的规范:因为刑事诉讼法典中存在不同种类的规范,有些规范是基于保障基本人权设置的,一旦违反,就可能导致证据被排除;但另一些则纯粹是基于发现真实的目的而设置的技术性规范,违反这类规范并不必然导致证据被排除,而是可以通过补正或作出合理解释,消除技术瑕疵,获得证据资格。因此,当我们说证据具有合法性时,应当明确其含义和边界。

评注 1.02　重新审视证据的合法性

主张证据应当具有合法性的观点认为,证据不仅应当收集主体合法、手段合法、内容合法,而且证据的形式也必须合法。传统上,证据的形式合法,一般是指证据应当符合法律规定的证据种类。但是,证据的法定种类一直处于变动不居的状态。例如,1979年《刑事诉讼法》就没有规定"视听资料"这种证据形式,但1996年《刑事诉讼法》就承认了"视听资料"的"合法性"。不过,1996年《刑事诉讼法》中并未规定"电子数据"这种类型的证据,2012年《刑事诉讼法》则增加了"电子证据"这一类型。另外,《刑事诉讼法》迄今为止也没有规定"情况说明"这一证据类型,但是它在司法实践中却非常普遍。可见,如果说证据应当形式合法是指证据应当属于法律规定的法定证据种类,则也不符合客观实际。

但是,如果说证据应当形式合法是指对于特定的证据应当满足特定的要求,则自然有相当的合理性,也能在现行法上找到充分的根据。最典型的莫过于鉴定意见。根据法律规定,鉴定意见通常必须由鉴定人员签名,签名就是法律对鉴定意见这一特定证据种类在形式上提出的要求。之所以有此要求,实际上是为了保证鉴定意见的客观性、真实性、可靠性。法律对鉴定机构和鉴定人员的资质都有明确的要求,鉴定意见如果缺乏鉴定人员签名,就无从验证其是否由具备法定资质的专业人员作出,也不方便利益攸关的当事人对鉴定人员的资质提出质疑,所以鉴定人员签名是鉴定意见这一证据在形式上必须满足的先决条件。

另外,相关的司法解释和指导性案例对"情况说明"这一证据也提出了形式上的要求。例如,最高人民法院《关于适用中华人民共和国民事诉讼法的解释》第115条规定:单位向人民法院提出的证明材料,应当由单位负责人及制作证明材料的人员签名或者盖章,并加盖单位印章;人民法院就单位出具的证明材料,可以向单位及制作证明材料的人员进行调查核实,必要时可以要求制作证明材料的人员出庭作证;单位及制作证明材料的人员拒绝调查核实或无正当理由拒绝出庭作证的,该证明材料不得作为定案的根据。上述规定虽然没有提到"情况说明"这一术语,而是以"证明材料"这一表述作为规范对象,但该司法解释所规范的内容在司法实务中实际上普遍表现为情况说明。根据上述规定,情况说明在形式上要满足两个要件:一是单位盖章,二是制作人员签名。这两个要求同样是为了保证或促进证据内容的客观性、真实性和可靠性。制作人员签名,表明制作人员是了解有关情况的人员,他(们)必须对情况说明中所述内容的真实性承担保证责任;单位盖章,表明情况说明的制作人员隶属于该单位,是单位对情况说明的制作人员所属单位的权威证明。

上述司法解释虽然没有说缺乏盖章或签名的证据不得作为定案的根据,但是从该解释的动机和目的来看,如果没有盖章或签名,则情况说明或其他证明材料不得作为定案根据应当是理所当然的结论。例如,在(2017)最高法民申2001号指导案例中,因当事人提交的某单位出具的证明材料没有单位负责人及制作证明材料的人员签名(或盖章),该证明材料不符合有关证明材料应当具备的形式要件的规定,人民法院对其不予采信。

(三)关联性

关联性是指证据所具备的能够证明待证事实的属性。这是所有学者都没有争议的证据属性。但是关联性只是证据的外部属性,不是其内部属性或本质属性。对此,本书将在第四章展开论述。

三、证据的法定种类

对于证据的种类,我国三大诉讼法的规定可谓大同小异,只是在列举的顺序上有所差异,并且在不同性质的诉讼中对个别证据种类的名称作了细小的区分。综合来看,我们可以把诉讼法对证据的列举概括为七类。

(一)物证

物证是以其物质属性包括外部特征、存在场所等证明案件事实的实物或物质痕迹。物证通常包括:(1)犯罪工具,如杀人的利器、盗窃用的撬锁器具等;(2)犯罪行为产生的物品,如非法制造的枪支、弹药,非法种植的罂粟,伪造的人民币等;(3)犯罪行为指向的物质对象,如赃款、赃物等;(4)表现犯罪危害后果的物品,如被毁坏的机器、被炸毁的汽车等;(5)犯罪行为产生的痕迹,如刑讯逼供导致的伤痕,强奸时留下的体液,实行犯罪留下的脚印、指纹等。

(二)书证

书证是以其记载或表达的思想内容证明案件真实情况的文字材料或其他载体。书证区别于物证之处主要在于,书证系以其记载和表达的思想内容来证明案件真实情况;物证则是以其外部特征来证明案件真实情况。当然,现实世界千变万化,有时候物证与书证难以区分,有时候一个证据既可能是物证也可能是书证。

(三)证人证言

诉讼中的证人,是指了解案件情况而向人民法院作证的人。民事诉讼、行政诉讼通常不涉及犯罪侦查、审查起诉这些环节,因此其证人就是指因了解案件情况而向法院作证的人。而刑事诉讼因涉及犯罪侦查、审查批捕、审查起诉等环节,因此证人既包括向法院作证的证人,也包括向公安机关、检察机关作证的证人。但从法理上看,证人并不负有向公安机关和检察机关作证的义务,作证义务排他性地指向人民法院。当然,这并不排斥证人自愿与公安机关、检察机关合作而向其提供证据。总体而言,证人证言是最常见的证据种类,也是最基本的证据形式。

(四)当事人陈述

当事人陈述在民事诉讼和行政诉讼中均称"当事人陈述",但在刑事诉讼中被区分为"犯罪嫌疑人、被告人供述与辩解"和"被害人陈述"两种。在英美法系,实践中无论是民事案件的当事人还是刑事案件的犯罪嫌疑人、被告人以及被害人,均被作为证人来对待,对上述人员所作陈述的审查判断,与对证人证言的审查判断并无二致。当事人陈述的证明力大小也与证人证言一样,均由事实的裁断者自由判断。我国法律将被害人陈述与犯罪嫌疑人、被告人供述与辩解单独作为独立的证据种类,虽然显示出上述三类人员之不同身份,但其意义并不显著。众多学者为此分类辩护的一个重要理由,是当事人与证人有根本的区别。本书不否认这种区别,但是认为这种区别在证据法上意义不大。本书认为,被害人作证时,也必须具备证人必须具备的条件:知道案件情况(实践中被害人不知道案件情况的虽然十分罕见,但亦非绝无可能);能够辨别是非;能够正确表达。另外,如果实行证人宣誓作证制度,要求被害人在作证前宣誓亦属合理设置。

(五)鉴定意见

鉴定意见是具有专门知识的鉴定人接受公安机关、人民检察院和人民法院的指定或者聘请,就案件中的专门问题进行鉴定后得出的结论性意见。在英美法系,鉴定人是作为专家证人(expert witness)提供专家意见出庭作证,其证言乃构成专家证言,作为"意见证据法则"之例外而具有可采性。在英美法系,专家证言也必须在法庭上经过交叉询问。在大陆法系国家,专家鉴定也是一种证据方法(如意大利刑事诉讼法规定证明的方法之一就有鉴定),鉴定人也必须出庭接受盘问。我国法律也要求专家鉴定意见必须在法庭上接受盘问,实践中的一些重大案件中,鉴定人出庭已成常态。

(六)勘验、检查、辨认、侦查实验等笔录

刑事诉讼中的勘验、检查笔录、辨认笔录和侦查实验笔录是指侦查人员依法对与犯罪有关的场所、物品、人身、尸体等进行勘查、检验、辨认或者实施侦查实验的情况所作的记载。通常包括对现场进行勘察的笔录、对人身或者尸体进行检查所作的笔录、对侦查实验的实施情况所作的笔录以及对犯罪嫌疑人、被告人进行辨认所作的笔录等。在民事诉讼中,以上笔录只包括"勘验笔录",立法没有列入检查笔录、侦查实验笔录和辨认笔录,是因为对人身、尸体进行检查,对犯罪嫌疑人、被告人进行辨认,侦查实验等都属于刑事诉讼特有的侦查手段,在民事诉讼中并不存在,因此民事诉讼法只规定了勘验笔录。但民事案件如系刑事案件转化而来,或与刑事案件有关联,或者需要用到刑事侦查获得的证据时,本书认为应当允许,不得因民事诉讼法没有规定而不予准许。行政诉讼法则既规定了勘验笔录,也规定了现场笔录,其实就是指勘验现场的笔录。

(七)视听资料、电子数据

传统上,物证,书证,证人证言,当事人陈述,鉴定意见,勘验、检查笔录等证据均属常见。随着现代科技越来越发达,视听资料也越来越普遍。1996年《刑事诉讼法》第一次修改时,增加了视听资料这一证据类型。一般认为,视听资料是以特定载体为储存设备,以图像、声音等内容来证明案件真实情况的证据。常见的视听资料包括录音、录像资料,这些资料既可以储存在磁带中,也可以储存在电子载体中。值得注意的是,如同下文将要指出的那样,各个不同种类的证据之间其实并没有必然的界限。有时候,一个证据究竟属于何种证据类型,取决于证据的内容以及当事人提出证据的证明目的。例如,在询问证人、被害人,讯问犯罪嫌疑人、被告人时所拍之录像,如果用于证明证人、被害人、犯罪嫌疑人、被告人所述内容之真实性,自然属于证人证言,被害人陈述,犯罪嫌疑人、被告人供述与辩解,而不属于视听资料。但是,如果这些录像被用来证明讯问人员刑讯逼供或者威胁、引诱被害人、证人作虚假陈述,则显然属于视听资料。

除了视听资料外,电子数据作为诉讼证据也日益受到重视。2012年《刑事诉讼法》再次修改时,明确增加了电子数据这一证据种类。2016年,最高人民法院、最高人民检察院、公安部联合发布了《关于办理刑事案件收集提取和审查判断电子数据若干问题的规定》(以下简称《电子数据规定》),对有关电子数据的收集、提取和审查判断集中进行了规范。根据《电子数据规定》,电子数据是案件发生过程中形成的,以数字化形式存储、处理、传输的,能够证明案件事实的数据。电子数据包括但不限于下列材料:(1)网页、博客、微博客、朋友圈、贴吧、网盘等网络平台发布的信息;(2)手机短信、电子邮件、即时通信、通讯群组等网络应用服务的通信信息;(3)用户注册信息、身份认证信息、电子交易记录、通信记录、登录日志等信息;(4)文档、图片、音视频、数字证书、计算机程序等电子文件。

| **案例1.02** |　裴某某绑架杀人案[21]

1989年2月4日,湖北省江汉油田矿机研究所职工张某之子,7岁半,上学后没

〔21〕 具体案情介绍可参见《一个杀人犯的八年惊梦》,载陈微尘编:《奇案》,南方日报出版社1999年版,第1~8页。

有回家。在失踪后的6天时间中,家属先后接到18张勒赎纸条。公安机关经过侦查,并没有找到失踪儿童,也未发现绑架者。7年过去后,1996年10月,江汉油田公安处决定对这起特大绑架案重新展开侦查。其中,最后一次通知被绑架人父母的纸条引起了侦查人员的注意。该纸条记载了以下内容:"过桥,顺墙根,向右,见一亭,亭边一倒凳,其下有信。"侦查人员根据这一张纸条最终发现了犯罪分子,其线索则是该纸条记载的内容所显示的作案人身份:字条语句错落有致且较符合音韵,绝非一般文化水平之人所能写出。另外还有一张纸条也引起了侦查人员的重视,该纸条字里行间有一个"阅"字,这个字写得特别流畅和夸张,明显带有教师批阅作业的职业特征。根据这一推断,侦查人员将怀疑的目光转向了当地一所大学的教师,最终侦破了案件。

该案中,对于有"阅"字的那张纸条,可以说确实是以其物理特征把它和该案的作案人联系起来的,因此不难分辨,该纸条属于物证(尽管写在纸上)。但对于载有"过桥,顺墙根,向右,见一亭,亭边一倒凳,其下有信"这一内容的纸条,则既不能说纯粹是以其表达的思想内容来证明案件真实情况的,也很难说是以其存在方式等物质特征来证明案件真实情况的。实际上,该纸条一方面以其记载的思想内容证明了犯罪分子的绑架勒索行为,另一方面也以其文笔特征证明了行为人的身份。就前者而言,它属于书证;就后者而言,它又属于物证。可见,物证与书证之间,并不总是那么泾渭分明。

| 评注1.03 | 证据分类的法律意义

在案例1.02中,我们已经指出,物证和书证之间,并不总是那么泾渭分明。很多时候,一个证据既符合物证的特征,也符合书证的特征。其他证据种类之间也存在相同的问题。在这样的情况下,一个证据既可能是书证,也可能是物证,还可能是视听资料,也可能是勘验、检查笔录。这里涉及一个问题,即我们从法律上对一个事物或者一个人进行分类,意义何在?通常而言,法律对人或事物进行分类,通常意味着不同的人或事物在法律上对应着不同的效果。例如,民法上把物分成特定物和种类物,这是因为它们在交付的时候,法律上的要求是不一样的。买100斤大米,只要是同品牌、同质量、同档次的,到底是哪一袋、哪100斤都没有关系;但若要买一幅张大千的画,如果交付的是别人画的,当事人肯定不同意。刑法上,把自然人区分为成年人、未成年人,未成年人又区分为12周岁以下、12周岁以上不满14周岁、14周岁以上不满16周岁以及16周岁以上不满18周岁几个年龄阶段,这是因为各个年龄段承担的刑事责任不一样。例如,12周岁以下,完全不负刑事责任;12周岁以上到14周岁,以及14周岁以上到16周岁,特定的案件才负刑事责任;18周岁以下不能判死刑。如果把刑事诉讼法对证据的规定理解成对证据的一种分类,它对应着什么不同的法律效果呢?

本书认为,立法上对证据种类进行列举式规定,有三个方面的意义:第一,《刑事诉讼法》《民事诉讼法》《行政诉讼法》关于证据种类的列举,方便人们对不同证据进行归类,也方便诉讼参与人对不同的证据进行称呼。第二,不同的证据种类有不同的审查判断方法,它们能够作为定案依据的条件也不尽相同;人民法院在决定证据是否采信时,应当根据不同的规则决定不同种类的证据的采信。第三,我国法律虽然没有系统性地规范证据的可采性,但法律、司法解释也对不同种类的证据在证据资格方面作了不同的规定;在法律对证据资格作出不同规定的情况下,应当根据证据所属种类适用相应的证据资格规则。

值得注意的是,不同证据种类之间并非泾渭分明。实际上,各个证据种类之间并不存在必然的界限。例如,证人证言完全可以通过视听资料的方式呈现。又如,视听资料也完全可以通过电子数据的方式得以保存。因此,同一个证据完全可以归属不同的证据种类,正因如此,所以在对证据进行规范评价时,应当以相应的证据规则作为证据分类的基本依据。例如,对于一个以磁带形式保存的音像资料,当其内容是展现案发过程时,自然属于视听资料这一类型,适用视听资料的审查判断规则;但音像资料本身也属于物证,同时适用物证的审查判断规则;如果音像资料系从互联网上获得,它还属于电子数据,还适用电子数据的审查判断规则。又如,对证人证言,需要区分其是否属于品格证据、传闻证据、意见证据。如果属于品格证据,就要进一步区分是属于被害人品格还是被告人品格,因为适用于被害人的品格证据规则和适用于被告人的品格证据规则是不一样的;如果是被告人品格,就要区分是被告人一方传唤的品格证人还是控方传唤的品格证人,因为对被告人品格而言,适用于控方的规则和适用于被告人的规则也是不一样的。如果属于传闻证据,在英美法上就没有证据资格,在我国虽然并未排除其证据资格,但在证明力的评价上要适当降低。如果属于意见证据,则要区分是外行意见还是专家意见。对于外行意见,还要进一步判断是否属于通过一般生活经验能够作出判断的事项;对于专家意见,则要重点审查其形式合法性与实质客观性。也就是说,正确的分类方法,是根据人类共同的经验去规范不同证据的可采性,根据规范的需要对证据进行分类,而不是笼统地对证据进行分类,却并没有根据分类对证据施加不同的规范。唯有如此,才有可能实现对证据从法律上进行有价值的分类。

案例 1.03　沈某山被控单位行贿案

2023 年 7 月 24 日,安徽省琅琊区人民法院开庭审理沈某山被控单位行贿一案。被告人某涉案单位和沈某山被指控为了低价拿地,分别于 2018 年、2019 年、2020 年、2021 年分四次送给安徽省合肥市肥西县原县委书记金某俊共计 500 万元。

该案的争议焦点之一是涉案的三块土地究竟价值几何。涉案公司于2018年、2019年、2020年分别以6.72亿元、8.08亿元、10.35亿元的价格拿下139地块、157地块和188地块,拿地总金额为25.16亿元。对此,公诉人出具的安徽省价格认证中心价格认证结论书将上述地块的价格分别评估为13.51亿元、15.49亿元和17.27亿元,总计为46.28亿元,与涉案公司拿地的价格相差21.12亿元。公诉机关据此认定,单位被告人即涉案公司谋取了巨额的非法利益。被告单位委托的深圳市戴德梁行土地房地产评估有限公司南京分公司(以下简称戴德梁行)出具的咨询报告认为,涉案土地出让时评估价值为22.28亿元,肥西县以25.17亿元的价格卖给涉案单位,已经是溢价出让(溢价率为13%)。辩护人据此认为,涉案单位并未谋取非法利益。本案究竟是应当采信安徽省价格认证中心出具的价格认证结论书,还是采信戴德梁行的出具的咨询报告,成为决定案件走向的一个无法避免的问题。

价格认证结论书和咨询报告究竟哪一个值得采信,首先需要确定哪一份证据具备法律规定的证据资格。要想确定哪一份证据具备证据资格,又需要确定其各自属于哪一种证据类型。换句话说,价格认证结论书、咨询报告究竟是公文书证还是鉴定意见?对此,公诉人认为,价格认证结论书属于公文书证,咨询报告则什么也不是。辩护人则认为,无论是价格认证结论书还是咨询报告均属于鉴定意见;价格认证结论书因无鉴定人签名、鉴定机构不具备房地产价格评估相关资质,该证据无证据资格;咨询报告鉴定机构具备房地产价格评估专业资质、评估师到庭审现场说明其评估结论所依据的事实与方法,充分说明了评估师和评估报告的专业性;其虽未在咨询报告上签名,但属于可补正的瑕疵,补正后具备证据资格,应当作为定案的依据。

辩护人指出:“从证据的表现形式来看,争议证据表面上似乎满足公文书证的要求,但是首先,书证应当是在案件发生之前或者案件发生过程中形成的证据,而不是案发后形成的证据。例如,民事纠纷中的合同文书、虚假诉讼案件中法院出具的判决书,这都是典型的书证。这些证据有一个共同的特点,就是都在案发之前形成。不存在案发后诉讼各方再去制作书证的情况。本案公诉人出示的价格认证结论书是在诉讼过程中形成的,不可能是书证。其次,我们判断一个证据是公文书证还是鉴定意见,最重要的不是从形式上作出判断,而是应从内容上作出判断。因为书证和鉴定意见的审查判断标准不一样,可采性标准也不一样——书证只要满足是原件、复印件与原件核对一致就具有可采性,就可以作为定案依据;那么价格认证报告是原件我们没有疑问,难道天然地就具备证据资格了吗?如果这么简单,所有价格认证报告都是书证,满足是原件的要求就可以了。但事实显然不是这样。”

“归根到底,我们还是要回到证据的内容本身。这个证据它是在说涉案公司2018年、2019年、2020年拿的139地块、157地块、188地块,在出让时候应当是什么价格。这是一个专业问题。既然是专业问题,就只有专家才能够回答。无论是谁,你把专家叫到法庭上也好,形成咨询报告也好,它都属于专家意见。”

“根据两高三部2010年颁布的《关于办理死刑案件审查判断证据若干问题的规定》第12条,外行领域和专家领域的区分标准是:能否凭借一般生活经验作出判断。如果根据一般生活经验判断符合事实,则外行就可以发表意见;如果一个事情无法通过一般生活经验作出判断,这个事情就属于专业领域,就只有专家可以发表意见。”

“本案我们争议的是三个地块到底应当是什么价格。这个价格是不是可以根据一般生活经验作出判断的事项?显然不是。因为价格评估涉及专业的方法,而房地产价格评估则涉及更加细致的方案。在之前的法庭调查中,戴德梁行的房地产价格评估专家张珂到庭作证。公诉人也好、辩护人也好、合议庭也好,都在就这些专业的方法向他提问:什么是市场比较法?什么是假设开发法?什么是剩余法?什么是‘近三年’?这些词对我们外行来说都是不懂的,不属于能够根据一般生活经验作出判断的事项。这些事情只能属于专家事项,属于专业领域。因此,其表现形式无论是评估报告还是论证意见,无论是咨询报告还是本人亲自到法庭上来,都是一个目的:就专业问题来发表推断性、评论性意见;在这个领域,外行的意见是不允许发表的,但如果作为专家发表意见,就是可以的。这就是问题的关键。”

“把这个问题讲清楚了,那么省发改委价格认证中心出具的价格认证结论书,不管形式是什么,内容就是专家意见。既然是专家意见,就要满足专家意见的形式要求:鉴定机构要有相关领域的鉴定资质,形成的书面结论要有机构盖章,要有价格认定人员的签名,价格认定人员也要有相关领域的鉴定资质。这才是法律对专家意见的形式要求。不能把它说成是公文书证,有机构盖戳、满足原件要求就可以了。我们确定了专家意见的性质,就要满足专家意见的形式要求。省发改委价格认定中心有很多人员,有保安、清洁工,这份报告书又没有签字,到底是不是具备房地产评估资质的人做的,我们无从得知。但是这个认证报告的作者显然是作为专家来发表推断性、评论性、猜测性意见的,因此必然就是鉴定意见。既然是鉴定意见,根据法律规定,辩护人可以申请鉴定人员出庭。可我们连鉴定人是谁都不知道,也不知道这个报告的作者是否具备房地产价格评估领域的资质。所以,价格认定报告是不合格的鉴定意见,不符合法律对鉴定意见规定的形式要求。”

“接下来说一下辩护人出具的戴德梁行咨询报告又是什么性质。它和安徽省发改委价格认证中心出具的价格认定报告性质是一样的,它的核心内容是就涉案地块到底应该是什么价格发表的专业性意见,本质上仍然是鉴定意见。毋庸置疑,辩护人提供的这份鉴定意见也有缺陷,就是没有签名。辩护人已经让涉案单位与鉴定机构进行协商补正。刑事诉讼法既规定了非法证据排除规则,也规定了瑕疵证据补正规则。如果省发改委价格认证中心有房地产价格评估资质,价格认证结论书的作者也有房地产价格方面的资质，公诉人把鉴定机构和鉴定人的资质和签名补正，它也是一份形式合格的鉴定意见。有瑕疵的证据是可以补正的，如果补充完整，我们并不否认它作为证据的资格。至于是否可以作为定案依据，当然要结合本案其他的证据。所以，我们出示的戴德梁行的报告是可以通过补正的方式提交给法庭的。辩护人和涉案单位进行过协商，涉案单位会在一个月内把瑕疵补正，再提供给琅琊区人民法院。补正之后，戴德梁行咨询报告就属于具备证据资格的涉案房屋价格鉴定意见，我们建议法庭予以采信。”

思考 在沈某山被控单位犯罪一案中，安徽省发改委价格认证中心出具的价格认证结论书和戴德梁行出具的咨询报告究竟属于书证还是鉴定意见？如果属于书证，应当适用什么样的证据规则？如果属于鉴定意见，应当具备什么样的形式要件？若你是本案法官，会对本案证据作出怎样的裁判？

第二节 证 据 法

证据法是什么法？这是个很关键的问题。中国并没有“中华人民共和国证据规则”这样的法律，证据法学教材通常也不正面回答这个问题。本教材决心直面这个棘手的问题。

一、证据法的核心内容：可采性规则

（一）可采性的含义

本书认为，现代证据法的核心内容，是发源并壮大于英美法系的证据可采性规则。所谓证据的可采性，就是指一个证据被法庭所容许作为证据加以出示的能力和资格，所以很多时候又被称为证据能力或证据资格。它的英文名字叫“admissibility”，在我国台湾地区被称为“证据的许容性”，许容就是容许，证据的许容性就是一个证据被容许进入法庭的资格或能力，在大陆则被称为“可采性”。其实“可采性”一词容易让人产生误解，以为可采性就是指证据得到法庭的采信。我国《刑事诉讼法》第50条第3款规定：“证据必须经过查证属实，才能作为定案的根据。”所谓“作为定案的根据”，就是指法庭通过查证，相信一个特定的证据是真实的、符合客观事实的，因而决定将其作为定案根据来对待，也就是将其作为

真实的情况来采信。所以,采信一个证据,意味着相信该证据为真,体现着对一个证据真实性、可靠性的判断。但证据的可采性通常并不包含对证据真实性、可靠性的判断,它只是对一个证据作为能够证明案件真实情况材料资格的认可。它是一个证据被采信从而作为定案根据的前提。其内容主要包括关联性法则、品格证据规则、证人作证规则、特免权规则、意见证据规则、传闻法则、验真规则、最佳证据规则等。

(二)我国法律中的证据可采性规则

我国以前基本上没有有关证据可采性的规则。在2010年颁布的《关于办理死刑案件审查判断证据若干问题的规定》中,实际上移植了英美法系大部分有关证据可采性的规则。其中有些规则是直接当作可采性规则引进的,有些规则是将其转化成有关证据证明力的规则加以引进的,因此我国现在有一部分证据可采性规则。另外,2012年《刑事诉讼法》第48条第1款规定:“可以用于证明案件事实的材料,都是证据。”这一规定也应当理解为有关证据可采性的规则。因为它实际上是说,证据应当是能够证明案件真实情况的材料;不能证明案件真实情况的材料,不应当作为证据加以容许。

不过,由于我们没有证据法典,对英美证据可采性规则的移植和借鉴也远未完成,所以我国有关证据可采性的规则是不完整的。因此,学习证据法仍然应主要以学习英美证据法为重点,这是学习中国证据法的一个前提。在熟悉英美证据法的前提下,再来理解和分析中国的证据法,就很容易掌握了。所以本书作为证据法教材,从第二编开始每一章讨论一个规则,首先会对英美证据法规则作完整透彻的讲解;在此基础上,再讨论中国相应的规定。其中有一些规定是把英美的可采性规则转化成证据的审查判断规则,而另一些仍然是可采性规则,两者都源于英美传统上基于发现真实的目的设置的证据规则。

二、证据法不规范证据的收集、取得与固定

(一)证据的收集、取得、固定与非法证据排除规则

从法律的角度来规范证据的收集、取得与固定是现代刑事诉讼法的必要内容。刑事诉讼法对证据的收集、取得、固定作了详尽的规范,违反这些规范很可能导致所收集的证据被认定为非法证据而予以排除,从而丧失作为证据呈交法庭的资格。这种因收集证据的程序违反法律规定而导致证据应当予以排除的规则,我们称之为非法证据排除规则。非法证据排除规则发端于美国,发展于美国,也主要施行于美国。除美国外,其他国家很少完整采用美国的那一套非法证据排除规则。

但是在美国,其证据法教材往往不涉及非法证据排除规则,至少不会详细阐述非法证据排除规则,因为非法证据排除规则涉及公民的宪法权利,而且不同的公民权利与不同的非法证据排除规则相关联。具体而言,美国的非法证据排除规则主要涉及第四修正案、第五修正案和第六修正案。其中第四修正案规定的是人民免受不合理的搜查与扣押的权利,其中的扣押又涉及对实物证据的扣押和对人身的扣押。由此出发,凡是非法搜查、扣押获得的实物证据和对人身进行非法扣押获得的实物证据或者供述证据,都应当予以排除。第五修正案涉及的是反对强迫自我归罪的特免权,凡是以侵犯该项权利获得的供述以及依据供述获得的其他证据,都不具有可采性。自 1966 年后,美国联邦最高法院又通过判例确立了米兰达规则,从而使关于供述的可采性规则形式上趋于简单,实质上却更加复杂。第六修正案是关于获得律师帮助的权利,该项权利于 1966 年在米兰达判决中被融入第五修正案,违反该规则获得的证据也要予以排除。

(二)非法证据排除规则所属的法学学科

在这样的语境下,美国的非法证据排除规则实际上就成为宪法、刑事诉讼法的一部分。美国的刑事诉讼法教材通常会先阐述搜查与扣押,因为这涉及公民的隐私权、住宅权以及人身自由权,然后阐述获得律师帮助权,以及反对强迫自我归罪的特免权。在讲完这些权利后再讲非法证据排除规则,因为非法证据排除规则就建立在这些权利的基础上。没有这些权利,就没有非法证据排除规则。所以从这个角度来讲,非法证据排除规则是刑事诉讼被告人、被追诉人享有的宪法权利这棵“大树”上开出的一朵“花”。只不过在美国,这朵“花”越开越大,越开越亮,以致炫人耳目,导致很多人只看见这朵盛大的“花”,却看不到背后的那棵“树”。但不管怎么样,当讨论那朵“花”的时候,是离不开那棵“树”的。一旦想把“花”讲好,就要去讲那棵“树”;一去讲那棵“树”,就讲到了宪法,讲到刑事诉讼规则。所以说非法证据排除规则不属于证据法研究的范畴,它属于刑事诉讼法研究的范畴。

当然,美国有些刑事诉讼法的教材也会开篇就介绍非法证据排除规则,因为只有依据非法证据排除规则对侦查行为进行界定才是有意义的。美国也是从 20 世纪 60 年代有了非法证据排除规则以后,刑事诉讼法学才逐渐发达起来。

(三)证据法为什么不规范证据的收集、取得与固定

根据前述,非法证据排除规则主要属于宪法、刑事诉讼法的范畴。但这是美国的经验之谈,我们是否可以或者应当在我国的证据法中规定有关证据的收集、取得与固定程序,并辅之以非法证据排除规则?本书认为不可。这是因为,我国

《刑事诉讼法》已经对证据的收集、取得与固定的程序作了详尽的规范,如若在证据法中再次加以规定,必然导致诸多问题。首先是重复。已经在一部成文法典中获得规定的内容在其他法典中一般作引述性规定即可,否则必然导致重复。而一部法典重复规定其他法典已经规定的内容,也不符合立法的技术规范。其次是杂乱。如果证据法的规定与刑事诉讼法的规定不一致,必然导致冲突。因冲突引起混乱,必然导致法律的形式理性化程度降低。最后是解释上必然会发生问题,因为刑事诉讼法的价值取向是保障人权,当法条与法条、规则与规则之间发生冲突时,一般以保障人权这一最高原则来解决。证据法的目的一般是促进真实的发现(对此,本书将在第三章加以论述),当规则的解释发生冲突时,一般也应当以这一最高原则来解决。如果一部法律既包含了以发现真实为最高目的的规则,又包含了以保障人权为最高目的的规则,当两者发生冲突时,究竟应当如何解决呢?这是一个不容回避但又难以解决的问题。因此,证据法不应当规定非法证据排除规则。

三、现代证据法基本上不规范证明力的审查判断

(一)证明力的含义

证明力就是证据对于待证事实存在的可能性所具有的一种量化评价。如果一份证据具有了可采性而被容许进入法庭,这份证据对于它想要证明的待证事实就会在法官、陪审员的心中产生一定的影响,会对待证事实是否存在产生一定的说服力量。一个证据能够在多大程度上说服法官或陪审员相信它所指向的待证事实存在,就是证据的证明力。它通常取决于事实裁判者对证据真实性(truthfulness)、可靠性(reliability)及其融贯性(cogency)的评价。[22] 通常而言,一个证据的证明力可以在0~1进行评价。如果一个证据完全不可信,其证明力可以为0,但是这种情况应当非常罕见,因为一份证据如果其证明力是0,则通常意味着它与待证事实之间完全没有关联性,它也就不具有可采性(关联性是可采性的前提条件,在关联性的判断方面,往往并不涉及证据证明力的大小,但涉及证明力的有无。对此,本书在关联性一章中将会详予阐述)。因此,具有可采性的证据其证明力通常不可能是0。同时,由于英美证据法所倡导的认识论也不承认100%的确信,因此证明力为1的证据也不存在。故证据的证明力通常在0~1。

(二)证明力的评价

证据证明力的评价是一个事实问题。历史上最早的有关证据的规则其实就

〔22〕 Peter Murphy, *Murphy on Evidence*, Seventh Edition, Blackstone Press Limited, 2000, p. 25.

是证明力规则，即中世纪存在的法定证据制度，它最大的特征就是由法律对证据的证明力预先作出规定。法定证据制度认为人是有理性的，可以对证据证明力的大小进行判断。但是，它过于强调立法者的理性，而忽略了司法者的理性，他认为立法者是无所不能的，能够预见一切的，所以预先就把证据证明力的大小规定好了，司法者遇到各种不同的证据，只要按照既定的规则来作出判断而不需要思考。这就导致它在司法实务中运用起来比较僵化、呆板，很不合理。因此，到了 1789 年以后，刑讯逼供和法定证据制度都被废除了，取而代之的是自由心证证据制度。从此以后，大陆法系法律上再也没有关于证明力大小的规定，证明力的大小完全由法官自由地判断和评价。

但是，在英美法系，仍然存在少数关于证据证明力的规则（如补强规则），不过这些规则也正在逐步走向消亡。我国一些司法解释也对证据的证明力作出了规范，但是由于证明力问题本身是一个事实判断问题，我国相关司法解释也只是比较抽象地规定了证明力判断的基本原则，实务操作中并无具体的规则可以遵循。

| **案例 1.04** | 亨利·科克强奸案〔23〕

在亨利·科克强奸案中，被害人玛格丽特向警方提供书面陈述如下："我是一个正在上学的女生，今年 17 岁，跟我父母和我妹妹安吉拉住在一起。我认识亨利已经有一段时间了，因为他经常去青年酒吧，我和我的朋友们也经常去那儿。他在酒吧就不时地接近我，并问我是否愿意跟他上床，我总是拒绝他。7 月 8 日，我和安吉拉正在公园里走着，亨利同另一个我不认识的男子向我走来，我们开始聊天，亨利说他有一盘新磁带，我们肯定喜欢，问我要不要去他家听。我真的不想去，但是安吉拉特别兴奋，一定要去，所以我们就去了。到他家后，亨利打开了播放机，给每人冲了一杯咖啡，我就坐在墙边上，亨利走过来坐在我旁边。安吉拉坐在另外那个老男人身边。一会儿亨利就跟我提出来要和我性交，我叫他打住，并说在我妹妹在场的情况下我连听到这个都恶心。起初他似乎同意我，但马上变得非常坚定，试图抓住我的手，搂住我的肩。我把他推开，他突然就把我使劲往后一推，我猝不及防，摔倒在睡榻上。我吓坏了，所以没有直接爬起来，亨利就把他的手伸进我的衬衫，把我的裤子脱到脚踝上。我非常害怕，所以只是躺在那里，直到看到他拉开裤子拉链的时候才开始喊叫和反抗。我希望另外那个男子来制止他，但是他什么也没有做。我们发生了性关系。对，我知道性关系是什么意思，我就是说我们发生了性关

〔23〕 根据 The Queen v. Coke, The Queen v. Littleton, and Blackstone v. Coke 改编。原案请参见 Peter Murphy, *Murphy on Evidence*, Seventh Edition, p. 27 and infra。

系。我没同意,而且也没有做任何可能让亨利觉得我会同意性交的事情。事情结束后,我飞快地爬起来,看到安吉拉坐在那个老男人的腿上。我大声冲她吼叫,让她跟我走。我们一起跑回家,他们也没阻止我们……"

犯罪嫌疑人亨利·科克亦向警方提供书面陈述如下:"真不知从何说起。我在青年酒吧认识玛格丽特已经好几年了。我一直爱慕着她。她真是太可爱了。我昨晚看到她从酒吧出来,穿着那种透明的长裤。回家后我想了很多,最后决定做一些事情。早上我的朋友马丁到我家,中午我们一起喝了些酒,我告诉马丁我是多么爱慕玛格丽特。我们商量好如果在街上遇见她就想办法把她带回家。我真的只是想和玛格丽特聊一聊。马丁答应帮我照看她妹妹。于是我们就去了公园,果然碰到她们。回到家,我就打开播放器并和玛格丽特聊天,马丁和小姑娘在聊天。我突然感到很不舒服,我觉得我不计一切代价想要她。这似乎并不困难。她就坐在我旁边的睡榻上。我把她推倒在床上,她看上去除了惊讶以外并没有其他异样。她蹬掉了自己的鞋子,而且她穿得很宽松,所以我很容易就脱掉了她的裤子。直到此时她才开始和我打起来,我很快就让她平静下来。然后她开始哭泣,我觉得她好傻,其实她完全可以享受一下的。她叫上她妹妹走了,提着鞋子走的,但忘了她的裤子。我把它丢到外面。她走后我开始担心起来。我知道你们(警察)会来,但我真正担心的是马丁。直到我和玛格丽特完事之后我才看到马丁在抚摸和玩弄她的妹妹。我知道我对玛格丽特用了一点强力,但至少她已经长大了。对一个小孩做那种事实在太恶心了。我对此完全没有责任。我希望澄清这一点。马丁自己对此负责。我知道此事后吐了马丁一脸口水。我把他扔出门外。之后他去哪儿我就不知道了。我想说我真的很抱歉,我是真的喜欢玛格丽特而且我也不想伤害她。一切都太傻了,为什么女孩子就不能说'好的'然后一起享受呢?"

在法庭上,被告人亨利拟答辩如下:"我被指控强奸了玛格丽特小姐。我答辩无罪。我承认我和她发生了性关系,但这是经过她同意的。事实的经过如下:我和玛格丽特小姐认识很长时间了,因为我们都经常去青年酒吧。玛格丽特长得真的很好看,我和我的室友都爱慕她。我对此从未隐瞒。我有时候在酒吧和她搭讪,虽然她有时跟别人在一起,但是她给我的印象是只要我出牌顺序不错我就可以得到她。我决定试一试。我意思是我要和她发生关系,但不是依靠强力。……我和玛格丽特坐在我家睡榻上,她脱掉了自己的鞋子,我们一边聊天一边喝咖啡,我们相处得非常愉快。后来我们躺在睡榻上,她很清晰地告诉我说她希望和我发生性关系。她自己脱掉了自己的裤子,我们发生了性关系。这完全是她同意的。她对警察讲的完全不真实。我认为她这样讲的原因是她觉得她妹妹在场让她很尴尬,而且她也会担心被问到为什么会让她妹妹和马丁在一起而受到指责。另外,玛格丽特早已不是处女了。我的好几个室友都跟她睡过。她愿意跟任何人发生性关系。

她去年就曾威胁我的室友柯文说要告他强奸，实际上我室友根本没强奸她。她去年还因在商店盗窃被定罪。她显然是一个不诚实的人。……我确曾签署过一份书面陈述，但那是因为警察吼叫着跟我说如果我不承认强奸就要把马丁猥亵幼女的事情也算我一份。我相信他们会这样做。我的确被马丁的事情吓坏了。所以我才签署了这样一份陈述。其中有些内容当然是真的，但是关于性交如何发生的部分无论如何是不真实的。嗯，我确实曾经因为强奸被定罪。那是在4年前的4月，我被关进了少年管教所，3年前就被放出来了。在那次指控中，我是承认有罪的。我确实试图说服女孩跟我做爱，但是我做得太多，走得太远。不过，我已经从那件事中吸取了足够的教训，我再也不会犯同样的错误！在出来后从来没有犯过事，而且我开始在一家理发店当学徒。我在少年管教所就参加过一个学习班，我从那时起下决心洗心革面，重新做一个对社会有用的人。"

马丁也做无罪答辩。马丁提交了书面陈述，说："我被指控猥亵一名13岁的幼女安吉拉。我对此答辩无罪。我今年33岁，已婚，品行良好。我有很多兼职，其中一份是打扫公租房。正是这份兼职让我遇到了亨利。我碰到过他几次，也到过他家。但是，案发的7月8日那天，我起得很晚，大约下午2点30分或3点的样子才起床。我妻子去她妹妹家了，所以她不在家。我吃完东西后有点头疼，就出去走了走。当我走到牛桥公园附近时，一辆车朝我开过来。一个我从未见过的小女孩指着我说，'就是他'。我还没明白怎么回事，她身后的两名警察就把我抓住，说我猥亵幼女。我知道小女孩一定相信是我猥亵了她，但实际上这一定是指认错了。我那天真的没在亨利家，我完全不知道发生了什么。我被带到警察局，并被警察讯问。我拒绝回答任何问题，并要求见我的律师，但是遭到拒绝。……我知道亨利跟警察说我帮助他计划如何强奸玛格丽特，他还说我也猥亵了她的妹妹。这完全是不真实的。我不知道他为什么要这么说，因为我从未冒犯过他。他很显然是想掩护别人，从而掩饰他自己的罪行。他之前就因这类犯罪惹过祸。他曾经因为与好几个不同的女孩进去过，不过我不了解其中详细情况。"

……

上述案件中，被告人亨利·科克和被害人玛格丽特关于双方发生了性关系的事实，陈述是一致的；但是关于如何发生性关系的事实，双方的陈述是不一致的。玛格丽特的陈述如果为真，科克的行为就构成强奸；如果科克的陈述为真，其行为就不构成强奸。法官或陪审员究竟相信谁，这是证据证明力的问题，由法官/陪审员自由判断。科克在侦查过程中向警方提供了一份书面陈述，在这份陈述中，科克承认自己使用了强力；但是在法庭上，科克推翻了自己向警方提供的书面陈述，声称其中关于如何发生性关系的部分是不真实的，当时之所以如此承认,是因为警察威胁他如果不承认就要对他连同猥亵幼女的罪名一同指控。究竟科克在侦查阶段向警方提供的书面陈述为真,还是审判阶段向法庭提供的陈述为真,这也属于证明力问题,由法官/陪审员自由判断。对于马丁,科克明确指控马丁猥亵幼女,而且自己觉得他的行为特别恶心;但是马丁却说案发时他不在场,并说科克之所以如此诬陷其实是为了掩护别人,马丁还认为安吉拉的指认也是错误的,可能只是他和猥亵他的那个人身材比较像而已。面对这些矛盾,法官究竟是相信科克,还是相信马丁?这都属于证据的真实性、可靠性和证明力问题。通常,法律不就证据的真实性、可信度、证明力的评价问题预先作出规定,这些都属于法官自由心证的事项。

四、证据法不规范证据的运用

证据的运用是指诉讼中的当事人究竟以何种方式、在什么时机、以什么顺序出示自己的证据,并以此论证自己主张的行为。它是在证据具有可采性的前提下,如何组织证据以实现自身利益最大化的问题,本质上属于策略问题。策略固然有一些固定的规则。例如,武术中的散打,除了双方都要遵守的比赛规则以外,还有各自根据在其训练和实战中积累的经验和教训总结出来的规律,这种规律如果被当作自身实战的规则或戒律,对选手自身当然有比较强的约束力。但是这种约束力并非外部世界所强加,而是选手依据自己的情况综合确定的。又如战争中的战略战术,固然也有一定的套路,但仍然不过是前人或自身经验教训的总结和概括,除了国际法上关于战争的一些规则以外,其他关于战略战术的制定,也都是战争中的各方根据对方和己方的情况综合考虑确定的。在这方面,并不存在外部施加或强加给任何一方的规则。对于战争中的各方而言,可以说兵无常法,运用之妙,存乎一心。证据的运用也是如此,无论是诉讼中的哪一方,在收集、了解和熟悉自己掌握的证据以及对方手中的证据之后,如何运用证据证明自己的主张、在法庭上对证人如何进行发问、如何组织自己的问题、如何在问题中设置陷阱等,都属于类似兵法的问题,纯粹由当事人自行决定。法学院固然可以聘请有经验的律师对此进行总结并传授,证据法却不会将这些内容当作规则要求各方一体遵行。

评注 1.04　证据法并不等于所有有关证据的规则

通常理解,证据法应当就是有关证据的规则。但是,是否所有有关证据的规则都属于证据法的内容呢?不一定。在司法语境中,有关证据的规则可以概括为以下类型:(1)有关如何根据证据的自然属性对证据进行收集、取得与固定的规则。例如,如何提取指纹,以及如何对指纹进行鉴定,如何提取血迹、如何对血迹进行鉴定,如何提取现场的鞋印,如何对鞋印与犯罪嫌疑人、被告人的鞋进行同一性认定等。这些规则基本上属于犯罪侦查学的内容,在本质上属于自然科学,不仅证据法不会作出规范,刑事诉讼法也不会详细涉及。(2)有关如何合法地对证据进行收集、取得、固定等方面的规则。这些规则通常由具体的诉讼法加以规定。在刑事诉讼中,违反这类规则将导致证据可能被排除。由于之前已经陈述的原因,证据法对这些内容一般也不规定,主要是为了避免重复和混乱。(3)在法庭上如何运用证据的规则。这类规则主要属于思维规律的归纳、总结和概括。威格默曾经在其担任法学院院长时开设过类似课程,但是最后无疾而终,英美法系国家的证据法学者也没有采用他的课程。本书认为,如何运用证据取得法庭决战的胜利,如同兵法。试图通过法律加以规定显然是不现实的,试图将其作为系统性的知识加以传授也是十分困难的。这是威格默这门课程并不成功的基本原因。(4)有关证据证明力的规则。这类规则只在中世纪法定证据制度中出现过,在法国大革命期间被彻底废除。任何试图重新恢复此类规则的努力,都注定会失败。(5)证据资格也就是何种证据有资格进入法庭的规则。这是目前世界上唯一尚有生命力的规则。通常说的"证据规则",就是指这类规则。证据法学研究和阐述的主要对象也是这类规则。

综上所述,证据法虽然也是有关证据的规则,但并不等同于所有与证据有关的规则。如何通过科学的手段合理地收集证据、如何以不违反宪法的方法收集证据、如何在法庭上娴熟而有技巧地运用证据以及如何对证据的证明力进行审查判断等方面的规则,通常不由证据法规范。它们要么属于自然科学,要么由其他法律部门加以规范。证据法只对证据的可采性问题加以规范。这是证据法得以成为一个独立部门法的基础,也是证据法学得以成为一门具有独立品格之法学学科的基础。

第三节 证 据 法 学

一、证据法学的概念界定

(一)狭义的证据法学应当是指有关证据规则的法教义学

卡尔·拉伦茨指出:法学是指以每个特定的、在历史中逐渐形成的法秩序为基础及界限,借以探求法律问题之答案的学问。[24] 换句话说,法学研究的对象应当是有关法律的规则,具体到证据法学领域,就应当是有关证据的法律规则,也就是证据规则。因此,所谓证据法学,就是对证据规则的意义进行探求的学问。这是狭义的证据法学的定义,也是证据法学作为法教义学的学科定义。

(二)广义的证据法学包括有关证据规则的法哲学、法史学和法社会学

当然,与证据法学紧密相关的还有对证据规则进行历史学、哲学、社会学等方面的研究,从而产生出与证据法相关的法史学、法哲学和法社会学成果。如果将这些领域的研究成果也纳入证据法学研究,则对证据法学的研究将拓展至有关证据规则的历史渊源、哲学原理、社会效果等方面。我们可以将这些范围内的证据法学研究作为广义的证据法学来对待。

(三)证据法学可以借鉴自然科学成果,但不同于自然科学

与证据有关的研究,可以从多个不同的角度展开。例如,通过犯罪心理学的研究,得出应当如何对犯罪嫌疑人进行讯问能够更加高效地获得犯罪嫌疑人供述这种证据的结论等。但是需要注意,当一个研究人员从事这样的心理学研究时,其成果应当仍然属于心理学领域,而不属于证据法学领域。只有当研究人员将心理学成果应用于证据规则的解释或改造的时候,才能够说这项研究属于证据法学研究。此时,研究人员对于已有证据规则的解释自然应当遵循法解释学的基本规则,并在这一基础上,也就是在拉伦茨所说的以现行法秩序为界限的基础上,提出自己对规则的理解和改造的方向,这才是证据法学。

评注 1.05 英美证据法学发展的历史脉络[25]

在英美证据法上第一部重要的著作——《论证据》(吉尔伯特著)一书中,作者极力将证据法则以一个单独的原则加以概括,这一原则就是“最佳证据规则”。吉尔伯特认为:“与证据相关联的第一个同时也是最重要的规则就是,必须要有与事实相符的最佳证据;法律的设计就是要朝向达到刚性的确实性,而没有与事实相符的最佳证据也就没有该事实的确实性。”该书出版于1754年,并在此后的50年中领袖群伦。

---

〔24〕 [德]卡尔·拉伦茨:《法学方法论》,陈爱娥译,商务印书馆2003年版,第20页。

〔25〕 节选自易延友:《证据学是一门法学吗——以研究对象为中心的省察》,载《政法论坛》2005年第3期。文中注释从略。

在独步学林大约50年后,吉尔伯特的观点遭到了边沁的猛烈批判。边沁认为,法律文书这种所谓的"最佳证据"恰恰是最不可靠的,因为制作记录的官员乃是凡人,其记录很可能是谎言与真理的混合物,因此其记录的可靠性也应当按照与其他人一样的标准来判定。

边沁之后的第一位证据法学家要数埃文斯,他于1806年首先将法国的证据法翻译成英文,并在英译本中附了一份长长的评论,该评论甚至超过了译本的长度。其主要贡献则是首次区分了证据的可采性和证据的证明力这两个概念。威格默盛赞其作品为划时代的产物(an epoch making)。1842年,格林利夫出版了《证据法论要》一书,这是一本一般性地阐述英美证据法原理的著作。此后,菲力普在1914年出版的证据法著作中,将主要精力集中于证人的资格、证人出庭以及文书证据领域。

上述这些学者的努力可以说为英美证据法学的发展奠定了基石,但英美证据法学真正的鼻祖可能要数史帝芬(Sir James Stephen)。史帝芬是1872年印度证据法的总起草人。在1876年出版的《证据法摘要》一书的绪论中,史帝芬写道:我的目标就是将有关证据的论题从其他部门法中分离出来,而在此以前它与这些部门法其实是混合在一起的;同时也要按照这一主题的自然分类,将其内容限缩为一个紧凑的系统的形式;并且要将其压缩为一些精确界定的规则,在必要的时候辅以例证,如按照该主题的内容进行安排并限定的案例与制定法的规定等。

为了能将证据法从程序法的其他部分以及实体法中区分出来,史帝芬主张将证据法缩小到尽可能小的范围,亦即将证据法建立在一个统一的相关性原则基础上,并以此统一证据法学的研究。同时,他还将在他之前的证据法学家大量地加以探讨的证明对象问题排除在证据法学的研究范围之外,同时认为有关"推定"的问题也应当放置在相应的实体部门法中予以探讨;并指出证人出庭、证据的固定、对证人的询问以及如何制作诉讼文书等问题均属于程序法问题而不属于证据法问题。

史帝芬的观点虽然遭到后继者的批评,但是以塞耶(James Bradley Thayer)为首的后继者却显然继承了他将证据法学与其他学科分离出来的思想。塞耶甚至十分崇拜史帝芬试图在英国普通法的混乱荆棘中以快刀斩乱麻的方式建立一个有关证据法的原理性系统的基础的勇气。虽然他也批评史帝芬并没有关于可采性的清晰的概念,但他并不否定史帝芬在根本方向上的努力,他只是认为为实现其目标需要一条"更加适当的道路"。他认为,证据法的核心在实质上就是一系列基于政策而形成的否定性的"调整型和排除型法则",因此,证据法的内容体系可以概括为两个基本原则:第一,与案件事实在逻辑上没有证明作用的东西一律不能采用为证据;第二,除非有明确的法律或政策上的理由加以排除,一切有上述证明作用的东西都可以采用。

进入20世纪以后，以威格默为代表的英美证据法学家不仅没有抛弃将证据法作为一个独立、系统的法律部门来对待，而且不断地在重复这一主题。在其著名的十卷本证据法著作序言中，威格默说道：本书的热切的渴望就是：第一，将英美证据法作为一个理性的原理和规则系统地加以阐述；第二，将明显混乱的司法先例作为上述原理和规则的前后一贯的结果来对待；第三，为获得对半个世纪以来独立的美国司法辖区内证据法现状的了解提供资料。威格默虽然也将法庭技术等问题纳入其研究视野，但是同样将那些被史帝芬视为应当由实体法或诉讼法解决的问题排除在证据法的范围之外。同时，他还开门见山地指出，对于一个法律人而言，证据原理的研究分为两个明显的部分：其一是一般意义上的证明，其二就是证据的可采性。

毋庸置疑，在英美法系内部，对于证据法的主要范围当然也存在争论。但是，透过历史，我们不难得出一些基本的结论：第一，从一开始，英美的证据法学家就力图将证据法从其他部门法中分离出来，这是证据法学得以发展壮大的一个最基本的原因。第二，为了实现这一目标，不同时代的证据法学者均从不同的角度进行过努力，其总的方向是要寻求证据法学自身独特的研究对象，尽管当今众多的证据法学者均同意将证明（proof）作为证据法学不可或缺的内容，但是，在诸多证据法的著作中，着力最多的仍然是有关证据可采性的规则。粗略地统计一下就可发现，英美证据法的教材中大约60%以上的篇幅，都是在探讨有关证据可采性的问题。第三，证据法学家还努力地试图建立统一的原则，以此统率所有的证据规则。

二、证据法学的研究方法

（一）证据法学的研究方法是法解释学方法

证据法学的主要研究方法自然是法解释学。法解释学，就是在特定的法秩序范围内，提出对相关法律条文的理解、释义，以探求法律文本之规范意义的学问。其方法不外乎文义解释、当然解释、反面解释、历史解释、目的解释、体系解释等。于此，本书认为证据法学的方法和其他部门法学的方法是一样的。民法学的解释方法、刑法学的解释方法，也无非这些方法，只不过是同样的方法在不同法律部门的具体应用而已。就法学的体系性而言，并不存在独特的证据法学方法、刑事诉讼法方法。那些所谓证据法学方法论、刑事诉讼法学方法论之类的著作或讲章，其实无非法学方法论的抄袭或者变相抄袭。证据法之区别于其他部门法的，并不在于它运用了独特的方法，而在于它是在证据规则这个领域施展拳脚。证据法学之所以应当成为一门独立的学科，也不是因为其方法的独特性，而是它可以向人们提供有关证据规则的一整套系统性知识，就像民法学可以向人们提供一整套有关民法的系统性知识一样。

由于我国目前无证据法典，法学家面对其掌握的法律解释方法可能会觉得无用武之地。其实不然。我国虽然没有统一完备的证据法典，但是在三大诉讼法中，还是存在一些证据规则的，法学家自然可以对这些有关证据规则的规定尽展其生平所学，对它们进行法解释学的研究。另外，法学的功能也体现在对立法的作用方面，证据法学者可以通过对异域法例的研究，为我国证据立法提供知识和技术的支援。

（二）作为交叉学科的证据法学（证据学）

除法解释学以外，在英美等证据法学发达的国家，证据科学日益走向交叉学科研究，这是一个不争的事实。从英美等国的研究情况来看，跨学科的证据学研究主要集中在心理学、法庭科学、概率论、女权主义以及经济学等领域。

1. 证据法学与心理学研究

证据法非常关注证人的感知能力、记忆能力以及陈述其所观察到的事实的能力，这些问题在很大程度上属于心理学问题。"心理学是那些可以编织进证据法研究的跨学科毛线中最为重要的一条。"〔26〕在心理学领域，目击证人的年龄、性别、目标主体的性别等对目击证人在辨认准确性方面的影响，证人陈述的连贯性以及证人的自信程度对其证言可能受到怀疑的程度，伪装与武器聚焦这一现象对证人观察准确性的影响，以及记忆衰退的速度、事后信息对记忆的干扰，跨种族辨认的困难等方面，研究者都表现出了浓厚的兴趣并取得了比较丰硕的成果。

2. 证据法学与法庭科学

随着科学技术的发展，科技证据在法庭上的应用日益广泛和普遍，随之兴起的法庭科学研究也趋向繁荣。这方面最显著的例子要数多波特案引起的争议和兴起的一系列法庭科学研究。因为多波特案判决要求法官在容许专家证言之前应当对专家证言所依赖的科学技术原理的可靠性进行审查，引发了法官是否应当以及有能力对科学原理进行审查的热烈讨论。多波特案也引发了对测谎技术是否属于可靠的科学原理的讨论，因为按照多波特标准，测谎技术应当算是一门相当成熟且得到广泛应用的科学技术，但是一直被法院拒之门外，只是在最近才打开了一道缝。另外，对 DNA 技术的讨论也相当火热，盲目采信 DNA 鉴定结论

---

〔26〕［美］罗杰·帕克、迈克尔·萨克斯：《证据法学反思：跨学科视角的转型》，吴洪淇译，中国政法大学出版社 2015 年版，第 13 页。

的时代已成为历史,相关案件的判决既引发了法院对 DNA 技术的怀疑,也掀起了科学领域对该技术可靠性的一系列研究和批判。

3. 证据法学与概率论

在概率论和数理统计方面,发生于 1968 年的人民诉柯林斯案[27]引发了法官和数学家之间持久的论战,并且迄今仍然吸引着无数法学和数学天才加入这一论战。以数学家为代表的一方认为,法庭判决应当以概率论为基础对事实进行认定;另一方则认为,法庭对事实的认定并不必然需要遵循概率论原理,以贝叶斯定理为代表的数学概率论并不能够左右陪审员对事实的认定方式,人们在决策时也不完全遵循以科学自称的概率论定理。

4. 证据法学与经济学

运用经济学方法来分析证据法问题的著作也在吸引着人们的眼球。波斯纳指出:"正义的第二种含义——也许是最普遍的含义——是效率。"[28]经济学和人们生活的联系比证据法学显然要紧密得多,由于经济学家普遍愿意以生活中的例子来说明经济学的原理,因此也更加容易受人们青睐。例如,"边际效益递减原理"意味着一个人拥有的货币越多,他从下一笔收入中所能获得的增加的幸福感就越少;"帕累托更优"的交易是指它至少使世界上一个人的境况更好而无一人因此而境况更糟。经济学家们以日常生活中的油盐酱醋和家长里短深入浅出地诠释着这个世界,从而吸引了更多优秀的年轻人加入这个领域。但由于这个领域的人才普遍优秀而且数量庞大,要在经济学领域做出新的贡献并非易事。但当他们将经济学的原理运用于法学领域,则取得了令人瞩目的成就,在证据法领域,波斯纳所著之《证据法的经济分析》[29]成为该领域的典范之作。

5. 证据法学与女权主义

女权主义对证据法学的入侵主要体现在品格证据规则方面。首先,性侵案件被害人的品格原则上不再具有可采性,而根据普通法规则,性侵案件被害人的品格原则上具有可采性。其次,性侵案件被告人的品格也于 1994 年具有了可采性,而根据普通法和 1975 年公布的美国《联邦证据规则》,性侵案件中被告人的品格不具有可采性。

三、证据法学的历史、现状与未来

如果对我国证据法学研究进行历史分期,基本上可以将其分为三个历史时

---

〔27〕 People v. Collins,438 P.2d 33,34(Cal.1968).

〔28〕 [美]理查德·A.波斯纳:《法律的经济分析》(上),蒋兆康译,中国大百科全书出版社 1997 年版,第 31 页。

〔29〕 [美]理查德·A.波斯纳:《证据法的经济分析》,徐昕、徐昀译,中国法制出版社 2001 年版。

期。第一个阶段是中华民国时期，这个时期的基本特点是翻译、介绍英美、日本的证据法著作，其使命是阐述证据法的一些基本概念。第二个阶段是中华人民共和国成立之后到2003年前后，这个阶段的特点是翻译和介绍英美法系证据法的经典著作，其历史使命是继续完成第一阶段已经中断的任务。在这一时期，证据法学仍然处于概念的界定这一基础阶段。第三个阶段是从2003年前后到现在，证据法学日益崛起。其主要特征是在我国的法律院校中逐步出现了专门以研究证据法学为主要工作任务的教学机构，如中国政法大学证据科学研究院，以及其他一些院校的证据法学研究中心等。与之对应，在法律院校中也出现了一批专门以研究证据法学为主要工作任务的教学和研究人员。

评注1.06 | 我国证据法研究的历史〔30〕

中国证据法学的研究大约起自20世纪30年代，其标志是日本学者松冈义正所著之《民事证据论》一书的翻译。该书共5章，第1章总论，概论证据的本质、意义、种类、目的物等；其余各章分别讲述举证的责任、自由心证、证据手续及各种证据方法。中国人自己撰写的证据法论著，则首推周荣编著的《证据法要论》一书。该书共11章，除绪论讲述证据的定义及证据法的性质、范围、学说、分类外，分举证责任、证据调查、人证、鉴定、书证、勘验、证据保全、证据的评说等专题研究；以本国（时为中华民国）证据法为根据，略述英美证据法，并于每章末附中外判例。整个中华民国时期与证据法学有关的出版物，主要以这两本著作为代表。

中华人民共和国成立后，由于深受苏联影响，证据法学的研究一开始主要以译介苏联的证据立法和相关理论为主。其中第一本出版物就是维辛斯基的证据法理论，其次则是其他苏联法学家的理论著作。一直到1957年，证据法学的研究都还比较正常，但1957年以后，该领域的研究已经深受阶级斗争思想的影响，对于证据学的研究也主要为阶级斗争这一政治目标服务。20世纪80年代初期，证据法学的研究重新燃起了生机。这阶段出版了一些专著和教材，以及一些普及型读物，并发表了大量的论文。

自20世纪90年代起，法学学术可以说空前繁荣。各类法学学科纷纷建立，法学学术期刊也办得如火如荼，甚至一些以书代刊的出版物也如雨后春笋一般争先恐后地面市。同时，证据法学研究也春意盎然。简单地统计一下，以“证据”为书名的著作就达几十种，每年发表于各类期刊的文章也有数百篇。在各种出版物中，就其大概形势来看，仅教材就有十余种，理论性专著几十种，实务型著作若干种，有关立法建议的著作若干种；与此同时，译介国外证据法的著作也逐渐增多。

---

〔30〕 摘编自易延友：前引注25。注释从略。

从这些研究成果来看,可以说证据法学在教材的体系上日益完善,研究的题材日趋广泛,对有些论题的研究也是日渐深入,对于国外证据法的了解也经历了一个从不知不解并盲目批判到一知半解并盲目崇拜到日渐精解却徘徊犹豫的过程。所有这些,均反映了我国证据法学研究的深入发展与广阔前景。

就证据法学的未来而言,本书认为,目前中国更需要教义学方面的研究,而不应当盲目跟风英美进行交叉学科的研究,原因是我国证据法学和英美证据法学所处的发展阶段不一样。在英美,有关证据法的教义性研究确实存在衰退的现象,主要表现为教义性证据研究在主流期刊中被引用的频率下降,在顶尖学者中不那么受到尊重。在当今中国,散落在不同诉讼法中的证据规则仍然存在大量紊乱的成分,改革的呼声也源源不断,不仅证据规则没有独立成为法典,证据法学亦尚未成熟为一门独立的学科。

中国证据法学将来的发展,仍然要向专业化、独立化的方向前进。作为证据法学者,以及需要掌握证据法的法科学生,其第一步仍然是要掌握英美的证据规则并且能够做到灵活应用。欠缺这个基础的学者,都不是真正意义上的证据法学者,欠缺这个基础的学生,都不能说掌握了证据法的基本技能。就学术研究的角度而言,证据法学者要在精通英美证据法的基础上,一方面为已经获得移植和借鉴的证据规则提供法解释学的知识,为证据规则的实务应用提供理论上的帮助;另一方面也要为我国证据规则的法典化提供技术上的支持和决策上的参考。在这些努力的基础上,证据法学者方可有针对性地提出有关证据法的基本命题,并形成有中国特色的证据法学的系统性理论。

当然,本书并不反对从交叉学科的角度对证据法进行研究。但是,从法教义学以外的其他角度对证据法进行研究,除了应当具备有关证据法学的基本知识以外,还应当对研究者所运用的研究工具掌握到相当精通的程度。

第二章　证据制度的历史沿革

法国学者埃斯曼认为，人类证据制度大概经历了五个阶段。第一个阶段为种族阶段（ethnical phase），在这一阶段，家族与家族之间、种群与种群之间相互持有敌意，此时不存在什么有罪或诈骗之类的观念，只是个人和家庭之间受到复仇法的约束。这一时代的证据法只受到原始的以个人印象为基础的经验主义的影响。当场抓获是最典型的证明程序，这一程序不需要任何证据，抓获就是证明。第二个阶段是宗教阶段（religious phase），在这一阶段，任何刑罚都以上帝的名义做出，其典型的方式是考验。当时的人们相信，解决争端的最好方式就是将当事双方中的一方甚至双方暴露于某种特定的危险中，以迫使上帝在伸张正义的过程中扮演其应当扮演的角色。有学者甚至认为，水火考验的方法其实就是具有神学性质的法律专家提供的证言。第三个阶段是法律阶段（legal phase），在这一阶段，法律预先规定了不同形式的证明方法，以及各种方法所要求达到的证明程度。正是在这一阶段，口供被视为证据之王，从而为了获取这种证据，刑讯成为必要。第四个阶段是感性阶段（sentimental phase），在此阶段，陪审员和法官的良心成为证明的方式，它们被要求在自己过往的经验中寻求自己良心的恩准，以实现对过去事实的判断。第五个阶段是科学阶段（scientific phase），在这一阶段，科学专家将取代陪审员，对证据的科学化管理在扩张、规制、完善和指导专家的司法资格方面持续发展。[1]

埃斯曼关于证据制度发展阶段的概括可谓十分精当。据此观点分析，当代英美法系和大陆法系证据规则都仍然处于第三阶段、第四阶段、第五阶段融合的状态，因为这些制度都规定了一定的证明形式，都分别对不同的法律证明方法提出了不同的要求，但是它们也都扬弃了法定证据制度对证明力的类型化规定，尤其是否定了刑讯逼供的合法性，放弃了僵化呆板的证明标准，转而形成对法官和陪审员良心、经验和理性的探求，并逐步加强对科学技术的依赖。另外，大陆法系和英美法系在对法官良心、经验和理性强调的同时，又发展出各自不同的证据

---

〔1〕 A. Esmein, *A History of Continental Criminal Procedure: With Special Reference to France*, the Lawbook Exchange, Ltd., Union, New Jersey, 2000, p. 617 – 619.

法体系。大陆法系强调对法官心证的事后说明,英美法系则强调对法官心证的事先过滤。本章将分两节,对两种证据法体系的发展分别予以说明。另增加一节,专门对证据规则的法典化进行论述。

第一节 大陆法系:从法定证据制度到自由心证证据制度

一、神示证据制度

在原始社会,根本谈不上有什么证据制度,人们只受同态复仇规则的约束。对于除了谋杀之外的其他犯罪而言,“当场抓获”是最好的证明。“捉奸在床、捉贼带赃”都是典型的例证。后来才有了所谓的“神示证据制度”。

神示证据制度其实还谈不上是证据制度,其实就是一种原始的纠纷解决方式。其具体形式包括考验、决斗、共誓涤罪等。其中,决斗是最古老、最原始、最残忍也是最刺激的一种纠纷解决方式。决斗广泛存在于日耳曼部落法的记载中。5世纪左右的《勃艮第法典》规定:“只要一个人能够毫不迟疑地说出他知道事情的真相并且宣誓保证,他就不应当害怕决斗。”

案例2.01 对叛徒加奈隆的审判〔2〕

778年,查理大帝手下的勇将罗兰与12位圣骑士及2万名法国士兵战死在龙塞沃峡谷,战败的原因是叛徒加奈隆向撒拉逊人出卖了罗兰及其率领的法国部队。因此,加奈隆被指控叛国。由于对加奈隆的指控同时意味着一个反抗皇帝的犯罪,所以查理大帝从帝国各地召集诸侯组建了一个公众法庭,于778年12月31日在亚琛开庭审理此案。加奈隆对于他出卖罗兰导致其战死的事实供认不讳,但他辩解说,这并不意味着他背叛了皇帝,而只是因为早前发生的事情使他对罗兰怀恨在心,他的行为属于正当的复仇行为。参与审判的诸侯们因为他的这一答辩而变得犹豫起来。加奈隆还请求他的亲戚皮纳贝代表他参与司法决斗。皮纳贝的勇武在当时世人皆知。作为陪审团的地方诸侯对与皮纳贝决斗感到恐惧,因此决定:既然罗兰已死,任何赔偿都不能起他于九泉之下,因此任何理智的人都不会去同皮纳贝决斗。于是,他们请求查理大帝宽恕加奈隆,让他继续效忠王室。查理大帝对他们

---

〔2〕 节选自[美]西奥多·齐奥科斯基:《正义之镜:法律危机的文学省思》,李晟译,北京大学出版社2011年版,第119页。原文注释从略。

居然提出这样的建议感到惊愕和愤怒。这时,安茹公爵梯埃利站到了皇帝这边,反驳了罗兰之死只是他与加奈隆之间的私人恩怨的说法,指出既然加奈隆与罗兰都是皇帝的臣下,加奈隆的行径就是对皇帝的背叛。因此,他指控加奈隆伪证与叛国的重罪,应处以绞刑;他愿以手中利剑捍卫自己的指控。原被告双方都把自己的手套交给查理大帝作为宣誓,加奈隆的三十个亲戚还作为他的保人。经过鏖战,曾经一度处于下风的梯埃利最终将加奈隆斩于马下。观战的法兰克人欢呼:"上帝显现了他的神迹!"由于决斗已经显示了上帝的判决,法兰克人毫不犹豫地判处作为加奈隆保证人的三十个亲戚死刑,加奈隆本人还被处以五马分尸的极刑。

在有些地方,尽管司法上仍然采用决斗来解决冲突,但人们也意识到这种方式容易被滥用。在7~8世纪的伦巴第,一个杀死与自己地位同等的自由民的人将被剥夺全部财产。因此,有些人在其亲属死后,故意声称其死亡是由于被人通过下毒谋杀的,并通过决斗来谋求对方的财产。在此情况下,法律规定:一方面,如果一个人恶意挑战另一个人要求决斗,挑战者必须宣誓证明他的行为是基于对某些可以适用决斗的犯罪的合理怀疑;另一方面,即使被指控的人或者他雇佣的角斗士在决斗中失利,也并不剥夺其全部财产,而只需向指控者支付适当的赔偿。[3]

考验则分为水的考验和火的考验。在水的考验中,通常是将被告人五花大绑放到水中,看看是沉下去还是浮起来。一般认为浮起来的就是无罪的。但在有些地方,人们认为水是神圣的,因此沉下去才被认为是无罪的,浮起来则被认为是肮脏的,不被圣洁的水所接纳。在法国,则是从旁观的人群中随机挑选一位放进水里进行考验。火的考验则是让一方或双方用手握持烧红的热铁,包扎数日后看看是否腐烂,腐烂则有罪,反之则无罪。

案例 2.02　对伊索尔德通奸案的审判[4]

康沃尔国王马克理由充分地怀疑其妻子伊索尔德与侄儿特里斯坦有染,因而召集了一个教会法庭到伦敦提供咨询。如果对伊索尔德的指控成立,则意味着特里斯坦也犯了背叛国王的罪行,所以法庭的组成人员中包括了国王授权的世俗代表。在案件审理过程中,泰晤士主教提出建议说,特里斯坦与伊索尔德虽然被指控重罪,却没有任何证据(在当时,通奸者如果被当场抓住,通常可判处死刑,本案显

---

〔3〕 [美]西奥多·齐奥科斯基:《正义之镜:法律危机的文学省思》,前引注2,第117页。

〔4〕 根据[美]西奥多·齐奥科斯基《正义之镜:法律危机的文学省思》(第120~122页)记载的文学故事删节、改写而成。该故事源自诗人哥特弗里德·冯·斯特拉斯堡于1200~1210年撰写的华丽诗篇《特里斯坦》,其中关于审判的描写应当是13世纪之前的场景。

然不属于这种情形)。该主教还指出:事实上,人们对听到谎言的渴望并不亚于对真相的追求。所谓的指控也可能是谣言的流传。因此,他建议王后上殿亲自回应指控。

伊索尔德回答说,她远离自己在爱尔兰的家园,孤独地身处一群认为她"非我族类其心必异"的外族人之中,因而她愿意接受任何法律程序以证明自己的清白。马克国王立即表示,他希望伊索尔德能够接受手按烧红的热铁的神明裁判。伊索尔德接受了这一决定。审判被安排在6周之后的卡尔隆镇进行。伊索尔德对于证明自己的清白不抱任何幻想,因此构思了一个依赖上帝的仁慈本性来实现的欺骗计划。在卡尔隆,面对审判,伊索尔德摘下了她的珠翠,脱下了她的锦衣,换上苦行的修士们常穿的粗毛衬衣和羊毛斗篷,以此祈求上帝的垂怜,忽视她真实的罪过而恢复她的荣誉。

她将袖子卷到肘部之上露出赤裸的手臂以及双脚——这是规定的穿着以避免任何隐藏在衣服中的作弊装置——来到教堂。她将手放在圣物上,宣读了一个她精心设计的誓言:除了国王,再没有任何一个男人见过她的身体,也从来没有任何一个活的男人曾经依偎在她的臂弯或是肩头。国王马克对这个感到很满意,要求她拿起灼铁。伊索尔德呼唤着上帝之名,拿起了灼铁,而她的手并未被灼伤。伊索尔德被立即宣布无罪(惯常的做法是在等待3天之后看伤口是否愈合)。

除了以上决斗和考验的审判之外,还有一种常见的审判方式是共誓涤罪(compurgation)。共誓涤罪就是由双方各自找一些证人来帮助自己进行有着固定格式的宣誓,如果一方当事人誓言破裂,则该方当事人败诉。所有这些方式无非将一方或双方当事人置于危险之中,看看哪一方能够最终安然无恙地渡过难关。

在这些纠纷解决方式中,并不存在法官对双方主张的事实作出终局的认定,只不过人们会认为败诉的一方也许的确实施了犯罪。但是所有这些诉讼形式中,确实包含了宗教的因素,因为这些诉讼形式存在的基本理由,就是人们相信上帝一定不会抛弃自己的子民,所以一定会干预诉讼的结果,在冥冥之中主持正义,诉讼的结果就是上帝审判的结果,所以它代表了上帝的意志。

二、法定证据制度的起源

法定证据制度起源于对神示证据制度的否定,但它究竟起源于何时已不可考。它可能起源于古罗马时代的习惯法,那时候人们认为对一个被指控重罪的人定罪必须有两个或两个以上的目击证人。但也可能形成于更加晚近的时代。埃斯曼认为,至少在13世纪初期随着考验等审判方式的禁绝以及职业法官制度的建立，欧洲大陆的法定证据制度就已经开始萌芽了，因为古老的考验审判、共誓涤罪和决斗等方式都是与专业的法官审判不相容的。埃斯曼还认为，法定证据制度在1500～1600年就已经完全建立起来，并且一直持续到纠问式诉讼结束。[5]

三、法定证据制度的特征

（一）等级化的证明力规则

法定证据制度最为人所知同时也最受诟病的特点就是等级化的证明力规则。所谓等级化的证明力规则，就是指不同的证据种类对应着不同的证明力效果。也就是说，法律预先规定了各证据种类的证明力大小，法官必须严格按照法律的预先规定对案件进行裁判，而无论其个人对案件的感觉如何。不仅不同的证据种类对应着不同的效果，而且相同种类的证据，由于提供者的不同，也有证明力上的区别。例如，1875年《俄罗斯帝国法规全书》规定，男子的证言优于女子的证言；学者的证言优于非学者的证言；显贵者的证言优于普通人的证言，或者说贵族的证言优于平民的证言；僧侣的证言优于世俗人的证言。这些规定背后的理论基础是，女人天生爱撒谎；学者一般要顾及自己的身份，更不容易撒谎；一个人什么都没有的话，他也就什么都不怕，也就什么话都敢说，没有底线，一个人有了一定的身份和财富，他就要顾及自己的身份，因此其证言也就更可信；世俗人则什么都不信，也就没有底线，比起僧侣更容易撒谎。这是法定证据制度的第一个特征，即等级化的证明力规则。这也是本书第一章所强调的，对证据进行法律上的分类，证据只有在法定制度之下才具有法律上的意义。

（二）层次化的证明标准

法定证据制度把证明对象区分为案件事实和被告人的有责性两大块。案件事实主要是指被告人实施了被指控的行为，有责性主要是指被告人的罪责。对于前者，法律又进一步区分出“留下物质痕迹的犯罪”和“未留下物质痕迹的犯罪”两大类。所谓留下物质痕迹的犯罪，就是指杀人、放火等罪行。这一类犯罪，通常要求法官必须进行调查，查找出这些犯罪留下的物质痕迹，并由法官或者内科医生、外科医生或其他专家写出详尽的调查报告。这类犯罪的犯罪事实必须由这些独立的证据加以证明，被告人的供述在犯罪事实本身得到证明之前不得被用作反对被告人的证据。[6] 因为在这类犯罪案件中，只有对被告人罪责的证

---

〔5〕 A. Esmein, *supra* note 1, p. 621.

〔6〕 A. Esmein, *supra* note 1, p. 621.

明才可以使用被告人供述,在证明罪责之前,首先必须证明行为的存在。对于另一类犯罪,也就是不会留下物质痕迹的犯罪,最典型的如诽谤等案件,则对案件事实的证明与对被告人罪责的证明(demonstration of guilt)是无法分开的。

对罪责的证明则根据证据的证明程度分为完整的证明(complete proof)、半完整的证明(proximate indications/half proofs)和不完整的证明(remote indications)。完整的证明是指能够认定可判处死刑之罪的证明,它包括被告人供述,或者两个以上目击证人的证言。半完整的证明是指可以判处死刑以外的肉刑或者罚金刑的证据,它通常是指一个目击证人的证言。半完整的证明与被告人自愿或被迫的供述连在一起可以构成一个完整的证明。因此,在很多严重的犯罪案件中,半完整的证明的法律效果就是容许刑讯。不完整的证明则用于补强半完整的证明。另外,根据不完整的证明也可以传讯或者拘禁。通常,风闻、被告人可疑的表情等就可以构成不完整的证明,因此对不完整的证明实际上并没有严格的要求。[7]

(三)类型化的证明方式

与层次化的证明标准相对应,法律也对完整的证明在证明方式上作了类型化的规定。类型化的证明方式,就是指法律对容许作为证明根据的证据种类进行了预先规定。根据埃斯曼的介绍,法定证据制度之下,案件事实的证明一共有四种类型化的证明方式:第一种是供述,也称口头证明;第二种是人证,也叫言词证据,就是指以证人的证言来证明案件事实;第三种是文书证据,又叫工具性证明(instrumental proof);第四种是推定,又叫推断性证明。[8] 以上四种证明方式,依重要性按顺序排列。

对于其中的被告人供述和证人证言这两种证明方式,我们都很清楚。但是对其中的工具性证明,埃斯曼在有些地方用的是“文书证据”(documentary evidence)的表述,有些地方用的是“书面证据”(written proof)这一表述。[9] 从上下文来看,“书面证据”的表述可能更加贴切。之所以有书面证据这一证明方式,是因为有些犯罪如异端、密谋反叛等罪行主要是思想犯罪,因此在这些犯罪案件中,书面证据可以被用来作为一个完整的证明。但在书面证据作为完整的证明被采纳之前,它必须同时满足以下条件:(1)它必须精确地记载了犯罪事实;(2)它必须经过验真,或者上面有签名,从而获得被告人的认可。

---

〔7〕 A. Esmein, *supra* note 1, p. 626.

〔8〕 A. Esmein, *supra* note 1, p. 622.

〔9〕 A. Esmein, *supra* note 1, p. 622.

如前所述，完整的证明也可以由推定构成。但必须注意的是，推定的前提是基础事实已经按照法律规定的方式得到严格的证明。

（四）严格僵化的证明要求

法定证据制度的第四个特征是严格僵化的证明要求。如前所述，对于可以判处死刑的犯罪，应当达到完整的证明。完整的证明最常见的方式是被告人供述，或者两名以上目击证人的证言。根据法律规定，目击证人的证言必须同时满足以下条件：(1)两名目击证人证言证明的必须是同一事项；一个目击证人证言并非没有价值，但不得用于作为死刑案件的定罪根据。(2)两名证人都必须是目击证人；传闻证人的证言，如证人在法庭作证说“我听说被告人威胁了被害人或者我听到被害人临死前的惨叫”等都不属于目击证人证言；证人声称自己从被告人那里听说他供认了自己罪行的证言，也不可能构成一个完整的证明。(3)证人证言必须是肯定性的。如果证人表达过任何迟疑，如“如果我没记错的话”或者“如果我记忆正确”或者“这件事情也许是这样”，则该证言就不再具有任何证明效果。(4)对证人证言的记录应当与证人在法庭上提供的证言以及证人与被告人对质时提供的证言是相同的。(5)证人应当是无可指摘并且也未受指摘的。[10]

（五）刑讯逼供与口供成为证据之王

由于严格僵化的证明要求，按照英诺森三世的说法，起诉方要承担证明责任，其提供的证据必须像正午的太阳一样清晰。对于可判处死刑的犯罪，控方必须提供两个或两个以上可信的目击证人；如果达不到上述标准，被告人的供认也可以起到证明的作用。刑事案件通常很难找到两个完全符合要求的目击证人。所以，有一个目击证人就可以刑讯，通过刑讯就可以获得被告人供述。

综上所述，正是由于对死刑案件必须达到一个完整的证明，而完整的证明又非常难以获得，只能在极为例外的情况下才可能获得，从而使这一制度下的法官必须不惜一切手段去获得被告人的供述。

四、对法定证据制度的批评

应当说，法定证据制度并不是毫无道理的。它对定罪提出了相当高的证明要求，实际上是为了保护被告人。例如，它要求两名或两名以上的目击证人证言才能构成一个完整的证明，实际上是说必须要有两个以上的直接证据才能定案。

---

〔10〕 A. Esmein, *supra* note 1, p. 623.

按照之前的要求,目击证人必须满足若干条件。这些条件实际上就是说目击证人的证言必须构成直接证据才算是合格的目击证言。所谓直接证据就是不需要经过推理就能证明案件主要事实的证据。如果证人只是听到被害人临死前的惨叫,并没有亲眼看到被告人杀死被害人,其证言也只是一个间接证据,是不符合目击证人证言要求的。法律要求两名以上的目击证人证言,也是为了防止诬告陷害,防止冤假错案。两名以上目击证人的证言完全吻合、相互印证,出现冤假错案的可能性也就大大降低。

法定证据制度认为人是有理性的,可以对证据证明力的大小通过人的理性活动进行判断。但是,它过于强调立法者的理性,而忽略了司法者的理性。它认为立法者是无所不能的、能够预见一切的,所以预先就把证据证明力的大小规定好了;司法者遇到各种不同的证据,只要按照既定的规则来做出判断而不需要思考。这就导致它在司法实务中的运用比较僵化、呆板,很不合理。而且它在很大程度上导致了刑讯逼供,因为它的证明标准定得太高,导致实际上很多案件都达不到那么高的证明标准,就只好允许刑讯逼供。

但那时,对于刑讯逼供,法律也不是无原则地允许。如前所述,必须在有一名目击证人证言的情况下才允许刑讯逼供,即有一名目击证人证言证明被告人实施了犯罪,经过刑讯后如果被告人供述能够与之前目击证人的证言相互印证,其实也是可以起到加强法官确信的作用的。只是,如果执法人员在刑讯过程中不完全按照规程操作(这种可能性很大,实务中也很普遍),广泛地、普遍地、反复地进行诱导或提示,则刑讯之后被告人供述与之前的目击证人证言相互印证的目标也是很容易完成的。

正是由于这些原因,法定证据制度尤其是其中的刑讯制度在 17 世纪引起了广泛的批评。贝卡里亚写道:“我们的法律禁止在诉讼中进行提示性讯问。……然而,不管理由怎样,那些既保持这一习惯又许可刑讯的法律具有明显的矛盾:难道还有什么样的讯问能比施加痛苦的刑讯更富有提示性吗?刚才提到的第一个理由在刑讯中出现,因为痛苦将提示强壮者坚持沉默,以便使较重的刑罚换为较轻的刑罚;并提示软弱者作出交代,以便从比未来更痛苦更具有效力的现时折磨中解脱出来。”〔11〕

贝卡里亚将刑讯与古老的考验和决斗进行了比较,对刑讯制度的荒谬性给予了透彻的分析:“在野蛮的古老法制中,烈火和沸水的考验以及其他一些捉摸不定的械斗曾被称作神明裁判,似乎上帝手中永恒链条的环节在任何时候都会被人类轻率的手段所瓦解和脱节。而那个名声不佳的真相熔炼炉,正是今天仍

〔11〕［意］贝卡里亚:《论犯罪与刑罚》,黄风译,中国大百科全书出版社 1993 年版,第 27 页。

保留的古老法制的纪念碑。刑讯和烈火与沸水的考验之间所存在的唯一差别就在于,前者的结局似乎依赖于犯人的意志,而后者的结局则依赖于纯粹体格和外在的事实。但是,这种差别只是表面上的,而不是实际上的。在痉挛和痛苦中讲真话并不那么自由,就像从前不依靠作弊而避免烈火与沸水的结局并不那么容易一样。我们意志的一切活动永远是同作为意志源泉的感受印象的强度相对称的,而且每个人的感觉都是有限的。因而,痛苦的影响可以增加到这种地步:它占据了人的整个感觉,给受折磨者留下的唯一自由只是选择眼前摆脱惩罚最短的捷径,这时候,犯人的这种回答是必然的,就像在火与水的考验中所出现的情况一样。有感性的无辜者以为认了罪就可以不再受折磨,因而称自己为罪犯。罪犯与无辜者间的任何差别,都被意图查明差别的同一方式所消灭了。"〔12〕

贝卡里亚还指出:"刑讯必然造成这样一种奇怪的后果:无辜者处于比罪犯更坏的境地。尽管二者都受到折磨,前者却是进退维谷:他或者承认犯罪,接受惩罚,或者在屈受刑讯后,被宣布无罪。但罪犯的情况则对自己有利,当他强忍痛苦而最终被无罪释放时,他就把较重的刑罚改变成较轻的刑罚。所以,无辜者只有倒霉,罪犯则能占便宜。"〔13〕

罗伯斯比尔也对法定证据制度僵化的证明形式提出了批评。他指出:"两个人的证明,是法律所规定的这种证据的一种。但是假定说,在某一起案件中,两个证人作出不利于被告人的供述,而法官知道他们头脑不清或者不够诚实,或者是看出了他们没有信心和犹豫不决的情形,最后,被告人的性格、他的无可责难的声望,以及在法官面前暴露出来的许多情况,都在形成一个比两个证人的供词更加令人满意和更加有力的证据。法官在这种场合能否判罪呢? 不能,因为那会意味着宁愿要虚幻的证据而不要真实的证据,那会意味着宁愿要真理的影子而不要真理本身,那会意味着用法律的宝剑盲目地刺死一个无辜的牺牲者,那会意味着破坏法律的精神和妨害法律的目的""根据上述一切理由,我得出一个结论,如果没有法定证据,法官不能够判罪;我还得出另一个结论,如果法官的个人信念与这种虚构的证据发生矛盾,他也不应当判罪"〔14〕。

五、自由心证证据制度的确立

罗伯斯比尔的观点,实际上是试图融合法定证据制度与自由心证原则,但这种努力显然遭到遏制。在法国 1790 年召开的制宪会议上,杜波特代表宪法和刑

〔12〕 [意]贝卡里亚:《论犯罪与刑罚》,前引注 11,第 32 页。
〔13〕 [意]贝卡里亚:《论犯罪与刑罚》,前引注 11,第 33 页。
〔14〕 [法]罗伯斯比尔:《革命法制和审判》,赵涵舆译,商务印书馆 1997 年版,第 31 ~32 页。

事法委员会提出的报告明确建议废除陪审团面前的任何形式的书面证明,并建议除了陪审团建立在口头证据基础上形成的彻底的内心确信以外,法律不要求任何其他形式的裁判基础。[15] 在1791年9月26日通过的法律中,对陪审员的宣誓要求是:“你们宣誓……(你们将)按照你们的良心和你们个人的内心确信,中立地并且以一个自由人所具有的坚定,对指控和答辩作出决定。”法国1808年颁布的《刑事诉讼法典》第342条规定:“法律所规定的是要他们集中精神在自己良心深处探求所提出的反对被告人的证据以及被告人的辩护手段在自己的理性里发挥了什么印象。法律只问他们一个能够在他们职务上全部尺度的问题:你们是真诚地确信吗?”[16] 也就是说,在对被告人定罪的问题上,你们在自由地评价完所有控方的证据和被告人的证据之后,如果还认为他是有罪的,那么你们是真诚确信他有罪吗?如果是真诚确信的,那你就大胆地投票定他有罪;如果没有达到真诚地确信,你就应当投票反对。这是对所谓的“他们”,也就是对陪审员们提出的要求,就是对证据自由地进行评价,所以叫自由心证证据制度。

随着法国《刑事诉讼法典》的颁布,欧洲大陆国家也相继废除了法定证据制度,即便是其中一些最受人推崇的部分也在所有地区逐渐消失。但在英美法系中,由于一直不存在法定证据主义,陪审团审判从一开始具有证人的特点而逐步转为依靠当事人传唤证人、出示证据来形成内心确信的审判机制,陪审团作为事实的法官从一开始就是对证据进行自由的评价,法定证据主义几乎从来没有占据过历史的舞台,自然也就不需要通过一场革命来实现这种制度的转换。

第二节 英美法系:从陪审团审判到可采性规则

一、英美证据法的雏形

从700年到1200年,无论是欧洲大陆国家还是英格兰,都不具备产生证据规则的条件,因为这时候实际上并没有严格意义上的审判,一个人被指控犯罪以后只能通过考验审判、共誓涤罪、决斗的方式来证明自己的清白。因此,诉讼本身不需要现代意义上的证人,也不存在现代意义上的“说服”。法庭的功能仅仅是证实它曾经观察过上述这些活动以适当的方式进行,而并不拥有直接作出它自己推理的权力。但是,诚如威格默所言,一些标志性事件的产生,的确具有证据

〔15〕 A. Esmein, *supra* note 1, p. 627.

〔16〕 A. Esmein, *supra* note 1, p. 628.

规则之雏形的意味,这些事件包括传唤证人以证明某个文件、宣誓生效所必须具备的数量要件,以及印章在证明存在某一契约方面所具有的排他性证明力,等等。[17]

1215年以后,由于第四次拉特兰宗教会议禁止教士参加考验的审判,欧洲大陆与隔海相望的英格兰在诉讼程序方面走上了完全相反的道路。在欧洲大陆,非理性的审判方式逐渐被纠问式诉讼所取代,纠问式诉讼的目的在于获得完全的证明,这种完全的证明严格并且明确地规定了证明的质量和数量方面的证据标准。

而在英国,非理性的审判方式则为陪审团审判所取代。在这种审判方式实行之初的几个世纪,对于定罪的原则性标准或者关于证据的规则几乎都没有什么要求。实际上,从1200～1500年长达300年的时间里,陪审团的司法功能在逐渐发展,其中最显著的贡献也许就是使现代意义上的"说服"成为一种必要的设置。因为,大多数学者认为,陪审团在17世纪以前都是凭借自身的知识就案件作出裁判的。最新的研究也表明,直到15世纪的时候,陪审团才不再是一个在信息方面自给自足的团体,而是成为一个听取和评价证据的主体。[18] 在这期间,英国法中没有任何证据规则得到发展。

在陪审团转变为一种在法庭上听取证言的审判机制之后,证据规则也没有马上就产生。比较普遍的观点认为,普通法上证据规则的形成是在17世纪,尽管有些规则的存在可能还要稍早于这个时代。在1745年英国的一个案件中,大法官哈德维科指出,当时唯一通行的证据规则是"最佳证据规则"。[19] 在最早的证据法著作中,吉尔伯特集中论述的也是这一规则。尽管威格默声称1790～1830年证据制度的丰满时期已经到来,[20]但直到19世纪80年代,当史帝芬还在写作他的三卷本《英国刑法史》的时候,他还在说:"据我所知,与刑事诉讼有关的证据规则,仅仅只有四条。"[21]这四条规则可以被视作证据规则的雏形。

其中第一条规则是,被告人和他的妻子无资格作证。这是传统证据法中最重要的内容。根据这一规则,被告人的妻子或者丈夫都不得被迫在法庭上作证

〔17〕 Wigmore, *Evidence in Trials at Common Law*, revised by Peter Tillers, Little Brown and Company, Boston & Toronto, 1983, Vol. 1, p. 607.

〔18〕 Barbara J. Shapiro, *Beyond Reasonable Doubt and Probable Cause*: *Historical Perspectives on the Anglo – American Law of Evidence*, University of California Press, London, 1991, p. 4.

〔19〕 Omychund v. Barker, 1745 1 Atk 21 49.

〔20〕 Wigmore, *supra* note 17, Vol. 1, p. 609.

〔21〕 Stephen, *A History of the Criminal Law of England*, Vol. 1, Macmillan and Co., 1883, p. 439.

反对其配偶。这一规则最初在民事诉讼中得到确立,后来才影响到刑事诉讼。[22]

第二条规则是,供述必须出于自愿。这一规则是通过一系列的司法判例发展形成的。1783年的一个案例最早宣布了这一规则。在吉尔伯特《论证据》一书中,已经有关于这一规则的论述。曾经有一段时间,法官倾向于排除所有的供述证据,同时任何引诱被告人供述的行为都是被禁止的。被告人供述必须出于自愿的原则与英国普通法上一直强调拷打为非法的规则密切相关。虽然有一段时间拷打似乎已经合法化了,但严格说起来它从来没有合法过。

第三条规则是,除被害人关于其死亡原因的临终遗言之外,传闻证据一律加以排除。这一规则大致确立于18世纪80年代,因为史帝芬在其1881年出版的《英国刑法史》一书中就宣称,这一规则已经实行至少一百多年了。[23]

第四条规则是,品格证据通常被认为与案件无关。但是实践中却放任其存在,从诺曼征服开始,被告人的品格即被用来作为决定是否允许其以共誓涤罪的方式洗刷自己清白的标准;斯图亚特王朝时期,凡是关于被告人曾经犯有重罪或轻罪的证据都可以随意在法庭上出示。当然,关于被告人品行良好的证据也是具有可采性的。

二、交叉询问规则的产生

在陪审团由证人向裁判者身份转化之后的很长一段时间内,几乎都没有什么关于询问证人的规则,证人可以自由地陈述他知道的事实,而不是通过被询问的方式陈述事实。由控辩双方通过询问让证人陈述事实的做法最远可追溯到乔治三世的时候。[24] 但是,当事人可以由律师代理向证人进行交叉询问的权利却是在18世纪初期发展起来的。威格默赋予这一权利十分重要的意义,声称交叉询问权获得承认的一个显著效果,就是通过法庭审判中对证人的多重询问而发展出证据规则并使其中很多细节的方面自然地成为证据规则中的显著部分。[25] 但是,尽管交叉询问的权利已经发展起来,在开始的时候,关于对证人进行询问的规则仍然十分稀少,其最基本的要求仅仅是必须平静和公正。按照普通法的诉讼程序,在检察官或私人起诉者作开庭陈述之后,就是对证人进行询问的环节。询问首先由控诉方开始,其询问被称为主询问(chief examination)。然后,如

---

〔22〕 关于这一规则之详细论述,可参见 R. H. Helmholz et al., *The Privilege against Self - Incrimination: Its Origins and Development*, The University of Chicago Press, 1997。

〔23〕 Stephen, *A History of the Criminal Law of England*, *supra* note 21, p. 447. 乔治二世于1760年去世,乔治三世继位。Churchill, *A History of the English - Speaking Peoples*, Cassell & Co., 2000, p. 443.

〔24〕 Stephen, *supra* note 21, p. 431.

〔25〕 Wigmore, *supra* note 17, Vol. 1, p. 608.

果被告方聘请了律师,则由其律师进行询问,其询问被称为交叉询问(cross - examination);若被告人没有聘请律师,则由被告人自己进行交叉询问。王室的检察官在被告方交叉询问之后还可以再询问(re - examination),法官和陪审团在认为必要的时候也可以进行询问。主询问的目的是让证人以连续而不间断的方式陈述相关事实,并保证其陈述不至于偏离审判的主题。交叉询问的目的则在于:一方面,促使证人讲述其在主询问过程中没有讲述的对被告人有利的事实;另一方面,验证证人在主询问过程中叙述之事实的正确性。再询问的目的则在于澄清证人在交叉询问过程中暴露出来的疑点或问题。

询问过程中最主要的规则是,在主询问过程中,不能对证人进行诱导性询问。所谓诱导性询问是指早已设定好答案的询问。再询问过程中也不能提出诱导性问题,但在交叉询问过程中则允许进行诱导性询问。但是,这一规则在证人看起来可能对传唤他的一方不利的情况下可由法官酌情决定不予适用。一个比较普遍的例子是,如果证人在接受治安法官询问时对某一事实有所陈述,而在法庭上却对此事实犹犹豫豫、支支吾吾,则可以对其提出诱导性问题。[26]

三、当代证据规则的产生

当代英美证据规则在16~17世纪开始萌芽,到19世纪臻于成熟。其主要内容可以概括为以下五类:第一类是基于认定事实之精确性考虑而设置的可采性规则,这部分内容是英美证据法的主体部分;第二类是基于特殊政策目标设置的规则,其目的基本与发现真实无关;第三类是特免权规则;第四类是举证责任和证明标准规则;第五类是包括补强证据规则在内的证明力规则。其中第五类规则已经走向衰亡。

在英美法系,证据具有可采性的第一个条件是必须具有相关性。但是,法律对于相关性并没有给出一个标准。事实上,这个标准也是不可能存在的,因为相关性本身更多的是一个经验性的判断。英美法系的证据法专家通常承认,相关性问题更多地属于逻辑问题和经验问题,只有可采性问题才是一个法律问题。[27]

相关性并不是可采性的唯一前提。很多在逻辑上具有相关性的证据,在法律上仍然不具有可采性。这就是我们通常所谓的可采性规则的作用。证据法的核心部分就是证据可采性规则。以传闻规则为例,通常,传闻证据是不具有可采性的,但是,传闻证据规则也会使一些有价值的证据被排除在法庭之外。考虑到

---

〔26〕 Stephen, *supra* note 21, p. 430.

〔27〕 不同的意见也是存在的,关于此问题的讨论具体可参见 William Twining, *Rethinking Evidence: Exploratory Essays*, Northwestern University Press, 1994, p. 188 infra。

这一点,传闻规则又确立了许多例外。除传闻规则以外,品格证据规则、证人作证规则、交叉询问规则、意见证据规则、专家证言规则、实物证据的验真规则以及文书证据的原始性要求等,都属于为提高事实认定之准确性而设置的规则。

| 评注 2.01 | 证据法的形成与陪审团的审判〔28〕

众多学者认为,证据法的产生和陪审团有关。塞耶是这一观点最有力的鼓吹者。他声称,“以排除规则(可采性规则)为其主要内容的英格兰证据法是陪审团最伟大也是最显著的成就”。塞耶的理由主要在于,如果小陪审团还和它开始产生的时候那样,不是在公开的法庭上,在法官的眼皮底下听取证人证言,而是依赖自身的信息,或者私下里去访问证人,则可以说证据法永远也不会产生;正是司法对当事人向陪审团举证的监督和控制导致了证据制度的产生。塞耶说,“如果谁想要了解这一制度,就必须将它的这一来源牢记在心”。为了让人们对此来源牢记在心,塞耶在其十二章的《论证据》一书中花了四章的篇幅来叙述陪审团的产生和成长过程。在当代,仍然有不少学者认为证据规则是为陪审团审判而设置,并以此来解释其与大陆法系证据规则的差异。

不过,塞耶宣称“证据法是陪审团的儿子”这一论断本身也容易引起误解,使人误以为没有陪审团审判就没有英美法系的证据规则。但事实上绝非如此。因为,一方面,在欧洲大陆,尽管没有陪审团审判,但是他们在中世纪的时候就发展出很成熟的证据规则。这一事实说明,没有陪审团审判,同样可以产生证据规则,只不过不同的审判机制产生不同的证据规则。在法官审判的情况下,发展出了关于证据之证明力的精致的规则,这些规则由法官来掌握;在陪审团审判的情况下,发展了关于证据之可采性的精致的规则,这些规则也由法官来掌握,并且成为法官控制陪审团的一种工具。另一方面,即使有了陪审团审判,也不必然导致证据法的产生。因为,陪审团审判制度本身是一个保守的因素,它自己不会积极地产生任何制度。如果证据法是陪审团的创造的话,为什么在陪审团审判产生的 12 世纪以及此后的将近 500 年时间中,证据法都没有产生呢?根据英国最早的证据法著作,一直到 1726 年,英国的证据规则也主要仅涉及三个方面的内容:文书的证明(the proof of writings);利害关系人无资格作证(the disqualification of witnesses for interest),以及按照实体法标准是否存在充分的证据(the sufficiency of evidence according to the criteria of substantive law)。正如郎本所指出的那样,在 16 ~ 17 世纪,英国的证据法尚未存在;法官对陪审团的指示中并没有关于现代证据法的内容,而律师依照现在的规则提出反对的现象也很少发生;直到 18 ~ 19 世纪,证据法才首先在刑事

〔28〕 节选自易延友:《英美证据法的历史与哲学考察》,载《中外法学》2004 年第 3 期。原文注释从略。

诉讼中产生,然后才延伸至民事诉讼领域。

因此,证据规则的产生与陪审团审判制度实际上并无必然联系。但是这并不意味着证据规则与陪审团审判没有任何联系。事实上,陪审团由证人身份向法官身份的转变,为证据规则的产生提供了条件。在陪审团依赖自身信息判决案件的情况下,证据规则是不大可能产生的。所以,自1500年后,当陪审团基本上已经不再依赖自身信息作出判断,而是以在法庭上听取证人证言和当事人举出的其他证据作为其裁决基础的时候,陪审团就不再垄断对事实的认定,因为法官与陪审团一样,也参与了对证据的听取过程。参与这个过程为法官对事实的认定施加自己的影响提供了机会和借口,因为从这时候起他开始有资格也有能力对证据进行评论并就如何适用法律对陪审团作出指示。从证据规则产生的这一前提,我们也可以理解为什么陪审团产生之初法官没有将认定事实的权力留给自己。等到他们认识到这一权力的重要性的时候,陪审团行使这一权力的事实已经深入人心,想改也改不了了。但是,他们不会轻易放弃对这一权力的争取,对陪审团的指示正是他们分享这一权力的现成方式,而正是由于法官对陪审团的指示使证据法的产生成为可能。所以,威格默认为,指导性审判的黎明正是证据法的"分水岭"。也正是在这个基础上,威格默指出,尽管证据法的充分发展是1790~1830年的事情,其产生则应当是在16~17世纪,因为正是从那时开始法官对陪审团就证据问题作出指示。

在这个意义上,本书认为陪审团审判为证据规则的发展提供了条件和契机。在英美法系,逻辑上具有相关性的证据仍然由于证据法的规定而不具有法律上的可采性,这些规则的存在很大程度上是由于人们相信,采纳这样的证据可能会给事实裁判者造成超过它本身应当具有的证明力的评价。在所有关于陪审团容易被不适当的证据误导的理论中,最典型的例子是传闻证据规则。传闻证据排除规则有很多合理的基础,但其中最重要的一条就是,提供传闻的人不能在法庭上接受交叉询问以检验其证言的可靠性:交叉询问由反对他的一方进行,法庭会观察证人的一般表现,以及他说话强调的重点,以及他声调的高低等。这一理论背后的东西则是:人们不相信陪审团能够考虑到这种证据的缺陷。

品格证据排除规则的产生也是由于受到陪审团审判的影响。无论在英国还是美国,均不许控诉方将被告人的不良品行以及以前的定罪记录或者其他违法行为作为证据在法庭上出示。这一原则的主旨在于防止被告人因为偏见而被定罪。其基础显然是担心陪审团和其他事实法官对这样的证据给予不应有的分量。换句话说,品格证据规则是为了防止陪审团对这些证据赋予过高的证明力而设置的规则。与大陆法系不一样,关于以前的定罪这种证据不能在法庭上采纳,英美的法学家提供的解释完全不是因为不具有相关性,而是因为这样的证据容易导致陪审团对被告人产生偏见。对此,美国1947年的一个案件表述得十分明确:"州(政府)不得出示被告人先前被定罪的记录……这不是因为他的品格与案件无关;相反,是因为它可能导致陪审团过分看重这样的证据以致形成对被告人的偏见,从而拒绝给予其公正的针对特定指控进行辩护的机会。排除这一证据的至高无上的政策,就是基于这种实际的经验:拒绝这样的证据将会防止对争议问题的混淆,防止产生不公正的惊讶以及不适当的偏见。因此,尽管它有一定的证明力,也必须予以排除。"

在其他没有受到英国普通法影响的国家,对证据的出示和对待通常都采取了更为宽松的态度。在大陆法系,并没有基于事实裁判者可能会错误地评价这样的证据从而影响事实认定的精确性而将其予以排除的规则。事实是,大陆法系受过训练的法律家几乎全体一致地认为,这样的排除规则是不能被接受的。比起英美法系的法律家,他们对外行法官在作出决定时不给予某些证据不适当的考虑的能力方面更有信心。但是,在通过立法预见将来方面,他们比英美法系的法律家又更加悲观,因为他们不相信在预见特定种类的证据对认定事实影响的基础上,可以成功地制定一套关于证据的法律规则。郎本曾经指出:在我们的审判法庭上,无论是民事诉讼还是刑事诉讼,你都可以听到律师们不断地打断(对方律师对证人的询问)并提出基于证据规则的反对;人们对这些咒语是如此熟悉,以致它们已经进入公共文化领域;闭上你的眼睛,你就可听到佩雷·马森或相似的电视中传出严厉而掷地有声的反对:"不具有实质性!""传闻!""意见!""诱导性问题!"而当我们切换频道,来到法国或意大利或瑞典的法庭,你便再也听不到这些声音了。郎本还指出:"在过去的二十年间,我曾经经常参观德国的民事和刑事诉讼程序。我听到过很多传闻证言,但是从未听到过反对此类证言的声音;我也听到意见证据在法庭上如潮水一般汹涌而至,却没有遭受任何抵抗。"

所以,恰如塞耶等证据法学者所声称的那样,正是排除那些可能导致陪审团作出错误判断的需要,以及指示他们如何对待被容许的证据的愿望,共同构成了今天英美法系发展出如此精致和正式的证据法的首要原因。

第三节　证据规则的法典化

一、证据规则法典化的历史背景

法典化起源于19世纪初期的法国,其目的在于:第一,统一国家法律制度;第二,简化法律使其便于适用;第三,通过法典化对原有法律进行改革。从法国的情况来看,在大革命之前,法国的疆域内同时存在两种不同的法律体系,北方主要是以罗马法为主体的成文法,南方主要是以习惯法为主体的不成文法。更为糟糕的是，无论是南方还是北方，又有三种不同的规则加以补充，一是封建法；二是教会法；三是国王法令。在这种情况下，大革命之后法国率先进行了法典化运动，在拿破仑的主持下，1804 年制定了法国《民法典》。

如果说法国《民法典》的巨大成功是一种出于对现实不满而自发的行为结果，德国的法典化运动则更像是经过深思熟虑之后采取的行动。德国除了法律规则的分散和不统一之外，还存在民族不统一的问题，因此在 1814 年，德国海德堡大学法学家蒂堡发表了《论统一德国民法典的必要性》一文，主张以法国《民法典》为典范，制定德国的民法典，以结束德国法律的割据状态，并以此奠定德意志国家的统一基础。虽然由于以萨维尼为首的历史法学派的反对而导致德国法典化运动的延宕，这一运动还是在 1896 年以德国《民法典》的诞生为标志而达到高潮。

欧洲大陆法典化的成就主要体现在法国《民法典》与德国《民法典》上，但法国从 1791 年第一次制定《刑事诉讼法》，到 1808 年《刑事诉讼法》改革，实际上也在很大程度上统一了刑事法律规则并改革了法律，这些都是法典化取得的成就，而证据规则法典化的历史渊源恰好是大陆法系法典化运动的一个延伸。

二、证据规则法典化的成功范例：印度《证据法》

当代英美证据规则最为发达，但是证据规则法典化在英国并不顺利。著名的功利主义哲学家边沁认为普通法太过复杂、杂乱无章，以至于在很大程度上给法律适用及发展带来不便。因为它纯粹是不成文的，每一个规则都包含在案例当中，即所谓的先例原则，每一个规则都是由判例确立的，确立之后，法院遇到相同的情形要做出相同的处理。但问题在于，各个案件很难完全相同，就像天底下找不出两片完全相同的树叶一样，你也找不出两个完全相同的案件。所以边沁认为，英国的法律如此地杂乱无章，必须要实现法典化，而且不要给法官留下任何解释的空间，其目的在于精简英国的法律，使其简便易懂，并降低普通人对律师的依赖性。为了实现自己的主张，他亲自撰写了两本书，一本是《司法程序原理》，另一本是《证据原理概观：如同有律师一样没有律师》。同时，边沁认为证据规则也是杂乱无章的，所以他在这本书里面也阐述了自己对证据规则如何法典化的主张。受边沁观点的影响，英国国王威廉四世曾经任命一个委员会来考察是否需要对刑法法典化。经历了二十年的考察，英国法官却认为英国的法律没有什么不确定之处，不需要法典化，异口同声地否定了法典化的努力。这其中的原因主要在于，任何一个法典化活动都不可避免地对原先的规则进行或多或少的改变。但英国的法官比较保守，他们对原先的规则很熟悉，不愿意去改变。因为当一个人对一个东西很熟悉之后，通常就不愿意改变它。因此证据规则法典化在英国并没有实现。

事实上,世界上第一部法典化的证据规则在印度。在 1870 ~ 1871 年,史帝芬为印度起草了《证据法》。该法案于 1872 年获得通过,成为正式的证据法典。1873 年史帝芬回到英国,又试图着手为英国起草一部证据法典,但这一尝试失败了。也就是说,印度《证据法》虽然由英国人起草,英国人自己却没有证据法典。为什么?一方面,欧洲大陆编纂法典的原因很多,但其中最为重要的原因还是出于结束不稳定的局势和法律的极端分裂的需要,但是英国不需要通过法典化运动来实现国家统一,因为英国早已通过王室法院建立了通行于全国的法律体系;另一方面,虽然英国的法律规则是杂乱无章的,但是其规则也是统一的,不需要通过法典化来统一规则的适用。所以尽管法典化运动在大陆法系取得了成功,甚至在美国后来也取得了成功,但是在英国它没有任何成就,尽管史帝芬曾经想要推动它,最后也是无功而返。

三、英国证据规则的成文化

虽然英国在证据规则法典化的道路上没有取得成就,但是英国证据规则实现了高度的成文化。英国的很多部门法并未编纂成法典,但是却有很多成文法来规范它们,如证据规则前前后后颁布了很多部。在 1845 年英国已经有一个《证据法》,规范了证人证言和书证的某些方面,但是它并不是一个完整的法典;在 1868 年,英国又制定了一个《文书证据法》,专门规范了文书的可采性,之后做了几次修改;在 1896 年,英国专门制定了《刑事证据法》,主要规范刑事诉讼中一些特定的证据及其可采性问题;在 1868 年,英国制定了《民事证据法》,到 1895 年做了修改,一直到现在该法律仍然有效;1984 年英国又制定了《警察与刑事证据法》,对警察收集证据的程序性规则和证据可采性问题作了相应的规制;1994 年,英国制定了《刑事司法与公众秩序法》;1999 年制定了《少年司法与刑事证据法》。这些成文法都不是完整的法典,因为这些法律只是规范了证据制度的某些特定方面,实际上就是把很多证据问题分散到不同的成文法里面加以规定。但仍要明确的是,统一证据法的努力是从英国开始的。边沁、塞耶、史帝芬等人对证据法学的研究,就是想要把证据法从其他部门法里面独立出来。例如,1726 年吉尔伯特在他的论著中论述了最佳证据规则,1880 年史帝芬也是想要把证据规则统一于证据的关联性。这些人都是想要把证据法从其他部门法里边独立出来。从法学研究来看,法学家的努力已经为证据规则的法典化奠定了基础。虽然英国并没有采纳法学家的意见,但是在英国有独立的证据法法学教材和法学著作,并且证据法教材的历史比刑事诉讼法的历史还要悠久,这一点在美国也是一样。

四、美国证据规则的法典化

（一）证据规则法典化的尝试

在证据规则法典化领域，美国也做了一个尝试，这个尝试主要有四个方面的成就，一是威格默，在1909年他还很年轻的时候，就出版了他的《证据法典》，但是该《证据法典》由于过分拘泥于细节而没有被官方采纳。二是在1939年，美国法律学会开始制定《模范证据法典》，法典的起草由摩根教授担任主席，威格默也参与其中，该法于1942年公布。但是，由于该法典过于技术化且在很多方面采取了激进的变革，因此遭到强烈的反对，连参与其中的威格默教授也极力反对。三是1953年美国统一州法委员会公布了《统一证据法典》，有很多学者建议联邦最高法院采用这个法典，或者建议各州采用这个法典，但是真正采用的也不多。四是1965年加利福尼亚州议会通过了《加利福尼亚州证据法典》，这实际上是美国的第一个以州为单位制定的证据法典，也是正式生效的证据法典。因为美国有50个州，每个州的法律都不一样，最开始证据法典在加利福尼亚州制定颁布，后来美国《联邦证据规则》的制定其实在很大程度上参照了加利福尼亚州的证据法典，等到美国《联邦证据规则》颁布以后，加利福尼亚州的证据法典也作了相应的规定，又反过来参照美国《联邦证据规则》。所以法典之间其实是一个相互影响，相互生成的关系。可以看出，大陆法系的法典化运动在美国有很大的影响。美国《模范证据法典》《模范刑法典》《统一商法典》，这些法典都在大陆法系法典化运动这样一个大背景下受到影响与启发，朝着法典化的方向发展与统一。

（二）美国《联邦证据规则》的制定

美国《联邦证据规则》的法典化，大致经历了以下几个阶段。第一个阶段是1961年时任美国联邦最高法院的首席大法官埃尔·沃伦组建了一个特别委员会，并任命耶鲁大学一位杰出的教授詹姆斯·莫尔来担任委员会的主席。该委员会的使命就是做一个关于制定全国统一的证据法典是否必要的调查研究。该委员会于一年以后出具了一份详尽的报告，结论是在美国通过一个全美国统一的联邦证据规则既是必要的，也是可行的。所以这个阶段相当于一个筹备阶段。第二个阶段是该调查报告提交联邦最高法院后，最高法院在1965年宣布成立了一个由法官和学者组成的咨询委员会，由他们来起草联邦证据规则。该咨询委员会经过数年准备后于1969年将草案向全社会公布以征求意见。在收到意见反馈后，又对这个草案进行修改。联邦最高法院司法会通过了该草案并将其提交联邦最高法院。在经过进一步修改后，联邦最高法院于1972年批准了这些规则并授权首席大法官将其提交国会。但是国会一直没有通过，因为这个草案对特免权作了非常详尽的规定,而且有一些内容在很大程度上改变了普通法上的规则,尤其是其中的公共特免权,又叫政府特免权,赋予了总统很大的权力,使总统可以以政府特免权为由拒绝披露很多信息。而当联邦证据规则提交议会的时候,正处于水门事件发酵、膨胀、爆炸的过程中。此时公众对总统、政府官员的不信任也到达极点,因此证据规则规定那么多特免权不可避免地在议会产生了激烈的争论。这就是它一直没有通过的基本原因。于是在 1974 年,议会删掉了关于特免权的几乎所有内容,取而代之的是议会拟定的一个关于特免权的一般性规定。在这个前提下,美国《联邦证据规则》才得以通过。1974 年 10 月,美国总统福特签署了该法案,并于 1975 年 1 月由国会以制定法的形式公布,同年 7 月 1 日生效。

(三)美国《联邦证据规则》的体系与内容

美国《联邦证据规则》的条文编排和我国法典是不一样的。我国法典的编排一般采取编、章、节、条、款、项的方式,不同章节之间的条文编排从一而终,也就是从第一条一直到最后一条。美国《联邦证据规则》的编排则有点类似酒店的房间号,比如一层从 101 开始编号,一直编到 128 或 138 都可以,然后二层再重新编号,从 201 到 208 或 238。美国《联邦证据规则》一共 11 条,每一条规范一个基本方面,下面细分若干规则,规则下面有若干项;每一条下面的规则以条的顺序号为其顺序号的首位数字,在此基础上每个规则单独编号。比如第 1 条一共 6 个规则,其条文就从 101 编到 106;第 3 条只有 1 个规则,条文就只有 301;第 4 条一共 15 个规则,就从 401 编到 415,以此类推。

| 评注 2.02 | 美国证据规则法典化的成就

美国《联邦证据规则》是高度形式化和理性化的法典。理性化和形式化都是为了实现法律规则适用的可预期性。每个人都是追求自身利益最大化的主体,因此规则必须是明确的,如果规则不明确,那么它的适用就不具有可预期性;如果不具有可预期性,被规则约束的人就没有办法通过对规则适用的预期来理性地安排自己的生活。因此法的形式理性化是为了实现法的可预期性。在马克斯·韦伯看来,形式理性化是法律发展的最高阶段。韦伯将法律的发展划分为四个阶段,第一个阶段是形式的、非理性的法律,它以天启法、初民法为代表,其特征是以异于理性的方法如神谕、神判、考验、决斗等直观的形式主义作为判断合法与非法、有罪与无罪的标准。这种法律具有一定的程式化特征,但是它的结果却是不可预料的。第二个阶段是实质的、非理性的法律。什么叫实质的、非理性的呢? 就是这个法律的适用既没有程式化也不可预测,它以传统法、家产法、教权政治法作为典型例证,其特征是以具体的、伦理的感觉评价作为判断的标准。例如,中国古代的“临事议制、不以刑辟”,就是等事情发生了以后再讨论处罚的办法,其法律适用的可预期性约等于零。第三个阶段是实质的、理性的法律,它以自然法为代表。总体来看,它符合人们的一般正义观点,但是缺乏一个程式化的特征,没有达到一个体系上的完备性,只是一些抽象的原则。第四个阶段是形式理性化法,出现在资本主义阶段,此时法律体系非常完备,具备程式化的特征,其适用具有高度的可预期性。韦伯认为资本主义法律发展到最后阶段必然是形式理性化的。

从法的形式理性化方面来说,美国《联邦证据规则》可以说是一个光辉的典范,体现在两个方面。一是法典的完整性。如前文介绍,虽然美国《联邦证据规则》仅仅 11 条,但只要是普通法上存在的规则,除了前文所述特免权被议会删除了以外,基本上都作了规定。二是法律的统一性。原来各州证据规则都是不一样的,而在颁布了美国《联邦证据规则》之后,到目前为止已经有四十多个州都采用或者参照美国《联邦证据规则》制定了自己的证据规则。据称,在美国《联邦证据规则》颁布之前,当一个律师进入法庭并通过抽签确定其案件的审判法官时,他知道他的案件所适用的证据规则将是该法官自己掌握的一系列规则;他还知道,如果是另外一名法官来审理他的案件,所适用的将会是另外一套规则;在很多法域,可以说有多少法官就会有多少套证据规则。美国《联邦证据规则》颁布之后,在联邦法院里,对于上述问题至少可以获得一个明确的适用规则。

法律的完备性同时也必然体现为规则的复杂性。也只有当规则复杂了,它才能够涵盖社会生活的方方面面。规则的复杂性还体现在原则和例外的结构方面,其中原则是原则,例外是例外,例外里面还有例外。以传闻为例,传闻在通常情况下没有可采性,但是美国《联邦证据规则》第 801 条规定了传闻的定义和传闻的豁免,后者就是指在普通法上,这个证人陈述是传闻,但是美国《联邦证据规则》不把这个陈述当作传闻对待,因此它就具有可采性,即传闻具有可采性可能是因为它是传闻的例外或者传闻的豁免。既然传闻的例外是有可采性的,那么例外的例外则没有可采性,而例外的例外的例外又具有可采性。比如传闻的例外中有一个是公共记录,它便具有可采性,因为公权机关所做的那些记录,无心疏失的可能性也许会有,但是有意作假的可能性是很小的,所以它的可靠性有保证,因此公共记录作为传闻的例外具有可采性。但是公共记录中的警察记录是作为例外的例外,却又不具有可采性。这是因为,虽然公权机关一般没有作假的动机,但在刑事诉讼中警察作假的可能性还是存在的,所以公共记录中的警察记录,不具有传闻具有可采性的可靠性的保证。但是警察记录中有关身份信息的记录,作为例外的例外的例外又具有可采性。这是因为,虽然警察可能在侦查案件的过程中为了不利于被告人,做记录的时候仍然可能作假,但是关于身份问题,他不存在作假的动机,所以它作为例外的例外的例外又具有可采性。因此美国《联邦证据规则》就显得越发复杂,但正是由于它的复杂,它才能够涵盖全部社会生活。否则就是“一刀切”,“一刀切”就代表简单化,简单化容易导致在有些案件中不能够实现正义和发现真实,只有把社会生活尽可能地细分,进一步地类型化,才可能在不同的社会生活中按照不同的规律去促进法庭真实的发现。所以美国《联邦证据规则》的复杂性并不影响它的可适用性,它既完备又复杂,同时也是可适用、可操作的。这种适用性不仅能从规则的内容中看出来,从规则的形式上看也能一目了然,其篇幅大致相当于一本30页左右的小册子,查找起来十分方便。

关于原理的一致性,很多证据法学者都试图用一个原则来统率所有的证据规则,比如最佳证据原理、不信任陪审团原理、真实发现原理和裁判正当性原理等。无论是哪个原理,均从不同侧面反映了英美证据法的哲学本性,其核心是秉承了英美证据法上一贯的理性传统。从吉尔伯特到史帝芬、边沁,从塞耶、威格默到克罗斯、麦考密克,对审判的性质与目的,对于有关过去事件的知识和信仰,以及在法庭语境中争议问题的推理等,都一直坚持着这一理性的传统。由于有传统,有积累,所以一门学科的知识含量也大,要在原有基础上继续增加知识含量也就越发困难。最初有人在证据法教材中提出最佳证据原理很新鲜,有创造性,是为开先河者。到了威格默那个年代,他就不能提出用一个最佳证据原则来统率证据法,所以他把先驱们整理的东西,包括还未整理的特殊的法律案例都收集过来,编撰成一部十卷本的证据法。所以他的伟大,是作为证据法领域中的集大成者。从他的时代,从历史上往前推一百年,往后推一百年,他都是最有影响力的证据法学者。当我们谈到美国证据法的历史渊源,吉尔伯特当然要提,证据法的历史渊源肯定少不了他。之后还有史帝芬、塞耶,然后就是威格默,他的影响比摩根要大得多。美国也有学术上相互批评的传统。但是对于威格默十卷本的证据法,摩根也大为赞叹,公开对他表示钦佩,虽然这两个学者之间有矛盾,但摩根对对方做出的成就还是承认的。

有了美国《联邦证据规则》,法学教育也相对简单了许多。因为它为证据法的研习者指明了一个简明的路径。它明确地告诉人们规则是什么,而不像普通法那样需要通过大量的阅读和分析才能抽象出法律原则。普通法像一片汪洋大海,你是望不到边际的;又像一座迷宫,你兴致勃勃地出发,半途筋疲力尽,发现还找不到出口。但是法典就不一样,从法学教育的角度来说,对于直接掌握规则,法典化是一个最简便的方法,任何人包括外行人想要去找一个规则,法典就是一个便捷的途径。当然作为外行人,没有受到法学训练,可能会很片面,也可能找到的法条并不是他以为的那个意思,但是他至少可以找到那个规则是什么。美国《联邦证据规则》无疑为每一个初入法学殿堂的学生提供了一个简明的指南。

五、中国证据规则的法典化

本章的最后一个问题是：在中国是否需要证据规则法典化？如果需要，该如何法典化？

我国于2001年颁布了最高人民法院《关于民事诉讼证据的若干规定》，其内容包括证明责任的分配、证据证明力的审查判断、补强证据规则以及一些程序性事项。它与2002年颁布的最高人民法院《关于行政诉讼证据若干问题的规定》内容大体一样，也包含了证明责任分配以及一些程序性事项。2010年《关于办理死刑案件审查判断证据若干问题的规定》则更像英美证据规则，在这个规定中并没有程序性事项的内容。但是无论怎样，我国目前的证据规则格局是民事诉讼中有《关于民事诉讼证据的若干规定》，行政诉讼中有《关于行政诉讼证据若干问题的规定》，刑事诉讼中有《关于办理死刑案件审查判断证据若干问题的规定》。因此我国的证据规则并不统一。另外也有重复，比如刑事诉讼中关于审查判断证据若干问题的规定，它的很多规定也同样适用于民事诉讼，但是却分散在不同的法律文件中。

从必要性方面来看，本书认为，基于约束法官心证以及统一法律实施的需要，有必要制定统一的证据法典。在没有证据规则的前提下，一项证据是否被事实的裁判者认真听取，法官在作出裁判时是否考虑了当事人及其律师提出的证据，均不可预测。可以确信：在制定和颁布统一的证据法典之后，这种规则的不统一局面和法律适用的不可预期性，均会大大得到改善。

在内容方面，本书主张集中规定可采性，不规定其他内容，如证据交换、证据开示、举证期限等，这些都属于程序性规范，应当分别由民事诉讼法和刑事诉讼法规定。也有些学者将证明责任归于证据法内容。本书认为，刑事诉讼中的证明责任和民事诉讼中的证明责任是不一样的，同时证明责任很多时候体现为一种实体法的规范，民法典天然包含了有关举证责任分配的规则，虽然在讲授证据法学的时候一般会涉及举证责任的分配，但是证据法作为一部法典来说，却没有办法穷尽列举证明责任，所以与其将它放到证据法里，还不如不作规定。如前文所述，史帝芬开始主持制定印度《证据法》的时候也没有在证据法典中规定举证责任；美国《联邦证据规则》也只是规定了举证责任的一方面即司法认知和推定。另外证据法典中也不需要规定非法证据排除规则，因为非法证据排除规则是宪法权利这棵“大树”上开出的一朵“花”，它是离不开宪法权利那棵“大树”的，而一旦涉及宪法权利那棵“大树”，就会进入宪法和刑事诉讼法的领域。美国《联邦证据规则》对此也只规定了一句话而已。因此，如果要制定证据法典，不要认为只要与证据有关就属于证据法的内容，证据法只涉及两个问题：一个是证明力；

另一个是可采性。如今证明力法定证据规则已经废除了,只剩下一个就是可采性。因此,证据法典的制定应当以可采性为基本内容,对于可采性以外的规则,基本上应当忽略。

从立法的形式上看,本书赞成统一而不分散的立法模式。也就是说,最好制定一部统一的独立的证据法典。首先,从适用范围来看,如果把法典规范的调整对象界定为可采性的话,那么它规定的对象都是统一适用的,对于一部分仅适用于某个特定诉讼中的规则,单独加以规定即可。其次,统一独立的规定有利于实现法律的简单化和确定性。因为分散于不同的诉讼法典中予以规定的做法很可能导致不同的法典对同样的内容作不同的规定,这样必然会损害法律的权威性,也会给法学的学习和研究带来不便。最后,从功能的角度来看,证据法的主要目的是约束法官心证,为了促进真实发现和司法公正,无论是民事诉讼还是行政诉讼乃至刑事诉讼,其发生作用的原理均不存在区别,因此完全没有必要分别予以规定。

第三章　证据法的理论基础

证据法的理论基础,就是证据法何以如此的原因。探究证据法的理论基础,首先需要界定证据法是什么,以及证据法的目的是什么。如果把证据法理解为以保障基本人权为目的的非法证据排除规则或主要是非法证据排除规则,我们就需要从价值论而不是认识论的角度去界定证据法的理论基础。如果把证据法理解为以发现真实为核心目的设置的证据可采性规则,我们就需要反过来从认识论而不是价值论的角度来界定它。在这一前提下,如果我们已经有了丰富的证据规则,认识论就是我们解释这些规则的一个有益的工具;如果我们还没有证据规则或者还没有完善的证据规则,认识论就是指导我们建立、丰富和完善证据规则的思想原则。

本书认为,证据法的核心内容是以发现真实为目标设置的有关证据可采性的规则。因此证据法的理论基础首先应当是认识论而不是价值论。只有在涉及某些具体证据规则设计的时候,才偶尔需要涉及价值论。从理论基础的角度来看,证据法基本上和价值论没有直接关系。又由于我国虽然在近期也移植或确立了一些基于发现真实的目标设置的证据规则,但总体来看我国的证据规则还不够丰富,也远不够完善。

当然,即使不了解认识论,也不妨碍我们了解证据法。但认识论有助于我们更加深刻地了解证据法。诚如石里克先生所指出的那样:“我们无须给各门学科提供认识论基础也能进行这些学科的研究,但是除非我们提供了认识论基础,否则就决不会深刻地理解这些科学。”[1]为了足够深刻地了解证据法,本章对证据法的理论基础——认识论基础加以阐释。在阐释证据法的认识论基础之前,我们首先需要了解证据法的目的,作为探讨认识论基础的前提。

---

〔1〕［德］M.石里克:《普通认识论》,李步楼译,商务印书馆2005年版,第17页。

第一节 证据法的目的

一、证据法的多元目的包含社会的政策目标

墨菲在其著述中将英美法系的证据规则分为八类:第一类是结构性规则(structural rules),其功能在于为法庭审判如何处理有关证据的问题提供一个基本的框架,例如,关于举证责任与证明标准、展示资料的认证等方面的规则;第二类是优先性规则(preferential rules),其目的在于当较高质量的证据可以获得时避免接受较低质量的证据,如最佳证据规则等;第三类是分析性规则(analytic rules),其功能在于避免接受从经验上看可能不可靠的证据,如传闻证据规则等;第四类是预防性规则(prophylactic rules),其作用在于防止那些陪审团可能无力对其进行客观判断的证据,或者陪审团可能赋予其不适当证明力的证据(prejudicial evidence:可能导致偏见的证据),如品格证据排除规则等;第五类是简单化规则(simplificatory rules),其目的是对数目庞大的材料进行简化以使陪审团能够掌握;第六类是数量规则(quantitative rules),目的在于限制证据出示的重复累赘或要求在证据数量方面达到一定的要求,比如补强证据规则等;第七类是政策性证据规则(policy-based rules),其目的在于保护特殊的亲密关系或者国家秘密等,如特权规则等;第八类则是自由裁量规则(discretionary rules),它允许法官为了正义或审判的迅速进行而不理会甚至违反某些特定的证据规则。[2]

从以上规则来看,证据规则的功能是多元的,仅仅从任何一种目的论的理论出发,都不足以解释众多证据规则的价值和意义。但从英美证据法所服务的诉讼程序来看,我们认为,总体上,英美法系证据规则主要目的仍然是促进真实的发现,或者说提高裁判中认定事实的精确性,从而加强裁判中认定事实的可接受性。可以说,绝大多数证据规则均在一定程度上有利于保障诉讼中真实的发现。因此,发现真实是证据规则的直接目的。同时,在任何诉讼中,一个真实的裁判往往比不真实的裁判更加具有可接受性,因此,以提高认定事实之精确性为目标的证据排除规则也加强了裁判事实的可接受性。

二、证据法的核心目的是促进真实的发现

毋庸置疑,任何一个诉讼制度要想正常运转,至少都必须在一定程度上声称

---

〔2〕 Peter Murphy, *Murphy on Evidence*, seventh edition, Blackstone Press Limited, 2000, p. 14 – 15.

自己发现了真实,而且能够最大限度地发现真实。裁判事实的可接受性可以通过多种渠道获得,但在通常情况下,一个符合客观真实的裁判往往会比明显看上去不符合客观真实的裁判更具有说服力,从而也就更具有可接受性。英美法系的诉讼程序并不将发现真实视为诉讼的唯一目标,也不将其视为最高目标,但这并不是说英美法系诉讼程序不需要发现真实。实际上,根据传统的证据理论,大多数证据规则都是为了保障陪审团不受误导而设置的,这样,它们也就是为了保障发现真实而设置的。英美的制度一方面通过表示对陪审团的不信任,将很多表面上看起来容易引起误导的证据排除出审判法庭;另一方面它还通过对抗制的举证方式,尽量避免在认定事实的过程中出现遗漏的信息并避免出现错误的裁决。

对此,美国《联邦证据规则》第 102 条明文规定:"解释本法应力求执法之公平,避免不当之耗费与拖延,促进证据法的成长与发展,以达发现真实及公正裁判之目的。"根据这一规定,美国《联邦证据规则》的首要目的就是发现真实,以实现公正裁判。值得强调的是,发现真实和公正裁判在这里是互为表里的关系。美国《联邦证据规则》在这里想要表达的是,只有发现真实,才能公正裁判;没有发现真实,就不会有公正裁判。如一句法律谚语所云:排除了证据,就排除了正义。美国《联邦证据规则》在这里的意思就是:忽略了真实,就忽略了正义。

当然,认定事实的精确性可以作为裁判可接受性的来源,从而也就不具有终极价值。但是,一方面,很多英美的学者都习惯于将诉讼中的发现真实作为一项重要的价值,甚至作为一项终极目标加以强调,因此发现真实总是给人一种很深的印象;另一方面,加强认定事实的精确性、加强法庭审判的对抗性等内容,实际上是相互影响、彼此依存的关系。可以说英美证据制度的各个方面都在长期的历史发展过程中形成了这种相互依存、相互影响、互为表里的关系。

另外,无论是加强认定事实的精确性,还是保障无辜的人不被定罪,或是保障法庭审判的纯洁性,在理论上都存在争议。也是在这个意义上,很多学者认为,英美司法制度的优势,也包含了其中的劣势。就对抗制诉讼形式而言,不断有学者论证其对发现真实的积极意义;[3]但也不断有学者主张对抗制妨碍了真实的发现。[4] 同时,在保障人权方面,美国在其联邦宪法修正案的基础上发展出了基于保障人权目标设置的非法证据排除规则,但一方面,不断有判例声称证据排除规则有利于保障法庭审判的纯洁性;另一方面,又不断有学者质疑非法证据

---

〔3〕 Marvin E. Frankel, *The Search for Truth: An Umpireal View*, 123 U. Pa. L. Rev., 1975, p. 1031.

〔4〕 Joseph D. Grano, *The Adversarial – Accusatorial Label: A Constraint on the Search for Truth*, 20 HVJLPP 513, 1997, p. 513 infra.

排除规则的这一功能。[5] 一方面,多数人认为对质权、反对自我归罪的特免权以及非法证据排除规则是宪法上保障人权的重要措施;另一方面,当受害人在遭受这些规则蹂躏的时候,人们又对这样惨无人道的规则表示了由衷的怀疑。[6]

| 案例 3.01 | 格斯坦蒂努诉赫尔佐格案[7]

大卫·赫尔佐格是一名产科医生。他为阿曼达·格斯坦蒂努接生。在接生过程中,阿曼达的肩部卡在她母亲的耻骨上导致俗称的"肩部难产"。为了解决这一问题,赫尔佐格医生采取了下列措施:(1)麦克罗伯特操作:将格斯坦蒂努女士的腿往她头上推,同时按压耻骨上部;(2)伍茨螺丝锥:将其伸进子宫并转动婴儿以便其肩部能得以推出;(3)臂部伸展术:将阿曼达的手臂尾部加以伸展以便创造更大的空间。最终,阿曼达被成功接生,但是却具有先天性厄尔布麻痹(erbparalysis)——一种臂部神经损伤导致的残疾。

格斯坦蒂努一家向纽约东区的联邦地区法院对赫尔佐格医生提起了诉讼,声称医生将格斯坦蒂努女士的腿往她头上推的做法以及转动阿曼达头部的做法导致了阿曼达的残疾,医生的做法偏离了普遍接受的接生标准,根据纽约州的法律构成了医疗过失。被告否认有任何过错,声称阿曼达的残疾是由于生产过程中的正常压力所致。

本案由陪审团审判。原告的第一个证人是被告赫尔佐格医生。原告律师在询问赫尔佐格医生时宣读了一段斯蒂芬·盖伯主编的关于接生的著作,其中写道:"一旦一个顺产生产程序开始,产科医生就必须抵制转动头部以进行横轴运动的诱惑。"赫尔佐格医生承认转动了阿曼达的头部,但不同意盖伯书中的观点。

原告方传唤的医疗专家是伯纳德·内森逊医生。内森逊医生作证说在肩部难产中对头部作任何操作都是违背医疗标准的,因为它不会对肩部被卡住这一问题起到任何缓解作用,同时却增加了患有厄尔布麻痹的危险。

被告方对原告的这一理论进行了多方面的反驳。首先,被告依据的是另一著名的论文——《威廉姆斯论接生》——该论文指出,把婴儿的头部向下牵引是治疗肩部难产最普遍的技术之一。内森逊医生承认,威廉姆斯的论文属权威论文,也承认牵引婴儿的头部是治疗肩部难产的最普遍技术。但他仍然坚持认为,对这一技

---

〔5〕 Akhil Reed Amar, *The Constitution and Criminal Procedure: First Principles*, Yale University Press, 1997, p. 24. Amar 的观点是,当一个证据被排除出法庭从而导致法院作出了一个错误的判决的时候,所谓法庭审判的纯洁性也就不复存在了。

〔6〕 在一个强奸案件中,一名少女被 6 人轮奸,案发后为实现被告人的"对质权",该少女在法庭上被被告方律师连续询问了 12 天。Jenny McEwan, *Evidence and the Adversarial Process—The Modern Law*, 2nd Edition, Hart Publishing, 1998, p. 273.

〔7〕 Costantino v. David M. Herzog, M. D., P. C., 203 F. 3d 164, 2000.

术的运用构成医疗过失。

其次,被告还出示了一段15分钟长的视频,该视频来自美国妇产科医师学会(ACOG)可视化图书馆,标题就是“肩部难产”。根据被告的陈述,该录像带由ACOG出品,被用于对外科医生进行教育培训。这段视频描述了治疗肩部难产的各种技术。

原告、被告双方及法官格里森都认为该视频属于传闻。但被告方认为该视频属于美国《联邦证据规则》第803条(18)所说的传闻的例外。原告方反驳说,第803条(18)只列举了“已发表的论文、期刊或宣传册”为已知论文,不包括视频。原告还认为被告并没有为该视频提供任何基础。

经过对视频的秘密审查(在陪审团不在场的情况下进行的审查)之后,法官格里森裁决该视频具有可采性。对该视频为何根据美国《联邦证据规则》第803条(18)具有可采性的问题,法官格里森解释说:“我认为……聚焦于区分一个事物究竟是存在于一本期刊或一本书,以此来反对一个视频的出示,实在是太过于技术化了。”

基于这一裁决,该视频在审判中播放了两次。第一次在原告专家内森逊医生的质询中完整播放,第二次在被告方自己的专家证人詹姆斯霍华德博士进行再次直接询问时进行了部分播放。

该视频描述了真实的生产过程,其中包括了肩部难产,并展示对肩部难产的一些应对措施。这些对生产过程的描述伴随着勇医生的解说,勇医生是达特茅斯学院希区柯克医疗中心的医生。15分钟的视频中,勇医生几次警告说,不幸的是,在实施这些措施时,婴儿并不总是能够毫无伤害地生产出来:“有时候,受伤总是难免的。”

陪审团裁决被告胜诉。原告提出上诉。

上诉法院认为,根据美国《联邦证据规则》第102条,在解释证据规则时应当秉持发现真相的目的……促进法律的发展与成长。为了实现这方面的努力,有些立法方面的判断是有必要的。如同霍姆斯大法官所言:“我毫不犹豫地承认,法官是在立法,而且也应当立法,但是他们仅仅能够填补法律的空隙。”法兰克弗特法官更加直白地说过:“立法者批发式地立法,法官零售式地立法。”还说:问题不在于法官是否立法,而在于法官应当何时以及如何立法。

本案中,我们被迫立法。我们同意审判法官格里森的意见:一个信息如果是印在已知论文上就足够可靠从而足以推翻传闻排除法则的“篱笆”,而如果是以视频的方式呈现就丧失了可靠性的印记,这也太过技术化了。我们看不到任何理由仅仅由于该信息以视频的方式呈现而不是以印刷品的方式呈现就剥夺陪审团观看该视频的权力。在这个可视化交流的时代,视频是更经常地作为最有助于实现美国《联邦证据规则》第102条之精神的例证。

总而言之,我们同意得克萨斯州上诉法院的看法,视频与已发表的论文、期刊或册页并无区别。因此,我们判定,该案中的视频根据美国《联邦证据规则》第803条(18)具有可采性。

三、发现真实有助于加强裁判事实的可接受性

绝大多数基于认定事实的精确性而设置的证据排除规则,其根本目的都是获得或者加强裁判事实的可接受性亦即裁判事实的正当性、合法性。虽然本书并不赞成将裁判事实的可接受性作为证据规则唯一的价值目标,但它至少是其中最重要的目标。发现真实实际上是服务于这一目标的,因为任何诉讼最终都必须解决其裁判事实的可接受性问题,却不一定要解决发现真实的问题,尽管真实的发现在多数场合可能会更有助于加强裁判事实的可接受性。

对于裁判事实的可接受性,查尔斯·尼桑曾经精辟地指出:裁决的可接受性是法律能够道德化和具有教育功能的关键;因此,审判尽管表面上看起来是一个发现真实的过程,而实际上则是一个剧场,是一场戏剧,公众通过参与从中吸收应当如何行为的信息;尽管促进裁判事实精确性的措施通常也会促进裁判事实的可接受性,但是事情并不总是这样;不仅如此,有些证据原则只能这样来理解:它们的目的不是获得裁判事实的精确性,而是为了获得裁判事实的可接受性。[8]例如,历来被视为为保障发现真实而设置的传闻排除法则,就是一个典型的例证。传统上一直认为,传闻规则是为保障发现真实而设置的规则。但实际上,如果传闻法则是为了保障真实的发现,那么,这一规则排除的就应当是不可靠的证据,而将比较可靠的证据作为例外赋予其可采性。可实际上并非如此,往往是那些较有可靠性的证据被排除,而作为例外被赋予可采性的证据则不一定可靠。[9]但是,他们仍然在坚持这一规则,原因即在于,这一规则虽然在一定程度上阻碍了真实的发现,但是它有助于实现裁判事实的可接受性。对此,尼桑作了精辟的分析。尼桑认为,传闻规则不能起到促使公众立即接受裁决的作用,因为可接受性可能会使公众要求法官考虑一切与案件有关的材料,而传闻证据通常也被认为具有相关性。但是,传闻证据规则可以使裁判认定的事实具有持续的可接受性。因为,未经交叉询问的传闻,可能会在裁判作出后被改变,从而使裁判事实的可接受性打折扣。而经过交叉询问的证言则可以降低证人改变证言的危险;

---

〔8〕 Charles Nesson, *The Evidence or the Event? On Judicial Proof and the Acceptability of Verdicts*, 92 Harv. L. Rev. 1359.

〔9〕 Christopher B. Mueller, *Post - Modern Hearsay Reform: The Importance of Complexity*, 76 Minn. L. Rev. 367.

而且,即使证人日后改变说法,由于经过交叉询问,他先前在法庭上所作证言的可信性也会高于其改变后的证言。[10] 由此可见,以裁判事实的可接受性来解释证据规则的理论更加具有合理性。

| 评注 3.01 |　证据法的目的是通过发现真实加强裁判的正当性[11]

关于司法审判的目的在于实现裁判的可接受性,从而证据规则的主要目的也就在于实现裁判事实的可接受性这一点,理论上并不是不存在争论。有论者甚至指出,重建考验或决斗的审判方式在今天会被认为野蛮,但它们曾经被社会相信是最具有使人屈服之能力的争端解决方式。这一论断无疑是正确的,但是裁判事实的可接受性却并不等于一种司法制度执行其裁决的能力。毫无疑问,在专制的政府体制下,法院可能会最有能力执行其生效裁判,但是这种裁判的执行力不是来自其裁判的合法性,而是来自公开的恐怖和暴力。马克斯·韦伯在论及权力与暴力之关系时曾经强调,对于政治团体来说,暴力既不是唯一的,也不是通常的管理手段,它们的领导人经常使用各种手段来贯彻其目的,其中也包括暴力,但是暴力始终是特殊的而且是最后的手段,只有在其他手段失灵的情况下才会使用。在现代社会中,诉讼的终极目的一是要解决纠纷,二是要将一些基本的价值推行于整个社会。诉讼的过程实际上始终离不开这两个基本目标,而一切诉讼规则和证据规则也都必须服务于这两个基本目标。如果暴力始终是作为最后的手段而不是作为经常性手段,这样的目标就需要通过加强裁判的可接受性而获得实现。正是在这个意义上,我们说裁判事实的可接受性是证据规则的终极目标,是所有证据规则都必须服从的价值取向。也正是在这个意义上,中世纪的考验审判以及决斗审判,虽然具有使人服从的力量,但是这种力量显示的不是其裁判的可接受性,而是该制度所具有的强迫服从性。

尽管仍然有不同的声音,但司法审判的目的在于实现裁判事实的可接受性这一观念,在英美法系证据法学理论中已经日益成为共识。墨菲的《论证据》一书,开篇就是关于司法审判性质的界定:"审判是对过去发生事实的调查,其主要目的在于建立一个关于过去事实可接受的可能性,这种可能性赋予法官赋予或拒绝当事人某种救济请求的权力。"又:"司法审判并不是追求过去发生之事实的最终真相的探索过程,而是建立一种关于发生过什么事情的版本,这个版本对于过去发生之事实的正确性必须达到可以接受的可能性。"还有一些作者虽然不赞成将"可接受性"作为证据规则服务的目标,因为他们认为如果一套规则公开宣称它仅仅是服务于

---

〔10〕 Charles Nesson, *supra* note 8, p. 1374.

〔11〕 摘自易延友:《英美证据法的历史与哲学考察》,载《中外法学》2004 年第 3 期。标题为本书所加,原文注释从略。

一个制度所呈现的表象,它将无法成功地实现这一目标;但同时亦表示,社会必须对审判制度的结果怀有信心的需要至少是证据规则呈现当前这种状况的重要原因之一,而这种需要在刑法领域又被最大限度地戏剧化了:当我们观察剥夺自由、财产乃至生命的惩罚时,公平的感觉对于我们集体良心获得安宁而言显然是至关重要的。

既然如此,那为什么在陪审团审判的早期没有产生为获得裁判事实之正当性而产生的证据规则,而直到18世纪末期才产生这样的证据规则呢?难道12世纪、13世纪的裁判就不需要正当性吗?如果需要的话,此时的裁判正当性又来自何方?为了说明这一点,有必要简略回顾一下陪审团审判的历史。在证据规则产生大约二百年以前,陪审团在一定程度上具有证人的特征。这一点至少可以从两个方面得到证明。首先,陪审团的成员必须是来自争议发生地点的邻人。从陪审团组成人员的地域限制我们可以看出,早期的陪审团成员至少有一部分是了解案件事实的人,或者是对于了解案件事实具有便利条件的人。其次,陪审团的裁决如果被推翻,则作出该裁决的陪审团成员要受到处罚。他们原来的裁决被认为是作伪证。这一点可以从当时大小陪审团的组成得到论证。刚开始的时候,大陪审团的成员也是小陪审团的成员。有时候,在大陪审团决定被告人是否有罪时,为了更具有代表性,更多的人被加进来;有时候,只有部分大陪审团的成员参加决定嫌疑人是否有罪的程序。也就是说,在小陪审团决定案件时,至少其中的一部分成员并且是大部分曾经参加过大陪审团的调查和起诉工作。这样,如果小陪审团的裁决与大陪审团认定的事实不一致,这样的裁决就表示陪审员的裁决前后矛盾。同样的陪审团在不同的场合作出不同裁决,这与证人在不同的场合作出不同的陈述没有本质上的区别。所以,他们必须以伪证罪论处。

至于陪审团的证人身份何时才正式转化为法官身份,在史学界并无定论。可以肯定的是,这是一个逐步发展的过程。陪审团成员的地域限制在逐步放松,必须来源于案件发生地的陪审团成员数目在逐渐减少。在民事案件中,这一数字在1543~1544年是6,但在1584~1585年在私人争讼案件中这一数字减少到2。到1705年,法案的规定是只要是来自本郡就足够了。但是,直到1826年,在刑事案件中必须有陪审员来自百户邑的规定才被最后废除。

既然陪审团是以了解案件事实真相的证人的身份对案件进行裁判,不需要证据规则是很自然的。同时,他们也无须为裁判理由提供正当性说明——试想一下,有哪个证人会为自己所了解的案件事实进行推理性论证呢?了解这一点,对于我们理解当今英美法系陪审团至今无须为其裁判提供理由具有至关重要的意义。毫无疑问:证人是无须为自己了解的案件事实提供理由的,只有当陪审团不再是证人,而是成为听取证人证言、审查当事人出示的其他证据的事实裁判者的时候,陪审团才需要为其认定的裁判事实提供推理性论证。

即使在陪审团逐渐脱离了证人的特征以后,也没有人想到要求陪审团为自己认定的案件事实提供一个正当性说明。这样的需要发展成一种通过证据规则体现出来的制度也经历了一个逐步发展的过程。这主要是因为,第一,法官仍然掌握着控制陪审团的工具,那就是,直至18世纪晚期,英美法系的法庭审判仍然保持着一元化法庭的运转模式,法官对事实认定过程的控制远远超过了我们现在所看到的程度。法官可以与陪审员进行非正式的交谈,并且可以对陪审团进行详尽的指示。最后,如果陪审团提供的裁决不能令他满意,他可以行使自由裁量权指令重审,甚至一些有个性的法官还要求陪审团退出法庭重新评议。因此,通过证据规则控制陪审团的需要尚未产生。第二,陪审团裁决从一开始就被视为"上帝的裁决",在陪审团审判实行的最初几百年时间里,陪审团的声音一直被视为上帝的声音。当人们的思想意识还没有从蒙昧中完全解放出来的时候,要求为法院判决提供推理的想法也是不现实的。英美法系的发展一直落后于大陆法系,甚至可以说,二者的发展方向简直是背道而驰的。在大陆法系,古罗马法中就存在"法律理由停止之处,法律本身也停止"的法谚。而直到今天,英美法系的法官在作出裁判时也不会就事实问题进行推理性论证。可以说,英美法系的诉讼制度从一开始就更加强调裁判结果的神圣性(无论实际上裁判结果是否具有这种性质)。对此也可以从证据规则本身的变化得出结论。在现代的证据规则产生以前,最主要的证据排除规则就是利害关系人不得作证的规则,这一规则是通过证人宣誓制度运转的:凡是与案件结果有利害关系的人均不得提供宣誓证言。因此,这一制度实际上将证人证言的可靠性建立在对上帝信任的基础上。相反,当证据规则发展起来的时候,证人证言的可靠性是通过律师对证人的交叉询问来保证的。因此,我们有理由相信,启蒙思想的逐步传播使人们不再将陪审团裁判视为上帝的声音。在陪审团审判刚刚确立的时候,这种审判方式仅仅是蒙昧的、具有迷信色彩的古老的弹劾式诉讼的替代物。从某种意义上说,陪审团审判之所以能够取代古老的考验的审判方式,是因为它在很多方面与这些审判方式一样,均诉诸非理性的价值。因此,人们将陪审团的裁决视为上帝的声音是很自然的。这种做法一方面起到了替换古老的证明方式的作用;另一方面可以加强裁判的正当性及可接受性。然而,到了近现代社会以后,人们日益不能满足于这种非理性权威的裁判,因此必须寻求新的加强裁判事实可接受性的手段。换句话说,在新的历史条件下,要维持陪审团审判的正常运转,就必须为这一制度寻求新的正当性根据。正是在这种情况下,证据规则应运而生。

从大陆法系证据规则的稀缺也可以得知其法官为何会对事实的认定给出详尽的理由。在大陆法系法院的判决中,法官不仅有义务明确法庭认定的事实,而且有义务为每一个结论提供证据支持以及由证据导向事实认定的推理环节。大陆法系甚至认为,没有解释的判决是可怕的。我们只能认为,由于大陆法系不存在对证据资格进行预先审查的规则,所以只能以事后补救的方式,通过对判决进行充分的说理来获得裁判事实的可接受性。然而心理学研究表明,“在证据与结论之间似乎存在着宛如跳跃一般的中断。直觉的低语、冲动的意志乃至本能的情感,他们联合起来作出一项判决”。因此,通过这种方式获得裁判事实可接受性的做法实际上意味着一种冒险。曼斯菲尔德勋爵曾经给一个新任命的殖民地法官提出一个脍炙人口的建议:“给出你的决定,因为它可能是正确的;但是不要给出你的理由,因为它们可能是错误的。”从这个角度来看,英美法系在这一问题上采取了比大陆法系更为明智的做法,因为人们对证据作出反应的因素实际上很难以命题的方式来表达。正是在这个意义上,英美法系的诉讼制度被设计为对证据资格进行严格的预先审查的制度,并且在陪审团作出裁决以前,很多司法辖区都允许法官就案件中的证据对陪审团作出指示。对此,达马斯卡正确地指出:“英美(证据)法的生命力不仅源自防止出现实体错误的愿望,而且源自对不可预测之陪审团裁决的合法性的事先支持的愿望。”

第二节 证据法的认识论基础

既然证据法核心内容的直接目的是促进真实的发现,其理论基础自然就应当是认识论而非价值论。根据英美学者的论述,英美证据法的理论基础就是乐观理性主义认识论。如果我们认同证据法的核心内容是有关证据可采性规则的观点,也就必须认同英美学者关于证据法之理论基础的论述。

一、认识论就是关于认识如何发生以及是否有效的理论

认识论原本是关于科学的理论,但在今天,认识论通常指现代哲学中有关人类认识或知识的理论,是对什么是知识、人类的认识何以发生以及是否可能的分析与说明的理论。用康德的话说,认识论就是研究有关认识的“起源、范围及其客观有效性”的理论。[12]

在哲学领域,认识论是相对本体论而言的。本体论所要解决的是世界万物统一性的根据究竟是什么。用亚里士多德的话说,本体论所要寻求的就是“事物

---

〔12〕 [德]康德:《纯粹理性批判》,蓝公武译,商务印书馆1960年版,第74页。

之所以成为事物者”和“事物所依据的根本”。[13] 亚里士多德也强调知识,《形而上学》的开篇第一句话就是“每一个人都天生求知”。但亚里士多德所说的知识,是关于事物本身也就是本体的知识。亚里士多德认为知识是有等级的,关于原因的知识高于关于结果的知识,能够传授的知识高于不能传授的知识,为知而知高于为实用而知。按照这个标准,技艺高于经验,理论高于技艺,哲学高于理论。[14]

古代哲学提出的本体论课题,其本意是把握世界的统一性,所以古代哲学最重要的问题就是世界的本原问题。例如,德谟克利特认为世界的本原是物质的原子,柏拉图则认为世界的本原是精神的理念,于是有了原子论和理念论的派别之分。但为了实现这一目的,它所采取的方式却是分裂世界、分裂存在,因为它在现存的可见世界背后虚设了一个不可见的超验本体世界,把世界分为可见的经验世界和不可见但可知的超验世界两个对峙世界,并企图以可知的本体世界为依据来说明可见的经验世界。[15] 在本体论哲学语境中,可见世界与可知世界、感性世界与超验世界、自然世界与超自然世界处于深深的对立和分裂状态。这种两个世界的划分与基督教观念的结合,产生了统治欧洲长达百余年之久的神学世界观,演化为天堂与尘世、上帝之城与尘世之城的两极对立。

由于两个世界的对立,自然产生出哲学上的难题:此岸世界如何到达彼岸世界?对此问题,古代采取的是宗教信仰的方式。例如,亚里士多德就认为,从知识的性质上看,第一哲学的真理最抽象,需要最高等级的聪明才智才能理解;第一哲学按其本性是最适合于神的学问,只有出类拔萃的人才能接近这门神圣的学问。[16] 也就是说,对于人类关于本体世界的知识如何可能的问题,古代哲学采取了信仰而非理性的解决方式。

近代哲学则认为,应当用理性而非信仰的方式解决人类对本体世界也就是“存在”的认识问题。在近代哲学那里,无论自然世界还是超自然世界都必然处于人的主观认识中,属于人的认识对象,属于“存在”;而人对世界的认识,则属于“意识”的范畴;对本体世界的认识,首先必须对人的认识进行反思;在关于世界的理论之前,必须有关于认识的理论,并由这种认识理论为关于世界的理论提供保证和正当性根据。[17]

因此,如果说古代哲学思考的是单纯的“存在”或“实在”是什么的问题,近现

---

〔13〕［古希腊］亚里士多德:《形而上学》,吴寿彭译,商务印书馆1959年版,第57页。

〔14〕赵敦华:《西方哲学通史》,北京大学出版社1996年版,第201页。

〔15〕贺来:《“认识论转向”的本体论意蕴》,载《社会科学战线》2005年第3期。

〔16〕［古希腊］亚里士多德:《形而上学》,前引注13,983a 1－10。

〔17〕贺来:《“认识论转向”的本体论意蕴》,前引注15,第2页。

代哲学思考的则是思维与实在的关系问题;古代哲学主要试图回答世界是什么的问题,近现代哲学则认为除了世界是什么的问题以外,更重要的是要回答人类如何才能正确地认识世界的问题。英国的培根把自己的主要哲学著作取名为《新工具》,就是因为他认为哲学的主要任务就是为人类认识自然、解释自然提供可靠的方法。笛卡尔发表的第一部重要哲学著作叫《方法谈》,也是因为他认为认识方法和思维方法是哲学的首要问题。比他们稍晚之后的洛克更是明确地把哲学宣布为认识论,其主要哲学著作《人类理智论》就是以研究人类知识的起源、范围及其确定性为中心内容的。可见近代以来,哲学的主要问题就是认识论问题。

二、近代认识论主要分为经验派和理性派

近代认识论自始就分裂成两大阵营,分别是经验派和理性派,又称为经验主义和理性主义。由于经验主义的主要代表人物集中在英国,理性派的主要代表人物集中在法国、荷兰、德国等欧洲大陆国家,因此经验派又被称为英国经验主义,理性派又被称为大陆理性主义。

经验派的主要代表人物是培根、霍布斯、贝克莱、洛克、休谟等。他们核心的观念就是,一切的观念和知识都起源于经验。例如,培根就认为人的知识和观念起源于感性世界,对外物的感官和知觉是人的认识的起点;人只是自然的仆役和解释者;等等。又如,洛克倡导白板说,认为人的心灵是一块白板,既没有天赋的思辨原则,也没有什么实践原则,一切知识都是起源于后天的经验:一种是外部感觉经验,另一种是内部反省经验,借助这两种经验,人们可以获得一些简单的观念;心灵对简单观念加以结合、并列或抽象,就得到所谓的复杂观念。休谟也认为,人类既没有什么与生俱来的天赋观念,也没有什么反省观念,一切观念都是感觉印象的摹本;我们所假设的因果必然联系的观念,只不过是我们经验的对象的伴随或会合,是我们心理习惯的产物;习惯是经验推论的最后原则,是人生的伟大指南。

理性派的主要代表人物是笛卡尔、莱布尼茨、斯宾诺莎等。他们的核心论点就是一切具有必然性和普遍性的观念和真正的知识,定是起源于理性,而不是经验。笛卡尔认为,感官有时是骗人的,由经验获得的知识是靠不住的,只有凭借理性才能获得确实可靠的知识;人类是凭借理性获得关于自己心灵本性的知识,凭借理性推论获得关于上帝和物体本性的知识。笛卡尔还认为,人类的观念可以分为三种:一种是天赋的,另一种是从感官经验中获得的,还有一种是心灵自己制造的;其中唯有天赋观念才是人类进行推理的正确前提和可靠基础。斯宾诺莎也将知识分为由感觉经验而来的知识、由理性推理而来的知识和由理性直观而来的知识三类,并认为由感觉经验而来的知识是“虚妄的原因”,只有由理性

推理和理性直观而来的知识才是确定的、可靠的知识。

三、经验派和理性派同属广义理性主义

无论是大陆理性主义还是英国经验主义,又都被称为广义上的理性主义。因为它们都是在中世纪基督教经院神学的基础上发展起来的,在反对经院神学、主张人的主体性方面是一致的。经院哲学是在基督教被定为国教以后,为了解说基督教教义,使之系统化并加以论证,在基督教的基础上创建的一种关于宇宙与人生的理论。从事这种工作的思想家叫经院哲学家,他们创立的理论叫经院神学。经院哲学家认为基督教教义的真理性是无可争议的,这些真理是他们思维的起点和统御的原则,他们的工作就是对这些真理条分缕析,使它们顺情达理,并对其进行论证。为了完成任务,他们依赖古希腊那些最适合于其目的的理论体系,让哲学为宗教服务,于是哲学成为神学的婢女。〔18〕

由于哲学的从属地位,加上生产力的极度低下,造成了一种极其顽固的传统观念,那就是:自然的、物质的世界都是邪恶的根源。这一传统自然使经院哲学家不关注现象世界中的事物,不重视自然科学和精神科学,不会用经验的方法研究其感兴趣的课题,如心理学和伦理学;他们不注意灵魂如何活动,而只是关注其终极性质和归宿。相反,他们主要关注的对象,是超验的世界、上帝的世界、天使和圣人。获得至善的途径就是同上帝融合,这是不能用经验的方法寻求的。上帝希望什么也不可能由分析经验去发现,只能经由神的启示。〔19〕

与之相对,近代哲学无论是经验主义还是理性主义,都主张弘扬人的理性,认为真理不是权威传给后世或者教皇的敕令颁布的,而是由不偏不倚的自由研究获得的。因此,近代哲学家把注意力从探索超自然的事物转向研究自然世界,从天上转到人间。人们用自然的原因来解释物质世界和精神世界,解释人类社会、法律制度和宗教本身。从近代开始的那个时期,人们的高级精神生活的基本特征就是,坚定地相信人类理性的自然,对自然界抱有浓厚的兴趣,强烈地苛求文明和进步。〔20〕尽管经验派与理性派在认识的起源、认识的方法等方面存在差异,但在反对没落的天主教神学和经院哲学方面则是共同的,同属于当时新兴的资产阶级哲学阵营。如同当代哲学家总结的那样:“理性主义有狭义和广义的分别。当我们把理性主义看作一个与经验主义正相对立的近代哲学派别时,我们是按狭义使用理性主义这个名词的。如果就其广义而言,就其推崇人的理性、反

---

〔18〕［美］梯利:《西方哲学史》(增补修订版),［美］伍德增补,商务印书馆2004年版,第150页。

〔19〕［美］梯利:《西方哲学史》(增补修订版),前引注18,第176页。

〔20〕［美］梯利:《西方哲学史》(增补修订版),前引注18,第250页。

对中世纪那种以神为中心、宣扬信仰至上的经院哲学而言,我们这里所讲的经验派和理性派则可以说都属于理性主义哲学派别。"[21] 正是在这个意义上,无论英国经验主义还是大陆理性主义,都被统称为广义的理性主义。

值得注意的是,从唯物主义与唯心主义的角度来划分,则无论是经验派还是理性派,都有唯物主义与唯心主义的成分。例如,经验派的代表人物培根就是一个唯物主义者。马克思、恩格斯曾经称赞培根是英国唯物主义的创始人。经验派中的霍布斯和洛克也都是唯物主义者,但是贝克莱和休谟却都是典型的唯心主义者。贝克莱宣布他的哲学宗旨和意义就在于证明上帝的存在和非物质性、灵魂的自然不灭以及物质的虚无等。在理性派中,笛卡尔和斯宾诺莎在哲学立场上都属于唯物主义,莱布尼茨却是典型的唯心主义。因此,对于经验派和理性派哲学家,不能简单地认为凡是经验派就一定是唯物主义,凡是理性派就一定是唯心主义。另外,即使对某个特定的哲学家而言,其哲学理论中也可能既有唯物主义的成分,也有唯心主义的成分,不可一概而论。[22]

四、证据法的理论基础是乐观理性主义

特文宁认为,尽管英美法系的证据法学者对于证据理论的哲学基础有不同的论述,但是,在这些学者的论述中也可以看出它们惊人的同质性,那就是关于证据的哲学基础方面,从吉尔伯特到边沁,从塞耶到威格默、克罗斯、麦考密克,关于审判的性质与目的、过去发生之事实的知识或信仰,以及在法庭辩论的环境中关于哪些事实可以用于推理的问题,无论是明示还是暗示,他们都有着相同的假定,这个假定可以归纳为"乐观理性主义"(optimistic rationalism)。[23] 这一理论认为,对于过去事实的正确知识(认识),可以而且只能通过对证据进行理性的推理而获得。其中心原则是,法律的直接目的就是通过对过去真实事实材料的精确决断而获得正确的决定,这一决定是对精心定义的主张的决断,这一主张必须达到特定的盖然性或者可能性,这种可能性建立在向假定为胜任并且中立而又足以防止其腐败或出错的决断者提出的证据进行小心并且理性评价的基础之上。[24]

之所以称证据法的认识论基础是乐观理性主义,是因为在英美证据法学传统中,那些在证据法学领域中做出过重大贡献的学者,无一不是对人类的认识能

---

〔21〕 陈修斋主编:《欧洲哲学史上的经验主义和理性主义》,武汉大学出版社 2013 年版,第 52 页。

〔22〕 陈修斋主编:《欧洲哲学史上的经验主义和理性主义》,前引注 21,第 53 ~ 70 页。

〔23〕 William Twining, *Rethinking Evidence: Exploratory Essays*, Northwestern University Press, p. 71 – 73. 中译文参见吴洪淇等译:《反思证据:开拓性论著》(第 2 版),中国人民大学出版社 2015 年版。

〔24〕 William Twining, *supra* note 23, p. 73.

力持乐观的态度和理性的立场。所谓理性的立场，就是承认人类的理性认识能力。特文宁指出："在这种理性主义传统之内，证据相关论述的这种特有的假设可以简洁重述如下：认识论是一种可知论而非怀疑论；相比真理融贯论来说一般更偏爱于某种真相符合论；相比像决斗、免罚宣誓审判或者痛苦考验这样的非理性模式来说，裁判作出模式一般被视为理性的；特有的推理模式是归纳；作为证据法裁判的一种形式，探求真相作为一种价值获得了一种崇高的但并不必然压倒一切的优先性。"[25]所谓乐观的态度，就是对人类认识能力的这一问题毫无怀疑、深信不疑。如同特文宁所言："英美证据法研究的总体趋势不仅是乐观的，而且在其基本假设方面还是深信不疑的。几乎不曾有一种对认识的可能性、归纳的效力、人类推理能力有所怀疑的窃窃私语困扰在吉尔伯特或边沁或贝斯特或威格默或其他重要作者的著述之中。"[26]

毫无疑问，英美证据法学者是深受西方哲学认识论影响的，尤其受中世纪末期启蒙思想兴起时英国经验主义的影响更加深远。但既然他们受到的主要是英国经验主义的影响，怎么还能说他们的认识论基础是乐观理性主义呢？他们主张的不都是不可知论么？对此，应当着重强调的是，在英国经验主义哲学家中，除了休谟宣扬不可知论，以及洛克在实体的实在本质方面持不可知论观点之外，无论是英国经验主义还是大陆理性主义，都是主张可知论的。对此，真正功力深厚而又持论公允的哲学家曾有经典阐述："休谟的不可知论，也不是像古代的皮浪主义那样否定一切知识的可能性，只是否认我们对知觉之外的客观事物或实体能有确实的知识，以及对事实的规律性如因果律能有普遍必然的知识而已。再从上列的那些问题来看，即使休谟也并不否认人能够有某种普遍必然的知识，因为他也肯定那种数学知识是必然的，只是他认为这种知识只涉及观念的关系而不是涉及事实的而已。就是涉及事实的知识，他在一定意义下也并非绝对否定我们能有某种必然的知识，只是这种必然是指作为知觉的事实之间的恒常结合或心灵联想的习惯，而不是指那种其反面包含着矛盾的命题那样的绝对必然性。"[27]可见在哲学的问题上，不能动辄给人家扣上"主观主义""不可知论"等帽子。

| 评注 3.02 |　怀疑主义及其主要学说[28]

可知论认为人类理性能够获得真理性认识。但也有哲学家对此持怀疑态度。公元前 3 世纪时期的皮浪，就是这种哲学观点的代表。皮浪年轻时跟德谟克利特

---

〔25〕 William Twining, *supra* note 23, p. 78, 中文版第 92 页。

〔26〕 William Twining, *supra* note 23, p. 80, 中文版第 95 页。

〔27〕 陈修斋主编：《欧洲哲学史上的经验主义和理性主义》，前引注 21，第 239 页。

〔28〕 摘自［美］梯利：《西方哲学史》（增补修订版），前引注 18，第 125～126 页。

的学生研究原子论,后来宣扬怀疑主义,所以怀疑主义又称皮浪主义。皮浪自己没有写出什么著作,但是提蒙记录了他的观点,不过提蒙的讽喻随笔只有一些片段流传下来。提蒙之后,怀疑主义学派被合并于柏拉图的学园中,但后来遭到学园的清除。公元初期,怀疑主义又成为一种独立的运动,其后期代表人物是塞克斯图·恩皮里可,活跃于公元180~210年。

怀疑主义的共同思想是认为我们不能认识事物的本性。感官只能揭示事物表现出来的形象,不能揭示事物的本来面貌。如果感觉是一切知识的来源,我们又永远不能超出感觉以外,怎么知道对象同感觉相符与否?而且思想和感觉相互冲突,我们没有分辨真假的标准(皮浪的观点)。伊壁鸠鲁学派肯定每一种感觉都是衡量真理的标准,斯多葛学派宣称只有可以信赖的感觉,才能使我们赞同。但是,无论是哪一种情形,其标准都不可靠。感觉往往欺骗我们。没有相应对象的直觉同真实的知觉一样清晰、明确和自明。我们不能指出感觉是否为实在对象的真实摹写,因为我们没有同它相比的对象。而且我们不能赞同观念,只能赞同判断,判断已经是思维,需要有标准。我们什么也不能证明。如果要有证明,必须假定真理所由推出的前提,还是以假定为论据;否则,就必须根据其他前提来证明这一前提。这样,永远不能到达终点,永远不能得到确实的结论。

如果不能有所认识,就不要作出判断;应当无所肯定。我们只能说,我们具有如此这般的意识状态,一个对象显现为白或黑的,不能说它是白或黑的。这对一切实用的目的来说,也就足够了。在道德问题上也谈不到确实的知识。在这里,也不应该作出判断。如果这样做,不再追求理想,就会避免许多不愉快的事。精神宁静产生于恬淡寡欲的态度。卡尔尼阿德指出,虽然没有认识事物本性的标准,但是,知觉清晰而鲜明,这种十分有把握的情况可以引导我们采取实际的行为。或然性程度各不相同,因而没有必要作出判断。聪明人根据其或然性的程度接受一种观念,可是他永远铭记,最大限度的或然性并不保证是真理。

| **案例3.02** | 靠掷骰子判案的法官布瑞多伊〔29〕

布瑞多伊法官担任法官四十余年。在其任期内一共作出了超过4000份判决。其中每一个被上诉到高级法院的案件最终都被维持原判。但现在,高级法院第一次听取对布瑞多伊法官针对一个税务官所作判决的上诉。布瑞多伊对100名法官进行答辩,为自己的决定辩护。年老的布瑞多伊承认这个案件判决错误。但辩称这个毫无疑问是他视力衰退所致。当他掷骰子来决定案件时,把4点看成了5点,

〔29〕 参见[美]西奥多·齐奥科斯基:《正义之镜:法律危机的文学省思》,李晟译,北京大学出版社2011年版,第208页。

这导致了错误的判决。当首席法官吃惊地问他提到的骰子是什么时，布瑞多伊回答说他一直以来都是按照那些关于正义的不确定性的司法谚语行事的。他严格按照字面意思而不是比喻意义使用“运气”这个词，因而一成不变地——40年法官生涯中的4000个案件——使用掷骰子的方法来裁判案件。

布瑞多伊表示，多年来，对每一个案件，他都反复看过、反复读过、反复翻阅过原被告双方的诉状、传票、代理词、听审记录、调查报告、物证、请愿书、书证、指控、答辩、反驳、请求、侦查、原告反驳、被告再反驳、教会证明、国王敕令等，以及诉讼程序中所有的公文和证据。首席大法官问道，既然你通过掷骰子作出判决，为什么还需要这些程序和文件？布瑞多伊解释说，首先，程序上看得过去才显得合法；其次，通过这些大量的体力劳动，有助于法官的身体健康；最后，这些繁琐的程序会占用很多时间，那时掷骰子的决定显得更加成熟而容易被接受。布瑞多伊说：“所以，正和在座诸公一样，我把判决拖延、推迟、耽搁下来，希望经过翻阅、考察和争论之后，日子一久，自然会成熟，被判的人承担骰子掷出来的命运也就不那么难受了，正如《学说汇纂》中‘推诿理由’法‘三种负担’条款所指出的那样。”

……艾皮斯特蒙指出，布瑞多伊是一个正派而真诚的人，对于自己的学问和才干有自知之明，同时也深知法律、敕令、条例、法典的自相矛盾之处，因而选择全能的上帝作为公正的法官，让神圣的旨意和偶然的时运作出判决。因此，这个宇宙中至高无上的智慧让骰子落在有利于公正的一方。简言之，神意通过偶然的运气来宣布。艾皮斯特蒙总结说，其他那些法官的腐败和邪恶简直是路人皆知。相比之下，通过掷骰子作出判决，不管结果如何，都不会比他们那些沾满血腥的手和包藏祸心的判断所审理出来的案件更不公平。

与怀疑主义的哲学观点相反，证据规则的设计完全体现了乐观理性主义理念。首先，从考验、决斗、共誓涤罪等审判方式向陪审团审判制度的转变，实际上就是尊重人的理性认识能力的体现。其次，由陪审团评价证据的制度设计表明英美的司法制度认为所有人在认识能力上大体上都是一样的。这一制度设计首先表明它认为所有人都具有认识客观世界的能力，其次表明所有人认识客观世界的能力大体上是平等的。一个正常的理性人，他在认识客观事物的能力方面没有区别。这就是英美陪审团审判制度要求一致裁决的根本原因。最后，从证据规则本身的内容来看，它们无非人类经验的总结，是人类理性的结晶，是人们对过往历史的归纳，形成对未来生活的指导。

不过，对于认识的程度，英美乃至整个西方主流的认识论理论都认为，客观世界虽然可以认识，但是这种认识却无法达到绝对真实的程度。因此，英美法系的那些证据法学家一方面都承认,获得特定的过去事实的知识是完全可能的;[30]另一方面他们又认为,在审判过程中对于过去事实获得绝对确定的知识是不可能的,所能获得的是关于过去发生之事实的一种可能性(probability),而不是确定性(certainty)。[31]

五、证据法的核心是经验主义的人性基础

当然,英美证据法主受英国经验主义哲学的影响,它也是建立在经验主义的人性基础之上的。正如威格默所言:它与专利法不一样,不是一道法令就能得到确立的制度;它与德国《民法典》一样,是法学家共同努力的结晶。[32] 它的形成是一个逐步发展的过程,其中凝结了法学家、法官、律师的经验以及普通人的人性。人类可能的缺陷,如证人不值得信赖的方面,当事人过于偏执的热情、偷偷摸摸的狡辩,陪审员不加修饰的推理、强烈的非理性情感等,均深深地刻印在英美证据法的规则当中。成千上万的审判形成了这些证据规则,法官和律师对审判的观察和体验使他们加深了对人性缺陷的认识。陪审团对证据法的形成也不是毫无贡献,至少它使人们认识到人类的这些缺陷。陪审员完全由未受过专业训练的外行人组成,这种安排一方面体现了英美国家对人类普遍认识能力的认同,从而将发现真实和伸张正义的责任放在了普通人的肩上;另一方面,正因为他们都是普通人,所以人们也不会对他们提出断案如神的期望,因而设置规则进行约束也就顺理成章。证据规则就是这样一种机制,它使律师的诡计常常处于对方当事人及其律师和法官的监督之下,使法官的偏私在证据规则面前有可能束手无策,也可能使陪审员的无知在证据规则的约束下得到适当的弥补。

证据法既是人类弱点的体现和反映,同时也是人类经验的总结。恰如威格默所总结的那样:“证据规则建立在以下基础之上:宗教的慈善、自然的哲学、历史的真理以及日常生活的一般经验。”[33] 众多的证据规则都是建立在经验的基础之上,它们在一定程度上可以说是人类共同智慧的结晶,并且证据法的发展过程也是人类认识能力日益增强的过程,证据法的发展同步体现着人类智慧的增长。因对陪审团的不信任而设置了众多的排除规则,这本身也是一种经验的总结;同样,将认定事实的职责交给陪审团这样一个未受过法律训练的团体,又是对人性中乐观一面的肯定。有些证据规则虽然显得有些刻板,但是其中却充斥

---

〔30〕 William Twining, *supra* note 23, p. 73.

〔31〕 Peter Murphy, *Murphy On Evidence*, *supra* note 2, p. 3.

〔32〕 John Henry Wigmore, *Evidence in Trials at Common Law*, revised by Peter Tillers, Little Brown and Company, Boston & Toronto, 1983, Vol. 1, p. 632.

〔33〕 Wigmore, *supra* note 32, Vol. 1, p. 665.

着经验的智慧。例如,传闻证据一般都予以排除,但是临终遗言却可以采纳,因为人们的一般经验告诉我们,一个人在临终时所作的陈述更具有打动人心的力量。另外,当事人所作的不利于己的陈述,也作为传闻证据排除规则的一个例外而具有可采性,[34]就是因为人们的经验告诉我们,一个正常的、理智的人一般不会编造对己不利的谎言。同样,相似事实必须排除的例外规则也体现着经验的理性,正如墨菲在评价史密斯诉英国一案时指出:一个人第一次在刚刚举行婚礼后就失去其亲爱的妻子也许被视为不幸,第二次在同样的环境下失去其妻子也许被视为不慎,第三次还在同样的条件下失去其妻子则太像是谋杀了。[35] 相似事实能够被采纳为证据,在这个案件中实际上就是因为人类的经验认为同样的不幸不可能如此惊人相似地发生在同一个人身上。

第三节　客观真实与法律真实的讨论

一、客观真实论

我国传统的诉讼证明理论为客观真实论。该理论认为,证明的目的就是要发现客观真实。最早的证据学教程指出,“我国诉讼中的证明任务是查明案件的客观真实或案件的真实情况”“查明案件的客观真实,归根结底,就是要求司法人员的主观认识必须符合客观实际”。[36] 至于查明案件客观真实的目的,则是使案件能得到正确的处理。所以,客观真实是存在的,认识客观真实也是可能的,而且是完全必要的。

客观真实论这种认识论上的努力,在一定程度上为防止法官的主观臆断提供了理论的保障。客观真实论假定有一个不受人的心灵左右的客观实在,且认为人的主观应当符合客观,这就要求法官在审判中必须尽最大可能地使自己对案件事实的认识符合客观中存在的那个事实,因此法律要求,“公安机关提请批准逮捕书、人民检察院起诉书、人民法院判决书,必须忠实于事实真相。故意隐瞒事实真相的,应当追究责任”[37]。真相是要靠证据来证明的,因此,客观真实要求尽最大可能地收集定罪、量刑所需的足够证据。同时,它还通过客观性这个

---

[34] Federal Rules of Evidence, Rule 804(b)(3).

[35] Peter Murphy, *Murphy on Evidence*, *supra* note 2, p. 179.

[36] 陈一云主编:《证据学》,中国人民大学出版社1991年版,第115页。

[37] 1979年《刑事诉讼法》第33条、1997年《刑事诉讼法》第44条。

概念,防止司法人员的主观臆断:“在这个(既是认识也是实践的)过程中,首先必须从实际出发,进行调查研究,占有大量的证据材料。如果不去收集、占有证据材料,只凭主观猜测,苦思冥想,是不可能正确认定案件事实的。”〔38〕

客观真实论还为当事人对裁判的批判提供了合法性武器。因为它承认,尽管理论上有正确认识客观实际的可能性,但由于“司法人员都不可能做到完全排除与案件客观真实相违背的主观成分,因而谬误的产生不可避免”。〔39〕因此,一旦出现了主观不符合客观这种认识上的错误,就必须通过程序加以改正。〔40〕因此,客观性理论不仅对防止法官的主观臆断提出了切实的要求,而且为批判不符合事实真相的裁判事实提供了理论依据。

二、法律真实论

法律真实论认为:“所谓法律真实是指公、检、法机关在刑事诉讼证明的过程中,运用证据对案件事实的认定应当符合刑事实体法和程序法的规定,应当达到从法律的角度认为是真实的程度。”〔41〕法律真实论者实际上是从认识论的角度,确立诉讼证明应当追求相对真实的观点。在法律真实论者看来,客观真实理论忽视了辩证唯物主义关于理性的至上性与非至上性原理,忽视了真理的绝对性和相对性原理,从而犯了认识论上的错误:“客观事实观对这些辩证关系好像并不十分在意,转而突出强调认识的客观性、绝对性和理性的一面。实际上,根据这些经典作家的言论,认识的客观性是通过人的主观活动表现出来的,真理的绝对性又是蕴含在相对性之中的,理性认识和感性认识也是在复杂的实践过程中密切交织在一起的,而客观事实观好像没有充分考虑到认识活动的这些辩证的关系和方面。”〔42〕

在法律真实论者看来,客观真实之所以不应当追求,还源于其实践中的不可操作性。法律真实论者认为,客观真实标准原则、笼统、可操作性差,导致实践中公、检、法各机关之间经常因为对客观真实产生歧义理解,使案件事实、证据发生分歧,乃至相互扯皮、推诿,拖延诉讼时限;个别案件由于证明标准不统一,导致打击不力或判决不公,形成错案。因此,“客观真实作为运用证据的一种宏观价值目标无疑是正确的,但是司法是一种实践性和可操作性很强的活动,主持和参

---

〔38〕 张子培主编:《刑事诉讼法教程》,群众出版社 1982 年版,第 155 页。

〔39〕 黄道、陈浩铨:《刑事证据理论的认识论基础》,载《政法论坛》1994 年第 1 期。

〔40〕 “坚持客观真实的标准,就是要求司法机关处理案件,必须以查明的案件客观真实情况作为依据,否则就要依法予以纠正。”参见刘金友主编:《证据法学》,中国政法大学出版社 2001 年版,第 315 页。

〔41〕 樊崇义:《客观真实管见——兼论刑事诉讼证明标准》,载《中国法学》2000 年第 1 期。

〔42〕 锁正杰:《刑事程序的法哲学原理》,中国人民公安大学出版社 2002 年版,第 113 页。

加这一活动的是活生生的同时也是有局限性的人。这一原则却把理想与现实，理论研究和司法操作相混淆，在司法实践中是很难实现的”。[43]

客观真实不仅难以实现，而且由于对客观真实的追求还导致了司法的恣意，“就刑事诉讼领域来说，如果把客观真实作为事实认定的标准，那么，宣布客观真实的权威就只能是司法机关，一旦司法机关宣布其认识的事实就是客观事实，那么，公民就很难通过诉讼程序对这种认识提出挑战，因为诉讼程序在这种情况下不可能有效约束司法人员对客观事实的认识”。[44]

基于此，法律真实论者主张，客观真实最多“只能作为司法人员应当奋力接近的目标”，而不是一个应当达到的目标，“按照马列主义关于真理的绝对性与相对性辩证关系的原理，笔者认为对一个具体刑事案件的证明标准，只能达到近似于客观真实，而且是越接近客观真实越有说服力。那种‘必须’达到或‘一定’要达到‘客观真实’的说法，在理论上是不成立的，在实务上是有害的，更是无法实现的”。[45]

三、本书赞成客观真实论

（一）客观真实论和法律真实论本质上都属于辩证唯物主义认识论

从法律真实与客观真实之间的论战可以看到，为了论证自己的观点，论战的双方均引用马列主义的经典著作加以论证，其中引用频率最高的是恩格斯《反杜林论》中的一段话，即“一方面，人的思维的性质必然被看作是绝对的，另一方面，人的思维又是在完全有限地思维着的个人中实现的。这个矛盾只有在无限的前进过程中，在至少对我们来说实际上是无止境的人类世代更迭中才能得到解决。从这个意义来讲，人的思维是至上的，同样又是不至上的。他的认识能力是无限的，同时又是有限的。按它的本性、使命、可能和历史的终极目的来说，是至上的和无限的；按它的个别实现和每次的现实来说，又是不至上的和有限的”。[46]

至少在一定程度上，所谓客观真实与法律真实的论战，实际上就是认识论知识的论战：它是一场关于谁更深刻地把握了马列主义辩证唯物主义认识论的论

---

〔43〕 锁正杰：《刑事程序的法哲学原理》，前引注42，第117页。

〔44〕 锁正杰：《刑事程序的法哲学原理》，前引注42，第116页。

〔45〕 樊崇义：前引注41。

〔46〕 这段话在客观真实论者那里得到引用，参见陈光中、陈海光、魏晓娜：《刑事证据制度与认识论——兼与误区论、法律真实论、相对真实论商榷》，载《中国法学》2001年第1期；在法律真实论者那里也得到不断的引用，参见锁正杰：《刑事程序的法哲学原理》，前引注42，第110页；何家弘：《论司法证明的目的和标准——兼论司法证明的基本概念和范畴》，载《法学研究》2001年第6期。

战;同时,在面对程序正义论者的批判时,双方又不约而同地维护辩证唯物主义认识论在诉讼证据领域的领袖地位。例如,当法律真实论者批评客观真实论者错误地理解了辩证唯物主义时,客观真实论者立即对法律真实论者关于辩证唯物主义的理解反唇相讥:“近年来,有的法学者,以真理的相对性为由,主张以西方国家所主张的内心确信真实的标准来取代我国的客观真实的标准,认为主张客观真实的标准便是把‘对客观真理的认识推向极端化,抹杀了真理的绝对性和相对性的对立统一关系’。其实,这完全是对马克思主义真理观的误解。”〔47〕

由此可见,无论是客观真实论还是法律真实论,其实质和核心,都是马克思主义哲学理论中的辩证唯物主义认识论。两种理论在客观实在不以人的意志为转移,但能为人的主观所反映这一方面,并无本质区别。

(二)辩证唯物主义认识论属于广义的乐观理性主义

无论是客观真实主义还是法律真实主义,都坚持辩证唯物主义认识论,其理由则不外乎:只要符合实在论和有限反映论的认识论,就是正确的认识论;辩证唯物主义认识论符合实在论和有限认识论;因此,应当坚持辩证唯物主义认识论。必须看到,当学者推论必须坚持辩证唯物主义认识论的时候,他们还有一个隐含的结论:不要其他认识论。而实际上,任何一种认识论理论,只要满足大前提规定的条件,都可以作为应当坚持的理论,也就可以作为证据法学的理论基础。如果考察一下西方的证据法学理论,则可发现,符合实在论和有限反映论的认识论,并非只有辩证唯物主义认识论一家。英美法系证据法学中的认识论,也符合上述应当坚持的认识论的特征。

不仅如此,辩证唯物主义认识论本来就是乐观理性主义认识论的一个分支。如前所述,指导中西方诉讼理论和证据理论的认识论,在本质上都是实在论,也是可知论,也是有限反映论。它们在案件事实是否以及在多大程度上可以为人们所认识这个问题的回答上并无本质区别。热爱一个事物,没有必要贬斥别的事物;钟情于一种理论,也不必绞杀另一种理论。

思考 客观真实论与法律真实论的论证最终演变为一场关于谁更加深刻地把握了辩证唯物主义认识论的论战,也就是一场关于认识论原理的论战。除了辩证唯物主义认识论以外,其他哲学派别中的认识论理论是否也有可取之处?根据你

〔47〕 陈光中、陈海光、魏晓娜:《刑事证据制度与认识论——兼与误区论、法律真实论、相对真实论商榷》,前引注46。

对认识论理论的了解——请更多阅读哲学著作以便广泛了解——辩证唯物主义认识论和其他哲学派别中的认识论关于诉讼中发现真实的说法是否会有实质性的不同？

（三）法律真实论更容易引起误解

尽管法律真实论同客观真实论一样，都属于辩证唯物主义认识论，但比较而言，法律真实论更容易引起误解，而且实际上也造成了更多的理论混乱。因为，法律真实论让人以为除了客观真实以外，还存在所谓的“法律真实”。实际上，即使承认“法律真实”这个概念，它也应当是客观真实的一部分，而不是客观真实的对立面。如果不是别有用心地栽赃陷害，将客观真实论说成主张在诉讼中不惜一切手段发现绝对真实，或者将客观真实与绝对真实混为一谈，则法律真实也并不反对客观真实，客观真实也不追求绝对真实。客观真实主张的“相对真实”，仍然是全部“客观真实”中的一部分。以证明标准中的“高度盖然性”为例，它就是众多法律规定中“法律真实”的一种。相信无论是客观真实论还是法律真实论，都不会否认“高度盖然性”当然不是全部客观真实，但两者也都不会否认“高度盖然性”也不能违背客观真实。世界上绝没有脱离了客观真实而独立存在的法律真实。

就客观真实是否存在这一问题，既不需要进行本体上的论证，也不必纠结于“主观究竟如何符合客观”这样的形而上学问题。就人类是否能够认识客观世界这一问题，只要承认客观实在，只要不过分夸大和轻视人的认识能力，都是证据法的朋友。“任何一种学说，都不否认具体事实的存在，只是究竟怎样看待事物的意义？怎样理解真理？到了这一点上，学说之间才出现了分歧。”达马斯卡指出：就诉讼而言，司法审判中所宣称的“真相”既可能是辩证唯物主义所说的“客观真实”，也可能是其他流派所主张的“融贯论”（coherence）、“交流论”（communicative）或“同意论”（consensus）中的真实。但是，无论是何种门派的认识论，都不会否定人们的常识性认识，那就是，在我们的主观世界之外，必有一个独立于意识的客观真相（truth）存在。[48]

---

〔48〕 Mirjan Damaska, *Truth & Its Rivals: Evidence Reform and the Goals of Evidence Law*, 49 Hastings L. J. 289.

第二编　证　据

第四章　关　联　性

关联性法则是证据法中的首要规则，是一切证据具有可采性的先决条件。它既统领所有的言词证据，也统领所有的实物证据，因此它也是最重要的证据规则之一。尽管世界各国法律均对关联性有或明示或暗示的规定，但除了英美法系，几乎没有哪个国家的法律明确对关联性进行了界定。因此我们在关联性概念的界定方面，必须参照英美法系的做法。

本章第一节介绍关联性的定义，将关联性的内涵概括为实质性与证明性两个方面。前者由证据拟证明的待证事实是否为案件结果事实来决定，后者由证据是否能对待证事实的存在或不存在产生影响来决定。第二节阐述关联性与可采性之间关系的一般原则，并着重阐述基于公平和效率原因排除有关联性的证据的规则。第三节阐述附条件关联性和有限关联性。第四节阐述关联性和可采性判断的方法和原则。第五节对一些特定事项的关联性进行阐述。

第一节　关联性的界定

我国《刑事诉讼法》第 50 条第 1 款规定："可以用于证明案件事实的材料，都是证据。"该规定强调了证据应当是能够证明案件真实情况的材料，也就是强调了证据关联性中的证明力要素。但是，我国现行法律及相关司法解释对于关联性究竟何指，并没有明确地加以界定。美国《联邦证据规则》第 401 条规定："关联证据就是指证据具有使任何对于决定诉讼结果的事实的存在比没有该证据时更有可能或更无可能的趋势。"根据这一规定，一个证据要有关联性，要同时满足两个条件：一是实质性，二是证明性。以下分别阐述之。

一、实质性

实质性就是指证据所指向的证明对象必须是能够决定案件结果的事实。一个事实如果对案件结果的决定毫无关系，就不属于具有实质性的事实；相反，只有对案件结果具有决定性作用的事实才属于具有实质性的事实。例如,在一个故意伤害案中,被害人每个月挣多少钱的事实,对于判断被告人是否实施了故意伤害行为这一事实就毫无意义,因此不属于能决定案件结果的事实;但如果被害人提起了附带民事诉讼,则被害人在受伤之前一个月挣多少钱的事实,对于评价被害人的损害就有影响,因此属于能决定案件结果的事实。因此,判断证据是否具有实质性的标准就是看证据要证明什么,证明的事项是不是属于案件结果事实。如果是,它就具有实质性;如果不是,它就不具有实质性。所以实质性描述的是证明对象和案件争点之间的关系。

不过,关联性虽然要求证据证明的事实具有实质性,但什么事实才是具有实质性的事实却不由证据法来规定,而是由实体法来规定。一般而言,刑事案件中的犯罪构成要件事实,民事案件中的因果关系要件事实、损害事实等,毫无疑问都属于具有实质性的事实。此外,刑事案件中积极辩护的构成要件也属于具有实质性的事实。所谓积极性辩护事实,就是以阻却违法性事由的存在作为辩护理由的事实。例如,在杀人案件中,被告人的辩护主张是正当防卫,这就是积极的辩护,被告人要对防卫这个事实加以证明;其提出的证据用以证明此类事实,就具有实质性。

在刑事案件中,有些事实虽然不属于犯罪构成要件要素,但在证据法上却仍然具有相当重要的意义,因为具有实质性的事实包括但并不限于犯罪构成要件事实。因此,看一个证据所要证明的事实是不是属于案件结果事实,关键是要看这个事实对于案件的结果有没有影响。例如,控方在法庭上出示被告人有杀人动机的证据,这个证据对案件结果便有影响。因为通常而言一个人如果没有杀人动机是不会去杀人的,因而动机因素对于杀人行为这个结果事实的认定是有影响的。因此,在故意杀人案中,虽然动机要素不是犯罪构成要件,但是仍然属于证据法上所说的对案件结果具有影响的事实。但如果是在奸淫幼女的案件中,被告方提出一个证据,来证明这个性行为系经过幼女同意,这样的证据却没有实质性。这是因为在以幼女为奸淫对象的案件当中,无论性行为是否经过同意,都构成犯罪。因此,性行为系经过幼女同意这样的事实对于被告人被指控的犯罪事实是否成立这一案件的结果并无影响,所以它不具有实质性。

二、证明性

证明性就是证据必须使能够决定案件结果事实的存在或不存在具有更有可能或更无可能的趋势。

很显然,证明性描述的是证据和主张之间的关系。在说明一个证据的作用时,我们先要讨论的是该证据试图证明的事实的存在比不存在更有可能或者更无可能,而不是说一个证据就能够把这个待证事实证明到一个优势盖然性的程度。换句话说,这个证据对于这个待证事实的存在是更有可能还是更无可能,必须要产生一定的影响。

举例而言,在一个盗窃案件中,假设有一名证人作证说案发前看到被告人出现在案发现场。这样的证言对于证明被告人犯罪事实是更有可能还是更无可能,抑或没有任何影响?对此问题,常识给我们的回答是更有可能。但是,这并不意味着仅有这一个证言就能够排除合理怀疑地或者占优势盖然性地证明被告人实施了盗窃犯罪,而是说比起没有这个证据而言,在有这个证据的情况下,被告人实施了盗窃犯罪的可能性更大。再假设另外一名证人证明案发时被告人离现场有好几千公里,这样一个证据对于被告人实施了盗窃犯罪这一事实的存在是更有可能还是更无可能,抑或没有任何影响?常识的回答是更无可能,而不是对我们的心证不能产生任何影响。

由此可见,证据法上对于证据证明力大小的要求是很低的。麦考密克说"一块砖不是一堵墙",就是说每一个证据都是一块砖,那个结果事实就是由一块块砖砌起来的一堵墙,而不是说哪一个证据单独就能够证明结果事实的存在。绝大多数案件中,案件事实这堵墙都是由许多块砖堆起来的。例如,在一起盗窃案中,假设被盗的是一家首饰店,在金店柜台上发现有被告人的指纹,这个指纹证据对于被告人实施了盗窃这样的指控是不是具有证明作用?我们认为具有证明作用,因为比起没有这个指纹证据,有这个指纹证据使我们更容易相信被告人实施了盗窃。这不是说有了这个证据以后被告人实施了盗窃的可能性大于没有实施盗窃的可能性。因为嫌疑大一些也不足以证明他就一定实施了盗窃,也很可能被告人刚好在那个柜台看过金饰,因此很正常地留下了指纹,所以并不见得有了他的指纹,他实施了盗窃的可能性就大于没实施盗窃的可能性。要证明被告人实施了盗窃的可能性大于未实施盗窃的可能性,还需要其他证据;而要排除合理怀疑地证明被告人实施了盗窃,就需要更多的证据。因此,证明性对于证明力的要求并不高,只要能够使案件结果事实的存在产生一种更有可能或者更无可能的趋势,就具有证明力。

因此,在判断关联性时通常不涉及证明力大小的问题,但是会涉及证明力有无的问题。如果完全没有证明力,证明力为零,那就不具有关联性。但因为在证明性这个问题上对证据证明力的要求不高,所以很多案件虽然证据本身可能证明力并不是很强,但是一样具有关联性。例如,在一个故意杀人案件中,控方提出证据证明被告人和被害人的妻子有奸情。这个证据对于案件结果事实而言,能够产生一种更有可能的趋势,但这是在和没有这个证据的情况下进行对比所产生的一种结论。所以当我们去判断一个证据到底有没有关联性、有没有证明力的时候,更有可能、更无可能中的“更”表示的是一种比较级,即跟没有这个证据的情况做比较。当一个被告人和被害人的妻子有奸情,比起没有证据证明他和被害人的妻子有奸情的情况来说,人们更容易相信是他杀害了被害人。同时,被告人与被害人的妻子有奸情,比起那些与被害人妻子没有奸情的男子来说,人们更愿意相信是那个有奸情的被告人杀害了被害人;而不是说在这个案件当中,他杀害了被害人比起他没杀害被害人的可能性更大。一个案件仅证明被告人和被害人的妻子有奸情是不足以证明他杀害了被害人的,这样的证据甚至连民事案件中所要求的优势盖然性都达不到。因为被告人和被害人的妻子有奸情,并不意味着他必然杀害被害人。

| **案例 4.01** | 恐惧心理与防卫辩护:判断关联性的一般步骤与方法

在一起故意杀人案中,被告人被指控杀害了镇上的一个警长。被告人声称他之所以将警长杀害是出于防卫的目的。他说他一个月以前听说:该警长在逮捕了一个老人之后,对老人实施了残忍的虐待,并最终导致该老人死亡。也就是说,被告人听说这个警察曾将一个老人虐待致死,所以当这个警察向他走来,想要逮捕他的时候,他先拔出手枪,出于自卫的心理把这个警长打死。法庭审判中,被告方以“警长把老人虐待致死”这一事实来证明被告人具有防卫意图,因此其将警察打死的行为不是谋杀,而是自卫。控方为了反驳被告人自卫的主张,出示了一份证据,证明那个传说中死于警察虐待的老人其实并没有死于警察的虐待,而是死于酗酒,也就是说老人的死亡和警察没有任何关系。被告方认为控方出示的这个证据和本案没有关联性。

这个案件涉及的两个证据,都涉及关联性的问题。一个是被告人听说警察将一个老人虐待致死;另一个是控方举出证据,证明老人不是死于警察虐待,而是死于酗酒。这两个证据的关联性都有待讨论。

首先讨论第一个证据的关联性问题。被告人说:我听说这个警察将老人虐待致死。警察将老人虐待致死这个事实被用到该杀人指控的辩护中,有没有关联性?延续前面的思路,看一个证据是否有关联性,首先要看它究竟想证明什么。本案当中,被告人当然是想要证明他有防卫的意图。防卫的意图是不是属于有实质性的事实呢?当然是。所以该证据满足实质性要求。那么它能不能起到证明他有防卫意图的作用,即它有证明性吗?可能有人会认为仅仅害怕该警长并不能构成防卫,只有实际受到人身的威胁才可以防卫。但需要注意的是,本案中被告人也不是想要用这个证据来证明他就具有防卫的正当性,而是用这个证据来证明他有防卫的动机,防卫的正当性和有防卫的动机这是两个不同的概念。从常识来看,如果一个人听说一个警长将一个老人虐待致死,这一事实足以使其内心产生对该警长的恐惧。这个证据虽不足以正当化他防卫的行为,但是可以用来证明他有防卫的动机。并且,此处说的可以用来证明他有防卫的意图,不是说只要有了这个证据,就能证明他一定会有防卫的意图,而是说比起没有这个证据来,在有这个证据的情况下,他有防卫意图的可能性更大。如果他什么都没有听说,便不会平白无故地声称产生恐惧,也不会产生防卫意图。所以比起没有听说过这个事实来,他听说了这个事实而产生防卫动机的可能性更大,所以这个证据具有证据法所说的使待证事实的存在更有可能的趋势。

其次看第二个证据的关联性。如前所述,任何一个证据都不能证明自己是真实的。被告人如果选择在法庭上作证,他的证言和其他证人的证言是受到一样对待的,他的说法也相当于证人证言。被告人声称听说这个警察将老人虐待致死,相当于提出了一个证据。但这个证据本身并不能够证明它自身的真实性。正是基于反驳被告人的目的,控方提出一个证据,传唤了一个证人,证明这个老人死于酗酒,而不是死于警察的虐待。控方提供的这个证人证言对本案是否有关联性?本书认为这个证据也有关联性,因为这个证据的目的是证明被告人没有防卫意图。控方的逻辑是:如果老人并非死于警察虐待而是死于酗酒,也就是说警察虐待老人的事实根本就不存在,那么被告人听说过这个事实的可能性也就大大降低;如果被告人从未听说过警察将老人虐待致死的事情,那么他在编造一个产生防卫意图的虚假谎言的可能性就会相应增大。

可见,在这个案件中,控方的证据和控方要证明的主张之间是拐了几道弯的。被告人说他听说警察将老人虐待致死,所以产生了防卫意图。而控方的逻辑和战略战术就是,如果这个警察根本就没有虐待过这个老人,则被告人听说过这个事情的可能性就更小;被告人听说过这个事情的可能性更小,那么他编造谎言的可能性也就更大;既然编造谎言的可能性更大,其没有产生防卫意图的可能性也就更大。所以该证据有关联性。被告人煞费苦心是为了证明自己有防卫意图,至于说他的证据能不能起到证明的意图则是另一回事;控方也是煞费苦心地证明被告人没有防卫意图,至于其提出的证据到底能不能证明被告人没有防卫意图,那是两码事,但至少该证据能够强化在比起没有这个证据的情况下更有可能的这种趋势,这是没有问题的。

三、直接证据与间接证据

证明性对证明力的要求非常低,所以实际上有些证据证明力很强,另一些证据证明力却很弱,因为它需要拐着弯地来证明,而证明力强的证据不需要拐弯。

直接证据就是不需要经过推理就能够直接证明案件中所包含的主要事实的证据。不需要经过推理,也就是大脑不需要拐弯,所以称为直接证据。直接证据通常包括目击证人的证言、被害人的陈述、被告人的供述、现场的视频录像等。例如,在张某银行抢劫案中,目击证人作证说他看得很清楚,就是这个被告人抢劫银行、在抢劫过程中将被害人一枪爆头等。这个证言中实际上已经直接包含了案件事实,而且是案件主要事实;裁判者在听到这个证据后不需要经过推理,就能够得出案件结论。需要注意的是,任何证据都不能证明自己是真的,所以是在假设这个证据成立的前提下,如果它直接能够证明案件本身,而不需要经过推理,那么它便是直接证据。

为什么说目击证人、被害人陈述、被告人供述等通常是直接证据呢?因为这些人都是案件亲身的参与者,有的是实施者,有的是被害者,对案件事实的陈述通常包括了案件主要事实,所以这些证据一般来说应当是直接证据。被告人供述确实通常就是直接证据,这个无须赘述。至于被害人陈述,如果被害人还活着,他对整个案件的陈述,通常就是直接证据。但也有例外的情况,比如说被害人没看清楚,那么他关于案情的陈述可能是不完整的,或者说被害人只看见了被告人的某一部分特征,而被告人刚好符合这一部分特征。在此情况下,裁判者还要经过推理并结合别的证据,才能够得出一个案件的主要事实,所以这样的被害人陈述也可能是间接证据。

间接证据就是需要通过推理才能证明案件事实的证据,也就是拐着弯地证明案件事实的证据。间接证据的证明力一般比较弱,因为它需要经过推理。拐着弯地来证明是因为很多情况下没有直接证据。有些地方是装了摄像头的,还有很多地方没有摄像头,加之没有别的目击证人,被害人亦已死亡,被告人拒不认罪。此时,就只能用间接证据来定案。用间接证据定案,比起直接证据效果肯定要差很多,因为它对人的内心确信所起的作用程度肯定是低一些的。

例如,在一个故意杀人、保险诈骗案中,被害女子被发现死在家中,被告人是她的丈夫,他为妻子购买了100万元的保险,受益人是他自己。经过尸检,被害人指甲缝里发现有被告人的皮肤组织,而被告人的面颊上有新鲜的抓痕,家中并无其他异常。经过尸体检验确定的被害人死亡时间与被告人报警的时间比对,被害人死亡20分钟以后,被告人才报案。这个案件如果由陪审团审判,至少部分陪审员会认为被告人有罪,因为这些证据基本上能够形成完整的证据链。首先,投保的事实可以用来证明被告人有杀人的动机;其次,在被害人指甲缝里发现了被告人的皮肤组织,证明被告人和被害人之间有搏斗,被害人有反抗;最后,被害人死亡20分钟以后被告人才报警,这说明被告人内心犹豫、挣扎,是犯罪以后正常的心理表现。当然,仅仅根据这些证据就认定被告人故意杀人罪成立,人们心里一定会有疑虑。如果没有其他证据,只有这些证据,人们形成的内心确信可能不够坚定。但是假定除上述证据之外,侦查机关还获得了一份被告人的供述,说:“对,就是我杀了她,我不后悔。你不明白,20 年了。这个巫婆,除了她的尖叫和呼喊我一无所有。她一天到晚就是如何如何恨我,要是不嫁给我又会如何如何。我成全了她。”要是有这样一份被告人供述,陪审员给他定罪时那种良心上的不安基本上就可以消除。所以虽然说直接证据、间接证据都有证明力,但是二者证明力的大小和证明的效果却并不一样。

第二节 基于公正和效率原因排除关联证据

一、关联性与可采性的一般关系

关联性与可采性关系的第一个原则是,没有关联性就没有可采性。这个原则几乎没有例外。第二个原则是,有关联性,通常就有可采性。第二个原则有很多例外。作为例外,有关联性的证据也没有可采性。第一个例外是美国《联邦证据规则》的规定。根据这些规定,排除的那些证据多少都是有关联性的,如意见证据、品格证据、传闻证据等都是有关联性的,却仍要排除,所以美国《联邦证据规则》就是一部关于有关联性但是没有可采性情形的法典。第二个例外是美国联邦宪法第四修正案、第五修正案和第六修正案,根据这些修正案,最高法院确立的非法证据排除规则,导致有关联性的证据也没有可采性。第三个例外是美国联邦制定法。例如,美国《联邦秘密窃听法》明确规定,任何违反该法获得的证据都不具有可采性。第四个例外是违反程序性规则会导致证据丧失可采性。例如,美国联邦最高法院在一个判例中表示,故意且恶意地违反证据开示的命令所取得的证据从一开始便不具有可采性。

二、基于公正原因排除有关联的证据

美国《联邦证据规则》第 403 条规定:有关联性的证据,如有可能导致不公正的偏见、混淆争点或误导陪审团,且这种危险超过了其所具有的证明价值,或者该证据可能导致不适当的拖延、浪费时间或不必要地累积证据,则该证据应当排除。将美国《联邦证据规则》第 403 条概括一下,就是一个证据如有可能带来负面影响则将被排除。负面影响分两种:一种是不公正,另一种是不效率。无论是不公正还是不效率,都可能导致有关联性的证据被排除。

什么叫不公正的偏见?美国联邦最高法院在一个判例中明确解释,所谓不公正的偏见,就是容易使事实的裁判者产生非理性情感,这样的证据就属于容易引起不公正的偏见的证据。什么样的情感是非理性情感?热爱、痛恨、恼怒、厌

恶、恶心都属于非理性情感。例如,一个老太太被指控杀害其两名孙女。控方在法庭上出示她两个孙女笑得特别灿烂的照片,无非就是想向陪审团传递这样一种信息:被告将被害人杀死,制造了一起人间悲剧。这无非为了激起陪审团对于凶手的仇恨,除此之外该照片没有别的作用。像这样的证据虽然有关联性,但是不具有可采性,应予以排除,原因就是它容易激起陪审团的非理性情感。当然,照片分很多种,有的是为了激起仇恨,有的则是为了让陪审团感到恶心,比如有的案件控方出示被害人死后尸体上爬满了蛆的照片,就是为了引起恶心。

在不考虑其他证据规则的情况下,判断一个证据有没有可采性,实际上有三个步骤:第一步是看它要证明的内容是什么,这个证明对象是否具有实质性,也就是对案件结果是否存在的认定有没有影响;同时还要看它到底有没有证明力,也就是证明的价值,有没有美国《联邦证据规则》第 401 条所说的那种使案件结果事实更有可能或更无可能的趋势。第二步是考察该证据会不会引起不公正的偏见,或者导致诉讼效率降低。第三步就是在证据价值和我们简称为负面影响的因素之间进行权衡,权衡之后如果认为证明价值高于负面影响,则该证据就有可采性;如果认为负面影响大于证据价值,则证据就没有可采性。

案例 4.02 | 强奸案中的威胁言论

在一个强奸案中,被害人作证,说被告人曾对被害人说:“跟我来。照我说的做。我不是开玩笑,我因为强奸坐过两年牢。”

这个证据有没有关联性和可采性?注意这个证据里面包含了可能构成传闻的内容,因为被害人在法庭上转述的是被告人的话。“跟我来”及“照我说的做”是有可能构成传闻的。但传闻法则放在本书第八章讨论,大家可以在学完第八章的内容后再来讨论这个案件中被害人转述被告人的话是否构成传闻的问题。在这里,我们暂不考虑传闻的问题,只考虑该证据有没有关联性和可采性。因为该证据如果关联性条件都不满足,也就不必考虑是否构成传闻。

出示该证据的目的是证明本案中的性行为系被强迫,或者说违背妇女意志,也就是说被告人实施了威胁。该证据有关联性是显而易见的。我们在此重点讨论它有没有负面影响,是不是应当排除。首先需要说明的是,任何证据都是有可能引起偏见的,关键在于它是不是容易引起不公正的偏见。本案中被害人的证言是否容易引起不公正的偏见呢?本书认为该证据会引起不公正的偏见,因为这段话的最后一句实际上是被害人一方即控方,以隐蔽的方式引入的一份品格证据,也就是有关被告人定罪记录的证据。所以,如果没有最后那句话,并不容易确定它是否容易引起不公正的偏见。但恰恰因为有最后那句话,它实际上就有可能引起不公正的偏见。即使它不一定引起不公正的偏见,那它也可能会误导陪审团。本书第五章讨论的品格证据之所以被排除,是因为它有很大的误导性。所以在这个案件中,被害人提供的这份证言是存在负面影响的。

正因如此,就需要在这个证据的证明价值和它的负面影响之间进行权衡。权衡之后是容许它具有可采性还是要排除它呢?本书认为应当容许。也就是说,尽管这个证据可能产生不公正的偏见,仍然要容许它。这是因为在这一案件中,该证据的证据价值盖过了其可能产生的负面影响。前文所述要考虑是否可能引起不公正的偏见,并不意味着只要有不公正的偏见就应当排除。事实上,证明力越高的证据偏见越强,即越是有证明力的证据,就越是容易引起偏见。本案中,如果不允许被害人陈述这样的事实,那么被害人将无从证明本案中的性行为是强奸。因为该证据中前两句话是否有强迫威胁的意味只能从说话者的语气里听出来,而最后一句话即使从字面上看也是威胁意味十足。所以如果不允许被害人把最后一句话也在法庭上提出,她可能就没有别的办法来证明性行为是被强迫的。当然前两句话也能有一定的证明作用,但远不如最后一句话有力量,因为最后那句威胁意味更浓,所以也是最可能产生偏见,其实也是最有证明价值的证据,排除了它可能就定不了案,它的证据价值也就凸显在这里。该证据的证据价值远远超过了它可能带来的负面影响,所以它有可采性。

三、基于效率原因排除有关联的证据

基于效率的考虑,也会导致有关联性的证据被排除。例如,为了证明同一个事实,不断地出示同样的证据。不必要地累积证据以及不适当地拖延,纯属浪费时间。如果是基于这样的目的出示证据,即使有关联性也要予以排除。

| **案例 4.03** | 煽动性照片的可采性:亚利桑那州诉查普尔[1]

被告人被指控谋杀。被告人抗辩说审判法庭错误地容许了被害人瓦恩斯尸体和头颅的四张照片。这些照片被容许与侦探韩然特和法医查维斯的证言一起出示。这四张照片都是鲜活的彩色照片,清晰地显示了被害人被烧焦的身体、面部和头颅,以及子弹进入头颅造成的伤口。一张照片显示的是被告人头盖骨被切掉一块,以便能够看清楚头颅里边的红色内容物,由于头颅被烧,里边有一圈紫色的焙烧痕迹;为了看清楚头颅里边的子弹,法医用铅笔指向头颅里边的紫色圆圈下边。最后一张照片显示的是子弹被移除后大脑内容物的状况。上诉程序中,被告人声称这些照片是如此恶心以及具有煽动性,以致其根本不应该在审判程序中出示。

---

[1] State of Arizona v. Chapple, 856 F. 2d 802, 1988.

在州诉莫尔一案中(State v. Mohr,1970),法院曾经阐述过关于照片的可采性规则:"具有证明价值的照片,无论是黑白照片还是彩色照片,都具有可采性。当然,它们应当与争点有关,因而能被容许用来证明被害人的身份,指明致命伤的所在,或者显示犯罪如何发生,并帮助陪审团理解相关的证人证言。一张照片只要与案件中的任何争点有关联,它们就可以得到容许,即使它有可能在陪审团心里引发对被告人不利的偏见。审判法院对该问题的自由裁量权不应当在上诉程序中受到干扰,除非审判法院滥用了这一自由裁量权。"

本案中的事实以及煽动性照片的使用在最近的其他案件中的争议引导我们重新考虑莫尔案中的那些表述。莫尔案中的表述不能被理解为任何照片只要与案件有关就可以不顾其对陪审团引起偏见的事实而一概认定其具有可采性。如果规则是这样理解的,那么所有谋杀案件中死者的照片就都是具有可采性的,因为死亡的事实以及死亡的原因总是与谋杀的指控相关联。事实上,关联性并非可采性的唯一标准。如果对照片的展示会符合本性地引起陪审团的激情或怒火——本案中的照片显然属于此类——法庭就应当在关联性之外考虑该展示品的证据价值是否超过了容许它所可能造成的偏见。

因此,在有关展示性照片可采性的场合,第一步是决定是否有关联性。我们曾经在一个判例中列举了当一个展示品被用于证明下列情形时该展示品就具有关联性:用于证明犯罪事实(*corpus delicti*);用于辨认被害人;用于补强证人证言;用于示例或解释证人证言;以及用于加强控方关于杀人的事实为何以及如何发生的假设等。如果任何上述问题成为争议焦点,无论是明确地或暗示性地,法庭都应当认定相关照片并不仅仅是技术上的相关,而是对争议焦点具有证明的作用,从而无须理会其造成偏见的可能性而裁决其具有可采性。但是,如果照片并不能证明或证否一项有争议的事实,它们除了点燃陪审员心中的怒火以外就没有其他用处,从而也就不应当加以容许。

本案中,政府已经承担了证明被告人实施了一级谋杀的所有构成要素的责任,被告人唯一的抗辩就是他并不是控方所声称的那个人——Dee。为了完成其举证责任,控方不仅要证明被告人出现在案发现场,而且要证明他对谋杀负有责任。政府争辩说这些照片对于证明我们上面提到的那些争点是有关联的。我们同意,这些照片与政府试图证明的谋杀是有关联的。我们也同意,这些照片对于证明 Dee 实施了杀人行为也有关联性。尽管如此,我们认为这些照片对于这些争点的证明几乎没有价值。瓦恩斯被杀害的事实、他死亡的医学上的原因,以及被害人死亡后其尸体被如何处置等,在本案中均未引起争议。被告人并没有争辩、反驳或者推翻两位证人的证言,并且甚至提出动议就死亡事实达成协议不再抗辩。因此照片中记载的事实实际上并非本案争点。如同控方在总结陈述中向陪审团指出的那样,本案唯一的争点就是司各特和巴克是否错误地将被告人指认为本案的凶手Dee。

尽管这些照片有助于陪审团理解两位证人的证言，但是对于子弹在何处进入被害人的头颅、进入怎样的深度、子弹进入大脑后对脑叶形成怎样的破坏，以及是否也有其他条件引起了死亡，这些都没有成为争点。这些照片对于证明巴克关于Dee承认自己朝瓦恩斯开枪的证言也没有任何价值。因为Dee的这一自认对于证明Dee杀害了瓦恩斯这一论点自然是有效的，但是被告人并未否认Dee就是杀害瓦恩斯的凶手。被告人唯一的抗辩只是他并不是Dee。这些照片对于本案唯一的争点并无证明价值。

简言之，本案中的争点就是(被告人与所谓凶手之间的)同一性认定。本案中照片的展示是对无争议证言的累积。因此，我们判定，这些照片与审判中需要查明的争点只有极小的证据价值，容许它们除了点燃陪审团的怒火以外几乎没有任何意义。在这一情况下，本案并无值得法官使用自由裁量权加以衡量的东西，容许这些照片被展示纯粹是个错误。

第三节 附条件关联性与有限关联性

一、附条件关联性与附条件可采性

美国《联邦证据规则》第104条规定，如果一项证据的关联性有赖于另一事实条件的成就，则法庭对该证据的容许应以当事人提出充足的证据，足以认定该条件已经成就为限。也就是说，如果一个证据的关联性在提出的时候并不明朗，则法庭可以暂时容许这个证据；但是到最后能否容许，要以当事人提出充足的证据，足以认定该条件已经成就为前提。

| **案例4.04** | 蓝羽毛的红帽子案[2]

在一起抢劫案中，控方试图出示一顶有着蓝羽毛的红帽子，作为指控被告人是抢劫犯的证据。控方的逻辑是，在案发现场有目击证人看到，其中一名抢劫犯戴着一顶有蓝羽毛的红帽子。

在这个案件中，如果没有目击证人的证词，这顶蓝羽毛的红帽子和被告人被指控抢劫银行这个案件就没有关联性，凭空出示一顶帽子也就没有什么意义。可是

〔2〕 改编自[美]亚瑟·贝斯特：《证据法入门：美国证据法评释及实例解说》，蔡秋明、蔡兆诚、郭乃嘉译，台北，元照出版有限公司2003年版，第12页。

由于存在目击证人,证明在案发的时候有一个抢劫犯头上戴着一顶有蓝羽毛的红帽子,那么,目击证人的这个证词,就是本案中红帽子具有关联性的条件之一。不过,控方出示这个有蓝羽毛的红帽子,除了必须有目击证人证明在案发现场有抢劫犯戴着这样一顶帽子以外,其实还有一个条件,就是这顶红帽子一定是在被告人家中搜出来,或者说在大街上找到被告人时他的头上就戴着这么一顶帽子。

所以在本案中,红帽子要具有关联性,条件之一是至少有一个目击证人的证词,证明案发现场的抢劫犯戴着一顶红帽子;条件之二是有证据证明,控方出示的红帽子就是从被告人家中搜出或抓获被告人时从他头上取下来的。其中第二个条件属于物证的验真,本书在第十章会加以讨论。对于第一个条件,如果控方先出示帽子作为证据,而没有出示目击证人证言,只说这顶帽子是抓捕被告人时从他头上摘下来的,被告方提出反对,说有没有这顶帽子与其是否实施抢劫没有关联性。控方则请求稍后再传唤一个证人作证,该证人的证言将证明帽子有关联性。这时法官会暂时性地容许这顶帽子出示,直到控方将证人传唤上来证明他确实在现场看到一个抢劫犯戴着一顶有蓝羽毛的红帽子,此时这个证据的关联性才算条件成就,才被正式容许。如果本来控方允诺,稍后要传唤证人证明案发现场有人戴着红帽子,但是之后却没有传唤证人,或者传唤了证人但是证人说当时没看到抢劫犯戴着红帽子,法官就会指示陪审团在考虑被告人是否实施了本案所指控的抢劫犯罪的时候,请陪审团忘记那顶红帽子。这便是附条件的关联性和附条件的可采性。

思考 在上述案例中,假设控方试图传唤证人证明,抢劫发生时他看到一名抢劫犯戴着一顶有蓝羽毛的红帽子,但证人出庭后说抢劫犯没戴红帽子而是戴绿帽子。于是法官指示陪审团忘掉那顶红帽子。此时辩方趁火打劫,说这顶红帽子其实和本案有关联,因为它能够证明被告人不是抢劫犯——抢劫犯喜欢戴绿帽子,被告人只喜欢戴红帽子。请问证人有关绿帽子的证言以及被告人戴红帽子的事实是否可用以证明被告人没有实施抢劫?

| 评注 4.01 |　所有实物证据的关联性都是附条件关联性

物证、书证、音像资料、电子证据等证据,其关联性与可采性都必须满足一定的条件。以物证为例,一滴血、一把刀、一个鞋印、一颗子弹,它们和案件的关联性,都必须以相关的鉴定意见为前提和基础。在现场提取的血迹,通常要做血型鉴定和DNA 匹配测定。如果经检测,现场提取的血迹与被告人和被害人都不匹配,它对于证明被告人实施了相关犯罪就不具有关联性。现场提取的尖刀、菜刀、砍骨刀、杀猪刀,通常要与杀人案件尸体检验报告、故意伤害案件伤痕检验报告结合起来,才能得出是不是现场提取的那把刀造成了对被害人的伤害或死亡这一结论。在有被告人供述的情况下,还要由被告人对刀具进行辨认,以便确认这就是被告人用于砍杀被害人的那把刀。对于鞋印,也要经过鉴定,确认究竟是被告人的鞋印还是被害人或者其他人的鞋印。对于子弹,应当与弹痕鉴定结合起来才能起到证明案件真实情况的作用。所以,物证的关联性必须与这些证据结合起来才能确定,它们都属于典型的附条件关联性的证据,只有在条件成就时才能被用于证明案件事实。电子证据、视听资料等,均属此类。

二、有限关联性与有限可采性

有限关联性和有限可采性规定在美国《联邦证据规则》第105条:"如果一个证据仅对一方当事人或者仅对一特定目的具有可采性,而对另一方当事人或其他目的不具有可采性,则法官当应一方当事人之请求,将该证据的使用限定于适当范围,并就此向陪审团作出指示。"这就是通常说的有限关联性和有限可采性,它是对关联性规则的进一步精致化。根据这个规定,一个证据只和部分事实关联时,只能被用于与之关联的待证事实,而不能被用于与之无关联的事实。另外,有些证据可能和特定待证事实之间存在关联性,但是由于证据法禁止使用该证据来证明该待证事实,则该证据在其不被禁止的范围内允许使用,在其被禁止的范围内则不允许使用。例如传闻证据,当一个证人的庭外陈述被用于弹劾目的时,它不属于传闻,具有可采性;但是这个证据得到容许之后,提出证据的一方只能将这个证据用来弹劾证言的可信度,而不能用于证明弹劾之外的其他事项;这就意味着它在用于弹劾目的时具有可采性,用于证明其他事项时不具有可采性。

第四节 关联性和可采性的判断

一、可采性判断的自由主义

关联性和可采性判断的第一个基本原则是可采性判断的自由主义。所谓可采性判断的自由主义,是指美国《联邦证据规则》对于证据可采性问题采取了更加自由的态度,也就是尽可能地让更多的证据具有可采性。之所以如此,是因为根据传统普通法,很多证据实际上是没有可采性的,但是美国《联邦证据规则》赋予了它们可采性。所以说可采性的自由主义实际上意味着美国《联邦证据规则》的制定者放低了可采性的门槛,尽可能地容许证据进入法庭。

怎么才能做到尽可能地使证据具有可采性呢?有两个要求,第一个就是当证据关联性的有无产生疑问时,作有关联性的解释。有些证据有关联性或没有关联性一目了然,而有些并非一目了然,还会产生疑问。按照美国《联邦证据规则》专家咨询委员会的解释,当有关联性和没有关联性产生疑问的时候,要作有关联性解释。作有关联性解释就意味着,如果它不被其他证据规则排除,那么它就有可采性。第二个要求是一个证据如果既有证据价值,但同时又有可能引起不公正的偏见,或者其他的负面影响,对证据的证明价值和负面影响进行权衡的时候,对证据价值要做最大值估计,对负面影响做最小值估计。其效果就是让一个证据尽可能地具有可采性。这是可采性判断的自由主义,也是判断关联性和可采性的第一个原则。

二、关联性判断的逻辑主义

所谓逻辑主义,又叫经验主义,它是指从我们人类经验来看,只要一个证据对证明的对象具有一种使其存在更有可能或更无可能的趋势,这个证据就有证明力,就有关联性。如前所述,关联性从经验的角度来判断,它的要求是很低的,即"一块砖"不是"一堵墙"。所以逻辑关联性不会在很低的要求之上设置一个更高的门槛。要是设置了一个更高的门槛,那就不叫逻辑关联性,而叫作法律关联性。在学术史上,塞耶的立场是逻辑关联性,而威格默的立场是法律关联性。法律关联性就是指对于证据的关联性不能够仅凭那点经验,只要一个证据使待证事实的存在或者不存在更有可能或更无可能就具有关联性。威格默认为这不够,他认为要比这个要求略高一点,但是高多少他也并未明确。人类的语言表达能力以及科技的发达程度还没有达到能够准确地描述一个人心证的程度。比如说我有20%的确信认为明天要下雨,但这20%和20.00001%有什么区别是说不清楚的。因为我们没有办法精确地测量和刻度一个人对一件事情发生可能性的内心确信程度。所以虽然威格默主张的是法律关联性,甚至有很多学者也赞同他的观点,但是美国《联邦证据规则》采取的是塞耶的立场。不过如果严格按照塞耶的立场,这个世界上没有哪两个事物不是互相关联的,所以司法实务实际上采取的又是威格默的立场。美国《联邦证据规则》是逻辑关联主义,也就是说,不管证据证明力大小,只要有证明力就有关联性。可是司法实务中的操作则是一个证据关联性如果过于微弱,那么可能法官也难以容许它,所以司法上采取的标准又略高于逻辑主义。但这个标准在立法上无法实现,因为法律本身不可能去设定一个标准,明确20%以上的关联才具有可采性。于是司法实务中各自凭自己的经验和理性进行判断，这被称为实务判断中的经验主义。

第五节 若干常见事项的关联性

关联性法则是一个抽象的原则。适用到每一个具体的案件中，很难有一个放之四海而皆准的标准。但是英美的一些判例还是对一些特定领域中的特定事项是否具有关联性给出了明确的答案。这些问题在我国各类诉讼中也会经常碰到。因此，以下我们用几个案例，来探讨特定事项在具体案件中的关联性问题。

一、事后搜查结果在警察执法侵权案件中的关联性

事后搜查结果在警察执法侵权案件中的关联性，是指在警察被指控不当执法尤其是不当使用武力导致执法对象受到伤害甚至死亡的案件中，对执法对象事后搜查是否发现有攻击性武器的事实，与警察执法的合法性、妥当性之间是否存在关联。在美国，由于其宪法赋予人民持枪的权利，警察执法时通常会遭遇更大的威胁；警察在意识到这种威胁时将执法对象当场击毙的事件也经常发生。事情发生之后，如果事后搜查表明执法对象身上其实并没有攻击性武器，死者或伤者家属通常会认为警察执法不当，并以事后搜查发现执法对象身上没有武器这一事实来证明警察行为的不正当或不合法。因此，事后搜查结果在此类案件中的关联性问题，是美国司法实务中经常碰到的问题。在我国，虽然法律并未赋予公民持枪的权利，但是类似的情形也有发生。美国司法中的相关案例对我国类似情形的解决，具有一定的借鉴意义。

| **案例 4.05** | 开枪后才发现死者身上没有武器：谢罗德诉贝利[3]

1979 年 12 月 8 日，伊利诺伊州朱利尔特郡的一个礼品店经理向警察报案说自己遭到了抢劫。该区域的巡逻警察贝利在对讲机上听到了有关犯罪的描述。他跟同事克莱普菲说，对讲机中描述的嫌疑人有点像格里·达克沃斯。后来，贝利在法庭上作证说他认识达克沃斯是因为达克沃斯曾经在其他攻击性犯罪包括抢劫罪和扒窃罪中作为嫌疑人出现。在对讲机通知说嫌疑人又回到了犯罪现场后，贝利和他的同事决定侦查此案，并赶往犯罪现场。

……警察用枪指着两名嫌犯，让他们举起手来。其中一名嫌犯服从了命令；但

〔3〕 Sherrod v. Berry, 856 F. 2d 802, 1988.

另一名嫌犯迅速将手伸进上衣口袋。警察当即开枪,嫌犯当场死亡。然而之后对他身上进行的搜查表明嫌犯身上什么都没有,既没有枪,也没有任何其他攻击性武器。死者家属对开枪的警察提起民事诉讼,要求损害赔偿。审判中,原告拟出示证据,证明警察经事后搜查发现死者身上并没有攻击性武器。被告反对,认为该证据与本案并无关联性。法官容许了这一证据。陪审团经评议后判令被告赔偿原告100万美元。被告上诉,理由是审判法庭错误地允许了原告方提出的一个不具有关联性的证据,即事后搜查证明死者身上并没有武器。

评注 4.02 事后搜查结果与警察执法行为正当性之间没有关联性

我们判定关联性通常有两个步骤,第一是看它有没有实质性,第二是看它有没有证明力。本案中,原告出示一份证据,证明对死者死后搜查发现他身上没有携带武器。首先来看实质性,就是看看这个证据想用来证明什么。该证据所欲证明的是死者没有人身危险性。这个事实是不是属于案件的实质性事实呢?本书认为是的。因为人身危险性的有无影响到警察开枪的行为是否合法与适当的认定,因此它具有实质性。其次来看证明性。这个证据能否证明警察开枪的行为合法和适当?本书认为其无法起到证明的作用。警察让嫌犯不许动,嫌犯却把手迅速伸进上衣口袋;通常情况下,警察在这个时候的判断只能够是认为嫌犯要掏枪,而不必等嫌犯把手从上衣口袋里拿出来再作出更加准确的判断。因为,除非警察是神枪手,否则等嫌犯掏枪出来警察再决定是否开枪,说不定来不及决定自己就已经中枪。所以,警察在判断嫌犯有没有人身危险性的时候,事后搜查的事实只能够证明警察当时的判断是错误的,却不能证明其处置是错误的。例如,一个狙击手将绑架人质的劫匪打死,狙击手的判断是劫匪准备将人质击毙,因为劫匪手里有枪。但是将劫匪击毙之后,才发现劫匪手里的是玩具枪或仿真枪。虽然事后的检查证明狙击手当时的判断是错误的,却不能以此证明当时的处置也是错误的。故本案中事后搜查的事实不具备证明作用,即没有关联性。

因此,该案中,事后搜查表明嫌犯身上没有武器的事实,对于警察是否处置得当不具有证明性,从而也就没有可采性。但是该案初审法院错误地容许了这种证据,因此被告人提出了上诉。对于此类案件,美国的二审法院通常会撤销原判发回重审。因为上诉法院不会组织陪审团重新进行审判,它一定要发回审判法院,由审判法院重新认定事实。在此类案件中,由于上诉法官的意见十分明确,即此类证据由于没有关联性而不可采。所以此类案件一旦发回重审,原告也就撤诉了,因为他没有证据能够证明警察在这个事情当中有过错。

二、逃跑在证明犯罪中的关联性

一般认为，一个无辜的正常人是不会平白无故自己消失的，尤其不会在得知执法官员在找他之后立即长时间自行消失。类似地，一个无辜的正常人通常也不会在大街上一见到警察就跑。当然，现实生活往往并非如此简单。因此，收到执法官员配合调查的通知后就自动消失，或者在大街上一见到警察就跑，也可能什么都说明不了，甚至都不能定义为“逃跑”——跑是跑了，却不是逃跑。但在有些案件中，“逃跑”的事实是如此显著，从而在认定案情方面具有特殊的意义。在此情况下，该事实往往可能被认为与指控事实之间具有较强的关联性。

| **案例 4.06** |　美国诉马丁内兹〔4〕

1973 年 11 月 9 日，马丁内兹被大陪审团提出七项指控，指控他分别向丹佛学院董事会成员罗伯特·克莱德（Robert Crider）、丹佛警察局的警察卡罗尔·豪格（Carol Hogue）以及丹佛两轮摩托商店寄送邮包炸弹（sent through the mail three bombs）。地区法院在之前的程序中裁决，该案被告人实施的三个寄送炸弹的行为应当分别审理。基于这一裁决，1982 年 3 月 29 日，地区法院开始对被告人实施的第三个行为也就是向丹佛两轮摩托商店邮寄炸弹的行为进行审理。

开庭之前，1982 年 1 月 29 日，被告人向法庭提出动议，要求法庭将所有有关其向克莱德和豪格邮寄炸弹的证据排除在他因向两轮摩托商店邮寄炸弹而受审的程序之外。法庭于 2 月 4 日作出裁决，支持被告方的这一动议。政府于 3 月 22 日提出上诉，请求推翻地区法院的这一裁决。上诉法院以政府的上诉已过上诉期（一个月）为由，拒绝了政府的请求。政府认为，之所以没有在一个月内上诉是因为法院在 2 月 12 日、3 月 11 日和 3 月 16 日似乎倾向于改变这一裁决，所以在政府看来没有上诉的必要。上诉法院认为，政府应当从 2 月 4 日就已经知道了地区法院与排除证据的裁决，这一裁决就是最终的裁决；尽管法官可以重新考虑自己的裁决，甚至推翻这一裁决，但是上诉期限应当从 2 月 4 日起算。

在地区法院的听证会上，控方还传唤证人证明被告人马丁内兹在警方发现了邮包炸弹之后逃离了科罗拉多州。警方于 1973 年 10 月 27 日和 30 日发现了邮包炸弹。马丁内兹得知司法部门已经签发了对他的逮捕令之后离开了自己的家庭和他的法律事业（马丁内兹是一名律师）。1973 年 10 月 30 日，当一名联邦警察给马丁内兹父亲打电话通知逮捕证的内容时，马丁内兹的父亲表示不知道儿子在哪里。之后的一个星期，警方陆续联系了马丁内兹的其他亲戚和熟人，并对马丁内兹的住

〔4〕 U. S. v. Martinez, 681 F. 2d 1248, 1982.

处进行了监视,都没有看到他出现。一个当地牧师告诉警察说,马丁内兹的哥哥曾经找他借钱说是给马丁内兹辩护或逃跑,说如果不给钱就放把火把教堂烧掉。警方还收到许多线索,但是基本上都没用。警方也对马丁内兹经常出入的地方进行了监视,但是没有发现他的行踪。便衣警察还在1974年5月参加了马丁内兹一个兄长的葬礼,在1974年10月参加了他母亲的葬礼,但都没找到他的踪迹。马丁内兹也没有继续注册其律师证和驾驶证,它们分别在1975年和1976年到期。

直到1980年9月3日,马丁内兹才重新出现在亚利桑那州的诺格蕾丝港口海关,试图从那里入境美国。他对海关官员说他叫Jose Reynoso - Diaz,是美国公民,住在艾奥瓦州的DES Moines,在John Deere种植园工作。海关允许他以美国公民身份进入。当一名官员对他的背包进行检查时,发现他有一个名叫Reynoso - Diaz的墨西哥护照。这时马丁内兹冲出房间,朝美国方向奔跑。在短暂的反抗之后,他被抓住。警察在他的行李中发现了一张卡片,表明他曾经在墨西哥参军。行李中还有一些机票,表明他曾经逃亡古巴。他被指控非法入境。他的物品被返还。当海关官员对他进一步询问时,他拒绝说英语,也不会签自己的名字。1980年9月12日,马丁内兹在美国地区法院出席并答辩有罪。他被指控的罪名是逃避海关检查。此后遣返程序启动。他的真实身份通过指纹识别被最终确认。他被送回科罗拉多州候审。

在听取有关证人对上述事项的陈述后,联邦地区法院的法官裁决,有关被告人逃跑的事实在被告人被控邮寄炸弹的案件中不具有可采性。法官依据的是1977年美国诉迈尔斯案(United States v. Myers,550 F. 2d 1036,1049,5th Cir. 1977)。该案中,法院对逃跑行为与相关推论之间的关联性设置了一个由四部分组成的评价标准:(1)由被告人的行为推论出其逃跑的结论;(2)由逃跑推论出被告人意识到自己有罪的结论;(3)从被告人意识到自己有罪推论出被告人意识到自己犯有被指控罪行的结论;(4)从被告人意识到犯有被指控罪行推论出被告人事实上实施了所指控的犯罪。马丁内兹案的审判法院说,在马丁内兹案件中,后三项推论的证明力非常微弱,因此,根据美国《联邦证据规则》第403条的规定,决定予以排除。

但是,本案事实与迈尔斯案有明显的差异,因此我们不能同意地区法院关于本案不符合迈尔斯标准的说法。更重要的是,我们无须遵循那些标准。本案的事实足以达到可以推论出被告人有罪的程度。在我们看来,这些事实作为一个整体具有非常重要的意义。被告人抛弃了自己的家庭和事业,前往墨西哥和古巴待了七年。他甚至还在墨西哥参了军。他试图以伪造的护照和姓名重新进入美国。所有这些背景事实都是十分重要的要素。

在之前的判例中,的确也有个别案件法院判定容许有关被告人逃跑的证据是错误的。但是本案明显与这些案件不同。本案当中,马丁内兹在逃跑时显然知道他已经因为如今正在受审的犯罪而被追捕。在马丁内兹消失时当地媒体对发现邮包炸弹的事实和怀疑马丁内兹实施了邮寄炸弹行为的事实都作了大量的报道。的确没有证据显示马丁内兹究竟何时离开的科罗拉多州。但同样确定无疑的是，寄送炸弹和签发了对他的逮捕令之后没多久他就不见了。毫无疑问，这已经足够。更加重要的是，逃跑的即刻性在判断它与犯罪的关联性方面的重要性，由于有证据表明，如同本案所显示的那样，嫌疑人知道自己已经被追捕这一事实，而受到了显著的降低。

因此，法院决定推翻地区法官的裁决，将该案发回重审，并命令，重审时应当容许控方出示有关被告人逃跑的证据，以便陪审团对该证据加以考虑。

思考　从以上案例是否可以得出这样的结论，即在任何情况下，被告人逃跑的事实对于被告人构成被指控的犯罪而言，都具有关联性？能否举出例子，说明在相应的情景下，被告人逃跑的事实与其被指控的犯罪之间并无关联性？

三、对他人作出相同承诺在证明合同条款中的关联性

在书面合同约定不明、另行以口头合同补充约定的情况下，补充约定的合同条款实际上难以得到证明。但是，如果合同中的一方(如甲方)声称，乙方对其他合作伙伴也作出了相同的承诺，这一事实是否可以用来证明乙方对甲方也作出了相同的承诺？在性侵犯案件中，被告人不得以被害人轻易同意与多人发生性关系为由，来证明自己与被害人之间的性行为也是经过被害人同意的。但这与其说是逻辑与经验的概括，不如说是法律政策的取舍。从经验来看，人们往往认为，如果一名女子经常很轻易就与多人发生性关系，那么她与被告人之间的性行为系经过其同意的可能性也就更大。但是这一经验是否可以推广到其他领域呢？一个产品供应商跟多人达成不利于己的协议的事实，是否可以用来证明该产品供应商也与案件中的当事人达成了同样的协议？本书认为这样的证据具有关联性。

案例 4.07　对他人相同承诺的证明作用

原告向被告销售氮肥，被告没有付款，所以原告起诉被告。被告称其没有付款的原因是原告当初承诺，其提供的氮肥如果达不到另外一个厂家生产的氮肥的效果则免付价款。被告称其用了原告的氮肥，比另外那家效果差远了，那么按照原告作出的承诺其无须付款。原告否认做出过如此承诺，于是被告出示了原告和其他

客户达成相同条件的证明,即本案原告以远低于竞争对手的价格出售氮肥,而买方在条件成就的时候才支付余款,如果条件不成就,即如果氮肥效果不如其竞争对手,则不用付钱。

本案中,被告出示的证据有没有关联性呢?原告对别的客户承诺,称其氮肥效果不好就不要钱,是否意味着他对本案被告也做出了相同的承诺?

按关联性的定义,这个证据显然有关联性。因为比起原告没有对其他客户作出相同承诺这个事实来,在他曾做出过这种承诺的情况下,原告对被告作出相同承诺的可能性要大一些,从这个角度来说是有关联性的。但本案中法官却裁决该证据没有关联性,意即在这个案件中法官采用的是威格默的标准:尽管原告对别的客户作出过这样的承诺,也不表明其就对被告这个客户也作出过相同的承诺。

四、其他人可能实施犯罪的关联性

其他人可能实施本案被告人所被指控的犯罪的事实,在本案被告人受审的法庭上是否具有关联性从而具有可采性,是一个颇具争议的问题。在美国,有的法院认为,此类证据与正在审理的被告人被指控的犯罪无关;也有的法院认为,此类证据和案件有关。在我国,目前也没有明确的规则可以遵循。在聂树斌故意杀人、强奸妇女案(以下简称聂树斌案)中,聂树斌因被指控强奸杀人而于1995年被判处死刑立即执行并于当年被执行死刑。2005年,公安机关抓获的另一名网上追逃人员王书金自称自己才是聂树斌案中真正的凶手。尽管聂树斌案最终获得平反,但从该案申诉、复查、平反的经过来看,河北省司法机关似乎认为王书金的自我交代与聂树斌是否实施了被指控的犯罪并无关联。当然,该案之所以在所谓"真凶出现"后平反过程仍然如此大费周折,也可能是因为司法者认为王书金的自我交代尽管有关联性,却不一定真实可信。最后,在聂树斌案平反的最高人民法院再审判决书中,也只字未提王书金的供述。[5] 因此,在聂树斌案的再审审理中,司法者对于王书金供述的关联性问题态度并不明确。但本书认为,正是由于王书金的自我交代,才开启并成功导致了聂树斌案的平反。

| **案例4.08** | 其他人可能实施犯罪的证明作用

被告人被指控鸡奸被害人(一个小男孩)然后把他杀害。被告人答辩说这个事情不是他干的,并提出证据证明一个叫马克的人,在案发后跟另外一个叫麦克的人,说过他知道这个小孩怎么死的,描述得很详细。被告人的逻辑是,如果不是马

---

〔5〕 最高人民法院刑事判决书,(2016)最高法刑再3号。

克杀死的被害人，他不可能知道得那么详细；所以实际上是那个叫马克的人杀死了被害人，而不是被告人杀死了被害人。他就想出示证人麦克的证言，证明麦克在案发以后听马克跟他说过那个小孩是怎么死的。麦克的证言在本案中有没有关联性呢？

本书认为，该证据显然有关联性。一个犯罪行为，除非有证据证明是共同犯罪，否则，如果能够证明乙实施了该项犯罪，甲就可以洗脱罪名。

五、突然道歉与自杀之间的关联性

诉讼中的一方当事人为了证明某人的死亡系自杀所致，而举出相应的证据证明死者在死前不久突然向他人道歉。举证方的逻辑是：一个人对另一个人心怀愧疚多年，一直没有道歉，此时突然作出道歉的举动，表明此人已经存有离开人世的心思，因此其死于自杀的可能性，比起在没有该证据时更大。

案例 4.09　道歉电话的关联性

本案被告为一家保险公司，原告是受益人，由于投保人死亡，受益人要求保险公司按人身险进行赔付。被告人为避免赔付，提出了一个免责事由，即被保险人，同时也是投保人是自杀身亡。自杀在保险合同中一般属于免责条款。保险公司为了证明有免责事由，即被保险人是自杀，称有一个证人，这个证人是死者的朋友，证明死者在死前一个星期，突然给其打电话，就他二十年前做过的一件事情向该证人表示歉意。

原告提出反对，称这件事和本案没有任何关联性。被告当然坚称有关联性。那么被告举出的这个证据到底有没有关联性呢？

本书认为有关联性。因为人类经验告诉我们，一个人突然莫名其妙向他人道歉一定是有原因的，而且一般来讲，它对自杀这个事实是否成立是有影响的。当然，不同的人有不同的经验。但是我们讲的是一般经验。所以遇到关联性的问题，应依照人类的一般经验来判断，考虑在有这个事实的时候，比起没有这个事实的情况下，它对待证事实到底有没有影响。

由于关联性是一个外部属性，因此其不是一个绝对化的判断。有些证据的关联性看起来是很明显的，而有些证据的关联性则不是那么明显，所以有些时候可能需要想办法使那些看上去关联性不明显的事情的关联性看起来能够为人们的一般经验所接受。在关联性遭到对方反对的时候，在法庭对关联性产生疑问的时候，都需要当事人及其律师将关联性中的连接点阐释清楚，以便消除疑点，获得法庭支持。

六、医疗过失在故意杀人案中的关联性

在有些被告人被指控故意杀人造成被害人死亡的案件中,被告人并不否认自己实施了杀人行为,但对被害人死亡是否由于自己的杀人行为所造成提出抗辩,声称被害人的死亡并非由于被告人的杀人行为所致,而是由于医院救治不力。在这类案件中,被告人实际上是主张被害人的死亡和被告人的杀人行为之间不存在因果关系——由于医院救治行为的介入,因果关系中断了。对于此类抗辩,法院通常会认为被告方所提出的证据和案件事实之间没有关联性。

案例 4.10 康涅狄格州诉阿卜杜拉·萨巴兹[6]

1994 年 5 月 3 日大约中午时分,本案的迈克尔·斯图尔特刚刚在纽黑文的一个付费电话亭打了电话,这时被告人也来到电话亭准备使用其中的一部电话。被害人转身对被告人说:"离电话远点,我刚刚给人打了传呼机(等人回电话)。"被告人不予理睬,只顾自己拨电话。被害人朝被告人脸上扇耳光,被告人则用拳头回击被害人,两人随即打作一团。在斗殴过程中,被害人试图离开被告人,但是被告人抓住他不让走。被告人一手抓住被害人,一手拿出弹簧刀不停地往被害人身上刺。被害人倒地之后,被告人停顿了一下,但之后继续往已经倒地的被害人身上猛刺,接下来还坐到被害人身上反复猛刺,直到警察赶来将其制服。

被害人被送往纽黑文医院,在那里于 12 个小时之后死亡。尸检报告表明,被害人脸上、头部、肩部、胸部、手臂、腹部有多处刺伤;其中腹部的刺伤系锋利刀具从胃壁直接插入并穿透整个肝脏,而且肝脏还有第二次刺伤;在胸部,刀锋穿过肋骨直接把肺部捅穿。被害人死于胸部和腹部的致命伤。

审判中,被告人声称自己的行为属于防卫行为,并试图以自己的证言证明其行为属于自卫。被告人声称自己在刺伤被害人时并没有谋杀的故意,被害人被刺成重伤属于意外事件。被告人还试图以专家证言证明其案发时精神处于极度混乱状态,因此其行为属于过失杀人。陪审团拒绝了被告人的所有抗辩,裁决被告人谋杀罪名成立。被告人提出上诉。

被告人的第一项上诉理由是审判法庭错误地排除了他试图提出的用以证明被害人死于医疗过失的证据。根据本案事实,被害人被送往纽黑文医院进行抢救的时间大约在中午 12 点 24 分,进入手术室的时间大约是下午 1 点,手术从下午 1 点持续到下午 3 点。之后被害人被安置在术后康复室,他在那里由医生监护至晚上 7

---

[6] State v. Shabazz, 246 Conn. 746, 1998.

点。之后他被带到麻醉后监护组,直到晚上8点被安置在普通病房。5月4日早上,被害人死亡。

开庭前,被告人提出动议,准备提出医学专家的证言,证明被害人的死亡是由于医院的医疗过失,而不是由于被告人的行为所致。控方也提出动议,要求法庭排除这一证据。法庭为此专门举行了听证。弗拉卡斯法官主持了听证。听证会上,被告人提出的创伤外科手术专家威廉·马丁斯塔尔作证说,他仔细检查了被害人的死亡证书、尸检报告和医院记录。马丁斯塔尔说,医院存在以下医疗过失:(1)注射了5000单位的肝磷脂;(2)将被害人从麻醉后监护组送到普通病房,而没有把他送到精细护理组。马丁斯塔尔认为,使用抗凝血剂是错误的,因为当一个人肝受损伤时应当是希望凝血而不是阻止凝血。根据马丁斯塔尔的观点,被害人是因失血过多而死,如果将他放在精细护理组,每十五分钟检查他的生命体征,每三十分钟观察一下他的尿液流出情况,重复检查他的血液气体,他的流血状况就可能止住。马丁斯塔尔说,如果医院操作正确,被害人有90%的可能在肝脏问题上存活。但是对于如果没有救治被害人腹部的伤是否足以致命的问题,马丁斯塔尔没有回答。另外,马丁斯塔尔还承认,10%~15%的肝脏手术病人没有在手术后进入精细护理组接受护理。

被告人还提议西里尔·维切特作为专家作证。维切特是一个擅长解剖学、临床学和法庭病理学的外科专家。他也阅读了被害人的死亡证书、尸检报告和医院记录,并在听证会上作证说,被害人的死亡是由于失血过多、代谢性酸中毒、滥用药物、吗啡、可卡因等引起的心脏异常跳动所导致。维切特也认为不应当给被害人注射肝磷脂;认为如果送进精细护理组,就可以获得更加密切的监护,从而避免死亡,因此这构成医院的重大过失,最终导致了被害人的死亡。但维切特也认为,被害人遭受的肝脏和心脏的刺伤才是其死亡的最直接原因。维切特还作证说,医院的药方表上没有使用肝磷脂的记录,因此肝磷脂对于被害人的死亡没有造成影响。

经过听证,弗拉卡斯法官排除了被告人提供的专家证言。在雷卡里法官主持的正式审判中,也就没有容许被告人提出的专家证言。法庭上,控方专家也就是本案的尸检人员就本案中被害人的死亡提供了专家证言。当被告人就纽黑文医院的治疗是否存在重大过失向控方专家提问时,由于控方的反对,法官支持了控方立场,没有让控方专家回答这一问题。被告人对这些裁决均提出了上诉。被告人认为:第一,先例表明,应当允许出示医院存在重大过失的证据以证明因果关系的中断,最终是否采信,应当由陪审团决定;第二,应当采用这样的规则,即重大医疗过失的存在足以中断原先的因果链条。

本案受法院之前判决的州诉雅各布一案确立的规则调整。该案中,法院彻底地反思了该领域的先例,重述并且一般性地确立了这一规则:如果一个人的死亡是在另一人所施加的严重伤害之后发生的,那么通常而言,不熟练的或者有过失的医疗措施不得用来作为该医疗措施加重了之前伤害的辩护理由。我们在此特别地引用我们完全赞同的观点:"一个伤害,无论是直接还是间接引起的,如果实质性地导致了死亡的后果,它就应当被认为是死亡的原因,即使在治疗中出现一些失误并且也共同构成了死亡的原因。重大医疗错误只有在医疗错误单独地造成了被害人死亡的特例中才能作为辩护的理由。"

本案中,没有证据表明陪审团会合理地推论说医院的过失单独地导致了被害人的死亡。无论是马丁斯塔尔还是维切特都承认被害人的致命伤在没有治疗的情况下会导致被害人的死亡。因此,拟议中的重大医疗过失最多只是被害人死亡的共同原因,而不是唯一原因。因此本案不满足雅各布案所确立的规则要求的条件。

……被告人也没有说服我们应当推翻雅各布规则。在我们看来,雅各布案确立了一个非常合理的法律规则,它与刑事案件中的因果关系规则保持了一致。对于实施了杀人行为的被告人,我们没有看到有任何合理的理由或政策,由于医院的疏忽就应当使被告人逃脱其责任。因此,雅各布案宣布的规则是,这样的重大过失只有在单独构成被害人死亡原因的时候才允许减轻被告人的责任,这已经在行为人的刑事责任和因果关系的中断方面做出了适当的平衡。

被告人还上诉称,审判时被害人的家属都在旁听席旁听,因此他们知道本案系被告人的行为引起;但同时,部分家属还针对纽黑文医院的过失提起了损害赔偿诉讼,这表明他们认为被害人的死亡也可能是纽黑文医院的过失引起的;因此,被告方试图在法庭上对被害人的妹妹进行交叉询问,揭示被害人家属这一自相矛盾的行为。控方以缺乏关联性为由提出反对,法官支持了控方的反对,因此被告方未能就此向证人发问。上诉法院认为审判法官的裁决并无不当。

思考 我国刑法对于故意杀人罪的规定与美国刑法是否存在实质上的差异?上述案例中法院对医疗疏忽证据对于被告人是否构成谋杀罪的问题不具有关联性的裁决在我国类似案例中是否也应当加以适用?

七、恐惧心理在防卫辩护中的关联性

如本章第一节所述,恐惧心理在防卫辩护中通常具有关联性。本章一开始就用了一个恐惧心理在防卫辩护中的例子来说明关联性中的实质性和证明性问题。不过,下面这个案例却和本章第一个案例有所区别。它所涉及的思维过程更加复杂,因而需要更加用心地阅读体会。

案例 4.11 印证恐惧心理的证据在防卫辩护中的关联性:美国诉詹姆斯[7]

詹姆斯在西雅图认识她男友大卫·奥格登。他清醒时人还不错,喝醉了则非常讨厌(He was nice sober,nasty drunk)。奥格登曾经向她吹嘘说他曾经杀人抛尸。他还说他曾经将一只假表卖给别人,而当那人抱怨时他将一支圆珠笔插入了他的脖子。奥格登对詹姆斯说看着一个人脖子上吊一支笔真的是太好笑了。他还吹嘘说有一次他将一个人车上的后视镜掰断并把他打到失去知觉。还有一次,他抢劫的时候将一把刀架在一个老人的脖子上威胁要把他的眼珠挖出来。

詹姆斯也曾亲眼见过并遭受过奥格登的暴力……有一次奥格登想要和她上床她没有答应,他冲进她和她女儿杰依莲住的房间,冲着她大声尖叫,并大声喊她的名字。杰依莲在三个场合曾经打过奥格登。对于杰依莲,奥格登永远也不会还手。他看上去对她很害怕,尽管她只有14岁……

在奥格登被杀那天,奥格登、詹姆斯、杰依莲和杰依莲的男朋友麦卡斯·提尔塔努在一起聚会。当詹姆斯决定离开时,她的厢式货车被地上的渔网给绊住了。此时詹姆斯和杰依莲都坐在车上,杰依莲听到提尔塔努说了一句:"哦,你!"之后就倒在地上。奥格登朝着提尔塔努的脸上猛击了一下,他手上可能拿着什么东西,把提尔塔努的鼻子都打断了,打得他昏死过去……

没过多久,杰依莲就用詹姆斯递给她的一把手枪击中并打死了奥格登。詹姆斯被指控帮助和教唆杀人。由于该案发生在"印第安人国",因此对詹姆斯的指控由联邦地区法院审理。詹姆斯在法庭上作证说在奥格登冷酷地殴打了提尔塔努之后,杰依莲曾经追赶了他一阵。之后,杰依莲回到车上,詹姆斯看到她气喘吁吁的。詹姆斯说她看上去非常生气,请求我给她一把枪。杰依莲说,妈妈,请把枪给我,把枪给我。重复了好几遍。于是,詹姆斯抓起手提包并把枪递给了她。当被问到为什么把枪递给她时,詹姆斯回答说,那是为了保护女儿和她的家庭成员不受伤害。当问到她把枪递给杰依莲时希望她做什么时,詹姆斯回答说希望他防着点大卫,她并不希望她朝他开枪,只是想吓唬吓唬他。当问到为什么希望把他吓跑时,詹姆斯回答说因为她知道他有多暴力,他不会打一下就停,他会一直持续暴力……

詹姆斯的律师辩解说她的行为属于自卫。陪审团听取了上述全部证据。在庭前程序中法官裁决詹姆斯和杰依莲可以就奥格登之前的暴力行为向法庭作证,但不得提出外部证据就她们为何了解到奥格登的暴力行为加以证明。庭前程序中辩护律师还试图出示一份法院文书,其中详细记载了奥格登骑在一名男子身上并拿刀放在他喉咙上威胁要弄瞎他的眼睛的情形。法庭裁决不容许辩方向陪审团出示这些证据。

---

〔7〕 United States v. James, 169 F. 3d 1210, 9th Cir. 1999.

陪审团评议期间,陪审团团长向法庭提出了一系列具体的问题,其中包括:(1)奥格登是否的确将一个老人刺伤并因此被判20年监禁且正处于保释状态;(2)他是否真的曾经用一支笔刺别人;(3)他是否曾经真的实施过谋杀……陪审团团长还特别地问道:有没有警察或法庭记录证明上述内容,或者这纯粹是他自己的夸张之词?但法官拒绝向陪审团提供相关证据。法官解释说,本案与奥格登唯一有关的事实是被告人了解的事实,这些事实只有在它们是否以及如何影响她在案发时的心态时才是有关联的。法官进一步论证说,如果法庭记录表明事实和詹姆斯说的不一样,如果法庭记录表明奥格登并不像他自己说的那样暴力,法庭也可能会支持辩方的反对意见,因为被告人从未见过法庭记录,法庭记录也不会影响被告人的心理,因此被告人出示这些外部证据对于争议事实的解决并无意义。

上诉法院认为,詹姆斯唯一的辩护理由是她相信她和她女儿都处在被奥格登严重伤害甚至打死的危险之中。对于这一辩护而言至关重要的就是她相信关于奥格登之前那些可怕的暴力的故事。这些故事显示出一个人具有如此可怕的性格以致人们会怀疑他是否真的说过这些事情或者怀疑这些事情是否真的发生过。因此,陪审员们才会问,奥格登是否真的刺伤过一个老人,是否用笔刺伤别人,是否实施谋杀,以及是否有警察记录或法庭记录证明这些或许仅仅是他自我夸耀的事情。这样的记录如果得到容许,将会有效地加强詹姆斯关于奥格登暴力性格的证词。

地区法院认为该证据的唯一功能是它可以证明詹姆斯当时的思想状态,因为她并没有看到过这些记录,所以对于她当时的心态而言,这些记录证明不了什么。但排除该证据的这一解释也实在过于狭隘了。让陪审团相信詹姆斯不是信口胡说,以及她说的那些故事确实发生过,对于她的辩护而言绝对是非常关键的。由于詹姆斯辩护理由的关键就在于她自己证言的可信度,并且由于证言的可信度又能够通过被排除的法庭记录加以补强,故排除这一记录就是有偏见的,而且也很可能影响到了本案中陪审团的裁决。因此,地区法院的裁决应予推翻。

第五章　品 格 证 据

品格证据排除规则的主要目的在于防止将被告人品格作为对其定罪的依据。该规则主要适用于英美法系。大陆法系虽然没有品格证据规则，但是有关被告人品格的证据往往通过关联性法则加以排除。因此，大陆法系虽然表面上不排除品格证据，实际上却与英美法系并无实质差异。我国表面上也不存在品格证据规则，但在司法实践中，刑事案件的被告人及其辩护人通常会以品格与案件无关为由申请排除品格证据；民事诉讼中的当事人也会以缺乏关联性为基础请求法庭将品格证据排除在外。因此，了解并熟练掌握品格证据规则，具有十分重要的意义。

品格证据规则是反直觉的。在日常生活中，人们对一个人做出判断，是以他的品格为依据的；人们是不是同他继续交往，是不是跟他做生意，是不是跟他结为伙伴，都以他的品格为依据。古语说："小时偷针，长大偷金"，就是形容品格对一个人的影响。英国谚语也说："一日是贼，终生是贼"（Once a thief, always a thief）。但是在法律上，品格证据原则上却是被禁止的。所以它和我们的日常经验、理性中的直觉是相反的。这就增加了理解品格证据规则的困难程度。

但是，品格证据规则是英美证据立法上着墨最多、司法实践中最受争议、理论上也最具有挑战性的一项规则，同时也是充满混淆却又引用率最高的一项规则。英美的证据法学者曾经宣布：品格证据规则并非为外行人所设置。因此，了解并掌握品格证据规则，是成为专业法律人的标志。

第一节　品格证据排除通则

一、品格证据排除规则的含义

美国《联邦证据规则》第 404 条(a)(1)规定，关于某人品格或性格特征的证据，不得用于证明该人在特定场合下从事了与其品格或性格特征相符的行为。

这个规定的含义就是,诉讼中的任何一方,不能用一个人曾经做过某些事情或者有某方面的名声从而归纳出这个人具有某方面的品格或性格特征,再以此来推论该人在当下的案件中实施了与其品格特征相吻合的行为。此即品格证据排除通则。

| **案例 5.01** | 人民诉扎克维茨[1]

1929 年 11 月 10 日凌晨刚过,被告人扎克维茨和他年轻的妻子路过布鲁克林大街的一个汽车修理厂,四个年轻人正在厂里修车。被告人把他妻子放下车后去买了一份报纸,回来后看到他妻子眼里噙满了泪水。他妻子告诉他说汽车修理厂的那几个人羞辱了她。尽管她没有复述他们羞辱她的言辞,扎克维茨还是非常愤怒。他走过街道,来到修理厂门口,用十分粗鄙下流的语言叱责几个年轻人。他还说,如果他们 5 分钟内还不滚蛋,他就会把他们全部撞死。说完之后他就和他妻子一起回到离修理厂不远的公寓。在跳了一会儿舞后,扎克维茨又喝了不少酒。借着酒劲,他追问他妻子究竟那些人是怎样说她的。他妻子回答说其中一个青年让她不要跟他说实话,并给了她 2 美元。扎克维茨的怒火再次被点燃,他从房间里拿上一把点 25 口径的自动手枪,回到修理厂发现四个青年仍然在修车。他朝他们破口大骂。有证据表明,其中一名青年——被害人柯培拉朝着被告人走过去,手里拿着一个扳手。被告人朝着他开了一枪。柯培拉倒在血泊之中。被告人还朝他的肚子踢了一脚。之后被告人离开修理厂,在街角拐弯处与他妻子汇合后叫了一辆出租车来到曼哈顿他一个朋友的住处。他们在那里过了一夜。在路上,被告人将他的自动手枪扔进了河里。他于 1930 年 1 月 7 日被捕。

本案审判中最关键的问题是被告人在杀害被害人时的主观状态。他究竟是经过深思熟虑且有预谋地开枪杀人,还是由于一时冲动而杀人?如果他在离开公寓时就已经打定主意杀人,为何他来到现场却没有立即开枪?这些问题应当由陪审团在衡量被告人的犯罪之后加以回答。但是,一时冲动杀人和有预谋杀人之间的界限是如此模糊,以致作出明确的区分非常困难。血压计可以以图示的方式记录脉搏的波动。但是,至今也没有任何器具可以同样地把人类大脑思维的波动展示出来。因此,陪审员们只能依据自己的生活经验,来探查他人的精神世界,去发现那一瞬间的能与不能、欲与不欲。对此问题的探求即使是在最有利的条件下都是如此精细和微妙,因此所有不适当的影响都必须予以排除。任何有可能模糊问题边界的证据都不得被非法地容许,以免产生任何偏见或激情。

然而,本案中容易产生此种激情和偏见的证据却恰恰在审判中得到了容许。

---

[1] People v. Zackowitz,172 N. E. 466,N. Y. 1930.

几乎是从一开庭,控方就试图将被告人描述成一个具有邪恶性格的人。他在陪审团面前被描述成一个具有谋杀倾向的人。为了实现这一目标,控方被允许出示证据证明被告人在与被害人相遇之时以及被逮捕时在他的公寓里放了三支手枪和一支催泪气枪。控方并没有提出主张说被告人在案发时拿着这些枪支到过现场,也没有提出主张说子弹是从这些枪支中射出。他也不可能用这些枪杀害了被害人,因为这些都是其他口径的枪支。出示这些枪支给陪审团完全是服务于不同的目的。这个目的就是告诉并说服陪审团:这个人非常邪恶,而且具有危险的个性,有这种个性的人比起那些具有温和个性的人更有可能在深思熟虑且经过精心设计的情况下杀人。事实上,这就是检察官出示这些证据的目的和基础。地区检察官在他的案情摘要中告诉我们,拥有这些武器表明被告人就是一个"绝望的刑事犯罪类型"的性格,表明他是一个"具有犯罪倾向的人"。该判决中的反对意见,如果表述得更加清晰一些,那么它思考本案这些证据的方式实质上并无区别。"被告人呈现在陪审团面前的形象就是一个拥有危险武器、从中加以选择并对他威胁要加以杀害的人执行处决的人。"但是这些武器并没有被带到现场。他们被留在公寓里,无法对被害人造成伤害。在这种情况下,拥有这些武器,如果说它与案件有任何关联的话,也只是表明他有使用这些武器的一般倾向性,而一个准备随时使用这些武器的一般性的倾向性并不意味着他就是一个绝望的刑事犯罪分子,也不意味着他是一个具有杀人倾向的人。

如果谋杀的倾向可以被用来作为被告人有罪的标志,那么作为保护无辜者不被错误追究的我们长期信奉的刑事证据规则就可以宣布废除。迄今为止的一个基本规则就是品格在任何刑事指控中都不是案件中的争点,除非被告人自己选择把它变成争点。从一个非常真实的角度来说,当被告人站在陪审团面前时,他实际上是全新的,他此时是作为一个囚犯来受审。在一个公开的场合,发生了一起杀人案件。杀人者承认自己杀了人,只是争辩说自己的行为是自卫,而且是一时冲动。幸运的是,我们具有灵活性的法律已经设置了禁止以被告人的品格或者犯罪经验来证明他有罪的做法。不幸的是,这一努力却几乎总是失败。有时候,当争议的焦点是自卫时,对于已死亡被害人是否具有谋杀倾向性的证据经常得到容许,而杀人者是否具有这样性格的证据却永远不能得到容许。这样的排除规则背后的原理并非逻辑,而是政策。一个爱争吵的被告人比一个温和的被告人更容易挑起争端的观点当然也有一定的道理,法律并没有无视这一点,但是法律更不能无视一个无辜者可能因品格证据的容许而被判有罪的危险。"法庭——无论其由法官组成还是由陪审团组成——的一个自然且不可避免的趋势,就是给予在法庭上展示的有关被告人具有邪恶的犯罪记录的证据过高的评价:要么是对它给予其与指控的犯罪之间过多的信任,要么是允许以与本案指控无关的犯罪来正当化其因本案指控而遭受的惩罚。”

思考 假设在一个不允许个人拥有枪支的国家,如果本案被告人杀害被害人用的不是枪而是刀,那么被告人家中藏有多把管制刀具的事实,是否可以用来证明被告人杀死被害人的行为属于故意杀人(而不是故意伤害致死)? 另外,不同的武器对于决定本案的结果是否可能产生不同的影响? 例如,鬼头大刀和龙泉宝剑是否会对类似案件中争议证据的处理产生差异?

二、品格证据排除的法理基础

品格证据排除规则的第一个理由是这一规则可以保护被告人免于因自己的人格而被定罪。很多判例在阐述品格证据排除法则时均提到了这一原理。[2] 在1980年的一个案件中,美国联邦巡回法院指出:“美国法理上一个基本的原则就是,被告人应当因其所为而受审,但不应因其所是而受审。”[3] 如果允许有关被告人品行的证据进入法庭,陪审团就会了解到被告人的品行,从而形成被告人是一个“坏人”的印象。在这样的情况下,无论控诉方的证据是否充分,陪审团都可能形成被告人理应受到惩罚这样的内心确信,从而使被告人实际上不是因为他做了什么而受到惩罚,而是因为他是一个什么人而受到惩罚。这与英美法系一贯奉行的刑法原则是背道而驰的。

品格证据排除规则的第二个理由是陪审团会赋予品格证据过高的证明力。威格默指出:无论是法官还是陪审团,其不可避免的天然倾向,就是给予呈现在其面前的有关被告人过去之恶劣行径的过高评价。[4] 经验性研究也表明,陪审团的确会对呈现在其面前的品格证据给予高过其本身证明价值的评价。[5] 换句话说,品格证据排除的理由,是担心陪审团会因为被告人过去曾经犯罪,或者实施过其他犯罪,从而推论出他也实施了当下被指控的犯罪。[6]

---

〔2〕 United States v. Carrillo, 981 F. 2d 772, 774 (5th Cir. 1993); United States v. Avarello, 592 F. 2d 1339, 1346 (5th Cir. 1979).

〔3〕 United States v. Foskey, 636 F. 2d 517 (D. C. Cir. 1980).

〔4〕 John Henry Wigmore, *Evidence in Trials at Common Law*, Peter Tillers rev., 1983, 194, at 646.

〔5〕 Harry Kalven, Jr. & Hans Ziesel, *The American Jury*, The University of Chicago Press, Chicago and London, 1966, at 160 (validating that juries give great weight to evidence of prior bad acts).

〔6〕 See State v. Peterson, 696 P. 2d 387, 393 (Kan. 1985) ("[A] jury might well exaggerate the value of the other criminal or civil wrong as evidence inferring that, because a defendant has committed a similar crime or civil wrong before, it can be concluded that he committed this one").

排除品格证据的第三个理由是容许品格证据的做法将削弱无罪推定原则对被告人的保护。[7] 无罪推定原则要求对被告人定罪这一事实应当证明到排除合理怀疑的程度。如果允许品格证据具有可采性，陪审团就有可能因为被告人是个坏人而无视当前指控是否已经达到排除合理怀疑的程度而将其定罪，也可能因被告人曾经的恶行或其他犯罪而武断地推论出当前指控的犯罪也是被告人所为，从而均导致在被告人是否有罪尚存在怀疑的时候就对其定罪的风险。对此，曾有判例指出：一旦有关被告人过去之恶行的证据得到容许，对被告人有罪的判决就沦为形式，即控方无须再为排除合理怀疑这一目标而努力，有罪的裁决就会轻而易举地获得。[8]

排除品格证据的第四个理由是因为它体现了公平竞争的游戏规则。容许品格证据的做法将迫使被告人就其一生的行为进行答辩。因为品格证据不仅使被告人必须面对那些直接与犯罪相关的证据，还必须面对那些与所指控罪行没有直接关联的间接证据。这使被告人有时候不得不提出证据来反驳这些证据，从而加重被告人的证据负担。这将使被告人处于极为不利的境地。因此，有论者认为，品格证据排除法则体现了英美对抗式诉讼中一以贯之的公平竞争精神。[9]

排除品格证据的第五个理由是“禁止恶言”的道德法则。对他人口出恶言或者背后议论他人，既是对他人的伤害，也是对自己的伤害；贬低他人的同时，也是在贬低自己。尽管说话者可能在瞬间获得心理上的满足，但是它最终导致的还是不悦和痛苦。正是由于这个缘故，法律禁止控诉方出示证明被告人品行不良的证据。

案例 5.02　曾某钦虚假诉讼案中的品格证据

曾某钦和江某长从 2008 年开始合作，由曾某钦一方给江某长承接的项目提供钢管租赁服务。在项目合作期间，江某长一方付款时多是支付汇票，曾某钦一方收到汇票后，入账时统一记录为“华润项目”，然后算总账，没有具体区分是哪个项目。

2017 年，曾某钦一方将中南厂房的承建工作交给江某长，之后双方因施工出现纠纷，江某长针对曾某钦提起金额高达 9000 万元的诉讼；与此同时，江某长对未签订书面合同的三个项目，也否认承租主体，拒不支付任何款项。在这种背景之下，曾某钦一方开始清算双方之间的债权债务关系，并按照“先支付老项目、后支付新项目”的原则，将江某长以往支付的所有商票进行入账。按照这种入账方式，曾某

---

[7] United States v. Meyers, 550 F. 2d 1036, 1044 (5th Cir. 1977).

[8] United States v. Burkhart, 458 F. 2d 201, 204 (10th Cir. 1972).

[9] McKinney v. Rees, 993 F. 2d 1378, 1384 (9th Cir. 1993); James Landon, *Character Evidence: Getting to the Root of the Problem Through Comparison*, 24 Am. J. Crim. L. 581 (1997), p. 594.

钦将江某长一方之前支付的商票用于结清了发生在前的三个老项目“昆山世贸华润项目”“苏州华润项目”“常州华润项目”以及两个口头合同“句容项目”“崇明岛装修项目”。然后针对剩余的两个新项目“南京华润项目”和“无锡惠山项目”提起诉讼,主张这两个项目分文未付,由此开启了涉案民事纠纷。

在民事诉讼中,江某长一方认为“南京华润项目”和“无锡惠山项目”支付过部分款项。但是曾某钦一方认为,双方之间存在多个项目的往来,江某长一方所称付款,系支付其他项目。民事一审判决否认了被告所主张的付款行为。

紧接着,江某长要求曾某钦返还该支付款。在这种情况下,曾某钦一方向江某长回函,告知了曾某钦一方对汇票支付项目的情况;同时提出,由于双方往来汇票很多,目前对于支付方向,双方存在争议;为了一次性解决争议,让江某长示明汇票的支付方向。之后江某长一方回函,陈述了其一方对汇票付款方向以及项目是否结算完毕的看法。此时,曾某钦一方发现双方对于每个项目的结算金额存在分歧,相应地导致了对汇票支付方向的不同认识。

在这种情况下,曾某钦一方表示要通过诉讼的方式,算清双方之间每个项目的债权债务关系;然后对争议汇票,该退款退款。正是在这一背景下,曾某钦一方提起了第二批诉讼,即三个老项目“昆山世贸华润项目”“常州华润项目”“苏州华润项目”,以及两个口头合同“句容项目”“崇明岛装修项目”,以算清老项目的债权债务。在诉讼中,曾某钦一方才发现,双方对老项目的结算金额存在巨大争议。江某长主张和李某明进行过结算,曾某钦一方则称该结算和事实不相符,严重损害了曾某钦一方的利益,否认该结算的效力。

民事一审判决认为,李某明的结算行为涉及对原告方利益的重大处分,在这种情况下,被告一方应该尽到审慎注意义务,向原告核实李某明代理权的问题。由于被告未尽到注意义务,既不能认定李某明存在代理权,也无法认定构成表见代理,因此结算不具有效力。双方的债权债务需要按照合同进行计算。

事后证明,李某明确实和江某长一方存在相互串通并损害曾某钦利益的情况,对此在公安侦查时,李某明也予以承认。

诉讼结束后,双方达成和解协议,随后曾某钦一方向江某长一方发函,请对方确认账户,以返还诉讼中因对方否认汇票支付方向导致原告增加诉讼请求但实际上已经收到的款项(在第二批诉讼中,原告方将三张汇票分别计入三个老项目,但江某长一方否认这三张汇票系支付到这三个项目,原告方基于诉讼策略考虑,当庭增加诉讼请求,但从未否认收到相应款项,且在诉讼后及时与对方沟通,准备返还上述款项)。函件于2月28日发送,物流信息显示江某长一方3月2日收到。江某长于3月3日向公安机关报案。

公安机关认为曾某钦通过虚假诉讼手段诈骗江某长。人民检察院对曾某钦以诈骗罪提起公诉。

庭审中,公诉人出示了以下证据,证明被告人曾某钦除了诈骗江某长以外,在与其他生意伙伴合作过程中也有不同程度的欺诈行为:

1. 江某东,江苏江都建设集团劳务分包班组负责人。证言内容:2005 年以来,我与曾家有过多次合作,涉及项目十来个,合同标的大概有 2000 万元。这些年我这里有钢管扣件的缺口基本都是找他们家合作的,我给他们带来的业务和盈利也是非常可观的。我在这个领域这么多年,自问自己做人做事还是很讲道理的。没想到十多年合作下来他们家人居然在 2018 年将我起诉到法院去,整得我措手不及。

问:你认为他们在诉状中的主张有问题吗?

答:我们这个行当就是个人的信用问题,信任了就一直跟你做下去的。曾某钦、李某明他们这一家子我们合作这么久,彼此之间都有信任,有什么事情也都可以坐下来谈。当时跟我做生意时都是笑脸相迎,等到不想跟我做生意了,就转脸不认人来跟我打官司。说实话我们当时谁都没有想到会这样,所以当时签过的合同中虽说有按月支付这一条,但是曾某钦、李某明他们从来没有跟我催过租金,我们也就在后面的合作中继续沿用了他们提供的合同版本。我们这一行谁不是甲方给了钱再回头支付分包方的?(注:证人此处的意思是这一行其实都不是按照合同约定按月支付租金,而是在工程的发包方支付了工程款之后再一次性支付租金)但是 2018 年他们和我打官司时,根据这一条款打出来我几个四五年前项目上 60 万元的违约金。根据合同来看我肯定没话讲,这时我才知道,当时的微笑里藏着这么锋利的一把刀!这一条按月支付可以摆到几年之后来打我官司,所以我还能怎么办?只能服软庭外和解。

2. 柳某华,曾某钦曾经的商业合作对象,因纠纷产生诉讼。柳某华陈述:双方签订合同后对方没有足额供货,但是柳某华已经缴纳了保证金,期间李某明亦消失,导致柳工期延误损失 80 多万元,愤而起诉,反被曾某钦、马某英反诉要求支付租金、延误滞纳金等。合同约定按月支付,与行业惯例不符。但是由于这个约定,自己被判败诉,但是曾某钦、李某明一方没有足额供货的损失却要由自己承担。另外,法院查封他账户很快,解封却延宕了 3 个月。以下是柳某华的证言笔录:

问:请你描述一下杭州富阳中学的这个项目得高偌华是如何与你城建劳务建立合作关系的?

答:2017 年年底时由朋友介绍(朋友名字:王某波,也在中建五局承接相关工程),李某明一开始对我说签订合同需要中建五局盖章,但中建五局不认可得高偌华的合同版本,中建五局要求用自己的版本签合同,李某明又不同意使用中建五局的合同。之后,2018 年 1 月,李某明和我协商用我们城建劳务与我个人签订合同并缴纳保证金(就是因为中建五局没有敲章,他认为需要有保证金来确保我们对租金的履约),保证金共计缴纳21万元,该保证金转入曾某钦个人账户,合同签订后的半个月内得高偌华还是正常供应材料,但之后就断断续续地来材料,我司现场负责人柳某忠多次催促李某明发货(有双方的微信记录),但李某明一直以各种理由推脱,得高偌华的供货完全无法保证现场的施工进度和安全需要,为此中建五局杭州富阳学校项目部对我司采取经济处罚措施,因材料耽误造成的损失和处罚约计80万元。

问:你刚才所述是因李某明觉得中建五局的合同版本他们不认可,所以他希望由你和城建劳务来与得高偌华签合同吗?

答:是的。

问:据公安机关的初步侦查发现,在你们之间的合同中是有约定你城建劳务有义务促成得高偌华与中建五局和你们城建劳务之间形成三方协议?

答:之前我们没有仔细看,后来打官司了才知道的。

问:既然在初步对接中李某明已经说不愿意使用中建五局的版本合同,那为什么还要在你们之间的合同中做这样的约定?

答:我们当时是租赁李某明公司货物的主体,我们没有想太多,认为这就是一个简单的租赁行为,没想到李某明公司版本中竟然这样给我们下套,当时李某明看到中建五局的合同后是明确说不会跟中建五局签合同的,所以我们之间彼此签了这份由李某明提供的合同。我们是本分经营的,从来没有想过一个简单的租赁会闹出这么多憋屈的事情。

问:有什么“憋屈”的事情?

答:我们因李某明公司未能正常履约供货,造成工地窝工,被中建五局处罚近80万元,还有我自己公司的工期延误上的用工成本损失等共计近百万元。自2018年3月起我司柳某忠就一直跟李某明联系要他们供货,但是他明确表示不愿意跟中建五局签合同,他们公司目前也是缺货没法给我们供货,后面李某明就联系不到了,电话微信都不理我们了。2018年5月前后我们在李某明不能继续供货导致停工近一个月后,我司又找了其他的供货方继续施工。一直到2018年10月我司起诉得高偌华,李某明从来没有问我们讨要过其于2018年1月工程伊始给我们供的货及租金。

问:既然他们因缺货没有继续供货,他们为什么不问你们追要之前提供的材料和这期间所产生的租金?

答:因为他们之前就已经做足了准备让我向得高偌华的法人曾某钦个人打款21万元的保证金,所以他们根本不用担心这些材料的追要和租金的催要问题,甚至可以说,如果不是我们在2018年10月起诉得高偌华,他们都还不会主动主张这些租赁物的租金，他们肯定不会去提这些事情，因为货在我工地上的每一天他们都会给我计算租金！还有根据他们的合同要求，他们还会给我按月计算相应的滞纳金、违约金、利息等钱款，这家人太精明了，我刚才说的这些他们都在诉讼中主张了，并且他们赢了！

问：继续讲下去？

答：在我们起诉的民事诉讼中，得高偌华反诉我司因未支付租赁费而停止供货，供货过程中我司一直要求对方出具租赁费的对账单，但对方并未出具，法庭最终审判我司败诉，且法院冻结我司用于支付农民工工资的账户100余万元约半年，我司认为法院对本案的审判过程及最终判决均不能让人心服口服，如果我司未在施工过程中告知得高偌华的供货时间以及租赁费的对账结算，那么这种判决结果我认可。最终是我赔偿了得高偌华损失（他们把租金、滞纳金、材料赔偿按很高的所谓市场价、司法诉讼中产生的相关费用等全部算到我头上），但我司因他们缺货而无法正常供货所造成的损失却只能由我司自行承担。

3. 汪某双，中建八局上海分公司员工，负责工程项目物资管理，就是工地上的各类材料管理。汪某双在证言中讲了一个曾某钦李某明合伙诈骗的故事。

问：今天请你来我公安机关是希望你配合调查你们中建八局上海分公司（以下简称中建八局）与恒程设备租赁有限公司（以下简称恒程公司）关于马桥商办的具体情况，你是否明白？

答：明白。

问：请你描述一下马桥商办这个项目，恒程公司是如何与你们中建八局建立合作关系的？

答：马桥商办项目于2017年4月开工，施工现场需要承插式脚手架材料，经项目经理指派，我与生产经理与恒程公司现场考察货物后，项目经理与李某明就价格及供应模式进行了谈判，经项目经理指示于2017年5月14日开始进货。项目于2017年5月23日上报分公司进行承插式脚手架材料的采购，经过分公司招标人员在云筑网上招标采购，招标资料、合同范本同时上传到云筑网上。恒程公司也按照规定投了标。在议标谈判过程中，李某明对合同版本及内容没有提出任何异议。2017年8月31日定标，恒程公司中标。分公司发布招标通知后，我按照公司流程在云筑网上进行《承插式脚手架租赁合同》的评审工作，2017年9月18日完成评审。之后我电话通知李某明签署合同，但李某明说公司老板出国了，公章不在公司，他无法盖章。2017年10月我再次催促李某明签署合同，但此时李某明又称他老板不接受中建八局的合同条款（当时议标谈判过程中李某明对合同版本及内容没有提出任何异议）。项目于2018年1月16日书面发函恒程公司，催促其签署合同，但恒程公司迟迟没有签署。直到2018年3月，项目经理收到一份快递，是恒程公司写的一份诉状,和一份恒程公司提供的、盖有闵行马桥商办项目圆章的《建筑设备租赁合同》复印件。该份合同及内容我是第一次见到,对照中建八局招标的合同,其租赁物单价是一致的,赔偿费及违约金却大相径庭。诸多条款不同之处,已然将我公司在招投标中与李某明商议的我司合同改得面目全非,故我公司认为李某明提供的合同纯属伪造。

项目公司收到起诉书后约见了李某明说的公司老板曾某钦。会谈地点在恒程公司附近的一个咖啡厅。会谈后,曾某钦以我公司合同条款太苛刻为由,拒绝签署合同。2018 年 5 月 23 日,分公司领导带领项目经理、商务经理和我又一次约见曾某钦,最终曾某钦还是没有签署合同。2018 年 9 月 3 日闵行法院立案后开庭,审理过程中我记得原告以盖有项目圆章的合同为由要求我公司支付租赁费及违约金,租赁费计算及货物数量均与我方的合同版本计算内容一致。一审判决以恒程公司出具的盖有圆章的合同为准,判定我公司败诉,支付违约金。

问:你刚才所述"租赁费计算及货物数量均与我方的合同版本计算内容一致"是什么意思?

答:我司与恒程公司每月 15 日核对上月 16 日至本月 15 日的送货数量及每月的租金费用,租赁物单价完全按照我司合同版本约定执行,退货运输费及整理费均按我司合同规定的单价计算(该部分内容在他们的合同中却是不一样的),从无差异,相关每月对账单均由恒程公司确认,并盖了恒程公司的公章。所以诉讼中,他们对于租赁物的数量和租金价格是没有异议的。

问:恒程设备公司为何是先货物进场再走投标?

答:具体原因是因为马桥商办项目施工进度要求,项目在 4 月进场,相关的施工方案在 5 月初才确定,建设单位及监理单位根据工程方案要求必须使用承插式脚手架材料,且施工现场必须在 5 月 15 日搭设,项目经理以施工进度为主的主导思想;因我公司招采流程自开始至定标结束最少需要 40 天的时间,招标后再进场无法满足现场施工需要。所以有先进场再招标的现象发生。

对于以上证据,辩护人发表质证意见如下:

1. 关于江某东的证言。江某东曾经是曾某钦的合作伙伴,确实有过多年的合作关系。后来合作关系破裂,江某东拖欠租金、赔偿金不还,所以才有了针对江某东的民事诉讼。诉讼中确实以合同为依据,按照按月支付租金的条款提出了违约赔偿请求。合同条款白纸黑字,江某东自己也说他认了。既然都认了,还有什么好说的呢。合作关系好的时候,出租方让利给承租方,没有严格按照合同约定按月支付租金,这很好理解。合作关系不好了,一分钱都不让,这有什么不能理解的呢。江某东又不是曾某钦被指控诈骗案的被害人,公诉人用他的证言想证明什么呢?这些证言和本案根本就没有关系。

2. 关于柳某华的证言。柳某华曾经也是曾某钦的商业伙伴。因为供货不足,曾某钦被柳某华起诉。但在曾某钦一方,之所以供货不足是由于柳某华的公司不具备相应资质,因此双方在合作之初就约定,柳某华一方应当在开始供货一个月后让有资质的中建五局签约。但是柳某华没有兑现这一承诺。因此曾某钦一方才不得已停止了供货。曾某钦一方是在行使不安抗辩权。由于柳某华一方提起了诉讼,曾某钦一方提起了反诉,要求支付租金和违约金。在民事诉讼中,法院是支持了曾某钦一方的。但是在公诉人的证据体系中,这件事情也成了曾某钦有罪的证据。请问这和曾某钦被指控诈骗江某长有什么关系呢?而且在这个诉讼中,曾某钦一方最后是免除了柳某华一方的违约金的,已经很大度了。作为生意人,还要怎样?

3. 关于汪某双的证言。汪某双讲了一个中建八局也被曾某钦李某明合伙诈骗的事情,尽管起诉书没有指控,但是汪某双陈述的故事内容就是曾某钦和李某明合伙诈骗。2017 年,中建八局与李某明衔接,李某明在双方没有签订协议的情况下向承租方供货,中建八局之后进行网上招标,李某明所在的恒程公司参加投标并中标,中标后一直拒绝签合同,说公司老板不在,后来说公司老板不肯签合同。公司找到曾某钦,曾某钦说合同条款太苛刻,拒绝签订合同,并于 2018 年 8 月起诉,诉讼中拿出恒程公司和马桥商办之间的合同。合同内容与中建八局的合同版本内容相差很大,但是盖着马桥商办的圆章。提请法庭注意:这里汪某双提炼了两份合同之间的很多不同点,但这份证言的关键并不在于两份合同存在何种不同,而在于曾某钦手里的那份合同真伪。按汪某双所说,曾某钦伪造了恒程公司与马桥商办之间的合同。但如果透过现象看本质,汪某双并没有完全实话实说,因为李某明一开始躲着不签合同后来明确说老板不同意合同条款时中建八局求着曾某钦一方签合同,这确实有点反常,因为既然是招投标,往往是投标方求着招标方,可见汪某双一方在合同谈判过程中其实就知道有盖着马桥商办圆章的这份合同,不然不会求着对方按照中建八局的版本来签合同。

我们可以再看看案卷中作为汪某双证言附件的合同。合同主体是中建八局与恒程公司,合同签订日期是 2017 年 5 月 15 日。“马桥商办”指的是中建八局的马桥商办项目。投标书的落款日期是 2017 年 6 月 21 日。也就是说,合同签订在前,投标在后。合同约定的确是按月支付租金。在曾某钦起诉中建八局的民事诉讼中,判决书认定合同真实,理由是中建八局没有提供报案证明合同虚假,且监理回复用的同一枚公章。监理回复是原告也就是曾某钦一方提供的,民事判决书说被告对监理签名的真实性予以认可,但是对监理回复中的公章不予认可,被告对原告伪造公章没有提供任何证据,法院依据经验法则认为公章真实。提请法庭注意:曾某钦一方应该没有胆量伪造合同和公章吧?要是公章是伪造的,中建八局不早就报案了吗?因此,更可能的情况是:中建八局马桥商办项目急于使用设备,所以在没有招投标之前就跟李某明签订了租赁合同(汪某双的证言后半部分确实就是如此解释的)。

汪某双证言附件中还有一份中建八局逯某华与李某明的通话录音。录音显示,李某明认为中建八局提供的合同有很多坑,有可能干完活一分钱拿不到,所以不能签合同。对此中建八局的逯某华也认可,但表示不会出现这种情况。逯某华说你们正常履约就不会啊,李某明说我们肯定正常履约,就怕中建八局不履约。逯某华说你们可以按照合同告我们啊,李某明说按照合同我们不能告你们,所以我们就不干了。请合议庭注意这份录音,这份录音显示显然是中建八局在套路恒程公司,既要用人家设备,又要用各种违约条款拒不付钱!另外,逯某华在通话中问项目章是谁给盖的,公司这边没有用印记录,李某明说不知道。从这个通话情况看,项目章是真实的,只是没有用印记录而已。李某明说不知道,就是不想出卖帮过自己的人。

思考 在曾某钦被指控诈骗江某长的刑事诉讼中,江某东、柳某华、汪某双均非涉案被害人。他们的证言均暗示着曾某钦在与他们合作的过程中有不同程度的欺诈成分。请问这些证言与本案是否具有关联性?这些证言是否迫使被告人及其辩护律师就证言中所包含的事项一一进行解释并举证证明自己行为的合法性和合道德性?如果被告人及其辩护律师对这些证言中包含的事项不解释、不回应、不举证,法官是否会对被告人形成道德偏见?这对于仅被指控诈骗江某长的被告人而言是否公平?

三、不适用品格证据排除通则的场合

如前所述,品格证据排除通则的含义是指,诉讼中的任何一方,均不得以另一方的品格或性格特征,来证明对方在当下的案件中实施了与其性格相一致的行为。从这个概念来看,品格证据的排除法则并不是笼统地排除所有的品格证据,而只是禁止以品格来证明特定事项。如果所证明的事项不属于该法则所禁止的事项,则品格证据仍然是容许的。

品格证据得以容许的第一种情况是品格本身属于争议事实。在刑事案件中,被告人的品格一般不会是争议事实的一部分,除非被告人自己选择将品格置于争议境地。但是,在有些刑事案件中,被害人品格往往成为争议的事实。例如诽谤罪:甲在报纸上发文称乙是骗子、渣男、智力低下,那么这个人是不是骗子、渣男、智力低下,就都成为争议焦点。在民事案件中,品格成为争议事项的情况

更为常见。仍以前述案件为例,如果甲的行为情节严重,就可能构成诽谤罪;如果情节不严重,就可能仅仅是民事上的名誉侵权。由于这些说法都涉及当事人被攻击的品格,那么甲在法庭上作为民事诉讼的被告,举出证据来证明乙确实是个骗子,是个渣男,而且智力低下,这样的品格证据肯定是应当得到允许的,因为它本身就属于争议事实。

| **案例 5.03** | 品格证据在品格作为争议事实的案件中具有可采性[10]

原告以诽谤为由起诉被告。被告是一家报社,在其头版攻击原告——某剧院的经理是一个为了给一名妓女买一束鲜花而从坟墓中盗窃其母亲的尸骨并出售以获利的无耻之徒。审判中,原告以自己的名义出庭作证。在交叉询问中,律师成功地向法庭展示了以下事实:原告自己曾经给被告写了一封措辞同样激烈的信;原告在担任一家商业报纸经理期间自己被起诉诽谤,并且被判赔 4500 美元,同时,由于他无力支付这笔赔偿金,他还为此蹲了大狱;他曾经因为袭击对方当事人的律师而被定罪,该律师是该州知名的律师之一;他曾经两次宣告破产;他的妹妹曾经起诉他欠债并获得胜诉;他的妻子曾经因帮助他打理他的生意结果被弄到破产;在 20 年的婚姻存续期间,他曾经拥有一名情妇;他在很多场合和他的这个情妇在他自己的剧院中占用一个包厢,并且该包厢就在他妻子包厢的隔壁;他还给她写过十分肉麻的信,允许她使用他妻子的马和马车。这样的交叉询问结果,自然是想证明,像他这样的无耻之徒,无论报纸如何描绘他,都不会对他构成伤害。陪审团最后同意律师的看法:尽管原告请求赔偿 250000 美元,但 1000 美元足以抚慰他廉价的感情。

审判(trial)与量刑(sentencing)截然分开的做法,也是英美法系证据规则的一大特色。在量刑程序中,品格证据不仅是容许的,而且是必要的。有学者撰文指出,品格证据在量刑阶段具有可采性,可以从正反两个方面获得解释。从积极层面看,量刑阶段容许品格证据可以达到以下效果:一是可以更加准确地衡量被告人的有责性;二是品格证据可以加强刑罚的吓阻效果;三是品格证据可以使量刑法庭更加清晰地认识被告人的本性,从而保护公众不受罪恶昭彰之人的进一步危害;四是增加挽救被告人的可能性。[11] 从消极层面看,在量刑阶段容许品格证据不会导致审判阶段所导致的问题:第一,量刑是在定罪之后,因此不会产生陪审团因为被告人是个坏人而对被告人定罪的问题;第二,量刑阶段,被告人已

---

〔10〕 Jon R. Waltz & Roger C. Park, *Evidence: Cases and Materials*, 10th Edition, Foundations Press, New York, 2004, p. 385.

〔11〕 James Landon, *supra* note 11 , p. 603 – 606.

经不再被假定为无罪,因此不会侵犯被告人在宪法上享有的未经法院以正当程序定罪则应当推定为无罪的权利;第三,未在起诉书中列明的犯罪不得在审判法庭上指控的要求仅仅适用于审判阶段;第四,陪审团可能给予品格证据过高评价从而武断地推论被告人构成犯罪的担忧在量刑阶段并不存在;第五,品格证据的证明力太弱,或者品格证据可能导致不公正的偏见的批评,也不适用于量刑阶段。[12]

以上情形都属于品格证据排除规则不适用的情形范围。它们并非品格证据排除规则的例外,因为在上述情形中,对品格证据的运用并不属于以品格证据证明其在特定案件中实施了与其性格特征相吻合的行为的情形,而是都属于直接以品格来证明品格的情形。品格证据排除通则并不排除这些情形下品格证据的使用,因此它们不属于品格证据排除规则约束的范围。

第二节　品格证据排除规则的例外

第五章第一节讨论了品格证据排除通则的含义及理论基础,以及不适用该通则的情形。这些情形之所以不适用品格证据排除通则,是因为它们不属于通则含义覆盖的范围。本节讨论品格证据排除通则的例外,也就是本来属于通则含义覆盖的范围,但是作为例外让品格证据具有可采性的情形。美国《联邦证据规则》第 404 条(a)规定了证人品格的例外以及刑事案件中被告人和被害人品格的例外等情形。对于证人品格的例外,本书将在第六章加以讨论。本节仅讨论刑事案件中被告人和被害人品格的例外。

一、被告人品格证据排除的例外

被告人可以通过自己的行为主动打开有关他自己品格证据的大门。具体而言分为三种情况:第一种情况是被告人出示证明自己品行良好的证据,这是最常见的情况。法律不允许控方主动出示被告人品行不好的证据,但是允许被告方出示有关自己品行良好的证据,无疑是基于公平和正义的考虑,因为控诉方已经用起诉书来证明被告方是一个坏人,那么被告方就应该允许通过以往的事例来证明他不是一个坏人,或者没那么坏。从功能上来说,这是为了重塑被告人的人格。但是有一些约束条件:第一个约束条件是所出示的品格证据要具有相关性,

---

〔12〕 James Landon, *supra* note 11, p. 608 – 614.

比如一个人被指控谋杀，他举出证据证明自己很孝顺，或者是劳动模范，这样的证据也是不满足相关性条件的。因此，被告人出示有关自己品格良好的证据也不是随心所欲的，而是要满足关联性的条件，证据得和案件是有关联的。至于什么样的品格和案件有关联，则是有争议的。比如诚实与否的品格是否和盗窃罪有关联呢？一般认为没有。但也有人会说，诚实的人不会去盗窃。又比如被告人被指控抢劫，他提出一份证人证言，证明被告人一贯诚实，但问题是，诚实的人就不抢劫吗？有的法官认为该证据有关联，因为抢劫犯同时也是要撒谎的，大多数时候，抢劫犯虽然说“不许动，再动就开枪，把钱拿出来”等，但其实他们不会开枪。但是也有很多法官认为没有关联性。因此，在抢劫案件中被告人出示证明自己一贯诚实的证据，有的法官可能会允许，有的法官不允许。第二个约束条件是证明的方法，一般只允许以名声和意见的方法证明。第三个约束条件就是美国《联邦证据规则》第 412 ~ 415 条的规定，也就是被告人出示自己品格良好的证据时，要受到第 412 ~ 415 条规定的约束。

第二种情况是被告人提出一个以品格为基础的辩护主张。最常见的例子是陷阱辩护。比如被告人承认自己确实出售了毒品，但是主张其出售毒品是因为受到便衣警察的引诱。换句话说，如果不是因为受到引诱，他是不会犯罪的。这样的辩护主张是建立在品行良好的基础上的，所以一旦被告人提出这样一个辩护主张，控诉方就可以举出相反的证据证明他品行并不良好。例如，控方可以举证证明被告人在卖给便衣警察毒品的五天前还卖给另外一个人毒品。这个事实可以用来反驳被告人提出的辩护主张。所以一旦被告人提出这样的辩护主张也就意味着控诉方可以以相反的事实进行反驳，提出证明被告人品格不好的证据。

第三种情况是被告人提出证明被害人品格不好的证据。这在斗殴的案件中尤其常见。例如被告人声称自己的行为是自卫，或者称被害人进行挑衅，被告人被他激怒了所以才捅了他一刀。这些辩护主张都是在说被害人品行恶劣。在此情况下，控方可以提出被告人品行不好的证据来反驳被告人的主张：被告人自己才是斗殴的挑起者，他激怒了被害人，又把被害人捅死等——都是从这个角度出发的。

在以上三种情况下，控方都可以用品格证据来反驳被告人，但是也要受到约束被告人的那些规则的约束。首先要满足关联性的条件，其次证明方法上也要受到美国《联邦证据规则》第 405 条的约束，最后还要受到第 412 ~ 415 条的约束。除此之外，控方还要受到一层约束，就是如果被告方没有提出某个方面的品格证据，控方也不能提出。换句话说，控方提出的证明被告人品格不好的证据必须对应被告人提出的证明自己品格良好的证据。控方不能就被告人没有提到的方面进行举证。

二、被害人品格证据的可采性

被害人的品格在满足相应条件的时候也具有可采性。美国《联邦证据规则》第404条(a)(2)规定了被害人品格具有可采性的两种情况。第一种情况是被告方可以提出与被害人和本案有关的品格证据。如果此类证据得到容许,则控方有权提出证据加以反驳,即控方也可以提出被告人具有相同品格的证据。例如,被告人被指控故意伤害,其抗辩是被害人激怒了他,被害人脾气暴躁或者被害人曾经威胁过他,以此来证明被害人品行不好,被告人无罪或者罪轻。这种情况下,控方可以提出证据证明被害人性情温和,以此反驳被告人的主张;也可以提出被告人其实也脾气暴躁,所以其主张不能成立。第二种情况是在杀人案件中,无论被告人是否首先提出有关被害人品格的证据,或者提出有关他自己品格的证据,控方都可以提出证据证明被告人而不是被害人才是挑衅者。

| **案例5.04** | 共同体诉阿鸠坦特〔13〕

1999年9月25日早晨,史蒂芬·维廷(Stephen Whiting)给纽贝里全球国际陪护服务公司(以下简称纽贝里公司)打电话,说自己需要陪护。纽贝里公司的派送员在电话中说他将收到一小时的全身按摩服务,收费为175美元。维廷同意了这些条件,公司为他安排了阿鸠坦特上门服务。维廷在自己屋外与阿鸠坦特汇合后将其带到公寓,并支付了约定的费用。阿鸠坦特给公司打电话报告已经收到了维廷的服务费。在打电话过程中,维廷吸了两排可卡因。此时阿鸠坦特开始为维廷进行按摩服务。维廷说他想要和她性交并说他认为他支付的费用中已经包含了这项服务。阿鸠坦特拒绝了这一要求,声明自己被派到这里只是提供按摩服务,不包含性交的内容,并给公司打电话,说维廷希望得到比按摩更多的服务。之后将电话递给维廷,派送员在电话中重申了之前谈妥的条件。维廷就要求全额退款,不过派送员和阿鸠坦特均未同意退款。

法庭上,阿鸠坦特作证说,当她试图离开时,维廷把她推到床上,并从厨房里拿出一把铁撬棍;而此时阿鸠坦特也从床头的桌子上拿起一把放在可卡因盘子边的刀。维廷先是挥舞了一下铁撬棍,然后将铁撬棍朝阿鸠坦特投掷过去,击中了她的大腿;阿鸠坦特则挥舞着刀砍维廷的脸,直到鲜血横流。几分钟后,送阿鸠坦特到维廷家的司机回到现场,听到阿鸠坦特的尖叫声,就踢开维廷公寓的门。按照阿鸠坦特的说法,就在司机踢开维廷公寓门的时候,维廷拿起了铁撬棍对着她,而她则用刀刺进了他的脖子,造成了维廷致命的伤害……

---

〔13〕 Commonwealth v. Adjutant, 824 N. E. 2d 1, 3, Mass. 2005.

阿鸠坦特在法庭上声称自己所有的行为都是自卫性质的,是为了使自己能够逃离维廷的公寓。由于本案的关键问题就是阿鸠坦特的行为是否属于自卫,因此究竟是谁首先发起了攻击就成为争议的焦点……审判程序中,阿鸠坦特的辩护律师试图在对维廷的邻居进行交叉询问时提问他有关维廷之前的暴力行为和暴力名声的问题。尽管检察官对此提问提出了反对,法官还是支持了辩护律师的提问。但是对辩护律师有关维廷在喝醉后以及吸毒之后是否有暴力倾向的发问,法官予以了阻止,并裁决说有关维廷过去暴力行为以及暴力名声的证据只有在维廷被刺时阿鸠坦特明显地意识到它们的时候才具有关联性。

经过评议,陪审团裁决被告人阿鸠坦特过失杀人罪名成立。阿鸠坦特提出上诉,上诉法院维持了对她的定罪。法院批准了她的进一步上诉。

在美国几乎所有的司法辖区,有关被害人暴力品格的证据都可被用于证明被告人的行为系出于自卫的目的。这存在两种理论。首先,它可以被用来证明当袭击发生时被告人合理地认识到自己的安全受到威胁,并且采取了与被害人暴力倾向程度适当的武力。由于这一证据与之关联的是被告人的主观状态,因此它具有可采性的前提是被告人事先知道被害人的暴力倾向。其次,它也可以被容许证明被害人而非被告人才是第一个发动攻击者,尤其是在究竟是谁首先发动了攻击存在争议的场合。

如今,根据美国《联邦证据规则》第404条和第405条的规定,所有联邦法院都容许引入有关被害人具有暴力性格的证据来支持被告人建立在被害人是第一个发动攻击者这一基础上的防卫主张。同样地,48个州司法辖区内的45个上诉法院都已经考虑并得出这样的结论:无论被告人在行为发生时是否知道被害人的暴力性格,有关被害人暴力性格的证据都可被容许用来证明被害人是首先发起攻击者……

这一主流趋势的理论基础在于,有关被害人具有暴力性格的证据对于陪审团识别究竟谁是第一个发起攻击的人具有至关重要的证据价值。用威格默的话来说就是:"当一个谋杀案中被告人的辩护主张是自卫时,争议焦点也就转变为死者是否是攻击的发起者;在此情况下,死者的性格将会或多或少影响到人们确信的形成……"

三、品格的证明方法

如前所述,在品格证据被用于非品格用法时,以及虽用于品格用法但属于品格证据排除规则例外场合时,品格证据均具有可采性。虽然在有些案件中品格证据具有可采性,但是如何证明一个人的品格,在普通法上一直争议不断。对此,美国《联邦证据规则》第405条规定:"在关于一个人的品格或其性格特征的证据得到容许的任何案件中,证明可以通过有关其名声的证人证言以及以意见形式呈现的证人证言来完成。在交叉询问时,也允许对与其行为中相关之特定事例进行询问。""当一个人的品格或其性格特征成为一项指控、主张或辩护理由的实质性组成部分时,对该品格或性格特征的证明也可以通过该人行为的特定事例来完成。”

据此规定,在美国的法庭上,证明一个人的品格通常有三种方法。一是名声,或称名声证据(reputation evidence)。名声与品格并非同义语,品格通常是一个人本身是什么人的范畴,名声则是关于一个人在社会评价中是什么人的范畴。在以名声来证明一个人品格的案件中,提出证据的一方应当首先为己方证人奠定一个他有资格就一个人在其社区中的名声作证的基础。另外,在被告人或被害人的品格被容许作为证据并且以名声来证明其品格时,有关该被告人或被害人的名声应当存在于案件发生之时而不是该案件被起诉的时候。之所以必须如此是因为,一个人被起诉后可能会伴随产生很多关于他的流言,因此若不对相关的名声证据进行限制就可能产生对被告人品格不公正的认识。[14]

二是意见(opinion)。如果一项品格证据根据美国《联邦证据规则》第 404 条具有可采性,则意见也可以用来证明一个人的品格。从而,证人如果对其拟证明的被告人或被害人达到足够的熟悉程度,则该证人也可以以其意见证明该被告人或被害人的品格。[15]

三是反映一个人品格的特定事例。根据规则,只有在一个人的品格或其性格特征成为一项指控、主张或辩护理由时,特定事例用于证明该人的品格才具有可采性。例如,在诽谤罪案件中,原告指控被告诽谤,理由是被告宣称原告是个撒谎专家。此时,原告是不是撒谎专家就成为案件中最终的争议焦点,该事实也就构成一个指控、主张或辩护的实质性组成部分。

第三节 其他犯罪、过错与行为

一、规则及其含义

美国《联邦证据规则》第 404 条(b)规定:“其他犯罪、过错或行为的证据用

〔14〕 United States v. Curtis, 644 F. 2d 263, 268 – 269 (3d Cir. 1981).

〔15〕 在有些州,对品格的证明仅限于名声证据,证人不能以自己的意见来证明一个人的品格。具体判例参见 Powell v. Georgia, 29 S. E. 309 (Ga. 1897); Taylor v. Georgia, 336 S. E. 2d 832 (Ga. Ct. App. 1985); Hirschman v. Illinois, 100 Ill. 568 (1882); Illinois v. Williams, 649 N. E. 2d 397 (Ill. 1995); Massachusetts v. Belton, 225 N. E. 2d 53 (Mass. 1967); Missouri v. Wellman, 161 S. W. 795 (Mo. 1913); Missouri v. Brown, 718 S. W. 2d 493, 494 (Mo. 1986); Harrison v. Virginia, 79 Va. 374 (1884); Hoke v. Virginia, 377 S. E. 2d 595 (Va. 1989)。

于证明一个人的品格以显示其行为与该品格具有一致性时不具有可采性。但是,这些证据如被用于证明其他目的,例如证明动机、机会、意图、预备、计划、明知、身份,或者不存在错误,或者不属于意外等,则具有可采性;如果被告人请求,则刑事案件中的控方应当于审判前,或者在审判中经过法庭以适当理由准许,合理地告知其拟向法庭出示的该类证据。"

根据上述规定,关于某人其他犯罪、过错或者其他行为的证据,如果是为了证明该人有实施类似行为的倾向性,从而实施了与该犯罪、过错或行为相一致的行为,则该证据不具有可采性;但是,如果这些证据用来证明品格以外的其他事项,例如一个人具有某方面的动机或意图、机会,为某件事情做了准备,或者是制定了计划,或者具有某方面的知识,或者他的身份能够得到确认,或者不存在错误或意外,则具有可采性。

其他犯罪、过错或行为,有时候被称为"外部证据"(extrinsic evidence),有时候被称为"外部行为"(extraneous acts)。根据前述美国《联邦证据规则》第404条(b)的规定,该规则包含的事项并不仅限于被指控的犯罪发生之前的其他犯罪、过错或行为,也包括之后的其他犯罪、过错或行为。例如,被告人在审判前威胁证人的事实,可以用来证明被告人对自己的犯罪有认识;又如,抢劫案发生后,被告人使用了被害人被抢的信用卡这一事实,可以用来证明他与抢劫案有关。另外,该规则包含的证据范围也并不局限于犯罪行为,甚至不一定是违法行为,而是包括所有的过错行为或其他相类似的行为。

案例5.05 醉驾历史在用于证明恶意时具有可采性〔16〕

1999年5月29日早上大约9点,被告人在拿瓦卓(Navajo)的印第安保留地驾驶一辆卡车撞上了两辆摩托车。两辆摩托车分别由威廉(William)和他儿子塞恩(Sean)驾驶。威廉当场死亡,塞恩身受重伤。事故发生几小时之后对被告人的酒精测试表明其血液中的酒精含量高达0.29。侦查过程中,调查人员发现被告人1985年以来曾经7次因为醉酒驾驶受到定罪处罚。

2000年1月4日,联邦大陪审团对被告人提出了两项指控:一项二级谋杀和一项致人严重伤害的袭击。审判前,被告人提出动议,请求排除所有其之前因醉酒驾驶被定罪的证据。地区法院于2000年7月17日举行听证。听证会上,控方表示,这些证据出示的目的是证明被告人的行为系出于恶意。被告人答辩说这些证据的证明目的是被告人的犯罪品性,而且这些证据造成的偏见也大于其所具有的证据价值。为了排除这些证据,被告人还与控方达成一项证据约定:被告人承认自己知

〔16〕 United States v. Tan, 254 F.3d 1204, 2001.

道醉酒驾驶对他人构成危险。不过,法院没有诉诸控辩双方的这一约定,而是直接判定本案控方出示这些证据的目的并不适当,且这些证据造成偏见的危险也大于其本身具有的证据价值。

控方就此提出了上诉。控方指出,本案当中,由于被告人被指控的罪名是二级谋杀,控方必须证明被告人醉酒驾驶的行为系出于恶意。为了证明这一点,控方必须证明被告人明知自己的行为会给自己或他人造成死亡或伤害的严重危险,但是并不介意。控方抗辩说,被告人已经长期多次受到醉酒驾驶所造成的危险警告,但是他却对此完全无视,这一事实表明,当他把钥匙插入钥匙孔,脚踩上油门踏板时,他完全不在意其行为所可能给其他驾驶人员带来的危险。控方还认为,地区法院错误地认定控方的证据并非被用于美国《联邦证据规则》第 404 条(b)所规定的适当目的,原因是地区法院错误地认为这些证据造成的偏见大于其证据价值,这实际上是对其自由裁量权的滥用。

上诉法院认为,本案中地区法院滥用了其自由裁量权。本案当中,动机是一个关键因素。在之前的判例中,也早就承认,在因醉酒驾驶致人死亡的二级谋杀指控中,被告人先前曾经醉酒驾驶的证据被用于证明被告人的行为系出于恶意时符合美国《联邦证据规则》第 404 条(b)所规定的目的。因此,我们认为地区法院的裁决是对法律适用的错误,本案应当发回重审。

上述规则并非品格证据规则的例外,而是品格证据规则的组成部分。也有学者认为,美国《联邦证据规则》第 404 条(b)的规定其实并无必要,因为它并没有改变第 404 条(a)规定的规则,而只是对第 404 条(a)规定的规则所做的进一步重复。第 404 条(a)规定的是品格证据不得被用以证明某人在当下的案件中实施了与其品格一致的行为;第 404 条(b)规定的是如果品格证据不是被用于证明某人在当下的案件中实施了与其品格相一致的行为,而是用来证明其他事项,则具有可采性。第 404 条(b)规定的规则,正是第 404 条(a)的规定所暗含的意思。

二、可被容许的证明事项

根据前述规则,其他犯罪、过错或行为如用于证明某人实施了与该犯罪、过错或行为相一致的行为,则不具有可采性;但如果用于证明其他目的,则具有可采性。可见,根据这一规则,其他犯罪、过错或行为是否具有可采性的标准,就在于其证明的目的。美国《联邦证据规则》列举了这类证据能够被容许加以证明的事项,以下对其中常见的证明事项逐一进行解释。

（一）用于证明具有特定知识

假定在恐怖活动案件中，恐怖分子放置的炸弹炸死多人，之后其被逮捕起诉。被告人抗辩称那不是他干的，他不会制造炸弹，也不会使用炸弹。为了反驳被告人的抗辩，控方出示被告人十年前在伊拉克使用炸弹制造恐怖袭击未遂被定罪的证据，以证明他有制造和使用炸弹方面的知识。如果十年前他使用炸弹制造恐怖袭击的事实直接被用来证明在当前案件中这个恐怖袭击也是他实施的，这个逻辑就是不被允许的，该证据也不具有可采性。但如果以被告人十年前就会制造并使用炸弹来证明他有制造和使用炸弹的知识或技能，则该证据就具有可采性。

案例 5.06　电脑黑客绕过支付程序直接下单〔17〕

2012 年 2 月，硅谷电脑制造商将几十台电脑台式机寄往旧金山一个叫罗纳德·里根高中的学校，寄出以后发现旧金山并没有一个叫里根高中的学校。公司马上展开调查，发现有人入侵了公司的加密系统，绕过了公司的销售部门和信用卡支付程序，直接从寄送部门生成订单（正常情况是顾客在销售部门付款后由销售部门生成订单再发给寄送部门）。

到 2012 年 3 月，就在公司仍在调查 2 月的事情时，又发现有人生成一个 14 台手提电脑的订单，寄往拉斯维加斯一个不存在的会计师事务所。也是同样的手法，入侵公司网络加密系统，绕过销售部门和支付程序，直接从寄送部门生成订单，不付钱直接就进入发货程序了。硅谷电脑制造商于 3 月 23 日按订单发货，把货物寄给拉斯维加斯的仓库。警察对仓库进行了监视。当被告人，一个来自博伊斯（Boise）的 17 岁高中生前来签收时，警察将其逮捕。

被告人被指控两项相互独立的跨州网络诈骗，一项指控指向 2 月的事件，另一项指向 3 月的事件。被告人对 3 月的那项指控答辩有罪。但坚持说对 2 月那项指控他是无罪的。说 2 月那次跟他没有关系。审判前控方提出，要在法庭上出示被告人 3 月犯罪的事实，作为证明他 2 月盗窃的证据。被告方则提出动议，请求排除他 3 月诈骗的证据。

思考　如果你是本案法官，将如何就被告人提出的动议作出裁决？

〔17〕 George Fisher, *Evidence*, 3rd ed., Foundation Press, 2013, p. 165.

(二)用于证明动机

假定被告人被控告谋杀,控诉方提出被告人三天前曾抢劫银行。按第404条(b)的规定,被告人曾抢劫银行的行为,不管这些犯罪是过错,或者是其他行为,无论他是不是曾经被定罪,甚至有没有被指控过都在所不论。这个事情如果用来证明被告人有凶狠的性格,并以此来证明他杀害了本案中的被害人,是不允许的。品格证据排除通则旨在不能以某个人的性格特征与案件中行为人的性格特征相符合来证明他就是本案中的行为人,这种思维方式是证据规则所禁止的。但是如果用被告人抢银行的事实来证明被告人有杀人的动机,则又是可以的。比如被害人刚好于银行被抢劫那天在银行值班,见过被告人,且这个被害人还准备在法庭上指认他,在这种情况下,如果控方用该证据来证明被告人有杀人灭口的动机,即被告人为了防止证人在法庭上指认他,决定先下手为强把他杀掉,则这个证据又是允许的。

这就是我们反复讲到的有限可采性:如果该证据被用来证明被告人有凶残的品格,从而试图证明被告人杀害了本案中的被害人,那么这个证据便不具有可采性;但是如果是用来证明被告人有杀人的动机,则该证据有可采性。被告人抢银行的事实如果被出示在法庭上,法官便会指示陪审团在考虑杀人动机的时候,可以考虑被告人抢劫银行这个证据;但是在考虑被告人有凶狠的特征从而杀害了被害人这个问题上,不能考虑被告人抢劫银行这个证据。但在证明杀人动机的时候,一个必不可少的情节就是这个被害人在抢劫时值班见过被告人。如果没有这个情节,就不能证明他有杀人的动机。所以这也是一个典型的附条件可采性的例子。

| **案例5.07** | 护士将镇痛药换成盐碱[18]

卡宁甘(Cunningham)是印第安纳医院的一名注册护士。该医院的医护人员发现,装有强效镇痛药的药管被人篡改过;其中一些药管装的药被人替换成盐碱。警察闻讯赶到,对所有能够接触到药管的护士进行了调查。所有护士都不承认是自己实施了盗窃药品的行为。但是,卡宁甘承认,她曾经在5年前对镇痛药有瘾,但是早已戒除。为了证明这一点,卡宁甘进行了药物检测。血检的结论是阴性,但是尿检的结论是阳性,证明卡宁甘最近还服用过镇痛药。

控方以"间接故意地致他人的生命或肢体于受到伤害甚至死亡的危险"将卡宁甘起诉至法庭。卡宁甘争辩说,法律上身体伤害指的是肉体上的伤害,未能减轻患

---

〔18〕 United States v. Cunningham, 103 F. 3d 596, 1996.

者的痛苦不能等同于引起他人的痛苦。法庭对这一辩护意见予以拒绝。在法庭审判中,控诉方试图出示如下证据:在这次犯罪之前,被告人在受到盗窃杜冷丁药品指控时曾作有罪答辩。那时候她以另一个名字在另一家医院做护士。她的护士执照早已被吊销。之后她曾经定期地接受毒品检测,但伪造了部分毒品检测结果。法庭排除了她曾经作有罪答辩这一证据,但是容许了下列证据:伪造检测结论;因盗窃杜冷丁而被吊销执照;盗窃杜冷丁是因为对药物有瘾。

联邦第七上诉法院著名法官波斯纳指出,规则第404条禁止采纳这类证据以证明被告人有实施这类犯罪的倾向性,但是并没有禁止使用这类证据来证明被告人具有实施此类犯罪的动机。法律上,"实施犯罪的倾向性"和"实施犯罪的动机"两个概念的外延并不总是重合的。例如,有毒品犯罪的历史并不能够证明在当下的抢劫犯罪中被告人基于获得毒品的动机而抢劫。但是,有时候倾向性和动机却是重合的。例如,在一个猥亵儿童的犯罪案件中,如果两名嫌疑人中一人有猥亵儿童的历史而另一名没有,那么有猥亵儿童历史的那一个更有可能是当前这个案件中的犯罪行为人。

| 案例 5.08 |　司机未应乘客按铃要求停车遭起诉〔19〕

原告在密苏里州的圣路易斯市乘坐被告美国铁路公司运营的有轨电车。她在20街道的时候按了铃要下车,司机没有理睬,在19街道的时候又按了铃想下车,司机仍然没有理睬。在18街道的时候她又一次按铃,这时候司机踩了刹车,把车停了,她离开车门要走上通往街道的台阶,原告的脚还没着地,车突然开动,致原告受伤。

原告起诉铁路公司。原告15岁的儿子在法庭上作证说,原告在20街道就按铃要求下车,被告司机未予理睬;在19街道再次按铃要求下车,被告司机仍未理睬;他没有看到他母亲是如何摔倒的,只是在她摔倒后向他母亲跑过去。

铁路公司驾驶员出庭作证,证明公司并无过错,并声称自己给每一个乘客在需要时下车的机会,还说原告并未因为他没有及时停车而向他抱怨过。在交叉询问中,原告律师试图向驾驶员提出以下问题:"原告是否因为你在20街道没有停车在19街道也没有停车而来到驾驶台向你说过什么?"被告方律师以该问题不具备实质性为由提出反对,获得法官支持。鉴于此,原告方试图自己提出证据证明原告曾经为驾驶员未在20街道和19街道停车而来到驾驶台向其抱怨。这一证据也遭到拒绝。

原告提出上诉。原告在法庭上意图出示被告人司机在20街道和19街道均没

〔19〕 Moss v. Wells, 249 S. W. 411, Mo. 1923.

有回应停车请求的证据,是为了证明司机当天一定是忙于自己的事务,或者由于其他原因,非常着急,导致其没有回应原告的停车请求,也正是由于相同的原因,导致其在18街道虽然停车,却等不及原告下车而将车突然发动前行,从而导致了原告受伤的后果。初审法院将这一证据予以排除,显然是一个错误。上诉法院赞成原告的观点。

上诉法院认为,被告司机在20街道和19街道根本就不停车的事实,完全可以被用来证明他在18街道也不愿意作足够的停留。这是一个应当由陪审团用来考虑被告是否在此次事故中存在过错的有关联性的证据。

被告认为,由于原告的儿子已经就此问题向法庭作证,因此,即使原审法庭错误地排除了原告律师向被告司机的发问和原告自己的证词,这一失误也可以通过容许原告儿子的证词得到补救。上诉法院认为这一抗辩不能成立。因为第一,原告有权提出更多证据证明被告司机有过错;第二,法官不允许原告律师向司机就此发问的决定和指示会让陪审团认为原告儿子的证言也没有关联性。

被告还认为,当原审法庭裁决原告不可以就此问题继续提供证词时,原告又向法庭重复了这一证词,此时原告自己的律师告诉原告说:"不要说了,它已经被排除了。"这一事实也对排除证据的后果进行了补救。上诉法院认为,原告律师告诉其当事人不要再说这件事情是其作为律师尊重法庭裁决的职责所系。当事人自己虽然重新就此问题做了陈述,但是法官在总结提示时指示陪审团不要考虑该证据,因此并不能起到纠正错误裁决的作用。

因此,本案应推翻原判,发回重审。

(三)用于证明意图

在有些案件中,行为人的意图往往成为争议的焦点。例如,一个被指控故意用硫酸杀马的被告人辩解说自己用硫酸喂马的意图是让马的颜色更加鲜亮,此时控方举出证据证明被告人数年前用硫酸喂马导致马死亡,以此证明被告人行为的意图是杀马而不是让马的颜色更加鲜亮,该证据具有可采性。

案例5.09 逆子弑父案

被告人被指控谋杀自己的父亲。被告人声称不是谋杀,而是意外事故:他在倒车入库时没看到正在路旁行走的父亲,是不小心撞到的。为证明被告人有谋杀自己父亲的意图,检方拟传唤被告人的妻子出庭作证:在被告人父亲被汽车撞死之前一天,被告人曾经试图往其父亲茶杯中加入砒霜。法庭裁决被告人妻子的证言具有可采性。

（四）用于证明身份

根据美国《联邦证据规则》，被告人曾经犯罪或者实施不法行为或其他行为的事实，用以证明本案中实施犯罪行为的人（未知）与被告人（已知）具有身份的同一性，则该事实具有可采性。例如，被告人曾经用一把很特殊的弯刀威胁他人，该弯刀为被告人周围的人所认识并熟悉。本案中，一名被害人受到伤害，经被害人描述和辨认，并经被告人身边的人辨认，犯罪分子所用的弯刀与被告人之前拥有的弯刀高度相似。在此情况下，被告人以前曾经用一把特殊弯刀威胁他人的事实，用于证明本案中实施故意伤害的人就是被告人，具有可采性。又如，在某银行抢劫案中，被告人于案发后被发现从银行附近仓皇逃跑，毫无顾忌地驾驶、疯狂地闯红灯、还不小心撞倒了路边的行人等事实，如果直接用于证明被告人抢劫银行，当然是不容许的；但如果用于证明这个仓皇逃跑的人（被告人）就是抢劫银行的那个人（没抢银行你那么着急跑什么），则具有可采性。

犯罪、不法或其他行为在用于证明身份时，通常是用来证明这些行为的行为人（本案被告人）与实施了本案中犯罪行为的人（未知）具有身份的同一性，也就是用于入罪的证明，这是最常见的用法。但有时候，这类事实被用来证明被告人与行为人不是同一人，不具有身份的同一性，也就是用于出罪的证明。这种用法虽然罕见，但亦偶有所闻，且为法律所允许。

｜案例 5.10｜ 身份同一性的反向证明〔20〕

事情发生在 1989 年 4 月 15 日晚上 9 点半。两名白人空军警官（一男一女，都是军事警察）在一个商场里看电影，看完电影后就到商场附近一个玻璃笼罩的汽车站候车。这时走来一名黑人男子，离这两名白人还有 10 英尺远的时候站定，从屁股后面摸出一把银色的小手枪，指着那个男警官的前胸，说："把钱拿出来。"这个男警官就交出一个钱包，黑人男子接过去一看，1 分钱没有。不过，钱包里有一张 100 美元的支票。黑人男子很生气，将这个男警官上上下下搜了一遍，依然没找到 1 分钱现金。黑人男子又指着女警官，问她有钱没有，答复是没有。于是黑人男子将那名白人女性也上上下下搜了一遍，并对她实施了性侵。最终仍未抢到现金，仅抢到一个装有那名男警官军官证和一张支票的钱包。黑人男子用枪指着两名白人让他们赶紧滚。两人顺势离开。

车站的前面是一片开阔的草地，过了草地就是一个军官俱乐部，两名白人警官在那里给警察打了电话。军事警察马上赶到，将他们护送到警察局，给他们一堆照

〔20〕 U. S. v. Stevens, 935 F. 2d 1380, 3d Cir., 1991.

片,让他们指认是谁干的。男警官一眼就认出是那个叫D的黑人。女警官也同意是他,但是认为照片上的人显得有点胖,而刚才对她实施性侵的那个可能没有那么胖。警察听完二人的指认后,便迅速将D找到。两名被害人再进行分别辨认,在真人辨认中,两个人都分别指认D就是那天晚上袭击他们的人。于是D作为嫌疑人被逮捕。

审判时,陪审团不能达成一致裁决,因此在解散陪审团后又重新组成陪审团审判。这次陪审团裁决被告人两个罪名均成立,即抢劫、性侵两项罪名。被告人上诉,理由是审判法院错误地排除了被告人试图出示的证据。根据该份证据,该案发生后第三天,另一名叫米歇尔的黑人男子在离两个白人被抢的地方大概200米的远处,也被一个黑人男子抢劫。根据米歇尔的描述,抢米歇尔的嫌犯和袭击那两个白人的嫌犯长相很相似。警方当时就把这两个案件并案处理,认为是一个人所为。警方也让米歇尔前去辨认犯罪嫌疑人。同两名白人警察的辨认程序相同,米歇尔先辨认照片,后辨认真人,米歇尔都明确表示D有点像,但不是D。

被告人的逻辑是,既然米歇尔称并非遭其抢劫,则两名白人遭劫也非其所为。因为警察侦查报告说,抢劫米歇尔的人跟三天前抢那两名白人的人长得一模一样;而米歇尔又明确表明抢劫其的人不是D。如此推论,抢两个白人的也不是D。

思考 如果你是上诉法院法官,是否会支持被告人的主张,使其拟出示的证据获得容许?假设该案被发回重审,并且被告人的证据也获得容许,而本案并没有其他证据,你在了解到被告人出示的证据后,作为本案陪审团中的一员,你会支持被告人有罪的观点,还是支持被告人无罪的观点?

(五)用于证明机会

其他犯罪或不法等行为经常被用于证明被告人有作案的机会。例如,如果某人有进入某些受保护的特定场所(其他人可能没有机会进入此类场所),或者接触某些特定机器的机会(其他人可能无法接触到此类机器)等,均可用来间接佐证该人可能实施了被指控的犯罪。另外,被告人案发前从监狱出逃,其案发前逃狱这一事实,虽不能被直接用来证明他实施了本案中被指控的犯罪,但是能够被用来证明他有作案的机会。

案例5.11 | 酒店性侵案

被告人系某民宿酒店老板,被指控性侵。被害人因旅游入住某景区民宿酒店,当晚被一陌生男子闯入性侵,因天黑未能看清男子长相。警方侦查后发现女子入住的民宿酒店房门并无破损，陌生男子系用钥匙打开房门后对入住女子实施性侵。酒店老板声称钥匙已给住客，自己没有多余的钥匙，不可能用钥匙打开房门实施性侵。检方拟出示证据证明，该酒店老板两年前就因用钥匙打开入住酒店顾客的房间实施盗窃被判入狱8个月。被告人声称事虽如此但其早已改邪归正，两年前的事情和本案没有关联性。法庭裁决检方的证据用于证明被告人具备作案的机会具有可采性。

（六）用于证明准备

例如一名被告人被指控盗窃，控方拟出示被告人曾经盗窃氧气瓶这一事实。如果这个事实被直接用来证明被告人实施了本案中的盗窃，则该证据不具有可采性；但是如果该证据是用来证明他为本案中的盗窃准备了工具，制造了条件（先盗窃氧气瓶，以便用氧气切割机实施进一步盗窃），则该证据具有可采性。

（七）用于证明计划

一个证据如果能够证明一个其他的行为或者不法行为是一系列案件中一个准备或计划中的环节，那么这个证据具有可采性。例如在一抢劫案中，控方出示的证据是被告人曾经走私和使用毒品。其逻辑是：被告人计划去佛州购买毒品然后去阿拉斯加出售，但是没有钱，为了获得旅费和毒资而抢劫。在此案例中，检方出示被告人曾经走私和使用毒品的目的，并不是证明被告人有抢劫的动机，而是证明被告人的抢劫不过是购买和出售毒品计划中的一个环节。

（八）用于证明不属于意外或不存在错误

当一个证据证明行为或事件的发生不属于意外或不存在错误时，该证据具有可采性。比如被告人被发现收到一个大宗邮件，里面装的都是色情照片，收件人写着被告人的名字，警方将其抓获并起诉。被告人称该邮件寄错了，其并非收件人。在审判中，关于被告人以前曾经持有、贩卖色情照片的证据，如果被用来证明其在本案当中又想通过邮寄购买色情图片，则该证据不具有可采性；但如果是为了反驳被告人提出的该邮件寄送错误的抗辩主张，则具有可采性。

案例5.12 “两年间无数人在此处跌倒”[21]

1977年6月22日上午，西蒙（Simon）在肯尼邦克波特镇海洋大道行走时摔倒，

〔21〕 Simon v. Kennebunkport, Supreme Judicial Court of Maine, 1980.

造成臀部骨折。老太太对该城镇提起诉讼,声称其摔倒是道路的设计或结构有缺陷造成的。在约克郡的高等法院,陪审团作出了不利于原告的判决,认为道路没有缺陷。

原告认为,审判法官错误地排除了原告方提出的证据,该证据显示,在过去的两年当中,其他很多人都在此处摔倒。

格雷格·奎弗龙(Greg Quevillon)和安东尼·库珀(Anthony Cooper)都在原告所摔倒的地方前方的一栋大楼里办公,他们为原告出庭作证。当原告律师试图问证人是否看到过有别人在此处摔倒时,被告方律师提出反对。法官支持了被告方的反对。原告指出:如果允许原告律师向证人提问,证人将会告诉法庭,两位证人可以证实:从1975年该处道路建成之后至案发之时,几乎每天都至少有一人在此处摔倒。

我们认为,本案中的实质性争议事实是被告人的道路是否有缺陷从而导致了原告摔倒,原告举出的证据证明,原告摔倒之前,在相同的条件下上百人在此处摔倒,这一证据显然能够证明前述具有实质性的案件事实,从而也是有相关性的。

由于在审判前双方均已经交换证据,因此,允许在庭上出示此证据并不会对被告造成不公正的惊讶。由于两名证人将用自己的观察结果在法庭上作证,因此该证据的采纳既不会浪费法庭审理的时间,也不会使陪审团产生过度的兴奋。同时,这一被排除的证据对于原告一方而言又是十分关键的。因此,我们认为高等法院的判决很难立足。

犯罪行为、不法行为、其他行为,这类证据如被用来证明以上这些事项,都具有可采性。但是美国《联邦证据规则》对可容许证明事项的列举是不穷尽的,也就是说,不是用来证明以上事项的证据就一定没有可采性。只要不是用来证明一个人的特定行为导致他具有某种品格,以及他的这种品格特征和案发时行为人的行为特征一致,该证据就具有可采性。

三、相似事实/惯技

在其他犯罪、过错或行为证据中,比较常见的是以"相似事实"来证明当事人的身份、不属于意外事件、不存在错误等。本章之前讨论的西蒙诉肯尼邦克波特郡一案,就属于以相似事实来证明被害方的损害不属于意外事故的典型案例。在刑事案件中,相似事实具有可采性往往要满足更加严苛的条件。在英国,相似事实具有可采性的条件是之前的犯罪、过错或行为与本案指控的犯罪行为具有惊人的相似性。

| 案例5.13 | 浴缸中的新娘案[22]

被告人史密斯被指控谋杀其新婚妻子。二人刚刚举行完婚礼。之后新娘在浴缸中被发现死于非命。用于证明指控被告人谋杀的证据是他的前两任妻子均以同样的方式非正常死亡。令人惊奇的是,在每一次事件中,新娘都是死在浴缸中;每一次,浴室的门都是开着的;每一次,新郎都通知职业医生说新娘患有癫痫症;每一次,被告人都为新娘投了巨额保险;每一次,被告人都是保险受益人。法院认为,如此惊人程度的相似性使这些证据显然与被告人被指控的罪行高度相关。

在美国,《联邦证据规则》并没有明确表示过去的犯罪、过错或行为必须与本案被指控的犯罪具有惊人的相似性。但是判例认为,只有当这些证据与被告人被指控的行为的相似性达到"独门绝艺"的程度或具有"签名特征"时,该证据才具有可采性。

| 案例5.14 | "独门绝艺":相似事实应当达到的相似程度[23]

1991年7月19日,亚特兰大警察局在亚特兰大的格里芬街道138号第11公寓执行了一次搜查,对有关该地址有毒品交易的报告进行侦查。搜查时公寓空无一人。警官们在公寓的厨房里发现了强效可卡因,他们在公寓各处还发现了用于包装可卡因的小袋子。在卧室里,警察还发现一块很大的未分成片的强效可卡因放在床上。在卫生间,他们发现了一把霰弹枪挂在墙上。在床边的一个箱子里,他们发现了9200美元现金——整个公寓一共找到12000美元现金。除此以外,警察还在公寓里发现了琼斯的出生证,还有电费和电话费的账单,上面记载着琼斯的姓名,以及该公寓的地址。他们还发现琼斯穿着衣服和戴着首饰的照片挂在公寓的墙上,还找到一条镶嵌琼斯首字母的项链。墙上是写有琼斯名字的徽章。警察还在公寓里扣押了几张写有博彩数字和赌注清单的纸。后来的侦查发现琼斯的驾驶证和卡车登记证都写着该公寓的地址。11天后琼斯被逮捕时面对负责登记的警员提问时回答的地址也是该公寓地址。

1992年6月,被告人被大陪审团提起五项指控:分销强效可卡因(1991年2月19日)、以销售为目的持有可卡因(1991年7月19日)、携带并使用霰弹枪、运输毒品、持有未经登记的霰弹枪,以及作为曾经被定重罪者非法持有武器。最后一项指控另案审理。经审判,陪审团裁决琼斯五项罪名均成立。就其持有毒品和武器的犯罪,琼斯被判处168个月有期徒刑;就其运输毒品时携带和使用霰弹枪的犯罪,

---

[22] Rex v. Smith, 11 Crim. App. 229, 84 L. J. K. B. 2153, 1915.

[23] U. S. v. Jones, 28 F. 3d 1574, 1994.

琼斯被判处120个月有期徒刑。琼斯提出上诉,声称本案检方并没有提供足够的证据证明琼斯在与毒品运输有关的犯罪中使用了武器;他还认为地区法院的法官容许有关他参与商业赌博的证据是错误的。

审判中,控方向法庭出示了一个用于记载非法街头博彩的博彩数字和赌注清单,这一清单在被告人的公寓中发现,连同1991年2月在琼斯卡车上发现的类似商业赌博文件以及1987年他曾因商业赌博被定罪的记录,一并得到法庭容许。检方声称,这一证据将可证明,1991年7月该公寓的实际控制人卷入了非法的商业博彩;由于琼斯于1987年因参与商业博彩而被定罪,并且由于琼斯在1991年2月也参与了赌博,所以琼斯在1991年7月参与了赌博的可能性更大;既然如此,那么在1991年7月是琼斯实际占有该公寓的可能性也更大。

根据美国《联邦证据规则》第404条(b)的规定,对于有关被告人实施了其他犯罪证据的可采性,应当满足以下三个条件:(1)该证据应当与被告人的品格无关的事项具有关联性;(2)应当有足以让陪审团认定被告人实施了外部行为的证明;(3)该证据应当具有超过其可能造成的不适当偏见的证据价值。

为满足上述第一个条件,琼斯之前实施赌博行为的证据应当与琼斯品格以外的事项,例如动机、机会、意图、准备、计划、知识、身份或不存在错误等有关。检方出示该证据的目的是证明本案中进入涉案公寓中的人曾经卷入非法的商业赌博,从而证明居住在此公寓中的人的身份。美国《联邦证据规则》第404条(b)设立的标准曾经被描述为"特别的紧迫性",也就是:当一个关于外部犯罪的证据用以证明由于被告人实施了彼犯罪,因此他也实施了此犯罪,两个犯罪的行为人系同一个人(也就是具有身份上的同一性)。"犯罪的相似是关键的因素。二者之间的相似性应当达到如此的程度:它必须是打上被告人印记的手工作品。换句话说,证据应当展示出它是被告人的独门绝艺(the evidence must demonstrate a modus operandi)。"这一标准有时候还被描述为"足以辨认出两个犯罪出自同一人之手的签名特征(signature trait)"。

"独门绝艺中的独特性以及之前的犯罪和本案中检方指控的行为之间的相似性"决定了先前犯罪证据的信誉。外部犯罪的证据无论是为了证明身份,还是仅仅为了证明品格或性格倾向,此时均取决于其证据价值。如果犯罪的独门绝艺足够稀罕,该证据的证明价值也就高到足以确认被告人的身份。如果先前犯罪的证据不包含显著的签名特征的因素,则其证明价值就低到只能当作品格证据或性格倾向证据来对待。

于是,签名特征的要求也就成为承认被告人不能因为实施了其他普通犯罪就被认定为实施了被指控的犯罪的行为人的一个标志。在其他犯罪的证据被用于证明身份问题的典型案件中,检方通常是出示被告人之前实施了与本案指控的犯罪相似犯罪的证据。签名特征的要求就是为了防止检方将其结论仅仅是建立在纯粹的品格证据——被告人有实施某种特定行为倾向的证据——的基础上。

本案中,琼斯之前的赌博行为与认定他参与毒品运输的联系是被稀释了的。检方希望陪审团从警察在公寓中发现有商业赌博纸条的事实,以及琼斯曾经参与商业赌博的事实,推论出琼斯占有该公寓。这一结论建立在这一推理的基础之上:琼斯过去曾经买过彩票,所以琼斯很可能就是涉案公寓中那个买彩票的人。琼斯未被以参与非法赌博提出指控这一事实并不会改变检方希望陪审团得出以下结论——由于琼斯过去实施了赌博犯罪,所以他更有可能在未来实施赌博犯罪。在欠缺独门绝艺这一要素的情况下,这一结论就仅仅建立在纯粹的倾向性这一基础之上。签名特征的要求因此也必须在这类情况中加以适用。

如果要具有可采性,琼斯 1987 年和 1991 年 2 月的赌博犯罪,与 1991 年 7 月在涉案公寓中行为人赌博犯罪的相似性应当达到独门绝艺的程度,或者达到签名特征的要求。在莱尔一案(Lail,846 F. 2d)中,三个抢劫犯罪都发生在一个月内,都是由一名持枪抢劫的犯罪分子单独实施,用的犯罪工具都是手枪,抢劫犯都未做过伪装。该案检方试图出示第三个抢劫犯罪证据,法院裁定该证据不具有可采性,就是因为检方没有证明该犯罪和被告人被指控的犯罪之间的相似性达到了独门绝艺的程度。

本案当中,检方并未提供任何证据证明独门绝艺这一特征。检方提供的专家证人仅仅证明 2 月在卡车上发现的文件和 7 月在公寓中发现的文件与非法的商业赌博具有一般的关联性——但并没有发现任何独门绝艺。没有证据显示琼斯写下了这些数字。根据检方自己提供的专家证言,亚特兰大市大约有 1 万人至 1.5 万人参与非法的商业赌博,且同时存在 15 ~ 20 个主要的非法赌博系统。但是控方专家并没有将从公寓中发现的文件与其他任何已知的赌博系统加以区分。我们不知道亚特兰大每天有多少人持有这样的赌博文件。控方并没有出示任何证据来缩小其他人持有这类文件的可能性。相反,控方只是声称琼斯在 1987 年卷入了商业赌博,1991 年 2 月也卷入了商业赌博,所以 1991 年 7 月卷入商业赌博的也必然是他。没有任何证据证明琼斯之前实施的赌博行为和 1991 年 7 月的赌博行为是以特殊方式实施的,因此该证据的证明价值对于证明身份的同一性而言就显得极其微弱,从而它们也就仅仅是证明琼斯具有参与商业赌博性格倾向的品格证据,因此不具有可采性。因此,地区法院容许该赌博文件和琼斯之前的赌博犯罪记录的做法,就是滥用了其自由裁量权。

思考 假设被告人被指控杀害他妻子,被告人答辩说,他是在擦枪的时候枪走火了,所以是个意外事件。控方出示被告人三年前擦枪走火枪击自己妻子的事情,

以此证明这次不是枪走火,而是谋杀。控方解释说,被告人三年前擦枪走火枪击了自己妻子的事实不能证明这一次其仍然谋杀了自己的妻子;不是以它们的相似性表明这个被告人的行为方式,或者说他行事的风格和本案中的表现是一致的,而是为了证明:被告人既然三年前就擦枪走火,那么意味着被告人应当吸取教训,应当不会再一次对着自己的妻子擦枪,这个事情本来是小概率事件,三年前已经发生过一次了,应该不会再发生了。但是现在又发生了,那它就绝对不是意外,在证明这个事情不属于意外的问题上,这个证据具有可采性。

你是否赞成控方观点?

如前所述,品格证据排除规则排除的其实并非品格证据本身,而是以某个人具有某种特殊品格这一事实来推论他在某个特定案件中实施了与其品格相一致的行为这种思维方式。如果我们将这种思维方式称为“品格证据的品格用法”,并将其他犯罪、过错或行为在用于证明知识、技能、动机、意图、机会、计划、准备、不存在错误、不属于意外等事项时称为“品格证据的非品格用法”,则会发现,对于前者,我国司法实践中是通过关联性原理加以排除的;对于后者,由于英美法系证据规则并不排除此类“品格证据”,主张在我国排除此类品格证据既没有任何依据,也没有任何必要。事实上,此类证据在司法实践中具有可采性也是无可争议的。只不过,由于立法上此类规则的欠缺,司法机关在运用此类证据时反而可能有些犹豫不决。另外,对于相似事实的使用,我国也没有任何规则要求达到“独门绝艺”或“签名特征”的程度;对这些证据的可采性完全由法官自由裁量。本书认为,美国法上“独门绝艺”的要求,或者英国法上“惊人的相似性”等规则,对于指导我国司法实务中此类证据的使用具有相当重要的借鉴意义。

第四节　性侵案中品格证据的可采性

一、性侵案件被告人品格的可采性

1994年以前,美国证据法关于性侵案件中被告人的品格问题一直适用《联邦证据规则》第404条的规定。但在1994年,美国议会通过了《暴力犯罪控制和法律执行法》(Violent Crime Control and Law Enforcement Act,1994),该法对于暴力犯罪中有关证据的规则作了修正。随后,美国联邦议会通过了三条新的证据规则,分别作为美国《联邦证据规则》的第413、414、415条予以颁布实施。其第

413 条(a)规定:“在被告人被指控性侵犯的刑事案件中,关于被告人曾经实施另一犯罪或性侵犯之犯罪的证据具有可采性,并且可以用来当作与这些犯罪有关的任何事项来考虑。”第 414 条(a)规定:“在被告人被指控实施猥亵儿童犯罪的刑事案件中,证明被告人曾经实施其他犯罪或者猥亵儿童犯罪的证据具有可采性,且可用来当作与该指控犯罪相关的任何事项来考虑。”

根据美国《联邦证据规则》第 413 条的规定,被告人曾经性侵的事实,可以被用来证明在当前的案件中,被告人实施了性侵犯罪。在此,法律规定的是“被告人曾经实施犯罪”这一事实,至于被告人是否被定罪,在所不问;甚至,该犯罪是否受到正式的指控,亦无关紧要。根据美国《联邦证据规则》第 414 条的规定,被告人曾经猥亵儿童这一事实,也可以用来证明在当下指控中,被告人实施了猥亵儿童的犯罪。同样地,被告人曾经猥亵儿童的事实是否被正式定罪或起诉,在所不问。另外,由于美国《联邦证据规则》第 404 条(a)规定的例外仅适用于刑事案件,1994 年新增的证据规则第 415 条专门针对性侵犯和猥亵儿童民事案件中的相似行为作了规定。根据该规定,以性骚扰和猥亵儿童为由提起的民事损害赔偿案件中,证明一方当事人曾经实施其他犯罪或者有性攻击或猥亵儿童行为的证据具有可采性。

新规则的理由主要有两条:第一,强奸案件被告人提出的辩护理由通常是性行为系经过了同意,让陪审团了解被告人的过去有助于陪审团正确地判断当下案件中性行为的发生是否经过被害人同意;第二,在猥亵儿童案件中,通常唯一的证据是被猥亵儿童的证言,该证言如果没有其他证据来补强,就很容易被动摇,因此,公共利益强烈要求容许那些支持指控、动摇辩护的证据进入法庭。[24]

| 案例 5.15 | 神父精心挑选幼女实施性侵[25]

案件发生于 1993 年。被告人是一个教会的职员,被指控性侵三名幼女。根据控方的说法,好多女性去教堂里祈祷、做礼拜,晚上便在教堂里休息、睡觉,于是他开着车把其中的幼女拉到自己家里去,名义上是照看,而实际上是有选择地针对这些幼女实施性侵。控方出示了一个证据,证明几年前,即 1987 年另外三名幼女也遭受被告人性侵。法庭允许了这个证据。控方的逻辑是,另外那三名幼女遭受性侵,再加上本案三名幼女遭受性侵,这些都体现了这个被告人在精心地、刻意地挑选那些具有共同特征的幼女,即大概五岁至十岁,家庭贫困,父母离异,家庭残缺,

---

〔24〕 Robert F. Thompson Ⅲ, *Character Evidence and Sex Crimes in the Federal Courts: Recent Developments*, 21 U. Ark. Little Rock L. Rev. 241 (1999), p. 242 - 243.

〔25〕 State v. Kirsch, 139 N. H. 647, 1995.

这些幼女都是跟母亲在一起生活,生活中没有父亲。这些幼女没有一个生活中有父亲这个角色存在,她们没有得到过父亲的爱,不知道父爱是怎么回事。而被告人正是利用这一点,通过扮演他们父亲的角色对幼女实施性侵。1987 年那三名幼女是这个情况,现在 1993 年这三名幼女也是这样的情况。控方以此来证明如今这三名幼女遭到性侵也是被告人所为。但是控方的逻辑并不是因为前案和后案具有很高的相似性所以认为该证据具有可采性,而是用 1987 年那三名幼女遭受性侵这个证据来证明被告人有性侵的动机、意图和计划,而根据第 404 条(b)的规定该证据具有可采性。

初审法院允许了这一证据,上诉法院则认为这个证据没有可采性,将案件发回重审。上诉法院认为,这个证据既不能证明动机,也不能证明意图和计划,检察官对该证据进行了精心的包装,其实际上还是想要证明被告人在 1987 年的行为和本案中被指控的行为是如此相似;既然他之前实施了类似行为,那么本案中他肯定也实施了其被指控的行为。所以控方实际上仍然是以品格证据法则所禁止的思维方式来证明本案的真实性,因此该证据不具有可采性。

值得注意的是,该案检察官援引的是《新罕布什尔证据规则》第 404 条(b),法院遵循的也是该规则第 404 条(b)的规定。这些证据不具有可采性,是因为它们不满足第 404 条(b)的条件。尽管控方费尽心机,将其包装成貌似为了证明动机、意图或计划,但是否如此,还要做一个判断。所以这个案件的判决是,初审法庭的裁决是错误的,案件发回重审,重审时这个证据要予以排除,在此基础上决定是否给他定罪。该案检察官没有引用有关性侵案件被告人品格证据的新规则,很可能是由于新罕布什尔州没有采用美国《联邦证据规则》第 413 条的规定。在 1994 年,美国《联邦证据规则》第 413 条颁布。根据新的规则,在刑事案件中,如果被告人被指控性侵,那么有关被告人实施了其他性侵行为的证据具有可采性。换句话说,上面这个案件中的被告人如果是按照 1994 年之后的美国《联邦证据规则》来处理,则他 1987 年以相同手法性侵另外三名幼女的行为,在用来证明其在 1993 年对三名幼女实施了性侵的案件中具有可采性。

| **案例 5.16** |　产科男医生性侵怀孕妇女:美国诉瓜迪亚[26]

1996 年 9 月 5 日,新墨西哥州大陪审团对瓜迪亚提起两项指控,指控其违反美国法典关于性侵的规定。

起诉书的依据是两名被害人告发被告人,指控瓜迪亚医生在产科检查过程中对她们实施性侵。两名告发人,卡拉和弗朗塞斯卡都声称,在对其检查的过程中,

---

〔26〕 U. S. v. Guardia, 135 F. 3d 1326, 10th Cir. , 1998.

瓜迪亚医生都直接触摸了她们的阴蒂，这已经超出了适当的医疗检查范围，因此构成性侵。弗朗塞斯卡声称，瓜迪亚医生在检查时说"我真喜欢这份工作"，以此表明了他性侵的性质。卡拉则声称，瓜迪亚医生还在家里给他打电话，并实施了其他暗示对她有性趣的行为。对两人的检查都是在年长女伴不在场的情况下进行的。

除了出示卡拉和弗朗塞斯卡的证言以外，政府还提出动议，请求根据美国《联邦证据规则》第413条的规定，引入另外四名妇女的证言，证明瓜迪亚医生在对她们进行产科检查时也实施了类似对卡拉和弗朗塞斯卡实施的性侵行为。例如，其中两名妇女告发瓜迪亚医生超越了检查范围，接触了她们的阴蒂；另一名妇女告发说瓜迪亚（对自己的工作）有相似的评论。另外，卡拉和弗朗塞斯卡在证言方面又存在较大的差异。例如，其中一人说瓜迪亚医生不适当地抚摸了她的乳房，而不是她的三角区。另一人则说瓜迪亚医生是用器具而不是用手实施的性侵。另外四名妇女在进行检查时，其中两名有年长女伴在旁陪同。所有六名妇女都患有极其严重的妇科疾病，需要进行不同的治疗和检查。

在考虑了控方根据美国《联邦证据规则》第413条的规定提出的证言内容之后，地区法院根据该规则第403条的规定，排除了这些证言。政府方提出上诉。

议会颁布了美国《联邦证据规则》第413条，与第414条及第415条一起，作为1994年《暴力犯罪控制和法律执行法》的一部分。本案就规则第413条和第403条的关系提出了一个重要问题，后者赋予法庭一定的自由裁量权对有可能引起不公正偏见且其偏见大于该证据证明力的证据加以排除。

根据美国《联邦证据规则》第413条提出的证据在获得容许之前必须满足三个条件。首先，地区法院应当决定被告人被指控的是性侵犯方面的犯罪。其次，法庭必须认定该证据是有关被告人实施了另一宗性侵犯罪的证据。最后，这些证据必须具有关联性。根据美国《联邦证据规则》，关联证据就是对于决定案件结果事实的存在具有使其更有可能或更无可能的趋势的证据。一个有实施与被指控的犯罪类似的犯罪倾向性的被告人比其他人更有可能实施被指控的犯罪。因此，证明倾向性的证据具有关联性。

在大多数案件中，尽管是在与美国《联邦证据规则》第413条无关的案件中，尽管这些证据具有关联性，法庭也必须将倾向性证据予以排除。但是，根据第413条，有关被告人实施了其他性侵犯罪的证据在与其有关的任何事项上都具有可采性。因此，第413条实际上取代了第404条(b)关于不容许政府方提供有关被告人先前的行为以证明被告人具有实施本案指控之犯罪倾向性的规则。本案中，地区法院就此问题作出了相同的决定，因此没有错误解释法律。

现在我们来考虑地区法院关于本案关联性的裁决……如果信以为真，则本案中的证据将证明，被告有这样一种倾向，他在对女性患者进行淫秽的抚摸的同时伴以自己的评论。由于被告人的倾向与本案中的行为是如此吻合,这一证据对于证明他有罪而言具有证明力。地区法院以暗示的方式承认政府方提供的证据尽管只有有限的证明力,但仍然还是有证明力。对此,我们认为地区法院并没有滥用其自由裁量权。因此,本案中的证据满足美国《联邦证据规则》第413条所规定的三个条件。

地区法院还适当地得出结论说美国《联邦证据规则》第403条所规定的权衡要求同样适用于根据第413条提出的证据。这一结论正是我们需要重新审查的一个法律结论。根据第403条,如果一个证据引起不公正偏见或该规则列示的其他负面影响的危险显著地超过了其证据价值,则地区法院有权将其排除。美国《联邦证据规则》第403条的规定适用于所有在联邦法院获得容许的证据,只有极少数其他规则明文规定的例外。例如,美国《联邦证据规则》第609条(a)(2)就规定,证人先前曾被定罪的记录如果涉及证人不诚实的品格,在用于弹劾证言可信度时就具有可采性。

美国《联邦证据规则》第413条的表述曾经让一些评论者认为它创制了一个针对第403条权衡条款的例外。因为第413条规定满足其设置标准的证据"就是可采的"。另外,第402条也容许先前的性行为证据,但明确指出这些证据具有可采性的前提是根据本规则中的其他规则也具有可采性。有的人就据此认为,由于第412条中强调的内容在第413条的表述中没有出现,因此议会就意在规定,根据第413条的规定提出的证据,不受规则第403条权衡原则的约束。

但是,其他规则表明,美国《联邦证据规则》第412条和第413条的差别意义并不明显。尤为重要的是,第402条也有和第413条一样的表述。第402条规定:所有相关的证据,都是可采的。而且规则的起草者在改变第403条平衡标准或使其不适用于特定证据时,他们使用的语言都比第413条中使用的语言更加明确。例如,规则第609条(a)(2)规定,证明包含不诚实因素的先前定罪证据"应当得到容许"。

因此,在美国诉米切姆一案中,上诉法院判定,根据规则第414条提出的证据,同样受到规则第403条关于权衡要求的约束。根据米切姆案的裁决,以及考虑到上面提及的那些理由,上诉法院判定,规则第403条规定的权衡标准同样适用于根据规则第413条提出的证据。

……因此,上诉法院认为地区法院没有滥用其自由裁量权……地区法院的裁决应予维持。

性侵案中被告人品格具有可采性的规则几乎颠覆了原有的品格证据排除法则,因此招致了广泛的批评。从美国诉瓜迪亚这个案件其实也可以看出最高法院对规则第413条的态度。规则第413条颁布于1994年,该案宣判于1998年。上诉法院支持了初审法院的判决,其表示虽然按照第413条的规定本案被告人性侵五名妇女的证据具有可采性,但是第413条仍然要受第403条的统领。故当法庭按照规则第413条的规定裁决该证据具有可采性时,还必须回到规则第403条,在证据价值和它所可能带来的负面影响之间进行权衡。如果证据价值大于它的负面影响,就有可采性;如果证据价值小于它的负面影响,则仍然没有可采性。正是在这个问题上,上诉法院说初审法院是可以有自由裁量权的。上诉法院认为初审法院将该证据予以排除是正确的,是考虑到它的证明力其实很弱,但是它所可能带来的负面影响却非常大,所以将它排除。所以本案中的证据根据第413条的规定虽有可采性,但是回到规则第403条进行考量则没有可采性。

二、性侵案件被害人品格的可采性

与被告人品格一般性禁止的规则不同,法律对于被害人的品格采取了更加宽容的态度。尤其是在性侵犯案件中,有关被害人曾经不贞洁的证据通常具有可采性。其理论基础是:在婚前或婚外有过性行为的妇女,往往比婚前及婚外没有过性行为的妇女更容易同意进行性交。大约从1970年开始,随着女权主义的兴起,这一规则受到挑战。几乎所有的州都通过立法限制被害人品格证据的可采性。为了鼓励更多的性犯罪被害人针对强奸提起诉讼,有效地提高发现真实和打击犯罪的精确性,防止将对被告人的法律审判变为对被害人的道德审判,美国议会在1978年修订了《联邦证据规则》,在该规则中增加了一个规则(第412条)。根据新的规定,性侵犯案件中,无论是民事案件还是刑事案件,用于证明被害人卷入其他性活动的证据,以及用于证明被害人有任何性倾向的证据,均不具有可采性。

该规则在刑事案件中设置了三个例外。第一个例外是,有关被害人性行为的特定事例如果是用来证明其他人而不是被告人是精液、伤害或者其他物证的来源,则该特定事例具有可采性。例如,被告人甲被指控强奸被害人,并且导致被害人怀孕,被告人甲举出证据证明,其实被害人和乙有性行为,她和乙的性行为才是导致她怀孕的原因,乙才是精液的来源或者提供者,这种情况下,被害人与乙发生性关系的证据便具有可采性。又如,被害人声称自己的肉体遭受了伤害,发生性关系以后,被害人染上了性病,被告为了证明性病不是来源于他,而是由于被害人跟乙发生关系,则被害人与乙发生性关系的特定事例具有可采性。

第二个例外是,如果有关被害人与被告人性行为的特定事例,被用来证明本案中被告人与被害人的性行为系经过同意,则该特定事例具有可采性。注意这里说的与被害人有关的性行为的特定事例,是被害人和被告人的性行为,而前文提到的第一个例外说的是被害人和其他人的性行为。这个规则背后的逻辑是,如果被害人曾经自愿同被告人发生过性关系,那么本案中被害人再次自愿与被告人发生性关系的可能性会更大。需要注意的是,这个例外的限定条件是被害人曾经与被告人发生性关系;被害人与其他男子发生性关系的证据仍然不具有可采性。换句话说,被害人曾跟多人发生性关系,并不能证明她就自愿与被告人发生性关系;但是如果被害人与被告人曾经发生过性关系,那就可以用来证明本案当中被害人也是自愿与被告人发生性关系的。

第三个例外是,如果排除这个证据可能会导致被告人宪法权利的侵犯,则该证据也具有可采性。这主要是指被告人根据宪法第六修正案享有与提供了不利于己的证言的证人当庭对质的权利。对质权包括对证人进行交叉询问的权利。如果被告人认为证人提供的证言可能对自己不利,法庭却以美国《联邦证据规则》的规定为由不允许被告人就相关问题向证人发问,就属于侵犯被告人宪法权利的情形。

第五节　习惯证据与日常实践

一、习惯证据的可采性

习惯证据,是指有关某人习惯或某组织例行做法的证据。此类证据可被允许用来证明该人或该组织在具体场合下的行为与该习惯或例行做法相一致。对于习惯证据的可采性,美国《联邦证据规则》采取了和品格证据不一致的立场:品格证据原则上不具有可采性,而习惯证据原则上具有可采性。美国《联邦证据规则》第406条规定:“有关某人习惯或某组织例行做法的证据,可以容许用来证明该人或该组织在具体场合下的行为与该习惯或例行做法一致。”

| **案例5.17** |　工作时饮酒作为习惯证据具有可采性[27]

原告劳甘在拆装轮胎时,轮胎的一个螺丝突然爆出,把劳甘的头打伤。劳甘起诉火石轮胎橡胶公司,声称轮胎产品有缺陷,把他的头打伤。

被告声称,原告的受伤不是由于轮胎产品有缺陷,而是由于原告在拆轮胎时饮酒,因工作疏忽而受伤。为证明原告在工作时饮酒,被告请求原告劳甘的前雇主即

〔27〕 Loughan v. Firestone Tire & Rubber, 1985.

现任的上级等作证,证明劳甘有在工作时饮酒的习惯。劳甘自己也承认,他的车上有个啤酒冰箱,他每天上午九点到下午五点都会喝一点。劳甘的上级证明,公司的客户曾经就劳甘在工作时饮酒的行为向公司投诉,并且劳甘"正常情况下"都会在上午喝一点。

审判法院容许了被告方提供的证据。原告提出上诉,认为审判法院关于劳甘饮酒的证据具有可采性的结论是错误的。上诉法院认为,审判期间被告提出的这些证据证明了一种一致的行为模式,属于美国《联邦证据规则》第406条所规定的习惯证据。根据普通法规则,要允许这样的习惯证据,要么有补强证据,要么有目击证人来证明他有这样的习惯。但美国《联邦证据规则》并未作如此要求。这是因为美国《联邦证据规则》的起草者在可采性问题上采取了自由主义的立场。美国《联邦证据规则》的起草者认为,一个人到底有没有这样的习惯,是一个可信度问题,而不是一个可采性问题。可信度问题应由陪审团自由评价,可采性问题应当预先规定。初审法院根据美国《联邦证据规则》的规定判定该案证据具有可采性,并未滥用自由裁量权,因此决定维持原判。

二、习惯与品格的区别

习惯证据具有可采性最根本的原因在于品格更容易引起偏见,而习惯则不一定。习惯虽然有的时候和品格难以区分,但大多数时候,证据法学家都认为习惯是一个中性的东西,而品格则不是中性的,它包含了道德评价;品格存在好坏之分,但是习惯不一定。所以这些习惯证据通常是允许的。

| 案例5.18 | 特定行为模式作为习惯具有可采性[28]

布朗被指控枪杀其25岁的侄孙沙恩·哈蒙德(Shane Hammond)。被告人承认是自己杀了被害人,但答辩说是自卫。被告人就其定罪提出上诉,声称法院错误地容许了有关其不良品格的证据。

被害人住在被告人家中。检方提出证据证明,案发前一天被告人与被害人就借款问题发生过争吵。有两名目击证人作证说他们看见被告人好几次用钝器击打被害人头部,撕伤了被害人的头皮。被告人实施这些行为时另一只手拿着一把枪,被害人手里没有任何武器,只是被动地用手盖住头部试图进行防卫。

第二天,被害人回去取自己的东西。被告人的妻子作证说当被害人到她家时,直接去了厨房。布朗女士下楼经大厅到卧室找被害人的东西。她看到她丈夫手里

---

〔28〕 State v. Brown, 543 S. E. 2d 552, S. C. 2001.

拿着一个击球棍藏在身后。她对他说:"不要做任何事情,也不要说什么了,他只是回来拿他的衣服。你知道的,他马上就离开,我把衣服拿给他他就走了。"

被告人作证说当被害人来到时他正在卧室里,他走到大厅告诉被害人让他走。当他转过身去时,被害人刚好站在他的死角(victim blind sided him)。他以为被害人想要杀他,所以他是为了自己的生命而战。

打斗过程中,被告人发现他的枪就在厨房的地板上。被告人说枪是从冰箱上掉到地板上的。当被害人朝他撞过来时,他朝被害人开了一枪。被害人仍然冲过来夺枪,并在夺枪过程中继续殴打被告人,所以被告人又开了一枪,杀了被害人。

在布朗太太作证时,她被问到为什么在两人搏斗时她却要逃跑。她回答说:"我知道我丈夫的情绪,我也知道我必须出去。"律师问她被告人那天晚上究竟是什么情绪,布朗太太说他变得非常生气和愤怒。律师接着问她:"他生气和愤怒之后会发生什么事?"布朗太太回答说:"他会变得非常暴力。"

被告人认为该证据是不应当容许的,因为它是对他品格的攻击。

根据美国《联邦证据规则》专家咨询委员会的解释,习惯与品格的区别在于特定化的程度(degree of specificity)。第三巡回上诉法院在其曾经审理的案件中将习惯描述为"情境特定化"(situation - specific)的行为或"特定的、特别化的、几乎是同一性重复的行为"。该法院则将品格界定为"对一个人习性或一般特征例如诚实、节制、平和等特征的一般性概括"。

本案中,布朗太太的证词并未包含特定化的行为而只是仅仅表明被告人会变得暴力的一般性性格倾向。因此,我们认为该证据根据第406条不具有可采性。但是由于该错误属于无害错误,所以上诉法院并未因此而将案件发回重审。

在被告人的孙子比利向法庭作证时,律师曾经问比利是否看到被告人手里拿着枪并开枪。比利回答说:"我那天晚上没有看到,但是我知道他(被告人)总是把枪带在身上。"问到他这是什么意思时,比利解释说:"他经常把枪别在腰带上或者放在自己上衣口袋里或者放在离他很近的地方。"布朗太太也作证说,她没看到他拿着枪,但是"枪要么在他口袋里,要么别在腰带上,要么在他身边的床上"。当问到"它是否曾经离开过他"时,她回答说:"没有。"

被告人认为原审法院容许这些证言也是错误的。上诉法院认为,初审法院将这些证据当作习惯加以容许并无不当。与被告人一般性的暴力倾向的品格证据不同的是,这些证据描述的是被告人特定的行为模式,是特别化了的行为。根据第406条的规定,这些证据可以被适当地容许用来证明被告人案发当晚的行为与这些行为模式相一致。

因此,法院决定维持原判。

第六章　证人作证与交叉询问

证人证言是最常见也是最普遍的证据种类。它与实物证据的区别在于,它依赖于证人这一特定的载体。因此,有关证人证言的规则,既包括证言的可采性规则,也包括有关证人应当如何作证的规则。严格来说,除关联性法则既调整言词证据也调整实物证据以外,特免权规则、品格证据规则、意见证据规则以及传闻法则都是关于证人证言的规则,这些规则是对特定的证人证言的可采性做出的规制。例如品格证据规则,实际上是要求证人证言中不得包含有关品格判断的证词;意见证据规则是指证人证言中不应当包含猜测性、评论性和推断性内容;传闻法则是说证人证言不应当包含其他未在法庭上作证之人的证言;特免权规则则是对证人作证义务的豁免。英美证据法中,只有验真规则和文书证据的原始性要求是与证人证言这种证据完全无关的。但是由于上述规则本身具有相当程度的独立性,本书在其他章节对这些规则已有详细论述。因此本章基本上不涉及这些规则。

证人证言规则也是英美法系证据法上着墨最多的规则。英国普通法上关于证人作证的规则可谓非常复杂,美国《联邦证据规则》也用了 15 个条文来规范证人的作证及对证人的发问。我国虽然没有证据法典,但是三大诉讼法以及相关的司法解释均对证人作证规则作了比较详细的规定。本章仍然以全面掌握证据法知识为出发点,尽可能全面介绍证据法发达国家有关证人作证和询问证人的规则,并对我国相关法律和司法解释中涉及的规则加以详细介绍。

本章第一节介绍证人作证资格;第二节讨论证人的作证能力以及因作证能力引发的各类特殊证人的作证资格问题;第三节介绍证人宣誓与具结规则,该规则在英美法上通常也是证人作证资格规则的一部分;第四节讨论提问证人规则,重点包括直接询问中的诱导性问题、误导性问题和交叉询问中的诱导性问题等;第五节介绍对证人的诘问与弹劾规则。

第一节 证人作证资格

一、证人作证资格通则

在作证资格问题上,普通法上曾经存在很多特定人员被取消作证资格的情形。例如,当事人曾经被取消作证资格,原因是他和案件的处理结果有直接利害关系。既然有利害关系,就会有强烈的撒谎动机。但是这并不意味着他必然会撒谎,只是说他到底是否撒谎无从判断,所以干脆不让他作证。此外,当事人的配偶也被取消作证资格,如此则其既不能提供有利于当事人的证据,也不能提供不利于当事人的证据。这也是因为当事人的配偶和案件结果有利害关系,所以其证言的真假无从分辨,干脆就不让他作证。另外,有犯罪记录的人一般也不能作证,包括曾经因为伪证被定罪的人,在很长一段时期内完全被取消作证资格。这主要也是因为其证言的真伪无从分辨。这些规则延续了很长时间。但美国《联邦证据规则》将普通法上所有取消作证资格的情形统统废除。该规则第 601 条规定:"除非本规则另有规定,任何人均有资格作证。"根据该规定,无论是当事人,还是当事人的配偶,以及曾经被定罪的人,包括曾经因伪证罪被定罪的人,均有资格作证。"任何人均有资格作证"成为证据法上的一个通则。

根据美国《联邦证据规则》,前文提到的所有被取消作证资格的情形都演变为可以用来弹劾证言可信度的方法。例如在民事诉讼中,如果一方当事人给一个证人支付报酬,这一情形在普通法上曾经也被当作取消作证资格的情形来对待;因为领取了报酬,说明证人可能是为了钱财来作证的,那他作证的动机就不纯,法官也就无从判断其证言的真假,所以法律干脆取消他的作证资格。美国《联邦证据规则》通过以后,领取报酬这一事实以及之前提到的其他事实,均不足以取消证人的作证资格,但是可以被用来作为质疑证言可信度的依据。也就是说,这些情形都不再被当作取消作证资格的情形来对待,而是被用来作为弹劾证言可信度的因素考虑。

前引美国《联邦证据规则》第 601 条还规定:"在民事诉讼和民事程序中,若州法对与主张或辩解之构成要素相关的问题作了规定,则对证人资格的决定从其规定。"这就是说,在民事争端中,如果州法就证人资格问题作了特别规定,则证人仍然可能被取消作证资格。这方面最典型的是"亡人法案"(Dead Man's Statute,又译死者条例),其含义大致是,如果民事争端尤其是涉及不动产纠纷、遗嘱纠纷等案件中的一方当事人已经死亡,则另一方当事人对已死亡当事人所作的不利证言，不具有可采性。根据美国《联邦证据规则》专家咨询委员会的解释，这一规定的理论基础是：由于死亡当事人无法对生存当事人的证言进行反驳，所以允许生存当事人就死亡当事人作不利陈述是不公平的。所以，"既然死亡已经封住了一方当事人的嘴，法律就应当封住另一方当事人的嘴"。但由于该规则在英美法系本身有诸多争议，且美国《联邦证据规则》并未规定这一规则，本书对此不作过多论述。

我国《刑事诉讼法》第 62 条第 1 款规定："凡是知道案件情况的人，都有作证的义务。"据此，任何以其亲身感知的知识了解案件情况的人，都有作证义务，也有作证资格。我国《民事诉讼法》《行政诉讼法》《关于民事诉讼证据的若干规定》等均未对证人资格作出限定。因此，在我国，只要具备作证能力（本章将在第二节予以讨论），任何了解案件情况的人都有资格作证。

二、法官的作证资格

美国《联邦证据规则》第 605 条规定，法官不得在其主持庭审的案件中作证。举例而言，假设一名法官刚好在抢劫案的现场目击了抢劫案件的发生，这个法官可不可以作证？事实上，如果不是由他来主持这个案件的审判，他其实是可以作证的。但如果该案件刚好分配给他来主持审判，那么他就不能被传唤来作证。因为如果他被传唤来作证，往往容易引起控辩审关系的紊乱。

案例 6.01　法官不得在自己主持审判的案件中作证[1]

1982 年 2 月，布朗在得克萨斯州的联邦地区法院因以强奸为目的入室盗窃被定罪判刑。两个月后，布朗在因律师提出动议而启动的新的审判中出庭，出庭过程中布朗突然从法庭夺门而逃。法庭保安追了过去，在离法院不远处将其抓获。

布朗因脱逃罪重新受审，审理他的法官瓦尔特·史密斯正是脱逃那天主持庭审的法官。史密斯法官成为控方传唤的第一名证人。辩方及时提出了反对。但史密斯法官还是提供了如下证言：脱逃案发生时他正在主持庭审；当布朗被提到法庭上时他认出了布朗；布朗曾经因盗窃被定罪和判刑；他看到布朗从法庭大门跑出去并跨越护栏；布朗逃跑时正处于被监禁状态，并未被允许离开法庭。

联邦上诉法院认为，当法官被控方传唤为证人时，他的中立立场就会受到妥协，他与检察官的界限也会变得模糊。陪审团审判的一个基本原则就是强干的法官。在这一体制下法官扮演着陪审团最终权威的角色，他身上浸润着无可争议的尊严和中立无偏的色彩。由于这个缘故，传统上，陪审团对法官所说的每一句话都

---

〔1〕 Brown v. Lynaugh, 843 F. 2d 849, 1993.

高度敏感。由于审判法官所享受的独有的尊敬与权威,控方以他的证言来证明指控的实质要素,显然是对被告人公正审判权的侵犯。因此本案应当撤销原判,并按照本院指令重新审判。

需要指出的是,主持庭审的法官同时又是该案件证人的情况在中国的法庭上通常是不会出现的,因为我国的回避制度已经解决了这一问题。在我国的司法制度下,担任过本案证人、鉴定人、辩护人的,都不能担任本案的法官。因此,如果一名法官刚好因了解案件有关情况作证,则应当自行回避,当事人亦有权申请其回避。

三、陪审员的作证资格

美国《联邦证据规则》第606条(a)规定:"陪审员不得在其参与审判的案件中在陪审团面前作证。如果陪审员被传唤作证,对立的一方应当有机会在陪审团不在场的情况下提出反对。"仍以抢劫案为例,假设一个陪审员恰好在抢劫案的案发现场目睹了案件的发生,辩护律师也知道这个陪审员目睹了案件的发生,在庭审的过程中要求陪审员来作证,证明这个案件不是他的委托人所为,而是另有其人。在这种情况下,按照第606条(a)的规定,法庭不能允许该陪审员作证。但如果辩护律师提出了传唤其作证的动议,首先一个必经的程序就是要在全体陪审员都不在场的情况下允许反对的一方发表意见。例如,辩方传唤陪审员来作证,控方就会要求休庭,让陪审员先回避,在陪审团不在场的情况下解决这个问题。如果最后确实如辩护律师所说,该陪审员在案发的时候身处现场,且他能够作证证明本案不是被告所为,法官通常会宣布失审,也就是宣告这个审判无效,重新组成陪审团审判。在新的审判中,该陪审员可以作为证人出庭作证,但不再担任陪审员。如果法官既不宣布失审,又不允许他在法庭上作证,最后的结果对控方反而是不利的。因为该陪审员很容易在陪审团评议阶段,以他的意见去影响其他陪审员,他的意见就会很大程度上决定陪审团评议的结果。

美国《联邦证据规则》第606条(b)规定:"在对陪审团的裁决或者大陪审团告发书的有效性发生疑问的场合,就陪审团评议中发生的事项或所做的陈述,或者任何对该陪审员或其他陪审员的思考或情绪有影响的事项,或者影响陪审员同意和反对某裁决或告发书的思维过程等事项,不得要求陪审员提供证言。"该规定的第一个原因是保证陪审团心证过程的绝对自由。该规定实际上意味着陪审员的心证过程是不公开的。一旦要他公开,他就会有顾虑,他的心证就不自由了。就像有的人喜欢写日记,如果他想着将来有朝一日他要公开,他要成为大文豪,那他写的内容就不一定真实。只有当他想着这是不公开的,没有人会看见,他才会把内心的一些真实想法写进去。第二个原因是维护陪审团裁决的终极性、稳定性、权威性。陪审团来自社会的各个阶层,因其具有交叉的代表性,这其中可能有些人的想法就会很奇怪。很可能 12 个人里面就只有一个人是这么想的,其他人的想法都是很正常、合理的。如果允许披露他心证的过程,则整个陪审团裁判的权威性、稳定性和终极性都会受到质疑和挑战。第三个原因是防止陪审员在履行职责之后遭受无休止的骚扰。如果允许针对同一个案件重新起诉,又把原来那些陪审员再传唤过来,问问他们当初到底怎么想的,那么陪审员的生活就永无宁日。所以美国《联邦证据规则》不允许要求陪审员就其内心确信形成的过程向法庭作证。

该规则也有例外。美国《联邦证据规则》第 606 条(b)规定,在以下三种情况下,陪审员又可以被传唤来作证:第一,是否有外来的偏见性信息引起了陪审团的注意。例如陪审员通过阅读报纸、杂志、看电视、微博、微信等形成了偏见。第二,是否有外部影响不适当地施加于陪审员,例如遭到死亡威胁等。第三,陪审团将其决定形成裁决的过程中是否存在错误。

第二节 证人作证能力

虽然任何人均有资格作证已经成为世界通行的原则,但仍然存在一些因为证人的感知能力、记忆能力、理解能力、语言能力等方面的原因而排除其证言的情形。如果将作证资格类比为权利能力,则因为上述能力而被排除证言的情形,就属于对证人在行为能力方面提出的要求。在英美法上,由于行为能力原因而被排除证言的情形,也被视为证人丧失作证资格的情形,因此有些著作会在证人资格问题下一并讨论。

一、作证能力要求:亲身感知的知识

美国《联邦证据规则》第 602 条规定:“除非有足够的证据证明证人对其拟向法庭作证的事项拥有亲身感知的知识,否则证人将不得向法庭作证。证明证人亲身感知知识的证据可以但不必包含证人自己的证言。该规则受第 703 条关于专家证人证言规则的约束。”

根据判例,审判法官在根据美国《联邦证据规则》第 602 条决定证人是否有资格作证时,应当审查证人是否有足够的机会和能力感知其拟作证的事项。通常而言,只要达到下述标准,证人就有资格作证:一是对于如实作证义务有能力

加以理解;二是在争议事件发生时该证人对于观察该事件不存在生理上和精神上的障碍;三是对于观察到的事件具有足够的记忆能力;四是能够将观察到和记忆中的事实转变为语言加以陈述(State v. Young,477 S. W. 2d 114,116,Mo. 1972)。以上四个方面,可以简略概括为证人的理解能力、感知能力、记忆能力和表达能力。

有时候,一个精神完全正常的成年人可能会因为环境等原因而不能感知事件发生的真实情况,因此其是否可以就案件发生的情况向法庭作证通常成为争议的焦点。

| **案例 6.02** | 正常成年人因不具备亲身感知的知识被拒绝作证[2]

被告人拉尼尔雷(Ranieri)被指控夜盗罪和攻击罪。案件发生于一个夜晚,被害人艾尔西(Elsie)在自己的公寓中,突然有人闯入并从背后抓住她,用一根铁棍对她进行殴打。她的邻居皮卡德(Picard)闻讯赶来,也被袭击者打伤,之后袭击者逃走。审判前,被害人一直说自己无法辨认是谁伤害了她,因为她并没有看清楚谁是袭击者。但在审判前夕,被害人又说自己能够认出袭击者。她从一堆照片中挑出了本案被告人的照片;在审判程序中,她也能指认出被告人。但是被告人对她的证言提出反对,理由是她的证言不具有可靠性,她的证言属于《联邦证据规则》第702条所禁止的意见证据,应当予以排除。被告人并没有提到第602条。

该案上诉后,罗得岛州最高法院认为,尽管被告人并没有明确提到第602条,但是从被告人上诉的理由来看,被告人实际上想提出的根据应当是第602条。该州最高法院认为,根据第602条,本案被害人的证言不具有可采性。法院指出:"两个因素使得法院相信本案证人实际上无资格作证。首先,证人曾经宣称,她知道一直有人在窥视她,这个人就是本案的被告人,他以在她邻居房间的墙上挖小孔的方式对她进行窥视。但是,证人一直否认自己曾经见过这个一直在窥视她的被告人。尽管如此,艾尔西还是武断地声称'她知道'是拉尼尔雷在窥视她。其次,艾尔西还声称该案发生之前,被告人曾经五次闯入她的公寓。不过,艾尔西没有任何证据证明这一事实。她很快又承认她从来没有看到拉尼尔雷或者其他人闯入过她的公寓。另外,在袭击发生的当天晚上,当皮卡德跑过去帮助被害人时,曾经问她是谁袭击了她,她只顾喊叫:'Who was doing this to me?'除了请求他赶快叫警察之外,她从来没有指认过任何人。在案件发生后的18个月中她一直坚持说自己没有看到任何东西。甚至在法庭作证时,她还说她连皮卡德都没有认出来。"

基于上述情况,罗得岛州最高法院最后判定,将该案发回重审。

---

[2] State v. Ranieri, Supreme Court of Rhode Island, 1991. 586 A. 2d 1094.

在我国，拥有亲身感知的知识也是证人具备作证能力的首要前提。最高人民法院《关于适用〈中华人民共和国刑事诉讼法〉的解释》第87条规定，对证人证言进行审查的第一项内容，就是“证言的内容是否为证人直接感知”。《关于民事诉讼证据的若干规定》第72条第1款也规定：“证人应当客观陈述其亲身感知的事实。”这表明拥有亲身感知的知识是证人作证的前提。《关于适用〈中华人民共和国刑事诉讼法〉的解释》第87条还规定，对证人证言进行审查时，还应当审查证人作证时的年龄、认知、记忆和表达能力，生理和精神状态是否影响作证。这也是对证人在认知能力、记忆能力、表达能力等方面进行的限定。第88条第1款规定：处于明显醉酒、中毒或者麻醉等状态，不能正常感知或者正确表达的证人所提供的证言，不得作为证据使用。这是明确从认知能力、表达能力角度对作为定案根据的证人证言所作的限定。

二、儿童的作证能力

我国《刑事诉讼法》第62条第2款规定：“生理上、精神上有缺陷或者年幼，不能辨别是非、不能正确表达的人，不能作证人。”据此规定，生理上、精神上有缺陷或者年幼，是不能做证人的前提性条件；不能辨别是非、不能正确表达，才是关键条件。从人类理性和经验的发展来看，一个人年幼或者精神上、生理上有缺陷，不一定就不能辨别是非、不能正确表达。只有不能辨别是非、不能正确表达的人，才不能做证人。对此，《关于民事诉讼证据的若干规定》第67条第2款规定：“待证事实与其年龄、智力状况或者精神健康状况相适应的无民事行为能力人和限制民事行为能力人，可以作为证人。”可见，即使年幼或精神上、生理上有缺陷的人，也是可以作证的，只是其智力状况和健康状况要与其拟作证证明的待证事实相适应。

案例6.03　五岁女童被允许作证〔3〕

在美国密苏里州的一个案件中，被告人被指控过失杀害他的妻子。被告人作证说，他和他的妻子发生了争吵，他的妻子拿起一支枪对着他，被他夺过来放在衣兜里。他的妻子继续与他争吵，并用筷子对他进行攻击。在厮打中，枪走了火。他的女儿作证说，案件发生时她从睡梦中惊醒。她看到她的父母的确在厮打。她还看见在案发当晚，她的母亲用筷子袭击她父亲。但是她后来又说，她母亲拿筷子袭击她父亲是在案发前一天的晚上。她的父亲对法庭允许他女儿出庭作证表示反对，理由是他女儿只有5岁9个月，无资格作证。根据密苏里州的证据规则，10岁

〔3〕 State v. Singh, 586 S. W. 2d 410, Missouri Court of Appeals, 1979.

以下的儿童被推定为无作证能力,但这是一个可反驳的推定。最终,法庭还是容许了他女儿作证。被告人被定罪。

上诉后,州上诉法院指出,该案证人作证之前,法庭主持了对证人的询问,上诉法院对这些问题进行了审查,认定这些问题都是中立和公正的,有助于法庭判断证人是否有资格作证。本案中,没有证据表明有人告诉过该女孩应当怎样说。相反,法庭询问的结果清晰地表明她存在对于过去事件的独立的记忆,并且有能力清晰地向法庭作出陈述。因此,上诉理由不能成立,本案判决予以维持。

| **案例 6.04** | 对个别问题的错误回答不影响作证资格〔4〕

被告人阿兰在美国联邦政府设在新墨西哥州地区法院的少年法庭被指控加重性虐待。本案被害人是一个13岁的女孩。当被害人被传唤到法庭作证时,法庭问了她一系列问题,以便审查她是否理解宣誓的重要性。这些问题包括"你是否理解什么是说出真相?""你知道真相与谎言的区别吗?"等。被害人对法官提出的这些问题未作回应。然后法庭让公诉人询问被害人。公诉人从一些非常简单的问题开始发问,例如"你叫什么名字?""你多大了?""你住在哪里"等。被害人对这些问题作了回答。检察官问了被害人大约三十个这样的问题,对这些问题被害人都作出了正确的回答。之后检察官问她是否能够区分真相与谎言,以及她是否理解她曾经允诺要向法庭说出真相。被害人对此作了肯定的回答。检察官又问她一系列诸如她是否能区分真相与谎言、是否知道她应当在法庭上陈述真相,以及是否知道撒谎可能面临伪证处罚等问题,此时法官指示检察官询问与案件有关的问题。于是检察官问了一些与案件有关的问题,接下来的询问受到辩护律师的不断反对。但是法官对检察官的发问均予以准许。

被告人就此提出上诉。理由主要是,在多个场合,被害人在回答检察官的问题上都存在障碍,且没有回答法官提出的任何问题,而对律师提出的一些问题的回答也是错误的。例如,她本来13岁,但却回答说自己11岁;又如,她有时候答非所问,例如问到她"撒谎是好还是坏"时,她回答说"真"。另外,她在回答问题时显然停顿了好长时间。

但上诉法院认为,被害人陈述中的任何不连贯或者证言中的问题都仅仅是可信度的问题,不是资格问题。被告人阿兰的主张实际上是把对证人可信度的质疑包装成了对证人资格的质疑。对证人可信度的判断,是由事实裁判者(本案中就是法官)来衡量的,而不是由法庭来决断的。在一百多年以前,最高法院就已经适切地判定,一名5岁的儿童有资格在死刑案件中提供证言。从那时起,法律的趋势就

---

〔4〕 U. S. v. Allen, 127 F. 3d 1292, 10th Cir., 1997.

是允许法庭以更加宽松的自由裁量权准许证人出庭作证。因此,我们在本案中没有发现地区法院滥用了其自由裁量权。本案判决应当予以维持。

三、精神或生理缺陷者的作证能力

如前所述,生理上、精神上有缺陷的人,也有作证资格。只是其作证能力应当与拟作证的待证事实相匹配。另外,其证言是否可信,应当详加审查,采信时应当更加慎重。

| 案例 6.05 | 部分丧失语言能力者的作证资格[5]

原告和被告的车在伊利诺伊州橡树湾镇的橡树公园路和麦迪逊交叉的十字路口相撞。原告在车祸发生后部分丧失了语言能力:他只能以简洁的语言回答一些简单的问题。在该案初审审理程序中,检察官和原告之间的对白如下:

问:"当事故发生时你在哪条街上?"

答:"橡树公园和麦迪逊大街。"

问:"你在朝哪个方向行驶?"

答:"北。"

问:"当你穿过十字路口时灯光是什么颜色?"

答:"绿。"

问:"当你往前行驶时发生了什么?告诉陪审团发生了什么。"

答:"绿和黄,黄和巴士相撞。"

问:"当你穿过十字路口时发生了什么?"

答:"我被撞了。"

问:"你说你被撞了?"

答:"是。"

问:"被什么撞了?"

答:"一辆巴士。"

由于该案原告实际上部分丧失了语言能力,被告方提出动议,要求排除原告的证言。初审法庭容许了原告的证言。被告上诉后,上诉法院经审查,没有发回重审,就宣布原告的证言不具有可采性,作出了有利于被告的判决。原告提出上诉,获得伊利诺伊州最高法院的准许。州最高法院认为,证人资格和证人的可信度是两个联系非常紧密但不容混淆的问题。最高法院通过对法庭审判记录的审查,认

---

[5] Schneiderman v. Interstate Transit Lines, Supreme Court of Illinois, 1946, 394 Ill. 569, 69 N. E. 2d 193.

定本案原告完全具备作证资格。其证言的证据价值自然应由陪审团自由判断,但是其证言具有可采性却是毫无疑问的。因此,本案初审法院容许其证言并不违法,上诉法院排除其证言却是一个错误。

四、被催眠者的作证能力

在诉讼中,被催眠者往往是因为全部或者部分丧失了对案件事实经过的记忆,通过催眠师催眠后回忆起了案件细节。与生理上、精神上有缺陷不同,被催眠者至少表面上与正常人无异。但是,被催眠者对案件有关细节的记忆,既有可能是被催眠者原先已有的记忆,也可能是经过催眠后将原先记忆中的碎片连接起来的结果,还有可能是被催眠师灌注的信息。因此,被催眠者能否就案件经过提供证言,往往成为争议的焦点。对此,美国法院也曾在一些案例中作出过裁决。

案例6.06 被催眠者的作证能力〔6〕

被告人罗克(Frank Rock)被指控过失杀害她的丈夫。她和她的丈夫弗兰克在1983年7月2日曾经大吵一架。她丈夫不允许她去吃比萨,并且不允许她离开公寓去吃任何东西。当警察赶到现场时发现弗兰克躺在地上,胸膛上中了一枪。据负责侦查的官员叙述,上诉人告诉他们:"她站起来想要离开公寓去吃东西时,她丈夫上来抓住她的喉咙并使她几乎窒息,然后又一把将她摔到墙上……她蹒跚着爬起来捡起一把枪并用枪指着地板,他仍然对她实施殴打,她朝他开了一枪。"

但是,此后罗克一直无法回忆起开枪的具体细节。于是,她的律师建议她接受催眠治疗,以便帮助她回忆起这些细节。催眠师贝蒂·百克(Betty Back)博士为她实施了两次催眠,每次都作了录音。经过催眠后,上诉人罗克终于回想起来,在事件发生时,她的拇指放在手枪的击铁位置,但是手指并没有放在扳机上。她还记起来,当她丈夫在混战中抓住她的胳膊时,枪响了。由于罗克已经能够回忆起开枪的细节,她的律师又安排了一名枪支方面的专家检查了本案中的枪支,检查结果显示该枪属于有缺陷枪支,在遭到撞击或掉落时,即使没有触动扳机,也容易走火。

检察官在得知催眠过程后,向法庭签发了一份动议,申请排除被告人的证言。法官为此举行了一次审前听证,并裁决被告人只能提供其在催眠以前仍然记得的那部分证言。法庭审判时,被告人出示了枪支专家的证言,但是被告人自己关于案

〔6〕 Rock v. Arkansas, Supreme Court of the United States, 1987, 483 U. S. 44, 107 S. Ct. 2704, 97 L. Ed. 2d 37.

发时情景描述的证言则被排除。被告人被陪审团裁决罪名成立,并被判处10年监禁和1万美元罚金。被告人以自己的名义作证的宪法权利受到侵犯为由提出上诉。但是,上诉法院支持了初审法院的裁决。

联邦最高法院受理了此案。在对被告人以自己名义作证的权利进行了历史的回顾之后,最高法院指出:从19世纪下半叶开始,除了佐治亚州以外,所有的州都宣布刑事被告人有资格作证;议会在1878年也颁布法令,规定被告人有资格作证;同样的发展在所有普通法国家都获得承认。尤其是,在弗格森诉佐治亚一案(Ferguson v. Georgia)中,最高法院明确宣布:英语世界里,禁止被告人宣誓作证早已被认为没有任何道理。不仅如此,被告人在刑事审判中以自己的名义提供宣誓证言存在丰富的宪法渊源。该权利是"公平的对抗式程序中正当程序的内在组成部分"。无论是第五修正案还是第六修正案均保护被告人的这项权利。

最高法院承认,经过催眠后唤醒的记忆存在一定的不可靠性。这种不可靠性存在于几个方面:一是证人可能会在催眠过程中被暗示从而迎合催眠师作出回答;二是为了使回答更加内部一致而通过想象来填充一些细节;三是被催眠者可能经历一种"记忆加强"的效果,这会使证人无论是正确的还是错误的记忆都得到强化,从而使交叉询问的效果难以得到真正的发挥。但是,最高法院话锋一转,指出:"催眠所导致的证言的不精确性完全可以通过程序的控制得到降低。其中一项程序性措施就是只允许受过专业训练的、有执照且中立的心理医师或催眠师实施催眠。更为传统的方法就是通过其他证据来对催眠后的证言进行检验。交叉询问即使在面对自信的证人时也仍然是发现前后不一致证言行之有效的工具。因此,尽管催眠术在科学的发展史上仍然处于婴儿阶段,最高法院也没有试图引入催眠术作为探查过去的工具,但是,阿肯色州由于被告人接受过催眠就将其证言全部予以排除的做法,却是没有道理的。本案中,枪支专家的证言对于上诉人描述的细节是一个有力的佐证;催眠师的录音带对于审判法官衡量其催眠的中立性也提供了有效的工具。在这样的情形下,阿肯色州排除所有催眠后证言的规则侵犯了被告人以其自己名义作证的权利。"

基于上述理由,最高法院判定,该案判决应当予以撤销,案件应当发回重审。

催眠术目前在我国司法实务中运用得并不多,因此这方面的问题暂不突出。但是随着法庭技术的发展,相信我国司法机关很快就会面对这类问题。在立法尚不完善的情况下,如何合理、妥善地解决这些新问题,将对我国司法工作构成挑战。

第三节 宣誓与具结

一、宣誓的功能

在英美法系,证人作证之前必须宣誓或者具结。宣誓的首要功能是促使证人明了证言的严肃性,其次是促使证人良心上认识到他所担负的如实作证义务。为了实现这两个目标,一般要求法官应停下所有工作,专心致志主持证人作证仪式,不能一边忙于整理内务一边主持宣誓仪式。另外,如果拟作证的证人所信仰的宗教属于不受欢迎的宗教,则法官应当小心翼翼地在陪审团不在场的情况下,也就是让陪审团退席后,再来主持证人的宣誓仪式。该规则的目的是防止陪审团对信仰不受欢迎宗教的证人产生偏见。证人的宗教信仰不影响证人宣誓的有效性。

| **案例 6.07** | "我知道魔鬼在哪里"〔7〕

一个5岁女童到法庭上为控方作证。女童按法庭要求进行了宣誓。交叉询问时,被告方律师问她:"你刚才说你信仰上帝对不对?"女童回答说:"对,我是信仰上帝。"这个律师又问她:"那你知道魔鬼在哪吗?"女童迟疑了一下说:"我知道,在公园的一座山上。"律师又问:"你是怎么知道的?"女童回答说:"我有一回去公园里玩,听到一个大人说,我要在这上面建一座地狱。魔鬼就住在地狱里。"被告律师就以此为由来弹劾这个女童的证言,声称她不能理解宣誓的含义,因为她对上帝、地狱、魔鬼这些概念实际上并不十分明了。法官就问这个律师:"你知道魔鬼在哪吗?"律师回答说他也不知道。法官说,你问证人魔鬼在哪,证人告诉你一个答案,你不同意,你就以此为由来弹劾她证言的可信度;但是你自己也不知道魔鬼在哪。法官最终裁决律师的弹劾无效。

二、宣誓的理论基础

宣誓的理论基础经历了从客观基础到主观基础的转变,这一转变也受到宗教观念改变的影响。传统上,宣誓的理论基础可以概括为"提请上帝注意于证人";如今,宣誓的理论基础表述为"提请证人注意于上帝"。前者的含义是,宣誓

---

〔7〕 李学灯:《证据法比较研究》,台北,五南图书出版公司1998年版,第508页。

就是提请上帝看着证人，一旦撒谎就请上帝施加惩罚。后者的含义是，上帝不一定立即惩罚作伪证的证人，但是既然证人信仰上帝，那么他肯定相信撒谎的人会被上帝惩罚，宣誓即强化证人的心理暗示，算是提醒证人时刻注意上帝的存在，不要以为撒谎能够侥幸逃脱上帝的惩罚。

所以，现在的观念并不像以前那样总是希望上帝显灵。总是希望上帝显灵的想法在基督教徒看来显得不够虔诚。那些虔诚信仰基督教的人，即使上帝不显灵，在应该出现的时候没有出现，也应该毫不动摇地相信上帝；相反，总是期待上帝显灵，这信仰一定是不虔诚的，至少是不够虔诚的。正是顾虑及此，所以以前的理论是提请上帝注意于证人，如今的理论是提醒证人注意于上帝。如果证人撒了谎，上帝迟早会腾出手来收拾他。

三、宣誓与证人的宗教信仰

证人的宗教信仰不影响证人宣誓的有效性。英美社会正在趋向多元化，基督教也不是西方唯一的宗教，信仰任何宗教的证人都可以以自己宗教允许的习惯来宣誓。只要能够唤醒证人良心深处对如实作证的义务感，证人信仰的宗教种类为何，在证据法上并无影响。

案例 6.08　“证人比我更像是个虔诚的基督徒”[8]

在1945年以前，许多西方国家在中国上海都有领事裁判权，也就是外国人在中国可以开设法庭。其中英国在租界就有自己的法庭。有一个案件，被告人被指控谋杀，控方的一位关键证人是一位八十岁的老渔翁。作证前，老先生也进行了宣誓。因为他信仰的是中国的佛教、道教，属于多神教，辩方说这个证人不信仰上帝，因此他的证言不可靠。主持审判的法官就问证人：“在你信仰的宗教里有那么多神，你要是说错话，有意撒谎，会不会受到你信仰的那些神的惩罚呢？”这位老渔翁回答说：“神本慈悲为怀，我有应得之咎。”意思是说，如果他要是撒谎的话，他肯定会遭到报应；但这不是因为神要惩罚他，而是他自己作孽，咎由自取。在这位老先生看来，神都是慈悲的，不会因为他撒了谎，就要来惩罚他。主持审判的英国法官听了以后特别感动，因为一方面这位老渔翁以这个回答表明了如果他撒谎的话肯定会遭受不利后果，另一方面他又表达了他对神的那种无限的尊重，因为他说他遭受不利后果是他罪有应得，和他所信仰的神是没关系的。那个英国法官回去写了一篇日记，说他自己内心觉得那位老先生虽然信的不是基督教，可是却显得比法官还更像一个虔诚的基督徒。所以最后采信了他的证言，给被告人定了罪。

---

〔8〕 李学灯：《证据法比较研究》，前引注7，第499页。

四、宣誓的通常形式

宣誓的形式,原来是亲吻《圣经》,后来改为手捧《圣经》。亲吻《圣经》的理论基础是,证人既然吻了圣经,就相当于对上帝做出了一个承诺,必须要讲真话;如果违背了自己的誓言,必遭天谴。改成手捧《圣经》宣誓的原因,首先是基于卫生方面的考虑。整个法庭常年就放置一本《圣经》,这个证人亲吻完了下一个证人接着再来亲,好多口水在那上面,容易传播疾病。另外一个理由是这个仪式本身容易造假。曾经有一个证人,存心想要做伪证,但是又害怕上帝惩罚,所以他假装亲吻《圣经》,实际上吻的却是自己的手指。不料对方律师眼尖,马上就指出来,说:"你居然敢欺骗上帝,但是你骗不了我!"手捧《圣经》宣誓,就不会出现这种问题。

五、誓词的通常内容

宣誓的内容是要"说出真相,没有其他,只有真相",这是法庭上证人经常要宣读的誓词。在美国的一个案件中,证人是一位八十岁的老先生,宣誓之后,律师问他:"宣誓对你有什么影响吗?"老先生说:"没有任何影响,我照样撒谎。"律师就以此为由主张该证人不具有作证资格,但法官还是容许了他的证言。所以也不能因为证人宣称宣誓对他撒谎没有影响,就认为其没有作证资格。不过反对方可以以此为由来弹劾他的证言。

案例 6.09 "我不相信这个誓言对我有任何约束"[9]

被告人伍德被指控偷税等几项罪名。伍德没有聘请律师,而是选择自己为自己代理,并且以自己的名义出庭作证。审判前,伍德向法庭提出一个动议,改变宣誓的誓词。他向法庭提出,"真相"一词并不符合他的人生哲学,"诚实"一词比"真相"更为高级——宣誓"诚实地作证"比宣誓"说出真相"要求更高。因此他建议,将"说出真相"改为"完全纯正诚实地作证"(fully integrated honesty)。法庭拒绝了这一动议。理由是,法庭执行的这一誓词已经沿用了好几百年,并且在全美国成千上万的证人都适用这一誓词,法庭不能因为本案被告人的特立独行而改变这一誓词。在法庭审判过程中,伍德熟练而成功地对控诉方提供的证人进行了交叉询问。当轮到他自己作证时,伍德作出了让步,请求法庭允许其既按照法庭规定的内容宣读誓词,也允许他按照自己的方式宣读誓词。控诉方对被告人的这一妥协表示欣慰,但是法官仍然拒绝了这一请求。理由仍然是,法庭准备的誓词已经长期使用,

---

〔9〕 United States v. Ward, United States Court of Appeals, Ninth Circuit, 1992, 989 F. 2d 1015.

并且他不准备创造一个证人可以要求法庭以另一方式进行宣誓的先例。在此情况下，伍德没有宣誓，也没有向法庭提供证言。陪审团在经过一个小时的讨论后，裁决被告人的罪名全部成立。

被告人提出了上诉。理由是法庭的裁决侵犯了宪法第一修正案所保护的信仰自由和宪法第五修正案所保护的被告人以自己名义作证的权利。上诉法院在审理后推翻了原审判决，将该案发回重审。上诉法院认为，尽管被告人并没有在神学和宇宙论的意义上使用信仰自由这一概念，但是从他的行为可以看出，他之所以坚持以自己的方式宣誓，甚至不惜冒被定罪的风险，而不愿意放弃自己的誓词，足以表明他对誓词的理解体现了他的信仰。强迫他宣誓"说出真相"而不是让他以自己任何合适的方式宣誓，已经侵犯了他的信仰自由。因此，伍德所说的信仰自由属于第一修正案所保护的范围。法庭在主持宣誓时应当服从第一修正案的规定。因为首先，并没有哪一条宪法修正案规定了宣誓的形式（誓词的内容）；其次，美国《联邦证据规则》第603条也仅仅是要求证人宣誓或确认，并没有要求誓词应当如何；最后，尽管"说出真相、全部真相、别无其他、只有真相"的誓词已经沿用了几百年，甚至可以追溯到17世纪，誓词的内容可以应证人的信仰而作出调整的原则，却远远先于我们的宪法而存在。在1744年的Omichund v. Barker一案中，首席大法官就已经指出：要求一个非基督徒按照基督徒的方式宣誓毫无疑问是十分荒谬的，因此证人应当被允许以他自己的观念来宣誓。就本案而言，伍德的誓词取代传统的誓词对于其证言内容的可信度没有任何影响。不仅如此，根据被告人的看法，他以自己的方式宣誓实际上给自己施加了更多的义务。

考虑到这些因素，上诉法院认为，法庭拒绝伍德先生以自己认可的方式宣誓的做法是滥用了法庭的自由裁量权。因此，本案应当发回重审。

六、具结

我国法庭上对证人不采取宣誓的形式，而是以具结的形式唤醒证人对如实作证义务的理解和认识。《刑事诉讼法》第194条第1款中规定："证人作证，审判人员应当告知他要如实地提供证言和有意作伪证或者隐匿罪证要负的法律责任。"最高人民法院《关于适用〈中华人民共和国刑事诉讼法〉的解释》第258条规定，证人到庭后，审判人员应当核实其身份、与当事人的关系，告知其有关作证的权利义务和法律责任；证人作证前，应当保证向法庭如实提供证言，并在保证书上签名。最高人民法院《关于适用〈中华人民共和国民事诉讼法〉的解释》第119条也作了类似规定；该解释第120条还进一步规定，证人拒绝签署如实作证保证书的，不得作证。《关于民事诉讼证据的若干规定》第71条还规定，人民法院应当要求证人在作证之前签署保证书，并在法庭上宣读保证书的内容，但无民事行为能力人和限制民事行为能力人作为证人的除外;证人拒绝签署或宣读保证书的,不得作证;证人确有正当理由不能宣读保证书的,由书记员代为宣读并进行说明。

第四节 提 问 证 人

一、直接询问

传统上,英美法系区别于大陆法系的一个重要方面,就是大陆法系通常允许证人在法庭上发表长篇陈述,而英美法系则要求证人通过回答问题的方式向法庭陈述案情。随着英美法系法律制度的全球发展,这种差别正在日益减小,但是依然存在。事实上,由于证据规则的主体内容是对证人证言的规范,英美法系大部分证据规则是通过对提问加以限制的方式获得实施的。正是由于问答式作证方式的存在,任何一方提出的问题都可以在证人没有作出回答之前遭到对方当事人及其律师的反对,对证人证言的各种规范才得以发挥其作用与效力。因此,对证人发问的约束与限制,首先来自证据规则的限制,也就是各方都不得对证人提出这样的问题——该问题有可能导致证人作出的回答包含不具有可采性的证据。

当然,除了证据规则之外,英美法对证人的提问还设置了一些其他规则,我们也可以将这些规则称为广义的证据规则,因为它们涉及的是如何以适当的方式向证人提问。在这方面,英美法设置的规则主要是用来约束传唤证人的一方,或者说,用来约束传唤证人一方的规则比约束反对方的规则更加严格。英美法上,当事人对己方传唤证人的询问,通常称为"直接询问"(direct - examination),又称为"主询问"。反对方对证人的询问,则称为"交叉询问"。对于直接询问,美国《联邦证据规则》第 611 条(a)规定:"法庭应当对询问证人和出示证据的方式和顺序进行控制,以便对证人的询问和证据的出示能够有效地证明案件的事实真相,避免不必要的时间消耗,并保护证人不受骚扰或免遭不适当的尴尬。"该规定主要是对直接询问所作的规制。

直接询问的第一个规则,是禁止诱导性问题(leading question)。美国《联邦证据规则》第 611 条(c)规定:"直接询问中不得问诱导性问题,除非该问题对于建构证人证言确属必要。"所谓诱导性问题就是包含了它自身想要得到答案的问题。禁止诱导性问题的主要理由是防止律师以自己的方式而不是以证人的方式向法庭展示案情。比较典型的诱导性问题,例如:"你看到被告人手里拿着一把刀对吗?”证人回答“是的”。但这是律师陈述案情的方式,而不是证人陈述案情的方式。因为它预示着“被告人手里一定要么拿着刀要么没拿刀”这样的答案,而事实情况可能是被告人当时拿的是一把枪。但在律师如此提问的方式下,证人如果回答“不是”,会给人一种被告人手里什么也没拿的错觉。因此比较妥当的问法应当是“你看到被告人手里拿什么东西了没有?”而不是“你看到被告人手里拿着一把刀对吗?”

通常而言,要求证人以“是”或者“不是”来回答的问题,都是诱导性问题(见表6.1)。例如“是你闯了红灯,是不是?”或者“你开枪打死了被害人,这是不是真的?”等。但是,没有要求证人以“是”或者“不是”来回答的问题,却不一定就不是诱导性问题。例如,检察官在法庭上问证人:“你是否听到张三说:我刚刚杀死了我妻子?”这就是一个典型的诱导性问题。如果换一个问法:“你此时有没有听到张三说了什么?”就比“你是否听到张三说:我刚刚杀死了我妻子?”显得不那么具有诱导性。但是,对于这个问题而言,第二个问句仍然包含了一定的诱导性,因为暗含了证人“听到张三说了什么”这样的答案,事实上完全有可能证人不是听到张三说了什么,而是看到张三做了什么。因此第二个问题的答案仍然不够开放。比较纯粹的非诱导性问题,应当是:“就你所知,这时候发生了什么?”证人回答:“我听到张三咕哝了一句:我刚刚杀死了我妻子。”

表6.1　诱导性问题与非诱导性问题

诱导性问题	非诱导性问题
你到银行时已经九点半了对吗?	你到银行时大约是几点钟?
你去银行取款对不对?	你去银行做什么?
(抢劫)案件发生时你正在排队对吗?	(抢劫)案件发生时你在做什么?
你看到的抢劫犯是个秃头对吗?	能否描述一下抢劫犯的长相?
抢劫犯是不是用冲锋枪抢劫的?	抢劫犯用什么抢劫?

直接询问禁止诱导性问题的规则也有例外。具体包括:(1)在与案件核心问题无关的预备性问题方面,诱导性问题是容许的。例如:“你从2003年开始在清华大学任教,对吗?”“你在清华大学任教已经12年了,对吗?”等。(2)对于双方均无争议的问题,即使与案件核心事实相关,也可以问诱导性问题。例如:“你之前的证言曾经提到,案件发生时你正在银行排队取款对吗?”等。(3)对敌意证人或者对方证人可以问诱导性问题。在下一部分我们将介绍交叉询问的规则,其中一个规则就是交叉询问受直接询问范围的限制。例如诉讼中的原告一方传唤了己方证人并进行了直接询问,被告方想要提问原告方发问内容之外的话题,被

告方可以自己再传唤该证人进行直接询问。由于证人是对方证人,此时被告方可以问诱导性问题。(4)当己方证人给出了令人惊讶的答案时,己方可以问诱导性问题。给出了令人惊讶的答案,就是给出了令传唤证人的一方惊讶的答案,通常是证人给出了与其之前提供的证言相反的或不一样的答案,从而让传唤证人的一方感觉证人证言可能有不利的变化,甚至该证人可能已经成为敌意证人或敌方证人,此时也允许对其提诱导性问题。(5)如果证人的理解能力受到一定的限制,例如对儿童证人、表达能力有缺陷的证人等,可以提诱导性问题。(6)当一个证人的记忆出现了障碍而该证人显然拥有更多关于案件信息的时候,可以用诱导性问题提醒或者唤醒证人的记忆。例如:“你还能说出当天参加晚宴的其他人的名字吗?”“不能。我知道还有一些人也参加了晚宴但是我想不起来了。”“如果我说克莱德·布什马克也参加了晚宴你是否能记起来?”“对了,就是他,现在我想起来了,布什马克当晚也在那儿。”(7)对专家证人可以提假设性问题,这些问题看上去像是诱导性问题,却通常得到容许。例如:“尊敬的医生,假定一个大学生和他的室友发生了矛盾,他一天一个,用榔头把他们杀死,杀死之后放到宿舍的壁橱里,晚上还能安然入睡,第二天再杀一个,第三天如法炮制……你认为这个人精神正常吗?”

直接询问的第二个规则,是禁止误导性问题。所谓误导性问题就是容易让证人产生迷惑的问题,通常包括复杂的问题、包含了陷阱的问题、容易让人产生混淆的问题以及以未经证明的事实为前提的问题等。例如:“证人,你是不是从去年7月以后就开始不再虐待你的妻子?”证人要是回答“对”,那就是以前一直在虐待,从去年7月以后就不虐待了。证人要是回答“不是”,那就是还一直在虐待。类似这样包含了陷阱的问题,是不允许的。又如,“你是不是抢了这一家接着又抢另一家?”他要回答“是”就是抢了这一家接着又抢另一家;要回答“不是”,就是只抢了一家,没有接着抢另一家。这都属于询问里面包含了陷阱,这样的问题是不允许的。再如,“请说一下你当时是在银行窗口排队还是坐在椅子上休息等候,以及你是不是在跟你旁边的克莱德·布什马特先生聊天——对了,布什马特是他的名字对吧,以及,如果是的话,你们都聊了些什么?”(证人回答说)“是的,他是叫布什马特。……你刚才还问了什么?”复如,“事实上,你不知道布什马特是不是在场对不对。”“是的。”法官:“请等一下。你说是的,是说你知道,还是说对,你不知道布什马特是否在现场,还是说对,布什马特在现场?”证人:“我是说布什马特在现场。”

评注 6.01　我国法庭上严格禁止诱导性问题和误导性问题

我国最高人民检察院发布的《人民检察院刑事诉讼规则》(2019 年)第 402 条规定,讯问被告人、询问证人应当避免可能影响陈述或者证言客观真实的诱导性讯问、询问以及其他不当发问方式。辩护人对被告人或者证人进行诱导性发问以及其他不当发问可能影响陈述或证言的客观真实的,公诉人可以要求审判长制止或者要求对该项陈述或者证言不予采纳。可见诱导性问题在我国相关诉讼中禁止得更加彻底。该规定中的"其他不当发问"应当理解为包括了复杂问题、有陷阱的问题、容易产生混淆的问题以及以未经证明的事实为假设前提的问题等误导性问题。所不同的是,我国司法解释对诱导性问题的禁止显得有些绝对。即使是在直接询问中,有些情况下的诱导性问题还是应当容许的,例如在证人是儿童的场合、证人表达能力有一定欠缺但不影响其如实作证的场合等。实务中,法官还是要结合案件审理的具体情况,审慎作出裁断,不可机械操作,一概而论。

直接询问的第三个规则,是禁止可能导致长篇陈述的问题。问答式作证方式强调一问一答,因此发问方要把问题限定在某个具体的方面,不能笼统地提出一个可能导致证人作长篇陈述的问题。例如:"证人胡彪,请你说一下你和被告人周兵之间的交往情况。"证人回答:"哦,好的。我和周兵从 2001 年就认识了。那时候我 30 岁,周兵 28 岁,两个人都风华正茂……周兵刚刚当上副县长。就我所知,那是全国最年轻的副县长。我也刚从县财政局辞职下海——我下海的原因……周兵这个人其实很不错的,对人热情有礼,办事雷厉风行,对他父母非常孝顺——我就是通过他父亲介绍认识他的……,不过嘛,就是对自己妻子不够好,我听说他们夫妻经常吵架,他在外面也有一些情人——我没见过,但是听说有好几个……"证人可以讲很长一段,最后都不进入主题。更加糟糕的是,如果容许这样的提问,则证人可以通过长篇陈述,把品格证据、传闻证据、意见证据等为证据规则所禁止的信息,统统装进这个长篇陈述的口袋里,一股脑呈现给法庭。有关言词证据的那些规则,也就可能归于无效。

我国法律和相关司法解释虽然没有明确规定禁止导致证人作冗长陈述的问题,但最高人民检察院 2013 年发布的《人民检察院刑事诉讼规则(试行)》第 442 条第 4 款规定:"发问应当采取一问一答形式,提问应当简洁、清楚。"该规定实际上对证人发问的形式提出了一定的要求。如果在该规定"提问应当简洁、清楚"之后增加"问题的内容应当特定化",就与禁止可能导致长篇陈述的规则相一致了。该规定虽已失效,但其精神有可取之处,经过完善,仍然有再度成为发问规则的可能性。

二、交叉询问

交叉询问是反对方当事人及其律师对证人的发问,它赋予反对方当事人及其律师对证人进行澄清事实、揭穿谎言的机会,是律师展示自己定力、策略、学识、反应、智慧和才华的武器,是法庭寻求事实真相的车轮,是刑事司法程序的灵魂和心脏。

交叉询问的主要目的和核心功能是通过反对方对证人的发问,检验证人证言的真实性,澄清证人证言中的模糊部分,揭露证言中的虚假成分,质疑证人的诚实品格及其感知能力、记忆能力和理解能力,抵消其证言对认定案件事实的影响。反对方还可以通过指出证人证言中的自相矛盾以及与客观事实中的矛盾或者不准确之处,来展示证人证言的不够客观。

| **案例 6.10** |　林肯在阿姆斯特朗案件中的提问〔10〕

林肯在担任总统之前,曾经当过一段时间的律师。一次,林肯得知他青年时代的好友、已经去世的老阿姆斯特朗的儿子小阿姆斯特朗被人诬告图财害命。出于对老阿姆斯特朗的友情,林肯决定以小阿姆斯特朗律师的身份提请复审。林肯查阅了法院的全部卷宗,又到案发现场进行了实地勘察。本案的关键证人名叫福尔逊,他在陪审团面前发誓说:1857 年 10 月 18 日晚 11 点,他曾亲眼看见小阿姆斯特朗和一个名叫梅茨克的人殴斗,当时皓月当空,月光下他看见被告人用枪击毙了被害人。法庭上,林肯作为被告的辩护律师与原告的证人福尔逊进行了对质:

林肯:你发誓你看见的是小阿姆斯特朗吗?

福尔逊:是的。

林肯:你在草堆后面,被告在大树下,相距二三十米,能看清吗?

福尔逊:看得很清楚。因为月光很亮。

林肯:你肯定不是从衣着等方面辨认的?

福尔逊:我肯定看清了他的脸,当时月光正照在他脸上。

林肯:你能肯定是晚上 11 点吗?

福尔逊:完全可以肯定。因为我回屋看了时钟,那时是 11 点 15 分。

林肯:你担保你说的完全是事实吗?

福尔逊:我可以发誓,我说的完全是事实。

林肯(对众人):我不能不告诉大家,这个证人是个彻头彻尾的骗子。证人发誓说他于 10 月 18 日晚 11 点在月光下看清了被告阿姆斯特朗的脸,但 10 月 18 日那

〔10〕 王政挺主编:《中外法庭论辩选萃》,东方出版社 1990 年版,第 66 ~ 68 页。

天是上弦月，晚上11点月亮已经下山了，哪里还有月光？退一步说，就算证人记不清时间，假定稍有提前，月亮还在西边，而草堆在东，大树在西，月光从西边照过来，被告脸向西，证人根本看不到被告的脸；如果被告脸朝草堆，即向东，那么即使有月光，也只能照着他的后脑勺，证人怎么能看到月光照在被告脸上，而且能从二三十米的草堆处看清被告的脸呢？

福尔逊在这无懈可击的辩驳面前，灰溜溜地败下阵来，在众人咒骂声中，承认是被人收买来陷害被告的，小阿姆斯特朗被当庭释放。

交叉询问的第一个规则是关联性法则。当然，直接询问也受该法则约束。除此以外，交叉询问还受直接询问范围的约束。美国《联邦证据规则》第611条(b)规定："交叉询问的范围应当限定于直接询问中涉及的事项以及影响证人可信度的因素。但法庭可以通过其自由裁量权容许在交叉询问中涉及直接询问未曾涉及的事项。"如此规定的理由是，传唤证人的一方对如何设置自己的举证顺序享有控制权；如果反对方希望超出直接询问的范围进行提问，应当自己传唤该证人进行直接询问。但是，交叉询问可以提问有关可信度的问题，不得被认为超出了直接询问的范围而加以拒绝。另外，根据美国《联邦证据规则》第611条(c)的规定，交叉询问可以提诱导性问题。这主要是因为，禁止诱导性问题的理由主要是防止律师以自己的方式代替证人向法庭作证。在交叉询问中，证人已经以自己的方式向法庭提供了证言，交叉询问的目的主要是检验证言的真实性，因此不存在以律师的方式代替证人向法庭作证的问题。

案例6.11　交叉询问中的诱导性问题〔11〕

妻子(原告)起诉丈夫(被告)，要求离婚并取得孩子的抚养权，并要求丈夫承担抚养费。离婚的理由是丈夫与人通奸。以下是原告律师和被告律师对证人发问的记录。

法庭：原告可以传唤第一名证人。

原告：谢谢，法官大人。原告传唤丈夫出庭作证。

(原告丈夫宣誓后站到证人席上)

原告：你住在哪里？

丈夫：我住在梅因街123号。

原告：你在那里是和菲菲·拉鲁女士住在一起，是不是？

被告：反对。诱导性问题。

〔11〕 Leonard Gold Williams, *Evidence: A Structured Approach*, Aspen, 2012, p. 436.

法庭:反对无效。证人应当回答这个问题。

丈夫:是的。我们都住在这一地址。

原告:事实上,你和拉鲁女士“有一腿”,对吗?

丈夫:没有。我们分别住在不同的房间。

原告:你希望陪审团相信你这句话?

丈夫:那是事实。

原告:自从你叫你妻子肥猪并打了她的脸从而和她打了一架之后你就和拉鲁女士好上了,对不对?

丈夫:我从未打过我妻子。我们只是互相推了一下。

原告:没有问题了。

法庭:需要交叉询问吗?

被告:是的。谢谢法官大人。这位丈夫,你和你妻子争吵之后的第二天,你是否曾经送给她一束玫瑰?

原告:反对,诱导性问题,假定了没有证据支持的事实。

法庭:反对无效。证人必须回答这一问题。

丈夫:是的。而且还有一盒十分漂亮的巧克力。

被告:之后她给你打电话说争吵都是她的错,对吗?

原告:反对。诱导性问题,传闻。

法庭:是诱导性问题,但不是传闻。被告请重新组织你的问题。

被告:她跟你说了什么?

丈夫:她说她很抱歉主动跟我吵架。

被告:你和拉鲁女士“有一腿”吗?

原告:反对,重复发问。

法庭:反对无效。可以回答这个问题。

丈夫:绝对没有。

被告:一个进一步的问题:你每月的收入是多少?

丈夫:零。我刚刚丢了工作。

被告:没有问题了,法官大人。

法庭:还要再次直接询问吗?

原告:只有一个问题。你在打你妻子之前或之后有没有叫她肥猪?

被告:反对。这是误导性问题,法官大人。

法庭:反对有效。

原告:没有问题了,法官大人。

思考　你同意上述案例中法官作出的所有裁决吗？我国最高人民法院发布的《关于适用〈中华人民共和国刑事诉讼法〉的解释》第261条第1款规定："向证人发问应当遵循以下规则：（一）发问的内容应当与本案事实有关；（二）不得以诱导方式发问；（三）不得威胁证人；（四）不得损害证人的人格尊严。"第2款规定："前款规定适用于对被告人、被害人、附带民事诉讼当事人、鉴定人、有专门知识的人、调查人员、侦查人员或者其他人员的讯问、发问。"你对上述规定如何理解、有何评论？

三、唤醒证人记忆

在我国法庭上，曾经有证人以宣读书面证言的方式向法庭作证。这种作证方式甚至在很长时期都比较普遍。但是随着时代的发展，这一方式也正在受到更多的批评。在英美法庭上，通常不允许证人宣读书面证言。这是因为，首先，宣读书面证言的做法违反了之前提到的提问规则中禁止可能导致长篇陈述的问题这一规则。其次，如果允许证人宣读书面证言，就无法避免很多不具有可采性的证据。

但是，如果证人确实丧失了某部分记忆，通过一定的方法能够帮助证人恢复记忆，则在法庭上宣读某些记录下来的内容，又是容许的。根据美国《联邦证据规则》的规定，如果一个书面记录被用来提醒证人的记忆，法庭经审查后认为容许该记录符合正义的要求，同时反对方当事人能够获得该记录的副本以便进行审查，则该书面记录的出示应当容许。不过，如果法庭命令当事人提供该书面记录的副本而当事人未能遵守，则在民事诉讼中，法庭可以决定就该书面记录涉及的事项对当事人作不利解释，或对当事人判处藐视法庭，或判决宣告当事人败诉；在刑事诉讼中，法官可以宣布审判无效，或者排除该证人证言。

四、法官提问

根据美国《联邦证据规则》第614条的规定，法官既可以依申请传唤证人，也可以依职权主动传唤证人并进行询问。对于法官传唤的证人，双方都可以进行交叉询问。同时，法官对任何一方传唤的证人，都可以提问。对于法庭传唤证人的做法，以及法官对证人的发问，任何一方均可以提出反对。

法官传唤证人和对证人提问都会对公平审判带来较大的风险。英美法系根深蒂固的观念是法官应当隐藏自己对案件的看法，尤其是不能以自己对案件的看法影响陪审团的判断，因此法官不应当在传唤证人或对证人发问的过程中向陪审团展示或暗示自己的意见。特别是上诉法院通常希望审判法官不要向陪审员们披露自己对证人的想法,因为这往往容易导致陪审团在评价证据的过程中不由自主地受到法官的影响,甚至屈从法官的意志。

案例 6.12 法官言(问)多必失(公正)[12]

被告人为获得残疾补助而向有关部门撒谎,导致被定罪。其上诉称审判法官对其反复发问导致陪审团对其形成偏见,因此侵犯了他的公正审判权。上诉法院经审理后认为被告人上诉有理,决定将案件发回重审。

梯尔曼于 1983 年从政府那里领到一笔救济金,并根据他与政府达成的协议,于 1984 年注册了梯尔曼企业有限公司,对有关雇佣歧视的告发者进行调查。为了获得补助金,梯尔曼应当每年向政府报告公司的收入。但是从公司成立到案发,除了 1991 年之外,梯尔曼一直在申报表中报告自己没有收入。

梯尔曼自己作证说他并非有意欺骗政府。他告诉陪审团说他诚实地相信他没有义务报告自己通过调查工作获得的收入,因为公司实际上是亏损的,他也从来没有收到任何薪水,而且政府的一名雇员还告诉他,只要每月不超过 300 美元就没必要报告。

在对梯尔曼进行审判的头两天,地区法院的法官极力对梯尔曼进行了询问,辩护律师没有提出反对,但是第二天向法官提出了一个书面动议,声称由于法官提问过多,已经侵犯了被告人的公正审判权,因此要求法官宣布失审(mistrial)。法官当即予以拒绝,并继续对梯尔曼发问。辩护律师在四个问题上提出了反对,并在发问结束时更新了其要求宣布失审的动议。

上诉法院认为,地区法官当然有权对证人发问,但是要受到一定的限制。因为是陪审团而不是法官决定证人说的是否真实;同时,法官对陪审团可以施加广泛的影响,所以他不应当通过发问来表达自己相信或不相信证人的意思。法官对证人的(过多)发问实际上篡夺了陪审团发现真实的权力,把法官变成当事人的律师(或检察官),破坏了司法审判应当控辩平衡的气氛,也就有可能剥夺被告人受到公正审判的机会。因此,法官应当努力表现出不偏不倚的姿态,不要犯偏袒一方的错误。因此,如果法官的发问使得证人在陪审团眼中显得不可信,或者给陪审团一种法官不相信证人证言的印象,我们就会推翻下级法院的判决……

在我国,法官一直拥有向证人发问的权力。根据刑事诉讼法的规定,在控辩双方对证人询问完毕之后,法官认为有必要发问的,可以提问。根据民事诉讼法的规定,原告、被告双方对证人发问之后,法官同样可以发问。由于我国暂不实

---

〔12〕 U. S. v. Tilghman, 134 F. 3d 414, D. C. Cir, 1998.

行陪审团审判，因此不存在由于过多发问导致陪审团受法官心证影响的问题。但是，法官的中立性对于实现审判的公平正义而言仍然十分重要。本书认为，无论刑事诉讼还是民事诉讼，法官的发问都应当是补充性的，法官在发问中应当尽量避免倾向性。

五、隔离证人

隔离证人，又称证人隔离，是指证人作证时其他证人不能在场旁听审判的制度。美国《联邦证据规则》第 615 条规定："法庭可以应当事人的要求，决定让证人离场以使其听不到其他证人的证言；法庭也可以依职权要求证人在其他证人作证时离场。"我国最高人民法院《关于适用〈中华人民共和国刑事诉讼法〉的解释》第 264 条亦规定，向证人、调查人员、侦查人员发问应当分别进行；第 265 条规定，证人、鉴定人、有专门知识的人、调查人员、侦查人员或者其他人员不得旁听对本案的审理；有关人员作证或者发表意见后，审判长应当告知其退庭。可见，隔离证人的做法，在世界范围内具有一定的普遍性。

在英美法上，"排除证人在场的做法与圣经一样古老"。有审判记录以来，法庭就在行使安排证人作证顺序、排除特定证人在其他证人作证时在场这一权力。其目的和效果则主要为两个方面：一方面是防止证人在其他证人作证时无意识地受其影响，从而根据其他证人的证言形成自己的证言；另一方面就是通过不同证人之间证言的不一致之处，发现已经经过伪造的证言。

我国法律和相关司法解释都没有规定证人隔离的例外。但在英美法中，隔离证人的规则存在例外。前引美国《联邦证据规则》第 615 条在规定了隔离证人的规则之后，同时规定了四项例外。第一项例外是作为自然人的当事人，有权自始至终在场，这是当事人对质权所包含的内容之一。当然，当事人也可以作为证人替自己作证。因此当事人在场旁听审判同样可能损害法庭对真实的探究。但在英美法上，在刑事案件中，作为自然人的当事人在场是被告人的宪法权利，在民事案件中作为证据规则的例外也并无争议。我国法律和司法解释虽然没有规定例外，但实践中当事人在场却是不成文的规则，且自有其合理性。既尊重这种实践又在一定程度上防止当事人在听完其他证人证言后修正自己证言内容的做法，也许就是让当事人第一个作证（我国刑事诉讼中的通常做法的确与此暗合）。

第二项例外是非自然人当事人的律师指定的作为当事人诉讼代表人的人。非自然人当事人的律师指定的作为诉讼代表人的人也可能是证人，因此同样存在第一项例外所面临的问题。尤其是当非自然人当事人的律师意识到让证人旁听案件可能带来的好处时，甚至会特别指定本来就计划传唤的己方证人作为该当事人的诉讼代表人，从而一样可以通过旁听案件审理获取更加全面的信息，并在此基础上修改自己证言中的不完善部分。

第三项例外是一方当事人表明其在场对于代理该方当事人的案件至关重要的人。

第四项例外是经制定法授权准予在场的人,主要是指被害人。在英美法上,被害人不是当事人,但是随着犯罪被害人运动的兴起,法律逐渐扩充了被害人的权利,其中,审判的时候在场就是这个运动的一个成果。传统上,被害人在审判时是不允许在场的,后来通过制定法才允许被害人在场,该例外规则是在 1994 年增加进美国《联邦证据规则》的,因此现在我们可以看到法庭上被害人自始至终都是在场的。被害人也是证人,可以提供被害人陈述这一证据,其在英美也都是作为证人证言来对待的。但是在证人隔离方面,被害人作为例外可以不被隔离。

案例 6.13 被害人子女作证是否应当隔离?〔13〕

罗伯特·萨尔曼在阿肯色州法院受审,他被指控谋杀他的妻子简妮思(枪击致死)。审判时,被告人请求法庭隔离他妻子的女儿杰妮芙、佩吉和特丽莎,她们都是二十多岁的成年女子。法官对此予以拒绝。理由是,第一,刑事案件被害人有权在场;第二,枪击发生时这三个人均不在现场。这些证人证明案发之前不久简妮思正在寻求与罗伯特离婚;在医院的病床上简妮思告诉两名护士和两名医生说她与罗伯特就离婚问题发生了争吵,他枪击了她,那不是意外事故。

杰妮芙作证说,她去医院是因为罗伯特给她打电话并告诉她,她母亲需要她。她说罗伯特告诉她,他和简妮思当时正在打靶,当简妮思向他一步跨过来时,他的枪正好响了。杰妮芙还作证说她妹妹佩吉也来到抢救室,她们两人在等候室碰到了罗伯特,杰妮芙还听到罗伯特跟警察说"我告诉过简妮思我要打爆她的头"。

佩吉作证说,简妮思在临死前说过,"告诉他们我们当时正在争吵,罗伯特故意朝我开了枪。"佩吉还作证说,被告人告诉她:"简妮思和我曾经为信用卡账单的事情争吵过。"

特丽莎作证说,被告人告诉她:"我们当时正在为信用卡账单争吵,我拔出手枪,然后继续争吵,我朝她开了枪,但不是有意的。"

陪审团裁决罗伯特一级谋杀罪名成立,并判其入狱 40 年。被告人提出上诉,理由是审判法庭错误地允许杰妮芙、佩吉和特丽莎作证之前旁听审判。辩护人指出,《阿肯色州证据规则》第 615 条与美国《联邦证据规则》第 615 条是一样的,但是《阿肯色州证据规则》第 615 条没有规定"制定法授权在场的人"这项例外。《阿肯

〔13〕 Mueller, Kirkpatrick, *supra* note 13, p. 519.

色州证据规则》第616条的确规定了被害人可以不被隔离的例外,但该规定适用的人员范围是“犯罪时被害人是未满18周岁的未成年人,或者未成年被害人的父母、保佐人或监护人”。基于这一规定,辩护人主张,由于杰妮芙、佩吉、特丽莎既不是被害人,也不是被害人的父母,所以她们不属于可以不隔离的对象,审判法院没有隔离她们,是错误的。检察官则认为,本案初审法院容许上述人员在场的做法并无不当。

思考 我国刑事诉讼法及相关司法解释并未规定犯罪被害人作证前可以不被隔离的例外。假设上述案件发生在我国,你认为被害人的女儿作为案件证人,是否也应当适用有关证人隔离的司法解释的规定?

如果应当隔离的证人违反了法庭命令,偷偷地在法庭旁听了审判,是否就应当剥夺其作证的资格?美国的判例表明,仅仅是违反证人隔离的命令并不足以剥夺证人作证的资格,但是法官可以就证人违反隔离命令的行为向陪审团作出评论。

第五节 弹劾证言

诘问证人就是对证人进行盘问,弹劾证言就是质疑、挑战、消解证言的真实性、可信度。诘问证人与弹劾证言均不涉及被弹劾的证言本身可采性的问题,只涉及证人证言的证明力问题。但是,弹劾证言的方式受到限制,也就是说弹劾证言可信度的证据的可采性会通过一些规则来规制。通常而言,弹劾证言有两种不同的路径:一种途径是证明证人有不诚实的品格,由此推定该证人不可信,因此他的证言也不可信。另一种途径和证人的品格没有关系,而是和他的作证能力有关,也就是和他的观察能力、记忆能力、表达能力甚至他的理解能力有关。另外,也可以通过证言与事实之间存在的矛盾、证言前后之间的矛盾来削弱证言的证明力;此外,证人有偏见等都可以被用来挑战证言的可信度。

一、有关证人诚实品格的名声、意见与特定事例

美国《联邦证据规则》第608条(a)规定:“关于证人具有诚实品格或不诚实品格的名声或意见证据,在用于攻击证人可信度或支持证人可信度的问题上具

有可采性。但关于证人具有诚实品格的证据只有在证人品格遭受攻击时才具有可采性。”根据该规定,有关证人具有不诚实品格的名声或意见,在用于攻击证人诚实品格时具有可采性;有关证人具有诚实品格的名声或意见,只有在证人品格受到攻击后才具有可采性。

在“品格证据”一章中,我们介绍了证明品格的三种方法:名声、意见和特定事例。前引第608条(a)仅规定了证明品格证据的前两种方法,第三种方法在该规则第608条(b)中进行了规定:“用以攻击或支持证人可信度的特定事例,不得以外部证据来证明。但是,在对证人进行交叉询问的过程中,对于有关证人诚实或不诚实的品格问题,可以就特定的事例向该证人提问。”

| 案例6.14 | 外部证据的界定[14]

被告人塞哥维亚于2008年2月4日接受审判。控方指控他性侵一名13岁儿童帕尔玛。控方的主要证人就是帕尔玛。在控方对帕尔玛直接询问之后,辩方对帕尔玛进行交叉询问。以下是辩方与证人的对话:

辩方:现在,你已经向法庭承诺要对陪审团说出真相,是这样吗?

证人:是的。

辩方:为了向陪审团说出真相,它要求你应当诚实,对吧?

证人:是的。

辩方:好的。那么——但是,你并不是总是诚实的,是吗?

证人:你什么意思?

辩方:我是说,在2007年7月中旬,就是7月15日前后,你在你母亲的店里和约什一起偷了100美元。你偷了还是没偷?

证人:我没偷。

正在此时,检方提出了反对,认为根据《科罗拉多州证据规则》第608条(b)的规定,辩方的发问在证据法上不具有可采性。陪审团退庭后,法官裁决,根据该州证据规则第404条(b)的规定,本案辩护律师关于商店盗窃的问题应当禁止。法庭还裁决,辩护律师试图以外部证据来攻击证人的可信度,也是不允许的。法官还认为,由于检察官并未声称帕尔玛是可信的,因此帕尔玛的可信度问题并未成为争议问题。最后,法官裁决,由于辩护人的错误属于无法挽回的错误(陪审团已经听到了问题及其回答),因此审判无效,应当重组陪审团进行审判。

上诉法院认为,初审法官关于本案适用第404条(b)的裁决是错误的。第404条(b)和第608条(b)均在有限的范围内允许品格证据。第404条(b)禁止以证据

---

[14] People v. Segovia, 196 P. 3d 1126, Colo, 2008.

证明某人实施了与其特定品格相一致的行为；但是允许以这些证据证明与品格无关的事项，例如动机、机会、意图、计划，或不属于意外等。第404条(b)并没有规定此类证据是否可以用于弹劾的目的。相反，第608条(b)却对这些证据是否可以用于弹劾目的作了规定。因此，这些特定行为的证据在单独用于弹劾目的时应当受第608条(b)的调整，而不受第404条(b)的调整。本案中，辩方律师提问帕尔玛有关商店盗窃问题的意图，显然是质疑证人的可信度，而不是证明第404条(b)所列举的目的。因此，本案显然应当适用第608条(b)而不是第404条(b)。

根据第608条(b)的规定，外部证据是指呈现在法庭面前的资料所不包含，但是能够通过其他渠道获得的证据。从而，当一名证人在法庭上作证时，她对任何问题的回答都属于内部证据，而对其他文书的容许，或者传唤其他证人得到的证言，才属于外部证据。本案中，辩护律师是在交叉询问中问及商店盗窃的事情的，证人对该问题的回答当然属于第608条(b)所规定的内部证据。因此，审判法庭认为在交叉询问中问到的这个问题属于外部证据显然是错误的。

既然该问题并不属于外部证据，接下来我们就要考虑商店盗窃的行为是否属于第608条(b)所规定的弹劾证言的适当方法。如果一个人站在证人席上并提供证言，他就已经将其个人的可信度置于争议的境地。从而，反对方当事人就有权弹劾证言的可信度。根据第608条(b)的规定，证人可以被问及对于证明证人诚实或不诚实性格具有证明价值的特定事例。该规则并没有解释如何确定一个行为对诚实或不诚实的品格是否具有证据价值，证据规则的起草委员会也没有就此问题给出建议。

科罗拉多州的法院曾经判定，下列事例应当被认为对证人的诚实品格具有证据价值：向警察提供虚假信息；故意不给税务机关回复；为获得贷款而提供错误的财务信息。与之相对照的是，科罗拉多州也排除了下列行为在证明诚实品格方面的证据价值：暴力行为、吸毒、重婚。

法院从未考虑过店堂盗窃对诚实或不诚实品格是否有证据价值的问题。今天我们借这个机会来决定店堂盗窃的行为是否包含了不诚实的成分，从而可以对诚实与否的品格具有证明力。

为了解决这个问题，我们做了一个覆盖50个州的调查，结果显示这方面的法律问题并没有得到很好的解决。大多数联邦法院和一些州法院已经判定盗窃行为对于诚实品格不具有证据价值或者不包括不诚实的成分。相反，还有一系列法院判定盗窃对诚实或不诚实的品格具有证据价值。

这些案件按照诚实或不诚实的不同界定可以被分为三大类：广义的、中性的和狭义的。最广义的方法允许将任何显示出脆弱或不好的品格都对诚实性有证据力。这一方案实际上将证人置于其过去的任何事项都遭受询问的境地。几乎没有任何现代的法院判决采用此方案。

与之相反,狭义的方案要求行为中包含虚假陈述或欺骗的成分,因此将范围限定在伪证、虚假陈述、刑事欺诈、诈骗,或无根据的借口等方面。大多数联邦法院均采此立场。

中间道路吸收了狭义的方案但仍然暗示,通过侵犯他人权利损人利己的行为也反映了一个人不诚实或诚实的品格。在法院看来,中间道路是最好的权衡,它承认,有些行为尽管不包括虚假陈述或欺骗的因素,但是在证明诚实品格方面仍然有证明力。因此,我们拒绝追随那些认为只有包含虚假陈述或明显欺骗成分的行为才对诚实与否的品格具有证明力的法院,因为它们的判决实际上创造了一个不适当的、过于狭隘的关于什么证据才反映一个人诚实品格的行为种类。

我们认为那些采取中间道路并认为盗窃也对诚实或不诚实品格具有证明价值的法院才是最令人信服的。"不诚实"(dishonesty)就是"不真实"(untruthful)的同义词(Webster's New College Dictionary 1568,2005)。一个包含了不诚实因素的行为,却被认为对于诚实与否的品格没有证据价值的看法,显然是不符合逻辑的。而且,共同的经验也告诉我们,一个为了自己利益而从他人那里侵占财产的人一定是以不真实或不诚实的方式在行为。这样的行为反映了这个人的诚实性,因为一个从他人那里盗窃财产的人常常更有可能为了自己的利益而提供虚假证言。因此,我们判定,店堂盗窃行为属于美国《联邦证据规则》第608条(b)所规定的对证明诚实与否有证明价值的特定事例……

| 评注 6.02 | "接受证人回答"规则及其理论基础

尽管在交叉询问中可以对与诚实或不诚实有关的特定事例进行发问,但是在交叉询问中问到证人过去的与诚实品格有关的行为时,证人的回答是证明有关行为是否存在的唯一证据。换句话说,如果证人否认做过任何被问及的事情,发问者都不得提出外部证据来证明证人曾经做过他自己否认做过的事情。这就是所谓的"接受证人回答"规则。它的含义就是,作为提问者,只能接受证人有关特定事例是否存在的回答,而不得另外举出证据证明该特定事例确实存在。例如,律师在法庭上问证人"你是否曾经在申请住房贷款时在家庭财务方面作假?",如果证人回答"没有",则律师不得举出自己从银行调取的证据证明该证人事实上的确曾经作假,从而证明证人在是否提供虚假财务信息方面撒谎。之所以存在这一规则,主要是因为如果再允许用外部证据来证明证人在特定事例上撒谎,那么审判就会有无限向外延展的可能性。本来证人只是为本案相关事实来作证,作证当然会涉及证人诚实与否的品格问题,证人的品格又涉及他过去的特定的事例,律师又引用另外一个证人证言或者出示另外一份证据来证明这个证人在那个特定事例中确实撒谎了,如此则传唤证人的一方又可以再传唤其他证人或出示其他证据来证明辩方传唤的这个证人实际上也撒谎了。这样一来,审判将变得没有边际。为了避免这种情况发生,才有“接受证人回答”这个规则。

案例 6.15　“接受证人回答”规则要不要改变?[15]

被告人古恩瑟被指控性侵其继女。审判中,被告人试图提出其继女曾经对邻居提出虚假指控的证据,以证明她对自己的指控也是虚假的。但是该证据遭到拒绝。理由是《新泽西证据规则》第 608 条禁止以特定事例来攻击证人的诚实品格。被告人提出上诉,请求上诉法院确立一项例外,以容许他提出外部证据证明证人的品格中缺乏诚实的品性。

……《新泽西证据规则》第 608 条源于普通法。因此,我们必须考察普通法上禁止运用外部证据质疑证人可信度规则的原理。我们必须决断,这一规则在适用于被害人作为证人时其先前的虚假指控在用作此类证据时是否仍然继续有效。

几个世纪以前,法院就开始禁止以之前的特定行为来攻击证人的可信度,这主要是基于两大关键理由:一是防止出现对证人的不公正;二是避免在陪审团面前出现混淆。这些理由仍然是今天排除特定行为证据的正当化基础。使用先前的特定行为事例来弹劾证人的可信度被认为是不公正的,这是因为对于那些准备出庭作证的证人而言,要求他们证明终其一生所有关于其错误的指控都是错误的,实践上完全没有可能。因此,该规则如此设计的目的就是防止对证人的过去作不公正的探查,以及引起不公正的惊讶。

禁止使用特定行为证据的第二个理由是基于对范围广泛的针对证人的一般可信度进行的平行攻击有可能导致混淆案件真正争点的担心。法院通常不愿意在一些细小的问题上容许那些可能引出仅仅是略微触及证人可信度这一主题的证言,因为它们可能会不必要地延长审判而同时只能带来非常小的收益。现代法院经常诉诸这样一个原理:应当避免对平行事项(collateral matters)进行倾向于分散陪审团注意力并且混淆陪审团的“迷你审判”(minitrials)。禁止以先前的特定行为来弹劾证人可信度的规则并不是由于这些证据缺乏关联性,而是由于有关对证人不公正、混淆争点以及不适当地拖延时间的“附加政策”(auxiliary policies)。

因此,当这些“附加政策”不适用时,排除此类证据的理由也就不复存在了。例如,一个历史悠久的规则就是,之前的刑事定罪记录可以被容许用来埋葬证人的可信度……然而,我们禁止使用特定行为事例来证明品格特征的做法是基于与法庭表现的效率和秩序相关的实践理性。

---

[15]　State v. Guenther, 854 A. 2d 308, N. J. 2004.

全国范围内不同的法官都曾经阐释过被告人是否可以举出作为被害人的证人之前曾经提出过虚假指控的证据以弹劾该证人可信度的问题。尽管普通法对该证据是禁止的,但是在性侵案件中许多法院仍然允许在交叉询问中问及作为指控者的证人之前曾经提出过虚假性侵指控的问题。一系列法院还允许引入外部证据以证明这一点……

我们认为,在有限的语境下以及在非常严格的控制下,被告人有权展示有关作为被害人的证人曾经作过虚假刑事指控的证据,以挑战该证人的可信性。尽管宪法中的相关条款已经足以支持这一决定,但是我们不是根据宪法条款,而是根据与美国《联邦证据规则》第608条的原理相一致的一个范围狭窄的例外而做出这一决定的。

一个证人具有提出虚假指控的倾向性的证据如果以适当的形式呈现,则其应当具有可采性。例如,根据我们的证据规则,一个证人可以以意见的形式证明被害人有撒谎的名声,被告人也可以以此争辩说这样的被害人的证言不可信。不仅如此,曾经被定罪的事实也可以被用来弹劾证言,其逻辑就是这样的证人证言比起那些具有无可指责的过去的证人提供的证言更缺少可信性。这两个例子都表明,对证人的一般可信性进行攻击是允许的,它们都没有增加迷你审判的负担。

作为被害人的证人之前曾经提出过虚假指控的事实在被用作弹劾的工具时,与证明证人有撒谎的名声这一意见证据比较起来并不具有更少的关联性。而且,先前的定罪记录如果是因为刑事损害(criminal mischief)或加重袭击等行为,则其对被害人证言的可信度具有的证明价值反而还不如之前曾经提出过虚假指控这样的事实。然而,证明一个虚假指控与提供意见证词或先前的定罪记录不一样的是,它可以引发《新泽西证据规则》第608条所想要预防的穿插审判(could cause the very type of sideshow trial that N. J. R. E. 608 was intended to prevent)。但是,我们确信,那样的穿插审判,如果辅以适当的引导和限制,那么当先前的虚假指控这样的证据对于决定被害人类型的证人的可信度处于核心地位时,这个问题还是可以适当地作出决定的。当这样的证据可能产生迷你审判以及当该证据的证据价值超过了其可能带来的不公正偏见、混淆争点以及浪费时间的风险时,法官完全有能力作出决断。在特定案件中,我们相信正义的利益要求放松《新泽西证据规则》第608条对特定行为证据施加的严格限制。

我们没有看到有任何理由解释为什么先前的虚假指控只能限定在被害人作为证人的性侵案件中。因此,我们决定与那些将先前的虚假指控限定于性侵案件的法院划清界限。我们没有看到任何建立在经验基础上的事实告诉我们性侵案件的被害人证人比其他犯罪案件的被害人更有可能存在之前曾经提起虚假指控的可能性。将这样的证据限定于性侵案件只能让我们回到早已抛弃的陈规陋习。

现在我们来决定在何种情况下可以正当化容许先前的虚假指控。首先,我们将我们的决定限定于刑事案件,而且只限于那些被害人作为证人时其可信度成为案件核心争议的情形。这类案件的审判实质上最终成为被告人还是被害人谁更可信的问题。其次,对先前虚假指控的引入不应当成为一只追逐自己尾巴撒欢的狗:对虚假指控的证明不能分散对本案指控本身的审判。一方面,我们可能会遇到这样的证人,他们在交叉询问中承认先前的虚假指控这一事实存在,以防止再引入外部证据。另一方面,我们也可能会遇到这样的证人,他们声称先前的虚假指控实际上是真的,不是虚假的,这样一来,就只有对先前的指控进行一次完整的审判,才能够确定先前指控究竟是真实还是虚假。为了与《新泽西证据规则》第608条以普通法的历史原理为基础的步调保持一致,我们也不赞成将对本案指控的审理延伸为对先前的刑事指控是否真实的平行的迷你审判。

因此,在决定是否允许被告方在被害人作为证人的案件中提出先前的虚假指控时,法庭应当首先举行一个听证会。在这个听证会上,法庭应当决定被告人是否有优势证据(preponderance of evidence)证明被害人先前是否提出刑事指控以及该指控是否为虚假指控。这一标准已经对各方利益进行了充分的权衡,它将证明的负担首先加于被告人身上,以正当化其对此类的证据的运用,而又不至于对此类证据的可采性设置过高的门槛。我们提醒一下,容许此类特定行为证据是《新泽西证据规则》第608条的例外,因此只适用于那些先前的指控已经被表明是虚假指控的案件。在决定是否容许此类证据时,法庭主要应考虑以下因素:(1)作为被害人的证人的可信度问题是否为案件的核心争议;(2)先前的虚假指控与本案指控的相似程度;(3)先前的虚假指控与当前指控的犯罪之间的接近程度;(4)证人的人数、外部证据的数量以及向法庭展示该争议需要的时间;(5)先前的虚假指控这一证据的证明价值是否超过了其可能带来的负面影响。

……

与先前特定事例相关的另一个规则是,提问者应当有足够理由相信,问题所涉及的特定事例是真的。这是因为,如果提问方没有足够的理由相信它是真的,那么这个提问通常就是恶意的,它可能会给陪审团带来偏见。例如,交叉询问时检方问被告人:“你两年前是不是因为吸毒被抓起来过?”“因吸毒被抓”就是一个特定事例。证人也许未被定罪,但是吸毒的人一般不可靠,这个事情对他的可信度势必产生影响。如果控方想问被告人:“你两年前是不是因为吸毒被抓过?”控方必须要有足够的理由相信被告人确实两年前因为吸毒被抓过,才能问这个问题。如果没有的话,这个问题就是一个会引起偏见的问题。因为无论被告人回答什么,事实裁判者(法官或陪审团)都会认为这个人其实两年前可能因为吸毒被抓过,从而对被告人产生偏见。因此在交叉询问环节可以就特定事例进行询问,该证据具有可采性,但是它有一些限制条件,必须在满足这些限制条件的情况下才允许用来作为弹劾证言可信度的依据。

二、证人曾被定罪的记录

证人曾经被定罪的记录用于弹劾证人的可信度原则上具有可采性。对此,美国《联邦证据规则》作了详尽的规定,具体包括以下几项内容:(1)出于弹劾证人可信度的目的,如果证人以前曾被定罪且其罪名是可判处一年以上监禁或者死刑的罪名,并且该证据的出示不违反美国《联邦证据规则》第403条的规定,则其被定罪的事实,具有可采性。(2)如果证人被定的罪要求其行为中具有不诚实的因素或者作出过不真实的陈述,则无论其所受惩罚为何,该定罪事实均具有可采性。(3)如果证人被定罪日期或者被释放日期已经过去十年,则该证据不再具有可采性;但是,如果法官出于正义的考虑并且有特定事实证明该证据的证据价值高于其所带来的偏见的危险,则该定罪事实即使已经过去十年,也仍然具有可采性。(4)如果该证人的定罪已经被赦免,或者对其定罪的裁判被依法撤销,或者经证明其已经改过自新,或者经上述程序被宣告无罪,则该被定罪的事实不具有可采性。(5)在少年法庭被定罪的记录通常不具有可采性,但是在刑事案件中,如果被少年法庭定罪的是证人而不是该案被告人,且该证人在作证时已经成年且法庭认为容许该证据对于公平地决定该案被告人有罪还是无辜实属必要时,该定罪证据具有可采性。(6)即使对证人定罪的判决已经提起了上诉,也不影响该定罪事实的可采性。

需要注意的是,关于证人品格的名声、意见和特定事例与关于证人定罪记录的可采性规则是不一样的。严格地说,证人曾经被定罪的记录也属于有关证人品格的特定事例,只是美国《联邦证据规则》的起草者们考虑到该事项的重要性和复杂性,所以将其单独加以规定。两者最明显的区别在于,根据第608条的规定,原则上,特定事例不能以外部证据加以证明(前引案例中确立的例外情形除外);根据第609条的规定,作为定罪事实的外部证据原则上具有可采性,只是应当满足相应的条件。

| 案例6.16 | 毒品犯罪记录与诚实品格无关〔16〕

被告人哈迪被定二级抢劫罪(second degree robbery)。告发者夏木莎·威尔金斯作为证人在法庭上作证说,她早上四点半在市中心的西雅图街道的街角站着的

〔16〕 State v. Hardy, 946 P. 2d 1175, Wash. 1997.

时候,被告人哈迪靠近她并与她说话。开始的几分钟内他试图与她发展朋友关系,失败后就抢走了她身上的首饰。

被告人提供了一个完全不同版本的故事。他声称首饰是威尔金斯和她的一位女性朋友玩推拉游戏时掉下来的,他只不过从地上把它捡起来而已。他不否认自己拿着首饰离开了现场,但是认为这一行为不构成抢劫。

审判前,检方提出动议,拟出示哈迪之前曾因毒品重罪被定罪的记录,用来弹劾被告人证言的可信度。辩护律师提出反对,声称毒品犯罪记录虽然与哈迪的可信度有关,但是也可能给哈迪造成严重的偏见。法庭认为,先前的毒品犯罪记录对于弹劾证言的可信度而言其证据价值为零,而且特别会让反毒品人士生气。然而,法庭却最终容许了该毒品犯罪记录,只是不向陪审团披露罪名,理由是陪审团应当有权知道被告人之前确实曾经被定罪。

哈迪提出上诉,认为初审法院错误地容许了其之前曾因毒品犯罪留下的记录。上诉法院维持了初审法院的判决,指出先前的毒品犯罪记录与被告人的可信度高度相关,因为毒品犯罪通常定然存在一定的秘密性和欺骗性。

州最高法院决定推翻上述判决。因为早在 1984 年的州诉琼斯一案中,我们就已经判定:“先前的毒品犯罪与被告人作为证人时的可信性很少有什么关联……”

先前的重罪定罪记录一般都是禁止用于反对被告人的,因为它们与被告人是否有罪并无关联性,同时却非常带有偏见性,因为它可能会引导陪审团相信被告人具有实施犯罪的倾向性。证据规则第 609 条也只是设置了一个禁止使用先前的定罪来反对被告人的狭窄的例外。……

毒品犯罪记录与伪证罪或者刑事诈骗罪等包含了不诚实或虚假陈述的犯罪是不一样的,所以美国《联邦证据规则》第 609 条(a)(1)在此不得适用……在 State v. Bejin 一案中,我们曾经宣布,所有的先前被定重罪的记录对于“不遵守法律的品格”而言都具有证据价值。但是,对证据规则第 609 条的适用关键不在于一个证据是否表明证人有不遵守法律的品格,而在于它是否能证明证人具有诚实或不诚实的品格。被告人曾经被定重罪这个事实并不表明这个人在作证时就一定会撒谎。相反,我们曾经判定,先前的犯罪若不涉及不诚实或者虚假陈述,却对证人的诚实性有证据价值的情况是十分罕见的。如今,我们重申之前的这一立场,并警告,先前的犯罪如果不包含不诚实或虚假陈述的因素,则对证人的诚实与否并无证据价值,除非试图出示该证据的一方证明先前的定罪记录确实能够否定证人的诚实性。

……

思考 在 State v. Williams(771 N. W. 2d 514,Minn,2009)一案中,明尼苏达州最高法院判定,被告人先前的毒品犯罪记录与其证言的可信度有关。你赞成哈迪案中华盛顿州最高法院的观点还是同意明尼苏达州最高法院的立场?因我国目前并无相关法律或司法解释对这一问题作出规定,如果你有机会参与立法,你认为被告人曾经因毒品犯罪被定罪的事实是否应当被允许用来弹劾被告人辩解的可信度?如果在法庭上作证的证人并非被告人,而是与案件完全无关的证人,你对此问题的回答会有何不同?

三、证人先前的不一致陈述

美国《联邦证据规则》第613条(a)规定,证人先前的不一致陈述可以用来弹劾证言的可信度;当一方在盘问证人先前的陈述时,不必出示或披露该证人先前陈述的内容;但是,如果另一方当事人请求出示该证人先前陈述的内容,盘问的一方应当将其向另一方出示。第613条(b)规定,有关证人先前不一致陈述的外部证据只有在证人有机会对其进行解释或否定并且另一方也有机会盘问该证人的情况下或者符合正义要求时才具有可采性。

证人先前的不一致陈述在用于弹劾证言可信度时因不符合传闻的定义而不属于传闻,因此具有可采性。这也是律师对对方证人进行弹劾的通常手段。例如证人在法庭外跟警察描述案情时通常说得天花乱坠,一到法庭上就说什么也没看见,那么他在法庭外跟警察所作的描述就是典型的证人先前的不一致陈述,这一描述如用来证明其描述内容的真实性,则属于传闻,不具有可采性;如用来证明证人在法庭上的证言不真实,则不属于传闻,具有可采性。

| **案例 6.17** | 面条里只能有一只臭虫:华裔警察误杀非裔男子

2014年11月,华裔警察梁彼特在纽约布鲁克林公寓执行巡逻任务时,在该公寓的一个楼道内误杀非裔男子格雷,被警方指控二级误杀和渎职。2016年1月25日,该案在纽约开庭审理。2月11日,陪审团裁决梁彼特两项罪名均成立。

有分析指出,该案被告人梁彼特之所以被定罪,有一个重要的原因,就是陪审团认为梁彼特的诚信有问题。梁彼特说他事发后马上通过警察无线电呼叫急救车,但检方出示当时的无线电记录,表明梁彼特并没有呼叫急救车。梁彼特一直坚称开枪后没有听到异常响声,所以没有意识到自己伤人的后果;事实上梁彼特开枪之后即退回八楼楼梯间,对搭档说"我要被炒鱿鱼了"。梁彼特及其搭档在随后的四分钟里既没有对格雷的女友急救格雷的行为给予任何协助,也没有搭救伤者,而是去寻找子弹壳。格雷的女友只好独自施救,并请求邻居拨打911报警。这些表现,都给陪审团留下了极坏的印象。

美国法律实践中有一个著名的经验法则:“面条里只能有一只臭虫。”意思是任何人发现自己碗里的面条中混进了一只臭虫时,他绝不会继续寻找第二只,而是直接将整碗面条倒掉。对证人证言也是如此。如果证言中充斥了谎言,则对该证人证言完全不予置信,通常是保证案件事实认定准确性的最佳选择。

四、证人证言中的矛盾

证人证言中的矛盾,既包括证人之前的陈述与其法庭上的陈述之间存在的矛盾,也包括其在法庭上陈述的内部矛盾,还包括证人的陈述与客观事实之间的矛盾。证人在法庭外的陈述与其法庭内证言之间的矛盾,我们在上一部分已经进行了讨论。本部分只讨论证人在法庭上所做的陈述内部,及其与客观事实之间的矛盾。对此,美国《联邦证据规则》并没有特别的条文加以规定,我国法律及相关司法解释也未对此进行规范。但在实务中,通过证人证言内部的矛盾,以及证人证言与客观事实之间矛盾的展示来质疑证言可信度的方法运用得非常普遍。在周文斌受贿案中,辩护律师就以被告人、证人均不约而同地讲述了一个在当时并不存在的地方行贿、受贿的事实,而成功地实现了对被告人供述的真实性和证人证言的真实性的毁灭性打击。

由于证人证言中的矛盾很可能会引起陪审团的混淆或构成对证人的偏见等问题,法官在决定这类证据可采性时通常要着重考虑美国《联邦证据规则》第403条的规定。历史上,对证人证言中的矛盾受到“平行事项”原则的约束,即证人提到的与案件事实平行的事件中与事实不相符合的陈述,不得被用于弹劾证人的可信度。

| 案例6.18 | 平行事项不得被用于弹劾证言[17]

被告人奥斯瓦尔德被指控于1961年7月14日晚上7:00在西雅图实施抢劫。被告人声称自己案发时不在现场。被告人传唤阿迪斯(Ardiss)作为己方的首要证人。阿迪斯作证说他在西雅图的伯特兰德(Portland)经营一家饭馆,奥斯瓦尔德是他饭馆里的常客,7月14日那天,奥斯瓦尔德整个晚上都在他的饭馆里。证人还作证说,案件发生前长达两个月的时间,被告人天天都在他的饭馆。检方在对阿迪斯交叉询问时特意问道:“就你所了解的情况,阿迪斯先生,你会说奥斯瓦尔德先生在

---

〔17〕 State v. Oswald,381 P. 2d 617,618 -619,Wash. 1963.

7月14日之前的一个星期,天天都在你经营的饭店吗?还是说偶尔也会出去3~4天呢?"阿迪斯回答说:"不,我会说奥斯瓦尔德先生那段时间每天都在我的饭馆里。"

于是,控方传唤一名警察基尼(Kinny)作证说,1961年的6月27日,基尼在西雅图见过奥斯瓦尔德,当时奥斯瓦尔德还告诉他:"我来西雅图已经好几天了。"控方还传唤饭店的服务员萨缪尔斯(Samuels)作证,说在案发时段从未见过被告人一眼。辩护律师及时对上述证言提出了反对,理由就是平行事项原则。

该证据的容许被认为是一个错误。因为控诉方举出此证据并不是为了否定证人证言中关于被告人7月14日不在西雅图的陈述,而是为了证明证人的陈述中有不真实的成分。而根据本辖区的司法原则,证人不得因其与本案无关事实的陈述而受到弹劾。

美国《联邦证据规则》并没有规定所谓"平行事项"规则,平行事项规则是法官造法的结果。由于该术语本身比较模糊,人们只能在具体案例中揣摩究竟什么是平行事项规则。

五、证人的精神/生理缺陷

反对的一方也可以通过对证人观察能力、记忆能力和陈述能力等方面的挑战,作为弹劾证人可信度的依据。尽管法官可对交叉询问的范围进行控制,但是证人的观察能力、记忆能力、陈述能力等实际上也可通过交叉询问予以展现。上述事项本质上属于证人的生理特征,在英美证据法上也被当作精神问题予以处理,因为它实际上涉及的仍然是证人的精神有缺陷的问题。根据判例,酗酒、吸毒等,均可用作弹劾证人可信度的证据。[18]

对于这一类证据,即使没有经过专家鉴定,律师也可以通过交叉询问对证人的精神状态进行检验,并向陪审团发表意见。根据判例,交叉询问中通过对证人精神痛苦或者精神疾病的询问及揭示,包括对证人在精神疾病之类机构接受治疗的情况发问等都是适当的。[19] 不过,律师发问的范围要受到法庭的控制和美国《联邦证据规则》第403条的约束。不过,法庭通常既不会允许心理医生就证人的精神状态进行检验,[20]也不会允许精神病专家通过在法庭上对证人的观察发表专家意见。[21] 另外,法庭也不允许对证人使用测谎仪以判断证人证言的真假。[22]

---

〔18〕 William v. State, 749 N. E. 2d 1139, 1142, Ind. 2001.

〔19〕 U. S. v. Lindstrom, 698 F. 2d 1154, 1159 - 1194, 11th Cir. 1983.

〔20〕 United States v. Ramirez, 871 F. 2d 582, 6th Cir. 1989.

〔21〕 United States v. Riley, 657 F. 2d 1377, 1387, 8th Cir. 1981.

〔22〕 United States v. Masri, 547 F. 2d 932, 936, 5th Cir. 1977.

六、证人的偏见或动机

法庭可以自由地容许有关证人存有偏见的证据。例如,被告人和辩护证人均属于一个犯罪集团,如果该证人作证反对被告人,该证人就可能被殴打甚至被杀害;这一证据可被容许用来证明证人对被告人怀有偏见且存在出于保护自己而撒谎的动机。[23]

不过,限制此类证据的规则也的确存在。首先,这类证据必须满足美国《联邦证据规则》第401条关于相关性的要求;其次,法庭对于有关偏见的交叉询问存在施加合理限制的广泛权力;最后,证明偏见的方法主要是间接证据,可能影响当事人情感的证据通常是不容许的。因此,证明偏见通常可以通过证人与当事人的关系、证人的行为或言语等来进行。例如,证人与当事人存在友谊关系、同属于一个组织、发生过性关系、有金钱往来,对当事人存有敌意或者害怕等事实,均可用来证明证人的偏见。在刑事案件中,证人是领薪的线人、是受监视保护并得到补偿的关键证人、是同案被告人、曾被赦免、希望减轻其刑罚,或者接受过其他特殊待遇等事实,也可用于证明证人的偏见。

另外,动机也可以作为弹劾证言可信度的方法。下面是一个通过提问证人作证动机弹劾证言可信度的案例。

| **案例 6.19** |　通过作证动机弹劾证言可信度[24]

在一个产品侵权责任诉讼中,被告通用汽车公司传唤了诺伯特·瑞雷博士作为专家证人出庭作证。瑞雷是一个工程设计方面的教授,在密歇根大学获得博士学位并拥有教席。通用汽车公司试图通过瑞雷的证词证明事故不可能以原告所声称的方式发生,因为该汽车变速箱的设计使得汽车不可能在无人的情况下自动倒车。在直接询问中,被告律师突然打开话匣子问及通用汽车公司和瑞雷之间的费用安排。以下是被告律师、原告律师和瑞雷之间的问答记录。

被告律师:现在,瑞雷教授,你在这里当然是由于通用汽车公司为你在本案中的帮助支付了费用。你能告诉陪审团,通用汽车公司是怎么向你付费的吗?

瑞雷教授:我们之间的费用安排,我想,我在这里出庭的费用应该是每天1600美元。

被告律师:谢谢您,先生。现在,瑞雷教授,你检查了本次事故的汽车,对不对?

---

〔23〕 United States v. Hankey, 203 F. 3d 1160, 1171 – 1173, 9th Cir. 2000; cert. denied, U. S., 120 S. Ct. 2733, 2000.

〔24〕 Mueller, Kirkpatrick, *supra* note 13, p. 530.

被告律师并未就费用问题进一步提问。交叉询问中,原告律师更新了有关费用安排的问题。

原告律师:瑞雷教授,你提到你在这里出庭每天的报酬是1600美元,是吗?

瑞雷教授:正确。

原告律师:好的,先生,现在请您告诉我们,你希望在这个案件中公司总共能支付你多少费用?

被告律师:法官大人,我们对此无所隐瞒。但是,原告律师在此却试图吓唬证人。教授刚才已经说过他能挣多少钱了,而且他的报酬确实很高,但那是因为他是受过高等级训练的专家。我们完全没有必要精确到圆角分。这是浪费我们每个人的时间,而且分散大家的精力。

原告律师:法官大人,陪审团必须知道这位专家希望从这个案件获得多少报酬。我还希望他们知道一些其他的事情,包括:第一,他上一年为通用汽车公司作证一共挣了多少钱?第二,他将来是否还希望继续为通用汽车公司作证?第三,他过去一年为所有汽车公司作证一共挣了多少钱?第四,他从法庭作证获得的报酬在他的全部收入中占多大比例?

被告律师:好吧,法官大人,我不得不对原告律师的这一爆发提出反对。他这纯粹是哗众取宠(grandstanding),此类问题早就已经被认定属于平行事项。我请求您指示陪审团不要考虑这些问题所暗示的证据内容并将上述证言的理解限定为通用汽车公司为这位专家每天出庭的报酬支付的费用为1600美元。

思考 在英美法系,其专家证人制度一直遭到多方诟病,主要原因就是诉讼各方均可自行聘请专家,并由各方自行付费,因此导致专家证言往往失之偏颇,很难具有中立性和客观性。第七章我们将学习专家证言的相关制度,你认为有什么办法可以避免英美法系这种当事人主义理念之下的专家证人制度所产生的弊端吗?

第七章　鉴定意见

在证据法上,鉴定意见和专家证言本质上是一个意思,只不过在我国被称为“鉴定意见”。在我国1979年和1996年的《刑事诉讼法》中,鉴定意见被称为“鉴定结论”,2012年《刑事诉讼法》才改称为“鉴定意见”。这种变化同样体现在民事诉讼中。最高人民法院2001年颁布的《关于民事诉讼证据的若干规定》将专家证言称为“鉴定结论”,2019年颁布并于2020年5月1日生效的《关于民事诉讼证据的若干规定》也改称为“鉴定意见”。名称的改变体现了观念的变化。原来叫“鉴定结论”,给人的感觉好像是结论性的,法官必须要采信;现在叫“鉴定意见”,意思就是专家的意见也只是意见,法官是否采信还是要由法官来最终决定。应当说,“鉴定意见”的名称更加符合法庭认识论的基本规律。在英美法系,专家意见被称为“专家证言”。称谓虽有所区别,但含义却都是指具有专门知识的人在专业领域就专门问题提供的专业性意见。根据普通法规则,意见证据在英美法系通常不具有可采性;但是专家意见作为意见证据规则的例外,具有可采性。在我国,理论上也认为意见证据应当不具有可采性。2010年颁布的《关于办理死刑案件审查判断证据若干问题的规定》也表示,外行意见一般不具有可采性。但是,专家意见具有可采性,是我国三大诉讼中一个基本规则。

在我国,规范鉴定意见的法源主要是全国人民代表大会常务委员会《关于司法鉴定管理问题的决定》,以及《刑事诉讼法》、《民事诉讼法》和《行政诉讼法》关于司法鉴定问题的规定以及相关的司法解释。鉴定意见作为司法证据中比较重要的一大证据种类,无论在中国还是在美国或其他西方国家都存在一些比较成熟的规范。尽管诉讼类型不大一样,但是具体到专家证言问题上,主要的区别仅存在于当事人主义和职权主义这方面。在规范专家证言的实体方面,很多规则殊途同归。那些不一样的地方,恰恰是各自都应当向对方学习的地方。因此,本章仍以美国《联邦证据规则》关于专家证言的规则为线索,一并介绍我国有关鉴定意见的规则,目的是让读者全面、系统地了解和掌握鉴定意见方面的证据规则。

第一节　外行意见的可采性

一、外行意见禁止通则

美国《联邦证据规则》第 701 条规定:"如果一名证人不是以专家身份作证,证人证言中的意见或推论就只能限定于该意见或推论理性地依赖于证人的感知以及有助于清晰地理解证人的证言或有助于对该争议事实的决断,以及并非建立在科学技术或者第 702 条所规定的其他特殊知识基础上的事项。"根据这一规定,外行证人只能就其亲身感知的案件事实向法庭作证;除非满足特定条件,否则外行证人不得将其在案件事实基础上形成的意见或推论向法庭提供证言。这就是我们通常所说的外行意见的禁止法则。我国 2010 年颁布的《关于办理死刑案件审查判断证据若干问题的规定》第 12 条第 3 款规定:"证人的猜测性、评论性、推断性的证言,不能作为证据使用,但根据一般生活经验判断符合事实的除外。"该规定说明我国法律体系中也已经确立了意见证据的排除法则,并且将意见证据表述为"证人的猜测性、评论性、推断性的证言",与英美法上"证人证言中的意见或推论"的表述,本质上是一样的。最高人民法院《关于民事诉讼证据的若干规定》第 72 条第 1 款亦规定:"证人应当客观陈述其亲身感知的事实,作证时不得使用猜测、推断或评论性语言。"该规定表明,民事诉讼与刑事诉讼对意见证据的界定基本一致,对外行意见应当予以排除的立场也一致。

| **案例 7.01** |　禁止外行意见的基本原理:共同体诉霍尔登[1]

1955 年 12 月 31 日 5:15 ~ 6:40,可拉·史密斯(Cora Smith)被人杀死在家中。被告人霍尔登(Holden)遭到指控并被审判,随后被定罪,并判处终身监禁。他坚称自己是无辜的,并指出在被害人遭受致命打击的那段时间,他不在现场。在被害人被杀害之前的几个小时,霍尔登和一个叫拉尔夫·琼斯(Ralph Jones)的人在一起。当霍尔登被逮捕时,他被警察带到琼斯面前。在霍尔登在场的情况下,警察询问了琼斯。询问的场景在后来的审判中成为一个争议的焦点。轮到琼斯作证时,控方律师向证人发问:"当侦探向你询问时,有什么不平常的事情发生吗?"证人回答说:"当我在这个人(被告人)面前被侦探询问时,我认为其中一名侦探注意到他眨了一

[1] Commonwealth v. Holden, Supreme Court of Pennsylvania, 1957, 390 Pa. 221, 134 A. 2d 868.

下眼。”律师继续问道:“霍尔登眨眼是什么意思?”证人回答说:“我并不能够确切地知道他是眨了一下眼睛还是有什么东西在他眼睛里。”律师继续问道:“在 1 月 11 日,也就是眨眼事件发生几天之后,发生了什么?”证人回答说:“警察局的侦探问我:你认为这个眨眼的动作意味着什么? 我的回答是:我认为他试图让我给他提供不在场的证据,证明在案件发生时的那段时间他和我在一起。”

尽管负责该案终审的宾夕法尼亚州最高法院仍然维持了原判,大法官慕斯曼诺(Musmanno)却在反对意见中对允许这一证据进入法庭的做法表示强烈的反对。慕斯曼诺说道:一个眨眼的动作传递了多达 21 个单词的意义,甚至连摩尔斯电码也做不到这一点。……但是霍尔登并没有请求琼斯伪造一个不在场的证据。他没有请求琼斯帮他覆盖掉一部分时间。霍尔登做的所有事情,无非是眨了一下眼睛。没有人知道他究竟是在传递一个讯号,还是在试图躲避强烈的光照,或是在闪掉一粒给他制造麻烦的灰尘。然而,法庭却允许陪审团相信,这个眨眼的动作是暗示琼斯向法庭提供伪证。在谋杀案的审判中还有什么证据比这更加荒谬? 霍尔登被判处终身监禁,他甚至可能被判处死刑,因为一个眨眼的动作。如果一名证人可以被允许陈述他认为眨眼意味着什么,为什么不能允许他解释一个咳嗽、一个喷嚏、一声咕哝、一个打嗝? 为什么他实际上没有被授权就一个被告人的大脑流过了什么而作证? 大脑阅读器比行为人自己更加清楚他是否实施了所被指控的犯罪,为什么不允许大脑阅读器阅读一个人的大脑,从而彻底废除陪审团?

最后,法官写道:法庭拒绝给予被告人重新审判的机会,这一做法如此显著地侵犯了被告人的权利。此种做法意味着此处法律不仅眨了眼睛,而且将双眼都已经闭上了。

在陪审团审判的语境下,禁止意见证据最基本的理由是防止以证人的意见代替陪审员自己对案件事实的推断。在法官审判的语境下,禁止意见证据最基本的理由是防止证人以自己对事实的推断误导法官对事实的推断。

二、外行意见无法完全禁止的原因

意见证据禁止法则的含义就是证人只能严格地就其观察、感知的事实向法庭作证,也就是他只能向法庭陈述他看到、听到、感觉到、闻到或尝到的事物原样,而不能将对事物的描述特征化或从证人的原始感觉中推导出结论。其原因就是这样的特征化描述或推论并不能帮助陪审团认定事实或理解证言。由于外行陪审员或者其他事实裁判者(法官)具有从原始事实推导出结论的能力,证人只需要向法庭展示“事实”即可,至于根据证人提供的事实能得出什么结论,应当由事实裁判者自行决定。

但是,法官也不可能将外行意见永远排除在法庭之外,证人也不可能完全遵守这样的禁令。实际上,在事实与意见之间,并不总是存在一个界限分明的鸿沟。相反,有些事实只能以附着在意见的方式获得表达,有些事项只能以意见的形式来呈现。例如,“这个男子个子很高”“今天天气真热”“他身上一股腥膻之气”“我看他简直要被气疯了”“他眼睛里简直在冒火”“他真是气急败坏”“他恼羞成怒”“他的笑容一看就是假装的(他太会装了)”“我闻到一股火药味”等,既可以说是事实,也可以说是根据证人亲身观察到的事实得出的意见。如果法官要求证人必须严格将自己的证言限定在事实的层面,则要么使证人纠结于事实本身的精确性,要么使证人张口结舌,无话可说。因此,作为原则,外行意见一般不具有可采性;但只要是合理地建立在亲身感知的事实的基础上,不需要借助专业知识的工具,并且有助于事实裁判者理解证言或决断事实的,该外行意见仍然具有可采性。通常而言,对一个人或事物外观的描述、人的行为方式、灯光(光线)明暗程度、声音的高低、空间的大小、人或物的重量、距离的远近等无法脱离意见而独立存在的事物,都可以容许外行意见。

三、外行意见容许的条件

根据我国《关于办理死刑案件审查判断证据若干问题的规定》第 12 条,外行意见具有可采性的条件是“根据一般生活经验判断符合事实”。根据美国《联邦证据规则》第 701 条的规定,外行意见容许的条件是:第一,该外行意见合理地建立在证人亲身感知的事实的基础上;第二,该意见有助于陪审员了解并裁决争议事实;第三,它的形成不需要借助科学技术以及其他专业知识的帮助。同时满足这三个条件,外行意见就具有可采性。

| **案例 7.02** | 外行意见作为例外可以容许:美国诉梅林〔2〕

对于梅林先生被指控与篡改产品有关的 6 项罪名,陪审团裁决罪名全部成立,梅林被判处终身监禁。梅林意图毒死他妻子,便用氰化物混入盐酸麻黄碱给他妻子服用。之后为了掩盖罪证,他又将氰化物分别放进装有盐酸麻黄碱的五个袋子里,然后将它们放到公司的药品储藏柜中。这些药品在生产者进行全国召回之前已经导致两人毙命。

梅林的妻子中毒后,梅林拨通了 911 电话,假装歇斯底里的样子,并在医务人员赶到现场后以耸人听闻的方式对医务人员说他要把救护车踢到医院。梅林争辩说地区法院错误地容许了 911 接线员和医护人员的外行意见,他们作证说在下毒

〔2〕 U. S. v. Meling, 47 F. 3d 1546, 9th Cir. 1995.

不久之后梅林假装出痛苦的样子。

上诉法院指出,根据美国诉西马斯(U. S. v. Simas,937 F. 2d,459,464,9th Cir. 1991)一案判决(该案判决援引美国《联邦证据规则》第701条之规定),外行意见如果合理地建立在证人亲身感知的基础上,并且对陪审团能够清晰地理解证言或决断争议事实有帮助,则该外行意见具有可采性。医护人员在处理紧急情况方面受过专门的训练,当他们处理梅林妻子中毒的情况时,有着充足的时间对梅林是否在假装悲痛形成印象。911接线员的证词也是合理地建立在她对梅林拨打紧急电话期间的痛苦亲身感知的基础上。因此法院决定维持原判。

如前所述,外行意见之所以在例外情况下能够被允许,很大一部分是因为很多情况下证人对事实的描述实际上必须附着在意见的基础上,或者说必须以意见的形式来呈现。比如证人在现场闻到了什么气味,看到行为人的身高是多少、身材的胖瘦、长得帅气与否等,根据我国《关于办理死刑案件审查判断证据若干问题的规定》之规定,这些就是证人的猜测性、推断性、评论性意见。一个人在现场闻到什么气味,究竟是汽油味、火药味还是烟味,显然是基于自己的嗅觉对事实的一种推断。甲看到乙走路跌跌撞撞、摇摇晃晃,其作为证人到法庭上说他认为乙当时应该是喝醉了,这样的证言既是对事实本身的描述,也存在对事实的推断。如果完全不允许外行意见,这样的证言就没有可采性。但是这些事实都是任何一个正常人凭个人的常识和经验就可以判断出来的,所以也可以认为这些意见都是合理地建立在自己亲身感知的知识的基础之上,而无须借助于其他的一些科学或者技术知识。只有当我们描述现场残留的气味里包含了什么化学成分、某人血液里有多少酒精含量的时候,才需要借助科技手段,才需要专家证言。所以只要是合理地建立在自己亲身感知的知识的基础之上,并且有助于这个事实的裁判者去了解或者解决认定争议事实,而且又不需要借助于专门的科学技术知识或者其他专业知识,那么外行意见即具有可采性。

需要特别注意的是,我国关于外行意见具有可采性的条件与美国的表述虽有不同,但本质上是一样的:如果无须借助专业知识或技能,只需凭借一般生活经验就能作出判断的事项,则外行通常可以以意见的形式向法庭提供证言。美国《联邦证据规则》关于外行意见应当建立在亲身感知的知识的基础上这一条件虽然在我国法律中并无明确表述,但却内在地镶嵌在我国的规则之中。因为,倘若不满足亲身感知这一条件,证人证言自然会受到来自对方的质疑和挑战,其能否被采信也就会成为疑问。至于美国《联邦证据规则》提到的第二个条件,即有助于陪审团了解并裁决争议事实,不过是对证言内容之关联性的强调而已。若一份证言的内容无助于事实的裁判者了解争议并裁断事实,就说明该证言对于事实裁判者是否能够就争议事实形成内心确信毫无影响,自然也就不满足关联性要求,关联性要求乃是世界各国法律所规定,我国并非例外。因此,根据一般生活经验判断符合事实乃是外行意见具有可采性的精髓。我国法律规定的表述,甚为恰当。

| 案例 7.03 | 价格认证结论是专家意见还是外行意见:周某国故意毁坏财物案

河北省唐山市开平区人民检察院指控,被告人周某国因与张某凡存在个人矛盾欲找其理论,于 2016 年 5 月 5 日 19 时 50 分许来到张某凡位于唐山市开平区唐古路开平七街商业楼的景天鸿承建材有限公司。在寻找张某凡未果后,被告人周某国为泄愤,用该公司打更人员张某凡的自行车将公司一层的一扇大门砸坏,使用公司内的物品将一层鱼缸、二层靠窗的两个办公桌、三层鱼缸砸坏。经鉴定,被毁坏的上述物品价值人民币 56796 元。次日,被告人周某国接到公安机关电话通知后自行到公安机关接受调查。被告人已对打更人员张某凡被损坏自行车进行民事赔偿。

附带民事诉讼原告人张某凡诉称,2016 年 5 月 5 日、6 日,被告人多次来到原告人位于唐山市开平区唐古路开平七街商业楼的办公地点,无故对被害人办公地点内的财物进行损坏,损失金额高达 170 万元,但侦查机关仅对一小部分被损财产委托了鉴定(损失价值为 307734 元),而没有对大部分受损财产进行鉴定。公诉机关起诉书指控的损失价值 56796 元远远低于原告人的实际财产损失,被告人应当按照实际的损失数额 170 万元对原告人进行赔偿。被告人多次到原告人的办公地点进行破坏,受损财产价值高达 170 万元,已达到数额巨大的犯罪情节。被告人在犯罪后无任何悔罪表现,至今未找原告人协商赔偿事宜,且被告人在此之前因犯参加黑社会性质组织罪等被判处有期徒刑,属于累犯,主观恶性较大,望法院依法追究被告人周某国寻衅滋事罪的刑事责任,并从重处罚。

被告人周某国当庭辩称,起诉书指控基本属实,关于玉石的供述其虽然签字了,但其并没有砸。辩护人辩称:第一,周某国不构成寻衅滋事罪。第二,周某国不构成故意毁坏财物,理由是:起诉书指控的毁坏物品价值 5 万多元没有依据;因起诉书指控的内容不包含唐山市价格认证中心 29 号鉴定中鉴定的物品,该鉴定意见与本案无关;唐山市价格认证中心 44 号鉴定意见虽包含了起诉书指控的被毁物品,但该鉴定没有鉴定人签名和盖章,不能作为定案的依据。

唐山市开平区人民法院经审理查明……(与起诉书指控认定一致)。上述事实,有下列经庭审举证、质证的证据证实,本院予以确认:(1)唐山市价格认证中心唐价认刑字〔2016〕28 号价格认证结论书证实,唐古路开平七街商业楼景天鸿承建材有限公司被砸毁物品于 2016 年 5 月 5 日的市场价格为人民币 15226 元。(2)唐山市价格认证中心唐价认刑字〔2016〕44号价格认证结论书证实，唐古路开平七街商业楼景天鸿承建材有限公司被砸毁物品于2016年5月5日的市场价格为人民币288708元。其中，一楼一扇大门6816元，一层鱼缸25500元、二层电脑桌2880元、三层鱼缸21250元、自行车350元。(3)唐山市宝玉石产品质量监督检验站检验检测报告评估结论为，根据检验结果对这件样品的品质和工艺评价，此件样品颜色主要为绿、黄绿色，还有部分为褐黄、黑色，底部有破损。表面有一层浅黄色透明薄膜，底部涂抹不均匀，局部已脱落，所露出的玉质部分品质较差，对样品价值影响较大。岫玉摆件尺寸长宽厚约53.3cm×18.6cm×16.7cm。结合市场调查和研究分析，得出评估结果，评估出此件样品复原重置唐山市市场价格为人民币3800元。

法院认为，被告人周某国故意毁坏他人财物，价值人民币56796元，数额巨大，其行为已构成故意毁坏财物罪，依法应予惩处。被告人周某国的犯罪事实清楚，证据确实充分，公诉机关指控的犯罪事实及罪名成立。被告人周某国系累犯，依法应从重处罚。被告人周某国的辩护人辩称唐山市价格认证中心44号鉴定没有鉴定人签名和盖章，不能作为定案依据，应宣判周某国无罪。经查，唐山市价格认证中心价格认证结论书系唐山市物价局依据政府职能为司法机关办案对涉案财物进行的价格认证。价格认定机构的价格认定行为不在法律法规规定的司法鉴定机构、司法鉴定人员的调整范围内，其作出的价格认证结论书具有客观性、关联性、合法性，法院予以采纳。根据被告人供述、证人证言、书证及其他证明材料，足以证明被告人周某国毁坏了附带民事诉讼原告人张某凡的两个鱼缸、一扇大门、一辆自行车、两张靠窗的办公桌。结合鉴定意见，法院依法认定被告人周某国的犯罪数额为56796元。据此，判决如下：被告人周某国犯故意毁坏财物罪，判处有期徒刑4年；赔偿附带民事诉讼原告人张某凡财产损失56796元。

案件上诉后，唐山市中级人民法院因开平区人民法院错误容许了不具有证据资格的鉴定意见，以本案事实不清、证据不足为由，将案件发回重审。

思考　本案一审法院关于价格认定机构的价格认定行为不在法律法规规定的司法鉴定机构、司法鉴定人员的调整范围内，因此即使没有签名也具备客观性、关联性、合法性的论断，是否符合法律规定？你是否赞同一审法院对事实的认定？

| 评注7.01 |　“根据一般生活经验判断符合事实”是外行意见的根本界限

本书认为，《关于办理死刑案件审查判断证据若干问题的规定》第12条第3款“证人的猜测性、评论性、推断性意见不得作为定案的依据，但根据一般生活经验判断符合事实的除外”这一规定具有三大功能:第一,规定了外行意见不具有可采性的一般原则。第二,设置了外行意见根据一般生活经验能够做出符合事实的判断的例外。第三,规定了外行意见具有可采性的界限,实际上也就规定了本章第二节将要论述的外行领域和专家领域之间的界限,即只有在根据一般生活经验能够做出符合事实的判断的情况下,外行意见才有生存的空间;如果根据一般生活经验无法做出是否符合事实的判断,必须借助专业知识或技能才能做出判断的领域,则外行意见就没有生存空间,也就不具备作为定案依据的资格,从而,在必须借助专业知识或技能才能做出判断的领域,只有专家意见才具有可采性。

在只有依赖专业知识或专业技能才能做出专业判断的场合,专家意见必须具备特定的形式才能作为定案的依据,这既是刑事诉讼法的规定,也是民事诉讼法和相关司法解释的规定。在这些场合,无论专家意见是以检验报告的形式呈现,还是以情况说明的形式呈现,或是以认证意见的形式呈现,只要这些意见无法依据一般生活经验判断是否符合客观事实,就应当认定为专家意见。只要是专家意见,就既应当有专业机构的盖章,也应当有专业人员的签名。只有如此,反对的一方才能根据相应诉讼法的规定,申请提供专业意见的人出庭作证,对其所使用的方法是否适当进行评判,对其资质发表意见。

第二节 专家证言的范围

一、专家证言范围通则

虽然法律上允许专家意见以鉴定意见或专家证言的形式呈现,但却并非所有领域专家都可以发表意见。有一些领域是完全不需要专家发表意见的,比如今天是什么天气、飞机是什么形状、鸡蛋是否可以食用、鸭子是否会飞、鱼是否会游泳、和尚是否吃素等,这些是外行人凭自己的常识就可以观察、感知、判断,并且可以通过语言来描述的事实。

但很多时候,外行领域和专家领域之间也不是那么界限分明。相反,外行领域和专业领域之间存在许多“灰色地带”。对此,普通法上的规则是,考量争议事项是否超出了外行的领悟范围。如白色粉末状的东西到底是白粉还是薯粉、面粉或葛粉,一般人是分不清楚的。如果一个人是厨师,尤其是做面条的厨师,可能能够区分出面粉,但却不一定能够区分面粉以外的其他粉末。所以能够区分出其是否为毒品,就一定要对毒品具备专门的知识。这是普通法上的标准。在这方面,美国《联邦证据规则》采取了和普通法一致的立场,即区分一个领域到底是外行领域还是专业领域的标准就是要看这个专家的意见是不是有助于事实的裁判者从专家处获得有价值的帮助。其具体表述就是,如果科学技术或者其他专业知识有助于事实裁判者理解证据或者裁断争议事实,那么这个领域就属于专业领域。如果一个证人在法庭上发表的意见完全无助于陪审员理解证据或判定争议事实,或者陪审员不能从他的意见中获得有价值的帮助,相反陪审员凭借自己的理解就能获得同样的认识,那么这个领域通常来讲就不属于专业领域。

案例 7.04　白色粉末与毒品问题是否为专业领域:美国诉派瓦[3]

詹姆斯·厄尔·派瓦(James Earl Paiva)(上诉人,原审被告人)被指控持有并意图出售可卡因等罪名。派瓦前妻的女儿克里斯蒂娜·克里斯托(Christina Christo)出庭作证称:她曾在派瓦的鞋里发现过一小包白色粉末,她辨认出该粉末为可卡因。陪审团裁定派瓦有罪,派瓦上诉,其理由之一就是地区法院错误地允许了外行证人的意见证据。在地区法院庭审中,克里斯蒂娜·克里斯托作证称:在 1983 年,她和她的母亲及被告人住在佛罗里达州的一间公寓里。她曾在被告人的鞋内发现了一包白色粉末。证人称在 1983 年前她曾多次吸食可卡因,并在 14 岁时染上了毒瘾。该白色粉末有少许晶体,她尝了这个白色粉末,根据其外观和味道,她认为该白色粉末就是可卡因。

被告人认为根据美国《联邦证据规则》第 701 条的规定,该证言不可采。因为鉴别该物质是否为可卡因超出了普通人的常识范围。控方需要根据该规则第 702 条证明克里斯托是适格的专家证人。

美国《联邦证据规则》第 701 条规定:“如果证人不是作为专家证人作证,那么其意见或推断被限制在以下范围内:(a)合理的建立在证人感知基础上的意见;(b)对清楚地理解证人证言或判断事实有帮助。”是否采用外行证人的意见证据由法官自由裁量。除非有明显的滥用自由裁量权的情况,否则法官允许相关证据的意见不会被推翻。

一名吸毒者不符合专家证人的资格而以外行证人的身份作证,其是否能够发表某种物质是不是可卡因或大麻的意见呢?在 Honneus 案(Honneus,508 F. 2d at 576.)中法庭裁决法官允许外行证人,即一名吸毒者就争议物质和大麻之间的相似点进行比较并发表意见并未滥用其自由裁量权。因此,在本案中允许克里斯托小姐的证言是合理的。

至于证人确信白色物质为可卡因的意见如何处理,先例并没有规定。在本案中,被告人认为鉴别可卡因这类物质只能依靠专家证言,而不能依靠外行证人的证

---

[3] United States v. Paiva,892 F. 2d 148,155－157,1st Cir. 1989.

言。我们注意到,被告提供的各种案例并没有确定鉴别一种物质,例如可卡因,是专属于专家意见的领域,其在实际上并没有排除外行证人的意见。吸毒者尽管不一定是合格的专家证人,他还是有可能能够根据其过去的经历、个人的知识和观察来表达一种物质是可卡因或其他毒品的意见。

我们发现,过去外行证人被认为不能够就超出其常识经验的问题发表意见。但近年来,美国《联邦证据规则》第701条对外行证据的限制放宽了。如今的趋势是倾向于采用建立在个人知识和交叉询问基础上的意见证据。第701条的规定已经将存在于专家证人和外行证人之间的严格界限模糊化了,外行意见不再被限制在普通人的常识范围之内。个人的经历和知识可以作为其胜任就某个超出常识范围的问题发表意见的基础,而不需要他一定符合专家证人的条件。

根据以上原因,我们认为地区法院采用克里斯托的证言是正确的。证人的意见是建立在她吸食可卡因经历的基础上,通过观察白色粉末外表,品尝其味道而得出的。因此,她的意见合理地建立在其观察的基础上,能够帮助陪审团理解她的证言。因此,本案中的证据符合了美国《联邦证据规则》第701条规定的两个要求,采用该证言在法官的自由裁量权之内。

由上述案例可知,即使划定了这样一个标准,在理解上仍然会有很多领域不明确。根据美国联邦最高法院的判例,有一些领域明确规定属于专业领域,必须有专家的证言,最典型的是医疗过失纠纷。在美国,若一个患者起诉医院,原告一定要有专家证言,以证明医院或者医生存在医疗过失,证明其损失是由医院的医疗过失所造成的。如果没有专家证言,法院会直接判决被告胜诉,或者判定案件不存在。这是明文规定必然属于专业领域的一个例子。

二、明确不属于专业领域的问题

有一些领域是通过判例明确规定不属于专业领域,即这些领域不允许专家来发表意见。第一个是证人的可信度领域。例如,心理学专家声称自己可以通过观察证人一些微小的动作,或者话语中细腻的变化,即通过察言观色,判断出证人到底是撒谎还是说真话。如果这样的心理学家到法庭上来作证,来证明某证人的话可信或不可信,这样的证言是否具有可采性?根据美国《联邦证据规则》,这类专家证言在美国法院不具有可采性,也就是说,不能以这方面的专家对证人证言可信度的判断来代替陪审团对证言可信度的判断。尽管一个专家可能的确拥有这方面的知识,比一般人更能准确地判断证人是否撒谎,但是联邦最高法院依然明确规定证人证言的可信度问题由陪审团自己决定,不允许由专家来判断。这主要是因为,如果一个专家在法庭上肆无忌惮地评述证人证言可信与否,那实际上就是专家在认定事实,而不再是陪审团在认定事实。因此证人可信度领域在法庭上不允许采用专家意见。但日常生活中如果一个人很想了解他的合作伙伴或者生活伴侣对他是否忠诚,又不知道对方可信与否,则完全可以聘请这样的专家进行咨询和考察。

案例 7.05　警察证言的可信度:尼姆利诉纽约市〔4〕

1998 年 2 月 13 日,时年 19 岁的尼姆利(Nimely)(上诉人、原审原告),参加了一个在纽约的派对。根据上诉人的当庭证言,他于 23:30 左右到达派对地点,随身携带了一支他几年前购买的手枪(已上膛)。由于派对保安不允许他携带枪支进入,所以他将枪藏在了大厅旁边的灌木丛内。凌晨 2 点左右,他站在外面,听到大厅里面响起了枪声。他跑回大厅里,看到一个人躺在地上,旁边是他藏在灌木丛里的那把枪。他捡起了枪,别到腰带上跑了几个街区,到了一个出租车停靠处,在那里他见到了其他几个当时也在参加派对的朋友。尼姆利补充道:枪当时是热的,在他跑的途中检查了一下枪膛,发现枪膛里已经没有子弹。

警察穆尔海德(Muirhead,被上诉人之一)和麦卡锡(McCarthy)作证称:1998 年 2 月 14 日凌晨,他们在接到呼叫后赶往枪击事发地点,在看到其他警察已经在场后,两人决定开车在附近巡察,以便找到枪击者;在巡察中,他们发现了尼姆利和他的朋友。于是,警察开了车头灯闪烁,离开汽车,并要求他们靠过来。穆尔海德称:他和麦卡锡在离开汽车时都没有拔出手枪;而麦卡锡称他自己拔出了手枪,并且认为穆尔海德也拔出了手枪。

穆尔海德说,当时尼姆利背对着他,回头看了一眼,将手伸向腰带部位,右手拔出了一把银色手枪,将枪举到了肩部高度,然后开始逃跑。麦卡锡的证言也与此相互印证。两名警察开始追赶尼姆利。在追赶中穆尔海德超过了麦卡锡。穆尔海德说,他当时带着他的配枪,在追赶上诉人时大声喊他:"放下武器,停止逃跑!"

两名警察称:在追赶到一处围栏时,尼姆利在离他们五英尺远的地方撞到一个金属栏杆摔倒了。穆尔海德作证称,他看到尼姆利摔倒在地,开始准备逮捕尼姆利。在这时,尼姆利开始爬起来面对着他,并用枪指向他。于是,穆尔海德开枪打中尼姆利的胸口。穆尔海德说从尼姆利撞上栏杆到被击中都发生在瞬间之内。

麦卡锡从不同的角度目击了这一幕,其证言与穆尔海德相符。

尼姆利称,他站在出租车停车处听到有人在他后面说:"不许动!"然后他听到他的朋友喊"跑啊!"于是他开始跑。他把手放到裤子的腰带处。他说他站在停车处时和之后的任何时间里都从未掏出手枪。他记得的最后一幕是自己在跑,不记

---

〔4〕 Nimely v. City of New York, 414 F. 3d 381, 2nd Cir. 2005.

得撞上了栏杆,然后就在医院里醒来了。

尼姆利提起诉讼,认为警察开枪射击的行为超过了必要限度。

诉讼中,上诉人尼姆利一方请了阿里·盖伊博士(Dr. Ali Guy)和弗雷德里克·萨吉博博士(Dr. Frederick Zugibe)两位专家证人;被上诉方请了斯图尔特·道森博士(Dr. Stuart Dawson)作证。两方专家证人就本案的一个关键性事实进行了争论:穆尔海德是在尼姆利逃跑却并未拔出枪支时开枪的,还是在尼姆利右手持枪转向他准备射击时开枪的。

上诉方两位专家证人都作证称:穆尔海德的子弹从尼姆利背部的左侧进入,击中了他的脊椎,从他身体的右侧射出。为了回应两名警察关于射击事件的证言,两位专家都作证称:虽然子弹的路径确实可以推测当尼姆利被击中时他的身体有可能是半转的,但是尼姆利在被击中前和击中后即使只是接近正面朝向穆尔海德,在医学上都是不可能的。

被上诉方的专家证人道森当时是一名法医,但作为一名法医病理学顾问出庭作证。他的证言主要是要消解尼姆利背部被击中而两名警察作证称正面击中尼姆利的问题。道森在物理学原理的基础上,解释说如果上诉人在持枪转身,那么被击中前的数秒内,还是可能在他倒地之时完成转身。道森认为由于人观察能力的限制,而且事情发生在短短数秒之中,因此,两名警察有可能在射击时看到尼姆利已经完全转过身来了。尽管可能在现实中,尼姆利在子弹射入身体前不可能已经面对穆尔海德了。

道森作证称,他根据两名警察的庭前证言运用了他的“错误观察假设”(misperception hypothesis),认为两名警察庭前的陈述和庭上证言基本一致。他进一步作证称他得出的结论是两名警察并没有说谎。

尼姆利认为道森的大部分证言被错误容许。如果没有道森的证言,两名警察所称的事件经过不可能被理性的陪审团采信。在本案中,道森关于警察可信度的证言是否应予准许,是否属于专家证言的范围,是本案审查的关键。

根据法律,要确定穆尔海德所使用的暴力是否在美国宪法第四修正案含义之内,尼姆利需要证明穆尔海德的行为:“根据当时他所遇到的事实和情境在客观上是不合理的,而不需要考虑他的意图或动机。”警察只有依据合理的根据相信嫌疑人有极大危险将对警察或其他人造成死亡或严重身体伤害的情况下才能够使用致命的武力。

地区法院认为尼姆利出示的证据在法律上并没有排除两名警察证言的可信性,并认为即使道森的证言在法律上被排除,陪审团在没有道森的证言相互印证的情况下也可以相信两名警察的证言。陪审团在被合理指示之下,考虑了可采的证据应该可以得出如下结论:两名警察的证言尽管可能不准确,但是还是可以支持他们所称的在射击前尼姆利是面朝穆尔海德的这一可能性的。

因此,地区法院驳回了原告人尼姆利的请求。尼姆利上诉到美国第二巡回上诉法院。

美国第二巡回上诉法院考虑了道森证言的内容和性质。道森的当庭证言以他自己得出的结论为开头,其结论与上诉方专家证言的结论相同:子弹从尼姆利背部左侧进入,移动到右侧,击中他的脊椎。然后,道森在律师的主询问下回答了以下问题。

问:您看过两名警察的证言吗?

答:是的。

问:你认为在穆尔海德警官认为他向尼姆利开枪时尼姆利在做什么的证言和你的发现相符吗?

……

答:是,也不是。有证言说尼姆利在转身,但从字面上理解,这和事实不符。因为从字面上看,警察说感觉他直接射中了尼姆利的胸口,但是他也说了尼姆利正在转身中。所以根据我的分析,综合考虑各方面情况认为他们可以构成一个合理的说法。

……

在交叉讯问中,尼姆利的律师就道森的"错误观察假设"以及道森最初就两名警察证言的推测进行了询问。在整个交叉询问中,道森重复称他认为两名警察并未说谎。

问:你宁愿认为两名警察同时产生了错觉而不愿接受这样一种可能,那就是穆尔海德和他的搭档就枪击事件的描述是在撒谎吗?

答:很显然他们俩产生的错觉不是同一错觉,因为他俩当时是从不同的角度观察事发经过的。但是我认为到底是何时开枪的,这个时间差别如此微小,需要慢镜头回放才能看出差别。在这种情况下,两名警察同时出现了观察错误是不足为奇的。我不认为他们是在撒谎。

问:你为陪审团提供的两名警察不是在说谎是你得出的唯一解释结论,对吗?

答:啊,你这样的发问方式显得我分析此案的最主要目的就是证明两名警察不是在撒谎。但对此我并不关心。我必须考虑他们是否可能是在撒谎呢,在我考虑了所有事实以后,我得出了我自己对事件发生情况的设想,认为在那种情况下警察们就他们所观察到的情况诚实地做了陈述。

……

法院认为容许道森的证言在几个方面犯了严重的错误,应予重新审判:

第一,美国《联邦证据规则》第702条要求,即使在决定了一个证人是适格的专家证人,且其提供的意见是建立在可靠的数据和方法之上后,还需要法官考虑第三个问题:专家证人关于特定问题的证言是否能"帮助弄清事实"。我们认为,在这个方面,专家证言"篡夺了法官指示陪审团关于法律适用的权力或陪审团将法律适用到事实上的权力"。专家证言除了受该规则第702条的规制,还要受到第403条的限制:"如果其证明价值实质上小于其可能带来的不公正偏见,混淆争点或误导陪审团,将可能被排除。"我们认为,道森的证言就其相信两名警察对故事的描述和道森对两名警察就其观察到的情况和事实之间矛盾所作出的解释被容许是符合法律的。

第二,道森的证言中关于警察可信度的问题。在我们的法律体系中,"决定证人证言的可信度和重要性的权力属于陪审团,陪审团被认为拥有自然理性和生活常识来判断人和人的行事方式……"因此,法庭一直认为专家证言如果包含了对证人可信度的评价,即使这样的评价是基于科学的或者技术上的专业知识,根据美国《联邦证据规则》第702条也不具有可采性。

道森关于证人可信度的证言并不能帮助弄清事实,反而"告诉陪审团应该得出怎样的结论","试图想要用专家的判断来代替陪审团的判断"。法官在尼姆利强烈的反对下仍没有阻止道森就此作证,这样的做法是错误的。

我们还认为道森关于警察可信度的证言基于美国《联邦证据规则》第403条也应被排除。我们在其他情况下也曾拒绝过专家证人基于事实证人当庭证言而作出结论的做法,主要是担心这样的专家证言可能会不当地鼓励事实证人的陈述。道森的证言至少往前多走了一步,他用专家证言的形式作为掩盖,直接评论了本案关键的事实证人当庭证言的可信度。的确,道森不仅被允许陈述他自己的观点认为这两位警察并不是在撒谎,而且还给了陪审团一系列的理由来支持他的观点。

关于两名警察还是尼姆利才是更加可信的证人,这个问题是本案的核心。此外,本案其他的医学证据和目击证人的证言已经让人对两名警察证言的可信性心生疑窦。在这种情况下,我们认为即使法院觉得道森对两名警察诚实打包票的行为不违反其他规则,地区法院没有判断出其证言违反了《联邦证据规则》第403条——证言存在偏见、矛盾、容易使人误解,这也是不够谨慎的。

第三,关于"错误观察假设"理论。我们认为,法院允许道森详细讲解他的这个理论,没有发挥美国《联邦证据规则》第702条"守门"的作用。根据道森的证言,他用他的理论来解释尼姆利从背后被射中这个无法反驳的医学证据与两名警察证言之间的矛盾。的确,正如道森在交叉询问中所说的,他分析的那些医学证据有多种可能的解读,包括在穆尔海德射击时尼姆利可能正想爬起来继续逃跑。然而,道森的假设理论,"将可能性提高到了或然率"(elevated ... from possibility to probability),而这一切都是建立在警官的证言和道森对他们是否撒谎的评价之上的。

道森关于两名警察可信度的个人观点并不能支撑他们发生了视觉错误的结论。这样一种研究方法仅仅从表面看就根本不能评估一个意见的科学可靠性。

基于以上原因,撤销地区法院的裁判,此案重新审判。

| 案例 7.06 | 被性侵女孩证言的可信度:州诉巴坦干[5]

被告人费罗米诺·巴坦干(Felomino Batangan)被指控与他的女儿有性接触。被害人称在她六七岁时,有四五次被告人与其有性接触。被害人不能够及时提供任何明确的日期和证据,对这些行为也没有详细的描述,没有证据显示有身体上的伤害,也没有第三方的证人可以证明。

被害人直到事情发生几个月后才报告。她一开始告诉学校老师被告人虐待她。学校没有发现任何伤痕,她承认自己撒了谎,但是又说被告人对她进行了性虐待。被害人随后又撤回了她的主张。然而在庭审中被害人作证称她遭到被告人性侵犯。

被告人被指控二级强奸罪和一级性虐待罪。在第一次庭审中,就强奸指控被告人被宣告无罪,对性虐待的指控因陪审团未作出裁决(hung jury)而审判无效。法院重新对性虐待指控进行了审判。

在第二次审判中,控方邀请了邦德(Bond)医生(临床心理学领域附属专业治疗被性虐待儿童领域的专家)作证。邦德医生在第二次审判的三周前对被害人的情况作了一次评估。邦德医生就他对被害人的评估(性格、理解力、行为)和被害人就涉及性虐待所告诉他的情况当庭作证。他也介绍了一般被性虐儿童的行为。最后,邦德医生就他如何评估一个儿童是否就性侵说了真话进行了解释。随后,他暗示被害人可信而且被害人确实遭受了被告人的性虐待。

被告人反对容许邦德医生的证言。法庭认为该证据应当容许。

被告人被判构成一级性虐待罪。他以法庭错误地允许了邦德医生的证言为由上诉至夏威夷最高法院。

法院认为:我们认识到性虐儿童是一种非常可憎的行为,社会要求对施虐者提起指控。但是,由于受害者年幼且缺少目击证人而让这类案件的指控难度非常大。“考虑到对儿童性骚扰的行为是如此的恶劣,我们倾向于将证据规则延伸到它可能的最大限度。”然而,被指控性侵的人将被打上“十恶不赦”的烙印并将被处以非常严重的刑罚。因此,我们的证据规则既应该符合社会的利益,也应该保证被告人拥有公正审判的权利。

《夏威夷证据规则》第 702 条规定了庭审中专家证言可采性的规则:“如果科

---

[5] State v. Batangan, Supreme Court of Hawaii, 71 Haw. 552, 1990.

学、专业或其他特殊的知识能够帮助理解事实层面的证据或决定一个事实问题,一个人的知识、技能、经验、培训或教育使他能够担任专家证人,那么他的意见或其他形式的证言可采。”专家证言通过提供“一种相关领域的外行未掌握的资源来帮助探明事实”。专家证言提供的特殊知识是不被一般人所掌握的。在惠特案(Wheat, 527 A. 2d at 272)中,尽管专家提供的证言可能是有关联性并且有帮助的,但“陪审团可能被专家证言不当影响的可能性降低了这个证据的可采性”。在金姆案(Kim,64 Haw. at 607,645 P. 2d at 1337)等案件中,法院认为专家证言所带有的可靠性和可信性的光环,会产生使裁判者放弃他们关键裁判者角色的危险,“过多地看重专家证言而放弃他们自己的常识判断”。

在大多数案件中,陪审团的日常经验为评判一个证人可信与否提供了足够的知识。因此,专家证人就证人可靠性来作证是不恰当的。然而,对儿童进行性侵是一个不可思议(而又迷雾重重)的现象,陪审团的日常经验还不足以来适当评价儿童就性侵问题所作证言的可信度。在迈尔斯案[State v. Myers,359 N. W. 2d 604, 610 (Minn. 1984)]中指出:“尽管陪审员们可能通常能够理解被身体虐待的受害者的情绪,并且据此评估其可信度。儿童被家庭成员性虐待所带来的心理创伤对大众来说还是不能够完全被理解的。通常情况下我们可以根据证言的稳定性、是否愿意配合控方、直接提供证言来判断,但在这类案件中往往是缺少这类因素的。导致的结果就是:陪审团往往将正常状态下适用的标准适用到回答方式异常的儿童受害者上。”

被性虐待的儿童受害者表现出的一些行为方式看上去和其他受害者行为不同。主要有两个:延迟报告受侵害的事实和撤回他们的指控。在这种情况下,让陪审团知道很多儿童受害者都是如此表现的将有助于陪审团决断。

我们意识到,即使是这类的专家证言也有可能夸大一个证人的可信度而贬低另一个证人的可信度。很多专家证言都有这样的倾向。这样的证言本身不会导致证据不可采。关键之处在于专家证言是否能够帮助陪审团判断事实而不会导致对被告人的过度偏见。

因此,尽管专家证言因可以解释受害儿童看上去很奇怪的行为能够帮助陪审团认定事实而可采,但关于侵害确实发生了和受害儿童的报告真实可信的结论性意见对于陪审团并没有帮助。因此,该意见不能够被容许。这样的证言被《夏威夷证据规则》第702条排除。一旦陪审团从专家证人处得知为什么受害人会延迟报告,其证言不稳定或撤回证言的解释,我们相信陪审团就不再需要专家证人去解释被害人行为是否与发生的事实一致。陪审团完全能够自行将案件事实联系起来并据此得出结论。

我们认识到该规则第704条允许“证言以意见或推论形式出现”即使“它涉及

决定事实层面的最关键问题”。但该规则第704条不允许“采纳仅仅是告诉陪审团应该得出什么结论的意见”。

正如在大多数的儿童性虐待案件中“唯一的证据就是被害人的指控和被告人的否认,专家证人就应该相信谁所发表的证言不过就是告诉陪审团应该得出什么样的结论”(Moran,151 Ariz. at 383,728 P. 2d at 253)。当专家意见就是直接评价证人的可靠性时,这样的证言是无效的。除非陪审团具备发现真实的功能,否则其角色将缺乏实质性。通常陪审团通过决定证人的可靠与否来完成这个责任。陪审团制度虽不完美,但是为这个社会进行了很好的服务。目前,精神病学还没有精确到可以用来侵入陪审团审判过程中的程度。

在金姆案中,被告人就强奸他13岁的继女的指控被宣告有罪。在交叉询问中,辩方律师企图通过以被害人在其他场合的不可信来否认她证言的可信性。为了恢复被害人证言的可信度,州检察官传唤了在事情发生后马上对被害人进行检查的医生来做专家证人。专家证人就一般性侵案件受害人情绪反应作证。然后,他发表意见称:根据他对被害人的检查、与被害人母亲的对话、与被告人的对话,他认为被害人是可信的。法院认识到在一般情况下专家证人不得就证人的可信度作证,然而在金姆案中我们作出了让步。因为我们发现对儿童性虐待超过了陪审团的常识理解,法院认为“专家对其可信度的评价可能能够有争议地给陪审团提供一些可能有用的信息”。虽然法庭也对此证言感到苦恼,但是没有认为在该案中这是一个可推翻裁判的错误。

在卡斯特罗案[State v. Castro,69 Haw. 633,648,756 P. 2d 1033,1044 (1988)]中,被告人被指控企图谋杀他的女友。这件事发生在酒吧,有几个证人在场。在审判中,辩方律师试图通过交叉询问弹劾被害人的可信性。因此,控方传唤了一名心理学家就被害人的可信度问题提出意见。审判法院根据金姆案确立的规则允许了其证言。法院认为,允许这样的证言是犯了可推翻裁判的错误。法院明确地将专家就证人可信度的评价限制在儿童被性虐待的案件中。理由如下:对儿童实施性虐待是如此不可思议的现象,通常涉及这种行为的人都有极不寻常的性格,让大多数人难以理解。专家证人可以解释被害人的性格和情况,加深陪审团对这个不熟悉而且令人十分费解的情况的理解。

在卡斯特罗案不久,本法庭在多伊案[In the Interest of Doe,70 Haw. 32,761 P. 2d 299 (1988)]中判决容许对被害人可信性的证言对被告人产生了侵害。在该案中,一个青少年被指控性侵了一名4岁的儿童。被害儿童自己无法作证,但是他的母亲和幼儿园老师就孩子和他们说了什么作了证。当老师被问到她对这个孩子是否诚实的意见时,她回答说:“这个孩子不是在撒谎。”尽管这个老师并不是儿童性侵方面的专家,她作为控方证人在直接询问中的回答变成了一个问题。

在以上两个案件中,控方辩称在金姆案中允许了关于证人可信度的证言,法庭也同意了。本法庭不赞成这个意见。卡斯特罗案及多伊案明显和金姆案不同,所以本法庭不需要重新考虑金姆案。本案的事实与金姆案非常相似,因此本庭不得不直接面对这一问题,那就是:金姆案是否仍然适用。在本案中,被告人被指控性虐了他的未成年女儿,本案没有第三方证人,被害人的可信度在庭审中遭到了抨击,邦德医生是一名合格的专家证人。

我们明白涉及性虐儿童的案件很难被证明,但是它同样也很难进行辩护。在采信专家证言时法庭必须非常谨慎。法庭必须确定这个证人确实在相关领域是专家,同时证言有关联性。进一步来说,证言还必须帮助陪审团理解那些通常不知道或不理解的问题。专家不能够给出那些实际上篡夺陪审团基本功能的意见。审判法院必须时刻牢记:专家对被害人可信度的意见永远存在偏见的可能并且可能会不当地影响陪审团对事实的判断。

在本案中,虽然邦德医生是一名合格的专家证人,但他关于儿童被害人在性侵案件中的行为方式的证言作用极小,我们认为他的证言并没有帮助陪审团理解这个我们看似怪异的行为。实际上,他在作证时有几次都让陪审团回忆他们的童年时代并暗示被害人的行为是正常的。当被问到撤回指控的问题(一个在家庭性虐待中独有而又非常常见的问题),他承认对该问题缺少相关数据支持。最后,当他被问到如何评价被害人对其指控可信度的问题时,他并没有明确地说被害人可信,但是我们可以确信他在陪审团心中留下清楚的暗示,那就是被害人是可信的。

我们认为邦德医生的证言不符合《夏威夷证据规则》第 702 条的规定,给被告人带来了非常明显的偏见。因此,金姆案的相关观点和我们的观点不符,判例约束应就此推翻。

综上,决定撤销原判,发回重审。

第二个明确不属于专业领域的是当事人的精神状况。例如,一个人是不是处于醉酒的状态、是不是神情很沮丧等。这里用的术语是精神状况,但并不是指判断一个人有没有精神病,或行为能力的问题,而是判断一个人的情绪如何、意识是否清醒等。对于这一问题,外行一般可以根据自己的观察作出判断,不需要专家的意见。如果允许专家对一个人的精神状态作出判断,实际上也是在代替陪审团对事实作出决断,因此当事人的精神状态不属于专家领域。

第三个明确不属于专业领域的是当事人的意图。也就是说,一个人做一件事情的目的是什么,对此不允许专家证言代替陪审团作出判断。例如,一个被告人持有小包可卡因,法庭是否可以容许控方传唤专家来作证,凡是持有小包可卡因的人都是意图出售可卡因的呢?美国法上的规则是,对于一般性问题就普遍规律作证是允许的,但是就具体案件中的具体事实作证则是不被允许的。例如,一个有着30多年职业生涯的老警察,30多年来一直专门负责毒品案件的侦查,他若作证说根据他的经验,“持有小包毒品的都是用来准备出售的”。这样的证词是允许的,因为他只是一般性地说明普遍的情况。但若他确定性地作证称某个具体的案件中被告人持有的小包毒品也是为了出售,则是不被允许的。也就是说他凭借自己的专业经验,一般性地分析出,只要是持有小包可卡因的人,都是想要出售的,此证言是允许的;但是如果涉及具体案件的案情,说被告人当时持有小包可卡因意图就是为了出售,则是不被允许的。

另外,对于在一些特定案例中,在特定情况下一个正常人或者被告人是不是能够预见某些事情的发生等类似问题也是不允许专家发表意见的。例如,刑法规定,预见到自己的行为会发生某种后果,放任它发生的,是故意犯罪;但如果是应当预见而没有预见,或者虽然预见但是自信可以避免,就是疏忽大意的过失和过于自信的过失。那么对于如何认定什么情况下应当预见,什么情况下不应当预见,请一个专家到法庭上发表看法可以吗?美国联邦最高法院认为不行。什么是应当预见而没有预见,什么是不应当预见却预见了,都应当建立在一般人的认识水平基础上,这样的问题当然应由陪审团自己判断,不应该由专家判断。

三、目击证人可信度问题

就目击证人指认的可信度问题是否允许专家作证,州与州之间存在分歧。例如,一被告人被指控犯抢劫罪,某现场目击证人到法庭上来作证,证明他亲眼看见被告人实施了抢劫行为。但被告人举出一个专家证言,说根据社会学、心理学的研究,目击证人作证发生错误的比例为90%,这样一个专家证言是否应当允许呢?在有些州是允许这样的专家证言的,因为在这种场合下专家证言并不是彻底否认这个证人证言的可信度,而是陪审团作为一般的外行人并不了解目击证人错误的可能性究竟有多大,那么作为专家,可以让陪审团了解相关知识;但陪审团最终是否相信这个证人,仍然由他们自己决定。

| **案例 7.07** |　眼见并不为实?——美国诉海因斯〔6〕

被告人乔纳斯·海因斯(Johannes Hines)被指控于1997年1月27日抢劫了百老汇国家银行。政府的主要证据就是被抢银行的出纳员珍妮·邓恩(Jeanne Dunne)的指认。

辩方提供了索尔·卡恩森(Saul Kassin)博士的证言,其研究领域是知觉和记

〔6〕 U. S. v. Hines, 55 F. Supp. 2d 62, D. Mass, 1999.

忆,他在其他案件中被认为是目击证人指认方面合格的专家,但控方对此提出反对。

关于目击证人辨认这个问题,在法庭表明意图容许此证言后,政府将重点放在了卡恩森的资格和他会得出的结论上。在第十一个小时,政府放弃了就该问题进行听证的动议。法庭最终拒绝了政府排除辩方专家证人的请求。最后,陪审团未就本案指控是否成立作出裁决(正如第一次庭审那样)。既然此问题将在下次庭审中再次考虑,法庭将理由在此陈述。

有人认为多波特案和锦湖轮胎案在相当大的程度上提高了专家证人可采性的门槛。在某些方面这是对的,在某些方面它又不对。的确,他们将很多的注意力集中在法官作为美国《联邦证据规则》的"守门人"这一方面。在一定程度上,对专家证言越多的庭前审查,就会有越多的证言被排除。然而在另一方面,该标准确实起了相反的作用——它打开了那些以前被排除证据的可采性的大门。

我们的证据规则注重第一手的观察。除了在一些特定情况下,意见证据是不受欢迎的;传闻证据通常要被排除。陪审团从第一手资料中得出合理的推论。当专家证人作出这些推论时,许多问题就出现了。证据规则给了专家证人大于其他证人的作证范围。此外,不同于其他的证言,专家证言会带有一种光环:这是科学,是专业人士的判断。因此,陪审团有可能给予其更多的信任。

因此,法庭应该更小心谨慎地审查专家证言。法庭认为采用这些证言不仅需要它与审讯事实具有相关性,还需要其符合美国《联邦证据规则》第 702 条的一些其他要求。

第一个要求和此证言的必要性有关。该证言得出的推论是陪审团不能够自行得出的。这个推论可能是特殊信息的产物,例如,超出了外行陪审团的知识范围。值得注意的是,多波特规则也强调专家证言在对事实层面有帮助时可以采用。在有些案件(509 U. S. at 591 -592,113 S. Ct. 2786)中,即使外行陪审团能够自行得出推论,专家证言作为一种"帮助"也是可采的。例如,一个问题看似是陪审团从日常生活中就可以理解的,但在实际上他们却得出了错误的结论(如目击证人辨认等)。

第二个要求是关于所得出推论的性质。审理多波特案的法院认识到在科学环境下搜集的信息和在法庭上所出现的信息是有不同的。前者做决定的都是专业人士,并没有必要得出一个最后的结论,做决定的过程与本专业领域确立的一些规则相关。在法庭上,做决定的是外行,即陪审团,因此有必要得出一个确定的结论,得出结论的过程需要满足正当程序标准和公正的要求。在美国的司法传统中,对抗制、交叉询问等是中心。所以问题不仅是证据的客观可靠性,而且也要考虑其产生程序的合法性。不仅只是数据的有效性,而且要关注在直接询问、间接询问和法庭指示后陪审团能够理解到什么程度。

因此,法庭认为:专家证言可采性的规则即使涉及科学领域也是有弹性的,这也就不足为奇了。法官可以考虑以下因素:(1)专家的技术是否可以或已经被检测过了;(2)其方法是否经过同行评议或出版;(3)在应用该技术或理论时它已知的或可能的错误概率;(4)在相关领域是否被一般性接受。

弗赖伊案[Frye v. United States,54 App. D. C. 46,293 F. 1013 (1923)]确立的"一般接受标准"(尽管现在只是许多标准中的一种)还是很重要的。多波特标准主要注重新的科学,它的意图就在于打开挑战现存正统理论的新方法的可采性大门。弗赖伊规则不足以应对新的理论和方法。由于已经放弃弗赖伊规则,法庭不得不考虑其他标准。

但是,多波特案中确立的标准引起了很多的担忧。弗赖伊规则非常符合法庭的能力。法官不需要一名科学家,他或她实际上只需要数一下对"科学的"投票,决定大部分人接受的是什么。然而,多波特/锦湖标准要求一个法官去臆测一个科学家。因此,通过列举"科学标准"和鼓励审查,结论指向了更严格的标准。但是,通过强调庭审环境的独特性,"帮助认识事实"和弹性标准,结论正好相反。

锦湖轮胎公司案(Kumho)将多波特规则延伸到了非科学领域。这个种类并非传统科学的领域。同时,法庭认识到多波特标准的局限性。它重新强调了多波特案中支持的法庭必须做好"守门人",必须确信所有关于美国《联邦证据规则》第702条的专家证言,而不仅仅是科学的测试,必须是有关联性的、可靠的。但是多波特标准被改进多少,是在法庭的自由裁量权之内的。如果多波特规则在适用到传统的科学领域时是有弹性的,那么当它适用到非科学的、技术的领域时也当然是有弹性的。

此外,如果多波特标准将庭审的特殊性考虑进去,即在询问和指示后外行能否理解证言,锦湖轮胎公司案也能如此。实际上,交叉询问和法庭的有限指示也许在技术领域更能发挥作用,因为比起"充满魅力和迷雾"的科学领域,陪审团更易了解它们。

将多波特规则适用到技术领域,尽管科学方法不一定适用,但它有弹性。此外,在这个情境中,由于新的技术领域并未像传统的科学领域那样被稳稳地确立,新科学与旧科学的对比也不是很清晰。

本案中,控方提供了出纳珍妮·邓恩的证言。邓恩,一名白人女性,在抢劫后不久做了以下描述:嫌疑人是一名深色皮肤的黑人,宽鼻子,中等身材。她的描述符合一般人所认为的非裔美国人的特征。邓恩在抢劫发生后不久的照片辨认中未能够指认出被告人。她挑出了几张照片,但是没有一个是像她形容的那样深肤色的黑人。她和警方的肖像师一起,帮助画出了一张抢劫者的素描。然后她马上看了8张照片,其中包括一张被告人的照片,她指认出被告人的照片和嫌疑人相似,但是她也不确定。几个月后,邓恩在列队辨认嫌疑犯中指认出了被告人。

被告方提供了卡恩森的证言。卡恩森在威廉姆斯学院研究人类观察理论,有相关的证书和庭审经验。政府提供了艾博生(Ebbesen)作为专家证人。法庭对双方的证言都予允许。

卡恩森的证言是为了证明以下事项:相比同种族的辨认,跨种族辨认的准确率要低;压力对辨认的影响;时间对记忆的影响;“自信准确”现象——目击证人表达出来的确信和辨认的准确度不存在任何的联系;在辨认程序中那些微妙的暗示,例如,一张照片要比其他的照片颜色要深,目击证人知道嫌疑人就在队列中等;“移情现象”(the transference phenomenon),即证人可能会觉得一张脸看起来很熟悉,但是不能够区分这种熟悉感是来自抢劫现场还是先前看过的照片;等等。卡恩森的证言建立在心理学研究的基础之上,测试记忆在不同条件下的获得、停留和恢复。

在直接询问中,卡恩森指出了在邓恩辨认过程可能会减少准确性的因素:跨种族辨认的问题;被告人照片和其他人照片的不同;被告人和其他被列队辨认的人的不同。他发现了他自己所称的“相关的”“比较”的判断:证人想要帮助解决这个案子,因此她将照片中的人进行比较,而非将照片和她看到的人进行比较。在交叉询问中,政府提出了以下的因素来提高准确性:光线;与抢劫者的距离;给证人的说明,特别是在列队辨认嫌疑人的说明。政府就他们在列队辨认嫌疑人时给证人的说明询问了卡恩森,卡恩森说这样的说明“非常完美”。

控方主张陪审团根本不需要这个证言,它并不是美国《联邦证据规则》第702条语境下帮助认定事实所必需的。法庭不同意这个观点。尽管陪审员可能会很有信心地认为他们可以从自身的经验就目击证人指认的事实做出合理的推论。他们的自信很可能是错误的,尤其是在跨种族辨认的情况下。的确,在这个方面,这个原理和受虐妇女综合征案件中的专家证言相似。陪审团会责怪被害人为何没有离开他们的施虐配偶,认为他们完全可以理解被告人的情况。实际上,心理学上的证据显示:遭受受虐妇女综合征的人和其他没有经受家庭暴力的“正常”女人对此事的“正常”反应是不同的。常识在这些问题上很可能不准确。

法庭也不同意这样的证言篡夺了陪审团的权利。专家证人在此案中的作用不在于告诉陪审团“你应不应该相信这个目击证人”。专家的作用仅仅在于给陪审团提供更多的信息以便他们做出更明智的决定。如果没有专家,辩方律师可能会试着争辩跨种族的辨认比同种族的辨认更可能出现问题,或者说压力会降低准确性,但是他的声音将会缺少卡恩森所引用科学研究的权威性。

最后,专家未和目击证人会见这一事实使得陪审团更不可能仅仅接受专家证言。因此,专家证言更有可能受到合理的限制。他只能够给陪审团提供如何去分析目击证人的工具,他并没有任何明确的信息。这门学科并没有自负地认为可以预测一个证人的证言是准确的还是错误的。

在法庭看来，让陪审团听到各个角度的辩论相比起假设其中没有任何矛盾而言，程序的准确性是大大提高了的。

综上，法庭允许辩方专家证人就目击证人指认提供的专家证言。

因为目击证人的证言通常很关键，在法庭的证据分类中，目击证人的证言一般为直接证据，一般情况下目击证人的证言是强有力的证据，具有很高的证据价值，所以在这个领域允许由专家就这个问题作证，实际上是为了在一定程度上抵消这种来自目击证人的偏见。这在有些州是不被允许的，但联邦法院态度却并不明确，海因斯案对于该问题的解决也算提供了一个思路。

四、同时允许专家意见和外行意见的领域

有一些领域既允许专家意见，也允许外行意见。这个领域最典型的例子是笔迹的同一性认定。

案例7.08　笔迹的同一性认定：美国诉萨利〔7〕

被告人萨利（Chan Ian Saelee）因违反《联邦毒品管制法》被起诉三项罪名。其中第三项指控是从泰国非法进口鸦片。这些鸦片装在包裹中，藏在一个酒吧，包裹的外面是邮局的包装，显示这些鸦片从美国通过速递发往其他地方，但是由于投递失败被送回。控诉方申请传唤约翰·考利（John W. Cawley），一名法庭文书分析师出庭作证，来比较被告人提供的笔迹样本和包裹上的地址的笔迹之间的异同。考利得出的结论是，其中一个包裹上的笔迹是被告人的笔迹，另一个包裹上的笔迹可能是被告人的笔迹。

被告人提出动议说，联邦最高法院在多波特（Daubert）一案判决中确立的标准适用于本案，因此考利的意见是否具有可采性首先必须满足一定的要求。被告人要求法院就该意见是否满足要求举行听证。法院决定在2001年8月10日举行听证，并要求被告人提供一份更为详细的动议摘要。

准备听证期间控方改变立场，建议考利只就被告人的笔迹和包裹上的笔迹是否具有相似性作证，不再就被告人是否就是包裹上的笔迹的作者作出结论。控方说这种比较根据美国《联邦证据规则》第701条是允许的，是有可采性的。一开始，被告方同意检察官的建议；但后来又提出，考利的证言如果要具有可采性，就只能根据该规则第702条具有可采性，该规则第701条不会使考利的证言具有可采性。检察官对此没有反对。法庭就该证据是否应当根据该规则第702条具有可采性举

〔7〕 United States v. Saelee, 162 F. Supp. 2d 1097, 2001.

行听证。在听证过程中,检察官又提出,考利的证言应当根据该规则第 901 条关于同一认定的条款具有可采性。

听证结束时,法庭终于同意被告人的看法,将该证据予以排除。法院认为,考利如果作证,其提供的证言不是外行意见,而是专家证言。这从他作证的方式可以看出,因为考利提交给法院的书面报告使用了有关书写特征的原理,而这些原理并不为一般人所知。因此,他提供的证言只能放在美国《联邦证据规则》第 702 条下考虑。所以,控诉方有义务证明,该专家的证言具有可靠的基础。但控方没有解释该报告如何认定两者的同一性,以及多少样本可以得出这样的结论等。因此,控诉方没有完成该专家证言具有可靠性的举证责任。

这个案例实际上说明,对于笔迹的同一性问题,既允许专家证言,也允许外行证言,但外行证言要满足一定的条件。该案法庭不允许考利作为外行来提供证言,主要是因为考利不是凭着他对被告人笔迹的熟悉,而是凭着他对笔迹进行研究所得出的规律,依赖那些原理就笔迹的同一性作出认定。一般来说,如果一个人对某个笔迹很熟悉,他可以就它的同一性提供外行意见;但如果不是因为对笔迹的熟悉,而是运用一些书写的规律来作出同一性的鉴定,就属于专家意见,需要满足美国《联邦证据规则》第 702 条的要求。

五、关于最终事实的意见的可采性

美国《联邦证据规则》第 704 条的规定是关于最终事实的规定。根据普通法规则,最终事实的意见不具有可采性,因为最终事实是作为控诉的一个组成部分或者答辩的一个要素。比如前文所述出售可卡因的意图,一个人持有一小袋可卡因是否意味着他有出售它的意图,那么他到底有没有这个意图则属于犯罪的构成要素,这是《联邦证据规则》第 704 条所说的最终事实。该规则第 704 条(a)规定专家关于最终事实的意见是有可采性的,而第 704 条(b)规定,在刑事案件当中对于犯罪、指控或者答辩的一个构成要素,专家关于最终事实的意见不具有可采性,即在第 704 条的规定中,一般情况下关于最终事实的专家意见是具有可采性的,但是如果作为指控范围的一个组成部分,或者答辩的一个要素,则这样的事实的专家意见不具有可采性。

案例 7.09　最终事实:美国诉瓦斯凯[8]

缉毒警察在明尼阿波利斯市/圣保罗国际机场的联邦快递包裹编配站对传送

[8] U. S. v. Nicholas Vasquez, 8th Cir., 213 F. 3d 425, 2000.

带上的包裹进行外部检查时，一个无法送达的包裹引起了他们的注意：这个包裹的寄件人和收件人同姓，但是地址却是错误的；空运单是手写的，标上了“隔夜达优先送达快递”；没有账目号码；从加利福尼亚州寄出。根据处理无法送达包裹的流程，联邦快递的工作人员核实了正确地址，将包裹和其他包裹一起放到配送卡车的后面等待进行记录并由司机装车。尽管有所怀疑，但是警察并没有给司机任何指示，也没有试图去干涉包裹的处理流程或延迟让司机离开。就在司机装车时，警察带来了一条缉毒警犬来嗅这些包裹。在警犬对这个可疑包裹报警后，警察将这个包裹放在一边，在申请到搜查令后打开了包裹。他们发现包裹内有约4磅重的甲基苯丙胺(methamphetamine)。在控制下送达后，尼古拉斯·瓦斯凯(Nicholas Vasquez)被捕，后被起诉多项毒品犯罪。陪审团认定瓦斯凯有罪，瓦斯凯上诉。瓦斯凯认为地区法院拒绝他排除甲基苯丙胺的要求是错误的，认为警察不当地扣留了包裹。

我们同意瓦斯凯的观点，“执法人员在扣留包裹进行调查之前必须有合理怀疑，认为根据事实情况这个包裹里有违禁品”；我们也同意，警察们最初发现的那些可疑因素并没有达到这个标准。然而，与瓦斯凯观点不同的是，我们认为，警察检查包裹的外部并由警犬嗅毒品的行为并没有构成扣押，因此也不需要合理的、可描述的怀疑，因为在那时警察并没有延迟或者干涉正常的包裹处理程序[See United States v. Harvey, 961 F. 2d 1361, 1363 - 64 (8th Cir. 1992) (per curiam)]。缉毒犬的反应已经为扣押包裹提供了足够的根据[see United States v. Sundby, 186 F. 3d 873, 876 (8th Cir. 1999)]，构成“合理根据”，因此地区法院拒绝瓦斯凯的请求是正确的。

瓦斯凯的另一个辩护理由为：他并不知道包裹里是毒品。瓦斯凯认为，地区法院允许政府方的专家证人就“毒贩一般不会用不知情的人传递毒品”作证滥用了法庭的自由裁量权。他认为该证言违反了美国《联邦证据规则》第704条(b)禁止专家证人就“被告人是否具备构成被指控犯罪的犯罪因素或辩护因素的精神状态发表意见”。法庭不同意。专家并没有提供关于瓦斯凯个人是否知道包裹内物品的不当意见。地区法院适当地允许了专家的一般性概括性的意见，“毒贩的作案方法不是一般陪审员所熟悉的”。同样地，我们并不认为专家证言是含有偏见的关于运毒人员的特征的证据，因为该证据并非通过展示瓦斯凯符合运毒人员的特征而来确认他有罪的。

因此裁定维持原判。

该案法院的判决认为该专家证言具有可采性。因为这个专家只是就一般性的事实作证，称这些毒品走私分子不会让那些不知道自己在运送毒品的人运送毒品,而并没有特定地指出该案被告人一定知道那是毒品,所以其证言具有可采性。

六、我国法律对外行领域与专业领域的区分

在我国,专业领域和外行领域的范围也就是司法鉴定的范围。凡是需要司法鉴定的领域,就属于专业领域。全国人民代表大会常务委员会《关于司法鉴定管理问题的决定》第 2 条第 1 款规定:"国家对从事下列司法鉴定业务的鉴定人和鉴定机构实行登记管理制度:(一)法医类鉴定;(二)物证类鉴定;(三)声像资料鉴定;(四)根据诉讼需要由国务院司法行政部门商最高人民法院、最高人民检察院确定的其他应当对鉴定人和鉴定机构实行登记管理的鉴定事项。"该决定第 17 条规定:"本决定下列用语的含义是:(一)法医类鉴定,包括法医病理鉴定、法医临床鉴定、法医精神病鉴定、法医物证鉴定和法医毒物鉴定。(二)物证类鉴定,包括文书鉴定、痕迹鉴定和微量鉴定。(三)声像资料鉴定,包括对录音带、录像带、磁盘、光盘、图片等载体上记录的声音、图像信息的真实性、完整性及其所反映的情况过程进行的鉴定和对记录的声音、图像中的语言、人体、物体作出种类或者同一认定。"

根据上述规定,基本上可以理解为,在该规定中明确提到的这些领域,是允许甚至要求有专家证言的。这也是我国法律对司法过程中专家意见的规范。它在专业领域和外行领域的区分与英美证据法大体上是一样的,并不是所有的领域都允许专家发表意见。

需要指出的是,即使法律上没有规定一定要进行司法鉴定的领域,是否就一定属于外行领域,这一点值得商榷。《关于办理死刑案件审查判断证据若干问题的规定》第 12 条第 3 款规定:"证人的猜测性、评论性、推断性的证言,不能作为证据使用,但根据一般生活经验判断符合事实的除外。"如本章第一节所述,该规定实际上排除了"外行人就专业问题发表的意见"这一意见证据的可采性。所谓"根据一般生活经验判断符合事实",就是指外行意见只能限定于外行领域,只需要借助一般生活经验就可以做出判断,并且经普通人判断符合事实,才能够作为证据使用。对于需要借助科学知识、技术知识或其他专业技能才能判断是否符合事实的领域,仍然只有专家才能发表鉴定意见。

第三节　专家证人的资格要求

一、美国法律对专家证人的资格要求

美国《联邦证据规则》第702条规定："如果科学、技术或者其他特殊知识有助于事实裁判者理解证据或者决断争议事实，则一个因其知识、技能、经验、培训经历或者教育经历而有资格作证的专家，可以以意见的形式提供证据。"

根据上述规定，美国对专家证人的资格要求是比较宽松的。例如，一个12岁的小孩，他对昆虫有特别的了解，从5岁开始就收集全世界各地的昆虫，熟悉各类昆虫的生活习性，那么他就会成为一个昆虫学方面的专家。当遇到"一个特定种类的昆虫一般会在什么样的地方生长，你在什么样的地方可以发现它"这样的问题时，他就可以作为专家在法庭上向陪审团作证。

| **案例7.10** | 吸毒经验可以作为专家资格：美国诉约翰逊〔9〕

被告人约翰逊被指控从境外向美国运输大麻。被告人承认自己运送的是大麻，但是否认自己运送的大麻是从境外进口的（从境外非法运输大麻比在境内运输的刑罚更重）。由于大麻本身未被扣押，有关大麻来源地的唯一非传闻证言就是皮尔内里（Pianelli）的证言。皮尔内里拟向法庭作证，证明他有上千次吸食大麻的经验，曾经参与大麻交易20多次，曾被叫去辨认大麻100多次，且从未出错。他从植物的外形以及其他物理上的特征来辨认大麻；他也通过大麻的味道以及吸食的效果等进行辨认。他也承认，自己在辨认大麻方面没有受过专业教育或培训。相反，他认为他的资格纯粹来源于他在大麻交易或吸食方面的丰富经验。他还作证说他比较了哥伦比亚大麻与来自其他地方的大麻20多次。不仅如此，他还见过美国土生土长的哥伦比亚大麻，它们与哥伦比亚生长的大麻很不一样。

被告方对该证人证言提出反对。听证之后，法官裁决证人证言具有可采性。证人在陪审团面前作证说他尝过本案中的大麻，确定该大麻来自哥伦比亚。

上诉法院认为，本案当中，大麻的产地涉及对非法销售毒品的占有以及植物学有关，这两者均非一般陪审员的知识所能涵盖。对于政府为实现其对被告人的定罪这一目标而言，它必须证明本案中的大麻来自美国国界之外。因此，任何能够辨

---

〔9〕 U. S. v. Johnson, 575 F. 2d 1347, 5th Cir. 1978; cert. denied, 440 U. S. 907, 1979.

认该大麻产地的证言对陪审团都是有帮助的。故此,容许审判法庭考虑皮尔内里是否有资格提供这样的证言也是适当的。

美国《联邦证据规则》第702条规定,专业知识既可以来自正规的培训或教育经历,也可以来自经验。皮尔内里在听证程序中揭示了他具有处理大麻以及辨认哥伦比亚大麻方面的经验。基于这一证言,审判法院决定容许陪审团考虑他的证言,处于法官自由裁量权的范围之内。

容许这一专家证言并未关闭陪审团考虑该争议问题的大门,因为陪审团也可以不接受该专家的证言。被告人也有权自由地引入他自己的专家证言以挑战控方的专家证言。本案中,被告人也确实提出了一位佛罗里达州立大学植物学方面的副教授安德森先生提供的专家证言,证明通过观察大麻的外形不可能辨认出它的原产地。法官对该证言也按规定给予陪审团作出了一般性指示。不仅如此,法官还指示陪审团:"你们应当就呈现在你们面前的专家证言给予它们应有的证据价值的评价。"因此,专家证言之间的冲突已经正确地呈给陪审团来决定。

皮尔内里声称自己能够辨认来自哥伦比亚的大麻。安德森教授则否认这一可能性,不过安德森教授也承认不同的气候环境会产生出不同的大麻。安德森教授的证言建立在不存在哥伦比亚大麻不同于其他地区大麻的科学标准。但是,他也承认,产自加拿大的大麻与产自其他地方的大麻的区分标准是存在的。如此一来,安德森教授的证言就表现出一定的模糊性。这一问题也就属于应当由陪审员来认定的问题。我们认为审判法院容许皮尔内里的证言并无不当。

二、我国法律对专家证人的资格要求

全国人民代表大会常务委员会《关于司法鉴定管理问题的决定》第4条规定:"具备下列条件之一的人员,可以申请登记从事司法鉴定业务:(一)具有与所申请从事的司法鉴定业务相关的高级专业技术职称;(二)具有与所申请从事的司法鉴定业务相关的专业执业资格或者高等院校相关专业本科以上学历,从事相关工作五年以上;(三)具有与所申请从事的司法鉴定业务相关工作十年以上经历,具有较强的专业技能。因故意犯罪或者职务过失犯罪受过刑事处罚的,受过开除公职处分的,以及被撤销鉴定人登记的人员,不得从事司法鉴定业务。"

根据上述规定,在我国,未成年人、有犯罪记录的人、被开除公职的人等不可能成为专家证人从事司法鉴定业务。因为上述规定实际上排除了未成年人及部分成年人担任专家鉴定人的可能性,也排除了有犯罪记录者、被开除公职者成为专家证人的可能性。与美国的规定比较起来,我国对专家证人资格的要求不仅强调其受过相关方面的专业训练,而且比较注重专家在学历、经历、年龄、资历上的权威性。

案例 7.11　黄静案[10]

2003 年 2 月 24 日上午，任教于湖南省湘潭市临丰小学、年仅 21 岁的音乐教师黄静被发现死在宿舍床上，全身赤裸，身上有多处伤痕。尸检报告称其为处女，但其生前男友姜俊武的精液在现场被发现。

姜俊武称：案发当天晚上大家一起喝酒，喝完酒了打牌，打牌的时候黄静就靠在姜俊武身上睡着了，姜俊武背着她开车回到她宿舍，之后两人发生了亲密行为，包括抚摩等自愿的亲昵行动；姜俊武没有试图强奸她，但他确曾希望发生性关系，因女方不同意，他很尊重女方，也就没有强行发生性交，但是以特殊体位发生了性关系；黄静后来出现口吐白沫、抽搐的症状，但自称没事，于是他在清晨离去。

2003 年 6 月，姜俊武被刑事拘留。该案于 8 月 1 日移送检察机关审查起诉，12 月 22 日提起公诉，但是一直到 2006 年 7 月 10 日一审才宣判姜俊武无罪。检察院起诉的是强奸犯罪中止，也是根据姜俊武所说想要强行插入，后来发现黄静实在是不同意，就放弃了，但其放弃之后采取了以特殊方式进行的性行动，从而触发死亡。所以姜俊武虽然不构成强奸罪，但对黄静的死亡要承担 50% 的民事责任。2007 年 12 月 8 日，二审法院裁定驳回上诉，维持原判。

该案侦查及审判过程中先后出现了 4 份司法鉴定。

第一份是湘潭市公安局和湖南省公安厅的初步法医检验，认为黄静是心脏疾病导致急性心肺功能衰竭而死，属于正常死亡。第二份是 2003 年 7 月 3 日南京医科大学出具的鉴定，认为心肺功能衰竭的说法证据不足，黄静是非正常死亡。第三份是 2003 年 8 月 14 日中山大学法医鉴定中心的鉴定，也认为不足以确定自然死亡。第四份是 2004 年 8 月 2 日最高人民法院司法鉴定中心出具的鉴定，黄静原有潜在病理改变，因姜俊武采用较特殊方式进行的性行为促发死亡。

在《最高人民法院司法鉴定中心法医学鉴定书》中，记载的鉴定人姓名及头衔如下：徐某某，浙江大学医学院病理法医研究所教授，中国法医学会原理事，中华病理学会原理事；何某某，医学博士，主任法医师，最高人民法院司法鉴定中心法医处处长，中国法医学会法医病理学专业委员会委员，中国法医学会副秘书长；周某，医学博士，副主任法医师，最高人民检察院检察技术信息研究中心检察技术处副处长，中国法医学会临床学专业委员会副主任，中国法医学会副秘书长；刘某，医学博士，教授，博士生导师，华中科技大学同济医学院法医系主任，中国法医学会法医病理学专业委员会副主任委员；官某某，医学博士，教授，博士生导师，中国医科大学

---

[10] 根据网络资料摘编。

法医学院副院长,中国法医学会法医病理学专业委员会副主任委员。

案情材料及现场情况表明,被鉴定人黄静死亡前12个小时已与姜俊武发生过一次性行为,其在姜俊武与他人夜间玩至凌晨时已疲倦睡眠。在这种状态下,姜俊武与被鉴定人黄静回学校宿舍后再次发生性行为。结合被鉴定人黄静双下肢腘窝处的损伤特点、病理所见及案情材料,鉴定人一致认为,2003年2月24日凌晨,姜俊武以较特殊方式进行的性行为是引起被鉴定人黄静死亡的关键促发因素。

综上,最高人民法院司法鉴定中心的鉴定结论是:被鉴定人黄静在潜在病理改变的基础上,因姜俊武采用较特殊方式进行的性行为促发死亡。

在黄静案中可以看到,2004年8月2日最高人民法院司法鉴定中心出具鉴定意见认为黄静原有潜在病已改变,是因姜俊武采用特殊方式进行性行动触发死亡。该鉴定结论列出了所有专家的姓名、职务乃至兼职,以突出鉴定专家的权威性。可见,在我国,专业知识固然是鉴定人必须具备的基本条件,而一定的经验、在其专业学会内的地位等,也是不可忽略的方面。

从黄静案也可以看出,我国对于鉴定意见实行的是鉴定人负责制度,鉴定人要独立进行鉴定,对这些意见负责并要签名或者盖章。多人鉴定,有不同意见的应当注明。当事人对鉴定意见有异议的,经人民法院通知,鉴定人应当出庭作证。

三、法学专家的证人资格

在美国,一个人可以凭借自身专门的知识而作为专家向法庭提供证言,但法学知识除外。例如,一位法学教授作为法学专家在法庭上就国内某个法律应当如何解释提供证言,这在美国法上通常是不被允许的。因为法学知识属于法官运用的范畴,不能够用专家的意见来取代法官对特定问题的看法。但也有一个例外,如果就外国法作证,法学专家的意见作为专家意见具有可采性。

| **案例7.12** | 法学专家可以就外国法问题向法庭作证:赖昌星引渡案[11]

在赖昌星案的审理过程中,多名中外法律工作者和社会活动人士出庭作证,他们从侧面见证了该案的审理过程。《南方周末》记者通过越洋电话采访了加拿大政府专家证人之一、加拿大刑法改革研究中心高级研究员杨诚教授。

据杨教授介绍,这次官司是加拿大政府(以移民部部长的名义)与赖昌星在打。双方都组织了强有力的律师团,加拿大政府请了4名律师,赖昌星请了2名律师,其

---

〔11〕《南方周末》独家专访杨诚:《我为赖昌星案作证》,载《南方周末》2002年6月27日,第1版。

中梅塔斯是加拿大最著名的难民律师。在律师之外,为支持自己的主张,双方都请来了多名证人。加拿大政府请了3名专家证人,分别是美国纽约城市大学中国法律研究专家科恩(Cohen)教授、原加拿大驻华使馆政务参赞伯登(Burton),以及加拿大刑法改革研究中心高级研究员杨诚;赖昌星也请了几名证人,其中有一位费恩曼(Feininam)教授,他是科恩教授的学生。

审理过程几乎就是作证聆讯的过程,光赖昌星和妻子曾明娜作证就花了几十天。其他每个证人作证都花了几天时间。据杨诚教授称,他作证时间是在前一年的10月中旬,前后3天,每天都是早上9点开始,下午5点左右结束,其间不停地接受控辩双方律师的反复盘问。裁判机构加拿大难民法庭的两名难民官则只起一个主持人作用,不发表任何意见。

双方质证的核心问题并非赖昌星涉嫌犯罪的事实或者加拿大的法律,居然是中国的司法制度是否公正,赖昌星被引渡回国是否会受到不公正的对待。如果公正,则赖昌星就可以被引渡,不能成为难民;如果不公正,则赖昌星不能被引渡,可以在加拿大当难民。

据杨诚教授称,他主要就几个问题作证:(1)中国的刑法、刑事诉讼法,整套中国司法制度,从侦查、起诉、审判到监禁服刑的整个程序,是否足够公正。(2)国际社会对中国司法状况的看法。(3)中国司法人员的素质。

杨诚教授指出,"死刑只是其中一个问题,中国的整套司法制度都在这里过了一次堂"。中国刑法、刑事诉讼法的几乎每个条文都被搬出来辩论。"我的看法是,中国改革后的司法制度与国际公约标准的距离大大缩小了。"这也是杨诚教授在作证过程中的主要观点。

赖昌星所请证人也作了陈述。杨诚教授说:"但他们的证词有的不可信,道听途说的东西太多。对方律师不错,但他不了解中国的国情。他拿了很多问题来盘问我,我说这没用的。我在中国国内待了7年,接触中国司法人员几千名,监狱也去了好多家……显然是政府方面的观点比较具有说服力,难民法庭采信的也比较多。"

难民法庭最后下达的判决书近300页,可以说是对中国司法制度进行了一个总的评价:它认为中国司法制度这么多年来一直在改进;中国司法制度不至于造成赖昌星案件不公正的审判。

尽管长期从事中加法律比较研究,杨诚教授仍惊讶于审判程序之复杂和漫长。他说:"这是加拿大历史上最大的一次难民审判,耗资和耗时在加拿大历史上都是空前的。"在审判开始之前,加拿大政府为了办这个案件,多次派律师到中国取证,"材料堆了一房间"。在审判过程中,"所有证据都要在法庭出示并经受盘问,这个制度是很公正的,但所花费的时间和金钱也很厉害"。

在我国,法律并没有明确规定法学专家不可以在法庭上就本国法律适用问题发表意见,实务中也很少有当事人专门聘请法律专家作为专家证人在法庭上提供证言。但是,在不少重大案件中,一方乃至双方当事人都聘请著名法学教授就案件中的相关法律提供专家论证意见的现象却比较普遍。本书认为,法学专家论证意见提交法庭供法官参考的做法,在一定程度上有助于法官正确把握法律的适用。在法治不够成熟的时期,法学专家的论证意见甚至可以在一定程度上起到匡扶正义、锄强扶弱的效果。

第四节　专家依赖的事实与方法的可靠性

专家证言所依赖的事实与方法,就是专家的证言所赖以成立的自然规律或者科学技术原理,以及专家将其专业技能所运用加以分析的案件事实。美国《联邦证据规则》第 702 条规定,一个证人如果通过他的专业知识、技能、培训经历、特殊经验,以及他所接受的教育背景,使他能够提供专家证言,其专家证言首先必须建立在足够的事实或资料的基础上。例如,专家就一个人的死亡原因作出鉴定,那他就应当对尸体进行解剖,要对内容物进行取样,要进行化验等,这就是专家证言所赖以成立的事实基础。其次,专家的证言必须是可靠的原理或方法的产物。例如,大家一般认为,一个人要是生前落水,那么他死后胃内容物里面一定有硅藻,因为人死后不会呼吸,就不会把水里的硅藻吸进去,只有在其生前落水的时候,他才会把硅藻吸入。因此界定一个人到底是生前落水还是死后落水,唯一的依据就是判断他的胃内容物里面有没有硅藻,有就是生前落水,没有就是死后落水。因此,通过对尸体进行解剖、化验,然后进行化学的检测,之后认定其胃内究竟有没有硅藻,这个方法现在一般被认为是可靠的;如果用这个方法来鉴定被告人的死亡原因,就可以说这个证言是建立在可靠的原理上或者方法的基础上。最后,专家证言还必须是对该原理或方法的合适的运用,即专家需要把案件中的事实通过他所掌握的该原理和方法一并运用到案件中以得出结论。

一、弗赖伊案件:“一般接受标准”

对于专家所依赖的自然规律或科学技术原理,普通法上奉行的标准叫作“一般接受标准”。这是美国法院在 1923 年的一个刑事案件中确立的标准。

| **案例 7.13** |　科学原理中的"一般接受标准"：弗赖伊案[12]

1913 年，美国哈佛大学的心理学家马斯顿（Marston）经过大量心理实验研究得出结论，正常人撒谎一定会在心理机制和生理机制上消耗更多精力，从而引起心脏血压、呼吸的变化。他的工作为测谎仪的发明提供了统计基础。1921 年，有人开始把血压计与呼吸器联合起来对嫌疑犯做测试，取得了大量准确的数据。更有人据此发明了"心脏血压收缩欺骗测试"（systolic blood pressure deception test）方法，该方法的基本原理是：受试者一开始通常都会比较紧张，但是如果其对问题的回答都是诚实的，则其紧张情绪会逐渐得到缓解，因此测试的曲线应当是一路走低；如果受试者一直在撒谎，则由于其消耗的精力更多，情绪会一直保持紧张，心脏血压会一直保持高压状态，测试的曲线也就会一路走高。换句话说，如果测试的结果是一路走低，说明受试者在说实话；如果曲线一路走高，则说明受试者在说谎。

1923 年，一名叫弗赖伊的刑事被告人被指控谋杀。被告人在审判前接受了这个被称为"心脏血压收缩欺骗测试"的测谎，测谎结果表明他没有撒谎。于是被告人就想把这个证据提交到法庭上，证明他没有实施谋杀，他没有撒谎。法庭对此予以拒绝。被告人又提出动议，请让为他测试的心理学专家在法庭上演示一遍这个科学界的新生事物，当庭对他进行测试，让陪审团观摩整个测试过程，证明他没有杀人，他说的是真话。但法庭仍然加以拒绝。

法庭认为，科学原理或发现是否已经越过了实验性或展示性阶段是一个难以界定的问题，但是作为证据而言，其证据价值得到认可的前提是该科学原理已经得到承认。尽管从科学原理被承认到其所推导的结论具有可采性之间，或许会走上一段很长的路程，但是该推论具有可采性的前提应当是其所附属的科学原理已经得到普遍的接受。

基于上述标准，法院判定"心脏血压收缩欺骗测试"方法无论在生理学权威还是在心理学权威方面均未获得科学的认可，因此不能获得法庭的允许。

这就是弗赖伊案件法官的判决。科学原理或者科学发现多种多样，比如有的人声称自己能够预测地震的发生，还有一些人类学家声称把一只公鸡赶到建筑废墟前，通过观察公鸡的行为、姿势等就能知晓该建筑坍塌的原因等。在这些所谓的科学原理或发现中，有些方法仍然是实验性的，有些则是展示性的。例如在医学上，要是发明一种新药，需要经过很多临床试验，必须通过实验以后，相关药品才能获得生产许可证；没有经过临床试验，不可能允许生产。所以实验性或者展示性阶段，这是验证一个科学的方法和原理是否可靠必须要经历的阶段。

[12] Frye v. United States, 293 F. 1013, D. C. Cir. 1923.

作为证据来说,其证据价值得到认可的前提是该科学原理已经得到承认。

例如,有人声称转基因食品对人体有害,该说法实际上并没有得到科学承认。在一个民事案件中,一个患了艾滋病的被告人,起诉那些转基因食品工厂,称其吃了转基因的番茄(就是最常见的转基因食品),所以得了艾滋病,并且找到一个专家到法庭上作证,说他得了艾滋病是因为吃了转基因番茄。这样的专家证言不会得到允许,因为该证据价值要得到认可,前提是专家所运用的科学原理已经得到普遍接受。此事例可能看起来很荒谬,但其实美国有很多类似的案例。例如,一些人得了艾滋病,便起诉工厂说空气污染是其得艾滋病的原因。因为空气污染使他们心情沮丧,心情沮丧导致他们免疫力降低,免疫力降低导致他们感染了艾滋病。为此作证的专家证言肯定不可能得到认可,因为无论是医学界还是科学界都不承认一个人情绪低落或者长期情绪低落就会得艾滋病。

从科学猜想到科学原理被普遍承认,再到他所依赖的这个结论能够被法庭所认可,一般会有很长的一段路要走。那么一个什么样的标准才使得其具有可采性呢? 该标准就是结论所赖以成立的科学原理已经得到普遍的接受,即该科学原理要公开发表,要经过同行评议,没有经过同行评议,也没有经过公开发表,就不能够被认定为已经得到普遍接受。换句话说,同行评议和公开发表是达到普遍接受标准的前提。当然,这并不意味着只要公开发表了,就可以被视为普遍接受;但是未经同行评议、未经公开发表,则肯定不能认为已经达到普遍接受标准。

二、可靠性标准:多波特案件

根据弗赖伊规则,科学原理必须达到一般接受的标准,此时专家证言才可能具有可采性,这是 1923 年判例确立的标准。到了 1993 年,多波特案件裁决,由于美国《联邦证据规则》的颁布,“一般接受标准”不再适用,新确立的标准称为“可靠性标准”。

案例 7.14 科学原理应达到“可靠性”要求:多波特案[13]

杰森·多波特(Jason Daubert)和埃里克·舒勒(Eric Schuller)都是先天性残疾儿童,他们作为原告起诉加利福尼亚州的一个医院,称他们的残疾是由于他们的母亲在怀孕期间服用了一种叫“本迪克町”的药。本迪克町是一种抗恶心药。孕妇在怀孕的时候可能会觉得恶心,想要呕吐,吃了这个药就不会感到恶心和呕吐。被告方认为,原告根本没有任何具有可采性的证据证明被告生产和销售的本迪克町会

[13] Daubert v. Merrell Dow Pharmaceuticals, Inc. Supreme Court of the United States, 1993, 509 U. S. 578.

对人体造成不良影响,导致婴儿畸形。

被告方找到一个叫莱姆的内科医生和流行病学家出庭作证。莱姆是流行病学领域非常有影响力的一个专家,他称自己阅读了30多篇这方面的论文,这些论文中包含了13万个病例,没有哪一个研究表明被告生产和销售的本迪克町能够导致胎儿畸形。根据这个基础得出结论,母体服用本迪克町不会导致产妇有生育缺陷婴儿的危险。换句话说,原告的那些生理缺陷和被告的药没关系,这是被告方的专家证言。

原告方找到8名非常著名的专家来证明本案被告生产和销售的本迪克町可以导致婴儿畸形。这些专家的理论方法,一个是试管测验,另一个是活体生物研究。所谓活体生物研究就是让老鼠服用本迪克町以后,统计小老鼠畸形的比例,然后再做对照研究,统计没有服用本迪克町的老鼠繁殖的后代畸形的比例,对比前者是否高于后者。原告方的8名专家通过这样的活体生物研究,得出结论说本迪克町和婴儿畸形之间是有联系的。

原告方专家还参考了以前在流行病学研究中的统计资料,也对被告方专家所依赖的13万个病例进行了重新统计和分析,但得出了和被告方专家完全不同的结论。原告方专家称根据被告方专家所依赖的资料对一些案例进行分析,也可能得出服用本迪克町导致婴儿畸形的结论。

审判法院赞同被告的意见,认为原告方提出的专家证言不具有可采性,所以直接作出了有利于被告的判决。因为在医疗事故领域,原告必须要有专家证言,没有专家证言将会直接判原告败诉。本案中,原告方8名专家虽然对数据进行了分析,这些分析看上去也是合理的,但是没有公开发表,没有经过同行评议,所以没有达到弗赖伊所确定的一般接受标准,因此法庭认为原告方8名专家的证言都不具有可采性。

但是联邦最高法院并不赞成初审法院和上诉法院的观点。最高法院说,一般接受标准是弗赖伊案件以来所设立的标准,但是自从美国《联邦证据规则》颁布以后,这个标准便已经改变。美国《联邦证据规则》第402条规定一个证据只要有关联性,就有可采性;第702条规定,一个专家证言只要有助于事实的裁判者认定事实,这样的专家证言就有可采性。该规则第702条没有规定"一般接受"是科学证据具有可采性的前提。因此,根据美国《联邦证据规则》,专家证言具有可采性的标准不再是"一般接受",而是可靠性要求。也就是说专家所赖以提出其意见的原理只要是可靠的,该专家证言就具有可采性。

那么什么样的科学原理才是可靠的呢?联邦最高法院指出,可靠性标准的检验,通常应当但不必然考虑以下因素:一是该科学原理的可证伪性;二是该原理已知的错误率;三是该理论已经经受同行评议或者公开发表的程度;四是该原理或技术在相关科学团体中达到"一般接受"的程度。从最后这一要素来看,"一般接受"仍然是"可靠性"标准需要考虑的因素之一,但并非必要因素。

需要注意的是,自然科学必须追问证伪性、错误率等问题,法学却不必如此。理论上,有一些法学学者也强调可证伪性,对此本书深表不赞成。法学与自然科学有很大的区别。多波特案件强调科学原理要具有可证伪性,是因为它局限于自然科学这个领域,是在自然科学语境下来探讨这个问题的。法学主要是解释学。法学的解释也追求客观性,但是这种客观性主要是主体间的关系,有人称它为主体间性,也可以把它解释为交流意义上的客观性。它和科学意义上的客观性不一样的地方在于,科学意义上的客观性应该是可复现性,即同样一种药品在这只老鼠身上试验了是这个结果,在那只老鼠身上试验也应当是同样的结果。但法学所追求的客观性和科学追求的可复现性基本上是两码事。认为法学研究要追求客观性,并且用可证伪性来检验客观性,这实际上是在一定程度上向自然科学"投降",或者说用自然科学的那些概念来诠释法学的方法,是很不恰当的。所以证据法学虽然会涉及自然科学的一些知识背景,但是却不以自然科学作为自己学问的基础,而是以法解释学作为自己谋生的饭碗。

三、多波特规则的延伸

多波特一案集中于"科学"领域的专家意见。根据多波特规则,对于专家证言,只有在它满足相关性和可靠性两个条件时,才具有可采性。在锦湖轮胎案中,法官将多波特一案确立的可靠性标准延伸适用至工程师或其他非科学家,也就是"技术"领域的专家证言。

案例 7.15 技术领域专家证言的可采性标准:锦湖轮胎案[14]

该案起因于一场车祸。1993 年 7 月 6 日,卡迈克尔(Patrick Carmichael)驾驶的一辆小型货车(minivan)的右后轮胎爆炸。车祸导致一名乘客死亡,多名乘客受重伤。1993 年 10 月,卡迈克尔对轮胎公司及其销售公司(两者合称 Kumho Tire)提出诉讼,声称轮胎存在设计上的缺陷。

审判中,原告提请卡尔森(Dennis Carlson)出庭作证。卡尔森作证说,该车轮胎生产于 1988 年,安装在事故车上的时间是 1993 年;事发前,卡迈克尔已经在 2 个月内驾驶安装着该轮胎的车行驶了 7000 多英里;轮胎面的深度从原来的 11/32 英寸

---

〔14〕 Kumho Tire Company, Ltd. v. Carmichael, Supreme court of the United States, 1999, 526 U. S. 137, 119 S. Ct. 1167, 143 L. E. 2d 238.

被磨平为3/32英寸；轮胎在车祸前已有两处穿孔，没有得到充分的修补。尽管如此，卡尔森还是得出结论说，轮胎的爆炸是由于设计的问题。其结论得出的基础是：轮胎的胎体在轮胎面的深度已经逐渐磨损之后应当紧紧地贴在轮胎面的内侧，然而，车祸发生前，争议轮胎的轮胎面和胎体实际上已经分离。正是这一分离导致了爆胎的发生。对于引起轮胎面和胎体分离的原因，卡尔森的分析建立在一系列假设的基础上。这些假设包括：第一，如果分离不是由过度使用比如超载等造成的，那么它就一定是由轮胎的设计缺陷所引起的；第二，如果一辆车被过度使用，发生超载等现象，并导致轮胎的上述分离，它将会表现出4个物理性状；第三，除非这些性状中的两个以上出现在轮胎上，否则就只能说分离是由设计缺陷所引起，而他在本案轮胎上没有发现两个以上的上述性状。

被告请求法院排除卡尔森的证言，因其不满足美国《联邦证据规则》第702条所要求的可靠性条件。被告认为，多波特一案中确立的可靠性要求不仅是对科学领域的要求，而且也是对技术领域的专家证言的要求。审判法院采纳了被告的意见，但联邦第十一巡回法院推翻了该法院的裁决。巡回法院认为，最高法院在多波特一案中确立的规则很显然只适用于科学领域中的专家证人，不适用于本案。案件上诉到联邦最高法院。联邦最高法院判定，多波特一案确立的标准适用于本案。理由是：第一，联邦最高法院在多波特一案中所限定的是“知识”，而不是“科学知识”；第二，科学、技术等领域的界限本身并不是非常清楚。基于上述原因，联邦最高法院支持了被告的意见。

联邦最高法院认为技术领域也必须满足可靠性标准，理由是在多波特一案中限定的是知识而不是科学知识，因为科学和技术本身是难以区分的，技术里边有科学，科学里边也有技术，所以它的界限不是清晰的。因此，联邦最高法院认为技术领域也要适用多波特案件确立的可靠性标准；如果不满足这个标准，专家证言就不具有可采性。这是关于美国《联邦证据规则》第702条所规定的专家意见所赖以建立的基础，即其所依赖的科学原理或者技术方法必须要达到可靠性要求。

四、专家意见的事实基础

在普通法上，专家证人可将其证言建立在三项基础之上。其一为科学、技术或其他特殊知识；其二为专家在审判前对案件事实、资料等进行的第一手观察，或者他在审判前获得的意见；其三为法庭上经允许作为证据出示的事实、资料和意见。

对于第一项基础，其中的“特殊知识”不仅包括该专家接受的培训和教育，而且还包括专家自己的经验。但是,对不属于特殊知识的事实、资料或意见,只有在这些事实、资料或意见根据证据法具有可采性的前提下,专家才可以依据其形成自己的意见。专家证言可以依赖的第二个基础是专家在法庭上了解的事实或资料。专家并非总是在法庭上参加审判来获得这些资料,因此,专家如果需要以法庭上呈现的事实或资料为基础形成自己的意见,通常需要通过对专家提出假设性问题来获得其意见。假设性问题是针对未旁听庭审的专家证人提出的问题。因专家没有参加庭审,其对于一个事项的判断若通过律师提供的第二手资料来进行,这样的第二手资料在法庭上就只能以假设性问题的形式出现。例如,在判断被告人是否有精神病的问题上,律师会通过诸如"假设陪审团认定本案被告人有这样一些行为……再进一步假设陪审团还认定……那么……"等问题来引导其专家发表意见。当然,很多专家为了保证自己的意见具有说服力并防止对方反驳,通常会花时间亲自参加法庭的审判。对于其中第三项基础,普通法要求这些事实、资料和意见根据证据规则应当具有可采性。不具有可采性的事实、资料和意见不得作为专家意见形成的基础。

普通法上要求专家意见建立的基础必须在证据法上具有可采性的理由是:首先,如允许专家将其意见建立在不可采的事实或资料的基础上,当事人就可以有意识地将一些证据通过"乔装打扮",从而以专家证言的形式将那些本不具有可采性的证据呈现给陪审团。如此一来,证据法上关于可采性规则的设置就将被架空。其次,法律排除一些证据的原理就是这些证据不可靠。如果专家将其意见建立在不可靠的资料基础上,则专家证言本身的可靠性就会产生致命的缺陷。

美国《联邦证据规则》对普通法上的规则稍微作了一些调整。根据《联邦证据规则》第 703 条的规定,专家证言的形成可以有三个基础:一是专家个人的专业知识,二是专家在法庭上了解到的事实或资料,三是专家合理依赖的法庭外的资料。

美国《联邦证据规则》与普通法证据规则的区别在于,美国《联邦证据规则》扩大了专家可依赖的资料的范围。根据普通法规则,专家意见形成的基础如果不是专家自身的知识,而是其他事实、资料或意见,则该事实、资料或意见必须具有可采性;不具有可采性的事实、资料和意见不得作为专家意见形成的基础。但根据美国《联邦证据规则》,一项事实、资料或意见即使不具有可采性,也可以作为专家意见形成的基础。这一扩大的效果不仅使专家能够依赖以前不具有可采性的证据得出自己的结论,而且也使得通过假设性问题的途径使专家获得其证言依赖的第二个基础的使用大大减少。不过,这项扩大也不是没有限制的扩大,因为规则要求对于这些材料的依赖必须是"合理地"依赖,因此,一旦争议双方就此问题发生冲突，则必须由法庭来决定专家对这些材料的依赖是否为“合理依赖”。

案例 7.16　专家对其他资料的合理依赖：库昂案[15]

该案被告人库昂（Tran Trong Cuong）是一个在法国巴黎受过高等教育的内科医生，自 1973 年起被允许在弗吉尼亚州做执业医生。库昂被指控在 1989 年 4 月至 1992 年 1 月非法给 30 个病人开具受管制药品的处方。大陪审团起诉书指控他在此期间给这 30 名病人一共开了 1711 个处方，处方中的药品包括安定（Valium）、羟苯基乙酰胺（tylenol）等。

法庭上，控诉方让该医生的病人和装扮成病人的侦探出庭作证。库昂医生的病人作证说，库昂对他们的诊断漫不经心，他们假装出来一些疼痛、病殃殃的症状以便从他那里获得毒品处方并满足他们的毒瘾，而库昂则经常性地提醒他们，除非他们说自己感到疼痛，否则将不会给他们治疗。他还建议他们到不同的药店去买药。有一个证人作证说他直接向医生点名要某种药品，还有一个证人作证说因为他在库昂医生的办公室完成了修理任务，库昂医生作为回报给他开了处方。还有一些证人作证说医生让他们在一个书面的文件上签字，文件上说医生已经告知他们这些药品是可能上瘾的。侦探从法院获得搜查证后对库昂医生的办公室进行了搜查，发现库昂医生每开一个药方收取病人 35 美元。搜查结果还显示，库昂医生让很多病人服用镇静药等毒品，这些病人通常向医生报告说自己头痛、背痛，以及其他病痛。所有这些处方都属于不可重复购药的处方，因此一旦患者用完，就必须重新到医生那里开处方，从而必须支付给医生 35 美元。这些证人作证说，医生建议他们，不同的时候必须报告不同的病情，因为同样的病情服用相同的药物时间太长不是一件好事情。两名便衣侦探也作证说，他们曾经去库昂医生的办公室索取药品，每一次时间都不超过 5 分钟，医生根本没有作任何检查就给他们开处方。

除此之外，控方还请经医学会认证并执业 32 年的家庭医生麦金托什（Alan MacIntosh）出庭作证。麦金托什走访了起诉书中列举的 33 个名单中的病人，并为每一份名单的访问准备了一份书面的报告摘要。麦金托什还走访了大陪审团听证期间作证的一些证人，包括两名便衣侦探。他在法庭上发表意见说，这些病人在服用库昂医生处方的药物后不仅没有任何好处，反而对他们有害，因为这些药物是可能上瘾的，从而这些处方是不合适的。麦金托什博士还作证说：他的好友、一名曾经担任过美国医学会会长、在北弗吉尼亚有着很好口碑的外科医生兼律师斯蒂文森（Stevenson）也就库昂医生的病人准备了一份报告，他的报告就是在斯蒂文森医

---

〔15〕 United States v. Tran Trong Cuong, United States Court of Appeals, 4th Cir., 1994, 18 F. 3rd 1132.

生报告的基础上得出的结论。当问到他的结论是否和斯蒂文森的结论有所冲突时,麦金托什说:“没有,我的结论与他的结论本质上是一样的。”

被告人对这一证据及时地提出了反对。针对这一问题,上诉法院认为,允许麦金托什的证言是不恰当的。因为首先,斯蒂文森并没有在法庭上作证,因此没有在法庭上接受交叉询问,他的一切陈述都只是传闻;允许将他的陈述在法庭上出示明显使陪审团对被告人产生不公正的偏见。其次,麦金托什夸耀他和斯蒂文森之间的关系,吹嘘斯蒂文森是美国医学会的会长,并且声称他的结论和他的结论在本质上是一样的。再次,尽管美国《联邦证据规则》第703条规定,专家意见可以根据法庭外的资料形成,但是,本案中斯蒂文森的报告并不是本案中专家证人的意见或推论所依赖的基础;甚至,即使它是麦金托什意见形成必须依赖的基础,声称两者在实质上是一样的也是不合适的,因为斯蒂文森的报告应检察官的要求用于刑事法庭的审判,因此其报告属于法庭科学技术报告,而麦金托什的证言则属于家庭医疗范畴。故即使麦金托什的结论是在斯蒂文森报告的基础上作出的,斯蒂文森的报告这个不具可采性的证据也不会因为麦金托什在作出其结论时曾经用作基础而具有可采性。最后,斯蒂文森的证人资格问题并没有解决,因此他的证言实际上是不具有可采性的;斯蒂文森是不是一个专家,不能仅因麦金托什说他是他的好朋友,是美国医学会的会长,是一名律师而能够决定。

基于上述原因,上诉法院判定,本案中专家证言对其所依赖的资料并非“合理依赖”,因此所有对被告人的定罪都予以推翻,没收财产的命令也暂时搁置。

在我国,专家鉴定意见也应当具备合理的事实基础。对于普通法上关于传闻证言是否可以成为专家形成其鉴定意见的基础,我国法律并无明确规定。但是我国鉴定机构通常都有比较严格的鉴定流程,其对原始资料的依赖程度应当不亚于英美法系相关规则的约束。

五、“可靠性标准”与我国的司法鉴定和检验报告

至少在表面上看,我国司法鉴定领域并不存在“可靠性标准”“一般接受标准”等概念。但最高人民法院《关于适用〈中华人民共和国刑事诉讼法〉的解释》第98条规定:“鉴定意见具有下列情形之一的,不得作为定案的根据:……(六)鉴定过程和方法不符合相关专业的规范要求的……”这一规定至少可以理解为,在科学、技术或其他专业知识体系比较成熟的领域,也就是允许专家发表鉴定意见的领域,专家所依赖的理论、原理和方法应当符合相关专业的规范要求。所谓“符合相关专业的规范要求”,就是在相关专业领域达到了普遍接受的程度。

该解释第100条第1款还规定:“因无鉴定机构,或者根据法律、司法解释的规定指派、聘请有专门知识的人就案件的专门性问题出具的报告,可以作为证据使用。”该规定是针对实务中一些需要专业知识加以判断却没有法定司法鉴定机构加以鉴定而设置的补充性鉴定机制。规定中的文本虽然不将检验报告称为鉴定意见,但其性质和鉴定意见却完全一样,只是效力机制略有差别,即检验报告只能作为定罪量刑的参考。但是,作为定案的根据与作为定罪量刑的参考之间究竟有何实质区别,也是难以澄清的。因此,该规定实际上赋予了检验报告作为定案依据的可能性。

什么是案件中需要鉴定但却没有法定司法鉴定机构的专门性问题,对此,前述规定也没有明确列举。2011年8月1日公布的最高人民法院、最高人民检察院《关于办理危害计算机信息系统安全刑事案件应用法律若干问题的解释》第10条的规定,可以作为这方面的一个示例:对于是否属于《刑法》第285、286条规定的“国家事务、国防建设、尖端科学技术领域的计算机信息系统”“专门用于侵入、非法控制计算机信息系统的程序、工具”“计算机病毒等破坏性程序”难以确定的,应当委托省级以上计算机信息系统安全保护管理工作的部门检验。司法机关根据检验结论,并结合案件具体情况认定。该解释如此规定是因为该领域没有对这些事项进行鉴定的司法鉴定机构。

对于设置“检验报告”这一鉴定意见之外的特殊鉴定意见的理由,有观点认为,在我国刑事诉讼中存在部分需要鉴定的领域欠缺具有资质的司法鉴定机构的现象,导致刑事诉讼中的许多专门性问题无法获得有资质的鉴定人出具的鉴定意见,影响了对案件事实的查实和诉讼程序的顺利进行。因此,司法解释规定检验报告可以作为定罪量刑的参考,是解决这一问题的妥善办法。〔16〕

本书认为,之所以会存在需要鉴定却没有法定司法鉴定机构的领域,是因为我国对专家意见实行法定司法鉴定机构鉴定的制度。法律对司法鉴定机构的规定也就是对司法鉴定机构的认可,也就表示相关领域明确属于专业领域,而且是专业知识相当成熟的专业领域。法律如果没有对司法鉴定机构作出规定,就表明立法者认为该领域要么不属于专业领域,或者是否属于专业领域尚不确定;要么认为该领域的专业知识尚处于不完善、不成熟的阶段,其理论、原理或方法尚未达到一般接受或法律上认为可靠的程度。也就是说,我国司法鉴定领域虽然没有明确提到“一般接受”或“可靠性”这些概念,在制度设计上,这些概念却作为潜在的原则发挥了指导作用。但是,由于立法对于司法鉴定机构的规定过于绝

〔16〕 江必新主编:《最高人民法院关于适用〈中华人民共和国刑事诉讼法〉的解释:理解与适用》,中国法制出版社2013年版,第77页。

对化,也就意味着它在一定程度上剥夺了司法官员根据司法实务的具体情境判断某个领域是否属于专业领域,以及某个专业领域的科学、技术发达程度是否已经达到了一般接受或可靠性程度的自由裁量权。需要注意的是,司法机关在具体操作这些事项时,“一般接受”“可靠性”一定要作为审查判断检验报告这类特殊鉴定意见的基本准则。偏离了“一般接受”标准,偏离了“可靠性”标准滥用检验报告,就是对案件的不负责任,就有可能造成冤假错案,这是一定要加以杜绝的现象。

第五节　各类科学证据的可采性

前面介绍的专业领域和外行领域的区分,以及专家所依赖的事实与理论基础,都是关于专家证言的总的原则和规则。本节对目前学术界以及科学界有关科学证据的最前沿问题进行介绍。首先应当说明,科学证据并不是一个独立的证据种类,所有科学证据都应当而且必须以鉴定意见或者专家证言的形式呈现。在以鉴定意见或专家证言形式呈现时,这些科学证据也都必须满足专家证言具有可采性必须满足的条件,例如必须确定这个领域确实属于专业领域,又如当事人提供的这个科学专家必须具备相应的科学知识、满足专家的资格条件等。但是,对于不同的领域,法庭对专家的资格要求以及对专家所赖以建立其结论性意见的科学原理的要求也是不一样的。因此,本节对各类科学证据可采性的介绍,算是专家证言规则的分论,是对不同领域内专家证言可采性的一些特殊性进行探讨,这既是对理论发展前沿的一种关照,也是对实务中存在的一些新问题表达的一种关切。

一、测谎结论

1915 年,美国的马斯顿(Marston)研制出了“心脏血压欺骗测试”法(就是弗赖伊案件中使用的测谎方法),并以严谨的科学方法论证了心脏血压欺骗测试法的可靠性。马斯顿声称,该方法的研究来自他妻子发现自己在生气或激动时血压会升高。经过实验,马斯顿发现撒谎和血压之间存在显著的相关性,因此他宣称自己已经找到了撒谎的生理特征,并由此预言人类长期以来寻求识别谎言与真相的努力已经宣告结束。[17] 1917 年,为满足“一战”期间反间谍工作的需要,

---

〔17〕 郑红丽编著:《测谎技术教程》,中国政法大学出版社 2015 年版,第 6 页。

马斯顿被聘为美国陆军特别顾问，并将自己的技术运用于一起有关密码失窃的间谍案件的侦破当中。不仅如此，马斯顿还经常在媒体面前演示他的测谎仪和测谎技术。但如前所述，法院并未承认测谎技术的成熟性，并在 1923 年的弗赖伊案件宣告测谎结论在司法诉讼中不具有可采性。不过，这并不影响马斯顿自诩为“测谎仪之父”，他频频接受媒体采访，并接受 Look 杂志的邀请，充当婚姻顾问，通过比较妻子对其丈夫和陌生人亲吻时的心理反应来判断其对婚姻的忠诚度。

尽管马斯顿对自己的测谎仪和测谎技术一向津津乐道且充满自信，世界上第一台测谎仪却被认为是约翰·拉尔森发明的。拉尔森出生于 1892 年，曾在加州大学伯克利分校攻读生理学博士学位，并获得指纹鉴别专业硕士学位，毕业后就职于加利福尼亚州伯克利警察局。出于工作需要，拉尔森于 1921 年发明了一台能够同步在纸上记下被试者血压、呼吸和脉搏这三种生理指标的便携式仪器。这台仪器刚刚问世不久，伯克利警察局就碰到一桩盗窃案，目击者声称嫌疑人是一名女生，案发后进入了大学城里一栋宿舍楼。警方因此认定嫌疑人就是这栋宿舍楼中 38 名女生之一。于是，警方决定让拉尔森启用刚刚问世的测谎仪对这些女生进行测试。测试结果表明，其中一名女生撒谎。几天之后对这名女生再次测试，结果仍然显示其撒谎。随后，这名女生在测谎结果面前供认了自己曾经在多家商店盗窃了价值超过 500 美元的书籍、衣物等物品。拉尔森的测谎仪大获全胜，该案对测谎仪的运用也被视为现代测谎技术正式诞生的标志。[18]

“二战”结束后，由于医学、心理学等科学技术的发展，人们逐渐完善了使用科学仪器测谎的方法，可以在测谎时用仪器动态记录心跳、呼吸、血压、脑电波、皮肤电阻等生理心理变化指标。1949 年，基勒（L. Keeler）研制出可以在测谎时连续同步记录血压、脉搏、呼吸、皮肤电阻等多项生理指标的多导生理记录仪，并以 polygraph 命名测谎仪。从此，polygraph 成为测谎仪的同义语。

随着现代科技尤其是电子计算机技术的突飞猛进，各种各样的测谎仪如雨后春笋般涌现。但无论其如何变化，各种测谎仪的基础原理基本上都是一样的，即说谎者编造谎言时往往担心被揭穿，因此在被询问到有关谎言内容时，往往会给说谎者造成一定的心理压力；提出与案情有关的问题时，受试者也会出现相应的生理反应，例如，心跳、血压、呼吸和皮肤电子会发生相应的改变；利用多导生理记录仪（就是测谎仪）来记录这些改变，主要是植物神经系统的生理变化，就可以判定是否撒谎。[19]

---

〔18〕 郑红丽编著：《测谎技术教程》，前引注 17，第 4 页。

〔19〕 杨文俊：《事件相关电位与测谎》，科学出版社 2015 年版，第 107 页。

但在应用方面,尽管在军事上以及刑事侦查领域,测谎技术已得到广泛使用,但即使在美国,测谎结论在法庭上的证据资格迄今仍然受到一定的限制。测谎结论在有些问题上是有可采性的,但在有些问题上不具有可采性;在一些州具有可采性,在另一些州则不具有可采性。总的来看,测谎技术从不成熟到逐步成熟,已经经历了约一个世纪的发展时期;法庭对测谎结论的使用也从一开始的绝对不允许逐步向相对允许的方向发展。

案例7.17 测谎证据——传统上的"本身违法"原则:波特案[20]

1992年6月20日,被告人克里斯丁·波特(Christiane E. Porter)在诺维奇的房子因着火被毁。后来被告人被指控纵火。庭审前,被告人雇了一名测谎员雷顿·哈蒙德(Leighton Hammond)对他进行了测谎,目的在于测试在被告人声称他对自己房屋着火的事并不知情也没有参与时是否说了真话。被告人在事前并没有通知控方。测试中所问的相关问题是:(1)你是否放了火烧你的房子?(2)在你对诺维克警方的陈述中,有没有说过任何的谎话?(3)你是否明确知道有人故意放火烧了你的房子?被告人对上述三个问题的回答都是:"没有。"哈蒙德认为被告人在回答时所说的是真话。

被告人请求法庭允许采用他的测谎结果作为证据。经过听证后,法院拒绝了他的请求,认为对康涅狄格州传统的禁止采用测谎证据的规则进行重新考虑并非审判法庭的职权范围。经过陪审团审判后,被告人被判有罪。被告人上诉称:法庭错误地拒绝了测谎结果。

本案的核心问题是:康涅狄格州是否应采用多波特规则?是否应该放弃禁止测谎证据的规则?

被告人认为康涅狄格州应该采用多波特规则。本庭也认为经过正确的解读和适用,多波特规则能够提供适当的方法。

自弗赖伊规则确立后的七十余年内,它一直都是联邦和州所采用的主要标准,直到1993年多波特规则的确立。弗赖伊案本身就是一个关于测谎结果的案件,也是美国第一个关于测谎结果是否可采的上诉案件。弗赖伊案中,被告人认为法院没有允许专家证人就其已经通过了"心脏收缩压测谎"的证言是不恰当的。

在1993年的多波特案件中,法院认为于1975年生效的美国《联邦证据规则》第702条已经取代了弗赖伊规则。根据该规则第702条,联邦法院负有决定一个证据是否"能够帮助认定事实"的责任。也就是说,在允许证据之前,审判法官必须认定该科学证据是可靠的并且有关联性的。详细说来,科学证据可采的第一个要求

〔20〕 State v. Porter, 241 Conn. 57, 1997.

是:该证言所讨论的问题必须有科学上的根据。第二个要求是:它必须是和案件事实明确相关的,而不只是抽象的原则。最后,即使一个科学理论符合了前述两个标准,它也可能因为不符合《联邦证据规则》的其他条款而被排除,尤其是因为不符合该规则第403条而被排除。

在现阶段,康涅狄格州在名义上是遵循弗赖伊规则的。然而,仔细研究先例却可以发现:在很多考虑专家关于科学证言的场合,法院拒绝了适用弗赖伊规则。很清楚的是,我们已经朝着一个方向前进了多年,我们认为是时候完成这个过程了:多波特规则将会为司法体制内一个可能令人疑惑和缺乏定义的领域提供分析框架和指导。我们认为由审判法官负责美国《联邦证据规则》第702条科学证据可采性的"守门"功能是适当的。尽管陪审团会给科学证据多少权重是不确定的,但允许法官排除完全不可靠的科学证据,将会大大降低可能存在的风险。弗赖伊规则的"一般接受标准"并不能很好地发挥这个作用。因此,我们的结论是康涅狄格州应采用多波特规则来确定科学证据的可采性。

关于测谎证据的可采性,本庭再三坚持:无论是测谎结果还是证人愿意接受测谎,这样的证据在康涅狄格州法院都是不可采的。被告人认为这样的做法与多波特标准不符。

然而,在仔细研究判例和相关文献后,我们认为测谎证据可能带来的偏见大大超过了其证据价值。因此,我们没有理由放弃康涅狄格州法庭关于测谎证据不可采的规则。

为了更好地理解本案中的问题,对现代测谎背后的理论有所了解非常必要。现代测谎理论建立在两个假设上:第一,欺骗和某些情绪状态是存在有规律的联系的。第二,情绪状态和某些可测量、可记录的生理变化是存在有规律的联系的。这些生理变化包括心率变化、血压变化、呼吸频率变化等。这些指标可以通过一定的仪器测量出来,将这些仪器捆绑在一起就构成了现代测谎仪的基础。

毫无疑问,高品质的测谎仪的确能够准确地测量相关的身体指标。然而,即使是测谎仪的倡导者都承认:"并没有发现有什么生理反应是说谎时所独有的。"因此,虽然测谎仪器能够准确地测量被测对象的生理状态,它却不能够分析出这些生理状态的本质。也就是说,仪器本身不能探测出一个人是否说了谎。

因此,测谎工作人员负责将测谎仪输出的生理数据转化为对被试者是否在说谎的评估。这个目标包含两个独立的任务:第一,他必须设计并实现能够将生理数据和被试者是否在说谎适当联系起来的测试;第二,即使输出的数据和被试者是否在说谎相关联,他也必须解释这些数据,也就是说正确地给测试评分。

现在,我们来审查测谎结果的正确性(validity)。"正确性"在此有两重含义:"准确性"(accuracy)和"预测价值"(predictive value)。通常法庭不会说明它指的是哪个含义,但是分清这两重含义还是必要的。测谎结果的准确性在其领域内一直是一个争议不休的问题,支持者和反对者都提出了不同的理论和实验支持自己的观点,其准确性一直处于持续争议之中。用测谎结果来证明一个人是否有罪的证据价值则存在更多的问题。测谎证据的预测价值依赖测谎的敏感性和特异性,但是也依赖于被测对象的"基准率"(base rate)。不幸的是,目前并不存在可靠的方法来衡量这样的基准率。尽管测谎的证据价值可能大于抛硬币的概率,但它并没有强多少。

即使我们假设测谎证据能够满足多波特规则,我们也可以得出如下结论:允许测谎证据会对康涅狄格州法庭在程序上和实质上都是有害的。此外,即使它符合多波特规则,测谎证据的证据价值也非常低。它可能带来的偏见大于它的证据价值。

允许采用测谎证据所带来的最大问题就是它会侵害陪审团认定事实的功能。陪审团从传统以来就是认定证人可靠性的唯一裁判者。司法体系的一个前提就是认为陪审团是具有这个能力的。因此,我们一般不允许专家证人就证人的可靠性进行评估。决定证人是否可靠是陪审团的权力。目前关于测谎证据对陪审团的影响如何的研究很少。保持陪审团的角色作用是如此重要,因此,仅因测谎证据的"不确定性"就可以正当地将其排除。此外,测谎证据如此直接地废除陪审团的功能,对测谎证据的采用将是对我们传统的陪审团审判制度的冒犯。的确,测谎证据带来的阴霾也说明了为什么陪审团评价证人可信度的传统角色是如此重要,应该被捍卫。

测谎仪能够根据被测试者的生理反应来确定证人是否在说谎。然而,仅仅根据这些间接的、二手的指标来判断一个人是否在说谎是不公平的。尽管陪审团也会考虑一些小的因素来评估证人的可信度,但陪审团还可以通过接触案件的其他证据来综合考虑。因此,证人不会仅仅因为他的身体没有作出"正确"的反应而被错误的理解。同时,尽管一个陪审员可能会被证人"错误的"生理信号所误导,整个陪审团的印象综合起来则很可能得出正确的结论。允许一个人(测谎工作人员)仅仅根据间接证据来给证人打上"诚实"或"不诚实"的标签,是不符合司法体制的。因此,尽管我们并不争议测谎可能常常能够得出"正确的"结果,我们却认为该结果是不相关的。测谎技术是否能够测出一个人在说谎目前还存在很大的问题,因此,也没有人确信测谎员根据测谎仪得出的最终结论是有科学根据的。

同时,即使测谎结果恰好是正确的,也不意味着应该被准许。如果一个意见不是通过科学的原则和方法得出,那么它是否恰好是正确的就并不重要了,因为它不是基于任何陪审团自己不能够观察到的信息所得出的。没人能够很确信地说测谎仪工作人员所得出的结论是牢固地建立在客观的科学事实上的,没有人可以说测谎证据对证人可信度的评估优于每一个陪审员的观察，因此，允许测谎结论将会直接侵害陪审团制度。

此外，允许测谎结果将会非常消耗时间，引起专家之间的争战。接近一半的州都绝对禁止在刑事案件中采用测谎证据。

法庭认为，坚持传统的本身违法性原则，禁止使用测谎证据的规则是正确的。

评注 7.02　常用的测谎方法

测谎是一个测试人员编制并向被测试人员呈现刺激问题、记录刺激反应、分析反应图谱的过程。在这个过程中，最关键的环节是编制各种刺激程度不同的问题并把这些问题按照一定的方式进行排列组合，形成一定的测试结构。

最早的测谎方法是相关/无关问题测试法（Relevant/Irrelevant Test，RIT）。该方法的论述最早见于蒙斯特博格（Munsterberg）（1907 年）、马斯顿（Marston）（1917年）以及拉尔森（Larson）（1921 年）等人的著作中。目前理论上公认的是，基勒是明确提出并完善相关/不相关问题测试法的第一人。因此，相关/不相关问题测试法又被称为基勒技术（Keeler Technique）。该技术在 20 世纪 20～40 年代一直占据着测谎领域中的统治地位。[21] 该技术的理论基础是，对于真正的无辜者，由于其并不了解案件情况，相关问题与不相关问题的性质对其而言是一样的，当被问及相关问题时他们的反应与被问及不相关问题时的反应也是一样的，不会出现明显的心理生理变化。但对于有罪者，则由于其对案件具体情况的了解，在问及相关问题时，就会出现相对于不相关问题而产生的心理及生理反应。RIT 技术就是通过收集被试者对不相关问题和相关问题的心理生理反应水平，将二者进行比较，然后得出测谎结论。[22]

相关/无关问题测试法的主要弊端在于，虽然理论上假定无辜者对相关问题的反应水平应该与对不相关问题的反应水平相同，但事实上，对很多无辜者来说，被问及相关问题时也会由于各种原因出现生理上的波动反应，从而出现误报，也就是容易将无辜者认定为有罪者。因此，尽管美国联邦情报机构仍然会使用该方法侦测潜在的不端行为，但在刑事侦查领域，已经基本上不再使用这一技术。

目前实践中常用的测试方法之一是准绳问题测试法（control question test）。该方法在 20 世纪 40 年代由美国的里德首创，至今仍然是北美地区运用最广泛的测试方法。该方法是在相关/不相关问题测试法的基础上发展起来的。它是将与调查时间联系程度不同的问题按照一定顺序编排之后，向被测试人提问，通过比较被试

---

〔21〕 郑红丽编著：《测谎技术教程》，前引注 17，第 189 页。
〔22〕 郑红丽编著：《测谎技术教程》，前引注 17，第 190 页。

者对准绳问题和相关问题的反应强度,判断被试者对相关问题是否撒谎的测试方法。[23] 在这一方法中,问题被分为无关问题(也称中立问题)、相关问题、牺牲相关问题、准绳问题和题外问题等。

其中,无关问题是指被试者一般不会就此撒谎的问题。比如一个人的年龄、籍贯、职业、教育程度、家庭住址等,对这些问题一般人是不会有什么特别反应的。这些问题的目的是测试被试者接受外部刺激时的基础生理反应水平。牺牲相关问题一般表述为"关于……案件,你是否愿意如实回答对你提出的每一个问题?"该问题的目的是降低无辜者对其他相关问题的反应。因为被试者在初次听到相关问题时多多少少都会被激发反应,牺牲相关问题则可以缓冲被试者的心理压力。这类问题一般放在第一个相关问题之前。相关问题又被称为刺激性问题,是指与正在调查的案件有直接关联的问题,包括案件的整体概括及其细节。准绳问题是指和相关问题在性质上类似但和案件无关的问题。这类问题通常属于被试者的隐私,一般被测试者不愿意承认,但却和案件无关。例如,"你在申请留学时曾经伪造了相关证明对吗?""你吸过毒吗?"等。对于这类问题,受试者一般是不愿意承认的,其通常会试图欺骗。题外问题是指与正在调查的案件无关的违法犯罪问题,目的是测试受试者是否还有其他违法犯罪问题。

准绳问题测试法的理论基础是,有罪者对相关问题最为关注,因此通常会在相关问题上产生最强烈的反应;无辜者的注意力都集中在准绳问题上,在准绳问题上的反应最为强烈。因此,通过观察、对比受试者在相关问题、准绳问题上的不同反应,可以分辨出受试者与相关案件的关系,究竟是有罪者还是无辜者。这一理论假设已经得到威胁理论、冲突理论、条件反射理论等理论的支持,并为心理学家的一系列研究所验证。[24]

与 RIT 测试法几乎同时出现的测谎方法还有紧张峰测试法(Peak of tension, POT)。紧张峰测试法也是基勒的发明。它的理论基础是,有罪者和无辜者之间的区别在于,当犯罪发生时,犯罪人知道究竟发生了什么事情,而无辜者对犯罪基本一无所知,因此,当与犯罪有关的情景被提起时,犯罪人能够识别它们,无辜者则不能。[25] 因此,紧张峰测试法是通过对比受试者对目标问题和陪衬问题的反应强度来判断受试者对被调查事件是否知情的一种测试方法。以抢劫案为例,假定一个银行抢劫案的被劫金额是 500 万元人民币,测谎人员可以依次向受试者提出以下问题:

你从银行抢劫的钱是 300 万元人民币吗?你从银行抢劫的钱是 400 万元人民

---

〔23〕 邵劭:《测谎结论的证据能力研究》,法律出版社 2016 年版,第 86 页。
〔24〕 邵劭:《测谎结论的证据能力研究》,前引注 23,第 87 页。
〔25〕 邵劭:《测谎结论的证据能力研究》,前引注 23,第 96 页。

币吗？你从银行抢劫的钱是500万元人民币吗？你从银行抢劫的钱是600万元人民币吗？你从银行抢劫的钱是700万元人民币吗？

如果受试者就是抢劫犯，其对500万元人民币这个选项的生理反应一定会高于对其他选项的生理反应。

根据目标信息是否已知，又可以对紧张峰测试进一步区分为已知答案紧张峰测试和搜索紧张峰测试两种测试。已知答案紧张峰测试就是指测试人员已经知道案件中某个问题的答案，但是该情节并未被犯罪人以外的人所知晓，用这个情节作为目标进行的测试。其目的是检验受试者是否知悉这一情节，从而确定其是否参与犯罪。例如，在上例抢劫案的测试中，如果受试者经过测试表明其知晓被抢劫的数额是500万元人民币这一并未为案外人知晓的信息，则可以确定其参与了抢劫，属于共犯，或者事后知情。搜索紧张峰测试则是指测试人员想通过受试者知道案件中某些尚未为侦查机关掌握的细节而进行的测试。例如，在一个受贿案中，赃款的藏匿地点尚未为侦查人员掌握，通过对犯罪嫌疑人进行测谎，向受试者提出下列问题：赃款放在你家里了？用于买房了？用于购买股票、债券、理财产品了？用于去澳门赌博了？给你儿子去美国上学用了？

如果受试者的反应是“用于买房了”这一选择项，就可以进一步问他：用赃款在北京买房了？用赃款在厦门买房了？用赃款在南京买房了？用赃款在上海买房了？用赃款在深圳买房了？

如果受试者的反应显示是在北京买房了，就可以进一步就北京的某个具体楼盘进行测试，直至“搜索”出侦查人员希望得到的具体信息。

｜案例7.18｜ 重新审视测谎证据的可采性：皮钦诺那案〔26〕

被告人胡里奥·皮钦诺那（Julio Piccinonna）（原审被告人/上诉人）在佛罗里达州的废物处理行业工作了25年。1983年，大陪审团就垃圾处理行业违反反垄断法的调查举行了听证。政府认为佛罗里达州的公司违反了反垄断法。被告人获得豁免权后在大陪审团前作证。然而，该豁免权并未包括对被告人在作证过程中所作伪证的行为不予起诉。被告人作证称：他并未听说废物处理公司达成了协议。然而，大陪审团还听取了其他几个证人的证言，他们的证言指出了被告人和废物处理行业的协议是有牵连的。1985年8月1日，被告人被指控涉嫌伪证罪。

在庭审前，被告人请求控方同意采用测谎结果作为证据，控方予以拒绝。但是，乔治·斯莱特里（George B. Slattery）——一名持证的测谎工作人员还是在1985年11月25日对被告人进行了测谎。被告人认为，专家的测谎报告可以证明他在大

〔26〕 U. S. v. Julio Piccinonna, 11th Cir. 885 F. 2d 1529, 1989.

陪审团前作证时并未撤谎。11月27日,被告人向地区法院申请就测谎结果是否可采进行听证。1986年1月6日听证后,地区法院认为,根据本州的本身违法原则,测谎证据不可采。

被告人最终被判有罪。被告人上诉,呼吁改变基于本身违法原则而排除测谎证据的规则。在本案中,法庭重新考虑测谎证据以及测谎专家证言可采性问题。

根据美国《联邦证据规则》第702条的规定,专家证言如要被允许,法官必须要决定该证言有关联性并且能够帮助弄清事实。此外,还要求证据提出者证明所采用的原则或技术在科学界被普遍接受。

一般接受原则来源于弗赖伊案。近来,采用弗赖伊标准排除测谎证据受到越来越多的批判。从弗赖伊案判决到现在,测谎仪器和技术已经有了很大的进步。测谎仪也被广泛地应用到政府机构中。我们认为应该重新考虑测谎证据的排除规则,制定一个和目前测谎领域发展相符合的规则。

法院排除测谎证据主要有三个理由:第一,测谎的不可靠性;第二,测谎缺乏标准化流程;第三,对陪审团产生不适当影响。支持采用测谎证据的人反驳称:关于可靠性,测谎领域已经有了很大的进步,提高了其可靠性;同时,随着测谎被确立为一个科学测试,缺少标准化流程的问题也会被逐步地解决;最后,支持者认为并没有证据证明陪审员会被测谎证据不适当的影响。

随着新的实验性数据和学术观点的出现,大量的法院又重新考虑了该证据可采性的问题。主要有三种方式:第一,传统的方法认为测谎证据不可采,无论是由哪方提出,也无论是作为主要证据还是作为证人可信度的证据都是不可采的;第二,有大量的地方允许法院根据自由裁量权接受测谎证据——如果在测试前双方约定测谎证据可采或者符合其他条件;第三,一些法院允许法官在特殊的情况下,即使没有诉讼双方同意,也可以容许测谎证据。贯穿各种方式之中的共同思路就是:尽管根据《联邦证据规则》第702条,大批量地排除证据是无根据的,但是我们必须小心地构造限制因素来规范测谎证据在法庭上的使用。在缺少诉讼双方同意的情况下,我们没有发现有法庭允许了测谎专家的证言来证明测谎过程中所做陈述真假的案例。

毫无疑问,测谎作为一种有用的和可靠的科学工具近年来已经获得了越来越广泛的接受。随着测谎技术的发展,我们同意基于本身违法原则而排除测谎证据的规则值得推敲。我们相信,在这个领域内最好的规则就是一个既能允许所有的有关联性且可靠的证据,又能保障容许这个证据不会产生不公正偏见的规则。因此,我们举出以下两个例子,我们认为这两个例子都可以达到必要的平衡。

第一,诉讼双方同意(stipulation)。如果诉讼双方事前就测试环境和可采性范围达成合意,则测谎专家的证言可被容许。双方必须就实质问题,例如,测试以什么样的方式进行、所提问题的性质、进行测试的工作人员的身份等达成合意。如果双方能够在测试前就这些条件达成合意，则测试结果可以容许。

第二，弹劾或印证（impeachment or corroboration）。如果测谎证据用于弹劾或印证证人当庭证言时可采，在此种条件下容许测谎证据必须符合三个条件：其一，证据的提出方应当就其拟出示的专家证言适当地提示对方；其二，只有在对方有合理的机会能够自行让己方的专家证人进行大体相同测试的条件下，测谎专家证言才可采；其三，该证据必须符合《联邦证据规则》关于弹劾或印证证言的可采性规则的条件。

以上这两种修改本身违法原则排除规则的方法都不应该以任何的方式限制法庭根据《联邦证据规则》的其他规定而排除测谎专家证言的自由裁量权。我们的立场只是，在上述有限的条件下，弗赖伊案所确立的"一般接受标准"不能够作为禁止采用测谎证据的基础。决定专家证言是否可采的最主要标准在于它是否能够帮助弄清事实。因此，根据《联邦证据规则》，法庭可以基于以下理由排除测谎专家证言：一是测谎人员不具备专业资格；二是测谎程序带有不公正偏见或测谎程序执行不当；三是测谎的问题不具有关联性或者不恰当。

我们并不指望本庭今天的观点将会是这个重要问题的最终结论。新技术的发展需要司法体系更具弹性，如果一个规则的存在基础不再具有说服力，那么一味地坚持这个规则将是不明智的。我们认为测谎技术已经发展到了这样一个层次：在有限的情况下允许测谎证据是可以的。测谎目前还饱受争议，因此我们对这个问题格外谨慎。随着测谎技术的不断发展，重新检验规范测谎证据的可采性规则将是必要的。

本案撤销原判，发回地区法院。

在我国，最高人民检察院于1999年9月10日在就测谎结论能否作为证据使用问题对四川省人民检察院的批复中指出："四川省人民检察院：你院川检发研〔1999〕20号《关于CPS多道心理测试鉴定结论能否作为诉讼证据使用的请示》收悉。经研究，批复如下：CPS多道心理测试（俗称测谎）鉴定结论与刑事诉讼法规定的鉴定结论不同，不属于刑事诉讼法规定的证据种类。人民检察院办理案件，可以使用CPS多道心理测试鉴定结论帮助审查、判断证据，但不能将CPS多道心理测试鉴定结论作为证据使用。"根据上述批复，目前我国刑事诉讼中测谎结论主要用于确定侦查方向和解决侦查中的特定问题，很少用于在刑事审判中作为证明被告人有罪或无罪的证据。

由于这个批复的存在，检察系统内极少使用测谎来配合侦查，但在2009年，这一情况开始改变。这一年，最高人民检察院下发了《人民检察院心理测试技术工作程序规则(试行)》这一文件,明确全国检察技术部门开展心理测试工作。此后,最高人民检察院检察技术信息研究中心还曾下发《2014年检察技术和信息化工作要点》,明确指出,要重点发展心理测试等业务板块,服务、引导职务犯罪侦查工作。自此,各地检察机关在职务犯罪侦查中开始大量使用测谎技术。

据《合肥晚报》报道,安徽省合肥市肥东县检察院2013年开始采用测谎仪查办犯罪案件,“并成功侦破了3起自侦职务犯罪案件和10余件非自侦刑事案件,测试准确率达100%”。《检察日报》报道称,2013年以来,云南省检察机关有9个检察院装备了心理测试技术设备,有8个检察院已运用心理测试技术辅助办案,办理案件100余件次。“心理测试工作在协助自侦部门讯问活动中发挥了重要作用,提高了讯问效率和成果。”正义网2016年12月2日的一篇关于诸暨市人民检察院的介绍中显示,该检察院在信息化建设方面,已配备侦查测谎仪等各类侦查技术装备,为检察工作的发展提供高端技术保障,“实现职务犯罪的‘云侦查’”。

案例7.19 “贪官”上诉请求公开测谎证清白〔27〕

“我愿做中国第一个敢于公开接受测谎的‘贪官’。”浙江省诸暨市人社局原局长金某法一审被判10年6个月后,提出上诉,2016年12月20日,他手书呼吁信,请求绍兴市中级人民法院二审时当庭对其进行测谎。金某法同时放出狠话:“如当庭测谎发现我在受贿问题(是否收受贿赂款、是否藏匿贿赂款)上有任何说谎的成分,我愿意服从二审法院的任何裁判,并不再申诉。”

澎湃新闻从金某法案的诉讼材料中获知,一审围绕该案侦查期间的测谎报告是否应当出示,控辩双方争论激烈。最终检方以测谎报告不能作为证据使用为由,不予出示。金某法及其辩护人均认为,该测谎报告可能对金某法有利,应当出示。

国内证据法学专家认为,金某法案暴露了我国目前刑事司法领域中测谎结论在法律地位上的尴尬,但在司法实践中测谎已被广泛运用,亟待立法予以规范完善。

案发前,金某法为浙江省诸暨市人力资源与社会保障局局长。2015年7月1日,诸暨市检察院向诸暨市法院起诉,指控金某法在担任诸暨市浣东街道党工委书记期间,利用职务便利,收受毛某等4人360万元;担任“浣东街道城中村改造领导小组”组长时滥用职权,让两户居民的违章建筑获得了拆迁补偿。

一审判决书显示,2016年3月25日、4月5日,诸暨市法院两次开庭审理金某法案,金某法当庭否认有罪供述,律师也为其做无罪辩护。一审庭审中,由于3名

---

〔27〕 谭君:《浙江“贪官”上诉请求公布测谎证清白,测谎能否作证据引关注》,载澎湃新闻2016年12月30日,http://www.thepaper.cn/newsDetail_forward_1590169。

证人无一出庭作证,检察院工作人员在侦查期间给金某法所做的测谎结论是否应出示,成为庭审中的一个焦点。

据金某法的自书材料陈述,2015 年 9 月中旬,诸暨检察院的两名工作人员及一名自称来自省检察院的测谎专家对他进行了测谎。测谎结束后,检察院工作人员告诉他:"尽管这不能作为证据,但我们一定会把测谎报告交给审判长巩固心证。"由于在此后的庭审中,该测谎报告并未公开出示,也未提供给审判长"巩固心证",引发金某法和律师的当庭质疑,认为是检方隐匿了有利于金某法的证据。

据参与一审庭审的多名人士回忆,审判长曾发问公诉人:"2015 年 9 月金某法所做的心理测试,有无形成书面报告?"公诉人未直接回应是否形成书面报告,并称心理测试只是作为判断证据的方向,通过心理测试而发现的证据已向法庭提交,根据相关规定,心理测试的报告不能作为证据使用。检方最终未出示该测谎报告。

一审辩护律师质疑,公诉人甚至当庭宣读了部分测谎结论,说明检方对金某法的测谎已形成书面报告,不出示的原因很可能是测谎结论对金某法本人有利。庭后,辩护律师申请法院依法向浙江省检察院调取该院受诸暨市检察院委托,指派心理测试鉴定人对金某法进行心理测试形成的《心理测试检验意见书》正、副本以及测前/测后谈话提纲及谈话记录、测试题目、测试记录、测试图表以及其他相关材料,但未获回应。

辩护律师认为,检察院侦查案件和提起公诉,应当遵循客观公正原则,对犯罪嫌疑人、被告人有利的证据材料也有义务收集和举示,"测谎结果有利于指控,即为'我'所用;有利于被告人,就说它不能作为证据使用,不向法庭出示,这样的逻辑对被告人不公平"。

2016 年 11 月 20 日,在多次延长审限之后,诸暨市法院一审认定金某法滥用职权罪不成立;受贿 358 万元成立,对其判刑 10 年 6 个月。金某法不服上诉,随后向二审法院绍兴中院提出了调取侦查期间测谎结论的申请。金某法在其自书的呼吁信中,还请求绍兴中院二审时对其当庭测谎,"如当庭测谎发现我在受贿问题(是否收受贿赂款、是否藏匿贿赂款)上有任何说谎的成分,我愿意服从二审法院的任何裁判,并不再申诉"。

就金某法案测谎是否形成了书面报告、检方为何不提交给法庭等问题,澎湃新闻随后与诸暨市检察院办公室联系并发送采访函及采访提纲,截至发稿尚未收到院方反馈。

综上所述,就实务而言,一方面,尽管公安机关、检察机关等部门实际上一直在使用测谎技术帮助确定侦查方向、锁定犯罪嫌疑人、查实赃款去向、收集犯罪证据等,但这些证据在法庭上却从未出现。另一方面,被告人请求通过测谎自证清白的呼声也时有耳闻。理论上,容许使用测谎结论的呼声一直持续不断。本书认为,随着测谎技术的日臻成熟,以及为广大公众所日益接受,司法上对测谎结论一概拒斥的态度也应当有所改变。在这方面,美国的司法判例也为我们提供了较好的参考。美国诉皮钦诺那案中确立的测谎结论在诉讼中获得双方一致同意以及在用于弹劾目的或印证目的时作为例外允许使用的做法,值得借鉴。

二、统计数据与概率论

我们生活在数字化时代。产品的合格率、电视频道的收视率、商品的销量、特定时间段大蒜的价格、失业率、特定年份人口的出生率和死亡率、美国总统候选人的支持率等,都属于统计数据的范畴。这些统计数据有些被用于国家的重大决策,有些被用于日常生活和工作安排,有些被用于投资决策。在司法领域,统计数据也经常被当作证据,用于证明当事人提出的诉讼主张。例如,在黑人被公司解雇的案件中,雇员起诉公司违反了禁止种族歧视条例,举出的证据就是在特定地区该公司解聘的人员中黑人占87%。这种证据在法庭上是否具有可采性,往往成为原被告双方争议的焦点。又如,在著名的蓝色公交汽车案中,原告起诉被告请求获得损害赔偿,其主要的证据就是,被告蓝色汽车公司拥有该地区80%的公交汽车;被告就是被公交汽车所撞。因此,原告被被告蓝色公交汽车公司的汽车所撞的可能性为80%,已经超过了民事诉讼中优势盖然性的标准。这实际上就是用统计数据来争执当事人主张的合理性。

在前文提到的蓝色公交汽车案中,既包含了统计数据这一证据,也包含了概率论。在日常生活中,人们经常会遇到一些无法事先预测结果的事情。最常见的例子是抛硬币。抛掷一枚硬币,落下后正面朝上还是反面朝上,基本上无法确知。买彩票是否能中奖,也属于不确定事件。刑事案件中一个被告人是否会被定罪,民事诉讼中的原告是否会胜诉,一个小偷在汽车上扒窃是否会被抓,受贿是否会被追究,坐飞机是否会失事,都是不确定的。这些结果具有不确定性的事件被称为“随机事件”。但如果把这些随机事件放在一起时,就会表现出令人惊奇的规律性。例如,如果一个人不厌其烦地抛1000次硬币,尽管每一次的结果都不可预知,但我们可以确定地知道正面朝上的可能性是50%,抛掷1000次,正面朝上的次数应当接近500次。又如,2016年我国刑事司法中被告人被判无罪的人数为1075人,占全部被告人总数的1/1000,如果这一频率保持不变,那么,在2017年,每一个刑事被告人被判无罪的可能性也就是1/1000。这种随机事件的规律性,就是概率。

随着数学的广泛应用和人们想象力的日益丰富,概率也被应用于司法领域。例如之前提到的蓝色公交汽车案,就是运用了统计学中的概率论。概率证据的可采性在美国司法中曾经引起广泛的争议。有些判例支持了概率证据的使用，有些案件拒绝概率证据的可采性。在我国，概率论从未被当作司法证据的种类获得认真对待。但是在2015年发生的南昌大学前校长周文斌受贿、挪用公款案中，由于被告人周文斌当庭用概率论来证明自己无罪，概率论才引起法律人的关注。本部分简要介绍周文斌案中的被告人对概率方法的使用，以引起大家对该问题的思考；随后介绍美国著名的柯林斯案，并对该案中的背景和其昭示的意义加以阐述。

案例7.20　南昌大学原校长周文斌受审时用概率论质疑控方证据[28]

1月20日庭审上，周文斌说行贿人和受贿人都曾供述行贿发生在5月；后来发现5月没有行贿款来源，双方笔录同时改为10月10日左右。根据误差理论，5月错到10月绝对误差为5个月，相对误差为50%；第二次1日错到10日，绝对误差10天，相对误差为2.8%。两个人分开审讯，误差率同时发生同样的巨大变化，周文斌称："只能说办案人员串供。"他在庭上进一步计算，行贿人和受贿人都交代说发生在5月，后来发现都错了，这概率为1/140；发现5月没有取款记录后，双方又同时改为10月，概率为1/20700。如未非法取证，两次同时一致出错需做2万多份笔录才可能出现。

周文斌说：案件中有很多证据可以用科学的方法来证伪。"此前我曾用概率论算过一次我和证人胡彪斌的证言，胡彪斌出庭后证实了我的算法是正确的。全案综合起来我再推算一次。"他说，在全案的41起指控中，通过法庭调查明显"至少有4起是假的"。通过概率的算法，出现4起假案的概率是千万分之三，这是小概率事件。因此，"全案为假是个大概率事件"。周文斌还说，办案应该使用科学的方法，就像找矿一样，不是猜哪里有矿，而是用数据来测算。

为此，他自制了一份案件要素/证据综合评价表（见表7.1），输入各种评价的指标和数据，最终即可评价出证据是否属实。他请求法庭用投影仪播放，被审判长拒绝。他当庭举了个例子，检察院起诉南昌大学共青学院投资人肖雪涛向他行贿170万元。经过这个评价表的测算，肖雪涛向他行贿的可能性仅为0.317（满分为1）。

表7.1　案件要素/证据综合评价

待证事实（权重）	时间地点（0.1）	动机（0.2）	行/受贿过程（0.4）	资金来源（0.1）	赃款去向（0.2）
案情	2010.9.19，共青城	26号整改	50万元	食堂承包费	给就接受

〔28〕 载腾讯网，http://news.qq.com/a/20150123/001151.htm。

续表

待证事实（权重）		时间地点（0.1）		动机（0.2）		行/受贿过程（0.4）		资金来源（0.1）		赃款去向（0.2）	
证据/评分	被告	被供	1		1	被供	1			被供	1
		被辩	1		0	被辩	0			被辩	0
		被庭辩	1		0	被庭辩	0			被庭辩	0
	行贿人	肖证	0.5	肖证	0.5	肖证	0.5	肖证	0.5		
	其他证人			邓证	0			陈颖	0.5	沈证	0.5
				傅证	0						
				朱证	0						
统计	小计	3.5		1.5		1.5		1.0		1.5	
	单项平均概率	0.88		0.375		0.375		0.5		0.375	
综合概率		0.398									

注：

1. 证据/评分项代表发生概率，肯定性证据为1，否定性证据为0；
2. 非法证据记0分；
3. 未出庭证人证言记分减半；
4. 不相关证人证言记0分；
5. 若有不在场证据（时间、地点不可能），该案件发生概率直接为0；
6. 若有确定性/确切否定性补强证据，该单项平均概率直接记1或0；
7. 单项概率 = 小计 ÷ 证据数；
8. 综合概率 = $\sum_{i+1}^{n}$ 单项概率 × 权重。

思考　请运用高中时代的数学知识，对本案被告人周文斌关于概率的运用进行点评，并回答：概率论在刑事案件中是否应当被允许作为被告人无罪的证据？

| 评注7.03 | 通过计算实现正义：人民诉柯林斯案述评[29]

检察官突发奇想：传召数学家在刑事案件中作证

在美国证据法上著名的人民诉柯林斯案（Peoples v. Collins），国内研究证据法的人大体上都耳熟能详。该案发生于1964年6月18日上午大约11:30，一个老太

[29] 易延友：《通过计算实现正义》，载《数学文化》2013年第5期。

太在买完东西后沿着一个小巷道回家。她左手提着篮子,装满了从商店购买的东西,右手拄着拐杖。突然从后面过来一名女子,把她推倒在地,抢走了篮子里的钱包,钱包里有35~40美元。她既没有看到这名女子,也没有听到她走近的声音。她感到一阵疼痛,但挣扎着往上看了一眼,看到一个年轻女子从她身边跑过。根据她事后描述,这名女子体重大约145磅,穿着黑色衣服,头发在深棕色和淡棕色之间。

在事件发生的同时,住在该巷道附近的贝斯先生正在自己的房子前浇草坪。因为听到尖叫声,他往事发方向看了看。他看到一名女子跑出巷道进入一辆停在巷道出口的黄色轿车。轿车马上发动并很快离开。他看到开车的是一个脸上有着络腮胡、嘴上还有小胡须的黑人男子;从巷道跑出的女子应当是一名高加索裔女子,大约5英尺高,黑棕色头发,扎马尾辫。

警察根据证人提供的线索逮捕了珍妮和柯林斯夫妇。珍妮的老板作证证明珍妮受雇于一个家政公司担任女佣,案发当天11:30左右她丈夫柯林斯先生驾驶一辆黄色轿车把她接走,因此她有作案时间。但是珍妮自己作证说她下班后去了一位朋友家,在她家里待了好几个小时,因此没有作案时间。珍妮的朋友也被传唤作证,证明她确实有一天在她家待了好几个小时,但不确定是在哪一天。

法庭上,被害人并没有认出珍妮。证人贝斯的辨认也很勉强,因为贝斯在侦查阶段就曾经作过一次辨认,在那次辨认中贝斯没能认出柯林斯先生。但贝斯的解释是那次柯林斯先生没有蓄胡子。另外被告人提供的证人还证明珍妮在案发当天穿的是浅色衣服,而被害人却证明抢劫犯穿的是黑色衣服。因此控方的证据很不扎实。

不过,担任该案检控的检察官塞内塔是一位颇有创造性的青年才俊。案件发生时塞内塔刚从加州大学洛杉矶分校法学院毕业2年,担任长滩地区副检察长才9个月。按照他自己的说法,以概率论来证明自己的诉讼主张并不是一个深思熟虑的结果,而是基于一些偶然的因素。他接手该案件以后发现该案有很多瑕疵。尽管被害人很容易获得陪审团的同情,但是她却不能辨认出被告人;证人贝斯的证言也有很多漏洞;警察找到这对夫妇也有很大的偶然性,因为实际上符合证人描述的夫妇很容易就能找到很多。检察官左思右想,也想不出很好的对策来赢得他的诉讼。

不过,检察官家族中有一位数学天才,该数学天才在1962年以一本概率论方面的著作荣登畅销书榜首。想到这本畅销书,检察官来了灵感:他决定邀请长滩大学数学系的一位年轻教授——一个刚刚入职2个月的助理教授(Assistant Professor)出庭作证,证明该案中该被告人夫妇被冤枉的可能性。该数学系讲师受到邀请,受宠若惊,觉得他有义务为社会服务,为公众效力,所以欣然接受了出庭作证的邀请。当然,等他来到法庭上时,看到黑压压的人群,庄严肃穆的法庭,他还是有些后悔接这份差事。不过他还是顺利地为检察官完成了这份工作。

检察官向数学家发问时说,假定在案发城市:(1)驾驶黄色汽车的人为当地驾车人口的1/10;(2)留着小胡须的人为当地男子的1/4;(3)梳着马尾辫的占当地妇女的1/10;(4)有着金色头发的女子占当地妇女的1/3;(5)是黑人且有络腮胡的占当地人口的1/10;(6)不同人种之间混婚成为夫妇的占全部婚姻关系的1/1000。那么,本案被告人被冤枉的可能性是多少?数学家回答说,假定上述比例成立,则任何一对夫妇全部符合上述6个特征的可能性为1/12000000,也就是说柯林斯夫妇不是本案作案人从而被冤枉的可能性是1/12000000。

不过,检察官在让数学家作证时,并没有提供任何证据证明上述比例在当地是成立的。但检察官坚持说,这些比例数字只是基于说明性的目的,并不表明这些比例就是真的;检察官又说,陪审员可以根据他们自己的经验,把上述比例替换成他们认为真实的比例,并根据自己相信的比例来计算任何一对夫妇完全符合上述特征的概率。

尽管被告人的辩护律师及时对上述数学家的专家证言提出了反对,但是法官却容许了上述证据。数学家作证之后,检察官总结陈词说:根据数学家的证言,柯林斯夫妇被冤枉的可能性仅为1/12000000。如果你们连这么一点风险都不愿意冒,那岂不是活得太累了?于是年轻的检察官赢得了他的诉讼:陪审团作出了被告人有罪的裁决。

第二天,一家当地报纸以头版头条报道了该案,标题是:《通过计算的正义》(*Justice by Computer*)。5天之后,该案登上《洛杉矶时报》(Los Angeles Times),标题是《正义召唤科学:概率论帮助将一对夫妇定罪》(*Justice Invokes Science: Law of Probability Helps Convict Couple*)。一个月后该案轰动全国。美国最著名的《时代》杂志声称:柯林斯夫妇被定罪的原因就是检察官无比聪明地运用了统计学中的概率论。从此以后,我们进入一个以全新手段检验间接证据的时代。

数学家担任法官助理:法院排除数学家的证言

不幸的是,检察官塞内塔遇到了自己的克星——一个真正的数学天才:劳伦斯·却伯。却伯于15岁入读哈佛大学数学系,并获得博士入读资格,但是却伯不愿意在数学这个领域浪费自己的智慧和人生,最终放弃了数学博士候选人资格,改入哈佛大学法学院,并于1966年毕业。在柯林斯的案件于1967年上诉至加州最高法院时,却伯正在那里实习,担任马修·托布雷纳法官的助理。此时,才华横溢的却伯年仅25岁。该上诉案主审法官沙利文刚好希望托布雷纳法官帮助撰写该案的判词,而托布雷纳则不失时机地将却伯纳入该案的处理程序当中。判词中的主体部分实际上就是却伯的杰作。

加利福尼亚州最高法院根据却伯的理论,推翻了初审裁决,将该案发回重审。案件发回后,检察官坦率承认,他已经无法再召集原审的证人出庭作证。在此情况下,法官将该案予以撤销。被告人获得释放。

加利福尼亚州最高法院判决的理由主要是:第一,尽管数学家将其证言建立在6个假定事实的基础上,但是检察官没有举出任何证据证明上述比例真实存在。换句话说,没有任何证据证明当地驾驶黄色汽车的人有且只有1/10;留小胡须男人的有且只有1/4;梳马尾辫的女人有且只有1/10……这些比例完全是检察官自己的臆测。检察官自己也说,这些比例数据纯粹是说明性质的,陪审团成员可以根据自己的经验来替换这些数据。既然这些比例并不存在,或者没有证据证明其真实存在,以之为基础进行的任何进一步的论证都是徒劳的。第二,就算上述比例是真实存在的,数学家的计算也仍然存在问题,因为,没有证据表明上述假定事实均属于独立事件。小胡须和络腮胡是独立事件吗?马尾辫和金头发是独立事件吗?如果小胡须和络腮胡是独立事件,那黑人和络腮胡不也是相互独立的事件吗?为什么小胡须和络腮胡相互独立,黑人和络腮胡就不相互独立了呢?如果没有证据表明上述比例均构成独立事件,拿这些比例来相乘并得到盖然性的结论就会夸大事实。第三,即使假定上述比例均真实存在,并且均属于独立事件,也不能排除犯罪分子经过伪装的可能性。如果犯罪分子乔装打扮,把自己装扮成络腮胡、小胡须,甚至男扮女装,染上金色头发,梳上马尾辫,那么,检察官的论证将如空中楼阁,轰然坍塌。1/12000000的低概率匹配可能性,主要建立在1/1000的混合婚姻这一低概率事件的基础上。如果存在男扮女装的事实,或者存在其他伪装的情形,则即便柯林斯夫妇完全符合检察官描述的低概率条件,也不能证明他们就是该案中的抢劫犯罪分子。因此,上述计算虽然精密,看上去很有道理,但实际上是让人误入歧途的。第四,哪怕完全不考虑以上三个因素,控诉方也仍然还有一个致命的错误,那就是将随机抽出的夫妇拥有这些特征的可能性与任何一对特定夫妇具有这些特征的可能性等同起来。如果每1200万人中有一对夫妇可能具备全部这些特征,那么我们完全有理由希望在受怀疑的人群中找到两对这样的夫妇;如果这样,那么对其中一对夫妇定罪,其被冤枉的可能性就是50%,而不是1/12000000。

以上是加利福尼亚州最高法院在柯林斯一案中推翻其下级法院判决、不容许概率论证据在本案中运用的基本理由。值得说明的是,在本案中,匹配概率和被告人被冤枉的可能性实际上是等同的:在检察官的逻辑中,每1200万人中只有一对夫妇有可能完全符合六个条件,因此符合这些条件的柯林斯这对夫妇被冤枉的可能性就是1/12000000。但是检察官这一逻辑成立的前提是该城市只有1200万人,且只能找出一对完全符合上述特征的夫妇。但是,如果检察官夸大了事实,例如马尾辫的可能性不是1/10而是1/5,则每600万人中就有一对夫妇符合条件,那么在该城市就可以找出2对这样的夫妇;根据加利福尼亚州最高法院的逻辑,每一对夫妇被冤枉的可能性均为50%。

法院判决引发学术风暴:数学家之间的较量

加利福尼亚州最高法院的判决引发了一场学术讨论的风暴。美国数学界群起反击,一批数学家和统计学家奋起捍卫他们学科的尊严。他们坚持认为所有的证明都是一种可能性/盖然性(概率);通过概率方法来指导陪审团的思考既是必要的,也是可行的;这个社会需要运用科学方法来指导我们的思维。1970年,一位统计学博士,同时也是哈佛大学肯尼迪政府学院的助理教授和一位律师联合署名在《哈佛法律评论》发表论文,主张数学概率论可以通过贝叶斯定理在司法场域中获得转换适用;贝叶斯定理可以而且应当用来帮助陪审团评价证据。该文实际上是对加利福尼亚州最高法院在柯林斯案件采取的立场的批评。

此时,却伯已经从实务界转向理论界,并在哈佛大学法学院担任助理教授。面对来自数学界发向自己曾经的得意之作的挑战,却伯毫不示弱,针锋相对,在1971年的《哈佛法律评论》发表论文,专门对该案加利福尼亚州最高法院的判决做了详细的解释、辩护和发挥。却伯的主要观点是,利用数学计算的方式来运作司法审判以实现正义的方法其实并不是什么新鲜事,可以追溯到古代法定证据制度;根据该制度,每一种证据的证明力大小都由法律预先规定,但是这一制度却导致了邪恶的纠问式诉讼。却伯认为,尽管一个社会所信奉并用以使其审判制度理性化的这些精确的或假冒精确的装置有助于加强这个社会的风俗、文化的可理解性,但是,这些装置在其运行中却无论如何都会导致对法律审判行为所追求和表达的社会意义具有重大价值的东西予以歪曲,并且在某些场合下会毁灭这些价值。所以却伯不赞成以数学计算的方法来判决案件,尤其反对以数学的精确性来解释美国刑事司法程序中"排除合理怀疑"这一定罪标准的表述。

从那时起,美国学术界发表了一系列探讨概率论、数学计算方法、贝叶斯理论运用的论文,其中大部分是赞成数理逻辑尤其是概率论在司法案件中加以运用的,只是应当将其限定于适当的领域和不能超出适当的限度。在所有这些论文中,却伯教授是最早对概率论运用于司法提出反思和质疑的学者。

却伯的观点也有不少追随者。1985年,查尔斯·尼桑在《哈佛法律评论》上发表论文,强调司法裁决中对过去事实的认定并不是追求数学概率上的精确性,而是追求一种符合常识的可接受性。尼桑举了两个例子以说明其观点。第一个例子是在一个民事侵权行为案件中,甲、乙二人均为原告A作证。甲作证说只有被告一人B特立独行地穿着蓝色西服出现在现场(暗示其他人均穿其他颜色衣服);乙作证说实施侵权的是一个穿着蓝色西服的男子(暗示不可能是穿其他颜色衣服的人实施侵权行为)。如果甲、乙两人的证言均真实可靠,则该案被告B实施了侵权行为当无疑义。依照概率论,被告实施了侵权行为的可能性取决于证人证言的可靠性(这种可靠性并不单纯建立在证人的道德水准和法治观念基础上,而且建立在证人的观察能力、记忆能力、交流能力等基础上)。假设陪审团认为每个证人的可信度均为70%,那么,根据概率论,该被告实施了侵权行为的可能性就低于50%(两者相乘为49%)。但是陪审团绝不会单独计算各个证人的可信度,然后根据概率论的原理将两者相乘得出B实施侵权行为的可能性。相反,陪审团会将两名证人证言的可信度结合起来计算被告作为现场侵权人身份成立的可能性。

第二个例子:假定一个事件的组成部分为A和B;假定A发生的可能性为70%,不发生的可能性为30%;B发生的可能性为60%,B不发生的可能性为40%。根据概率论,A和B都发生(A&B)的可能性为42%,这一可能性远低于A和B不同时发生的可能性(58%)。但是,A&B这一组合的可能性大于其他所有组合的可能性。因此在上述概率情况下,陪审团实际上会认定A&B同时发生。

通过上述例证,尼桑想要说明,司法实践中关于证据所证明的事实可能性的计算方法并不是一个"更有可能或更无可能"的标准。也就是说,在司法这个场域,不能完全用概率论来解释。

当然,概率论究竟是否应当应用于司法领域,在什么条件下应用于司法领域,这恐怕是一个"猜想级"的问题,相信不断会有既精通数学又心仪法学的青年才俊用他们青春的火花点燃这个智慧殿堂的明灯。无论学术界关于概率论在司法场域的应用观点如何,其已经不能影响当年才华横溢的却伯。如前所述,1968年,却伯成为哈佛大学助理教授。1971年,却伯在《哈佛法律评论》发表《通过数学来审判:法律程序中的精确与仪式》(*Trial by Mathematics: Precision and Ritual in the Legal Process*)一文,成为该领域中的先锋之作,当然,也是该领域引证率最高的作品。1972年,年仅31岁的却伯成为哈佛大学教授。

就这样,一个检察官的突发奇想成就了一件名案,一个数学天才在法学领域的杰作成就了一代名家。

三、死因鉴定

死因鉴定在刑事诉讼和民事诉讼中都十分常见。在刑事诉讼中,很多案件一开始就必须进行死因鉴定,以确定一个案件究竟是否属于刑事案件,从而决定是否立案。例如,路人在温榆河的河水中发现一具尸体,向公安机关报案,接受报案的公安机关必须采取措施对尸体进行检验,以确定死者究竟是死于自杀、他杀还是意外事故。又如,警察抓嫖时对嫖娼嫌疑人进行抓捕过程中致其死亡,检察机关在决定是否立案以及是否批准逮捕该涉嫌滥用职权的警察之前通常要对死亡原因进行鉴定,以确定死者究竟是被殴打致死还是由于突发疾病死亡。刑事审判中,被害人的致命伤往往还是决定斗殴案件共同被告人刑事责任轻重的依据。在医疗纠纷中,被告通常应当举出证据证明死者的死亡原因和医疗过失之间不存在因果关系。在这些案件中,都会涉及死因鉴定的问题。

当然,由于刑事案件往往更加具有戏剧化色彩,涉及杀人、强奸、色情、警民冲突等公众比较关注的问题,因此往往更容易吸引眼球。2003 年发生的小学教师黄静裸死宿舍案(本章第三节)、2016 年发生的雷洋案[30],都属于公众非常关注的案件。在这两个案件中,被害人的死亡原因都属于控辩双方激烈争议的问题,也是医学上和司法上非常有意义的案件。

本部分介绍发生在美国的格斯里案件,该案探讨的是自杀者的行为模式及其作为专家证言的可采性问题。严格说来,格斯里案并非典型的死因鉴定问题,因为该案控方专家实际上意图通过心理学专家对自杀者行为模式的概括来证明该案中被害人不是死于自杀,在此前提下,间接证明被告人是该案的谋杀犯。通过这个案件,我们希望介绍一些关于死因鉴定的科学常识,但更希望读者关注案中所涉科学证据(专家证言和鉴定意见)的可采性问题。

| 案例 7.21 | 自杀还是他杀?——州诉格斯里[31]

1999 年 5 月 14 日,威廉·格斯里(William B. Guthrie)(原审被告人,上诉人),一位长老教会的牧师,拨打 911 电话请求紧急帮助:他的妻子莎伦(Sharon)裸体躺在浴缸里,失去了意识。第一批赶到的急救人员发现她面部朝下躺在浴缸里,被告人"跪着边哭边求他们帮忙"。两名急救人员将她从浴缸里移到走廊实施心脏复苏术。在施救过程中,他们全身都湿透了。在救护车离开后,一名帮助抢救的护士,带被告人去了医院。

1999 年 5 月 15 日,莎伦去世。第二天,法医布拉德·兰德尔进行了尸体解剖。查出死者体内存有两种未达治疗剂量的抗焦虑药剂——安定(Diazepam)和氯羟去甲安定(Lorazepam),还有一种镇静剂去甲羟基安定(Oxazepam)。从消化的程度看,应该是在溺水前 4 小时服用的。法医还发现了能够使人中毒和虚弱剂量的羟基安定(Temazepam),但没到达致死剂量。死者身体内的羟基安定足够让她失去意识。法医估计她摄入了大约 20 颗羟基安定胶囊,这样的剂量不可能是误服。她溺水是由于"羟基安定使她丧失了行动能力"。法医认为,她的死亡是非正常的,并非意外,但仅从尸检他无法确定是自杀还是他杀。

由于无法确定死因,警方作了进一步调查,发现被告人的证言前后不一致,存在很多疑点。同时,他们在死者家里发现了羟基安定,是医生开给被告人帮助睡眠

---

〔30〕 雷洋案报道详情,参见《雷洋之死》,中央电视台新闻频道,http://tv.cctv.com/2016/05/10/VIDEGM2NQYViqwfqVL8AxTo3160510.shtml。

〔31〕 State v. Guthrie, 627 N.W.2d 401 (S.D. 2001).

的药。此外,他们发现被告人有婚外情。一开始被告人予以否认,后来承认了。关于他婚外情的传言有很多,有段1994年到1999年的婚外情让被告人失去了在新奥尔良的牧师工作,并且搬了家。被告人和死者的三个女儿苏珊娜(Suzanne)、珍娜露(Jenalu)和丹尼尔(Danielle)知道她们的父亲对婚姻不满意,他告诉苏珊娜他和莎伦将在珍娜露6月婚礼后离婚。在六七年里,他不断地告诉他们最小的女儿丹尼尔,他不仅想要离婚,而且他恨莎伦,她又胖又丑,他甚至不想去碰她。此外,在被告人工作的教堂电脑里发现了搜索处方药"羟基安定"和"浴缸溺亡"的记录。关于死者是如何溺水的,被告人的证言前后矛盾。许多证据显示,被告人很可能将羟基安定胶囊内的药粉放到了死者喝的牛奶巧克力中。

1999年8月27日,格斯里被指控一级谋杀。三天后,他接受传讯,被下令关押。被告人不认罪。2000年1月10日陪审团审判开始。莎伦自杀还是他杀是庭审的最关键问题。

控方传唤了包括医生、计算机专家和被告人三个女儿在内的许多证人出庭。在自杀问题上,控方传唤了一位临床心理学家也是研究自杀的专家爱伦·伯曼(Dr. Alan Berman)出庭作证。伯曼解释说:研究自杀和如何防止自杀的专家是经过了良好的培训并有经验的研究自杀问题,包括研究那些有自杀倾向人的性格,那些自杀的人和自杀死亡的环境等的人。被告人反对,辩称伯曼的理论未经科学验证。

伯曼向陪审团详细解释了对自杀者的心理研究,认为死者所显示出的自杀因素非常少。虽然她摄入了很多的药物,和自杀相符,但是她没有精神病史,没有抑郁、重大的身体疾病、对药物的依赖或是自杀的想法。她自身和她的家庭都没有自杀行为的背景。她丈夫的确是有了外遇,但是她应该得知已久。后来被告人在庭审中承认他在去年一月曾告诉死者他想离婚。因为她是知道她丈夫的不忠和想离婚的意愿的,所以伯曼认为这些因素不可能导致她实施自杀。他还发现了几个她不会自杀的因素:莎伦对于她女儿即将举办的婚礼非常激动;根据她的性格和对自己体重的在意,她应该不会想被赤身裸体地找到。他解释说:只有不到2%的妇女选择在浴缸里溺亡,而那些死亡的人通常正面朝上的,就像在睡觉一样。伯曼被允许就莎伦是否符合自杀人群的特点作证。在反对声中,他作证称在他看来,"莎伦不是死于自杀"。同样,在他被法庭采纳的报告中,伯曼也称:"经过我深思熟虑所得出的有很高确定性的结论看来:莎伦并非死于自杀。"

经过两周的庭审和五小时评议,陪审团认定被告人一级谋杀罪名成立。被告人被判终身监禁。他提出上诉,其中一个理由就是:专家证人关于自杀的证言是否应该被允许。

被告人认为巡回法院错误地容许了伯曼就自杀给出的意见,特别是他发表了莎伦不是死于自杀的意见,这样的证言不当地涉及了庭审最根本的问题,因此其侵犯了陪审团的权力。

在采用专家证言时,法院必须注意两点。第一,专家证言必须与争议事实有关联性。要有关联性,证据只需要有证明性而不需要有结论性。伯曼的证言当然是有关联性的。第二,意见必须能够帮助事实裁判者理解证据或决定事实。要有帮助,就需要专家证言能提供给陪审团一些他们不知道的东西。伯曼关于自杀风险因素的知识可以帮助陪审团评估莎伦死亡案中复杂的环境。

尽管伯曼没有被问到被告人是否有罪,但他所主张的"莎伦不是死于自杀"的意见接近了不被许可的范围。因为这个意见表明她是被谋杀的或者死于意外。一般自杀中所存在的因素在本案中很少出现是一回事,而在心理学基础上宣称死亡不是自杀这又是另一回事。前者能够帮助陪审团判断,但也允许陪审团根据心理学知识自己推出结论;后者则只是简单地告诉陪审团应该得出怎样的结论。然而,我们不需要决定伯曼的最终意见是否不被许可地侵犯了陪审团权力,因为根据多波特规则其证言是可采的。

在多波特规则下,提供专家证言的一方必须证明专家的理论或方法是科学的、技术的或者是美国《联邦证据规则》第702条规定的特殊知识。通过提供足够的实证证据证明这个方式是有效的已经达到了这个标准。在决定是否容许专家证言时,法庭必须确定这个意见是建立在可靠的基础之上的。多波特建立的标准并不被限制在传统上被认为是科学证据的范围内。科学的、技术的或者是其他特殊知识都可以满足这个标准。被告人并没有质疑这个证据的关联性,他只是主张伯曼的意见并不是建立在可靠的信息之上的。

被告人争议的中心问题在于:心理解剖(psychological autopsy,调查分析死者临死前的精神状态以确定死因)是否经过了有效的研究。被告人的律师认为这个领域没有经过有效的研究。另外,一个有效的研究会决定其得到的结论是否正确。被告人坚持认为伯曼的方法并不可靠。

多波特—锦湖(Daubert - Kumho)标准是指导性的,而非毫无弹性的标准。法院在多波特案后又在锦湖案中认定,决定一个假设的有效性是庭审的关键问题。在锦湖案中法院"公开地将多波特规则延伸到了非科学的领域,例如工程学,它的论证似乎也能够应用到社会科学中去"。考虑到伯曼所接受的教育和采用的方法,允许陪审团从他的心理学知识和经验中获得知识是在专家作证的允许范围之内的。这给了陪审团非常宝贵的知识去了解打算自杀的人的心态。

当对方专家就其结论的可靠性给出反驳意见时,对陪审团来说可靠性就变成了一个问题。庭审程序对于处理矛盾意见很有办法——"激烈交锋的交叉询问,出示相反证据,就证明责任进行小心的指示,这些都是传统且适合的方法可以用来攻击可采但并不牢固的证据"。被告人通过另一个专家证人猛烈地攻击了伯曼研究方法的准确性。结果是,我们认为审判法庭将伯曼的证言是否可靠交予陪审团来决定是正确的。

另外,当伯曼的证言从典型特征和莎伦是否具备这些特征延伸到根据她的特点莎伦并非自杀这个问题上时,我们就面临一个更难的问题。有什么实证证据证明在可疑死亡案件中死者只符合很少的自杀特征,因此就可以宣称他并不是自杀呢?关于这个意见的错误率和可证伪性又有什么研究支撑呢?伯曼提供了很少的数据。我们对根据心理症状得出的明确意见非常谨慎。有几个法庭允许了在自杀还是他杀问题有疑问的案件中出示心理解剖证据。然而,在这些案件中专家证人并没有就死者是否死于自杀表示科学上的确信。在另一案件(United States v. St. Jean,1995 WL 106960 *2)中丈夫被指控谋杀妻子,一位专家证人作证称:妻子的死亡环境不符合那些自杀者的情况。该案适用了多波特规则得出结论:心理学家的证言是可靠的,因此可采。然而,心理学家的证言被限制在“从精神病学角度来说自杀或有自杀倾向的人的特征”。在一个警察被控谋杀他妻子的案件(Horinek v. State,977 S. W. 2d 696,701 Tex. Ct. App. - Fort Worth1998)中,一个临床精神科专家对死者进行了心理剖析然后作证说:“看起来这个人非常不可能是那种自杀的人。”但是该案法庭没有讨论可靠性标准。

毫无疑问的是,伯曼具有自杀人群心理状态的特殊知识,但是他的知识主要是建立在观察和经验的基础上,而非传统的实证研究。法庭适用多波特规则,允许有特殊知识的专家作证,描述已知被害人的行为和症状,报告本案被害人的行为和症状,就本案被告人的行为是否与已知的自杀者行为一致给出意见。伯曼对自杀风险因素的理解是相关的、有帮助的和可采的。但是,在目前心理学知识层面,根据自杀特征还不能带有科学确定性地宣称一个人是否死于自杀。伯曼在这个方面的意见根据多波特规则是不可采的。因此,审判法庭在允许伯曼提供意见证据“莎伦并非死于自杀”上滥用了其自由裁量权。

然而,我们的探查到此并未结束。因为我们发现根据多波特规则,伯曼的部分意见证据不被容许,因此我们必须决定容许他的证言“死亡并非因为自杀”是否是无害的过错。当“即使排除争议证据陪审团的裁决也不会不同”时,过错是无害的。州必须负担证明此错误并非引起偏见的错误的证明责任。尽管伯曼的证言并没有适当地限制在标准范围内,但是陪审团可以很轻易地从他提供的可采意见证据和所有庭审中出示的证据中得出结论:莎伦的死并非因为自杀。当然,他的意见并非要代替一个彻底的刑事侦查。陪审团有大量的独立的间接证据可以得出被害人的死亡是他杀。我们不能说没有伯曼的意见证据,陪审团的裁决将会不同。因此,允许其意见是无害的过错。

总而言之,巡回法院在允许自杀学专家告诉陪审团“死者并非死于自杀”的证言上滥用了其自由裁量权,但是采用此证据并非有害的错误。法院认为伯曼的方法足够可靠的判断并没有错误。维持原判。

四、DNA 检测

20 世纪中叶,科学家发现人类的遗传因子染色体的主要成分是蛋白质和 DNA。其中,蛋白质是由许多氨基酸连接而成的生物大分子,DNA 则是由许多脱氧核苷酸聚合而成的生物大分子。通过实验,人们发现蛋白质并非人类的遗传物质,DNA 才是包含遗传信息的遗传物质。DNA 的化学成分包括磷酸、碱基和脱氧核糖。其中的脱氧核苷酸又分为四种,这四种脱氧核苷酸分别含有腺嘌呤(A)、胸腺嘧啶(T)、鸟嘌呤(G)和胞嘧啶(C)四种碱基。其中的 A 和 T 配对,C 和 G 配对,就组成 DNA 的稳定结构。DNA 分子由两条链组成,称为“双螺旋结构”。其中的脱氧核糖和磷酸交替连接,排列于外侧,构成基本骨架;碱基则排列于内侧。两条链上的碱基通过氢键链接成碱基对,碱基对的组合规律是:A 一定与 T 配对;G 一定与 C 配对(见图 7.1)。这种一一对应的关系,叫作碱基互补配对原则。

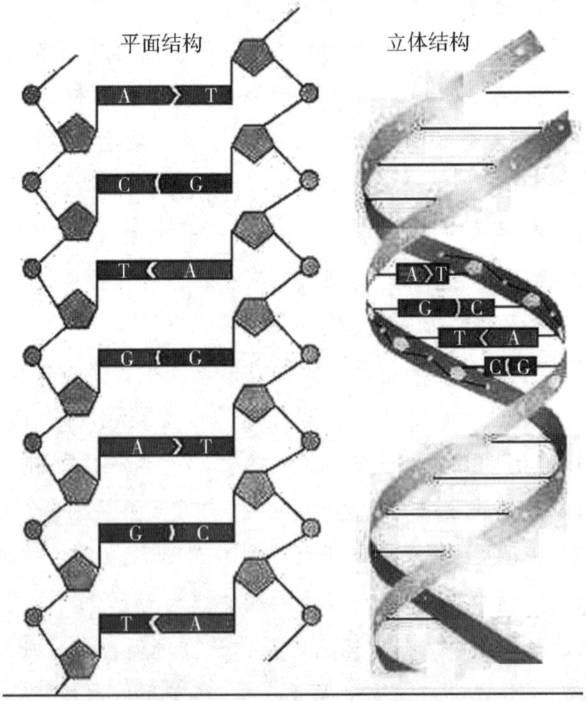

图 7.1　DNA 分子结构模式

资料来源:《生物:遗传与进化》,人民教育出版社 2016 年版,第 49 页。

尽管碱基对在配对原则上是固定的，四种碱基的排列顺序却可以变化。人类的遗传信息就蕴藏在四种碱基对的排列顺序中。由于排列顺序千变万化，所以 DNA 分子也就呈现出多样性特征；又由于每一个个体碱基的排列是固定的，所以构成了每一个个体身上 DNA 分析的特异性。不同个体 DNA 分子的多样性和特定个体 DNA 分子的特异性，构成了 DNA 指纹技术的生物基础。所谓 DNA 指纹技术，是指由于每个人的 DNA 都不完全相同，因此 DNA 也可以像指纹一样用来识别身份，这种用 DNA 识别身份的方法，就叫 DNA 指纹技术。

应用 DNA 指纹技术，首先需要用合适的酶将待检测样品 DNA 切成片段，然后用电泳方法将这些片段按大小分开，再经过一系列步骤，最后形成 DNA 指纹图。我们可以将这样形成的指纹图称为 DNA 样品图。由于每个人的 DNA 和其他人都是不一样的，用样品图去比较 DNA 图库中的其他 DNA，就能通过样品图与图库中其他 DNA 的吻合程度来判断样品提供者的身份（见图 7.2）。

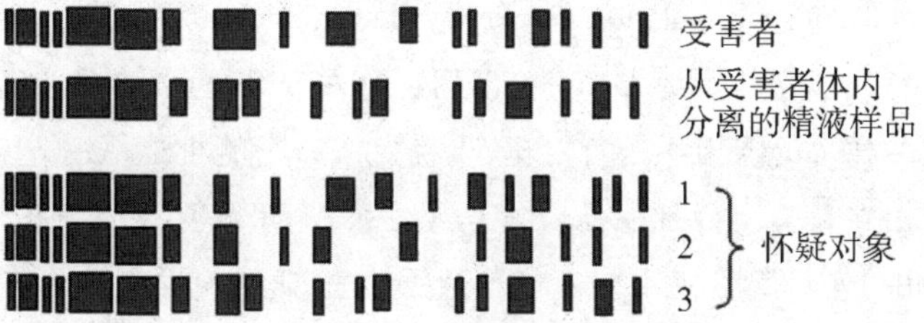

图 7.2　DNA 指纹

资料来源：《生物：遗传与进化》，人民教育出版社 2016 年版，第 58 页。

由于生物技术的发达，DNA 指纹技术已经被广泛应用于刑事侦查、刑事检控以及亲子鉴定、民事诉讼乃至户籍登记、被拐卖儿童寻亲等领域。

| 案例 7.22 |　人民诉索托[32]

1989 年 11 月 17 日，受害者，一名 78 岁的寡妇，请她的邻居勒罗伊（Leroy）和阿尔玛（Alma）到自己家吃饭，为两人庆祝纪念日。两人于饭后回到了自己的房子，勒罗伊在房子里一直待到下午五点过几分。忽然，他听到从被害人房子方向传来了尖叫声，于是他赶紧跑过去看发生了什么事。在察看后觉得没什么问题，他就又回到了自己的住处。他回到自家厨房后从窗户里看到被害人在她家窗口。这时，他的电话响了，被害人告诉他："我被强奸了。"勒罗伊赶到被害人处，被害人看上去非常心烦意乱，紧张恐惧。她说她听到敲门声便打开了门，开门后被一个戴着面具的男人用刀对准喉咙，这个男人将她推进卧室，强奸了她。

---

〔32〕 People v. Soto, 21 Cal. 4th 512, 1999.

被害人告诉警察,由于嫌疑人戴着面具,因此她不能指认他。根据她的描述,嫌疑人是一个身高5尺9、体重约170磅的白人男性。第二天,警察从被害人的卧室找到一条床单,上面发现了遗留的精液。测试后发现被告人弗兰克·李·索托(Frank Lee Soto)血液样本的DNA和床单上精液的DNA一致。奥兰治县治安部门的刑事专家罗伯特·基斯特(Robert Keister)出庭作证称:从警局的数据库来看,找到相同的DNA图谱(DNA pattern)的概率是1.89亿分之一。

陪审团就被告人暴力强奸和使用刀具的指控裁定被告人无罪,但是裁定被告人强奸未遂(attempted rape)罪名成立。

被告人称:关于他血液样本中的DNA与被告人卧室床单上精液的DNA相符的法医证据和专家证言违反了凯利规则(Kelly test/rule),是不可采的[See People v. Kelly (1976) 17 Cal. 3d 24,30,130 Cal. Rptr. 144,549 P. 2d 1240]。凯利规则是指加利福尼亚州对于允许新的科学证据的基本要求。他将焦点集中在第二阶段的分析上:人口频率测定(population frequency determination)。因为一旦分析和对比结果宣告“匹配”,匹配样本的DNA基因图(DNA profile)就会和其他相关人口数据库中的DNA样本的基因图进行对比,以确定从一个随机选择的人身上找到匹配的DNA基因图在数据上的可能性。被告人主张:利用未更改的乘积法则(unmodified product rule)去计算数据上的可能性是否恰当,这在科学领域存在争议。因此,根据凯利规则,这样的证据必须从庭审中排除。

在凯利规则下,采信建立在新的科学技术基础上所得到的证据,例如DNA基因图,只有在其方法的可靠性被确定后才有可能被允许。通常是通过合格专家证人的证言来达到这个目的的。证据的提出方还必须证明使用了正确的科学程序。证据所基于的科学技术必须是在相关领域被普遍接受的。但是,凯利规则“不要求法庭从科学事实层面去决定一个程序是否可靠。法庭只需要根据专业文献和专家证言来决定新的科学技术是否在相关的科学界中被普遍接受认为是可靠的,决定公开反对的意见是不是不可靠的”。我们认为限制性片段长度多态性(RFLP)分析的数据统计阶段要求凯利规则进行筛选以保证使用的统计方法在科学界是被普遍接受的,且在个案中的计算遵循了正确的科学步骤。

法院从DNA理论和限制性片段长度多态性分析(DNA Theory and RFLP Analysis)、处理DNA样本和产生DNA粒子图像(Processing DNA Samples and Generating Autorads)、通过适用“匹配标准”解读DNA粒子图像(Interpreting Autorads Through Application of “Match Criteria”)、使用种群数据库评估匹配的重要性(Use of Population Databases to Assess Significance of Match)等各个方面对DNA证据进行了详细的介绍和分析。

在市法院关于凯利规则的听证会中,主要的问题就集中在凯利规则下DNA证据是否可采。在11天的听证里,控方三位专家证人就乘积法则在人类种群方面运用的可靠性与研究的有效性作证。控方传唤了多位专家证人,而辩方在市法院的听证会中没有传唤任何证人。查克拉博蒂博士(Dr. Chakraborty)作证称:奥兰治县的实验室里运用未更改的乘积法则来估计可能性是适当的——所有的假设都有实验室的数据支持,包括哈迪—温伯格平衡(Hardy - Weinberg equilibrium)和连锁平衡(linkage equilibrium)。他还运用了一系列的实验来支持他的结论。

经过预先审查,治安法官认为:将限制性片段长度多态性研究方法应用到司法DNA鉴定,这在科学界是被普遍接受的。在本案中,奥兰治县的司法实验室正确地遵守了研究方法。因此,基斯特的证言即被告人血液中的DNA和床单上精液的DNA的出现随机相匹配的可能性非常小的证言可以被采用。

在高等法院关于凯利规则的听证中,为证明使用了正确的科学程序,控方出示基斯特和卡瓦奇博士(Dr. Kovacs)的证言。1992年2月10日,法院认定在本案中控方采用了正确的科学程序。控方所出示的证明被告人有罪的DNA证据根据凯利规则具有可采性。

在庭审中,基斯特出庭作证,并根据其研究方法得出了数据。被告人的基因属于奥兰治县的四个数据库的可能性如下:(1)西班牙族裔:1.89亿分之一。(2)高加索人:3800万分之一。(3)非裔:8.07亿分之一。(4)越南人:1.77亿分之一。

基斯特还计算了从联邦调查局(FBI)公布的基本数据库中计算了概率如下:(1)西南方的西班牙裔人(得克萨斯):1.77亿分之一。(2)东南地区西班牙人(佛罗里达):23亿分之一。(3)非裔美国人:24亿分之一。(4)高加索裔美国人:30亿分之一。

辩方的专家证人劳伦斯·米勒(Laurence Mueller)和威廉·希尔兹(William Shields)认为未更改的乘积法则扭曲了自结构化,这样的分析方法并不足够可靠。控辩双方的专家证人都提供了大量的证据和证言用以证明本方的主张。

1992年3月9日,案件被提交陪审团评议。1992年3月11日,陪审团裁判被告人有罪。

1992年4月29日,被告人申请重新审判。他还提交了一份1992年4月14日发布的美国全国科学研究委员会(NRC)的报告。附上了劳伦斯·米勒的宣誓书:这份报告代表了科学界对乘积法则看法的重大改变,因此,学术界对于这个问题的看法不再一致。在1992年5月22日的听证会上,被告人请米勒出庭作证,控方请基斯特出庭进行反驳。米勒称:运用1992年报告中所描述的改良的方法(modified ceiling method),他计算出被告人的可能性频率为18.2万分之一。基斯特作证称,他根据报告的方法和奥兰治县的数据库重新计算了被告人的可能性频率:使用浮动指标得出的概率为500万分之一;使用固定指标得出的概率为50万分之一。

根据以上结论,被告人重新审判的申请被驳回。审判法院认为美国全国科学研究委员会的报告并没有改变法院遵循阿克塞尔(Axell)案先例的责任,该案赞同在凯利规则下使用未更改的乘积法则。

与本案相关有两个重要案件值得一提。

第一个是1991年10月判决的阿克塞尔案[People v. Axell (1991) 235 Cal. App. 3d 836,854,1 Cal. Rptr. 2d 411]。这是加利福尼亚州受理的第一个上诉确定限制性片段长度多态性DNA分析(RFLP DNA)在凯利规则下被科学界普遍接受性的案件。经过了6个月的详细听证,审理法院决定由私人实验室塞尔马克(Cellmark)运用该方法对DNA三个阶段的分析,即处理、匹配、使用乘积法则进行统计计算,在凯利规则下已经获得了科学界的普遍接受。

第二个是巴尼案[People v. Barney (1992) 8 Cal. App. 4th 798,10 Cal. Rptr. 2d 731],该案于1992年8月判决。

在两个案件间隔发生了两件重要的事情:一是《科学》杂志于1991年12月20日发表的一篇文章:攻击DNA数据统计计算分析并不能解释人类种群的子结构化。二是美国全国科学研究委员会于1992年4月发布的第一份DNA基因图报告。尽管这份报告没有直接地否定未经修改的乘积法则,但它认识到人类种群的子结构化(population substructuring)是有争议的。

巴尼案认为,这些新研究结果的发布削弱了阿克塞尔案中认为就此问题科学界已达成普遍共识的观点。法院认为,1992年的报告承认了对这些数据分析方法存在大量的争议。根据这些观察,法院认为,"无论以前法院对数据统计计算过程的决定如何——包括阿克塞尔案在内——1991年12月科学界爆发的辩论已经很大程度地改变了科学图景,而且无可争辩地证明了这样一个事实,那就是:目前的方法并没有得到普遍的接受。简言之,阿克塞尔案被后来的科学发展吞噬了"。

在巴尼案后,科学界的几个发展表明:就人类种群子结构化和使用未更改的乘积法则的争论已经消散了。

第一,在1993年美国联邦调查局在世界范围内进行了一项广泛的研究。结论认为:适用未更改的乘积法则是可靠的、有效的、有意义的。

第二,在1994年,艾瑞克·兰德博士(Dr. Eric Lander),一位以前对未更改的乘积法则的主要反对者,作为一篇论文的合作作者宣称"DNA指纹图谱的战争结束了"[See Lander and Budowle, DNA Fingerprinting Dispute Laid to Rest (Oct. 27, 1994) 371 Nature 735,735 (Lander and Budowle article)]。在文章中他写道:1992年美国全国科学研究委员会的报告"并没有清晰地阐明上限理论(ceiling principle)被意图当作一种极端保守的计算方法,它并没有禁止专家们根据乘积法则作出他们自己'最好的估算'。他们认为联邦调查局对乘积法则的应用是一个合理的最好的估算”。

第三,也是最重要的是,在1996年美国全国科学研究委员会重新检查其研究方法后得出结论:在司法鉴定中运用上限理论是不必要的。1996年的报告重申了1992年报告中的结论——恰当进行的DNA测试所得出的结果有高度可靠性;DNA分析,包括数据上的可能性分析,在相关科学领域被普遍接受。

此外,有大量的同行评议文献支持以下结论:人类种群子结构化对DNA人口频率估算并不会产生重大影响,运用未更改的乘积法则来估算随机配对的可能性是恰当的。

在本案中相关的问题并非一些人类族群的子结构化是否存在,而在于它引起的偏差是否对DNA纹印测试有可供评估的影响。在我们看来,没有专家相信人类种群子结构化对于运用未更改的乘积法则所得到的频率分析毫无影响。他们得出的结论是:随机配对的可能性非常之小——数百万或数十亿分之一,在这样的频率中的波动没有现实意义。在本案中,我们不需考虑是否子结构化会造成一个实质的频率变化。根据所记录的证据,未更改的乘积法则,正如应用在本案DNA分析中的,已经获得了科学界的普遍接受。因此,其符合凯利规则,具有可采性。

因此,维持上诉法院裁判。

| 案例7.23 | DNA数据库的有效性:代顿案[33]

上诉人代顿(Dayton)因闯入被害人的住处并实施性侵,被指控一级性侵和一级入室盗窃。第一次庭审陪审团未能达成裁决,在重审中他被判有罪。

阿拉斯加州犯罪侦查科学实验室(以下简称犯罪侦查实验室)对在侦查中获得的各种样本进行了分析(DQ alpha 和 polymarker DNA analysis)。分析结果表明被告人的DNA可能是从被害人阴道内提取的精液的DNA的潜在来源。海恩·汉密尔顿(Hayne Hamilton),犯罪侦查实验室的一名专家,利用政府先前采集的数据库,预估精液中的DNA基因图频率是:阿拉斯加北坡伊努皮亚特因纽特人(North Slope Inupiat Eskimos):1/3500,伯特利/韦德汉普顿也普因纽特人(音译)(Bethel/Wade Hampton Yup'ik Eskimos):1/2000。汉密尔顿不能够计算出阿萨巴卡斯印第安人(Athabascan Indians)的DNA基因图频率,因为她没有阿萨巴卡斯的数据库(被告人是一名阿萨巴卡斯印第安人)。

在第一次审判中,被告人辩称在没有阿萨巴卡斯数据库的情况下DNA证据是毫无意义的。被告人作证称他看到其他人和被害人性交,并暗示是他的弟弟性侵了被害人。第一次审判陪审团未能作出裁决。

---

〔33〕 Dayton v. State, 89 P. 3d 806, Alaska App, 2004.

在第一次审判后,犯罪侦查实验室采用了DNA分析的短串联重复分析(STR analysis),检查了13个遗传基因座。相比之前分析6个遗传基因座,更具有识别性。实验室还用来自阿萨巴卡斯印第安人的基因样本建立了数据库。

在被告人在高等法院的重新审判中,州再次提供证据证明:根据被告人的DNA基因图和从被害人处收集精液的DNA基因图,不能排除被告人是精液来源的可能性。根据数据分析,这样的DNA基因图在现有的基因库中随机出现的可能性如下:北美高加索人220亿分之一;非裔美洲人60亿分之一;西班牙裔4.13亿分之一。被告人未质疑这个证据。

此外,控方还提供了证据证明被告人的DNA和从被害人处提取的精液DNA的基因图相同,并提供了在阿萨巴斯卡数据库基础上的数据频率分析。被告人对此证据表示反对,他认为:控方在运用这个数据库得出科学证据前,必须先要在陪审团不在场的情况下就阿萨巴斯卡数据库的可靠性进行确定。被告人认为要根据多波特规则进行审查。

然而,卡瓦法官(Judge Kauvar)认为被告人反对无效。

根据犯罪侦查实验室开发的阿萨巴斯卡数据库,控方的证人作证:在该数据库下,从被害人处提取的精液DNA基因图的随机重复概率是250万分之一。被告人是阿萨巴斯卡人,因此阿萨巴斯卡数据库频率尤为具有证明性。

根据美国《联邦证据规则》第703条,专家证人可以依靠他们个人知识外的事实或数据,只要这些事实或数据是“被相关领域的专家所合理依赖的”即可。第703条的构建就是允许专家依赖本专业内被认为是“工具”的信息。在本案中,控方专家证人依赖实验室开发的阿萨巴斯卡人口数据库来认定证据中的DNA不是被告人DNA的可能性是250万分之一。如果这个数据库符合第703条的规定,那么专家证人就可以根据这个数据库提供专家意见。由于卡瓦法官在拒绝被告人的“反对”后没有处理这个问题,我们将案件发回高等法院重审并指示卡瓦法官决定这个数据库是否是这个领域的专家可以合理依赖的。

在重审中,州政府请了布鲁斯·布德沃博士(Dr. Bruce Budowle),联邦调查局在弗吉尼亚实验室的一位资深科学家,作为建立DNA数据库的专家证人。法官认为专家证人适格,被告人也未提出反对意见。布德沃作证称:这个阿萨巴斯数据库在科学上是有效的,它包含了专家分析和运用DNA数据库所需要依赖的数据。他解释说在该数据库中检验的13个短串联重复基因座是国家DNA数据库(Combined DNA Index System,the national DNA data bank)的一部分,是被全国和国际普遍接受的。他还提到他是一篇关于阿萨巴斯数据库相关论文的合作作者,这篇论文在被告人重审后被发表在《国际法医学杂志》(*Forensic Science International*)上。代顿未传唤专家证人。

在听取布德沃的证言后，卡瓦法官认定阿萨巴斯卡数据库属于专家们可以合理信赖的数据种类。我们对记录进行审查后也认为这个发现是有实质证据支持的。

代顿认为法院应当推翻对他的定罪，他主张如果法院在最初他的重审中处理了这个问题，那么控方就不可能达到美国《联邦证据规则》第703条所要求的标准。被告人指出，专家证人发表的关于阿萨巴斯卡数据库的同行评议的文章是直到他被重审后才发表的。

但是，审判法院考虑科学证据的有效性并不要求证据必须符合多波特标准的全部四个因素。最高法院在库恩（Coon）案中指出：审判法官可以根据其他因素来确信科学证据是可靠的。如今，我们不能确定如果卡瓦法官在第一次重审时处理了这个问题，那时州政府就不能证明该数据库的可靠性。此外，如果我们因卡瓦法官并未处理这个问题而同意被告人重新审判的要求，那么被告人将从一个无害的错误中获益。记录显示州政府现在已经确定了数据库的可靠性，因此，该证据可以被采用。

我们得出如下结论：法院允许建立在阿萨巴斯卡数据库上的证言并未滥用自由裁量权。维持高等法院判决。

五、现场还原

在民事诉讼中，经常有专家就产品缺陷、事故原因、车辆碰撞中的过错以及失火原因等出具鉴定意见。在刑事案件中，也不乏专家通过重构事故或犯罪现场来推断案件发生过程。例如，枪弹鉴定专家可以通过死者身上的弹痕还原凶手的设计位置；血痕鉴定专家可以通过血液飞溅的方向判断凶手与死者之间的方位关系；火灾事故专家能通过现场的勘查判断一起事故的发生究竟是意外还是犯罪等。随着现代科技的发展，控辩双方还可以通过电脑技术重构犯罪现场，并通过动画、电影等方式，向法庭展示专家鉴定意见。不可避免地，专家的资格，其所依赖的原理与方法的可靠性，基于电脑技术等制作的动画、电影等展示性证据的准确性，以及在帮助法官认定事实方面的必要性等，均成为这些证据中双方争议的问题。

本部分介绍摩尔案和瑟奇案两个案件，分别讨论血痕鉴定和犯罪现场还原动画的可采性。通过这两个案件，我们既可以一般性地了解这两个领域中涉及的科学问题，也可以重点了解这两种现代科学证据在司法审判中产生的证据法问题。

| **案例7.24** | 血液飞溅痕迹鉴定:摩尔案[34]

1988年11月,原审被告人/上诉人尤金·摩尔(Eugene Moore)和妻子黛博拉·摩尔(Debra Moore)同他们八个孩子中的五个曾在明尼苏达州的布雷纳德短暂居住过(三个年长的孩子已经搬出去了)。从1980年开始,这对夫妇就都没有工作。1988年11月11日,13点到22点两人喝了很多啤酒。在19点左右,黛博拉将孩子们哄睡。后来,她和丈夫发生了争吵。在21点到22点,黛博拉被枪击中胸口,当场死亡。在23:07左右,911话务员接到了摩尔的电话。他告诉接线员他击中了他的妻子,警察在一家酒馆找到了被告人,根据被告人提供的信息在他们的家中找到了黛博拉的尸体。在现场他们发现:浴缸里装满了被血迹沾染的玩具,水槽里有血水和毛巾。即使客厅地板的大部分已经被清理干净了,但客厅的地板和墙上仍有无数的血迹。

被告人给了警察三份不同的陈述承认射中了他的妻子,但是辩解说是在他想要把枪从他妻子手中抢过去时才发生悲剧的。他坚称这是没有任何预谋和意图的意外。他的三份陈述就到底是他还是他妻子扣动了扳机这个问题的说法并不一致。在庭审中,被告人告诉陪审团枪是在他和他妻子争抢中意外走火的。被告人说在走火后他的妻子还是保持着站立,并且说"她很抱歉"。

血迹专家盖瑞·凯顿(Gary L. Kaldun)就他对摩尔家的血液飞溅的痕迹(blood splatters)分析出庭作证。根据对血迹的形状分析,他得出结论:在黛博拉被射中时她不是面朝客厅的梳妆台就是在某个角度对着它,她的身体大约离地24英寸(约0.61米)。在他看来,在黛博拉被射中时她是坐在地板上或是蹲着的,不可能是站着的。然而,他也承认,在她被击中时她可能正要坐下。

陪审团裁决被告人有罪。被告人上诉。其中一个上诉理由就是认为法庭错误地允许了专家证人就血迹的问题作证。控方没有证明这个证言是合格的专家证言,没有证明血迹分析结果是被科学界普遍接受的,没有证明本案中的结果是可靠的。

法院认为:第一,判被告人一级谋杀和二级过失杀人是前后矛盾的;第二,被告人没有获得有效的律师帮助,并且律师在未获得被告人允许的情况下说被告人出于激情而过失杀人(heat - of - passion manslaughter),侵犯了被告人受到公正审判的权利。因此,法院最终推翻原判,允许重审。但是在本案中,法院认为就血液飞溅(blood splatter)分析的证据是可采的。理由如下:凯顿对摩尔家客厅血迹的分析让他能够就黛博拉被击中时的身体姿势作证。我们认为这个证据对于陪审团决定被告人一级谋杀是否成立非常重要,因为,他的证言使得被告人的证言极度不可

---

[34] State v. Moore, 458 N. W. 2d 90, Minn, 1990.

靠。关于凯顿是不是合格的专家证人这个问题,法庭认为一个人是不是合格的专家证人,是由法庭自由裁量的[State v. Sandberg,406 N. W. 2d 506,511 (1987). Minn. R. Evid.]。美国《联邦证据规则》第 702 条规定,一个人可以以他的“知识、技能、经验、培训或教育”成为适格的专家证人。在本案中,凯顿作为专家证人就两个方面作证:首先,他就在摩尔家发现的血型作证;其次,就摩尔家客厅的血液飞溅痕迹的情况作证。凯顿是一位血清学家,拥有生物和医学技术学士学位,曾在医院工作六年,现在是一名犯罪现场协调员。他还参加了两年的血清学培训、联邦调查局的血清学培训和全国范围内各种相应的培训。在本案前,他已经进行了 30 ~ 35 次血迹分析。

被告人认为凯顿的证言并没有提到他在血迹分析方面的培训,因此采用他关于血液飞溅分析的证据是错误的。控方争论认为,因为凯顿已经做了很多次这样的研究,因此根据他的经验可以被视为合格的专家证人。

本法庭对于证人因经验而为适格的专家证人采取了宽松的标准。在以前的案件中,警察因为经受过性虐待可成为适格的专家证人;副警长具备估量损失的经验可成为专家证人。凯顿是一位受过培训的专业人员,有着超过 16 年的经验,他进行过 30 ~ 35 次血迹分析,这些证据足够让法庭得出结论:他是一位在血液飞溅痕迹分析方面的专家。

在此前,本法庭并没有机会就血液飞溅痕迹分析是不是科学界普遍接受的科学技术进行阐明。但是,我们至少在五个谋杀案件和过失杀人案件中引用了血液飞溅痕迹分析。在这五个案件中我们“暗中接受了血液飞溅痕迹分析的可靠性”,用以支持或反对谋杀或过失杀人的定罪。

科学测试的提供方必须证明其可靠性。在庭审中,凯顿就他的血液飞溅痕迹分析技术作出了如下解释:“在分析中我们观察犯罪现场真实的血滴;血液在流出时会遵循物理定律有自己的特征,血液溅出到底由于刺、棒击或者是枪伤,会有不同;当一滴血流出时它会有一定的形状。如果它是直接滴落在一个平面上,会留下一个完美圆形形状。当角度增大,血滴会变得更长更窄;血液飞溅的长度和宽度是可以用数学相关性进行衡量的。我们可以据此确定血液是来自哪个角度。用大量的线、图钉和大型的量角器我们可以多次重建犯罪现场,弄清人在受伤时到底是在什么位置。”

此外,他还就血液飞溅分析是被科学界普遍接受的这个问题做了解释。

被告人并没有提出对血迹鉴定进行弗赖伊/马克(Frye/Mack)听证,他也没有传唤专家证人来反驳控方的证言。

其他的司法辖区也没有要求以大量实质的基础来确定血迹鉴定是被普遍接受的。主要的原因在于,血迹鉴定并不是像 DNA 测试那样属于新兴科学领域。血迹分析是犯罪现场调查员用来分析被害人位置的一种简单方法。它是从其他已经发展的领域借用来的一种方法。控方已经足够确定了其普遍接受性。

尽管如此,控方还是需要证明此测试在本案中是可靠的。在本案中,其方法是否受到普遍接受并非重点,重点是他对本案的解释是否可靠。

在庭审中,凯顿作证称他用了在摩尔家客厅约20个血液痕迹进行分析。他使用的工具是:线、图钉、胶带和固定线的锚。控方出示了凯顿进行测试的照片。根据血液痕迹分析,他能够得出被害人被射中时的身体位置。

决定一个问题是否有适当的基础的权力在于审判法院。法院认为有足够的证据证明本案中的血迹分析是可靠的,并没有滥用其自由裁量权。因此,我们认为法院在接受血迹分析证据这个问题上是正确的。

| **案例7.25** | 犯罪现场还原动画的可采性:共同体诉瑟奇[35]

2001年1月15日早晨,上诉人迈克尔·瑟奇(Michael Serge)枪击了他的妻子珍妮弗·瑟奇(Jennifer Serge),他开了三枪将他的妻子打死。当天早上,瑟奇被逮捕,被指控犯一级谋杀和三级谋杀。2001年6月18日(审判前),控方请求允许在法庭上出示控方根据司法鉴定和实物证据制作的犯罪现场还原动画,以便展示控方关于枪杀情况的理论。听证后,审判法院允许采用该证据。

在2002年1月29日到2月12日的庭审中,瑟奇称他的妻子持刀袭击他,他是出于自卫才开枪射击的。控方指控瑟奇是故意杀人,称瑟奇曾是一名警察,他"运用他当警察的经验篡改了犯罪现场,让现场看起来像是正当防卫"。此外,控方还强调了瑟奇正像动画里展示的那样,很有策略地移动了被害人的身体,将其放置在他放在地上的一把刀的旁边。

2002年2月7日,控方出示了一个犯罪现场还原动画作为演示证据(demonstrative evidence)来说明控方专家证人司法病理学家盖瑞·罗斯(Gary W. Ros)和犯罪现场重构专家特鲁普·比奇(Trooper Beach)对本案的意见。动画展示了控方观点:瑟奇是如何首先射中他妻子背部下方,然后当被害人跪在客厅地板上时射中了她的心脏。更重要的是,动画展示了瑟奇和被害人在客厅的位置、他们的身体姿势、手枪射击的顺序、轨迹等。

审判法院在控方出示动画和陪审团评议前都详细地指示了陪审团:动画只具有演示作用,它并不是实质证据,它只起到展示控方专家证人对事件过程的认识版本。最后,法庭告诉陪审团,他们不能将艺术和现实混淆,不应该认为动画就是真实场景的重现。

---

〔35〕 Commonwealth v. Serge 586 Pa. 671,2006.

2002年2月12日,陪审团裁决瑟奇一级谋杀罪成立,瑟奇被判处终身监禁。瑟奇上诉,2004年8月25日,宾夕法尼亚州最高法院准许仅就动画是否可采问题进行有限的上诉。

法院认为,基于以下原因,在本案中动画具有可采性。现代社会对于计算机的依赖越来越强。随着科技的进步,法院必须要更加积极地利用新技术来提高司法系统的效率。在本案中,动画证据是否可采应该根据早已确定的证据可采性标准进行衡量。

三种证据可以被法庭允许:言词证据、书面证据和演示证据。演示证据“是为了表现其他证据,让其更易理解”。当法庭认为证据的关联性大于其可能产生的不合理偏见时,证据可采。因此,撇开犯罪现场还原动画形式的新颖性不谈,评估它的可采性还要回到存在已久的对于“证明价值和所带来偏见”的衡量。所以,一个基本的问题就是,动画作为演示证据如果符合以下要求则是可采的:(1)已经被适当验真(properly authenticated),是他们意图描述的证据的公平和准确的表示;(2)根据证据规则具有可采性;(3)其所具有的证据价值超出所可能带来的不合理偏见。然而,在考虑动画证据中还有新的因素要考虑:法庭在决定证据可采性时要考虑这种演示证据可能带来的额外的危险和益处。法庭必须就动画的特性向陪审团作出有限指示。

审判法院和高等法院都认为控方证据满足了证据可采性的所有基本要求。因此,该证据可以被合理采用。经过适用以上提到的三步测试,本庭也同意该证据可采。

第一步,关于动画是否经过恰当的验证。根据法律[Pa. R. E. 901(a)],恰当验证的要求就是:证据足够支持一个问题提出者的主张。为了验证动画,控方提出了多位证人的证言。此外,动画的制作者在听证中作证:动画是专家证人意见的图形演示,并不是计算机或他自己的结论。他描述了动画制作所采用的程序,并作证这个动画是对控方司法鉴定证据和专家意见的严格描画。其根据的是盖瑞·罗斯和特鲁普·比奇提供的专家意见和在犯罪现场得出的数据。动画和他自己唯一的作用就是将两位专家的发现展示出来。动画最终是专家意见的体现,他自己并没有做任何积极的决定。最终,陪审团认为控方的专家证言和动画是可信的。以上证据奠定了恰当的基础,证明了动画实际上就是被告人所主张的东西,是控方证人各种关于事实经过证言的描绘。因此,证据已被恰当地验证了。

第二步,动画证据的关联性。高等法院认为“这个证据根据法律具有关联性,因为他是控方理论的一种清晰、简明和准确的描绘。它没有用外来的图形或信息,就对上诉人的正当防卫理论进行了反驳”。此外,它将控方专家的各种理论融入一个简短的展示之中,它将抽象的东西变成了简洁清晰的形式。

第三步,衡量该证据的偏见性。动画证据由于其视觉展示的性质,有带来偏见的危险。很多法院都面临这样的问题:动画证据可能带有强大的视觉力量。尽管如此,他们还是允许采用。将这种可能的影响力放到一边,具有煽动性的证据在符合以下条件也具有可采性:具有关联性,能够帮助陪审团理解事实且其证明力大于可能带来的偏见。本案中的动画既不带有煽动性也不带有不合理偏见。观看动画所产生的偏见并非来自画面上对控方理论的描绘,而是来自对谋杀行为的谴责。动画可能带有偏见和不必要的部分并未在法庭上展示。此外,动画并未包括以下因素:声音、面部表情、引起回忆的或者是逼真的行动、用场景的转换来暗示情节或者加入潜意识的偏见影响、诸如血液和伤口等受伤的证据。它更像是一种二维手绘的子弹轨迹,只是突出了射出三枚子弹的轨迹,从弹道学和血液飞溅痕迹得出结论:被告人为了将犯罪现场布置成自卫杀人的场景,在被害人死后移动了被害人的尸体。

传统的子弹轨道图表图画和即时展示的主要区别就在于3D属性使控方的专家们得以准确地展示他们的理论和在本案中所运用的数学逻辑。此外,视角旋转的功能能够让专家证人解释子弹的运动轨迹并展示为什么证据显示本案并非自卫杀人。如上所述,该证据显然具有关联性,是专家证人将他们的观点展示给陪审团的有力工具。

在本案中,法庭还一再向陪审团强调了应该谨慎地对待动画。在这样的做法之下,陪审团已经合理地将可能产生偏见的危险最小化。本案中的重复指示保证了陪审团理解动画的属性而不会将其与现实混淆,他们只能够根据他们对相关证言的信赖承诺程度来信赖动画中展示的理论。

因此,我们认为动画作为演示证据是可采的,只要它被适当验证有关联性,且其证据价值大于其可能带来的不合理偏见或混淆。因此,基于以下因素:一是控方满足了将动画作为演示证据的基础要求;二是该证据有关联性,确保了控方证人展示他们的观点,并且能够为陪审团提供司法鉴定和物理学上的数据;三是其所存在的偏见影响并未大于其关联性。我们认为该证据被采用是适当的。维持高等法院的裁决。

第八章　传　　闻

本章讨论传闻法则。我国法律制度中并无传闻法则之规定。虽然几乎全世界都知道有一个著名的传闻法则,但是没有几个人能够说清楚它是什么。即使是研究证据法的学者,有些也只是一般性地知道传闻法则这个概念,对其具体内容则几乎一无所知。我们对传闻法则既有知,亦无知。

本章内容包括三部分。第一部分包括第一节和第二节,其中第一节探讨传闻排除的基本原理以及传闻的定义;第二节是第一节的延伸,在传闻定义的基础上概括梳理那些看上去可能是传闻,但实际上不是传闻的情况。第二部分讨论传闻的豁免。其中第三节讨论传闻豁免中的先前陈述;第四节讨论传闻豁免中的反对方自认。第三部分讨论传闻的例外。美国《联邦证据规则》按照证人是否仍然无法寻获对传闻的例外进行了区分,分别以第 803 条和第 804 条进行了规定。其中第 803 条规定的例外是无论传闻陈述人是否无法寻获,第 804 条规定的例外是传闻陈述人必须无法寻获。第五节和第六节分别探讨第 803 条和第 804 条规定的例外。

第一节　传闻的排除与传闻的定义

一、传闻排除的基本原理

根据美国《联邦证据规则》第 802 条的规定,除非例外,传闻一般都要予以排除。排除传闻的首要原因是传闻可能会导致错误。在证人作证这一章,介绍了证人作证要具备的几个基本能力:观察能力、记忆能力、表达能力、理解能力。任何一个证人在这些方面都可能出问题。有的人可能每一个环节都有问题,也就是说他既没有观察能力和记忆能力,也没有表达能力,更没有理解能力,这样的人就是植物人。有的人可能有理解能力,也有观察能力和记忆能力,但是语言能力有欠缺,例如一场车祸使他丧失了一部分语言能力。

为什么一个人不能出庭作证,其证言就要作为传闻予以排除?一个原因是他证言中的错误没有办法通过在法庭上对他进行交叉询问来予以发现、澄清、披露。一个证人如果出庭作证,控辩双方就可以通过交叉询问的方式对他的证言进行检验;他有没有观察能力、有没有记忆能力、会不会有偏见、是不是在如实作证等,都可以通过交叉询问加以披露。但是,如果这个证人没有出现在当下的法庭上,就无从通过交叉询问对证人证言的可信度,证人的观察能力、记忆能力、表达能力以及他是否如实作证等进行检验。但并不是说能够到法庭上作证的证人就一定是可信的,而一个证人没在当下的法庭上作证,也不见得他就不可信。之所以要排除此类证言,是因为证人既然没出现在法庭上,就没办法对其进行交叉询问,也就没办法检验其证言的真实性。

排除传闻的另一个原因,就是我们经常说到的传闻在传递过程中会模糊失真。这是因为传闻通常都会涉及两个以上的人,包括作出传闻陈述的人和听闻传闻陈述的人。在证据法上,作出传闻陈述的那个人通常称为陈述人(declarant),转述传闻陈述的人往往就是在法庭上出现的证人(witness)。由于陈述人不出现在法庭上,他的观察能力、记忆能力、表达能力和理解能力是否存在问题无从判断。同时,言者有心,听者无意,转述出现错误的可能性也完全存在。

| 案例 8.01 | 交叉询问能披露哪些信息?[1]

下面这段对话是一名女子在法庭上作证,证明另一名女子丽莎把一个房间的钥匙还给了一个叫艾瑞克的男子。之所以要证明这样一件事,是因为丽莎和艾瑞克之间因为一个房子的问题发生了纠纷。在这段对话中,我们可以看到有些问题属于诱导性问题,但在交叉询问中,诱导性问题是被允许的。

证人声称被告已经将争议钥匙交还给原告。律师对证人进行交叉询问。

律师:你看到这个事情发生的时候,是在什么地方?

证人:在艾瑞克公寓的前边。

律师:你为什么会去那个地方?

证人:到那个地方是为了接丽莎去工作,我和丽莎在同一间办公室上班。

律师:那你在看见这个事情发生的时候是在车上了?

证人:对,就是在车上。

律师:这个事情发生的时候,你的车离他们有多远?

证人:大概 15 英尺。

---

[1] Leonard, Gold, Williams, *Evidence: A Structured Approach*, 3rd edition, Wolters Kluwer, 2012, p. 135 – 136.

律师:你的车是面对着艾瑞克的对吗?

证人:是的。

律师:那意思就是丽莎是背对着你的?

证人:是的。

律师:你说你看到丽莎把钥匙交给了艾瑞克,但当时是艾瑞克正对着你,而不是丽莎,丽莎是背对着你的。

证人:对,我想可能是。但是我能够看见丽莎当时在做什么。

律师:但是你不能准确地看到丽莎手中的钥匙是吗?

证人:是的,但是我看见丽莎把右手伸进口袋里去,然后从里面拿出了一个东西交给了艾瑞克。

律师:但是你实际上并没有真正看到丽莎交给艾瑞克的东西就是钥匙对吗?

证人:我无法想象丽莎是把别的东西交给了艾瑞克。

律师:那是否也有可能是另外一把钥匙呢?

证人:也许吧。

律师:也有可能是零钱吗?

证人:可能是。

律师:这个事情发生在早上对吗?

证人:是早上7时45分左右。

律师:你停车的那个街是东西向的对吗?

证人:是的。

律师:那是一个大晴天?

证人:对,阳光明媚。

律师:当时太阳正在升起?

证人:是的,太阳正在升起。

律师:你怎么认识艾瑞克和丽莎的?

证人:我们在大学的时候都是很好的朋友,毕业之后住得也很近。

律师:你曾经跟艾瑞克约会过吗?

证人:对,我们在毕业以后出去玩过,去年我们分手了。

律师:分手是艾瑞克的主意是吗?

证人:是他先提出来的,但是这个事情进行得不是很顺利。

律师:你再回想到你看到丽莎把钥匙还给艾瑞克那天,那天是不是非常忙碌的一天?

证人:你是说工作很忙碌吗?

律师:是的。

证人:对,我想应该是很忙,那天是很多重要事项的截止日期,老板在那天有很多事情要我们完成。

律师:那你还记得你那天的客户都在忙什么吗?

证人:我记不大清楚了。

律师:你难道不记得你重要的客户吗?你那天工作的重要客户你都不记得了吗?

| 评注 8.01 | 书面证言屏蔽了哪些信息?

从上述案例可以看出,证人出庭作证,对方律师通过对证人的交叉询问,可以对证人出现在现场的原因、证人与事件发生时的距离、证人观察到的实际情况、证人与事件当事人之间的关系等进行揭示,对证人的观察能力、记忆能力以及理解如实作证义务的能力提出质疑,最终对证人证言的可信度提出挑战。对于法官、陪审员而言,既可以通过对方律师的交叉询问观察证人的反应,也可以通过证人回答问题时的表情、气息、语速、语气是否坚定、回答问题是否干脆利落、是否有针对性、前后是否矛盾等方面,对证人证言的真实性作出判断。如果证人表现得很诚实,自然可以在事实裁判者内心形成比较可信的确信;如果证人支支吾吾、躲躲闪闪,拒绝正面回答问题,或者答非所问、犹豫不决,自然会在事实裁判者内心形成其证言存疑的疑问;如果证人出现明显的不实陈述,或者有意作伪证的事实得到披露,法官、陪审员自然会将其证言排除在定案的根据之外,或者形成与该证人证言所述事实相反的结论。

但是,如果证人不出庭作证,法庭仅宣读其书面证言的做法,就屏蔽了有关证人及其证言的很多信息。例如,证人为何出现在事件发生的现场,证人观察事件时离当事人到底有多远,证人观察事件发生的方位、角度,当时现场的光线、能见度等客观情况,这些细节都无法通过一纸书面证言得到完整的展现。证人与事件当事人之间的关系、过去及现在有无交往、与当事人之间有无恩怨情仇等,也无法通过交叉询问予以揭示。更加重要的是,证人回答问题时的表现,是坚定沉着,还是遮遮掩掩;是轻松平静,还是如坐针毡;是前后连贯,还是漏洞百出;等等,都是书面证言所无法承载的内容。另外,证人的用词选择也可能传递着相当丰富的信息。但是对于一份经过记录者加工的书面证言,这些信息也可能由于记录者的理解、转述而一一屏蔽。如果说证人证言可以向法庭传递100%的信息,则书面证言可以将其屏蔽掉80%。其对于发现真实的伤害,由此可见一斑。

二、传闻的定义

根据美国《联邦证据规则》第801条的规定,传闻就是证人或一方当事人在法庭上引述的传闻陈述人非在当下的法庭上作出的、用于证明其所包含的断定内容真实性的陈述。根据这一定义,传闻包含三大要素:首先,其必须是一个包含断定内容的陈述;其次,该陈述必须是陈述人并非在当下的法庭上作出的;最后,该陈述必须用于证明陈述所包含的断定内容的真实性。

(一)传闻应当是包含断定内容的陈述

根据美国《联邦证据规则》第 801 条的规定,陈述可以是一个口头或者书面的断定,或者是一个非口头的行为,但是做出这个行为的行为人意在表达一种断定。也就是说,包含断定内容的动作也可能构成传闻。因此,传闻可能是一个陈述,也可能是一个行为。无论是陈述还是行为,都必须包含断定的内容。不包含断定内容的不是传闻。例如一个简单的问句,“你吃饭了吗?”“下雨了吗?”等一般不构成传闻。

一般情况下,一个问句、一个指示或一个命令,尤其是那些非常简洁的话语例如“举起手来,缴枪不杀”“不许动”等,我们一般都不认为其包含断定的内容,所以不把它们当作传闻来对待。但是,在特定情况下有一些疑问句、祈使句也可以包含断定的内容,也可能会构成传闻。例如,“请把门关上”这样一个祈使句。假设当事人传唤一个证人证明被告人说了“请把门关上”这样一句话,如果他的意图是要证明门当时是开着的,它就不构成传闻,因为如前所述,构成传闻必须是用于证明陈述中所包含的断定内容的真实性,“门是开着的”这个内容不在那句话隐含的断定内容里。但如果陈述人说这句话是想表达一种隐含的断定,就是被告人当时希望把门关上,证人引述陈述人陈述的目的也是证明被告人当时想把门关上,则构成传闻,因为这句话里暗含了断定的内容。又如,“请问你叫什么名字?”,一般来讲可以把它理解为不包含断定的内容,但是也可以理解为它包含一个暗示的断定的内容,即问话的人想知道对方的名字。在这一场景中,如果这句话被用来证明“我想知道你叫什么名字”,就可能构成传闻,否则就不构成传闻。

| 案例 8.02 | “我出 2 美元赌保尔赢”是否包含断定?〔2〕

警察鲁比·汉弗雷根据一个合法的搜查令搜查被告人的住所,以便获得有关被告人实施赌博活动的证据。在搜查过程中,侦探还接到从该公寓打来的电话,电话的那边传来人们下注的声音,例如“我出 2 美元赌保尔在第三回合赢”等。庭审中,控方拟出示该电话录音,证明打电话的人认为该公寓当时正在进行赌博,并进

〔2〕 United States v. Zenni, 492 F. Supp. 464, 2003.

而证明本案中被告人公寓当时正在进行赌博。被告人提出反对,认为该电话录音属于传闻。

法院指出:在普通法上,传闻法则只适用于法庭外陈述被用于证明该陈述中所包含的断定内容的真实性的场合;并非所有的法庭外表达都属于普通法上的传闻。例如,一个陈述如果被用来证明诽谤言辞被公开发表,或一个人收到了某个通知,或者在口头上达成了某个协议等,都不属于传闻。

本案中,陈述人虽然缺席法庭审判,但是他所做的陈述并非用于证明该陈述所包含的话语的真实性。例如,它并非为了证明某人愿意"出 2 美元赌保尔在第三回合赢"。事实上,这种表达与其说是一个断定,不如说是一个指示,因此谈不上真实与否的问题。该表达中包含的内容本身其实是与本案无关的。它们毋宁说是为了证明说话人的一种信念。

根据美国《联邦证据规则》起草委员会的意见,除非一个人意在作出某种断定,否则其行为不应当被认定为陈述。因此,《联邦证据规则》第 801 条(a)(2)实际上排除了暗示的陈述被作为传闻对待的可能性。

将这一原则适用于本案,本院认为电话中下注的表达属于非断定性言语行为,用于证明从此行为中推导出的暗示的断定内容,显然不适用《联邦证据规则》第 801 条关于传闻应当排除的规定。因此被告的反对应当裁定无效。

动作,即肢体语言,也可能构成传闻陈述。例如,一名被害人被打成重伤,送进医院,全身插满了管子,无法开口说话。警察拿了一堆照片一张一张地放到他面前,被害人指着其中一张颤抖着说不出话来。此处,被害人用手指着照片的意思,实际上是想要表达一种断定,即"就是这个人对我进行的殴打"。在这一场景中,被害人指认照片这个动作就包含断定内容,如果用来证明断定内容本身,就可能构成传闻。所以判断一个陈述或动作是否构成传闻,首先要看其是否包含断定的内容。

| **案例 8.03** | 有人写信的事实能否证明收信人神志清醒?[3]

这是一个发生在英国的遗嘱继承案件。莱特是遗嘱继承人,马斯登是立遗嘱人,即被继承人。塔瑟姆是马斯登的堂弟,也是唯一的法定继承人。马斯登立下遗嘱,将一大笔价值不菲的不动产留给莱特,即本案的被告。塔瑟姆起诉莱特,声称该遗嘱系被告以欺骗手段获得,请求法院判定遗嘱无效。

---

〔3〕 Wright v. Tatham, 7 Adolph. & E. 313, 386, 112 Eng. Rep. 488 (Exch. Ch. 1837), and 5 Cl. & F. 670, 739, 47 Rev. Rep. 136 (H. L. 1838).

马斯登活到68岁。按塔瑟姆的说法,当时马斯登已经只有非常微弱的理解能力,并且对最为普通的自然事件也已经几乎毫无所知,因此经常会就与他自己财产有关的最为熟悉的事项问一些小孩子才会问的问题;不仅如此,他显然也已经完全无能力进行商业活动。他还会在自己的娱乐活动中作出一些愚蠢的行为,另外他还容易产生非理性的恐慌,以致当一条狗或一只鸡从他身边走过时,他都会寻求他人的庇护。正是在这样不幸的状况下,莱特对马斯登实施了绝对的控制,以非常尖锐和不敬的方式对待他,并试图对他实施个人暴力。

莱特则声称,马斯登记性很好。尽管不具备与正常人一样强的大脑或者自然的天赋,但是他仍然有理解力和判断力,能够从事一般性的生活交易。莱特传唤了一名马斯登的熟人作证,说马斯登有能力在专业机构和人士的帮助下管理自己的生活事务,有能力订立这样的遗嘱以及遗嘱附件等。

为了证明被继承人所立的遗嘱有效,莱特提出马斯登死前收到的三封信作为证据,三位写信人在审判前也不幸均已离世。其中死者的堂兄给他写了两封信,第一封谈他到美国旅行的见闻,第二封没有说明内容,但是说除了第一封介绍旅行见闻的信外,后来又写过一封信。第三封信是教区牧师写给立遗嘱人的感谢信。

莱特举出这几封信想证明什么?证明写信的人精神正常,神志清醒,有立遗嘱的能力。遗产纠纷案件中,如果是遗嘱继承,前提是立遗嘱的人神志要清醒,如果立遗嘱的人神志不清醒则遗嘱就不是他真实的意思表示,因此是无效的。就本案来看,由于原告试图证明立遗嘱人在写遗嘱的时候已经神志不清,所以莱特就举出几封信来证明立遗嘱的人写遗嘱的时候神志还是清醒的,而且从信的内容来讲,立遗嘱人的堂兄还给他讲了一些旅行的见闻,表明他堂兄认为他是一个正常的人,即除非他堂兄和教区牧师都不正常,否则他们就不会给一个不正常的、神志不清的人写信。因为立遗嘱在先,立完遗嘱之后还有几个人在给立遗嘱人写信,也就是说写信的人相信他那个时候神志还是清醒的。明白了这个逻辑关系,再来看它是否构成传闻。

对此问题,英国法官帕克写下了他著名的判决:这些信件构成传闻,不具有可采性。帕克写道:“本案中的问题是,这些信件的内容是否可以作为证明立遗嘱人仍然具有立遗嘱能力的证据。对于这一证明目的而言,它们仅仅是纯粹的传闻证据。信件的作者在未经宣誓的情况下,通过发送信件的方式表明他们相信其陈述的事实为真。这些信件的作者如此行为并不能保证他们所信以为真的事实就一定是真的,这一点毫无疑问。因为,如果这样的陈述是口头作出的,或者是写给其他人(而不是被继承人)的,则它们显然不足为信,对此,博学的被告律师也是赞成的。然而,在两种情况下,行为人都是基于其对事实的相信而以行为的方式作出了陈述,即写信并发送信件给第三人。那么,它与写信并发送信件给被继承人又有什么本质的区别呢?诚如人们所合理地认为的那样,如果一个人给第三人写信,信中包含了他相信第三人仍然有行为能力的陈述,据此可以推断出该写信之人肯定是相信他信中所做的陈述,如果作出该陈述的人神志清醒的话。但是这样的证据已经被合理地认为是不具有可采性的。因为,如果这样的证据得到容许,那就会导致所有形式的传闻证据都可以不加区分地获得容许……"

以上讲到的无论是行为还是陈述,它们包含的都是暗示的断定。对于这种暗示的断定,英国法认为构成传闻,美国法认为不构成传闻。所以在这个问题上,英国规则和美国规则是不一样的。美国《联邦证据规则》的起草者们认为,这些证据具有传闻的某些危险性,但是不具有实质上的不诚实性,因此不把他们当作传闻来对待。不过动作的暗示和语言的暗示并不完全相同,它们暗示的内容可能是一样的,但是在真实程度上可能是不一样的。

| **案例 8.04** | 出航前检查船只的行为是否构成船只适合航行的断定?[4]

一艘船行驶出港,失事沉没,船员家属(原告)要求保险公司(被告)赔偿。保险公司拒绝理赔,称这艘船已经不适合航行了;按照保险合同的约定,如果不适合航行的船出航失事保险公司概不赔偿。原告申请船舶离港时岸上的一名船工出庭作证,该船工拟向法庭证明:他看到失事船舶在出发前,60 多岁的老船长上上下下仔仔细细地对船只做了一遍全面的检查,检查完之后他高高兴兴地驾船出海了。原告希望以此来证明那艘船在出航前是适合出航的,因为,在旁观者看来,船长将船上上下下检查一遍之后仍然高高兴兴出航,就意味着船长断定这艘船是没有问题的。检查后仍出航这个行为就包含了这样一个断定。只是这种断定并不是明示作出的,而是暗含在行为当中的断定。因此事故的发生不是由于船本身的问题,而是因为遭遇了风暴的袭击,所以保险公司应当赔偿。

对于上述案例中涉及的带有暗示的断定内容的动作,在英国法上被认定为传闻,其理由是没有办法传唤船长出庭再交叉询问一番。但根据美国《联邦证据规则》,这些证据不属于传闻,理由是它们虽然具有传闻的一些缺陷,即这个人已经不能够在法庭上接受交叉询问了,但是这个人作出这些举动时并不是意在作出一个断定。换句话说,根据美国《联邦证据规则》起草者的意见,只有意在作出断定的举动,才构成传闻。

---

〔4〕 George Fisher, *Evidence*, 2nd edition, Foundation Press, 2008, p. 377.

(二)陈述人区别于当下法庭上的证人

传闻概念中的第二个关键概念是陈述人。大多数情况下传闻都会包含两个或两个以上的人。但在特殊情况下,传闻陈述者也可能是到庭作证的证人本人。这又包括两种情况,一种情况是证人自己在法庭外说的话,如果符合传闻的条件也可能构成传闻;另一种情况是证人在其他法庭上所说的话,例如辛普森在刑事案件中作证时说的一些话,在后来的民事审判中被拿到法庭上证明那个陈述中所包含的断定内容,也可能构成传闻。所以,大多数情况下传闻都会涉及两个或两个以上的人,但在特殊情况下,传闻陈述者也可能是到庭作证的证人本人,这是首先需要注意的地方。

除此之外,陈述人应当是人而不能是机器。现实生活中,机器会代替人类的一些工作,对某些事项作出判断,而且比人更加准确。执法人员若根据机器的判断作出了具体的行为,并将机器的判断作为其行为的依据,当相关事项发生争议,执法人员会被传唤到法庭上作证,此时,反对方不得以该执法人员所依据的机器作出的判断属于传闻为由,将机器的判断予以排除。这主要是因为,如前所述,排除传闻的首要理由在于传闻陈述人不能到法庭上接受交叉询问。就机器而言,即使将其带到法庭,它也无法接受交叉询问。因此传闻排除的理由不适用于机器。

案例 8.05 电子测速器的读数不构成传闻[5]

被告人因超速驾驶被定罪。被告人提出上诉。其上诉的第一个理由是,审判法院错误地容许了警察在法庭上作证说,他根据电子测速器的读数,认定被告人驾驶的汽车超过了当地规定的40英里时速的限制。理由是,警察在法庭上转述电子测速器的读数属于传闻,应当予以排除。

法官认为,被告方的上诉理由纯属无稽之谈。警察在法庭上作证的内容是电子测速器的读数,并不是转述任何其他人告诉他的话。因此,本案中传闻规则根本就不适用。

值得注意的是,传闻陈述人不能是机器,并不意味着一切机器中展现出来的判断都是机器的判断。如果机器中的内容本质上并不是机器作出判断而是人作出判断,则仍然可能符合陈述人的要求而构成传闻。例如,为了证明被告闯红灯,原告出示了一段录像,录像证明车祸发生时或发生后现场的一个目击证人说

---

〔5〕 City of Webster Groves v. Quick, 323 S. W. 2d 386, St. Louis Court of Appeals, Missouri, 1959.

了一句话:“那个开红色轿车的人闯红灯了!”对于这段录像,有人主张它是视频资料,不构成传闻。本书认为该例中的陈述构成传闻。这个例子中录像的内容并不是被告闯红灯的直接影像,而是由案发现场的证人说出被告闯红灯这个事实,因此它仍然属于传闻。换句话说,视频资料是不是传闻,关键要看这个视频资料的内容是什么。如果是用视频资料中的人所作的陈述来证明案件事实,则仍然属于传闻;如果录像视频能够直接展示案件事实,则不构成传闻。

除了机器以外,传闻的陈述人还不能是动物。因为动物和机器一样,也不会接受交叉询问。这一点看上去似乎容易理解,甚至让人感觉没有必要强调。但实际上,有些案件会涉及动物作出陈述的问题,而且会比较复杂。例如,受过专业训练的警犬会对其嗅到的物品作出反应,这种反应其实和人对相关事物的报告并无本质区别,其区别仅在于警犬的报告更加准确,虽然它们无法用语言来表达。另外,在动物世界,也存在各种各样的交流方式,例如蜜蜂的飞舞可以用来指明蜜源的方向和储量;蚂蚁的特定动作可以用来报告危险的来临等。在证据法上,这些动物的行为虽然也被用来传递信息,甚至也包含断定的内容,但是不能被当作传闻来对待。不过在有些场合,情况则要复杂得多。

案例 8.06 会说话的鹦鹉能否证明被告人的清白?[6]

被告人叫格雷·约瑟夫·拉斯普(Gary Joseph Rasp),他被指控谋杀了一名名叫盖尔(Gill)的女子。该女子被害时 36 岁,遇害两天后才被发现。与此同时,人们还在被害人家中发现了一只鹦鹉。这只鹦鹉在被发现时已经几近脱水,非常饥饿。当人们把鹦鹉送到宠物商店治疗,鹦鹉恢复健康后,宠物商店的店主听到鹦鹉不停地叫:“理查德!不!不!不!(Richard! No! No! No!)”

辩护人据此认为:杀害盖尔的应该是一个叫理查德的男子,而不是正在受审的拉斯普。因此,辩护人将鹦鹉带到法庭,并且试图向了解这一情况的被告人的私家侦探迪克森(Dixon)提出以下问题:“为什么我让你带上这只鹦鹉?”私家侦探回答说:“这只鹦鹉在对它的主人作出自然惊叫——”控方及时提出反对,法官支持了控方的意见,不允许辩方继续就此发问。

辩护人在接受电话采访时说他并不想传唤鹦鹉到证人席上作证,他只是想就有关鹦鹉的问题传唤相关的证人到庭上作证。

如今,谁也不知道鹦鹉麦克斯在哪里。但是围绕本案庭审诞生了许多故事。私家侦探迪克森先生表示,这只鹦鹉已经被纳入了证人保护计划。他说:“麦克斯如今的身份已经转变为金刚鹦鹉了。”

---

〔6〕 New York Times, No. 12, 1993, B - 20, Vol. 3.

| 评注 8.02 | 鹦鹉案的启示

在鹦鹉案中,如同所有证据问题一样,首先考虑该证据有没有关联性。如果连关联性都没有,就不用讨论有没有可采性,是不是传闻了。被告人试图传唤私家侦探迪克森出庭作证,是想要证明杀害盖尔的凶手另有其人,那么迪克森关于鹦鹉的证言有证明力吗?根据关联性一章中讲述的规则,该案中被告人想要证明杀害盖尔的不是拉斯普,而是理查德,即他试图通过鹦鹉的话进行推断,因为就我们正常人的一般思维看来,鹦鹉会学舌,鹦鹉说的“理查德!不!不!不!”极有可能是向被害人盖尔学的,肯定是有一个叫理查德的人试图杀害被害人,因此被害人说“Richard,No,No,No!”被鹦鹉学到了。被告人是想以此来证明杀害盖尔的是那个叫理查德的人而不是自己。当然,如果说证明力不够,是指只有鹦鹉的话这个证据不能够证明是理查德杀害了盖尔的事实,这个证据达不到优势盖然性的程度。但是如果没有其他证据,被告人提出这个证据,它能否构成一个合理的怀疑呢?很显然可以构成,即被告人并不需要把杀害盖尔系理查德所为证明到排除合理怀疑的程度,他只需要提出一个合理的怀疑就够了。因此本案辩方提出的这个证据具有关联性。

在这个基础上我们考察它是否构成传闻的问题。由于该案证人是私家侦探迪克森,迪克森转述的是被害人家中鹦鹉说的话,鹦鹉又是转述被害人的话,鹦鹉和被害人都没有出现在法庭上,因此构成传闻中的传闻。当然,辩方肯定主张该证据不是传闻,因为陈述人是鹦鹉而不是人。控方肯定主张它是传闻,因为它转述的是人的话,就是说真正的陈述人不是鹦鹉,而是盖尔。本书认为该案中鹦鹉的话构成传闻。不过,由于该传闻属于本章第三节中的“惊呼”这一例外,因此具有可采性。

思考 会说话的鹦鹉能否证明被告人的身份?警察在一个居民家中搜出了海洛因,并且现场拘捕了被告人道格(Doug)。但被告人说他不是这栋房子的主人,这个房子既不归他所有也不归他占有,他只是碰巧出现在这个房子里,因此毒品不是他的,他也不知道是怎么回事。控方为了证明被告人非法持有毒品,首先要证明道格就是那个房子的实际占有人。为了证明这一点,控方拟传唤实施搜查的警察作证,证明他在现场发现的一只鹦鹉不停地叫:“早上好,道格。早上好,道格(Good morning, Doug. Good morning, Doug.)。”本案中,这只鹦鹉会说“Good morning, Doug”,它包含了断定的内容吗?如果包含了断定内容,它属于传闻吗?具有可采性吗?本案和案例 8.06 所说的情况一样吗?

(三)传闻应当用于证明陈述中所包含的断定内容的真实性

判断是否构成传闻的第三个条件,是援引这个陈述必须是为了证明这个陈述中所包含的断定内容的真实性。例如某人的儿子从洛杉矶打来电话,告诉他“I am broke, send more money”,如果这个电话是用来证明他“断炊”了,让父母再寄些钱来,它就是传闻;如果不是用来证明他已“断炊”,而是为了证明此人会说英语,则不是传闻,因为它不符合构成传闻的第三个要件,即陈述必须要用来证明这个传闻中所包含的断定内容的真实性。

第二节　不属于传闻的审判外陈述

根据前文所述,并非所有的审判外陈述都属于传闻,只有当它是为了证明其所断定事项的真实性时才是传闻。很多情况下,在法庭上援引一个证据其目的并不是证明这个陈述中所包含的断定内容的真实性,而是用来证明听说了这个传闻的人的心理状态,或者是用来证明说出这个传闻陈述的人的感觉或者知识,或者为了证明具有独立法律意涵的行为,或者用来弹劾证人证言的真实性,这些情况下该陈述都不构成传闻。以下分别进行介绍。

一、用以证明对听者的效果

言者无意,听者有心。如果证人转述自己或他人在法庭外作出的陈述是为了证明对听者的效果,也就是对听闻陈述的那个人产生的影响,比如产生了恐惧心理,具有了某方面的知识或得到了某方面的信息,或者说是其采取某行为的合理依据等,则不属于传闻。其中又包括三种情形。

(一)证明听者主观上的心理状态

例如,在一个逃税案件中,被告人提出一个证据,该证据是被告人的朋友写给她的一封信,写信的人已经去世因此无法出庭作证。信的内容是表达写信人有多么爱她,被告人以此来证明写信人给她的是礼物而非收入。法院判定该书信不是传闻。

(二)证明通知的存在

证明通知的存在是为了证明听闻传闻的人具有某方面的知识,或者知道某方面的事情。在用于此类证明目的时,该陈述不构成传闻。例如,一名儿科医生被指控给一名儿童使用了过量的非儿科用药,医生答辩说他不知道该药品是专门给成年人使用的。控方拿出药瓶,上面写着"非儿科用药",称医生是应该而且能够读懂药瓶上的标记的,所以医生的答辩不成立。该证据用来证明医生知道涉案药品是非儿科用药而故意给儿童使用,因此不属于传闻。

案例 8.07　路太滑[7]

一个雨天的夜晚,原告在被告的停车场内摔倒受伤。原告是被告公司总裁的儿媳,但她仍然坚持起诉被告,声称自己的摔倒是由于被告公司管理的路太滑的缘故。被告辩称自己并不知情。原告举出一个证据(证人),证明被告知道自己停车场的路太滑这个事实。证人凯斯(Keith)就是该公司的副总裁,也是原告的丈夫。当轮到他作证时,原告律师问道:"在这层覆盖物铺上这条道路之后,你有没有收到有关访客的投诉?"被告方提出了反对,但是证人还是回答了这个问题:"是的,好几人说这条路太滑了。"之后,另一名证人即该公司的员工作证,原告律师问道:"你自己是否听到过有关这个路段下雨后就湿滑的抱怨?"被告方也及时提出了反对,但是证人还是回答了这个问题:"我曾经听到不同的人评论说这条路被雨打湿了以后就很滑。"

上诉法院认为,这些问题及其答案如果是用来证明路上的覆盖物很滑的事实,则自然属于传闻无疑。但本案除了"路太滑"这个事实以外,还有"被告知道路太滑"这一事实。有关被告曾被抱怨路太滑的事实与被告知道路太滑的事实具有关联性。在这一情况下,传闻法则不再适用,相关的陈述应具有可采性。

类似案例如刹车失灵案,该案中被告人开车撞了人,事故原因是刹车失灵。被告人辩解称不知道自己的车刹车失灵。控方为证明被告人知道自己刹车失灵,举证证明案发前一天被告人在修理厂修车的时候,修车师傅曾经问过他:"你的刹车不太行了,是不是要换一下?"该证据用来证明被告人知道自己的车刹车失灵,对事故发生是有过错的,不属于传闻。

(三)证明行为的合理性

例如,被告人被指控谋杀,证人证明其对被告人说过这样的话,"你可要小心,那个被害人正在找你,他手上有一支枪"。该证言不是为了证明被害人手里有枪,而是为了证明被告人对被害人有恐惧心理,以此证明他有防卫意图。这样

---

[7] Vinyard v. Vinyard Funeral Home. Inc. ,435 S. W. 2d 392,St. Louis Court of Appeals,Missouri,1968.

的证人证言不是传闻。又如,在毒品犯罪案件中,控方传唤一名警察作证称其接到一个线报,线报说有人在一辆黄色凯迪拉克车上进行毒品交易,因此他去路上寻找,刚好看见一辆黄色的凯迪拉克车,于是对车进行搜查,果然搜出了毒品。如果该证据是为了证明有人在黄色凯迪拉克车上进行毒品交易,则满足传闻的要件,构成传闻。如果它是为了证明线报对警察的心理产生影响,因此警察的搜查行为有合理依据,则不构成传闻,具有可采性。

二、用以证明陈述者的意识状态

以上讨论的情况都是陈述被用来证明对听者的影响。以下介绍的是一个陈述如果是被用来证明该陈述人的感觉时,不属于传闻。它也包括三种情况。

第一种情况是直接用来证明陈述人说话时对人或事物的感觉。

| **案例 8.08** | “我丈夫是世界上最残忍的人”

这是一个车祸案件。原告是一个老太太,她起诉被告也就是驾车把她老伴撞死的人,向其索赔 100 万美元。被告为了证明被撞死的老头不值 100 万美元,举证说,在车祸发生前一个星期,老太太说过一句话:“我丈夫是这个世界上最残忍的人。”

本案中,被告举出这个证据想要达到的目的并不是证明这个老头真的是世界上最残忍的人,而是证明这个老太太对她老伴的感觉糟透了,即使活在世界上也没什么价值,因此他不值得赔偿这么多钱。在证明这一目标时,该证据不是传闻。

第二种情况是用来证明陈述者的精神状态。注意这里说的陈述者的精神状态是指陈述人神志是否清醒。例如一个人说“我是狐狸精”,或者声称自己是拿破仑,这样的陈述如果不是用来证明陈述人真的是个狐狸精或拿破仑,而是用来证明这个人神志不正常,则不属于传闻。

第三种情况是用来证明陈述者具有某方面的知识。

| **案例 8.09** | 用于证明陈述人知识的陈述不构成传闻

在一个绑架性侵案中,被害人是一名 5 岁女童,女童事后报了案,并第一时间向探员描述了自己遭绑架后被关押的地方,是一辆厢式货车。女童详细地描述了厢式货车四壁上画着鲜活的动物,包括大象、长颈鹿等。但是这个女童后来没有出庭作证。被告人称他跟那个女童从未接触过,更不可能把她绑架到自己车上。既然被害人对被告人车中情景描述得如此清楚准确,和实际情况完全吻合,就说明她

到过被告人的车上，被告人肯定在说谎。需要注意的是，本案被害人陈述中包含的内容，也就是厢式货车内的情况的真实性，是无需女童的证言来证明的。厢式货车已被查获，拍照、摄像等方式均可证明。很显然，本案被害人陈述是用来证明其对被告人所拥有的厢式货车中的情况很了解，而不是为了证明所陈述的那些内容的真实性，因此它不是传闻，具有可采性。

三、用以证明有独立法律意涵的行为

如果一个陈述是用来证明具有法律意涵的行为，则该陈述不属于传闻。这又包括两种情况：一种是言语式行为，另一种是行为中的言语部分。

所谓言语式行为就是以言语的形式表达的行为。例如交易双方要订立一个合同，其他条件都已谈妥，电话一头的当事人一方说："行，我同意了。"该陈述如果用来证明合同成立，则它不是传闻，具有可采性。另外还有一些诽谤、威胁等行为，例如张三在公共场合说李四是个骗子，证人王五在法庭上转述张三说过的话，并不是为了证明李四是个骗子，而是为了证明张三说过这样的话，张三的行为构成侮辱或诽谤。所以这里的关键问题不在于李四是不是骗子，而在于张三是不是说过这样的话。又如甲对乙说"我要杀了你"，如果是用来证明甲真的想杀了乙，则该陈述构成传闻；但如果不是为了证明甲想杀了乙，而是证明甲曾经威胁过乙，则不属于传闻。

行为中的言语部分就是一个行为伴随着一个言语，言语通常是为了解释或者澄清行为的性质。例如一名男子把一枚金戒指递给一名女子时说"这是送给你的"，这句话是伴随动作的陈述，是行为的一部分，表明这个动作是一个赠与行为，它不是传闻，具有可采性。

案例 8.10 盗马贼案[8]

被告人甲被指控盗窃了乙的两匹马。被告人答辩说："我不知道这两匹马是乙的，我以为它们属于丙所有。是丙让我去卖马的。丙有一次跟我说，'我最近没钱花了，你帮我把那两匹马卖了'，我以为那两匹马是他的，所以就帮他卖了。"本案中，被告人在法庭上转述丙的陈述（请注意在本案语境中被告人就是证人，丙属于传闻陈述人），如果是为了证明丙是那两匹马真正的主人，则它毫无疑问属于传闻；但如果是为了证明丙说过这样的话，而不管话的内容真实性如何，则它不属于传闻，具有可采性。

---

〔8〕 State v. Getz, 250 Kan. 560, 1992.

在上面这个案件中,丙的陈述之所以具有可采性,是因为在这个案件的语境中,人们并不关心丙的陈述内容是否真实,而只关心丙是否作出过这样的陈述。如果丙作出过这样的陈述,无论那两匹马是否属于丙所有,都可以证明甲无罪,因为甲是根据丙的请求或指示卖出那两匹马。除非能够确定地知道甲明知丙不拥有那两匹马的所有权,否则甲就应当无罪。当然,如果甲明知丙不拥有那两匹马的所有权,则甲和丙二人构成共同犯罪。

| 案例 8.11 | 无效法律帮助案[9]

两名警察(为方便起见,分别称之为张三和李四)被指控在看守所的卫生间殴打囚犯,其中一名警察张三做了有罪答辩,另一警察李四不认罪,说他没有殴打囚犯。但李四仍然被定罪。李四提起上诉,声称自己没有获得有效的律师帮助。李四拟传唤张三的辩护人,证明张三的辩护人曾经在第一审开庭前跟李四的辩护人说过“我的被告人张三可以帮你的被告人,把李四从卫生间摘出来”,意即张三可以提供有利于李四的证言,只要李四的辩护人传唤张三作证,就可以证明李四没有参与在卫生间殴打囚犯。但是李四的辩护人并没有传唤张三来作证,所以李四认为自己没有获得有效的律师帮助。那么张三的辩护人对李四的辩护人说过的话是传闻吗?

我们在讨论传闻的时候有两个概念是很容易混淆的,一个是言语式行为,另一个是行为式言语。行为式言语就是包含了断定内容的行为,只不过它是以行为为表现形式的言词,它表面上是行为,但本质上是陈述,所以叫行为式言语,或者叫行为式陈述、行为式断定。言语式行为是以陈述、断定或者其他语言形式呈现的具有法律意涵的行为,它本质上是行为。要把这两个概念区分开。

在此基础上,再来看这个无效法律帮助的案件。张三的律师所说的话不属于传闻,因为它不满足传闻的第三个要件。被告人举出张三的辩护律师说的那句话,是为了证明被告人没有获得有效的律师帮助,而不是为了证明律师的陈述中所包含的断定内容的真实性。换句话说,无论张三律师说的是真是假,只要他说了那句话,李四的律师就应当传唤张三到法庭上作证。他如果说的是真话,那么他在法庭上就能证明李四实际上是无罪的。所以本案中所涉陈述不属于传闻。

| 评注 8.03 | 判断是否为传闻的辅助标准

从上面两个案例我们可以了解到传闻判断的一个规律:如果需要考虑陈述或者行为本身所包含的断定内容的真实性,它就是传闻;如果解决案件完全无须考虑

---

[9] United States v. Schwartz, 283 F. 3d 76, 2d Cir., 2002.

断定或者陈述中所包含的内容的真实性,而只要考虑是否有此行为,是否说过此话,那它就不是传闻。这是一个比较简单的标准,尤其是在复杂的情况下,如何区分一个动作或者一句话到底是不是传闻,其实要看在这个案件中我们是不是关心陈述中所包含的断定内容的真实性。以此标准来看,之前提到的无效法律帮助的案件,即不需要关注律师所作的断定的真实性,只要张三的律师说过那样的话,李四的律师就应该把张三传唤到法庭上。所以在被告人是不是得到律师有效帮助的问题上,张三的辩护人所言真假是无关紧要的,他是否说过那句话才是最重要的。

案例 8.12 离奇的遗嘱继承案〔10〕

一对老夫妻各自订立了一份遗嘱。两人都是二婚。老先生的遗嘱是:"如果我先于我妻子死亡,我就把我的财产留给我现在的妻子;如果不是这样,我就把我的财产留给我和我前妻生的子女。"这意思是说,老先生是爱老太太的,因此,如果老先生先于老太太而死,他就把他现在的财产都留给老太太;如果老太太先于他而死,他就把他所有的财产留给他和他前妻生的子女。老太太也立了一份遗嘱,内容相似,即如果老太太先死,就把所有的财产都留给老先生;如果不是这样,即老先生比她先死,那她就把她所有的财产留给她和她前夫生的子女。

之后这对老夫妻开着私人飞机去一个私人小岛上度假,结果飞机失事在岛上坠毁。根据继承法在同一事件中死亡,如果不知道死亡顺序,就推定同时死亡。问题是这个案件中医生赶到现场时老太太已经没气了,而老先生还说了一句话:"我还活着。"说完之后也死了。老先生的子女认为老先生后死,所以老太太的财产和老先生的财产都应该由老先生的子女们来继承,因为他们没有共同的子女。但老太太的子女们显然认为这些财产应当平分,应当判定他们同时死亡。老先生的子女们以什么来证明老先生后死呢?就是医生的证言,医生证明赶到现场时听到了老先生说的那句"我还活着"。

本案中老先生的话很容易被当作传闻来对待,也容易被当作传闻的例外即临终遗言而使它具有可采性。实际上它不是传闻,直接具有可采性,因为老先生说这句话的行为已经证明了他还活着。该案比较奇特的地方在于,无论老先生说什么,都能证明他还活着。该案原告方证明老先生后于老太太死亡的证据,并不是老先生"我还活着"这句话,而是老先生还在说话这个事实。换句话说不管他说什么,他只要还在说话,就能够证明医生赶到现场的时候他还没有死,而老太太已经死了。所以关键不在于他说了什么,也不在于他所说内容的真实性。虽然表面上看起来

〔10〕 Estate of Murdock, 32 Muc. 352, 1983; Jon R. Waltz & Roger C. Park, *Evidence: Cases and Materials*, 10th ed., Foundation Press, 2004, p. 103 – 107.

以老先生说的“我还活着”这句话来证明他还活着是符合传闻定义的,但事实上因为不管他说什么,都能够证明他还活着,故该陈述不是传闻。

以上是在法庭外作出并被转述到法庭但却不属于传闻的情况。除此以外还有其他类似的情况,此处不再一一列举。

第三节　传闻的豁免(之一)

传闻的豁免是美国《联邦证据规则》的创造,它将那些在普通法上认为属于传闻的陈述不当作传闻来对待,从而使其具有可采性。通常来讲传闻是不具有可采性的,但是传闻的豁免和传闻的例外具有可采性。有的美国学者认为作为一个律师不需要知道例外和豁免之间的区别,因为它们都具有可采性。但实际上例外和豁免具有可采性的原因是不一样的。传闻的例外具有可采性是因为这些传闻要么是可靠的,要么是必要的。传闻的豁免具有可采性既不是因为必要性,也不是因为可靠性,而是因为它不具备传闻的缺陷。传闻的缺陷是因为没有交叉询问所以无从验证真假,但是传闻的豁免不存在这个问题。例如特定种类的先前陈述,证人以前曾经在法庭外说过一些话,现在他到法庭上作证,他的证言如果是为了证明他在法庭外所做的陈述的真实性的话,那么就符合传闻的特征,实际上属于传闻。但是,因为证人已经在法庭上了,对他的交叉询问只不过是延迟了而已,所以美国《联邦证据规则》的起草者把它作为传闻的豁免来对待,从而其具有可采性。可以看出,传闻的豁免和传闻的例外虽然都具有可采性,但它们具有可采性的依据是不一样的。所以第三节和第四节先介绍传闻的豁免,第五节和第六节再介绍传闻的例外。

传闻的豁免包括两大类,第一大类是特定种类的先前陈述,包括先前的不一致陈述、先前的一致陈述和有关身份认定的陈述。第二大类是反对方当事人的自认,包括个人的自认、以采纳的方式表现的自认、授权的自认、代理人的自认和共犯的自认。本节讨论特定种类的先前陈述。

一、先前的不一致陈述

如果证人先前曾经作过不一致陈述,该陈述被呈上法庭用来弹劾证人证言的可信度,则它不是传闻,具有可采性。它不是传闻,是因为它不是为了证明先前的不一致陈述中所包含的断定内容的真实性,而只是为了证明证人在当前的法庭上所作的陈述不可靠；反之，如果先前的不一致陈述不是作为弹劾的用途，而就是为了证明先前的不一致陈述中所包含的断定内容的真实性，则它符合传闻的特征，属于传闻。

至此我们看到先前的不一致陈述有两种不同的用法，一种是用于弹劾的目的，这个叫证据的弹劾式用法；另一种是用来证明它本身所包含的断定内容的真实性，叫作证据的实质性用法。除此之外，它还有可以用作加强其他证据的证明力，也就是作为补强证据使用，叫作恢复性用法。

普通法上认为，先前的不一致陈述仅在用于弹劾目的时才不是传闻，具有可采性。美国《联邦证据规则》的起草者认为，所有的先前不一致陈述都应当具有可采性，即使这个陈述就是用来证明陈述中所包含断定内容的真实性。它虽然是传闻，但其陈述者就出现在当下的法庭上，反对方可以对他进行交叉询问。所以起草者认为，所有这样的先前不一致陈述都应当作为传闻的豁免而具有可采性。但是议会认为这一规则太宽泛，太自由主义了。因此议会否决了这一立法草案，认为先前的不一致陈述总体上仍然应当作为传闻来对待；但是如果证人在当下的法庭上出庭作证并接受交叉询问，并且先前的陈述是在法庭、听证会或者其他程序中或者证言存录（deposition）过程中作出的，属于可能招致伪证处罚的宣誓陈述，同时具备这三个条件，则先前的不一致陈述才具有可采性。议会规定的这三个条件实际上是将陈述的作出限定在一个正式的场合，而且要求是宣誓所作的陈述。如果证人在这种正式场合作伪证的话就有可能遭受伪证处罚，这就意味着陈述者在这种场合撒谎的可能性会大大降低。

| **案例 8.13** | 先前的不一致陈述满足特定条件可构成传闻的豁免[11]

1980 年 7 月 10 日早上 6:30 左右，瑞克·康琳（Rachael Conlin）在华盛顿的双迪汽车旅馆遭受了残忍和严重的袭击。她被扇耳光，用带皮的衣架、皮带和管子殴打，被踢了好几次，并在她试图逃跑时被抓住头发推回房间。袭击致使她鼻梁折断，脸上瘀青，眼睛发黑，并且在脸上缝了几针。早上 8 点，警察被叫到医院，在那里，康琳指认被告人史密斯为袭击她的凶手。她说她很害怕，不知道该怎么办。警察告诉她，除非她出庭作证，否则他们也帮不上忙。当天中午，警察再次联系康琳，问她是否愿意就该事件签署一份声明。她来到警察局，对侦探说自己愿意提出指控并出席法庭作证。她说她知道，在自愿签署宣誓声明的情况下，被告人可能面临刑事指控。在此情况下，她以书面形式写下了她遭受袭击的过程，并指认被告人史密斯为袭击她的凶手。她在声明上签下了自己的名字，警察也在她的声明上签下

〔11〕 State v. Smith, 651 P. 2d 207, Wash., 1982.

自己的名字作为见证。侦探还将她带到一名公证员面前,向她宣读了她的附誓证词和誓词。她重复了一遍附誓证词和誓词,并签署了该附誓证词。公证员签署了这一宣誓证词并将其封装进康琳的陈述中。

审判中,康琳出庭作证并描述了她被袭击的过程。不过,令人惊奇的是,她不再指认被告人是袭击她的凶手,而是指认古美兹先生(Mr. Gomez)为袭击她的凶手,被告人则被说成是来给她帮忙的。她也痛快地承认她在医院曾经在宣誓的情况下自愿地向侦探作出了陈述,并告诉警察袭击她的人就是本案被告人。她说由于事件发生的前一天晚上被告人和她打了一架,加上她指责被告人迫使她不得不跟古美兹先生在汽车旅馆度过一晚而不是住在被告人所住的公寓里,她非常伤心。她还作证说在袭击事件发生之前和之后她都和被告人住在一起。她还承认她给过被告人 150 美元,为的是让他在看守所买雪茄。不过她不承认被告人是他的皮条客。

检察官惊讶于康琳在法庭上的证词以及改变对袭击者的指认,遂出示她之前签署的书面声明作为弹劾其证言的证据。之后,该书面声明又被用作实质性用法,并且这也是本案唯一证明被告人是袭击者的证据。被告人提出反对。审判法院认为,本案被害人康琳之前的书面声明符合《华盛顿证据规则》第 801 条(d)(1)的规定(该规定几乎是从美国《联邦证据规则》逐字照抄的),具有可采性,但在重新考虑之后又认为该书面声明不符合该规定,对该案重新进行了审判。

本案争议问题是,康琳在审判前签署的书面声明是否符合《华盛顿证据规则》第 801 条(d)(1)中的"其他程序"(other proceedings)这一规定。华盛顿州最高法院经审理后认为,在每一个类似案件中,先前的不一致陈述的真实性乃是决定案件事实的关键。本案中,告发者作为一名被害证人自愿地书写了她自己作出的陈述,在公证人面前发下了她的誓愿,因此将自己置于伪证处罚的可能性之中,并且她也承认自己之前曾经作出过这一陈述,同时在法庭上作出了一个不同于先前内容的陈述,并将其置于交叉询问之中。我们认为根据该案的总体情况,《华盛顿证据规则》第 801 条(d)(1)的要求已经全部得到满足。因此我们决定将该案发回重审。

二、先前的一致陈述

同一个证人在不同的场合可能作过不同的陈述,其中与现在这个法庭上所作的证言内容一致、方向相同的陈述叫作先前的一致陈述。先前的一致陈述在普通法上也被当作传闻对待,不具有可采性。根据美国《联邦证据规则》它具有可采性,但是也要满足几个条件。

第一个条件是必须用于反驳最近的伪证指控,也就是说属于恢复性用法。假设证人王五在法庭上作证说张三没杀李四。如果控方反驳称该证言是伪证,辩方为了证明证人证言是可靠的,举出证据证明王五在其他场合也说过类似的话,还说“不管李四是谁杀的都不可能是张三杀的”。该例中先前的一致陈述就是用来反驳最近的伪证指控,因为王五的证言遭到了控方的反驳。根据规则,只有当证人的可信度受到了质疑时,这个先前的一致陈述才具有可采性。换句话说,如果一个证人证言没有受到质疑,证人的可信度没有受到任何形式的挑战和削弱,举证方不能主动出示先前的一致陈述来证明该证人是可靠的。

第二个条件是该陈述的作出必须先于之后所指向的陈述。仍以张三杀了李四这个案件为例来说明。仍然假设王五是证人,作证证明张三没杀李四,理由是他没有作案时间。如果在李四死后不久,王五说过“李四绝不可能是张三杀的”,审判时他也这么说但被指责为伪证,那么他之前说的话作为恢复他可信度的证据就具有可采性。但如果王五在法庭外所提出的这个证言是在他最近可信度遭受质疑之后才作出的,即他不是在案件发生之初就作出了这样一个撇清张三嫌疑的陈述,而是在开了一次庭被控方指责撒谎以后,休庭时跟别人作出该陈述,那么该陈述在再次开庭以后不能用来作为恢复王五可信度的证据,因为它不符合先前的一致陈述作为传闻的豁免应当具备的第二个条件。之所以这样规定,是因为如果一致陈述是在证人遭受质疑之后才作出的,则有为了证明自己可信而辩白的嫌疑,这就是这个规则设置背后的原理。

案例 8.14　先前的一致陈述只在用于反驳伪证指控时才有可采性〔12〕

上诉人托米被指控性侵自己四岁的女儿。托米和他妻子于 1988 年离婚。法院判定其女儿 A. T. 由夫妻共同抚养,但是先由托米抚养。1990 年,孩子的母亲争取到该年夏天孩子由母亲抚养。1990 年 8 月 27 日,孩子母亲联系科罗拉多州政府,声称托米对孩子实施了性侵。

控方的逻辑是,托米在监护其女儿期间对她实施了性侵,当小孩在她母亲那儿度假时向母亲披露了这一情况。辩方声称,这一指控完全是精心捏造出来的,目的是让小孩不能回到她父亲身边。审判中,小孩被作为控方的第一位证人传唤到庭,控方在直接询问中提出了一系列诱导性问题(根据证据规则,直接询问一般不允许提诱导性问题,但对语言表达有一定障碍的儿童例外),A. T. 都只是作了极为简洁的回答。交叉询问持续了两天,辩护律师对 A. T. 一共提出了 348 个问题。第一天,证人回答了全部关于其背景的一般性问题。第二天,当问到有关她与母亲的交谈时她拒绝披露。当问到有关性侵的问题她在很多关键节点上都拒绝回答。初审法官也注意到,辩护律师的有些问题确实不够准确或清晰;有些问题提出后在小孩

〔12〕 Tome v. United States,513U. S. 150,1995.

回答之间持续了 40~50 秒,有时候证人明显心不在焉。初审法官说:“我们在此感到极其难堪。”

在 A.T. 作证之后,控方又传唤了六名证人就 A.T. 描述的有关性侵的情况作证。A.T. 的看护人作证说 1990 年 8 月 22 日 A.T. 对她说,她不想回到爸爸那里去了,因为他经常喝醉,并把她当成他妻子;看护人还复述了 A.T. 8 月 27 日对她说过的话,那是在她母亲对她询问却无法获得回答的情况下看护人对她的问话,问话时 A.T. 的母亲在窗外听着;A.T. 的母亲也复述了她在窗外听看护人询问时 A.T. 的回答;一名社工复述了 8 月 29 日 A.T. 对她所作的有关性侵细节的陈述;另外三名儿科医生复述了 A.T. 对他们描述的她是如何被抚摸以及何处被抚摸的陈述。

控方援引美国《联邦证据规则》第 801 条(d)(1)(B)的规定以支持 A.T. 的庭外陈述具有可采性。审判法庭在被告人对上述陈述全部提出反对的情况下支持了控方的请求,容许了上述证言,认为上述证言是用于反驳辩方有关 A.T. 的证言是基于她想跟母亲生活在一起的动机这一指控,是出于恢复证人可信度的目的,因此具有可采性。陪审团裁决托米罪名成立,法庭判处其 12 年监禁。

上诉法院支持了审判法院的裁决。我们(最高法院)决定受理这项上诉,并决定推翻审判法院的判决。

证人先前的一致陈述如果是用于反驳最近的伪证指控或者其证言系出于不适当的动机或受到不适当的影响这样的指控,并且该一致陈述先于这些指控而作出,则该一致陈述具有可采性;但如果是在指控之后作出,则不具有可采性。这一规则早在美国《联邦证据规则》颁布之前一百多年就已经确立,并且成为普通法上通行的规则。

美国《联邦证据规则》第 801 条规定,只有当先前的一致陈述被用于反驳最近的伪证指控或不当影响、不当动机指控时,该先前一致陈述才不应当被界定为传闻。值得注意的是,起草委员会认为,不应当将所有的先前一致陈述都当作传闻来对待,只有符合上述条件的先前一致陈述才不作为传闻对待,而一旦符合上述条件,则先前的一致陈述就不仅可以用于恢复性证明目的,而且也可以用于实质性证明目的。

需要反复强调的是,该规则规定的先前一致陈述具有可采性的前提条件是用于“反驳最近的伪证指控,或证言系受到不当动机或不当因素的影响这一指控”。先前的一致陈述并不能不加区分地用于反对任何形式的弹劾,或仅仅因为证人可信度受到了质疑就用它来加强证言的可信度。

本案中,问题的关键是 A.T. 的庭外陈述是否可用于反驳她的证言是基于她更愿意和她母亲生活在一起这一愿望,而不是她在法庭上的证言是否真实(因此不符合美国《联邦证据规则》第 801 条所规定的情形)。规则说的是反驳某种(声称的)

动机,而不是加强其法庭陈述的故事的可信度。

如果该规则意味着允许将先前的一致陈述作为实质性证据用于反驳任何暗示证人法庭上的证言系伪证或出自不适当的影响或动机的指控,法庭审判的全部重点就会转移到证人的庭外陈述,而不是其法庭陈述。本案恰恰论证了这一观点。为了回应一个力度很小的指控——A.T.的证言是基于她想跟母亲在一起的愿望而捏造的,政府就被允许向法庭炫耀一大堆充满同情心且诚实可信的证人提供的证言,而这些证言无非是复述A.T.自己在法庭外向他们所作的陈述。尽管这些陈述对于本案指控的犯罪行为是否发生也具有一定的证明价值,但是它们对于A.T.是否真的具有捏造证言的动机这一事实几乎没有什么意义。在面向陪审团发表结辩陈词时,检察官严重地依赖这些庭外陈述,也是用于证明本案的实质性问题,而不是用于反驳A.T.的证言系受到不适当动机的影响。

因此我们决定推翻上诉法院的判决,并将本案发回,按照本判决意见重新审理。

三、先前有关身份认定的陈述

第三种特定种类的先前陈述是对身份认定的陈述,也就是对身份的指认。证人先前对当事人身份的指认,既可以用作补强证据,也可以用作实质性证据。所谓补强证据就是恢复性证据,即用于恢复证人可信度的目的。所谓实质性证据不仅仅是为了恢复证人的可信度(甚至这个证人并未在当下的法庭上作证),而是直接用于证明案件事实的证据。下面我们用两个案例分别说明。

| **案例8.15** | 画像师的画像构成传闻的豁免[13]

这是一起抢劫杀人案。现场的一位目击者在案发后报了警,警察赶到现场后,画像师根据目击证人的描述画了一张被告人的图像。后来这个目击证人也出庭作证,并指认法庭上的被告人就是他那天看到的凶手。被告人对他在法庭上的指认提出了质疑,说案发时间非常短,证人只看到有人从他面前跑过去,怎么看得清长相,即使当时看见了,过了这么久也不一定记得清。于是控方拿出了那幅画像师在证人帮助下画的画像,画像与被告人非常相像,以此来证明证人在法庭上的指认是真实可信的。法院判定该画像具有可采性。

本案中画像师画的图像为什么具有可采性呢?实际上这个图像是根据证人

---

〔13〕 Commonwealth v. Weichell, 390 Mass. 62, 1983.

的陈述画出来的,本质上还是符合传闻的定义,但即使把它当作传闻对待其可靠性也是有保证的,因为它相当于证人先前所作的一致陈述,因此被豁免而具有可采性。

| **案例 8.16** | 被害人的指认作为传闻的豁免[14]

1982 年 4 月 12 日,一名矫治顾问佛斯特在坐落于加利福尼亚州的一所联邦监狱内遭到袭击,他被人拿着铁管残酷地殴打。殴打使他的头盖骨碎裂,他在医院住院治疗将近一个月,出院后记忆受到严重创伤。在他就医期间,负责侦查该案的联邦探员曼斯菲尔德于4 月 19 日对他进行了访问,他发现佛斯特无精打采,已经记不起袭击他的人的名字。5 月 5 日,曼斯菲尔德再次与佛斯特进行了对话,佛斯特此时已经比上次强很多,并且能够描述袭击时的情景。佛斯特指认被告人为袭击他的凶手,并在一堆照片中对被告人进行了辨认。

法庭审理期间证人已经完全丧失了记忆,因此在法庭上作证的时候他承认自己已经完全不记得是否见过袭击他的人,也不记得他在医院期间有哪些人去看过他,除了侦探曼斯菲尔德以外。被告人被裁决罪名成立并被判处 20 年监禁。

上诉法院推翻了审判法院的裁决,认为佛斯特在医院的指认不符合美国《联邦证据规则》第 801 条(d)(1)(C)的规定,因为他在法庭上已经完全丧失了记忆,这阻碍了他就此问题经受交叉询问。案件上诉至联邦最高法院。联邦最高法院认为,人类的一般经验告诉我们,一个人在案件发生之后不久所做的指认,其可靠性要比在法庭上所做的指认更强,因为案发后不久被告人的记忆仍然新鲜,法庭审判时往往已经过了一段时间。当然这只限于指认。根据美国《联邦证据规则》的规定,对于证人先前的指认,无论是恢复性用法还是实质性用法,都具有可采性。

第四节 传闻的豁免(之二)

传闻豁免的第二大类是反对方的自认(admission by party opponent)。例如在一起交通事故案中,当事人一方给警察打电话说车被人撞了。警察问怎么回事,当事人回答说:“我并线的时候对方从后面撞了我。”警察问:“对方在他自己车道上还是在你并线之前行驶的车道上?”当事人回答:“在他自己的车道上。”这就是反对方当事人的自认。此类证据在普通法上作为传闻的例外而具有可采

---

[14] United States v. Owens, 484 U.S. 554, 1988.

性,美国《联邦证据规则》也认为它具有可采性,只是不把它作为传闻的例外而是作为传闻的豁免。其理论基础是:排除传闻是因为对传闻陈述人不能交叉询问,但是一个当事人自己是不需要对自己进行交叉询问的,所以它具有可采性。根据美国《联邦证据规则》的规定,反对方当事人的自认包括以下五种。

一、个人的自认

个人的自认也就是一方当事人或者在法律地位上相当于当事人的人自己的陈述。比较典型的如刑事诉讼中被告人的有罪答辩,但是需要注意的是有罪答辩如果在辩诉交易达成之前已经被撤回的话,则不具有可采性。又如被告人的供述,它虽符合传闻的特征,美国《联邦证据规则》却不把它当传闻对待,但是有一个前提就是不考虑宪法权利问题。换句话说,满足传闻的豁免能够具有可采性,但不一定必然具有可采性,因为还会涉及被告人的宪法权利问题。如果被告人的供述是刑讯逼供得来的,那么虽然属于传闻的豁免,根据传闻法则具有可采性,但是根据联邦宪法第五修正案仍然不具有可采性。也就是说,当事人的供述只有在不违反其宪法权利,也不违反美国《联邦证据规则》其他规定的前提下,其作为传闻的豁免才具有可采性。

二、采纳性自认

当事人的自认是一种明确的表示,例如被告人说"对,就是我杀了他",这是一个明确的断定。采纳性的自认是当事人并没有明确的表示,他并不是以明确的方式来陈述某个事情,而是通过行为或沉默、不回复等消极不作为的方式作出某一断定。它又包括通过行为的采纳、以沉默的方式采纳以及不回复而采纳三种情况。

第一种情形是通过行为的采纳,也就是以实际行动对某个事情作出承认。这在民商事活动中较为常见,例如 A 公司与 B 公司达成协议,B 公司以每台 1500 元的价格向 A 公司购买 1000 台电视机,后因电视机普遍降价,B 公司给 A 公司发邮件称必须降价至每台 1200 元。通常而言,如果 A 公司不同意,两个公司之间便会有一系列的信件往来,但是它们并没有信件往来,也没有打电话,A 公司也没有拒绝,而是按照原先的约定继续发货 1000 台彩电。B 公司就可以以 A 公司仍然发货这一事实证明 A 公司以其实际行为接受了 B 公司降价的新要约。必须反复强调的是,A 公司继续发货这一事实可以被用来证明 A 公司接受了新的交易条件,只是说该证据在用于证明这一事实时具有可采性,并不是说有了这个证据就必然能够将这一事实证明到优势盖然性的程度。A 公司当然可以就自己的发货行为作出相反的解释,也可以举出其他证据证明自己并未接受新的交易条件。

| **案例 8.17** | 毒贩以自己的行为表明自己在贩毒[15]

几名警察化装成便衣走近一个别墅外的篱笆做的围墙,篱笆围墙内坐着一男一女两人。女的叫梦露,男的叫贝克汉姆。便衣推开围墙门,接近那个女的,说:"美女,我需要一小袋,你有吗?"那个女的说:"有,50 块钱一袋。"警察就用 50 元钱从那个女的手里买了一袋毒品。便衣又问:"还有吗?"女的说:"我只有这一小袋,但是我男朋友那里还有。"说完之后旁边那个男的就起身,从两个便衣和梦露身边走过,一直走到梦露坐的凳子的另一端,从凳子底下拿出一个塑料袋,里面装着好几袋毒品。正当贝克汉姆打开袋子的时候,便衣警察亮明身份,将二人逮捕。但是贝克汉姆称自己是无罪的,说那一堆毒品与他无关。控方便以梦露说的那句话来证明那一堆毒品属于贝克汉姆,贝克汉姆实际上是在贩毒。

该案中,贝克汉姆在梦露说完话之后应身而起,实际上就是以自己的行为证明了他是那一袋毒品的主人,即他的行为实际上构成了自认。

第二种情形是以沉默的方式采纳。一方当事人对第三方当事人的陈述没有拒绝或纠正,通常意味着他对陈述的真实性的认可。但是,这个陈述必须满足一个条件,即在这个场合下,当事人对该陈述的自然的本能是立即予以反驳或者纠正。

需要注意的是,这里说的自认和证明问题上的当事人的自认不是一个概念。证据法上有两种自认,一种是作为传闻的豁免的自认,另一种是作为免证事实的自认。本书在讨论证明责任分配的时候会提到作为免证事实的自认。免证事实有很多种,包括推定、众所周知的事实即司法认知,以及此处讨论的自认等。例如被告人在法庭上承认是他杀了被害人,但他是出于正当防卫,那么对于"被害人是被告人杀害的"这个事实便无须再证明,双方争议的问题便不再是被害人是不是被告人杀的,而是被告人为什么杀他,是否构成正当防卫。这样的自认是无须证明的,这是作为举证责任分配意义上的自认。另外一个就是此处讨论的以沉默的方式来承认的自认,它们的英文表达都是 admission。在传闻法则中以沉默的方式承认是作为传闻的豁免而具有可采性的。当然并不是说有了这个以沉默的方式来采纳的自认,事实就一定是真实的了,而是说这样的证据可以被用来证明案件的真实情况。

---

[15] United State v. Beckham, 968 F. 2d 47, 1992.

案例 8.18 “诚实使人自由”〔16〕

被告人被指控谋杀,他坚持作无罪答辩。他女儿去看守所看他,对他说:“你为什么不说真话呢?你要是杀了人就如实地说也没有关系啊。”“你一直教导我们做人要诚实,你自己为什么不能勇敢地承认呢?”“你说过诚实使人自由,就是说撒谎会让人良心不安,讲真话可以让人从良心的压抑中解放出来,那你也应当实话实说呀!”对此被告人始终保持沉默。庭审中,控方以此来证明被告人曾经承认自己杀了人,该证据作为沉默的采认具有可采性。

第三种情形是不回复的采纳。这主要适用于通信的情形,如果通常情况下理性人的自然反应是对对方来信予以回复,而收信方却没有回复,则视为采纳。例如,原告给被告发了一封邮件,称被告欠原告一万元钱,本来约定四月底之前还清,但原告现在实在缺钱,请被告本月一定要还钱。被告要是没欠钱,肯定会回复称自己没有欠对方的钱,或者虽然欠钱但早已还清。被告没有回复,便说明他可能确实欠钱了。这就是不回复的采纳。以上这三种情形都属于采纳性的自认。

仍然需要提醒注意的是,这里说的采认,并不是说只要有这个证据,相关的事实就得到了证明;而只是说,作为证明相关事实的证据,这些事实具有可采性。

三、经授权的自认

经授权的自认(admissions authorized by a party)是指经一方当事人授权代表其发言的人的自认如果被用于反对该方当事人,则具有可采性。这一规则通常只适用于被授权发言的代理人,因此又被称作“发言人的自认”(admissions by speaking agents)。通常,只有公司、机构等会设置发言人这种职位,但很多时候,尤其是在诉讼中,当事人也会授权其律师或代理人就案件向公众披露案情,或者表达诉求。因此,发言人也可能是单个自然人委托或授权的人;有时候,也可能是自然人的法定代理人或诉讼代理人。

四、雇员或职员的自认

雇员或职员的自认(admissions by employees and agents)是指一方当事人的雇员或职员,在代理的权限范围之内,在代理的有效期间内作出的陈述,作为该方当事人的自认而具有可采性。要注意区别它和经授权的自认。代理人的自认一定要有代理人的身份,经授权的自认则不一定有代理人的身份。一般来讲,律

---

〔16〕 Franklin v. Duncan, 70 F. 3d 75, 9th Cir., 1995.

师肯定有代理人的身份,但是合伙人、公司职员往往是没有代理人身份的。

五、共犯的自认

共犯的自认(coconspirator statements)是指在共同犯罪中,其中一个共谋者的自认如用于反对其他共犯,则该自认也具有可采性。根据美国《联邦证据规则》的规定,共犯的自认必须同时满足以下三个条件:(1)陈述人与被告人曾经共谋;(2)该陈述作出于共同的冒险行动中;(3)该陈述促进了共谋的形成。

| **案例 8.19** |　过境毒品案[17]

阿兰(Arlen)和布德(Bud)决定从哥伦比亚走私毒品入境美国。他们在一起讨论了这一事项并达成一致:布德负责和卡罗尔(Karol)飞往哥伦比亚购买毒品,阿兰负责寻找顾客并销售毒品。布德叫上卡罗尔以实施这一计划。卡罗尔的朋友科尼驾车送他们去机场。登机之前,三人一起喝了一瓶啤酒,并有如下一段对话。

科尼:这样,你们就去做你们的进口生意了?

卡罗尔:是的,我唯一感到不放心的就是阿兰。他简直就是个爬行动物。他能办成这个事吗?

布德:当然。他很会说话,而且他还知道怎样定价。不仅如此,他还帮我们买了机票呢。你还能说什么?

东尼(Don)是毒品执法局的便衣警察,于几天之后走近阿兰。

东尼:我在找一些可乐。你能帮上忙吗?

阿兰:你想要多少?

东尼:2~3 公斤。

阿兰:嘿,你这人! 那可不少啊。你在这方面很在行吗?

东尼:你什么时候能提供? 能提供多少?

阿兰:下周一就可以。25000 美元一公斤,一等货,价格合适。

东尼:我可就指望它了。

阿兰:嘿,你知道布德吧,难道不是吗? 他去南方买货了,他周日回来。你当然可以指望它。我们周日见,地点在"不在场"俱乐部三号包厢。

东尼:好的。

周日早上,其他毒品执法局警察(他们对东尼与阿兰之间的交流一无所知)在卡罗尔下飞机时根据毒品犯罪指引对卡罗尔进行了谈话。布德也在飞机上,但他

---

[17] Mueller & Kirkpatrick, *Evidence Under the Rules: Text, Cases, and Problems*, 7th ed., Wolters Kluwer, 2011, p. 216-217.

和卡罗尔是分开走的，而且走了免检通道。警察们在卡罗尔身上一无所获，但他们跟着卡罗尔。卡罗尔找到布德后说："联调局让我走了，它们甚至还向我道歉。"周日下午，阿兰去找布德。东尼的同事们暗中跟踪。周一下午，阿兰信守诺言出现在"不在场"俱乐部，在完成出售毒品给东尼后，立即被警察逮捕。其他警员同时也在布德的住处抓住了布德和卡罗尔。在被告知米兰达警告后，卡罗尔暗示自己卷入了这一事件，并明示警察说："是布德从哥伦比亚买的毒品。""我只是帮他通过海关。"

阿兰、布德和卡罗尔一起被起诉。三人均被起诉共谋非法走私进口并销售海洛因；布德和卡罗尔还被指控进口海洛因；阿兰和布德另被指控非法持有海洛因；阿兰另被单独指控销售海洛因。

法庭上，控方试图援引美国《联邦证据规则》关于共谋者的自认这一规则，出示以下证据：(1)科尼描述的关于布德告诉她"阿兰替我们买好了机票"的证词，对此阿兰提出反对；(2)东尼描述的阿兰对东尼说的话"布德去南方买货去了"，对此布德提出反对；(3)毒品执法局警员描述的卡罗尔对警员说的话"是布德买的货"，对此布德也提出反对。

思考 该案中上述三项证据是否具有可采性？

第五节 传闻的例外(之一)

传闻的例外主要见于美国《联邦证据规则》第803、804、805、807条的规定，其中第803条规定的是无论陈述人是否尚可获得的情形，即无论该传闻的陈述者是否还能够找到并愿意出庭作证，而且不援引反对自我归罪的特免权，愿意再次就他的证言作出陈述，他之前的陈述作为传闻的例外都具有可采性。第804条规定的是陈述人已经无法寻获的情形，就是以证人证言无法再次获得作为传闻例外具有可采性的一个条件。第805条规定了传闻中的传闻，第807条规定了剩余的例外。

本节讨论美国《联邦证据规则》第803条规定的例外。《联邦证据规则》第803条列了23项例外。具体包括：(1)当场印象；(2)惊呼；(3)当时的精神、情绪或身体状态；(4)用于医疗诊断或治疗的陈述；(5)经记录的记忆；(6)日常活动记录;(7)缺乏日常行为记录的事实;(8)公共记录;(9)重要统计数据;(10)欠缺公共记录的事实;(11)宗教组织关于个人或家庭历史的记录;(12)结婚、洗礼或类似仪式的证书;(13)家庭记录;(14)影响财产利益的文书的记录;(15)影响财产利益的文书中的陈述;(16)古老文书中的陈述;(17)市场报告以及类似的商业出版物;(18)已知论文、期刊或活页文选中的陈述;(19)有关个人或家庭历史的名声;(20)有关边界或一般历史的名声;(21)有关品格的名声;(22)之前的定罪判决;(23)有关个人、家庭或一般历史或边界的判决。为节约篇幅,本节仅探讨前五项例外。

一、当场印象

根据美国《联邦证据规则》的规定,一个陈述如果是用于描述或解释一个事件或者一个状况,并且是在陈述人感知到该事件或状况之后立即作出的,就属于当场印象,作为传闻的例外具有可采性。例如,一个人坐在一辆车里等红灯,看到一辆蓝色 SUV 从他旁边呼啸而过,"嘭"的一声把另一辆横向行驶的红色轿车撞翻,他说"咦! 这辆蓝色 SUV 真是大胆呀! 居然闯红灯!",接着又说"哎呀! 蓝色 SUV 把人家正常行驶的车撞了!"类似这样的陈述就可以理解为当场印象。当场印象有一个时间要求,就是陈述必须是在事件发生的同时或者几乎同时;有一个主题要求,即陈述的内容必须是一个事件,或者一种状况;还有一个内容要求,即陈述必须是对一个事件或一种状况的解释或描述。

当场印象具有可采性是基于可靠性原理。一般认为,如果一个陈述是在事件发生的当时或者紧接着该事件发生就作出的,陈述人通常没有时间经过大脑思考后再作一个虚假的陈述;该陈述通常属于人们发自内心的正常反应,是无意识的陈述,而不大可能是经过深思熟虑后的表演。

二、惊呼

惊呼(excited utterance),又称"自然惊叫",有时也译为"激愤言辞"。根据美国《联邦证据规则》,如果一个陈述与一个令人惊讶的事件或状况有关,并且是陈述人在该事件或状况的压力下所作出的,该陈述就属于惊呼。

构成惊呼的第一个条件自然是要有令人惊奇的事件,比如一个人突然看见天上一架飞机起火了,说"哎呀那个飞机怎么起火了啊!"这就属于惊呼。第二个条件是陈述要和这个事件有关。第三个条件是陈述的作出应当受到该事件或状况的压力作用。第四个条件是必须以陈述人的第一手知识为基础来作出陈述,不能是道听途说一个令人惊讶的事件后发出的惊叹。如果陈述人听说飞机起火,也跟着说"哎呀那个飞机起火了",那就是典型的"张公喝酒李公醉",不属于本节探讨的传闻例外范畴。同时满足以上几个条件就构成惊呼,作为传闻的例外具有可采性。

惊呼和当场印象有重合的部分。有些陈述既可以说是当场印象,也可以说是惊呼。但是二者也有区别,有些陈述只能是惊呼,有些只能是当场印象。其区别在于:第一,从它们具有可采性的基础上看,当场印象具有可采性是因其没有时间伪造,即要求必须是在事件发生的同时或者几乎同时。惊呼具有可采性的理论基础是没有能力伪造,因为在作出惊呼的一刹那,从心理学角度上说大脑的思维是停顿的,既然停顿了就不可能思考一下再编造谎言。例如某人在大路上突然碰见一条蛇,大吃一惊说"哎呦,好大一条鱼啊!"这往往不大可能。第二,对时间的要求不同。当场印象对时间要求比较严格,必须是在事情发生的同时或者几乎同时,而惊呼没有这个要求。第三,当场印象要求描述或解释事件,惊呼没有这个要求,只需要与事件相关即可。

| 案例 8.20 | 扎格朗斯基谋杀案〔18〕

迈克尔·莫林的妻子向警察报案说自己的丈夫已经失踪数日,杳无音讯。警察展开调查。一名14岁少年向警察报告说,他在一片树林中遇到一名男子向他求助,说他开枪打伤了自己的朋友,希望他帮助他把受伤的朋友抬上车,以便开往医院救治。少年帮助这位男子把他朋友抬上了车。警方怀疑被少年帮助抬上车的男子就是失踪的迈克尔。根据少年的描述,警方找到了被告人理查德·扎格朗斯基,并向法院申请搜查令,对理查德的车进行了搜查。搜查发现车上有血迹。经鉴定,为被害人迈克尔所留。据此,警察向法院申请逮捕令,将被告人予以逮捕,并继续进行侦查。终于,他们在理查德承租的仓库中发现了被害人的尸体,迈克尔身中数枪而死。现场还发现被告人的一些个人物品,包括一支手枪。经进一步侦查,警方发现被告人和被害人之间有一份被告人向被害人购买土地的契约,并获得了充分的证据。检察官将被告人告上法庭。双方就以下证据问题发生了争议。

(1)被告人认为,警方对被告人的汽车实施的搜查虽然建立在14岁少年宣誓证词的基础上,但是由于该少年对被告人汽车的描述并不完全符合事实,因此不足以作为法官签发搜查令的根据。所以,警察对他汽车的搜查没有正当根据,是非法的。故此,在汽车上获得的被害人血迹这一证据应当予以排除。同时,根据"毒树之果"原理,基于被害人血迹进一步跟踪搜查获得的尸体、对尸体进行检验、在藏尸现场发现的被告人个人物品、枪支等均应当予以排除,因为这些证据都是由于对汽车进行非法搜查所获得的进一步成果,属于"毒树之果"。

---

〔18〕 Commonwealth v. Richard M. Zagranski, 408 Mass. 278, 558 N. E. 2d 933, 1990.

(2)证人尼尔出庭作证说:案发前大约6个星期,被告人理查德告诉他的朋友尼尔说,他准备写信给一个牙买加人,引诱他出售他的旅馆给被告人,等这个牙买加人将出售旅馆的合同签字后就将其枪杀,然后肢解其尸体;被告人还向尼尔出示了他已经准备好的信件。这些信件也在被告人家中搜出,并作为本案的证据。尼尔还作证说:被告人在2月9日给他打电话,说他被介绍一个准备出售100亩土地给他的男子;他说他准备在完成土地交易后将这名男子杀害,然后把尸体埋了;过了1个星期,被告人带他参观了那块地,并且再次跟他提到他的计划。多德对被告人表示他无意参与这一事件,并劝告他放弃这一计划。在被害人死亡的那一晚,被告人给多德打电话说,事情已经解决。被告人指出,这一事实与本案被告人在购买被害人的土地之后将其杀害的事实属于相似事实,与本案无关联,不具有可采性。

(3)检察官传唤承办本案的警察出庭作证,证明:警方从理查德家中后门进入,拘捕了被告人理查德,并告知理查德他被控犯有谋杀罪,并且他有权保持沉默;此时,理查德的妻子从卧室出来,听到警察说理查德被控谋杀罪,歇斯底里地喊道:"谋杀?请告诉我尸体在哪儿?尸体在哪儿呀!"被告人认为,警方的上述证言不具有可采性,理由是该证言系警察转述被告人妻子的话,属于传闻。

本案与本节有关的是第三个问题。对此,法院经审理认为,理查德妻子对警察所作的"谋杀?请告诉我尸体在哪儿?尸体在哪儿?"这一陈述属于传闻;但由于该陈述是在令人惊讶的事件压力之下自然产生的,因此符合传闻规则中惊呼这一例外,具有可采性。

三、当时的精神、情绪或身体状态

根据美国《联邦证据规则》第803条(3)的规定,当时的精神、情绪或身体状态,也就是有关陈述人当时的动机、意图、想法,或陈述人的情绪、感觉,或者他的身体状况例如精神感觉、肉体上的痛苦、健康状况等,作为传闻的例外具有可采性。根据该规则的规定,当时的精神、情绪或身体状态包含了所有陈述人当时的感觉。例如,陈述人说"我恨我的妻子",表达的是一种情绪,可以用来在谋杀案件中证明他具有杀害妻子的动机。民事案件中被告方说的"我知道我这个产品有问题",可以被用来在侵权案件中证明被告的过失。证人曾经说"我真的对他厌恶至极"可以用来证明证人对被告人的偏见,以及其证言的不可信等。

从证明目的来看,这类陈述通常可以分为三种:一是用来证明具有实质性的心理状态,例如一个人说"我感到绝望",用来证明他是自杀不是他杀;二是用来证明将来的行为,例如一个人说"我要撤回遗嘱"以此来证明遗嘱被撤回;三是用来证明过去的行为,即陈述者信以为真的事实或记忆中的事实,例如陈述人说

“我一提起张三就气不打一处来，因为他去年偷走了我所有的积蓄”。根据美国《联邦证据规则》，这类陈述用于证明前两类事实时具有可采性，用于证明第三类事实时不具有可采性。换句话说，该项例外不包含关于记忆或信以为真的陈述被用于证明该记忆中或信念中认为真实的场合，除非它与陈述人遗嘱的有效性或术语的含义有关。这是因为，一个人的主观状态实际上是很难证明的，因此陈述人自己关于其主观状态的说法对于证明案件事实就十分关键。但是，如果该陈述包含的是记忆或信念中的事实，则记忆错误的风险就相应降低了这类陈述的可靠性保障。

当时的精神、情绪或身体状态的陈述具有可采性的原因是其可靠性有保障，即陈述人就这些事项撒谎的可能性比较低。上述事项与外部世界基本无关，因此不存在陈述人对外部世界错误感知的问题。又由于上述陈述指向的是当时的状况，因此也不存在可能出现记忆错误的问题。因此，该项例外的首要原理就是此类陈述不存在错误感知和错误记忆的风险。由于这些危险要素的缺乏，实际上对此类陈述的真实性提供了一些间接的保障，从而相应降低了对陈述人进行交叉询问的重要性。相应地，如果陈述人陈述的是他记忆中的情绪、身体状况，其可靠性程度就可能会下降。

也就是说，证人关于“我一提起张三就气不打一处来”这句话是具有可采性的，因为他呈现的是陈述人对张三的情绪；但是“他去年偷走了我全部的积蓄”却没有可采性，因为它呈现的是对过去事实或行为的记忆。但在遗嘱继承案件中，如果陈述人的记忆或信以为真的事实和遗嘱的有效性或遗嘱术语的含义有关，则该陈述仍然具有可采性。

案例 8.21 | 离奇的杀人骗保案：海门案〔19〕

1878 年 10 月 10 日，堪萨斯州的海门与保险公司达成一项保险合同约定，在保险公司收到海门死讯后 60 天内，他妻子有权得到 10000 美元的保险理赔。1878 年 11 月 30 日和 12 月 10 日，海门又分别在另外两家位于纽约的保险公司各投了一份 5000 美元的保险，1879 年 3 月 4 日，海门在康涅狄格州的另外一家保险公司又投了一份 5000 美元的保险。一共四份保险，加起来 2.5 万美元，而且这些保险公司分布在不同的州，且都不是他居住的那个州（堪萨斯州）。

1880 年 6 月 13 日，萨莉·海门，海门的妻子，针对纽约的共同人寿保险公司提出起诉，理由是，海门已经于 1879 年 3 月 18 日死亡。基于同样的事由，海门的妻子还基于另外三份保险合同分别提出了三个诉讼。但是，被告均拒绝支付保险理赔，

〔19〕 Mutual Life Insurance Co. v. Hillmon, 145 U. S. 285, 1892.

理由是他们认为海门和一个叫布朗的人以及其他人一起,在1878年10月30日或之前,共谋诈骗保险公司,获得了保险条款,然后在1879年3月,假装海门已经死亡,虽然他们声称那个已经死亡的尸体是海门的,但实际上海门还活着并隐藏了起来。

根据原告的说法,海门于1879年3月5日与布朗一起离开了堪萨斯州的维茨塔,经过堪萨斯州南部,去寻找牧场。在3月18日,当他们在克鲁科德溪谷露营时,布朗不小心枪走火把海门打死了。布朗立即通知了邻近的居民,尸体被迅速送到邻近的镇上,在那里,应布朗的请求,尸体就安葬在镇上。被告方出示证据证明3月18日晚在克鲁科德溪谷发现的尸体并非海门的尸体,而是一个名叫弗里德里克·阿道夫·瓦尔特斯的人的尸体。在关于尸体究竟是谁的问题上,案件存在大量冲突的证据,包括在尸体下葬之前拍的照片、尸体上的瘢痕和标志,以及有关尸体究竟像海门还是像瓦尔特斯的证人证言等。

被告保险公司出示证据证明瓦尔特斯于1878年3月离开他居住的艾奥瓦州的福特麦迪逊,之后直到1879年的1月和2月,他一直都在堪萨斯州。被告还让瓦尔特斯的妹妹和他的未婚妻分别到法庭上作证,证明瓦尔特斯分别在3月2日、3月3日从堪萨斯州的维茨塔给他妹妹和未婚妻寄过信,自此以后就再也没有他的讯息。给他妹妹的信上说:"亲爱的妹妹和所有人:我现在用我常用的方式给你写几行字让你知道我预计在3月5日左右和一个叫海门的人——一个绵羊交易商——一起离开维茨塔,去科罗拉多或其他我不知道的地方。我希望见识一下这里的乡村。新消息你也可能不感兴趣,因为你并不熟悉这个地方。我向所有关心和打听我的朋友致意。爱你们大家。"

瓦尔特斯的未婚妻也作证说,她最后一次见到瓦尔特斯是在1878年的3月24日,在福特麦迪逊。之后她就再也没见到他。他们之间经常保持通信往来,大约每两周写一封信,直到1879年3月。最后一封信落款是1879年3月1日,信封上的邮戳显示为"1879年3月2日,堪萨斯,维茨塔"。此后她就再也没有收到过他的信。被告方还请求向法庭宣读瓦尔特斯写给他未婚妻的信,信中说:"亲爱的阿维娜:我于昨天下午离开埃蒙波利亚之前一个小时收到你可爱的来信。我会在这里一直待到下周前半周,之后我就会离开这里并前往一个我从未见过的乡下,我将和一个叫海门的人在一起。他想在这里开辟一个绵羊牧场,他还许诺给我比干其他事情更多的工资……接下来我只能偶尔给你写信,直到我彻底安顿下来;请到时再给我回信。"

但是由于原告方的反对,被告未能在法庭上宣读这封信。陪审团裁决原告胜诉,判令三名被告支付保险金及利息。被告提出上诉。上诉法院认为,被告拟出示的两封信件均意在证明瓦尔特斯在写信时的意图,因此具有证据资格。审判法院将它们予以排除是错误的，因此陪审团的裁决应当予以搁置，本案应发回重审。

四、用于医疗诊断或治疗的陈述

美国《联邦证据规则》第803条(4)规定，一个用于医疗诊断或治疗的陈述，或者用以描述一个人的医疗史、过去或现在的症状或感觉，或者它们的开端或原因的陈述，都属于医疗诊断或治疗陈述，具有可采性。此类陈述之所以具有可采性，是因为一般认为一个人去医院看医生是为了获得有效的治疗，因此他通常会如实陈述自己的病情以便医生作出正确的诊断，而没有作虚假陈述的动机。在这种场合作出的陈述一般认为其可靠性是没有问题的，所以作为例外允许它具有可采性。

该例外与美国《联邦证据规则》第803条(3)规定的当时的精神、情绪或身体状况这一例外有重合之处。一个病人向医生所作的“我感到眩晕”的陈述，既符合第803条(3)规定的条件，也符合第804条(4)规定的条件。但第804条(4)规定的例外比第803条(3)规定的例外包含的内容更加广泛。因为“当时的精神、情绪和身体状况”仅限于陈述人当时对身体、精神或情绪的感觉，并不包括其他外部世界呈现的情况，而用于医疗诊断或治疗的陈述则可以包含陈述人感知到的外部世界的情况，例如“温度计量的体温是36.2℃”等。

该例外规定的陈述人既可以是病人本人，也可以是其他人，只要所作的陈述是与医疗诊断或治疗目的有关的医疗史或相关症状的描述即可。因此，病人的家属、朋友、护士或其他医护人员所提供的基于诊断或治疗目的所作的关于病人医疗史或病情症状的陈述，都可根据该项例外具有可采性。因此，这一例外所包含的陈述具有可采性的基础并不是谁作出了这些陈述，而是作出这些陈述的目的提供了这些陈述的可靠性保障。[20]

五、过去记忆的记录

根据美国《联邦证据规则》第803条(5)的规定，一个关于过去记忆的记录，如果是证人曾经知道而如今不能回忆或无法完整且准确地作证的事项，且该记录是在证人仍然记忆犹新的时候所作，且能够准确地反映证人的知识，则该记录作为例外具有可采性。如果该记录具有可采性，则其可被在法庭上宣读。

经记录的记忆作为传闻的例外具有可采性，是因为人类记忆的有限性。很显然，如果一个证人在其对某个事项记忆犹新之时就将该事项中的关键要素记

〔20〕 Williams v. Virgin Islands, 271 F. Supp. 2d 696, 704 – 705, D. V. I. 2003.

录下来,则记忆消失或者出现错误的可能性就会大大降低。例如,证人看到一个人开着奔驰车把人撞死并飞驰而去,证人便把逃逸车辆的车牌号记录下来。一般人对一个和自己没关系的陌生车牌号不可能长期保持清晰的记忆,他也许能记得几分钟,但是过了一晚或许就忘了,尤其是无规律的数字、字母。记录下来的记忆比证人大脑中留存的记忆要长久得多,也要准确得多。因此它作为传闻的例外具有可采性。

关于记忆的记录与用于唤醒证人记忆的记录不同。美国《联邦证据规则》第612条规定了用于唤醒证人记忆的记录(writing used to refreshing a witness's memory)。用于唤醒证人记忆的记录有时被称为"记忆唤醒"(refreshing recollection)或"当前被唤醒的记忆"(present recollection refreshed),以区别于本章探讨的"过去记忆的记录"(past recollection recorded)。对证人记忆的唤醒并非传闻的一项例外,而是对证人进行询问的一种技巧:通过唤醒,证人仍然以自己当下在法庭上的记忆向法庭作证;经记录的记忆则不同,即使看到该记录,证人可能仍然记不起当时的准确情况,因此即使向法庭宣读,展现的仍然是证人过去的记忆,而不是其当下在法庭上的记忆。

第六节 传闻的例外(之二)

美国《联邦证据规则》第804条规定的传闻的例外要求陈述人已经无法寻获。根据美国《联邦证据规则》的规定,无法寻获包括以下5种情形:(1)陈述人主张特免权获得允许。这种情况下其实无法寻获的与其说是证人,不如说是证人证言。(2)证人无视法庭命令拒不到庭。(3)证人对传闻陈述相关的事项已经缺乏记忆,即证人虽然来到法庭上,但是却无法提供证言。(4)证人由于死亡、疾病等原因无法出庭。(5)证人没有出庭作证,且经合理努力仍不能出庭。

在证人无法寻获的情况下,证人证言在满足特定条件时,作为传闻的例外具有可采性。这些例外包括证人先前的证词、临终遗言、不利于己的陈述、关于自身或家庭历史的陈述,以及因违法而失权等。

一、先前的证词

美国《联邦证据规则》第804条规定的第一项例外就是先前的证词(former testimony)。我们在阐述弹劾证言的方法时便讲到先前的证词,出于弹劾的目的而使用的先前证词并不构成传闻。在本章阐述传闻的豁免时也提到,在满足特定条件的情况下,证人先前的不一致陈述、先前的一致陈述、先前关于身份的指认作为传闻的豁免具有可采性。此处讨论传闻的例外,在满足传闻陈述人已经无法寻获的前提下,证人的先前证词具有可采性。例如某被告人被指控盗刷他人信用卡,他答辩说"这个信用卡是他给我的,他说'你拿去用吧,随便刷'",而被盗刷人现在在国外旅游,而且归期不定,那么虽然他没病也没死,但是经过合理努力也不能使他到法庭上来作证,此时如果陈述人在另外一个听证当中曾经作过的陈述"确实是我让他刷的",则该陈述作为先前的证词具有可采性。

先前的证词具有可采性必须满足下列条件:(1)该陈述应当是在听证会或证言记录程序中以证词(deposition)的形式作出的;(2)在刑事案件中,反对方当事人在先前的程序中应当有足够的动机和适当的机会就该证词的形成进行直接询问或交叉询问;(3)在民事案件中,要么是民事诉讼的当事人本人,要么是该当事人所承继之人,在先前的程序中有足够的动机或适当的机会对该证词的形成进行过直接询问或交叉询问。

先前证词具有可采性的首要原因是必要性。斯人已逝,人们不是在不可靠的传闻和鲜活的证人证言之间进行取舍,而是在传闻和一无所有之间进行取舍。这种要么全有、要么全无的现象,在传闻陈述人已经无法获得的情况下总是存在。当然,要么全有、要么全无并非这些陈述具有可采性的全部理由,还应当有一些情况证据保证陈述的可靠性,或者其他理由让人们相信即使在当下法庭上没有交叉的询问机会,该陈述也具有可靠性。就先前的陈述而言,当事方在之前的程序中如果已经有足够的动机或适当的机会进行交叉询问,则要么是已经进行了交叉询问,要么虽有交叉询问的机会而当事方放弃了交叉询问,这些都在一定程度上能够保证该陈述的形成经受了足够的考验。从这个意义上说,先前的证词在可靠性方面便有了一定的保障。这是先前的陈述具有可采性的基本原因。

二、临终遗言

根据美国《联邦证据规则》第 804 条(b)(2)的规定,构成临终遗言必须同时满足两个条件,一是陈述者相信自己快要死了,二是该陈述是关于他死亡原因的陈述。其理论基础是:"人之将死,其言也善。"一个人明知自己快要死了,他就没有任何撒谎的动机。当然,也不排除他明知自己快要离开这个世界时仍然要撒个谎,所以又加了一个限制条件,就是该陈述应当是关于他死亡原因的事项。基于复仇的欲望,通常情况下人们在对自己死亡原因的事项上撒谎的可能性很低。

| 案例 8.22 | 并非所有的死前陈述都构成证据法上的临终遗言〔21〕

卡多佐大法官代表法院宣布了判决。上诉人查尔斯·A.谢泼德是空军医院的一名少校,他因为谋杀他妻子泽娜娜·谢泼德被定罪。陪审团在返回其裁决时加了一句话:"不得判处死刑。"因此,被告人被判处终身监禁。联邦地区法院的判决在联邦第十上诉法院得到维持,一名上诉法院法官持反对意见。该案上诉至联邦最高法院。

被告人被指控的犯罪是通过水银混合二氯化物给被害人下毒的方式毒死被害人。动机是被告人爱上了另外一名女子,并且希望她成为他的妻子。陪审团的裁决说有间接证据证明他为了获得自由下毒实施了谋杀。尽管如此,被告人是否有罪仍然是有争议的,而且相反的结论也存在可能性。被告人请求最高法院宣布,审判法院容许无证据资格的证据给他带来了严重的偏见,从而导致对事实认定产生了偏差。

控方出示的用于反驳辩方主张的证据在审判几近终结时提出。该证据显示,1929年5月22日,在被告人不在场的情况下,谢泼德太太仍然躺在床上,她和护士科雷拉·布朗之间有一段对话。病人请求护士到被告人的房间的书架上拿了一瓶威士忌。她说她晕倒之前就是喝了这个瓶子里的酒。她问护士酒瓶里剩下的酒是否还足够做一个毒物测试,并坚持说它的气味和味道都非常奇怪。之后她还说了一句话:"谢泼德医生给我下了毒。"

但在本案中,并没有证据显示该传闻的陈述人已经对自己恢复健康感到完全无望并感觉到死亡已经迫近。谢泼德太太的病开始于5月20日。她被人发现时已经非常虚弱,精神错乱,十分痛苦,甚至瞳孔散大,结膜充血。她与护士之间的对话发生在两天之后,那时候她头脑清晰,讲话也十分理性和有条理。她的医生也没有任何关于她马上就要死亡的想法,即她并非已经毫无希望。对所有人而言,她都比之前强健很多,并且逐渐走向康复。也没有任何诊断说她的不幸是中毒所致。直到一周后她再次复发,并伴随嘴部感染,眼睛充血,之后肠内大出血,并于6月15日死亡。

没有证据证明5月22日她已经完全没有了希望。相反,过了一夜之后,尽管那时她的情况还比较严重,她还对她的一个医生说:"你能把我治好的,对吗?"害怕甚至担心疾病会导致死亡并不意味着所作的陈述就是临终遗言。根据判例,应当是"已经确定毫无希望",死亡近在眼前,而且所作的陈述应当是在死神邻近的平静时刻作出。对于恢复健康的绝望应当从当时的有关事实情况中得出的结论,也不存在一成不变临终遗言的仪式性话语,甚至生存时间超出了预期的期限也仍然可以

〔21〕 Shepard v. United States, 290 U.S. 96, 1933.

推断出绝望的存在。真正关键的是当时的心理状态。但即便如此,心理状态也应当通过证据来展示,而不能仅仅是推测。病人应当是在意识到迫近的且确定的死亡的状态下所作的陈述。

谢泼德案中,法院判决谢泼德太太的陈述不属于临终遗言,不具有可采性。因为它不满足陈述者明知自己快要死亡了这个条件。相反,本案证据表明她并不知道自己快要死了,因为她对外科大夫说"你能把我治好的,对吧?"这表明她此时还相信自己不会死。一个人在相信自己还能活的时候所作的陈述不满足临终遗言的条件,也就是说她还存在撒谎的动机。当然在谢泼德案件中不是存在撒谎动机的问题,而是因为谢泼德太太对自己的死亡原因其实是一种猜测。这种猜测是一种意见,意见只有建立在专业知识的基础上才有可采性,所以本案谢泼德太太关于其死亡原因的推测的陈述不具有可采性。若试图将其当作专家意见,则谢泼德太太并非专家;即使作为专家意见,她也要在法庭上接受交叉询问,可是她已经死了,无法接受交叉询问;而她死的时候还不知道自己快要死了,因此也不满足临终遗言的条件。所以该案中谢泼德太太的陈述无论如何都不具有可采性。

三、不利于己的陈述

所谓不利于己的陈述是指有可能导致陈述人遭受金钱或财产上的不利益乃至承担民事责任或刑事责任的陈述。例如,一辆银行运钞车遭到一名男子和一名女子的抢劫。警方得到线索,抢劫案的嫌疑人是一名叫罗伯特·巴顿的男子和一名叫马格·诺利亚·夏普的女子。在侦查过程中,警方依据线索来到巴顿家中,按响门铃,表明身份。开门的是巴顿的母亲。警方说明来意后,巴顿母亲对站在旁边的一名男子说:"孩子,你是不是抢运钞车了?别跟我撒谎!"巴顿回答说:"你问马格·诺利亚吧,是她的主意。"审判中检方试图出示这段对话以证明两人均参与了抢劫。该案中巴顿的回答实际上就属于不利于己的陈述。

不利于己的陈述之所以作为传闻的例外具有可采性,是因为人们通常相信,一个有理性的人往往不会作出损害自己利益的陈述,除非该陈述属实。换句话说,不利于己的陈述在真实性方面是有保障的,这个保障就是人性。大多数人在不具备撒谎动机的时候通常会讲真话;大多数人在撒谎时都是为了实现自身的利益;如果一个人所作的陈述不符合其自身利益,在这种场合下一般认为其欠缺撒谎的动机。因此,这样的陈述很可能就是可靠的。

构成不利于己的陈述必须同时满足三个条件:(1)陈述的内容必须在陈述作出时有可能使陈述人遭受金钱、财产上的不利益或者可能招致民事或刑事责任的追究,或者使其主张无效;(2)该陈述所带来的不利益后果应当足够大到如果不属实的话任何一个理性人都不可能作出这样的陈述;(3)如果陈述人作出的是可能导致刑事责任的陈述,提出该项证据的一方同时还应当提供证明该陈述可信的间接证据用于补强该陈述的可靠性。[22]

不利于己的陈述与作为传闻豁免的反对方的自认存在以下区别:(1)反对方的自认既可能是不利于己的,也可能是有利于己的;不利于己的陈述只能是不利于己的。(2)反对方的自认必须是当事人或与当事人处于同一地位的人作出的;不利于己的陈述则无此要求。(3)反对方的自认不要求陈述人对所陈述的事项必须具备亲身的知识;不利于己的陈述要求陈述人必须具备亲身的知识。(4)反对方的自认不要求陈述人在作出陈述时必须意识到其陈述对其不利;不利于己的陈述要求陈述人作出陈述时意识到该陈述对其不利。(5)反对方的自认不要求审判时陈述人已经无法寻获;不利于己的陈述要求陈述人已经无法寻获。

| 案例 8.23 | 什么是可能招致刑责的陈述:威廉姆森诉美国[23]

哈里斯因开车在高速公路上迂回穿梭被警察截停。之后哈里斯同意警察对其汽车进行搜查。警察经搜查在后备箱的两个箱子里发现了 19 公斤可卡因。哈里斯旋即被捕。

哈里斯被捕之后,毒品执法局的特别侦探唐纳德·瓦尔顿很快通过电话对他进行了访谈。交谈过程中,哈里斯说他是从劳德达尔的一个不知名的古巴人那里获得的可卡因;这些可卡因属于一个叫威廉姆森的人;原本预计当晚要在一个特定地点交付这批可卡因。威廉姆森与哈里斯的联系也有其他物证加以证明:行李箱上有威廉姆森妹妹名字的首字母;威廉姆森的名字也出现在一份汽车租赁合同司机名单上;一封写有威廉姆森地址和有威廉姆森女友地址的收据被发现在棒球手套隔间中。

几小时之后,瓦尔顿与哈里斯面对面进行了沟通。这一次,哈里斯说他几天前租了这辆车并驾车到劳德达尔去见威廉姆森。根据哈里斯的叙述,他从威廉姆森的一个古巴熟人那里得到了这批可卡因,古巴人把可卡因装到车上,并给了他一张便签,上面写着让哈里斯怎样运输和卸货。哈里斯重复说他被指示将毒品留在一个特定的废料箱,之后还车,不必等任何人来取毒品。

瓦尔顿于是试图安排一个控制下的交付。但是,正当瓦尔顿准备离开讯问室

---

[22] Allen, Swift, Schwartz, Pardo & Stein, *An Analytical Approach to Evidence: Text, Problems, and Cases*, 6th ed., Wolters Kluwer, 2016, p. 606.

[23] Williamson v. U. S., 512 U. S. 594, 1994.

时,哈里斯从他座位上起来,向瓦尔顿走了半步,说"我不能让你这么做",他向上摆动他的手说:"那不是真的。我不能让你去那儿。没有理由。"哈里斯告诉瓦尔顿,关于古巴人、便签以及废料箱的事他撒了谎。哈里斯说,真实的情况是,他是从威廉姆森那里运输毒品到亚特兰大,威廉姆森就开着另一辆租来的车在他前面带路。哈里斯还说,在他的车被截停之后,威廉姆森掉头并经过他被截停的地方,他看到哈里斯和他的车厢被打开。哈里斯解释说,威廉姆森既然已经看到警察搜查了哈里斯的汽车,就已经不可能再实施控制下的交付。

哈里斯告诉瓦尔顿说,他之前撒谎是因为他害怕威廉姆森。尽管哈里森也痛快地把自己牵扯了进去,他却并不希望自己的陈述被记录下来,并且拒绝在书面陈述上签字。瓦尔顿作证说他许诺向地区检察官报告哈里斯的所有配合行为。不过,瓦尔顿没有向哈里斯作出过任何给予报偿或好处的承诺。

威廉姆森最终被因持有毒品、意图出售毒品、共谋持有和出售毒品,以及跨州运输毒品等罪名被定罪。当哈里斯被传唤到法庭上就威廉姆森的犯罪事实作证时,哈里斯拒绝作证。即使检察官给予哈里斯起诉豁免,法官命令他作证,他也加以拒绝。法官只好判令他藐视法庭。地区法院还裁决:哈里斯之前对警察所作的陈述满足美国《联邦证据规则》第 804 条(b)(3)的规定,具有可采性。理由是:第一,哈里斯的陈述很清晰地将自己卷入案件,是可招致刑事处罚的不利陈述;第二,哈里斯的陈述已经不可再次获得;第三,已经有足够的补强证据对该陈述的可靠性加以证明。

威廉姆森对其定罪裁决提出了上诉,声称哈里斯的陈述不具有可采性,容许其陈述违反了美国《联邦证据规则》第 804 条的规定以及宪法第六修正案的对质权条款。上诉法院维持了初审法院的定罪。我们(最高法院)同意发出调卷令。

为了判断哈里斯的供述能否根据美国《联邦证据规则》第 804 条(b)(3)的规定具有可采性,我们首先必须决定该规定中的"陈述"是什么。根据第 801 条(a)(1)的规定,"陈述"就是"一个口头或书面的断定"。根据韦氏第三版新国际词典,陈述的一种可能含义是"一个报告或一段叙述",意味着一个延伸了的声明。根据这一定义,即使哈里斯全部的供述,既包含了自我归罪的供述,也包含了非自我归罪的供述,只要该供述足以导致他被归罪,它就具有可采性。"陈述"的另一个可能含义是,"一个单个的声明或评论"。根据这一含义,则第 804 条所涵盖的就只是供述中可能导致自我归罪的单个断定。

尽管该规则的文本并未提供这一问题的直接答案,该规则背后的原理实际上能够从文本当中得以识别,那就是,它显然清晰地指向狭义的解读。美国《联邦证据规则》第 804 条(b)(3)是建立在这一常识的基础上的:理性人,即使是理性的、并不特别诚实的人,也不会作出自我归罪的陈述,除非他们真的相信自己有罪。这一常识并不会简单地延伸到对于“陈述”的更加宽泛的界定中。一个人正在宽泛地作出自我归罪的供述这一事实并不会使该人供述中的非自我归罪部分也变得更加可信。撒谎最有效的办法之一是将虚假的成分掺进真实的事实,尤其是将谎言掺进那些由于具有自我归罪性质而看上去更加具有说服力的陈述中。

如此看来,很明显,哈里斯第一次陈述中包含的非自我归罪部分已经被证明是虚假的,因为哈里斯在他的第二次供述中对此已经明确表示承认。而且,当哈里斯的供述存在自我开脱的成分时,美国《联邦证据规则》第 804 条(b)(3)设定的规则所赖以成立的基础就变得更加不可适用。自我开脱的陈述恰恰是那些人们在并不真实的情况下也最愿意、最有可能作出的陈述。而且,自我开脱的陈述即便与其他陈述——自我归罪的陈述——混合到一起,它也不会因此就增加了自我开脱的陈述的可信度。

因此,我们不同意肯尼迪法官关于该规则应当被解释为平行陈述——即使是不导致不利后果的陈述——也具有可采性的观点。美国《联邦证据规则》第 804 条(b)(3)的文本中以及有关传闻排除的理论中均没有任何部分表明对传闻的容许应当转向那些与自我归罪陈述平行的部分。一个陈述如果属于自我归罪性质,这一事实确实会使得该陈述变得更加可靠;但是,一个平行于自我归罪供述的陈述对于该平行陈述却并无影响。我们没有看到任何理由,为什么一个平行陈述,即使是利益中立的,就应当与其他传闻陈述区别对待。

在我们看来,对美国《联邦证据规则》第 804 条(b)(3)最忠诚的解读就是,一个不具有自我归罪性质的陈述,即使混合在一个宽泛的、一般性自我归罪的陈述中,也仍然不具有可采性。

当然,一个陈述究竟是自我归罪陈述还是不属于自我归罪陈述,只能根据当时的语境来决定。即使一个陈述表面上是利益中立的,事实上也可能导致对陈述人的不利益。“我把枪藏在纠的公寓里”完全可能不是一个犯罪供述;但是,如果它能帮助警察找到杀人的凶器,它肯定就是自我归罪陈述。“山姆和我去了纠的房间”可能是不利于陈述人的,因为一个理性人如果站在陈述人的立场可能会意识到这一陈述会讲自己与山姆和纠联系起来,并暗示陈述人卷入了山姆和纠的共谋之中。其他给予警察与犯罪有关的重要细节的陈述根据具体情况也可能不利于陈述人的利益。美国《联邦证据规则》第 804 条(b)(3)的问题永远是:一个陈述究竟是否是一个可能使陈述人招致刑罚上的不利益,从而任何一个理性人站在陈述人的位置都不会作出的陈述,除非他确实相信陈述内容为真。这一问题只能在考虑当时所有情况时才能作出解答。

在本案中,我们不能得出结论说哈里斯所有的陈述都是适当地得到容许的。哈里斯的有些陈述根据美国《联邦证据规则》第 804 条(b)(3)确实具有可采性。

但是哈里斯陈述中的其他部分，特别是涉及威廉姆森的部分，很难说会使哈里斯受到刑事追究。一个理性人站在哈里斯的立场甚至可以想到牵连他人以降低自己被暴露的可能性，至少在量刑问题上可以避重就轻。一项重大犯罪共谋中的一条小鱼往往获得比大鱼更轻的量刑，特别是当那条小鱼愿意为当局抓住那些大鱼的时候。

本案记录没有任何部分表明地区法院或者上诉法院认真探寻了哈里斯供述中究竟哪些才是真正的自我归罪供述。基于之前解释的理由，这种探寻应当是事实集中型的探寻，它要求对所有围绕犯罪活动的情况进行仔细考察。因此，我们将案件发回上诉法院对该问题作第一审的探寻。

四、关于自身或家庭历史的陈述

根据美国《联邦证据规则》第 804 条(b)(4)的规定，一项关于陈述人自身的出生、收养、婚嫁、离异、嫡亲、血缘关系、收养关系、婚姻关系、家族关系或其他类似个人或家庭历史的陈述，即使在陈述人不具备有关上述事实之个人知识的情况下，也具有可采性；陈述人关于他人上述事实以及他人死亡之事实的陈述，在陈述人与其具有血缘、收养、姻亲或者与其家庭具有密切关系从而可以获得与陈述事项有关之准确信息的条件下，也具有可采性。

该项例外具有可采性的基础是必要性原理。该例外所涵盖的事项，通常难以通过文书等证据加以证明，而通过所谓的“家族传说”(family lore)，通过那些已经逝去的亲人的陈述，反而能够获得证明。如果一项陈述是陈述人关于自身或家庭历史的陈述，它通常被假定为真实可靠。如果陈述人已经无法寻获，不需要其他辅助事实，即可认定其可靠性。普通法上，对该项例外还要求了陈述作出的时间应当在相关事项产生争议之前这一条件。美国《联邦证据规则》的起草者们则认为，陈述作出的时间要素与其用来判断可采性，不如用来判断该陈述的可靠性。因此，美国《联邦证据规则》并未对此类陈述的作出时间施加限制。

五、因违法而失权

因违法而失权是指如果一方当事人由于自己的错误行为使涉案证人的证言不可获得，则该证人之前提供的不利于行为人的证言作为传闻的例外具有可采性。

该规则起因于 1982 年的一个案件(马斯川格勒案)，该案中控方的一个关键证人因受到恐吓，突然拒绝向法庭作证。于是法庭裁决该案中证人之前作出的反对该案被告人的证言具有可采性。该案法院判定，尽管被告人根据联邦宪法第六修正案所享有的对质权对于实现他的审判权利十分重要,但被告人却可能由于自己的错误行为而失去这项权利。[24] 基于该案法院判决中陈述的理由,美国国会于1997年在美国《联邦证据规则》中增加了第804条(b)(6)的规定:如果一个陈述由于不利益方的错误行为使得陈述人不可获得,则该陈述在用于反对该不利益方时具有可采性。美国《联邦证据规则》专家咨询委员会的解释明确地表明增加这一传闻例外的目的就是将马斯川格勒案中的原则吸收到美国《联邦证据规则》中。

根据该规则的规定,因违法而失权必须同时满足四个条件:(1)一方当事人实施了或默许了一个违法行为;(2)该行为意在使反对该当事人的证人无法获得;(3)该行为确实导致了该证人无法寻获;(4)该证人之前的陈述不利于该当事人。值得注意的是该规则强调当事方的行为必须是意图使反对该当事人的证人无法寻获。判例表明,意图让证人消失或无法寻获不一定是行为人行为的全部意图。换句话说,只要当事方行为意图中的一部分包含了使证人无法寻获即可。[25]

---

〔24〕 United States v. Mastrangelo, 693 F. 2d 268, 2d Cir., 1982.

〔25〕 United States v. Jackson, 706 F. 3d 264, 4th Cir., 2013.

第九章 特 免 权

根据司法制度的一般原理,任何人都有作证义务。特免权则是指特定情况下的证人因其与案件或当事人存在特殊关系,或者因身份特殊而被豁免了作证义务,所以称为特免权。特免权是以证人负有普遍作证义务为前提的。在英美法系,特免权包括反对强迫自我归罪的特免权、婚姻家庭关系特免权、律师—委托人交流秘密特免权、其他职业特免权以及公共特免权,例如政府信息特免权和线人特免权等。尽管我国法律体系中的很多证据规则与英美法系中的不同,特免权却是一个例外。截至目前,我国法律中已经确立了至少三项特免权:一是反对强迫自证其罪的特免权;二是配偶、父母子女特免权;三是律师—委托人交流秘密特免权。

因反对自我归罪的特免权主要属于刑事诉讼法的内容,更适宜放在刑事诉讼法学教材中加以讨论。另外,英美法系普遍承认的公共特免权如政府特免权、线人特免权等,在我国并不存在。我国这方面的制度安排,一方面要求相关人员向司法机关提供证据,另一方面要求司法机关在得知属于国家秘密的政府信息之后应当保密,从而并未赋予相关人员以豁免作证的权利。因此,本书不涉及上述两项特免权。

我国虽然从法律上确立了特免权,但是其规定仍然比较笼统,对于其中具体的规则,规定得并不详细,从而导致实践中理解有异,做法不一。本书将对英美法系相应规则中的一些具体内容应当如何操作加以介绍,也为理解我国相应制度的一个参考。

特免权的组成从逻辑上看,是从个人到家庭,到职业,再到社会层面。本书不涉及反对强迫自我归罪的特免权,因此第一节首先论述婚姻家庭特免权,它介于个人和社会之间。律师—委托人交流秘密特免权本质上是属于个人的,但是反映的主要是个人和社会之间的关系,因此放在婚姻家庭特免权之后。最后论述其他职业特免权。

第一节 亲属特免权

一、理论基础

在我国历史上,汉宣帝在颁布“亲亲得相首匿”诏令时指出,亲属特免权的“立法理由”在于:“父子之亲、夫妇之道,天性也。虽有祸患,犹蒙死而存之。诚爱结于心,仁厚之至也,岂能违之哉!”意即基本的仁爱是法律应当竭力保护的价值,是一种基本的善,法律应当尊重它而不是消灭它。因此,当这种基本善和其他社会价值例如打击犯罪的价值发生冲突时,应当优先保护这种仁爱的价值而不是其他价值。孔子曾说:“子为父隐。父为子隐,直在其中。”就是说父子之间的相互保护是发乎自然的情感,是有相当的理论基础的,法律应当尊重而不是扼杀这种有着内在合理性的自然亲情。古罗马查士丁尼皇帝在废止强迫父亲交出犯罪之子女的法律时也指出:“谁能忍心把自己的子女尤其是女儿作为加害人而向他人交出呢?因为父亲由于儿子的遭遇比儿子本人感觉更加痛苦,至于廉耻观念更不容许以这种办法对待女儿。”这就是说,“大义灭亲”的做法在古罗马不仅不值得给予道德上的赞赏,反而是应当引以为耻的事情。

美国《联邦证据规则》的起草者们认为,法律禁止在一个人的生命或自由处于危险的审判中时,将丈夫置于反对妻子的境地,以及将妻子置于反对丈夫的境地,这一规则的基本理由就是我们相信这样的政策对于孕育家庭的和平而言至关重要;而家庭的和平并不仅仅是为了丈夫或妻子的利益或者孩子们的利益,而且也是为了公众的利益。

案例 9.01 配偶特免权的理论基础:霍金斯诉美国[1]

上诉人因以不道德目的从阿肯色州运送一名女孩至俄克拉何马州,违反《美国法典》第十八章规定的曼恩法案(Mann Act),被俄克拉何马州的美国联邦地区法院定罪并判处5年监禁。地区法院不顾被告人的反对容许控方出示了被告人妻子的证言。联邦第十巡回上诉法院维持了地区法院的判决。由于其他上诉法院遵循的是早已确立的禁止配偶提供反对对方证言的规则,本院向该案发出了调卷令。

普通法上很早就已经在这个国家确立了丈夫和妻子无资格作证反对对方的规

[1] Hawkins v. United States, 358 U. S. 74, 1958.

则。这项规则赖以建立的基础主要是希望借此孕育家庭的和平以及不希望使用可能受到强烈的自私欲望诱惑而产生的证言。由于被告人已经因为和案件有利害关系而被禁止以自己的名义作证,禁止其配偶作证也就是十分自然的事情,因为当时占主导地位的观点是丈夫和妻子实际上是一个人。

不过,这一规则也有一些例外。因此,本院在鲍曼一案中曾经判定,不管是丈夫还是妻子都不许作证反对对方的一般规则并不适用于当丈夫实施了针对其妻子的犯罪的场合。不过,法庭也指出,并没有哪项例外确立了仅仅因为配偶中的一方希望提供有利于或不利于另一方的证言就允许其提供的规则。

直到1933年,鲍曼一案确立的规则才为冯柯案中的规则所取代。根据冯柯案判决,普通法上不允许配偶提供有利于对方的证言的规则遭到抛弃。但是,冯柯案判决并未废除禁止配偶中的一方作证反对对方的规则,而是将该问题留给了将来以待审查。在议会颁布的法律中,对该问题的态度是应当在理性和经验的光照下解释普通法上的原则。因此,我们将在理性和经验的光照下解决这一问题。

尽管禁止配偶中的一方提供支持另一方的证言的规则所基于的那些理由已经随着时间的消逝和法律实践的变化逐渐消失,我们却不能说禁止其提供反对另一方的证言的理由也消失了。法律拒绝妻子反对丈夫或者丈夫反对妻子的基本原因在于这样的信念:当一个人的生命或自由处于危险之中时,这样的政策可以促进孕育家庭和平,不仅有利于丈夫、妻子或其子女,而且也有利于社会公众。这一信念从未变得过时,今天依然如此。不仅如此,我们也很难看出妻子自愿地反对她丈夫的证言比被迫提供的证言对家庭的和谐产生更少惊扰。事实上,一个自愿的反对对方的证言比起被迫的证言将会带给被告人更多的痛苦。但是政府声辩说如果一个丈夫或妻子作证反对她的配偶这一事实就已经强烈地表明婚姻已经破裂了。毫无疑问,这经常是正确的。但并非所有的婚姻在配偶中的一方希望伤害另一方时所造成的撕裂都是永久性的。

我们认为,刑事程序中针对被告人的证言有可能会毁灭婚姻。当然,判例法可以指出这一排除规则曾经造成明显的司法不公。但是,如果进一步的经验表明需要如此,议会以及本法院仍然通过决议和规则制定的方式改变或修正这一规则。事实上,特定的改变已经随着时间的变化而得到实现。

| 评注9.01 | 容隐〔2〕

这是很有趣同时也是极值得注意的问题。人民有违法行为,从国家及法律的

〔2〕 节选自瞿同祖:《中国法律与中国社会》,中华书局1981年版,第一章第三节第二目“容隐”,第56~59页。

立场来讲,自应鼓励其他人民告发,但就伦理的立场来讲则不然。儒家自来不主张其父攘羊而子证之的办法,而提倡父为子隐、子为父隐的说法。孟子曾和门人假设瞽叟杀人的故事,认为皋陶处于法官的地位,自应依法处理,不能因为瞽叟是天子的父亲而徇私,可是舜一定会弃天下如敝屣窃父而逃的。中国立法受儒家的影响,政治上又标榜以孝治天下,宁可为孝而屈法,所以历代的法律都承认亲属相容隐的原则。汉律亲亲得首匿,宣帝本始四年曾为此事下一诏书:"父子之亲,夫妇之道,天性也,虽有祸患犹蒙死而存之,诚爱结于心,仁厚之至也,岂能违之哉!自今首匿父母,妻匿夫,孙匿大父母,皆勿坐;其父母匿子,夫匿妻,大父母匿孙,罪殊死,皆上请,廷尉以闻。"

唐以后的法律,容隐的范围更为扩大,不但包括直系亲属和配偶,只要是同居的亲属,无论有服无服,都可援用此律,便是不同居的同姓大功以上的亲属,以及大功以下的孙媳,夫之兄弟,兄弟之妻,和外祖父母、外孙,也包括在内,明、清律的范围且扩大及于妻亲,连岳父母和女婿也一并列入。不但谋匿犯罪的亲属,便是泄露其事或通报消息与罪人,使之逃匿也是无罪的。至于不同居的小功以下亲属虽不在容隐范围以内,但是容隐及透漏消息得减凡人三等论罪,明、清又加入无服亲一项,亦得减一等。

法律上既容许亲属容隐,禁止亲属相告讦,同时也就不要求亲属在法庭上作证人。东晋元年时卫展上书对于"考子正父刑,鞭父母问子所在"的办法大不以为然。宋文帝时侍中蔡廓建议,"鞫狱不宜令子孙下辞明言父祖之罪,亏教伤情,莫此为大。自今但令家人与囚相见,无乞鞫之诉,使民以明伏罪,不须责家人下辞"。朝议赞同他的说法,于是法律不再要求子孙作证。梁武帝时任提女坐诱口当死,其子景慈对鞫,证实母罪。法官虞僧虬启称,"子之事亲有隐无犯……陷亲极刑,伤和贬俗,凡乞鞫不审,降罪一等,岂得避五岁之刑,忽死母之命?宜加罪辞"。诏流于交州。

唐以后的法律都明文规定于律得相容隐的亲属皆不得令其为证,官吏违反该规定是有罪的,唐、宋杖八十,明、清杖五十。明时并规定原告不得指被告的子孙、弟、妻及奴婢为证,违者治罪。

亲属既许容隐,反过来讲,子孙不但不为亲属匿罪,反而自动来告发,自非人子之道,而与容隐的立法精神相违背,所以历代的法律都严格制裁子孙告祖父母、父母的行为。汉衡山王太子爽坐告父不孝弃市。东汉时齐王晃及弟利侯刚与母太姬宗更相诬告,有司奏请免晃、刚为庶人,徙丹阳,帝不忍,诏加贬削。子孙告父母处死刑的规定北魏时期即已如此。唐以后的法律并列为不孝之一,罪在不赦。唐、宋时的处分是绞罪。元朝虽以游牧民族入主中原,也采取了中国的立法精神,法律上明定"诸子证其父,奴讦其主,及妻、妾、弟、侄不相容隐,凡干名犯义为风化之玷者,并禁止之”。虽蒙古人亦不能免罪，英宗时斡鲁思讦其父母，又驸马许纳子速怯讦父谋反，帝曰：“人子事亲，有隐无犯，今有过不谏，复讦于官，岂人子之所为。”命斩之。明、清律对子孙干名犯义的处分较轻，除诬告仍处死刑（绞）外，得实者只杖一百徒三年，较《唐律》之不分虚告实告，但告即处绞要轻多了。

直系尊亲属而外，其他尊长在容隐范围之内的（大功以上亲属）亦不能告，告期亲尊长及外祖父母，虽得实，原告亦处罪，唐、宋律大功徒二年，明、清杖一百，大功小功缌麻则按服制递减。唐、宋律大功徒一年半，小功缌麻徒一年。明、清大功杖九十、小功杖八十，缌麻杖七十。若为诬告便须加重治罪了。唐、宋律，诬告期亲尊长重者加诬罪三等，诬告大功、小功、缌麻重者各加所诬罪一等。明、清律，期亲、大功、小功、缌麻各加所诬罪三等。

至于被告的尊长如果所告属实，除缌麻、小功本不在相容隐之内，唐、宋论如律，明、清得减本罪三等外，大功以上尊长及外祖父母（明、清又加岳父一项）是同自首免罪的。

何以律许容隐，严干名犯义之禁，同时又有为首免罪的规定？据前人的解释是不许容隐则伤骨肉之恩，不许为首则恐无以救其亲，若任子孙告讦则不惟干名犯义，且恐子孙有贼害其亲之意，故并存之，实天理人情之至，面面都顾到。子孙为救其亲，免陷亲于刑戮，自不惜以己身触犯告言父祖的刑章。

若尊长告卑幼，在亲属相容隐的规则之下，也是不合理的，所以除了祖父母、父母诬告子孙、外孙及子孙之妇妾亦无罪外，其他尊长告卑幼也是不能无罪的。唐、宋律告卑幼虽得实亦有罪，明、清律则仅诬告有罪。但尊卑关系究不同，所以尊长告卑幼的处分，无论实告诬告，总较卑幼告尊长的处分为轻，与卑幼的亲等愈近则罪亦递减。唐、宋律告缌麻、小功卑幼，得实，杖八十，大功以上递减一等，诬告重者期亲减所诬罪二等，大功减一等，小功以下则以凡论。明、清律则缌麻、小功尊长亦得减所诬罪一等，大功减二等，期亲减三等。

亲属相为容隐及干名犯义的法律，对于谋反、谋大逆、谋叛的大罪是不适用的。于此可见家族与国、忠与孝，在并行不悖或相成时，两皆维持，但在两者互相冲突不能两全时，则国为重，君为重，而忠重于孝，所以普通的罪许子孙容隐，不许告讦，而危及社稷背叛君国的重罪，则为例外。

在讨论容隐及干名犯义的法律时，除去本宗外姻及妻亲外，我们不该忘了家主及奴仆在这方面的关系，唐、宋德法律并将部曲、奴婢包括在容隐的范围以内，为主隐者勿论，明、清同样地施之于奴婢及雇工人。法律上实以子孙的待遇视同于奴婢，唐、宋律部曲、奴婢告主和子孙告父祖一样，同处绞罪。明、清律奴婢告家长亦与子孙同罪，雇工人则减罪一等。被告的主人也和被告的父祖一样是可以自首免罪的，同时，家长诬告奴婢及雇工人是可以不论的。

主人而外,主人的亲属也在不许告讦之列。被告的主人亲属与主人之间的关系愈亲,则奴婢告讦的处分亦愈重。唐、宋律部曲、奴婢告主人之期亲及外祖父母者流,大功以下亲徒一年(诬告重者,缌麻加凡人一等,小功、大功递加一等)。明、清律则奴婢告家长缌麻以上亲属亦与卑幼告缌麻以上亲属同罪,雇工人减罪一等。

二、法律渊源

我国早在汉朝时期就设置了亲属之间不得相互告发,也不得在法庭上作证揭露对方的制度。由于这种制度,亲属之间不得相互告发、相互揭露被设置为一种义务,因此不能称之为"特免权"制度,但它在法律效果上是包含了特免权制度的效果的。

| 评注9.02 | 我国《刑事诉讼法》第193条"但书"规定应当理解为确立了亲属特免权

我国2012年修正的《刑事诉讼法》第188条第1款规定:"经人民法院通知,证人没有正当理由不出庭作证的,人民法院可以强制其到庭,但是被告人的配偶、父母、子女除外。"这是我国《刑事诉讼法》第一次规定人民法院有权强制证人到庭作证,也是第一次规定了可被强制到庭的例外情形。2018年《刑事诉讼法》再次修订,该条文得以保留,条文序号改为第193条。

此处"但是"之后的规定属于"但书"规定,就是关于配偶、父母、子女特免权的规定。对于该"但书"规定,主流观点认为,上述规定豁免了被告人的配偶、父母、子女出庭作证的义务,但是却并没有豁免其向司法机关提供证据的义务;对于被告人的配偶、父母、子女而言,尽管没有正当理由而拒不到庭也不会受到人民法院的强制,但是他们却不能拒绝向人民法院或者其他执法机关提供书面证言。换句话说,我国《刑事诉讼法》第193条的"但书"规定并没有赋予被告人配偶、父母、子女完整的证言豁免权。例如,有著作中作者明确指出:"新《刑事诉讼法》规定不得强制被告人的配偶、父母和子女出庭作证,与证人拒绝作证特权不同。证人拒绝作证的特权是指知悉案件情况的人在法定情况下可以拒绝充当证人或对某些问题拒绝陈述。"也有著作中,作者写道:"根据本法第60条的规定,凡是知道案件情况的人,都有作证的义务。本款规定并没有免除其作证的义务,只是规定在庭审阶段可以免于强制到庭。"还有著作中,对于上述规定,其作者明确写道:"被告人的配偶、父母、子女仍然有庭外作证义务。被告人的配偶、父母、子女虽然不能被强制出庭作证,但其仍然有庭外作证的义务。因此,不能将此解读为我国确立了被告人亲属的免证特权。"

本书认为这些观点对《刑事诉讼法》第193条的解释不能成立。首先，对于《刑事诉讼法》第193条“但书”规定的立法目的，无论是立法界、理论界还是实务界，认识都比较统一，即该“但书”规定的目的是保护基本的伦常关系。例如，《关于〈中华人民共和国刑事诉讼法修正案（草案）〉的说明》（2011）曾经指出：“考虑到配偶、父母、子女在法庭上对被告人进行指证，不利于家庭关系的维系，因此，规定被告人的配偶、父母、子女除外。”既然被告人配偶、父母子女在法庭上提供反对被告人的证据容易破坏婚姻家庭关系，在法庭上宣读被告人配偶、父母子女的书面证言同样容易破坏婚姻家庭关系。书面证言和口头证言都属于证人证言，只是形式不一样而已，其对于婚姻家庭关系的杀伤力是一样的。孟子云：“杀人以梃与刃，有以异乎？”入人以罪，以言语作证和提供书面证言，有以异乎？无以异也。不仅如此，如果认为法庭上作证反对属于明刀明枪的做法，仅提供书面证言的做法则属于暗箭伤人，因为证人躲在司法体制背后，每一句话都像匕首和投枪刺中被告人的心，被告人却无从反击。可见，一方面承认该“但书”规定是为了保障基本人伦关系，另一方面却又否认被告人配偶、父母子女被完全豁免提供不利于被告人证词的义务，显然是自相矛盾的。其次，既然豁免权制度的核心是防止被告人的配偶、父母子女提供反对被告人的证言，从而破坏基本的伦常关系，破坏社会的和谐与稳定，那么，这种制度就绝不仅仅适用于审判阶段，而是完全自然而然地、理所当然地、毋庸置疑地适用于侦查阶段、审查起诉阶段。在审前阶段强制犯罪嫌疑人、被告人的配偶、父母子女向侦查机关提供证言反对犯罪嫌疑人、被告人的做法，同样是对基本伦常关系的破坏，是对社会和谐的破坏。因此，被告人的配偶、父母子女不仅不应当被强制向法庭提供证言，而且不应当被强制向公安机关、检察机关提供证言。只有这样，才能保证基本伦常关系不被破坏，才能保证社会的和谐稳定。最后，从证人作证义务指向的对象来看，证人作证义务本质上是对法院所负的义务，如果向法院所负义务已经得到免除，向其他机关就更谈不上还要履行所谓的作证义务。因此，我国《刑事诉讼法》第193条的“但书”规定如作善意解释，也应当解释为确立了配偶、父母子女特免权。

在西方，配偶、父母子女特免权的含义就是被告人的配偶、父母子女享有拒绝提供不利于被告人的证言的权利。这项权利的持有人通常是被告人的配偶、父母子女而不是被告人本人。因此，被告人的配偶、父母子女通常可以放弃这一权利，也就是可以为控方提供不利于被告人的证言。但是，一旦作为证人的配偶、父母子女放弃了这一权利，他们就与普通证人无异，就应当出庭作证，而不是一方面援引特免权的规定不出庭作证，另一方面却又以证人身份提供不利于被告人的证言。既然该“但书”规定的理论基础是保护婚姻家庭关系的和谐，如果配偶、父母子女中的一方执意要为对方的被定罪作出贡献，就表明该条所意图保护的婚姻家庭关系早已不和谐了,从而也就没有保护的必要。在此情况下,该被告人的配偶、父母、子女就应当出庭作证,被告人也应当享有与其当庭对质的权利。如果这项权利不能得到满足,则该证人证言自然不能作为定罪量刑的根据。这一立法意图应当是该"但书"规定的基本内涵。然而,有些观点却将该规定理解为被告人的配偶、父母、子女一方面可以为控方提供不利于被告人的证言,另一方面又可以享受不出庭作证的便利,这显然属于对刑事诉讼法的重大误解。由于这一重大误解普遍存在,最高司法机关理应出台相应的司法解释,以正视听。如果最高司法机关不出台相应的司法解释,则全国人大常委会应当出台相应的立法解释,对该法条的含义加以澄清。

三、权利持有人

在中国,《刑事诉讼法》仅仅规定了配偶、父母、子女之间相互不能成为反对对方的证人。从目前的规定来看,法律并未明确亲属特免权的持有主体。但从《刑事诉讼法》第193条的表述来看,应当理解为配偶、父母、子女中的任何一方均有权阻止法庭传唤对方出庭作证反对自己。但是,如果证人执意要为控方对被告人的指控提供证明,则应当适用普通证人的一般规定,也就是证人应当出庭作证,否则其证言不能作为定案的根据。

在美国有些州,在婚姻特免权问题上,夫妻双方无论是作为被告人还是证人均可主张特免权。在另一些州,只有作为证人的一方可以主张特免权:该特免权的目的被认为是促进夫妻和谐,因此当一方坚持要将另一方送入监狱时,这样的婚姻已经被视为没有价值,或者夫妻一方的行为表明夫妻关系已经破裂,则特免权所提供的保护也就失去了意义。简单来说,从保障基本伦常关系的角度出发,不能强迫夫妻中的一方作证反对另一方。但是,如果作证一方是自愿的,那就没有关系。

| **案例 9.02** | 配偶中的一方可选择作证反对另一方[3]

1976年3月10日,上诉人奥迪斯·塔拉梅尔与埃德温·李·罗伯茨以及约瑟夫·弗里曼一起,被指控从泰国和菲律宾非法运输海洛因进入美国以及共谋非法进口海洛因。起诉书还列出了其他六名未被起诉的共谋者,其中包括上诉人的妻子伊丽莎白·安·塔拉梅尔。

起诉书载明,上诉人和他妻子于1975年8月从菲律宾溜进美国,身上带了相当

---

[3] Trammel v. United States, 445 U.S. 40, 1980.

数量的海洛因。弗里曼和罗伯茨帮助他们进行分销。伊丽莎白之后到泰国购买了另外一批毒品。1975年11月3日,她身上携带了4盎司海洛因,搭上了前往美国的航班。在夏威夷海关进行的例行检查中,她受到搜查,海洛因被发现,她被逮捕。在与毒品执法机构协商之后,她同意与政府合作。

审判前,上诉人提出动议,将他的案件同罗伯茨和弗里曼的案件分开审理。他提醒法庭,控方准备传唤他的妻子作为反对他的证人作证,而他准备行使特免权以阻止她提供反对他的证言。在该动议的听证会上,塔拉梅尔女士作为控方证人被传唤出庭,她的证言被赋予使用豁免。她作证说她和上诉人于1975年5月结婚,且到现在婚姻关系仍处于存续期间。她解释说她与政府合作的原因是政府向她保证她能够获得宽大处理。之后,她向法庭说明了她和她丈夫在共谋分销海洛因中各自扮演的角色,以及大量的细节。

听完塔拉梅尔的证词之后,法庭决定,塔拉梅尔女士的证词可被容许用来支持控方的主张,其证词范围包括她在婚姻关系存续期间看到的任何行为以及她和她丈夫在有第三者在场的情况下所作的任何交流。但是,上诉人和他妻子之间进行的私密交流仍受特免权(婚姻交流秘密特免权)保护。基于此,分割审判的动议被否决。

审判中,塔拉梅尔女士提供的证言完全限定在法庭在审前程序中所作的裁决允许的范围内。被告人被判定罪名成立。

被告人提出上诉,认为审判法院容许他妻子作证的做法违反了法院在霍金斯一案(Hawkins v. United States)中的教导,构成了一个应予推翻的错误。上诉法院拒绝了这一主张,认为霍金斯案并不禁止配偶一方自愿提供的反对配偶另一方的证言。

(本院认为)特免权的现代化理由是该特免权有助于促进婚姻关系的和谐和神圣。当一个人的配偶愿意在刑事程序中作证反对另一方时,无论其动机如何,他们之间的关系就已经确定无疑地不可修复了。此时,特免权所保护的婚姻关系的和谐也早已不复存在。在这样的情况下,证据规则如果还允许被告人阻止其配偶作证,看上去就更像是想要击溃正义而不是要培育家庭和平。事实上,我们有充分的理由相信,在此种场合下赋予被告人特免权仍然可能葬送婚姻关系。例如,如果政府由于被告人行使特免权而拒绝给予被告人的妻子豁免或宽大处理,特免权就会以牺牲一方为代价而使一方逃避惩罚。看起来,将妻子置于危险之中,只是为了保护她丈夫控制其证言的权利,这样的制度很难说有助于维护婚姻关系的和谐。

因此,我们决定维持原判。

四、适用范围

《刑事诉讼法》有关亲属特免权的规定仅适用于刑事案件。民事案件不适用亲属特免权。这和反对自我归罪的特免权是不一样的。配偶、父母子女特免权的目的是防止配偶、父母子女中的一方在对方遭受生命或者自由威胁的时候落井下石从而破坏家庭和睦。但是民事案件中不存在生命或者自由的危险。虽然民事诉讼中对财产争议的胜负也可能决定一个人的前途,但是毕竟不能与刑事诉讼中被告人的自由乃至性命相提并论。

五、适用时效

对于父母子女特免权,只要其处于生存状态,一般不存在时效问题。但对于配偶特免权,则存在时效问题。一般而言,只要是有效婚姻,特免权及于全部证言,即使犯罪时并未结婚,结婚后也不能互为反对方的证人。如果婚姻关系终止,特免权也就不复存在。一方死亡也导致婚姻关系结束,所以也就不存在需要特免权保护的婚姻和谐的问题。至于婚姻关系已经破裂,例如分居两年,说明婚姻关系早已不和谐,此时也不得主张特免权的保护。

另外,如果该婚姻为虚假婚姻,则婚姻双方也不享有特免权。这是因为在美国,婚姻特免权的存在导致了"和证人结婚"现象的产生。例如甲男被指控犯罪,为阻止了解案情的乙女出庭作证,就想方设法和乙女结婚;一旦结婚,她就不能够再作证反对他了。但是美国法官通过判例规定,虚假婚姻中的夫妻双方都不得主张特免权。但是在判断一个婚姻是否为虚假婚姻的问题上,实务中又有不同的标准。

案例 9.03 为阻止证人作证而与之结婚〔4〕

艾玛和舒密兹在一起共同生活了两年。1985 年 7 月,联邦探员就舒密兹的事情询问了艾玛。之后不久,她收到大陪审团的传唤证。1985 年 8 月 3 日,艾玛和舒密兹结婚。当艾玛于 8 月 8 日出席大陪审团听证会时,她以婚姻特免权为由拒绝提供反对舒密兹的证言。

政府声请加利福尼亚州北区地区法院强制艾玛提供反对她丈夫的证言,认为两人的婚姻为虚假婚姻。听证会上,政府并不否认两人已经共同生活了两年这个事实,也不否认两人的婚姻是这对夫妻互相爱慕的自然结果,也不否认他们就是准备以丈夫和妻子的名义一起生活。政府唯一依赖的证据是,该项婚姻关系发生于传唤证发出和已确定的作证日期之间。

地区法院判定该项婚姻为虚假婚姻,因为其首要目的是主张婚姻特免权。基于这一裁决,地区法院签发了强制艾玛作证的命令。艾玛提出上诉。法院以缺乏

---

〔4〕 In re Grand Jury Proceedings (84 – 5), 777 F. 2d 508, 509, 9th Cir. 1985.

管辖权为由撤销了艾玛的上诉。1985 年 10 月 31 日,艾玛再次在大陪审团听证会上主张婚姻特免权。地区法院判定艾玛藐视法庭,处以罚金。艾玛就该法庭命令提出了上诉。

我们认为地区法院关于两人之间的婚姻为虚假婚姻的认定是一个明显的错误。我们判定该案记录不支持地区法院的认定,对该认定我们现在加以推翻。

第九巡回法院承认虚假婚姻属于婚姻特免权的例外之一。在 Santiti 一案中,我们曾经维持了第九巡回法院在该案事实基础上关于虚假婚姻的认定。但是,该案并未解释什么才构成一个虚假婚姻,从而也未在这方面给予任何指导。

第十巡回法院在美国诉阿波达卡一案中也认定了一个虚假婚姻。该案中,证人是控方的一个关键证人,并在审前程序中对被告人提供了毁灭性的证言。被告人对她进行了恐吓,并强迫她不要作证。虽然被告人收到法庭禁令,不许与她接触,但他违反了该项禁令,并且在审判前夕,与证人结了婚。法院判定该项婚姻为虚假婚姻,因为该案没有证据显示结婚前他们之间有任何关系或者有意以丈夫和妻子的名义一起生活。即使在虚假婚姻的认定原则已经得到很好建构的移民案件中,其主要的标准也是该夫妻是否有意以丈夫和妻子的名义一起生活。

本案中,唯一支持地区法院认定的证据就是结婚的时间。当然,结婚的时间总是应当考虑的一个因素。如果是在另一个时间,本案中的争议也许根本不会发生。但是时间仅仅是所有应当考虑的因素之一。所有其他证据均显示,这个婚姻的缔结是基于善意,而且他们也的确计划延续他们的婚姻关系。

因此,我们判定仅仅基于结婚时间而产生的怀疑并不支持其为虚假婚姻的认定,尤其是当其他证据,例如共同生活的证据以及意图以丈夫和妻子名义共同生活的证据,均显示该婚姻的缔结系出于善意。因此,地区法院认定艾玛民事藐视的判决应予以推翻。

六、例外

英美法系证据规则由于只存在配偶特免权规则,不存在父母子女特免权规则,因此仅针对配偶特免权规定了三项例外:(1)在刑事诉讼中配偶一方被指控的罪是侵犯另一方或者任何一方孩子的人身或财产权利。例如丈夫虐待妻子,或者妻子虐待丈夫,均将导致行为丧失特免权的保护。同时,如果配偶中的一方在实施针对第三方的犯罪,同时造成对另一方人身、财产的侵害的时候,被告人也不能够主张特免权。(2)一方针对婚前的事项作证,另一方不得主张特免权。这涉及前面提到的有效婚姻、无效婚姻的问题。有的法院的做法是会在针对婚前事项要求证人作证时援引这一例外,几乎不考虑人们结婚的原因,即不管原来是不是曾经同居过,只要是就婚前的事项作证,都认为不能主张特免权。另外一种做法是,法院在援引这项例外强制证人提供证言时,通常要以该婚姻为虚假婚姻为前提。(3)如果被告人夫妇被指控的罪行是违反曼恩法案或类似法律的罪行,则该夫妇不能主张特免权。曼恩法案规定了贩运外籍妇女卖淫、基于不道德的商业目的贩卖妇女等罪行。基于这样的指控,夫妻双方都不能够援引配偶特免权来阻止对方作证。

我国《刑事诉讼法》对于配偶、父母、子女特免权没有规定例外。从法理上看,特免权的目的是保护基本的伦常关系。因此,如果配偶、父母、子女一方的行为本身就是对基本伦常关系的破坏,则不能享受特免权的保护。

七、夫妻交流秘密特免权

夫妻交流秘密特免权指的是夫妻双方在夫妻关系存续期间,基于相互的亲密关系和信任关系,向对方吐露自己的秘密,对于该秘密拒绝披露的权利。从时效范围来看,该特免权保护夫妻关系存续期间发生的一切秘密交流,而无论交流的内容是婚前的秘密还是婚后的秘密。因此对于秘密而言,无论是婚前的还是婚后的,一方在遭受刑事指控时对方均有权拒绝披露。例如,一个丈夫相信妻子,向她披露了 20 年前干的一件坏事,之后他遭到指控,根据夫妻交流秘密特免权原则,该案中妻子有权拒绝作证,丈夫也有权阻止她作证。

该项特免权的理论基础是鼓励夫妻之间共享相互的秘密。也有法学家认为该特免权及其理论基础都比较奇怪,因为这个世界上绝大多数人都不知道有这样一项特免权。知道这项特免权的是律师们,但是律师却是最不愿意向自己的配偶分享自己秘密的一群人。所以也有人认为这个制度并不能实现它想要达到的目的。

特免权的持有人是夫妻双方。也就是说夫妻中的一方如遭到指控,另一方即使愿意作证,被指控的一方也有权利阻止其作证。如前所述,该项特免权的理论基础是鼓励夫妻之间共享相互的秘密。既然它的目的是鼓励夫妻双方分享各自的秘密,那么无论是哪一方都不能擅自决定出卖对方。因此,即使夫妻中的一方自愿作证,另一方也有权阻止。

案例 9.04 夫妻交流秘密特免权不同于配偶特免权〔5〕

被告人布鲁斯·克里斯汀在一审中被陪审团认定构成以汽车进行二级谋杀罪和过失驾驶罪。被告人提出上诉,声称审判法院犯有如下错误:(1)不顾被告人的反对,容许被告人的妻子琼·克里斯汀就他的夫妻秘密交流事项向法庭作证;(2)拒

〔5〕 State v. Christian, 841 A. 2d 1158, Conn. 2004.

绝被告人出示证人证言证明其妻子存在撒谎的动机;(3)拒绝容许被告人出示医院的紧急医疗运行表,作为传闻例外中的先前的不一致陈述,或作为传闻例外中的商业记录,用以弹劾为控方作证的医务人员证词。尽管我们同意被告人提出的前两个主张,但我们认为审判法院的不适当属于无害错误。对于被告人提出的第三个主张,我们不能同意。因此,我们决定维持原判。

陪审团认定的事实如下:2000 年 3 月 17 日,被告人和被害人以及被害人的室友亚历山大·恩派瑞翠丝一起到马萨诸塞州的一个酒吧。他们大约在晚上 9 时至 9 时 30 分左右到达酒吧,并在那里喝了一些酒。晚上 11 时左右,他们离开了酒吧,由恩派瑞翠丝驾车,去被害人住的恩菲尔德,并在晚上 11 时 30 分左右抵达恩菲尔德。这时,被告人和被害人告诉恩派瑞翠丝说他们还要回去。11 时 45 分左右,两人进了被害人的一辆 1996 年产的卡特莱斯顶配版汽车,而后被害人驾车离开。

午夜之后,正驾车行驶在温莎的萨菲尔德大街的德布拉·威尔逊注意到有一辆没有开车灯的车挡在她前面。这时车开始加速,很快这辆车的尾灯就消失在威尔逊的视线中。

等到威尔逊的车驶入一个铁路道口时,她发现被害人的车停在铁路的高架桥下。她拨打了“911”电话。一名男子的声音对他说:“谢谢你。”按照威尔逊的说法,这个声音似乎来自失事汽车的驾驶员座驾上方向盘后面坐着的一名男子。威尔逊问他是否还好。男子回答说:“我们还好。”威尔逊就问车上有多少人?男子回答说两人。最后,威尔逊问他是否两人都好,男子回答说都好。警察很快赶到现场。

警官肖恩·内尔森在晚上 12 时 50 分左右赶到现场。他向被害人车内人员表明自己的警察身份,但是车上的人没有回答。大卫·波克也很快赶到现场。内尔森和波克都看到驾驶员一侧的门是打开的,被告人坐在一个弯曲的小路上,已经失去知觉,他的背正对着打开的驾驶座的门,他的身体则朝着驾驶员的座椅位置倒下。通过副座上的车窗,波克观察到被害人的屁股完全坐在副座上。内尔森强力打开副驾驶的车门,两人都看到被害人坐在副驾驶座位上,身体完全向前倒在已经完全毁坏掉了的汽车轮毂上。她没有系安全带。被害人没有任何动作,也没有回答内尔森的提问。

在去往医院的路上,被告人告诉沃里和鲁杰里奥,在事故发生前,他曾经到过一位朋友家里,之后去过一个酒吧。他还告诉他们说,他在五星期之前曾经经历过一场车祸。当问到之前的那场车祸时,沃里问他:“在那场事故中,也是你驾的车吗?”被告人回答说:“是的,也是我驾的车。”被告人还告诉他们说,事故发生时是他在驾驶被害人的车。他还说他当时系了安全带。

被告人告诉罗伯特·博金斯基——一名年轻的外科医生,他已经不记得事故是怎样发生的了,也不记得他究竟是驾车人还是乘客。博金斯基注意到被告人刚开始时说过他认为他是乘客。

被害人于2000年3月18日凌晨1时42分被宣布死亡。审判中,被告人对其17日晚上醉酒这一事实并未抗辩。不过,被告人声称,事故发生时是被害人在驾驶汽车,他坐在副驾驶的位置上。检察官出示了证人沃里、鲁杰里奥以及福特的证言,都证明被告人反复告诉他们,事故发生时他是驾驶员。检察官还出示了已与被告人分居的妻子琼·克里斯汀的证言,她作证说被告人告诉她事故发生时是他在驾车。

我们首先来考察被告人关于审判法庭不适当地容许被告人的妻子琼·克里斯汀不顾被告人的反对而就其二人之间的私密交流向法庭作证的问题。以下事实和程序都与该问题有关。2000年3月18日早晨,琼正在完成她作为雅芳餐厅侍者的交班,就接到了关于被告人发生事故的电话。她立即赶到哈特福德医院,恩派瑞翠丝在那里迎接她,一些外科医生告诉她被害人已经死亡,并且他们相信被告人是汽车的驾驶员。在咨询外科医生之后,琼独自一人进入被告人的病房,告知他被害人已经死亡的消息。当她到达病房时,被告人平静地告诉她是他开的车,他还动了动他的手,仿佛他在开车的样子。琼立即把被告人的手放在自己的手中,并且"嘘"了他一下,阻止他继续作进一步的自我归罪陈述。恩派瑞翠丝和外科医生们很快就进入病房。被告人未再作任何进一步的归罪陈述。

审判中,控方传唤琼出庭作证。琼宣誓后证明,审判时她和被告人已经分居且处在离婚过程中。她还作证说,在2000年3月事故发生时,尽管她仍与被告人住在一起,但他们的婚姻已经处于麻木状态(was very rocky),而且从事故发生以后每况愈下。最后,她作证说他们之间的婚姻已经结束了,所以她不再感觉到保守被告人对她的私密陈述对于修复她和被告人之间的婚姻有任何帮助。

被告人提出了一个书面动议,以婚姻关系中的私密交流为基础,寻求阻止琼就他们之间的私密交流向法庭作证。被告人特别指出,尽管康涅狄格州判例并没有明确地承认婚姻交流秘密特免权,但是法庭在州诉利特约翰一案(State v. Littlejohn)的判词中表明该特免权已经明显地被该州法院所接受。被告人进一步声辩说婚姻交流特免权适用于本案,因为他们之间的交流是在婚姻存续期间、在没有第三方在场的情况下所作的交流。控方反驳说,姑且不论本案中的特免权是否适用,由于被告人之前已经对沃里、鲁杰里奥和福特作出过类似的陈述,被告人与琼之间的交流早已不具备私密的特征,从而不受特免权保护。控方进一步反驳说,本案适用特免权是不适当的,因为被告人和他妻子之间的婚姻在本案中的交流发生时已经岌岌可危了,而且在审判时两人已经分居且步入离婚程序。控方指出,披露两人之间的交流内容所造成的对被告人婚姻的伤害都将被法庭和社会探知真相的利益所盖过。

法庭拒绝了被告人的动议。尽管法庭也承认婚姻交流特免权也许存在于特定的场合,但法庭仍判定它不适用于本案。因为本案中的婚姻已经无可避免地破裂了。

麦考密克曾经指出:“特免权规则,其中最为大家熟悉的莫过于反对自我归罪原则,以及那些保护丈夫和妻子之间的私密交流免于披露的规则,并非用于促进发现事实的程序或保障该程序的纯正性。相反,它们的效果很明显是抑制性的;它们不仅没有促进真实的发现,反而关闭了照亮事实的灯光。”特免权阻碍了相关信息被披露给事实裁判者。从而,尽管一个特免权应当予以适用以实现该特免权追求的目标,但是对特免权的适用也应当万分小心,因为它会阻碍发现真实功能的实现。因此,特免权应当仅仅在以下四个条件同时满足时才能加以适用:(1)交流应当产生于它们不会被披露的信念;(2)交流的秘密性应当对维持当事人之间关系具有实质的效用;(3)这种关系应当是社会刻意想要培育的关系;(4)披露私密交流所造成的对这种关系的伤害应当远远大于在诉讼中正确地处理纠纷所带来的利益。

州最高法院引经据典地论证了婚姻交流秘密特免权的正当性。“婚姻交流特免权的原理是得到广泛承认的。赋予丈夫和妻子之间的交流以豁免权是对婚姻私密的保护,这种保护被认为对保存婚姻关系是如此的关键,以致盖过了它给司法带来的缺点……”(Wolfle v. United States)婚姻交流特免权保护丈夫和妻子之间基于婚姻关系而产生的信赖所进行的私密交流信息免于被披露。其首要的目的就是通过鼓励配偶之间的私密交流滋润婚姻关系(Stein v. Bowman)。该项特免权允许丈夫和妻子之间自由地交流而不必惧怕他们的交流信息会在将来被用于反对自己。因此,我们通过保护已婚人士的陈述免于日后在法庭的审查来鼓励他们彼此信任(United States v. Lea)。

因此,很明显,被告人所主张的婚姻交流秘密特免权的目的迥异于配偶之间不得反对对方的(婚姻)特免权。不允许配偶一方提供反对对方的证言的目的直接指向当下的婚姻关系:该项特免权的目的是保护婚姻免受证言的冲击。婚姻交流秘密特免权则更加宽泛:它的存在是为了一般性地确保配偶们在卷入刑事案件之前能够自由地向彼此交流自己内心深处的感觉而不必惧怕将来暴露于法庭。

因此,我们未能被控方说服,配偶特免权已经足以保护婚姻关系中的开放性交流。从而,我们也就要重申我们在州诉利特约翰一案中的裁决,即“婚姻交流特免权已经获得司法接受”,并且我们明确地接受该项特免权为我们普通法的一个固定设置。

我们的结论就是,我们承认婚姻交流秘密特免权,使我们与其他州保持一致。

如前所述,婚姻交流秘密特免权允许个人阻止他的配偶或前配偶就婚姻关系存续期间的秘密交流向法庭提供证言。本案中,毫无争议的是,被告人向他妻子作了陈述并伴随了动作。从而,我们就必须决定:被告人是否是在婚姻关系存续期间向他妻子作的陈述,以及那些陈述是否是秘密。

我们从决定被告人同他妻子进行交流时是否存在有效的婚姻开始我们的分析。本案中,审判法院认为,婚姻交流秘密特免权即使存在,在审判时也不适用,因为被告人的婚姻已经无可挽回地破裂了。检察官声称审判法庭的裁决是正确的,因为被告人的婚姻在被告人作出陈述和审判时都已经无法修复了。被告人则声称法庭不适当地拒绝了特免权的适用。他特别指出,审判法庭的关注是不准确的,因为该项特免权依附于私密陈述作出之时,而且只要是在婚姻关系存续期间,特免权就应当适用。我们同意被告人的意见。

主张夫妻交流秘密特免权的条件是:第一,交流时存在法律上有效的婚姻,也就是被法律认可的婚姻。第二,主张的内容必须属于交流的内容。第三,交流必须是在秘密的情况下所做的。如果不是秘密的,即交流是在第三方在场的情况下做出的,那就不属于夫妻秘密交流特免权的保护范围。

| **案例 9.05** | 夫妻交流特免权的条件〔6〕

被告人舍拉·达瓦卢(Sheila Davalloo)被指控谋杀,经陪审团审判后被定罪。

达瓦卢与其同事尼尔森·赛斯勒(Nelson Sessler)发生了婚外情。与此同时,赛斯勒与另一名同事安娜·丽莎·雷蒙多(Anna Lisa Raymundo)(本案被害人)也是男女朋友关系。赛斯勒与达瓦卢和安娜分开交往,大部分时间和安娜在一起。达瓦卢对赛斯勒极其痴迷,但后来知道了赛斯勒与安娜的关系,也了解到赛斯勒对自己有意疏远。达瓦卢希望塞斯勒能结束和安娜的关系,只和自己交往。在此期间,达瓦卢以自己、赛斯勒和安娜为原型编造了一个"三角恋"故事,告诉自己的丈夫克里斯托她的三个同事卷入了"三角恋"中,并多次和丈夫谈论这件事。达瓦卢也曾向其他人说过这个她以自己为原型所编造的"三角恋",并寻求意见。2002年11月8日,安娜被谋杀。赛斯勒向警方提供了他曾约会过的两个有精神问题的前女友的名字,但最初并未向警方提及他与达瓦卢的关系。在安娜死后,达瓦卢对男友赛斯勒非常关心,两人的情人关系也趋于稳定。后来,达瓦卢以玩游戏为由刺伤了其丈夫克里斯托并拖延时间而不及时送他就医,后又在医院后方停车后拿刀刺向其丈夫,她的丈夫最终设法逃跑就医。在赛斯勒得知达瓦卢想要杀死其丈夫这个情况后,向警方报案并告诉他们应该将达瓦卢作为谋杀安娜的嫌疑人。警方联系了达瓦卢的丈夫,他作了几份书面的陈述并向警方提供了达瓦卢的电话记录。

---

〔6〕 State of Connecticut v. Sheila Davalloo, 320 Conn. 123, 2016.

达瓦卢的丈夫克里斯托受伤后幸存,作为证人就被告人达瓦卢谋杀安娜的案件出庭。庭审前,被告人提交动议希望能够依据夫妻交流特免权阻止克里斯托作证。控方也提交动议申请允许克里斯托的证言。

经过听证后,法院认定被告人向其丈夫克里斯托所作的陈述并非法律所要求的:“出于婚姻关系的爱意、信任、忠诚和诚实而做出的。”[“induced by the affection, confidence, loyalty and integrity of the marital relationship” as required by § 54 - 84b (a)]因此,这些陈述不被夫妻交流特免权所保护。

被告人上诉。上诉法院认为,被告人向其丈夫作出的陈述不在夫妻交流特免权的保护范围内,审判法院的做法是恰当的。

本案的核心问题在于,被告人在婚姻关系存续期间向其丈夫所作出的有关本案的陈述和其行为是否在夫妻交流特免权的保护范围之内。

本庭认为,在康涅狄格州的法律中,法院最初在州诉克里斯汀一案(State v. Christian, supra, 267 Conn. 730)中承认夫妻交流特免权是康涅狄格州法律的一部分。夫妻交流的秘密在符合以下条件的情况下受到保护:(1)交流时存在法律上有效的婚姻,也就是被法律认可的婚姻;(2)交流必须是在秘密的情况下所作的。

夫妻交流特免权背后的原理在于:赋予夫妻交流以特免权是为了保护婚姻的信任关系,这样的保护对于婚姻关系的维系来说必不可少,其价值超过了该特免权可能给司法带来的不利。夫妻交流特免权保护在婚姻关系中夫妻间私下相互倾吐的信息,保护曾被称为“人类存在的最好的慰藉”(the best solace of human existence)的婚姻关系。其存在的主要目的是鼓励夫妻之间私密地交流以培育婚姻关系。这个特免权能够让夫妻间自由地交流而不必担心他们的交流在将来会对他们不利。我们鼓励已婚的人与自己的配偶交流,保护他们的交流免于受到后来的法庭审查。夫妻交流特免权的存在保证了配偶间能够自由地交流他们最深层次的情感,而不用担心这些交流最终会曝光在法庭之上。

在克里斯汀案判决后,立法机构确认了特免权(§ 54 - 84b)并为夫妻交流特免权增加了第三个要求,限缩了其保护的范围。因此,符合法律规定的特免权的交流必须是:(1)在婚姻关系存续期间向其配偶作出的;(2)秘密的;(3)出于婚姻关系的爱意、信任、忠诚和诚实而作出的。

在本案中,被告人所作的陈述,无论是其编造的“三角恋”故事、其在被害人死后所作出的陈述,还是她试图谋杀自己丈夫相关的陈述,其目的都在于欺骗她的丈夫,同时希望能和其痴迷的赛斯勒保持交往,并掩盖其谋杀被害人的事实,并非法律所要求的出于情感和爱意。

由于被告人所作陈述的目的在于促进她与赛斯勒的婚外情,并且最终通过谋杀来铲除被她视为她婚外情障碍的被害人和克里斯托。我们同意审判法院和上诉法院的观点:这些陈述不在法律保护范围之内。因为我们无法设想这些陈述是出于“爱意、信任、忠诚和诚实”。简言之,被告人向其丈夫作出的陈述毫无争议并非出于情感和忠诚。她最终背叛了婚姻关系并试图谋杀她的丈夫。因此,我们同意审判法院不将夫妻交流特免权适用于此案的做法。

我们同意:婚姻的性质,无论是剑拔弩张还是和睦融洽,都不是决定特免权是否适用的关键。同样地,审判法院也没有试图去衡量被告人在作出这些陈述时其婚姻的“质量”或“性质”,而是专注于那些陈述本身的性质。的确,对审判法院决定唯一公正的解读就是他们将问题的焦点聚集在交流的本质上。根据本案的事实,我们认为被告人的陈述不在夫妻交流特免权的保护之内。

维持原判。

夫妻交流特免权存在两个例外。第一,夫妻中的一方被指控的罪行是针对另一方或者另一方的子女,则被告方当事人无权主张特免权。第二,交流时夫妻双方都在共同参与某一个正在进行的犯罪或者即将要进行的犯罪,此时被告也无权主张特免权。

| **案例 9.06** | 美国诉蒙特梅里〔7〕

被告人詹姆斯·蒙特梅里(James Montgomery)和他的妹妹玛丽·露·奥康纳(Mary Lou O’Connor)被指控共谋实施了邮件诈骗(mail fraud)。经陪审团审判后被定罪。被告人认为地区法院错误地拒绝了他根据婚姻特免权(marital privilege)主张应该将他妻子与他交流的证据予以排除的请求。

1983 年,被告人和他的妻子露易丝·蒙特梅里(Louise Montgomery)成立了一家房地产和物业管理公司,该公司与太阳河地区的一些度假屋的房主达成了协议:公司代为出租和管理他们的度假屋,并抽取 25% ~30% 的佣金。公司向屋主承诺“将勤勉并竭尽所能地出租房屋”。合同并没有详细地规定公司员工或其客人是否能够在不通知和补偿屋主的情况下使用房屋。

公司有专门处理房屋预订和进行房屋管理的办公室机构。他们将房屋的预订信息输入电脑中,通过软件产生每月的账单,寄给每一个屋主,向屋主报告每月房屋的租赁和收费等情况。没有输入电脑系统的预订信息将不会出现在寄给屋主的结单中。

蒙特梅里夫人在 1989 年至 1992 年 10 月负责管理办公室。当被告人的妹妹玛丽搬到此处之后,就改由其负责准备给屋主的结单。后来,蒙特梅里夫人发现了办

---

〔7〕 U. S. v. Montgomery, 384 F. 3d 1050, 2004.

公室的预订和财务出现了很不正常的情况。她怀疑玛丽有把不再由他们公司负责的房屋预订出去和删除房屋订单的行为。在与其丈夫多次沟通无果的情况下,蒙特梅里夫人写了一封信给她的丈夫,将信放在他们住所厨房的柜台上。信中写道:她将不再参与他们不诚实的经营,除非玛丽停止偷窃,否则她将不再准备给屋主们的结单,也不再招徕新的屋主加入。

后来,蒙特梅里夫人也加入了被告人和他妹妹的共谋之中,开始删除订单并制作不准确的房主结单。屋主们最终发现了房屋出租率的降低和未通知他们而使用房屋的情况。

1995 年 10 月,州调查员开始介入此案。1996 年 3 月,美国国家税务局搜查了他们的商业记录和蒙特梅里夫妇的住所。蒙特梅里夫人写给她丈夫的信也被他们从这对夫妇的房间里找到了。

在庭审前,蒙特梅里夫人和政府达成协议,帮助政府指控其丈夫和玛丽。两人被定罪,控方撤销了对蒙特梅里夫人的全部指控。

被告人蒙特梅里认为:地区法院错误地拒绝了他根据夫妻交流特免权而申请排除他妻子的信件和妻子与他谈话的证言。控方认为蒙特梅里夫人并没有让信件内容保密的意图。蒙特梅里夫人是特免权的持有者,并且由于她在事后成为从犯,因此特免权不能适用。

现在我们在重新审查地区法院意见。我们首先考察本案中的婚姻特免权问题。联邦最高法院已经认可了从婚姻关系中产生的两项特免权。首先是允许证人拒绝作证反对其配偶的特免权(See Trammel v. United States,445 U. S. 40,1980)。作为证人的配偶单独地享有这个特免权,也可以选择放弃这个权利。在本案中,由于蒙特梅里夫人选择作证,因此,对此项特免权不予适用并无争议。其次是夫妻交流特免权。“夫妻之间私密的交流,一般被认为是秘密的,因此,受特免权的保护……”(Wolfle v. United States,291 U. S. 7,1934)这项特免权:(1)及于具有交流意义的言语和行为;(2)需要存在法律上有效的婚姻关系;(3)只适用于秘密的交流,也就是说在没有第三方在场或可能无意中听到的情况下做出的交流。

法院也意识到了特免权“将会阻碍发现真相的过程”,因此也将特免权的范围定义得较为狭窄,尤其是在刑事程序中“存在着保持司法公正的很强的社会利益”。控方承担证明交流并非具有保密意图的证明责任。关于蒙特梅里夫人写信给她的丈夫是在合法的婚姻存续期间这个事实是没有争议的。因此,我们必须决定信的内容是否具有保持交流秘密的意图。

本案中,信件以“亲爱的吉米”开头,以“爱你的露易丝”结尾。信被放在夫妻住所厨房的柜台上,并且是从夫妻的卧室中搜查到的。信中写道:“如果你不能阻止她(被告人的妹妹)或者我们俩不能阻止她,我将会写信给她或者直接和她谈谈。”

当被问到她是否意图让收信人对信件信息保密时,蒙特梅里夫人回答说:"不是的,我希望他能和他的妹妹谈谈这个事。"在本案中,妻子写给丈夫的放在厨房柜台上的一封信,很可能是属于那种希望保持秘密的交流。我们不能够轻易地得出这样的推论:蒙特梅里夫人知道她的请求将会被传达给玛丽或者玛丽会想到被告人是在代表蒙特梅里夫人进行交流。蒙特梅里夫人祈求被告人就她担忧的事情与玛丽交流并不会致使这封信本身不再具有秘密的性质。同时,政府也没有证明信所放的位置意味着该交流不具有秘密的性质。蒙特梅里夫妇的孩子也住在房子里的事实并不足以确立控方的证明目的。没有证据证明孩子们可能会看到或读到这封信,或者蒙特梅里夫人的行为不顾虑孩子们是否会看到。我们不会因为怀疑这个信可能会被孩子们看到而抛弃该交流具有秘密性的推定。

在上述基础上,我们再来考察权利的持有人问题。地区法院根据美国诉菲格罗亚—帕斯案(United States v. Figueroa - Paz,468 F. 2d 1055,1972)认定证据可采:"该特权属于沟通的一方所有,可以放弃。"在该案中,放弃特免权是由于上诉人没有在其妻子提供关于他的交流的证言时及时地进行反对。该案的标准只有在被告人没有及时地表示反对时才视为对特免权的放弃。将该案适用到本案来是不恰当的。

无论是最高法院还是本法院都没有将夫妻交流特免权视为交流一方所单独享有的权利。在布劳案(Blau)中法院认为婚姻中交流信息的接收方也毫无疑问地可以主张他拥有特免权,拒绝将信息披露给当局。我们认为夫妻交流特免权属于夫妻双方。我们还了解到 33 个州和哥伦比亚特区都允许作为非交流一方的配偶主张夫妻交流特免权。综合考虑,我们认为夫妻的任意一方都可以主张该特免权阻止另一方就夫妻之间的交流作证。因此,我们判定,本案中地区法院错误地容许了该信件并准许政府在庭审中询问他们的交流情况。

最后,让我们再来看看本案是否适用婚姻交流秘密特免权的例外。政府方认为,由于蒙特梅里夫人是事后从犯,因此该信不受特免权的保护。然而,政府并没有解释蒙特梅里夫人作为事后从犯的犯罪,也没有说明蒙特梅里夫人在共谋中是如何同时是共谋者又是事后从犯的。由于我们不能够找到任何蒙特梅里夫人作为事后从犯的既遂犯罪证据,而且控方也没有指出任何这样的犯罪,因此我们不需要决定是否适用例外,允许该证言。

总而言之,地区法院错误地允许了蒙特梅里夫人的信和她与被告人之间的对话。我们就此推翻对被告人蒙特梅里的判决,并将该案发回重审。

思考 根据我国《刑事诉讼法》的规定,当证人为刑事被告人的配偶、父母子女时,人民法院不得强制传唤证人出庭作证。如前所述,该规定应当理解为确立了配

偶、父母、子女之间的特免权。对此，实务上虽有不同见解，理论上却比较趋于一致。但是，即使将前述规定理解为确立了配偶、父母、子女特免权，也仍然存在以下问题：第一，亲属特免权是否应当仅限于配偶、父母、子女之间？同胞兄弟姐妹是否也应当享有免证的权利？第二，亲属之间的特免权究竟应当双方享有，还是仅仅是作为证人的一方享有？如果仅仅是作为证人的一方享有，就意味着证人可以通过放弃特免权，到法庭为控方作证；如果是双方享有，则即使证人一方自愿作证，被告方也可以反对。在特免权的制度设计中，对此究竟应当如何取舍？第三，我国《刑事诉讼法》虽然规定配偶、父母、子女特免权，但是并没有规定例外。你认为应当如何设置例外？第四，美国除了亲属特免权中的配偶特免权以外，还存在夫妻交流秘密特免权。你认为夫妻交流秘密特免权真的能够鼓励和促进夫妻双方分享各自的秘密吗？这一特免权是否值得存在，且值得借鉴？另外，配偶特免权和夫妻交流秘密特免权究竟有何差异？有没有一种制度设计能够兼容配偶特免权和夫妻交流特免权？

第二节 律师—委托人交流秘密特免权

职业特免权包括律师—委托人特免权、医患特免权、神职人员特免权以及记者和信息来源之间的特免权。因我国法律上除律师—委托人特免权得到确立以外，其他职业秘密特免权并未得以确立，因此本节先对律师—委托人之间的交流秘密特免权单独加以阐述，第三节再对其他职业秘密特免权作简要介绍。

一、律师—委托人特免权的含义与法律依据

律师—委托人特免权就是指委托人和律师之间就法律问题进行咨询、沟通的交流内容受法律保护，律师不得擅自披露交流的内容，委托人有权阻止律师主动披露交流的内容，法庭也应当豁免律师就有关交流内容向法庭作证的义务。

我国《刑事诉讼法》第48条规定：“辩护律师对在执业活动中知悉的委托人的有关情况和信息，有权予以保密。但是，辩护律师在执业活动中知悉委托人或者其他人，准备或正在实施危害国家安全、公共安全以及严重危害他人人身安全的犯罪的，应当及时告知司法机关。”就该规定的内容而言，辩护律师对在执业活动中知悉的委托人的有关情况和信息，有保密的权利。但是权利是可以放弃的，如果律师选择放弃该项权利，则委托人与律师之间的交流秘密就得不到保护。

因此,仅从该规定不能得出我国法律体系中已经确立了律师—委托人特免权的结论。

但是,我国《律师法》第 38 条亦规定:“律师应当保守在执业活动中知悉的国家秘密、商业秘密,不得泄露当事人的隐私。律师对在执业活动中知悉的委托人和其他人不愿泄露的情况和信息,应当予以保密……”根据该规定,律师保守其在执业活动中知悉的当事人隐私以及委托人和其他人不愿泄露的情况和信息,是律师的义务。律师不得违反义务。因此,将《刑事诉讼法》第 48 条和《律师法》第 38 条的规定结合起来看,保守执业期间知悉的委托人秘密既属于律师的权利,也属于律师的义务;当法庭要求律师披露相关秘密时,律师得依据《刑事诉讼法》的规定主张权利以拒绝披露;当律师自愿披露时,委托人得依据《律师法》的规定以阻止其披露。这才是一个完整的律师—委托人特免权制度。

| 评注 9.03 | 律师—委托人交流秘密受法律保护

我国《刑事诉讼法》第 110 条第 1 款规定:“任何单位和个人发现有犯罪事实或者犯罪嫌疑人,有权利也有义务向公安机关、人民检察院或者人民法院报案或者举报。”此规定中的“任何单位和个人”,应当包括律师在内,但是律师因接受委托从事法律业务知悉委托人的犯罪事实或犯罪嫌疑人,则不受此规定约束。因为,我国《刑事诉讼法》第 48 条和《律师法》第 38 条规定的“有关情况和信息”“隐私”“不愿泄露的情况和信息”,除了“准备或正在实施危害国家安全、公共安全以及严重危害他人人身安全的犯罪”的情况和信息之外,都受律师—委托人特免权的保护。如果《刑事诉讼法》第 48 条的规定意在将所有犯罪都排除在外,就不会特别列举该条所规定的犯罪。可见,第 48 条规定的意图显然在于:除了准备或正在实施的危害国家安全、公共安全以及严重危害他人人身安全的犯罪以外,其他任何信息包括犯罪信息,都是受该条规定的权利保护的。

二、理论基础

律师—委托人特免权的理论基础可以从两方面加以诠释。

第一个方面是功利主义的解释。特免权的目的是使委托人获得全面有效的法律服务。根据这一解释,律师—委托人特免权的目的就是促进律师和委托人之间的相互信任,鼓励委托人向律师披露他全部的秘密,使律师能够获得全部的信息,进而在这个基础上对整个案件情况作出准确的判断,这样才能提供有效的法律帮助。委托人要是对相关信息有所保留,到最后律师可能会措手不及,继而无法给他提供全面、有效和高质量的法律服务。

第二个方面是非功利主义的解释。根据这一解释,特免权的确立不是为了提供有效的法律帮助,而是基于纯粹道德上的考虑。律师不能从事背叛和不忠的行为。如果委托人基于信任向律师吐露了所有的秘密包括违法信息,而律师回头就告诉警察,这和背叛有什么区别呢?如果一个行业的从业人员总是辜负客户的信任,这个行业既不能持久,也不能获得社会的认可。因此,赋予律师和委托人这样一个交流秘密特免权,就是为了提升律师行业的荣誉和尊严。

| **案例 9.07** | 这是一个不公正的惩罚〔8〕

在经历了漫长且广受公众关注的审判之后,麦克纳瑞医生被陪审团裁决罪名成立。麦克纳瑞被指控的罪名是残杀他的妻子和两个小孩。被害人被发现于10月20日被人刺死在自己家中。麦克纳瑞宣称自己是无辜的。指控他犯罪的证据也都是一些间接证据。他的辩护律师艾什·布鲁克在被告人被定罪后发表了一通雄辩,请求陪审团对被告人给予宽大处理。但是陪审团仍然给出了死刑判决。判决宣告当晚,艾什·布鲁克就收到一个来自巴通的电话。艾什·布鲁克认识巴通,他是另一名刑事被告人的辩护律师。在电话中,巴通向艾什·布鲁克作了如下陈述:"我在犹豫要不要给你打电话。但我最终还是给你打了。这是因为你的当事人面临一个不公正的惩罚。你应当知道,我被法庭指派为一个名叫戛刺的被告人辩护。戛刺被指控在10月20日晚抢劫一个酒店。这个话仅仅是限于你我之间的交谈,我认为戛刺有些疯狂了。他以前曾经陷入麻烦,但我们没必要说这个。他告诉我说他没有抢劫酒店,我也相信他,因为他不在现场的证据实在是太令人震惊了——戛刺在酒店抢劫案发生时实际上是在麦克纳瑞家中实施窃盗和谋杀。很显然当时丈夫并不在家,只有妻子和孩子们在家。戛刺告诉我说,他用刀杀害了他们。如今,他很可能已经在报纸上看到了这个故事,把他从谋杀事件中切割了出去。但是我已经听他说过了这个事情,而且坦率地说我相信他说的是真的。他甚至还告诉我他把刀埋在哪里了,但我从来没去找过。我现在不确定究竟应该怎样对待我掌握的这一信息,但是我感觉我应当告诉你。"

第二天,艾什·布鲁克就申请重新审判该案,理由是发现了新的证据。在听证会上,他传唤戛刺和巴通到庭作证。戛刺以反对强迫自我归罪的特免权拒绝作证。同时,当巴通到庭作证时,戛刺以律师—委托人之间的交流秘密特免权反对巴通就它们之间的交流内容向法庭作证。

---

〔8〕 Muller & Kirkpatrick, *Evidence Under the Rules*, p. 759 – 760.

思考 在上述案例中,你认为有什么法律依据能够使戛剌有关律师—委托人交流秘密特免权的主张不能成立或不被支持吗?如果没有任何法律上的理由反对本案中戛剌主张其律师—委托人之间的交流秘密特免权,你是否还会坚定地支持证据法上的这项权利?

三、持有人

律师—委托人特免权的持有人是委托人,在刑事案件中,就是犯罪嫌疑人、被告人。换句话说,委托人曾咨询过律师,若将来该律师被传唤到法庭上作证反对委托人,披露委托人的资讯信息,这时委托人根据特免权有权阻止律师作证。因此,在律师—委托人特免权制度中,咨询律师的当事人才是这个权利真正的持有人。又因为律师的职责是维护委托人合法权利,因此律师在必要时可以而且应当以他委托人的名义主张这项权利。委托人不仅自己可以拒绝披露他和律师之间交流的内容,而且还可以阻止他的律师向法庭披露。特免权的持有人从根本上来说是委托人自己。

案例 9.08 公司能否主张律师—委托人交流秘密特免权?〔9〕

1976 年 1 月,普强公司(Upjohn Co.)针对其海外子公司可能存在的向外国官员行贿以换取业务的行为进行了一次内部审计和调查。公司的法律总顾问托马斯(Thomas)(具有律师职业资格)在和董事长报告后与外聘律师一起就这些"可疑付款"进行调查。作为调查的一部分,律师们准备了一封信,内含一份调查问卷。信中强调了管理层需要提供关于这些付款的全部信息,并且该信和问卷的内容需保密。这个信发给了所有的国外总经理和区域经理。回复直接被寄送给托马斯。托马斯还和公司的外聘律师一起询问了问卷的接收者们以及 33 名公司员工。在调查后,公司主动地向有关政府部门提交了初步报告。后来,美国国税局组织进行调查。1976 年 11 月 23 日,美国国税局发出传票要求普强公司提供其调查所搜集的资料,包括内部的调查问卷和与员工会谈的备忘录。普强公司认为,这些信息应受律师—委托人特免权和律师工作成果(attorney work product)的保护,拒绝出示。地区法院认为应该开示这些资料,普强公司上诉到联邦第六巡回上诉法院。

上诉法院拒绝接受地区法官认定的普强公司放弃了律师—委托人特免权的观点,但是同意律师—委托人特免权在本案中不适用。本案的核心问题在于:在公司

〔9〕 Upjohn Co. v. United States,449 U. S. 383,1981.

或企业作为委托人时,律师—委托人特免权是否能够扩大到不属于公司控制核心的员工上。

本案上诉到联邦最高法院。

联邦最高法院认为律师—委托人特免权应该适用到本案中。律师—委托人特免权在适用到公司时,不仅仅覆盖到公司的控制核心上,也覆盖到较低级别的员工。因为他们的行为也可能涉及公司面临的法律问题。

美国《联邦证据规则》第 501 条规定:证人所拥有的特免权……应该受普通法原则的支配,法院可以根据理性和经验对其进行解释。

律师—委托人特免权是普通法上所知的最古老的保护交流秘密的特免权。它的目的在于鼓励律师和其客户之间完全地、坦诚地交流,从而促进实现更广阔的公共利益。合理可靠的法律意见或辩护符合公众的利益,而这样的意见和辩护是依赖于客户能够完全充分地和律师交流的基础之上的。正如我们在塔拉梅尔诉美国案(Trammel v. United States)中所说的:"律师—客户特免权建立在这样的需求之上:如果律师们要履行他们的职业使命,那么他们就必须要知道所有与他们客户找他们进行代理的理由相关的问题。"

在费舍尔诉美国案(Fisher v. United States)中,我们认定特免权的目的在于:"鼓励客户向他们的律师充分披露各种情况。"这个原理也是被法庭认定已久的。必须承认的是,当特免权适用到公司时,情况就变得复杂起来。公司从理论上来说并非一个人,而是法律拟制的主体。但是本庭早在美国诉路易斯维尔·纳什维尔公司案(United States v. Louisville Nashville R. Co.)中就假设了特免权可以适用到公司委托人上。

上诉法院认为,公司作为委托人不是一个人,而是一个无生命的实体,因此只有高层的管理人员才拥有类似于代表公司整体的身份,也就是所谓的"控制核心标准"。在费城诉美国西屋电气公司案(Philadelphia v. Westinghouse Electric Corp.)中提道:"最让人满意的回答是:如果进行沟通的员工能够控制甚至是在根据律师的建议让公司采取具体行动的决策中具有实质作用的话,那么,他在向律师披露信息时就可以适用特免权。"

我们认为,这样的观点忽视了一个事实:特免权的存在不仅是为了给予能够有权付诸行动的人以专业的建议,也是为了能够使律师获得信息以给出可靠和知情的建议。解决任何法律问题的第一步就是查明事实情况,仔细查看事实的同时考虑其法律上的问题。

在个人作为委托人的情况下,信息的提供者和根据律师建议行动的人往往是同一个自然人。在企业作为委托人的情况下,经常会是控制核心之外的员工在处理公司律师所需要的信息。中层的雇员,甚至较低级别的员工能够在他们执行职责范围内使公司卷入严重的法律纠纷。如果律师要能够充分地给予其客户建议,那么他就必须掌握这些员工所知道的相关信息。

法院所采取的“控制核心标准”阻碍了特免权的实现。它不鼓励掌握相关信息的员工和公司的律师交流。这个标准也不利于向执行政策的公司员工完全地传达法律意见。下级法院所认定的律师—委托人特免权的范围狭窄,这不仅不利于企业律师在他们的委托人面临特定法律问题时提供可靠的意见,而且威胁到律师确保他们的客户依法行事的努力。上诉法院和地区法院的决定在实践中难以执行。如果要实现律师—委托人特免权的目的,那么律师和他的委托人必须能够带有一定程度的确定来预测某些谈话是否会受到保护。一个不确定的特免权只比完全没有特免权稍好一点点,而下级法院所适用的原则暗示了律师—委托人特免权适用的不可预测性。

本案核心中的交流是由普强公司的员工向公司的律师作出的,其受到公司高层的指示,是为了获得法律建议而作出的。

律师需要获得公司高层所不掌握的信息来形成其法律意见。与公司员工的交流在员工的工作职责之内,而且员工本身也知道他们被约谈是为了让公司获得法律建议。公司的调查问卷也明确地表明此次调查内容与法律问题相关。

上诉法院拒绝将特免权扩大到控制核心之外,担心这样做会阻碍真相的发现,并且使公司在公司的事务上形成一个很大的“沉默区域”(zone of silence)。然而,给予本案中的交流以特免权保护,并没有将对方置于比这些交流如果没有发生的情况下更坏的境地。特免权只保护交流本身不受披露,它并不保护其背后所存在的事实。

在本案中,政府可以通过询问与律师会谈过的员工来发现事实。尽管对于政府来说直接让普强公司交出内部调查的结果、问卷和备忘录可能会使他们的调查更为容易,但是这样的便利并不能胜过律师—委托人特免权所保护的价值。

我们认为,上诉法院在本案中所采用的控制核心测试的狭窄范围与美国《联邦证据规则》第 501 条的规定不符。

同时,控方“工作成果原则”(work product doctrine)的观点也不成立。从对语言的解读或者立法历史来看,国会并没有任何意图排除在本案中使用工作成果原则。地方法院适用了错误的标准,认为政府方已经充分地证明了在本案中不适用工作成果保护原则的必要性。政府方想要获取的笔记和备忘录是在口头陈述基础上构成的工作成果,它会透露律师在评价这些交流中的思维过程。《联邦民事诉讼规则》(Federal Rule of Civil Procedure)保护会揭示律师思维过程的工作成果不受披露。同时,根据希克曼诉泰勒案(Hickman v. Taylor,329 U. S. 495),这样的成果不能仅仅因为对方需要或者不能在不承受过度重负的情况下获得相同情况就予以披露。

据此,推翻原审判决。

四、时效范围

律师—委托人特免权的时效范围可以概括为三个方面。首先,特免权不因委托人死亡而消灭。也就是说即使委托人死亡,律师也不能向法庭或者第三方披露他与委托人交流的内容。其死亡委托人的继承人仍然可以主张该项特免权。其次,如果特免权的持有人是公司,公司终止以后,继承公司债权债务关系的主体可以同时继承它的特免权。它区别于反对自我归罪特免权,后者的持有人必须是自然人;而前者即律师—委托人特免权的持有人可以是公司。最后,对于律师而言,即使一名律师已经不再担任该委托人的代理人,他仍然可以而且应当继续为该委托人保密。就算是当事人更换了律师,先前的律师也不能披露在其代理期间与委托人交流知悉的委托人的秘密,因为委托人仍然可以以他曾经咨询过该律师为由主张特免权,来阻止该律师向法庭作证。

五、职业关系要求

律师—委托人特免权对职业关系有三个要求。第一,法律要求委托人向律师请求的服务必须属于法律性质的服务。非法律性质的,比如心理安慰、理财咨询、国家政策走向探讨等,不属于法律服务的内容,是不受特免权保护的。第二,法律并不要求委托人的事项已经进入诉讼程序,或者委托人已经向律师交纳律师费。即使还未进入诉讼程序,委托人前来咨询的信息同样受特免权保护。第三,如果律师提供的不是服务,而是作为委托人的朋友、共谋者、会计师或者商业咨询师,则该项特免权并不适用。也就是说,委托人咨询的事项必须是基于职业关系,才受特免权的保护。

| **案例 9.09** | 人民诉吉奥尼斯〔10〕

被告人托马斯·吉奥尼斯是一名医生,他与约翰·韦恩(案发时当红电影明星)的女儿艾萨·玛丽·韦恩于 1986 年结婚。1987 年 2 月,被告人和韦恩有了一个女儿,取名叫安娜塔莎。在女儿出生后没多久,两人的婚姻关系就开始恶化。被告人两次威胁说,如果韦恩要在他和安娜塔莎之间插足,他就要杀了韦恩。尽管如此,韦恩还是在 1987 年 6 月带着安娜塔莎离开了被告人。

---

〔10〕 People v. Gionis, 9 Cal. 4th 1196, 1995.

约翰·卢埃克是一名律师。1987 年 5 月,吉奥尼斯给卢埃克打电话,含泪请他务必到他家里去一趟,说他准备了一份离婚文件,心情极度糟糕,希望和卢埃克见面聊一聊。卢埃克因为与吉奥尼斯和韦恩都很熟悉,听说吉奥尼斯要和韦恩离婚,就说可以过去会面,但是绝不以律师身份卷入他们之间的离婚纠纷。

之后卢埃克就去了吉奥尼斯家。吉奥尼斯情绪波动很大,一会儿痛哭流涕,一会儿又愤恨不已。吉奥尼斯对卢埃克说:"韦恩不知道,我雇个人把她修理一顿是多么的容易!"听到吉奥尼斯这么说,卢埃克说:"如果韦恩发生了什么意外,最先被怀疑的就是你。"吉奥尼斯说:"那我就等到一个不会被怀疑的合适的时机再说。"

1987 年 10 月的一个星期五,被告人出现在卢埃克办公室,拿着他的律师给他准备的离婚文件,显然非常沮丧。被告人看上去已经绝望。他告诉卢埃克说韦恩试图阻止他参加安娜塔莎的基督教洗礼,说他的律师总是找不着,被告人请求卢埃克代他去一下法庭。卢埃克同意了,不过当他到达法庭时盛怒的法官告诉他,相关事项法庭已经安排完毕,被告人为卢埃克出席法庭支付了 750 美元。

1988 年 1 月至 2 月,韦恩与罗杰·鲁比开始了一段恋情。1988 年 10 月的一个早晨,韦恩和鲁比在其居所遭到袭击。被告人因被怀疑雇佣人员制造了这起袭击而遭到起诉。陪审团判决被告人罪名成立。

卢埃克在吉奥尼斯受审的法庭上被传唤出庭作证并提供了不利于吉奥尼斯的证言,但上诉法院认为初审法院的这一做法侵犯了吉奥尼斯的律师—委托人特免权。加利福尼亚州最高法院同意发出调卷令,并推翻了上诉法院的裁决。

上诉法院认为,任何时候,只要咨询的事项涉及法律问题,律师—委托人特免权的规则就应当适用。加利福尼亚州最高法院的多数意见则认为,只要当事人与律师之间不存在职业关系,也就是说没有建立或者无意建立聘任关系,则即使当事人咨询的事项涉及法律问题,他们之间的交流也不受法律保护。少数派则认为,上诉法院的裁决应当得到支持,因为,律师—委托人特免权的适用并不取决于律师究竟是接受还是拒绝委托人的委托,而应当取决于委托人是否相信他是在咨询一个律师以及他是否明显地表现出寻求法律方面的帮助。本案被告人吉奥尼斯显然是因为卢埃克是一个律师而且希望就法律问题获得他的帮助,因此其交流内容应当受到特免权的保护。

思考　在人民诉吉奥尼斯这个案件中,你赞成加利福尼亚州最高法院判决中多数派的观点还是少数派的观点?为什么?你认为决定特免权是否适用的关键因素应当是什么?

六、交流

律师—委托人之间的秘密交流特免权只保护律师和委托人之间的交流。不属于律师和委托人之间交流的事项,不受该项特免权保护。根据判例,律师通过观察获得的有关委托人身体状况的信息,包括身高、相貌、举止、听觉是否灵敏、神智是否清醒等内容,不属于交流特免权保护的范围。[11] 有时候,委托人基于咨询律师的目的而出现在律师面前,律师通过观察获得的有关委托人的举止行为方面的信息是否属于应当披露的范围,也会引起一些争议。

| **案例 9.10** | 律师可否就其接受咨询时观察到的事实向法庭作证?[12]

委托人墨菲与律师芬奇约定在下午 3 点见面,但墨菲迟到了 35 分钟。墨菲姗姗来迟时,芬奇注意到墨菲当时已经喝得大醉,因为他进入到芬奇在律师事务所的办公室时显得步履踉跄,芬奇还闻到一股浓烈的酒味。墨菲哆嗦着向芬奇道歉,说自己来晚了。不过他解释说自己只是喝了一点儿酒,所以错过了时间。在会谈期间,墨菲的谈话一直杂乱无章且前后矛盾。最后芬奇取消了会谈并建议墨菲重新约谈。在墨菲离开芬奇办公室时,芬奇想为墨菲叫一辆出租车,但墨菲执意要自己驾车回去。芬奇目睹墨菲驾车离开。在两个街区外,墨菲与他人一辆停在路边的车相撞。墨菲没有受伤,而是弃车逃逸。在墨菲被指控酒后驾车的审判程序中,芬奇被检察官传唤出庭作证。墨菲以律师—委托人交流秘密特免权为由申请阻止芬奇作证。

本案中,芬奇就其观察到的有关墨菲身体情况的事实向法庭作证,一般认为不属于律师—委托人交流秘密特免权的内容。但也有观点认为,本案中如果允许芬奇就其观察到的内容作证,即意味着芬奇也可以就委托人的精神状态向法庭作证;如果允许就委托人的精神状态作证,也就意味着可能会在其他案件中要求律师披露有关交流的实质内容。

| **案例 9.11** | 人民诉迈瑞迪斯[13]

被告人弗兰克·厄尔·斯科特(Frank Earl Scott)和迈克尔·迈瑞迪斯(Michael Meredith)被指控一级谋杀。他们被指控抢劫并枪杀了被害人大卫·韦德(David Wade)。斯科特被定罪是建立在他与迈瑞迪斯和另外一个被告人三人共谋

---

[11] U. S. v. Kendrick, 331 F. 2d 110, 113 – 114 (4th Cir. 1964).

[12] Muller & Kirkpatrick, *Evidence Under the Rules: Text, Cases and Problems*, p. 763.

[13] People v. Meridith, Supreme Court of California, 631 P. 2d 46, Cal. 1981.

的基础上。控方希望介绍被害人钱包的位置(被发现在斯科特住所后面的垃圾桶里),以此来证明斯科特与迈瑞迪斯共谋杀了被害人,并在瓜分了钱包内的财物后将其烧毁丢到了垃圾桶里。钱包之所以被发现,是因为斯科特告诉了他的律师詹姆斯·申克(James Schenk)钱包的所在。申克雇用了一名调查员斯蒂芬·弗里克(Stephen Frick),弗里克在被告人斯科特所说的地方找到了钱包。调查员将钱包从垃圾桶里拿走交给了律师申克,最终律师将钱包交给了警方。申克被迫在法庭上就他的客户告诉了他钱包的所在作证。调查员弗里克就他作为被告人的调查员,根据律师的信息在被告人住所后面的一个垃圾桶里发现了被害人被部分烧坏的钱包的相关事实出庭作证。

被告人对于将钱包作为证据采纳并无异议。本案的关键问题在于:调查员弗里克所观察到的钱包的位置,这个信息是受特免权保护的交流信息的产物,也就是说基于直接来源于被告人告诉他律师的信息,该信息是否受律师—委托人特免权的保护?在被告方移动或改变了证据的情况下,律师—委托人特免权是否还保护直接来源于通过受保护的秘密交流而获知的事实和观察?

被告人认为证据法禁止调查员关于钱包位置的证言。

我们首先需要考虑加利福尼亚州的律师—委托人特免权是否延伸到基于特免权保护的信息而所观察到的事情上,然后我们需要讨论这个权利在被告人的行为可能会阻碍控方发现的情况下是否还适用。

加利福尼亚州证据法规定:委托人有权拒绝披露,也有权阻止他人披露有关他自己与其律师之间的秘密交流。在本案中被告人斯科特的交流是符合法律规定的。此外,律师—委托人特免权也不因斯科特将他们谈话的实质内容告诉给调查员而消灭。根据法律规定,如果调查员要履行他的职责,那么告知他该内容就是合理必要的,这样并不会使律师—委托人特免权被放弃。

但是,法律没有表明通过特免权保护的交流所直接得出的结论而观察到的事实情况是否受特免权保护。我们将通过探究特免权的基础和案例来进行分析。

特免权最主要的目的就在于鼓励客户与律师之间全面地、开放地沟通。在刑事案件的背景下,这样的政策就更显重要:如果客户知道对其不利的信息在他告诉律师的情况下比他自己保守秘密的情况下更容易被披露,那么他就可能更不愿意告诉律师,这样的情况下他就更难获得充分的法律意见。因此,如果一个被告人要全面地受益于他的律师帮助权,那么他就必须能够确信他与律师的交流是秘密的。[Barber v. Municipal Court (1979) 24 Cal. 3d 742,751 (157 Cal. Rptr. 658,598 P. 2d 818),citing Fisher v. United States (1976) 425 U. S. 391,403 (48 L. Ed. 2d 39,51,96 S. Ct. 1569)]司法判例也认识到了要实现这些重要的政策也许会需要将特免权从保护委托人和律师间初始(initial)的交流扩大到律师或者他的调查员可能会基于这个交流而后直接获得的任何信息上。

在一个案情类似的案件中,西弗吉尼亚最高法院认为:审判法院错误地允许了律师关于手枪位置的证言。律师从和他的委托人受特免权保护的交流中得知了信息,因而发现了这个手枪。西弗吉尼亚最高法院认为,律师观察了这个手枪并不使特免权无效,“律师知道这个手枪或者到哪里能找到这个手枪的信息,而这些信息是他作为本案的律师,从与他的委托人进行秘密地职业上的交流而得到的,这些信息受特免权保护。因此,需要完全地隔绝在陪审团之外。也许在本案中,这个证据能够促进司法正义,但正如皮尔斯诉皮尔斯案(Pearce v. Pearce,11 Jar. 52,in page 55,and 2 De Gex & Smale 25 – 27)中所说的,‘真相就像其他美好的事物一样,可能会被不明智地热爱,可能会被过度热烈地追求,可能会付出过大的代价’”。

在其他的案例中,法院也得出了类似的结论。法院的结论证明:律师—委托人特免权并不严格地限制在律师与委托人的交流之内,它也可以延伸到通过法律保护的交流而获得的观察。因此,我们接下来考虑如果在辩方移动或者改变证据,干扰控方发现证据的机会的情况下,特免权如何适用。

当辩护律师改变或者移动物证时,他必然会使控方丧失观察物证在其最初状态和地点的机会。加利福尼亚地区检察官联合会上诉委员会(Appellate Committee of the California District Attorney Association)指出:在这样的案件中,禁止关于证据的最初状态和地点的证言将会许可辩方“破坏”关键的信息。在本案中,钱包的背后还隐含着这样的信息“位于被告人斯科特住所后面的垃圾桶里”。辩方通过拿走钱包,破坏了这个信息。因此,我们认为法院必须在扩大律师—委托人特免权的保护范围中确立一个例外来处理律师移动或者改变证据的情况。

辩方认为这样的例外只有在控方将最终必然发现证据在其原始位置的情况下才有存在必要。我们认真地考虑了律师的观点,但是我们得出结论:一个建立在最终发现的可能性基础上的标准是一个不可行的推测。发现证据不仅只是由于警察有意地寻找,也可能来自其他人的信息。如在本案中,钱包也可能被一个捡垃圾的人发现。此外,一旦物证被交给警方,警方就会停止寻找它。去问警方他们会去哪里找它,花多长时间,如何仔细地寻找只是被迫进行的推测而已。

因此,我们得出结论:当辩方律师移动或者改变了证据时,法定的特免权并不禁止揭示相关证据的最初位置和状况。我们认为律师移动证据的决定是一个策略性的选择。将分析适用于本案,我们认为审判法院允许调查员关于钱包位置的证言是没有错的。

七、交流的秘密性

特免权保护的交流内容要求必须是秘密交流。交流的秘密性是指该交流必须是在不为外人所知的情况下进行的,否则它也不受保护。一般来说,如果有第三方在场,则交流通常被认为不再具有秘密性。但是如果第三方在场的目的是促成委托人和律师之间的交流,或者对于双方的交流来说属于合理的必要,则该第三方在场并不导致委托人丧失特免权的保护。例如一个16岁的未成年人,在发生了一件令他不知所措的事情以后,在母亲的陪同下去向律师咨询,此时并不因为他母亲在场而使他和律师之间的交流不受特免权的保护。

如前所述,特免权只保护律师基于委托人寻求法律帮助的事项与委托人之间进行的秘密交流。如果委托人的身份成为案件争议的焦点,例如,如果披露委托人的姓名,将导致委托人可能遭受刑事指控,则委托人的姓名等身份信息是否也在律师—委托人特免权保护的范围内呢?下面的这个案例向法律人提出了这一问题。

| **案例9.12** | 委托人的身份信息是否属于特免权保护的范围?〔14〕

摩根·迪亚兹于1989年在发生于西安吉蕾丝港101高速公路上的一场车祸中身亡。肇事车逃逸,车主不知所踪,亦不知姓名。事故发生仅一周,一家当地报纸就登出了下列报道:

西安吉蕾丝港的一名律师现在正在处理一个汽车驾驶员向他寻求帮助的案件,该驾驶员咨询的问题与上周发生的致命事故有关。这名男子的身份目前不明。安吉蕾丝港的克莱格·雷奇律师周二承认,一名男子曾经向他咨询,但他没有进一步的评论。

巡警希望对该汽车驾驶员进行询问。这名驾驶员在上周三驾车在西安吉蕾丝港101高速公路违章左转,从而导致了车祸的发生。一辆垃圾车驾驶员为了避免撞上这辆违章左转的汽车而紧急刹车,但该车还是滑入了潮湿的人行道,穿过中心护栏,撞向了迪亚兹驾驶的厢式货车,导致了迪亚兹的死亡。

没有任何记录表明这篇报道的作者究竟是如何获得了这些信息。基于这篇新闻报道,迪亚兹家族的律师与克莱格·雷奇律师联系,试图让他披露向他咨询的男子的身份。雷奇拒绝披露这一信息,主张律师—委托人特免权。迪亚兹家族采取了一些调查措施以发现该男子的姓名,但无功而返。于是,迪亚兹的妻子、孩子等遗产继承人于1992年5月22日针对这名无名男子提起了诉讼,他们在起诉时将无名驾驶员称为约翰·杜。

原告律师和雷奇都同意,解决雷奇是否应当披露其委托人姓名的最佳方式,就是让法庭举行一个听证,看看是否应当强制雷奇律师披露该委托人身份。1993年

〔14〕 Dietz v. Doe,131 Wash. 2d 835,1997.

9月20日,原告向法院提出了一个动议,以寻求让雷奇律师披露其委托人的姓名和住址,因为该委托人就是1989年5月24日晚上导致迪亚兹死亡的车祸肇事者。在原告方的动议中,尽管也承认披露这些事实将导致该驾驶员承担刑事后果,因为该驾驶员于事发后逃离了现场,但他们声称仅仅是披露姓名并不足以认定这个人就是卷入该起事故的人,也不足以披露其与雷奇律师之间沟通的内容。

这一动议的听证于1993年10月15日在克拉兰郡的高等法院举行。法官肯尼斯·威廉姆斯主持了听证。法官拒绝了原告的动议,理由是,对该委托人身份的披露将明白无误地导致其卷入1989年5月24日的事故。

原告提出上诉。上诉法院维持了原判决。我们(华盛顿州最高法院)决定听审此案。

第一,华盛顿州的律师—委托人特免权问题。

州法律规定[RCW 5.60.060(2)]:"律师不得在未经其委托人同意的情况下透露他与委托人的交流,也不得透露他基于这些交流在律师—委托人的职业关系存续期间给出的建议。"

律师—委托人特免权的存在是为了让委托人能够自由地和律师交流而不用担心交流的内容被强迫披露。特免权保护委托人和律师之间的交流和建议,也及于含有受保护交流信息的文件。由于特免权有时可能会导致对那些具有关联性和实质性的证据被排除,因此,可能会与"只有全面揭露真相才能够实现公正"的精神相悖。所以,特免权并非绝对的,它受限于它存在的目的。

正如联邦最高法院所说的,简单地说,承认证言特免权背后的普通法原则就在于:公众有权获得每一个人的证据。在我们审查各种豁免情况时,我们首先假设每个人都有义务给出他能够给出的证据,那么任何豁免都是非常例外的情况,即是对一个普遍适用规则的减损(United States v. Bryan,339 U.S.323,1950)。

根据华盛顿州的法律,第一步就是要决定是否存在律师—委托人的委托关系或者其他的关系。如果一个人和律师之间的行为让这个人主观地相信这样的关系存在,那么律师—委托人的委托关系就被视为存在。然而,只有委托人的相信是合理地建立在相关的情况包括律师的言行的基础上,这样的关系才成立。委托律师—委托人委托关系是否存在是一个事实问题。在本案中,证明委托关系存在的责任由约翰·杜承担。

然而,审判法院和上诉法院都没处理这个问题,都假定这个委托关系存在。实际上,在本案中这个问题是悬而未决的,应该由约翰·杜来证明受保护的律师—委托人关系存在。但是,目前没有记录证明约翰·杜这位无名氏是雷奇的客户。对这个关系是否存在我们只有律师的证言,而他的证言又自相矛盾,其曾声称约翰·杜并非他的客户,但又主张特免权。

关于委托关系是否存在的事实,不能仅根据雷奇律师一人的陈述。审判法院需要知道约翰·杜和雷奇之间到底是什么情况来决定他们是否有委托关系。雷奇在该事实中是一个证人,他的证言并非结论性的。

总之,在这个问题上,审判法院缺少证明确立律师—委托人关系存在的足够证据。约翰·杜应该承担证明责任,但是却没有提供任何证据。本庭现决定:由于缺少具有法律效应的证据证明律师—委托人关系或者其他受保护的关系存在,审判法院错误地使用了其自由裁量权拒绝了申请披露约翰·杜真正姓名的动议。然而,出于司法经济的考虑,我们将该案件发回审判法院重新审判,根据法律再决定是否存在律师—委托人关系或其他受保护的关系,这样的做法最符合司法效益。

第二,披露委托人身份的问题。

披露委托人身份的问题在华盛顿州的法律中已有规定。通常,委托人的姓名不属于律师—委托人特免权所保护的秘密交流的内容,但是存在“法律建议的例外”。根据判例(United States v. Hodge & Zweig,548 F. 2d 1347,1977):“如果援引特免权的人可以证明披露这样的信息存在很大的可能性,将会使客户卷入他恰好寻求法律意见的犯罪活动中去的话,那么可以禁止披露该信息。”第九巡回上诉法院在一个案子里也对这个例外进行了另一种定义(Baird v. Koerner,279 F. 2d 623,1960):“在以下情况下,委托人的姓名也受特免权保护:如果在案件中委托人的姓名只与证明其承认有罪有实质性关联,且这个犯罪就是他雇用律师的目的。”

其他的州也承认“法律建议的例外”,没有州拒绝承认它。

在佛罗里达州一个与本案惊人类似的案件(Baltes v. Doe,57 U. S. L. W. 2268,1988)中,州要求律师披露客户的姓名,律师主张特免权,拒绝披露。法院的说理非常具有启示作用:“政府想要从律师那里得到的并不只是一个名字,他们想要的还有和这个名字一起的证言:‘一个名叫某某某的人和我联系,这个客户告诉我他卷入了本案的事故中。’无疑地,这样的陈述包含了客户与律师的交流……可以肯定的是,客户不会预料到律师拿起电话把他出卖给警察;他也不会预料到他的律师会被传唤并且被要求说出他告诉律师本人的信息。佛罗里达的法院认为应以特免权保护委托人的身份。”

在本案中,我们面前稀少的记录显示,披露雷奇的委托人姓名将可能牵连到委托人与律师交流的内容。约翰·杜提出这样一个假设的宣誓作证的情况,看原告如何从律师雷奇处获得约翰·杜的姓名:

原告律师:您委托人的名字是什么?

雷奇律师:哪位委托人?

原告律师:那位告诉您他可能卷入了一起事故的委托人。

这个简短的对话有力地展示了雷奇不可能在不泄露约翰·杜告诉他卷入了该

事故的情况下给出他的名字。给出委托人的姓名会无可避免地将约翰·杜和雷奇之间交流的一些实质内容泄露,这样就违反了律师—委托人特免权。

原告认为,约翰·杜可能并不是卷入事故的驾驶员,可能是一位乘客或者该故事的目击证人。如果是这样,他们认为揭示约翰·杜的身份不会损害律师—委托人特免权。

最终,本案中所拥有的关于约翰·杜和雷奇律师之间咨询内容的信息还是不足的。我们不能够确定约翰·杜联系律师的原因和律师所提供的服务的性质。我们同意上诉法院的意见,"法律建议的例外"在披露委托人身份问题上在本州是适用的。但是,为了平衡律师—委托人特免权和拥有全部信息来查明真相这两个问题的关系,我们认为这个例外应该是狭窄的,应该采用威格默公布的"八步测试方法"(eight - part test)来决定:(1)委托人必须寻求了法律咨询;(2)必须是向有律师资格的律师寻求的;(3)交流的目的在于获得法律咨询;(4)是秘密的;(5)属于该委托人进行的交流;(6)委托人必须希望保护自己的身份;(7)不被披露;(8)该保护权没有被放弃。在决定法律意见的例外是否适用时,审判法院应该遵循以上原则。

第三,特免权的放弃问题。

威格默的方法中有一步就是看特免权是否被放弃了。在本案中,诉讼双方包括下级法院都没有给予这个问题足够的重视。放弃特免权的可能性在本案中可能是一个重要的问题,尤其是考虑到记录中缺失了关于报纸是如何知道雷奇代表约翰·杜询问了公路巡逻警察的信息。通常特免权属于委托人,只有委托人才能放弃。然而,"当律师被授权代表客户就特定的事项发言或者代理时,律师在其被授权的范围内可以放弃"。此外,如果交流是在第三方在场的情况下做出的,或者说,根据当时的情况考虑这个交流并没有被保密的意图的话,那么特免权也可能被放弃。

在本案中,新闻报道中所使用的语言在一定程度上暗示了约翰·杜在咨询律师雷奇之前有可能已经和其他人说了这个事故。这个故事表明雷奇承认约翰·杜雇用了他。

审判法院必须决定约翰·杜是否因为他自己对信息的披露放弃了特免权或者他授权了雷奇的披露而放弃了特免权。

本庭结论如下:我们再次肯定在本州法律之下律师—委托人特免权的一般规则。这个权利对于保护律师和委托人之间的交流是必不可少的。主张特免权的一方负有证明律师—委托人关系或其他受保护的关系存在的责任。律师的主张并不是证明该特免权存在的决定性理由。委托人也必须证明争议中的交流受到特免权的保护。

尽管委托人的姓名通常不受特免权的保护,我们还是特别地采用了威格默的"测试方法"来衡量"法律建议的例外",这个规则在揭示客户身份将会必然地泄露律师与委托人之间交流实质的情况下保护委托人的身份。

在本案中,我们将这些问题发回审判法院重新审判,考虑以下问题:(1)在雷奇律师和约翰·杜之间是否存在律师—委托人特免权关系或者其他受特免权保护的关系?(2)约翰·杜向雷奇咨询的本质是什么?(3)假设特免权可以适用的话,我们讨论的"法律建议的例外"在此是否适用?(4)约翰·杜是否放弃了特免权,尤其是考虑到地方报纸报道的情况?

我们也注意到了约翰·杜可能的保密的权利。审判法院应该采取合适的措施为约翰·杜保密,直到完全处理好这些问题。审判法院也许可以通过合适的方式指导对约翰·杜的询问,要采取合适的方法来为约翰·杜保密,直到本案得出结论。

审判法院拒绝原告动议的决定就此推翻,将本案发回克拉勒姆县高等法院(Clallam County Superior Court)根据本案的意见进一步审理。

八、特免权的放弃

我国法律并未规定放弃特免权的情况。在英美法系,普通法和美国《联邦证据规则》规定了放弃特免权的几种情况:(1)自愿披露。例如被告人在法庭上作证,自愿披露了他和律师之间交流的内容,相当于其放弃了这个权利。(2)因疏忽而披露。例如委托人写了一个详细的案件经过,通过邮件或传真发到律师事务所,但是一不小心错发至他人邮箱。(3)将委托人和律师之间的交流或律师的建议置于争议之中。最典型的是当事人主张他没有获得有效的律师帮助,在此情况下律师和委托人之间交流的内容就成为案件中的争议事实,除非披露它,否则无法查清楚律师到底是不是给委托人提供了有效的帮助。委托人既然把这个事情作为一个争议提交,那就意味着他已经放弃了就此事项要求保密的权利。(4)委托人或律师的证词中提到了交流的内容,导致交流秘密不再享有特免权,即委托人本意是要阻止律师披露的,可是在作证的时候自己不小心披露了,这和自愿披露其实是一样的,只是自愿披露是自愿有意的披露,而这里是在证词中提到了交流的内容,是无意的披露,所以又有点类似因疏忽而披露。

九、特免权的例外

律师—委托人特免权的例外包括五种情况:(1)犯罪或欺骗。如果交流的内容涉及将来或者正在谋划、实施一种犯罪或者诈骗,则不受特免权保护。(2)共同以已故委托人为由主张特免权。例如在遗嘱继承中,诉讼双方都主张拥有继承权，但又都以已故立遗嘱人的名义主张其与律师之间交流秘密的特免权。这样的案件，若双方都不披露死者和律师的交流，将无从判断各自证言的真伪，也就无法查明真相。在这种情况下，法律没有赋予任何一方主张特免权的机会，而是要求双方都不能主张特免权，从而必须披露立遗嘱人在向律师咨询期间交流的内容，以便查明立遗嘱人的真实意图。(3)违反义务。这是说律师没有尽到责任。实际上和放弃特免权是类似的，相当于委托人把交流的内容置于争议的境地，此时就丧失了特免权的保护。(4)经律师见证的文书。所谓见证，就是由律师把一个事情的经过记录下来，并且由律师签名，制成文书，以备不时之需。此时律师只是相当于一个普通的证人而已，并非提供法律意见，因此不属于律师委托人交流秘密特免权保护的范围。(5)共同委托人。共同委托人是指有两个或两个以上的委托人共同委托律师提供法律服务，则这些委托人属于共同委托人。例如，一个合伙企业的合伙人共同委托律师起草一个合同，后来他们因为意见不合而发生了诉讼，则该共同委托人均不得就其与律师之间的交流主张特免权。这是因为，在这种情况下，如果法律容许双方主张特免权，便可能出现因为一方放弃特免权而使主张特免权的一方无法有效地主张特免权的情况。

思考　我国《刑事诉讼法》仅仅为律师—委托人特免权设置了正在实施或者准备实施的犯罪这一项例外。你认为是否还应当设置其他例外？

案例 9.13　杀夫案中的律师—委托人特免权[15]

纽曼和斯陆博德于 1990 年结婚，婚后育有两子，一个叫拉尔斯，另一个叫赫尔比。1999 年，纽曼和斯陆博德的婚姻破裂，两人在马里兰州的蒙特格梅里郡的巡回法院进入离婚和争夺监护权的程序。纽曼由一个叫弗里德曼的律师代理。2001 年春季，在代理纽曼的案件期间，弗里德曼请纽曼的一个密友兰德里代替他会见一下纽曼，冷静一下她的头脑。兰德里和纽曼在弗里德曼在场的情况下一起讨论了各种计划，其中包括伤害纽曼孩子以使斯陆博德遭受谴责的计划。

2001 年 8 月 31 日，纽曼为了将于 9 月 4 日在瑞恩法官面前举行的监护权听证会一事预先会见了弗里德曼。在会见过程中，纽曼对弗里德曼说："你知道的，我不必把两个孩子都杀掉。我只需杀掉拉尔斯并留下赫尔比，然后斯陆博德就会进监

[15] Newman v. State, 384 Md. 285, 2004.

狱,因为他罪有应得,而我就可以至少留下赫尔比。"

弗里德曼向蒙特格梅里郡巡回法院的法官路易斯·斯克里维纳报告了纽曼所作的这一陈述。法官斯克里维纳向法官瑞恩报告了弗里德曼披露的情况后,瑞恩宣布将于9月4日就弗里德曼披露的情况举行听证。纽曼被允许在受监视的情况下进行访问,她的律师则应当陪同。审判推迟到2001年12月7日,之后又推迟到2002年1月28日。

2001年1月7日,大约早上3点30分,兰德里带着一些淫秽制品和一把9毫米口径手枪从地下室一个未上锁的窗户进入斯陆博德的房间,在斯陆博德的卧室,她看到他已经睡着,于是朝他开了两枪,其中一枪打中右腿。斯陆博德与兰德里展开搏斗,揭开了她的面具,兰德里逃离了卧室。斯陆博德走下楼梯,再次遭到兰德里袭击。打斗中,斯陆博德打伤了兰德里的手指。兰德里离开了斯陆博德的住处。

当天早上晚些时候,蒙特格梅里郡警察在兰德里家里逮捕了兰德里。2002年1月9日,马里兰州针对纽曼以共谋实施一级谋杀和共谋一级攻击罪提出指控。纽曼于第二天被逮捕。之后,兰德里对攻击罪、盗窃罪和过失危险罪、持枪实施重罪犯罪等罪名作有罪答辩。2002年10月17日,她被判处50年监禁,但缓期20年执行。

在纽曼受审的庭前动议听证会上,控方试图传唤弗里德曼出庭就纽曼2001年8月对其所作的陈述出庭作证。此时纽曼已由另一名律师代理。纽曼主张律师—委托人特免权,但控方声称律师之前向法官就该事项的披露已经导致特免权被放弃。另外,纽曼的陈述也属于特免权例外中的欺骗这一例外,因此主张纽曼不得再主张律师—委托人特免权。

思考 如果你是本案法官,你会支持哪方观点?请自行查找并阅读该案例中的剩余部分,对法官的裁决写出自己的意见。

第三节 其他职业特免权

一、医患特免权

医患特免权包括普通医生—患者特免权和心理医生—患者特免权两大类别。普通医生—患者特免权的初次确立是在1828年,纽约的一个制定法赋予了医生就患者与其之间的交流豁免其作证的义务。[16] 心理医生—患者特免权的确立则是在20世纪50年代以后的事情,尽管该项特免权在如今已获得更加广泛的承认。传统上,这两项特免权的理论基础都是建立在功利主义的立场上,认为特免权有助于鼓励患者无保留地向医生吐露自己的病情,以便医生为其作出适当的和正确的诊断。这一说法如今正遭受挑战。有人认为,即使没有特免权的保护,患者通常也会如实地向医生陈述自己的病情。尽管如此,美国还是有超过3/4的州通过立法承认了医患特免权,更多州通过立法承认了心理医生—患者特免权。

案例9.14　心理医师特免权[17]

本案探讨心理疾病患者向心理医师咨询时所作陈述是否具有可采性的问题。大法官斯蒂文斯代表法院的多数意见发布了判决。

1991年6月27日,一名女警察在一起严重骚乱事故中开枪打死了一名男子。死者家属向法院提起民事赔偿诉讼。在审判前的证据开示程序中,原告了解到被告雷德蒙德到一个叫贝耶的职业心理医师那里进行过50多次心理咨询。原告向法庭提出动议,要求贝耶交出被告向其咨询期间所作的笔记。被告断然拒绝了这一证据开示要求。他们声称,贝耶与雷德蒙德之间交谈的内容受心理医生—患者之间特免权的保护。地区法院法官否决了这一特免权的存在。然而,无论是雷德蒙德还是贝耶均拒绝执行法庭的命令,拒不披露贝耶笔记的内容。在证人席上,两人也都拒绝回答有关二人之间交谈内容的问题。

庭审终结时,法官建议陪审团说,被告拒绝交出贝耶笔记的行为在法律上是站不住脚的,因此陪审团应当推定该笔记的内容对被告不利。陪审团裁决被告侵权事实成立,判令被告根据联邦法律赔偿原告45000美元,同时根据州法赔偿原告500000美元。

第七巡回上诉法院推翻了地区法院的判决,并将该案发回重审。该巡回法院第一次就这个问题进行了讨论。巡回法院认为,理性和经验是根据美国《联邦证据规则》第501条接受任何一项特免权的基础,这一基础要求我们必须承认心理医生和患者之间的特免权。

在我国,心理医生的特免权尚未获得承认。我国《心理咨询师国家职业标

---

〔16〕 Allen, Swift, Schwartz & Pardo, *Stein: An Analytical Approach to Evidence: Text, Problems, and Cases*, 6th ed., Wolters Kluwers, 2016, p. 970.

〔17〕 Jaffee v. Redmond, 518 U.S. 1, 1996.

准》第6条规定:“心理咨询工作者应始终严格遵守保密原则,具体应做到:心理咨询工作者有责任向求助者说明心理咨询工作者的保密原则,以及应用这一原则的限度……心理咨询工作者对于咨询交往的各种资料,包括会谈记录、来往信件、测验资料、治疗记录、调查材料等负有保密责任,应妥善保管,不得遗失或泄露。心理咨询工作者受卫生、司法、公安机关询问时,不得做虚伪的陈述或报告。”根据该规定,心理咨询工作者应当向社会保密,但是当卫生机关、司法机关以及公安机关对其询问时,不得作虚假陈述或报告,也就是不享有拒绝披露的特免权。

二、神职人员交流特免权

美国几乎所有的州都承认神职人员和忏悔者之间的特免权。不仅如此,很多州还规定,该项特免权的持有人不仅包括神职人员,而且包括向神职人员求助的信徒(忏悔者)。也就是说,即使神职人员自己想放弃这项特免权,信徒可以阻止他向法庭披露双方交流的信息。这是西方基督教世界维持自身体系运转的必要内容,是基督教徒精神生活的一部分。

神职人员特免权的制度目的是鼓励信众去找神职人员吐露自己心中的秘密,以求获得内心的安宁,以及上帝的教导和宽恕。例如,一名男子到教堂对神父忏悔。通过忏悔、诉说,此人的罪恶感得到减轻,就可以放下包袱,轻身前进。但有一个前提,即忏悔者去向神父忏悔的时候,神父必须保密,而且信徒也相信他是保密的。这是这一心理放松机制得以正常运行的前提。

案例9.15　冲突价值下的良心煎熬:莫拉雷斯诉泊图昂多[18]

1987年9月28日,里瓦拉在博龙克斯被谋杀。晚上11点左右,里瓦拉、罗德林格茨以及罗德林格茨11岁的儿子塞萨一起走在克里公园旁边的大街上。他们看到一群十几岁的小孩,其中至少一位手里拿着棒球拍或棍子。之前在里瓦拉和这群小孩之间曾经有过一场冲突,这群小孩靠近里瓦拉。

里瓦拉跑开了,小孩们追上了他。有些人用棍子或棒球棍在他头上击打,把他的头打破。他倒在地上,另一些人用刀刺他,并仍然不停地打他。尸检发现,里瓦拉头部右侧有多处撕裂伤,背部有两处刺伤,其中一处深入左肾,造成胃部大出血。里瓦拉死于头部所处撕裂和造成胃部大出血的联合损伤。

谋杀现场没有人被逮捕。几天之后,当时年仅18岁的莫拉雷斯出现在警察局遭受讯问。他自愿来到警察局并否认了一切有关卷入此谋杀案件的指控。他被要

〔18〕 Morales v. Portuondo, 154 F. Supp. 2d 706, S. D. N. Y. 2001.

求参加辨认。罗德林格茨,也就是目睹了其丈夫被打死的被害人的妻子,指认莫拉雷斯为袭击者之一。

莫拉雷斯与蒙塔弗和拉米雷兹一道被起诉。检方给予莫拉雷斯一个 1 ~ 3 年监禁的答辩交易条件,但莫拉雷斯拒绝了这个交易条件,而是坚持选择进入审判。1988 年 12 月,莫拉雷斯和蒙塔弗一案开庭审理。拉米雷兹在此期间自杀身亡。

1988 年 12 月 22 日,陪审团裁决莫拉雷斯和蒙塔弗构成二级谋杀。

两人被裁决有罪之后不久,在法官量刑之前,另一个叫弗恩斯的十几岁的小孩,请求与神父约瑟夫·绦尔谈话。弗恩斯当时年仅 17 岁。绦尔是一个在博龙克斯社区服务的罗马天主教牧师,他应邀上门访问了弗恩斯。弗恩斯告诉绦尔,他感到很悲伤,因为他的两个伙伴都被裁决犯了谋杀罪,而他们俩当时并不在现场,也未卷入谋杀事件。弗恩斯还告诉绦尔说,正是他和另外两个人实施了谋杀,另外两人中的其中一人正是已经自杀的拉米雷兹,他们用棒球棍和刀夺走了里瓦拉的生命。

弗恩斯问绦尔他应当怎么办？绦尔告诉他:"如果你有勇气和仁心,你就应当去法院让人们知道应当负责的人是你而不是其他两位已被定罪的人。"谈话结束时,绦尔还以上帝的名义给了弗恩斯宽恕。

作为与绦尔神父谈话的结果,弗恩斯去见了蒙塔弗的母亲玛利亚·蒙塔弗。弗恩斯告诉她,是他、拉米雷兹和卡洛斯·欧卡西欧实施了杀死里瓦拉的行为,莫拉雷斯并未卷入。蒙塔弗立即给她儿子的律师和伊丽莎白·科隆也就是莫拉雷斯的母亲打电话,告诉他们她与弗恩斯谈话的内容。科隆将谈话内容转达给了她的女儿玛利亚·莫拉雷斯·弗拉。弗拉立即将信息转达给了安瑟妮·赛维诺。

赛维诺在审判后和量刑前被委托为莫拉雷斯的代理人代理他上诉。当弗拉告诉他弗恩斯的谈话内容时,他说他希望见一见弗恩斯。

1989 年 1 月 24 日,赛维诺到博龙克斯最高法院参加对莫拉雷斯量刑的听证。在这里,他碰到了莫拉雷斯家庭成员。赛维诺等候其他律师到庭的时候,弗恩斯由他父母陪伴,意外地出现在他面前。赛维诺说希望能与他谈谈,弗恩斯同意了。就在赛维诺领着弗恩斯通过走廊走向法庭隔壁房间的时候,莫拉雷斯·弗拉无意间听到弗恩斯对赛维诺说:"是我实施了犯罪,我应该在这里受审才对。"

赛维诺说弗恩斯告诉他,莫拉雷斯和蒙塔弗被关监狱是不对的,因为他们没有做任何事情。我应该去监狱。然后他不断地重复,是他犯了罪,他应该去监狱。他们没犯罪,他们根本都没在现场。

赛维诺相信弗恩斯的到来是因为他在良心上确实有一种负罪感,他认为莫拉雷斯和蒙塔弗不应该在这里受审。赛维诺的印象是弗恩斯出现在法庭上应当是因为莫拉雷斯和蒙塔弗被安排在这一天量刑,而他则希望自己能够在他们被量刑之前能够做些什么。

两人的会谈终结于弗恩斯对赛维诺的问话:"我该怎么办?"赛维诺回答说他不知道,但是他希望弗恩斯和警察谈一谈。弗恩斯答应下午2点之后去和布隆克斯的警察谈话。

赛维诺于是向法庭申请推迟量刑听证,告诉法庭他将申请搁置陪审团裁决,因为他已经有了新的证据——弗恩斯的陈述。赛维诺仍然以莫拉雷斯的律师的身份出现,代替了莫拉雷斯的庭审律师。

庭审程序之后,科隆女士立即向赛维诺报告说在弗恩斯与他会谈后,弗恩斯就告诉她他要在下午2点去她的商店。她还说弗恩斯问她:他是否需要一名律师?

弗恩斯在下午2点并没有出现。相反,他在绦尔神父和他家人的陪同下,到一个法律援助中心去寻求法律建议。在那里,他们见到了斯坦利·科恩先生,一个刑事辩护律师。绦尔告诉科恩,这里有个年轻人感到恐惧,他有些东西需要从他胸腔里拿出来。科恩与弗恩斯单独进行了谈话。

科恩向弗恩斯解释了律师—委托人特免权的含义和内容。弗恩斯告诉科恩,他和另外两人杀害了被害人,而已经遭到定罪的两名被告人则并未杀人。弗恩斯还告诉科恩,他那天早些时候还去了法院,并和其中一名被告人的律师说了话。当科恩问他为何如此时,弗恩斯回答说:"我来到这里是因为我无法入睡,吃不下饭,没有人强迫我来这里或者告诉我做这个,仅仅是由于某些事情出了差错。"

弗恩斯解释说他去过了法院并且希望能够促进一些事情的发生——他希望人们会说,好吧这两人可以回家了,然后一切事情都好起来。当科恩进一步问他话时,弗恩斯说他之前之所以没有站出来是因为他确信那两名被告人不会被定罪。事实上,他们确实没有犯罪,他很惊讶他们居然被定罪了。

科恩和弗恩斯讨论了将弗恩斯"暴露"的情况。他告诉弗恩斯说,他如果承认是自己犯了罪,很可能会丢掉自己的性命。但弗恩斯说他不在意。他说"是我犯了罪,他们没有犯罪。我应该在这里,而不是他们"。科恩于是给了弗恩斯以下建议:"你才十七八岁,你的整个生命都还在前头。如果你有负罪感,你可以向你的神父忏悔。你再做任何进一步的动作都不符合你的利益……你现在面临的问题之一就是,你所作的任何进一步的动作都不会使那两个被定罪的人洗清自己,但是却有可能使自己也卷入其中,你会遭到起诉,而另外那两位却并不必然会获得释放。认为你不能再往前走了,你不应当回答任何他本应援引第五修正案的问题。"

科恩同意代理弗恩斯的案件。之后,他与被告人的辩护律师们在地区检察官的办公室进行了会谈。他更加确信由于地区检察官相信不止两人参与了该项犯罪,如果弗恩斯承认自己参与其中的话并不会帮到两名已经被定罪的被告人。于是,他继续要求弗恩斯不要再做任何事情。他还解释说在一个裁决已经作出之后就非常难以推翻。

最终,弗恩斯接受了科恩的建议。在某个时点,科恩在地区检察官办公室与两名辩护律师进行了谈话,并告诉他们他准备代理弗恩斯的案件并要求他们不要再和弗恩斯交谈。

莫拉雷斯的律师提出动议要求搁置陪审团的裁决,有关该动议的听证于1989年5月举行。弗恩斯听从了科恩的建议,援引第五修正案反对强迫自我归罪的特免权,拒绝回答任何问题。

1989年5月18日,莫拉雷斯和蒙塔弗被判处15年至终身监禁的不确定期刑。1991年12月5日,上诉法院维持了一审裁决。

1997年,弗恩斯在一场与本案无关的斗殴中被杀害。2000年5月,绦尔神父签署了一份附誓证言。该证言描述了弗恩斯于11~12年前对他作出的陈述。他还给了莫拉雷斯的律师一份附誓证言的副本。2001年4月17日,莫拉雷斯向纽约州最高法院提出动议,请求撤销原审判决,理由就是绦尔神父的陈述作为新证据足以推翻该判决。

在2001年7月16日举行的人身保护令预备程序上,莫拉雷斯传唤了5名证人出庭作证:绦尔神父、赛维诺、科恩、蒙塔弗、弗拉。

思考 证据规则在人身保护令程序中同样适用。本案中,已经死亡的弗恩斯对绦尔神父、赛维诺律师、科恩律师以及蒙塔弗和弗拉所作的陈述,是否具有可采性?另外,你认为美国的刑事司法程序有没有什么问题?

三、记者特免权

记者特免权的含义就是新闻记者对于消息提供者的身份有权拒绝披露。其理论基础是:第一,它可以鼓励人们向新闻、报纸、周刊、网络媒体提供消息来源;第二,它是美国联邦宪法第一修正案所保护的关于获得信息的自由、良心自由、表达自由的一部分。

在我国,这一特免权制度尚未获得承认。

第十章　实 物 证 据

在英美证据法上，所有证据都可以归入言词证据和实物证据两大类。通用于两大类证据的规则只有关联性法则。言词证据适用品格证据规则、意见证据规则、证人证言规则、专家证言规则和传闻法则。实物证据统一适用验真规则，但对于文书等证据，除了适用验真规则以外，还适用原本法则，又称最佳证据规则。当然，本章关于言词证据和实物证据的分类，只是一个概括式的分类。具体到一个特定的证据，还要视当时的场合来决定其适用的证据规则。具体而言，在我国语境下，验真规则适用于所有的实物证据，包括我国各大诉讼法规定的物证、书证、视听资料、电子数据，以及勘验、检查笔录等。原本法则只适用于文书、图片和照片，即主要适用于我国诉讼法中规定的书证。

本章第一节阐释所有实物证据的验真，也就是出示证据的一方通过一定的程序、方法乃至出示其他证据证明其拟出示的证据就是其意图出示的证据。验真的性质实际上就是关联性的精致化。验真的证明标准是表面可信。验真的方法包括自我验真、保管链条验真等。第二节介绍最佳证据规则，包括英美法上最佳证据规则的含义、适用范围、原件和复制件的界定、原始性要求的例外，以及我国相关司法解释中对于文书、录音、照片等所作的规定。由于电子数据在人们的日常生活和经济生活中的使用日益广泛，其在诉讼中出现的频率也日益增加，再加上电子证据的特殊性，第三节对电子证据单独加以论述。

第一节　验　　真

本节论述验真和辨认。前三部分分别阐述验真的含义、性质与验真、辨认需要达到的证明标准；第四部分阐述最简单的验真方法——自我验真。之后按照不同的证据种类分别阐述物证的验真、文书的验真、展示性证据的验真、声音识别、电话交谈的验真等。

一、验真的含义

美国《联邦证据规则》第901条(a)规定:“为了满足验真或辨认的要求,举出证据的一方应当出示足够的证据以证明其拟出示的证据就是其声称该证据所是的东西。”简单地说,验真或辨认就是举出证据的一方在出示该证据之前,应当首先证明其拟出示的证据就是他所声称的东西。换个说法:验真就是通过证据证明举证方出示的那个东西就是他观念上想要出示的那个东西,或者说举证方客观上展示的那个东西就是他主观上想象的那个东西。例如,民事案件中的原告欲出示其与保险公司签订的保险合同,拟证明保险合同中约定的相关条款,则原告应当首先举出证据证明其准备出示的合同正是双方签订的那份合同。又如,刑事案件中的控方如欲出示一把手枪,以证明被告人用该手枪杀害了被害人,则控方首先应当举出证据证明其意图出示的手枪就是用于杀害被害人的那把手枪,而不是从枪械库中随意拿出或从黑市上随意购买的一把手枪。

案例10.01　杀人凶器的验真

公诉人:下面公诉人拟向法庭出示物证凶器尖刀,请准许。

法官:允许出示。

公诉人:首先出示尖刀的提取笔录、扣押笔录(这不同于刑事诉讼法中的现场勘验笔录),证明该凶器系公安机关在案发后提取于案发现场。(宣读相关内容)

法官:被告人对此有无疑义?

被告人:没有。

法官:辩护人有无疑义?

辩护人:没有。

法官:公诉人继续举证。

公诉人:(将尖刀举起)被告人,这把尖刀是不是你杀死被害人所使用的尖刀?

被告人:我看不太清楚,好像不是这把刀。

法官:法警,把刀拿给被告人辨认。(法警把尖刀拿到被告人面前,被告人仔细观看)

被告人:我还是觉得不太像我家的那把刀。

法官:辩护人有无疑义?

辩护人:我同意被告人意见。

法官:公诉人有无答辩?

公诉人:下面向法庭出示被告人在侦查阶段对该作案凶器所作的辨认笔录,证明该尖刀正是其杀人所用。(宣读相关内容)

法官:被告人有无疑义?

被告人:当时是我辨认的,我辨认出来就是那把刀,但我觉得,我辨认的不是今天这把刀。

法官:辩护人有无疑义?

辩护人:同意被告人意见。

法官:公诉人有无答辩?

公诉人:下面出示证人王某的证言摘录及辨认笔录,王某系被告人佟某的母亲,证实该物证系其家中平时使用。(宣读相关内容)

法官:被告人对此有无疑义?

被告人:我对这个辨认笔录没有疑问。可是,我就是觉得今天公诉人拿的这把刀不是我家里的那把刀。

法官:辩护人有无疑义?

辩护人:同意被告人意见。

法官:公诉人有无答辩?

公诉人:公安机关的现场勘查笔录,对于尖刀的提取笔录、扣押笔录均证实该把尖刀提取于案发现场,并经被告人和证人辨认后确认,而且,经鉴定,在该把尖刀上检验出了被告人的指纹和被害人的血迹,上述证据能够相互印证,证明该把尖刀确系被告人使用的杀人凶器。

法官:请公诉人继续举证。

上述案件中公诉人出示了现场勘查笔录、提取笔录、被告人母亲辨认笔录、侦查阶段的辨认笔录以及在这把刀上检验出的被告人指纹和被害人血迹(证明这把刀是作案工具最有力的证据是因为这把刀上检验出了被告人的指纹和被害人的血迹,这分别是两份不同的鉴定意见),用了这些证据才证明这把刀是被告人用来杀害被害人的那把刀。这就是我国司法程序中类似于英美验真的一个过程。此案中,任何人都不能平白无故拿一把刀称这就是被告人用于杀害被害人的那把刀。相反,举出证据的一方要用一系列的证据来证明这把刀确实就是被告人用于杀害被害人的那把刀。上述案件中的这个过程虽然不完全等同于验真、辨认的过程,但是包含了验真、辨认的过程。

验真通常会涉及这样几个事实:一是案件事实,如被告人用刀杀死了被害人;二是证据 A,就是用来证明案件事实的事实;三是证据 B,就是证明证据 A 就是举证方当事人所称的那个事实的事实。在案例 10.01 中,证据 A 就是那把尖刀,举证方出示它的目的是证明被告人用这把刀杀死了被害人这个事实。但在这把刀能够用于作为定案根据之前,举证方必须先举出证据证明其拟出示的那把刀就是他所声称的那把刀。也就是举出证据的一方,以其他证据来证明他所举出的那个证据就是他想出示的那个证据。它不同于我们刚才举的那个例子,不是为了证明那把刀就是用来杀害被害人的那把刀,而是证明那把刀就是举证方想要出示的那把刀,这便是验真的过程。

二、验真的性质

从性质上看,验真是关联性的一个具体方面。按照部分英美学者的说法,验真或者辨认归属于以事实条件成就为前提的关联性,就是本书第四章所说的附条件的关联性和附条件可采性的范畴。

在"蓝羽毛的红帽子"案件(以下简称红帽子案件)中,被告人被指控抢劫银行,控方想在法院出示一顶有蓝羽毛的红帽子(以下简称红帽子)。控方之所以要出示这顶红帽子,是因为有目击证人证明在案发现场有一个抢劫犯戴着红帽子。如果没有目击证人的证词,证明案发现场看到抢劫犯戴着红帽子,那么这个红帽子就和案件没有关联性。也就是说,目击证人证词是红帽子与案件具有关联性的前提条件。这是附条件的关联性。

需要注意的是,在红帽子案件中,除了必须有目击证人证明案发现场有抢劫犯戴着红帽子这个条件之外,实际上还有一个条件,即控方还必须证明这个红帽子是从被告人家中搜出来的,或者逮捕被告人的时候从被告人头上取下来的。如果没有在被告人家中搜出这顶红帽子或者是在他头上取下红帽子这个情节,则仍然不能证明这顶帽子和案件是有关联的,因为可能随便从商场买一顶红帽子或者从别人家中搜出一顶红帽子就嫁祸被告人,即可能出现栽赃陷害的情况。因此,为了证明被告人就是犯罪现场实施抢劫的那个人,控方除了要证明确实有目击证人证明在案发现场有抢劫犯戴着红帽子以外,还必须要证明这顶红帽子是被告人所有,而且事后经过妥善保管,这顶红帽子性状没有发生任何改变,那么就满足了验真的条件。另一个条件就是证据法中的验真。作为控方,必须要证明这顶帽子和案件有关联,即首先要证明案发现场的抢劫犯戴着一顶红帽子,其次要证明这顶帽子确实是被告人所有。这实际上就是关联性的精致化。

三、验真、辨认需要达到的证明要求

验真所要求的证明标准是表面真实,就是表面可信的证据,也就是一个正常理性的人在了解这些信息的基础上通常会信以为真。而在案例 10.01 中,对于控方而言,要证明那把刀就是被告人用来杀害被害人的那把刀,并且需要把它证明到排除合理怀疑的程度,即控方如果把这个事实证明到排除合理怀疑的程度,那么被告人有罪也就被证明到了排除合理怀疑的程度。但是验真不需要达到排除合理怀疑的程度,它只需要一个表面可信的证明。这是验真和案例 10.01 中的证明过程不大一样的地方。

本书举案例 10.01 是为了说明我国其实也存在类似验真的过程。如果在一个案件中,控方已经把被告人用所出示的那把刀杀害了被害人这个事实证明到排除合理怀疑的程度,那么这把刀实际上也就获得了验真。因为定罪的要求远远超过了验真所要达到的证明程度。只不过因为英美实行的是二元制审判,陪审团将来如果看到这个证据,是否愿意相信其就是被告人用来杀害被害人的凶器,这是一个证明力评价的问题。但是验真所要解决的不是证明力评价的问题,而是该证据有没有可采性的问题。

案例 10.02 验真需要达到的证明程度是表面可信[1]

约翰逊因以斧子袭击佩普斯造成佩普斯身体多处伤害而被定罪。审判中,控方传唤佩普斯作证。一把长柄斧头在佩普斯作证时得到出示。警方依据搜查令于案发 5 日后在被告人家中扣押了这把斧子。佩普斯辨认出这把斧子就是用于袭击他的武器,尽管他的辨认有些许犹疑。约翰逊对该斧子表示反对,理由是缺乏足够的证据对它进行验真。但该斧子还是获准出示……

(上诉中)约翰逊主张,这把声称是用来袭击佩普斯的斧子在没有适当验真的情况下就被获准出示,这是不正确的。他声称佩普斯的证言不足以验真,因为该证言未能说出这把斧子的独特特征从而与其他斧子区别开来,同时也因为证人将他的辨认大部分建立在假设的基础上,是因为证人认为这把斧子是案发现场唯一的一把斧子,这把斧子定然就是争议中的斧子。不仅如此,约翰逊还声称,法庭上出示的这把斧子与事件发生现场的斧子的形状已经发生了改变,因此法庭本来应当对容许它作为证据非常审慎,但是法庭没有这样做。

美国《联邦证据规则》第 901 条(a)规定:“作为可采性条件的验真或辨认的要求,只有在有足够的证据支持争议中的事项就是提出该事项的一方所声称的事项这一认定时,方才获得满足。”因此,一旦一个表面可信的证明(prima facie case)得以建立,该规则中要求的条件也就得到了满足,该证据通常就应当获得容许。在此之后,就应当由事实裁判者来确定该争议证据的真实性与证明力(probative force)。

本案中,尽管审判记录表明佩普斯对斧子的辨认并非完全确凿无疑,但证人确实表示他“十分确信”(pretty sure)这就是约翰逊用于袭击他的斧子,他看到约翰逊手里拿着的就是这把斧子,他本人对这把斧子非常熟悉,因为他自己曾经用过它。在佩普斯的这些证言的基础上,一个理性的陪审员应当会认定,这把斧子就是那把

[1] United States v. Johson, 637 F. 2d 1224, 9th Cir., 1980.

声称被用于袭击的武器。佩普斯是否能够特别地辨认出斧子的特征，以及这把斧子形状的改变，都应当属于这把斧子所具有的证据分量（weight to be accorded this evidence）。审判法庭正是如此裁决的。换句话说，尽管陪审团仍然可以自由地拒绝控方认为这把斧子就是用于袭击佩普斯的那把斧子这一主张，但本案中美国《联邦证据规则》第 901 条（a）所要求的可采性条件却应当已经获得满足。

四、自我验真

以上介绍了验真的概念、性质与验真需要达到的证明要求，这些是关于验真的一般性知识。验真有很多种方法，本部分首先介绍自我验真。

最简单的验真方法就是自我验真。美国《联邦证据规则》第 902 条是关于自我验真的规定。根据该规定，下列证据可以自我验真，它们无须外部证据加以验真即可获得容许：（1）盖印并签名的国内公文；（2）虽未盖印但有签名的国内公文；（3）外国公文；（4）经核验的公共记录的副本；（5）官方出版物；（6）报纸与期刊；（7）贸易标识及类似物；（8）经公证的文书；（9）商业票据及相关文件；（10）联邦制定法宣布推定为表面真实或验真的签字、文书或其他事物；（11）经核验的对国内经常性活动的记载；（12）经核验的对国外经常性活动的记载。

从上述自我验真的对象来看，可以通过自我验真达到验真要求的证据通常是书证。它们的特点是通过事物自身具有的一些特征就可以达到表面真实的效果。例如，盖印的公文、官方出版物，以及报纸、期刊等。因为这些东西具有明显的特征，一般很难伪造，即使伪造成本也比较高，所以说拿《人民日报》《中国社会科学》等报纸、期刊作为案件的证据，只要满足关联性条件，一般都是没有问题的。这是最简单的验真方法。

除美国《联邦证据规则》第 902 条以外，第 901 条（b）（4）的规定其实也属于自我验真。根据该规定，一个证据的外观、内容、实质、内部规律或者其他显著性特征，结合案件的总体情况，也可以获得验真。例如，红帽子案件中，红帽子就可以通过它的显著特征获得验真。一般人很少戴红帽子，因此可以通过即时辨认的方法验真。在法庭上出示这顶红帽子并问被告人："你认识这顶红帽子吗？"被告人说："对，那是我天天戴的红帽子。"这就满足了验真的要求。如果被告人否认，则必须找个证人进行验真，但没有必要一定要证明到排除合理怀疑的程度。它是否真的就是被告人作案的时候所戴的那顶红帽子，还要由陪审团结合其他证据进行综合的评价与判断。对于一些物证、书证，还有一些带有直接的可辨认属性的证据，通过简单的自我验真，或者直接辨认即可。因此，第 901 条（b）（4）规定的还不完全是自我验真，因为其还要求一些别的证据来辅助。而第 902 条规定的自我验真是完全不需要任何外在证据的辅助就可以进行的验真。

| **案例 10.03** | 美国诉巴格里克〔2〕

被告人麦如·巴格里克、温苟·罗格如思科等均因违反敲诈与腐败组织法而被定罪。麦如·巴格里克曾经在 1977～1978 年参与公司的企业事务,但作为诈骗罪的共犯未被起诉。

罗格如思科认为审判法院错误地容许了将他与巴格里克联系在一起的证据。该证据是一封警察于 1981 年 4 月 3 日进行的在对罗格如思科实施逮捕后获得其同意的搜查中获得的一封信。上诉人声称,该信件未得到适当的验真,根据是美国《联邦证据规则》第 901 条(a)。我们(上诉法院)不这么认为。根据美国《联邦证据规则》的规定,当有足够证据支持作出争议证据就是当事人所声称的东西这一认定时,验真的要求就得到了满足。根据美国《联邦证据规则》第 901 条(b)(4)的规定,该认定可以完全地建立在情况证据包括该书证的外观、内容、实质以及其他显著特征的基础上。

本案中,争议信件上面写的收信人是罗格如思科,收信地址是罗格如思科的居住地址。信的开头写的是"亲爱的温苟",结尾写的是"爱你的麦如·巴格里克……你的麦如·托尼"。托尼是巴格里克进入美国时用的名字。信中还提到"我们在芝加哥的人",指的就是四名居住在芝加哥的被告人。写信人还请求罗格如思科联系一下克若尼,有证据证明克若尼就是那个叫鲁巴斯的人。信中还提到一个叫"梅赛德斯"的人,也就是罗格如思科的朋友,这个人曾经在法庭上作证承认自己认识巴格里克,并且也认识罗格如思科的房东拉佐夫一家。最后,这封信还提到,"瑞士人、美国人和斯拉夫人正在因为我是危险的恐怖主义分子而驱逐我",这一事实也有证据证明——巴格里克因为谋杀南斯拉夫大使而被瑞士政府通缉,因而从瑞士出逃。总而言之,正如首席法官莫特里所认定的那样,本案中有丰富的信息表明这封信就是政府所声称的那封信,也就是一封来自麦如·巴格里克写给温苟·罗格如思科的信。

五、物证的验真

自我验真既适用于物证,也适用于书证。

物证如果有一些明显的、直接的可辨认属性,就可以通过对它直接进行辨认达到验真的效果。但是,如果一个物体不能通过即兴的辨认来验真,就只能通过

---

〔2〕 United States v. Bagaric, 706 F. 2d 42, 1983.

建立起该物体监管链条的方法来验真。以最常见的毒品为例,毒品不是一个人可以通过直接观察、触摸或者品尝就能够辨认的,除非是专家。毒品很容易改变,而且很容易被调包、替换,所以它要求有一个“保管链条”。对于毒品案件,控方通常需要在法庭上证明毒品是何时被扣押的,被扣押之后保存在什么地方。这通常会有警察来作证,其中包括负责搜查和扣押的警察、负责保管的警察,以及负责化验的鉴定人。通常是负责搜查的警察到法庭上作证,证明他在某年某月某日对被告人家里进行搜查,查获的毒品被交给了保管人员进行保管、封存。对这个警察来说,他的作证任务到此也就宣告结束。接下来由负责保管的警察来证明他在某年某月某日接到负责搜查和扣押的警察送来的毒品,并对其进行了封存,保存在什么地方,之后是否有人动过它。再往后就是负责鉴定的专家作证,证明他何时拿到了毒品样本,从何处获得,当时的物理形态及之后有没有改变,等等。上述所证明的过程就叫作“保管链条”。

| 案例 10.04 | “保管链条”的证明〔3〕

被告人是东弗兰克号钓鱼船的一名船员。该钓鱼船于 1980 年 12 月 29 日在距离弗吉尼亚海湾 60 英里处因故障沉没,被告人等被人救起。船员们被带到一艘意大利船上之后,海岸警卫队赶到。一名警官登上东弗兰克号,发现了大量大麻。海岸警卫队警官切诺基试图将东弗兰克号钓鱼船拖回岸边,但它最终还是沉没了。大约 240 捆大麻被捞起。回到海港后,大麻被交给海岸警卫和毒品执法管理局的侦探。被告人被指控非法持有并意图出售大麻以及相关罪名并被定罪。

被告人提出上诉,声称本案中控方没有建立起从弗吉尼亚海岸扣押大麻之后到本案审判中出示该大麻这一期间的连续的“保管链条”。的确,在转运和检测这些大麻的警员中,有一名没有出庭作证。但是,扣押和检测大麻的海岸警卫队官员,以及毒品执法管理局的化学分析师等均出庭作证。只有一名在海港从海岸警卫队手中接收大麻并将其转运至毒品执法管理局的警官没有出庭作证。

上诉法院经审理认为,“保管链条”规则是一个关于实物证据在获得可采性之前应当加以验真的具有弹性的原则。该门槛要求的目的是证明争议证据就是出示它的一方想要出示的证据。在本案中,控方出示的大麻就是从东弗兰克号扣押的大麻。因此,最终问题就是用于验真的证言是否足够完整以致能说服法庭该争议物品不大可能被另外的物品替换或者被篡改。与上诉人所坚持的主张相反,对于建立“保管链条”而言,精确性并非十分严格的要求。只要“丢失的环节不妨碍实物证据的容许,并且有充足的证据证明该争议证据就是它所声称的样子且未被实质

---

〔3〕 United State v. Howard – Arias, 679 F. 2d 363.

性地改变”,该证据就是可容许的。对该问题的解决由审判法官通过自由裁量的方法决定,本案中我们并未发现审判法官有滥用自由裁量权的行为。

六、文书的验真

文书是最常见的实物证据之一。对于文书证据,验真或辨认也是其具有可采性的前提之一。比较常见的文书验真包括但不限于下面六种方法。

第一种方法,以证人亲身的知识来验真。比如在合同纠纷中,一方出示合同以证明合同成立,对方要求对合同文本验真。在这种情况下,签订合同的当事人可以亲自进行验真,主张该合同就是自己签订的。在旁边见证了合同签订过程的人,虽然没有签字,但其既然见证了这个过程,对这个合同文本有所了解,则他也可以进行验真。按照美国《联邦证据规则》第 901 条(b)(1)规定,通过证人证言进行验真要求证人必须具备有关该文书的第一手知识。就合同案件来说,证人要么是签订合同的那个人,要么是见证了合同签订过程的人。

第二种方法,非专家对笔迹的辨认。也就是说,外行也可以凭借自己对笔迹的熟悉来进行验真。比如合同纠纷中签字的当事人的儿子对他父亲的笔迹很熟悉,由他来进行验真;或者是遗嘱继承中被继承人的朋友对被继承人的笔迹非常熟悉,他来做一个非专家的辨认,这都叫作验真。这样的辨认结论不是专家意见,而是以外行的身份发表的意见。在这个意义上,美国《联邦证据规则》第 901 条(b)(2)是将非专家对笔迹的辨认作为外行意见具有可采性的一个例外来规定的。本书在第七章介绍美国《联邦证据规则》第 701 条的规定时,已经介绍过外行意见,如果是建立在亲身感知的知识的基础上,并且有助于事实的裁判者认定案件事实、判定争点,而且不需要依赖专业知识,则该外行意见具有可采性。第 901 条(b)(2)实际上是对第 701 条的一个举例,它是外行意见具有可采性的一个示范,即在这种场合下,不用再去判断该意见是不是有助于事实裁判者认定事实,外行可以直接对笔迹发表意见。这是对文书证据的第二种验真方法。

案例 10.05 “武林高手”暗中相助?[4]

1991 年 9 月 12 日上午 9 点 15 分,两名劫匪抢劫了一辆运钞车上的 2 万美元,然后上了一辆由第三人驾驶的米黄色轿车。10 点左右,警察找到了那辆被抛弃的米黄色轿车,在车上找到一张匿名的纸条:“浅绿色 ZPJ-254,他们换车了,这是另外一辆车。”警察马上查找 ZPJ-254 的车主。车主叫泳(Young),是米歇尔(Mitchell)的

[4] United States v. Mitchell, 145 F. 3d 572, 1998.

未婚妻，审判时已经是他妻子了。当天下午警察就找到了泳家，之后看到米歇尔出来，便跟在后面，以违章为由把车别停，之后进行了搜查。警察在米歇尔身上发现了1400美元现金。审判时，控方试图出示匿名纸条，即那张写着"浅绿色 ZPJ－254，他们换车了，这是另外一辆车"的纸条。审判法院认为，该匿名纸条属于传闻例外中的当场印象，因此容许了这一证据。

上诉法院认为，本案中的匿名纸条既不符合当场印象这一例外，也不属于剩余的例外；审判法院容许该匿名纸条的做法不属于无害错误。因此，决定将该案发回重审。

第三种方法，法官或专家的比对。法官、专家、证人都可以通过对笔迹、文书进行比对，来判断两者是否具有同一性。当然这里可能会存在一个双重验真的问题。因为需要验真的通常是有争议的那个文本，而作为样本的那个文本，如果不是作者本人在场即兴书写的，则本身也存在一个需要验真的问题。但是如果我们假定对样本不存在需要验真的问题，或者已经经过了验真，那么法官和专家可以就争议文本和样本之间进行比对，通过这种方法来进行验真。

| 案例 10.06 | 书写风格的相似性应被容许验真〔5〕

1982年3月9日，联邦大陪审团针对被告人罗塞尔·克利福德提出两项指控，内容为克利福德给他的继任者、宾州萨尔兹堡警察局长查尔斯·谢龙写恐吓信。这些信件都以黑体字印刷而成。

侦查过程中，探员多次要求克利福德以草书方式提供多份由他签名的回信。在对克利福德的部分案件进行审判时，控方希望向陪审团指出，在以黑体字印刷的恐吓信与克利福德以手写体书写的信件中，在拼写、简写、句法以及段落结构等方面均存在诸多相似之处。这些相似之处包括把"figure"错拼成"figuar"，把"explosives"拼写成"explodsives"；不能前后一致地用圆圈或逗号来代替字符"i"；行首不空格，段落之间不空行；用一些特定的简写，如"Chas"代替"Charles"；在两组信件中都用长句子等。

但是，控方也承认，本案并没有直接证据能够证明克利福德书写了那些手写的信件。控方有间接证据证明克利福德书写了那些手写的信件，因为它们都有"罗塞尔·克利福德"的签名，并且它们都是寄给克利福德还是警察局长时与他显然保持着业务合作关系的官员。但是，克利福德不承认他书写了这些信件，同时也拒绝自愿地提供手写的笔迹样本。

---

〔5〕 United States v. Clifford, 704 F. 2d 86, 1983.

1982年3月26日,控方向法院签发了一个动议,请求法庭强制克利福德提供手写体的笔迹样本。控方希望借此手写体笔迹样本证明克利福德确实书写了那些有他签名的手写体信件,然后再指出那些手写体信件与黑体字印刷的恐吓信之间的相似性。

1982年4月14日,地区法官召开了一个基于控方提出的动议的听证会。听证会上,控方对要求克利福德提供手写体笔迹样本的请求作出说明,向法官出示了一份联邦调查局的报告,该报告概括了一位作为法庭语言分析的联邦调查局探员师对恐吓信和有克利福德签名的手写体信件之间的相似性的分析。联邦调查局探员的报告指出,在对两者进行比较之后,他认为是克利福德写了恐吓信的可能性非常大。但该报告也指出:"对语言学方法的申请不得被认为是辨认的实证方法,该分析的结果仅仅是用于作为侦查的辅助手段,而并非意图用于作为证人证言。"

地区法院法官关注于"并非意图用于作为证人证言"这句话。根据这句话,他对手写体信件与恐吓信之间的比较作为证据来容许的主张提出了质疑。他更进一步指出,如果这一证据不具有可采性,那就不必强迫克利福德提供手写体笔迹样本。法官要求控方提供进一步的理由并表示将对控方的动议作进一步考虑。

1982年4月26日,控方又签署了一份动议,请求裁决手写体信件如获得适当验真则将在审判中具有可采性。1982年5月17日,地区法官命令,在就其他动议作出裁决之前,先举行一个关于审查控方提出的法庭语言学分析的听证会。法官命令控方提供联邦调查局探员的身份信息,并传唤另一名语言学专家到听证会上来作证。控方书面回应说它无意在审判中传唤任何专家证人到庭作证。但是,控方也表示,基于法庭的命令,控方将传唤下列证人作证:心理语言学教授米龙博士,该教授曾为FBI提供了语言学方面的咨询;弗格森探员,联邦调查局实验室负责法庭语言学方面的总管;皮克特,联邦调查局实验室的听觉分析师,也是本案联邦调查局报告的作者。

听证会于1982年6月8日举行。米龙博士作证说法庭语言学分析就是一个对不同文本之间的风格相似性进行匹配的过程,并对那些相似性根据它们的显著特征以及出现和发生的频率进行评估。米龙博士还指出,这样的分析方法不能对匿名文本作者的同一性提供实证分析。他提示说,法庭语言学分析的结果可以被用于证明文书的作者,但却不能用于排除其他可能性地证明某个人书写了某个文件。

法官于是问米龙博士,陪审团在没有专家帮助的情况下是否可以对不同的相似性进行分析并排除合理怀疑地得出一些特定并且有效的结论。米龙博士回答说,专家可以帮助陪审团决定一些特定的相似性的异常程度,从而决定应当给予那些相似性多大的证明力评价。米龙博士还指出,陪审员也可以在没有专家帮助的情况下对如何解释这些证据作出适当的结论。

根据听证会的情况,法官口头拒绝了控方要求强制克利福德提供手写体笔迹样本的动议。法官还裁决,控方不得在审判中出示证据目录中的手写体信件。在他之后的补充意见中,法官指出他的裁决是基于美国《联邦证据规则》第403条赋予他的自由裁量权,并判定手写体信件无论是否有专家证言都不具有可采性。法官的结论是:容许这样的证据将引导陪审团将其裁决建立在惊奇和想象而不是排除合理怀疑的证明的基础上。

上诉程序中,控方抗辩说,地区法官错误地拒绝了陪审团自行在两组文书之间进行比较的权利。被上诉人克利福德则声称审判法院排除这些证据是正确地行使了美国《联邦证据规则》第403条赋予法官的自由裁量权。

我们(上诉法院)注意到,根据美国《联邦证据规则》第403条的规定,审判法官在排除证据方面的确享有广泛的自由裁量权。但是,在本案中排除证据的问题上,地区法官错误地解释了控方的请求。控方从未意图出示法庭语言学方面的专家证言,也无意将FBI报告作为证明克利福德是恐吓信作者的证据加以出示。因此,就控方请求的性质而言,法官对于容许专家证言的关心实际上是放错了位置。同样地,法官对运用FBI报告作为证言的关心也是操错了心。

我们认为地区法院在排除手写体信件方面滥用了自由裁量权。该手写体信件应当被容许用于证明这些信件和恐吓信之间的风格相似性。我们判定,控方证据目录中的文书证据在获得适当验真的情况下应当具有可采性。

第四种方法,通过回复法则验真。例如甲给乙写了一封信,对方回了一封信;甲给乙写的信中提到了双方之间的业务,而乙在回信中也就甲提到的那些业务做了回应。这样的话,只要出示了甲给乙写信的文本,则乙回复的文本自然就可以得到验真。这是因为一般情况下我们都假定,他人是不知道甲、乙之间谈话内容的;甲给乙写了一封信,提到了甲、乙之间的一些特定业务,乙的回复也谈到了甲写信当中提到的那些业务,那么这个回复本身应当视为是真实的。这就叫作通过回复法则验真。

第五种方法,通过保管年限、保管状况或保管地点验真。根据美国《联邦证据规则》第901条(b)(8)的规定,如果一个文书或资料的汇编状况,不会使人对它的真实性产生任何怀疑,或者处于不会使人对其产生怀疑的地方,或者已经存在20年以上,则该文书或资料可被视为得到验真。如果一个东西在固定地点存放了20年以上,一般也认为它是真的。因为常识一般认为一个人不会如此深谋远虑,预料到自己20年以后的今天恰好有这么一个诉讼存在这么一个需要,因此20年前就弄了一个假的东西放在这儿。所以,如果一个东西能够证明它在那个地方已经存在了20年以上,也就满足了验真的要求。这叫作通过保管年限验真。

第六种方法,对于公共机构的记录或者报告,可以通过指出其系由法律授权记录或存档公共机构取得,或者是从保存此类文件的机构取得的方法进行验真。这一规则还可以延伸适用于公共机构电脑中储存的资料。

七、展示性证据的验真

展示性证据包括模型、地图、照片、X光片、模拟案发现场的动画或者组合所有证据的电子文件等。它和实物证据的区别在于它自身没有证据价值,而实物证据自身则有证据价值。展示性证据,是帮助陪审团理解言词证据的一个可视工具。换句话说,它具有可采性的理论基础是图画描述式证言理论。它通过一幅图片,让那些语言表达能力差的证人所试图证明的事实,或者由于当时环境复杂没有办法完全用语言来进行描述的证据以准确、清晰、生动的方式得以呈现,从而帮助陪审团了解案件事实。因此,展示性证据只具有辅助的作用。允许它使用的理论根据在于,人们看到的东西,通常比听到的更容易理解。当然它要符合一定的条件,即要有关联性、解释力、精确性。

案例10.07 照片的验真

问:约翰逊(Johnson)先生,你看到车辆碰撞了吗?

答:是的,我当时就在几英尺远的地方,当时站在人行道上。

原告:法官大人,我们可以将此照片做个标记吗?

法官:可以。(律师将照片交给书记官,书记官将其标记为一号展示物)

问:这个标记为一号的展示物,是否向被告律师展示?

法官:可以。(被告律师审查照片,将照片交给了原告律师)

原告:法官大人,还需要证人吗?

法官:需要。(证人走向证人席,法庭将照片交给证人)

问:约翰逊先生,我向你出示被标记为一号的照片,你能认出照片中的场景吗?

答:能。那是发生车辆碰撞的十字路口。

问:那张照片是否合理准确地反映了发生碰撞时十字路口的情形?

答:是的。

原告:法官大人,我们将一号照片作为证据使用。

法官:被告反对吗?

被告:法官大人,我们不反对。

法官:好。原告提供的标记为一号的照片采纳为证据。

原告:书记官能否将其标记为已被采纳的证据?

法官：可以。

以上是照片作为一个展示性证据获得允许的过程。根据图画理论（pictorial theory），它具有可采性是因为它具有图画的功能。要求证人说清楚那个十字路口的实际情况，通常有一定的困难。但是用一张图片就能够快速而清晰地展示当时的情况。作为证人，向法官或陪审团出示类似的展示型证据，比言词陈述要更清楚，其无疑具有可采性。

| **案例 10.08** | 录像证据的验真[6]

一个叫邓肯（Duncan）的警察在一个女线人车上安装了摄像头，给了她 20 美元，让她到指定地点去接头，有人会卖毒品给她。警察就紧随其后。到了接头地点，警察到处转悠，但是视线没有离开线人的车。随后本案被告人瓦格纳（Wagner）来到线人车上，给了她价值 20 美元的毒品，线人把钱给了瓦格纳。这个过程被线人车上的摄像头拍了下来。线人回来后，邓肯就把摄像装置取下来。审判的时候，线人逃跑了。虽然审判时有证人指认录像中和线人交换毒品和金钱的那个人就是瓦格纳，但是线人无法找到，也没有他的证言，只有那个录像。

被告人反对出示录像带，理由是该录像没有得到适当的验真，因为本案没有"图画证言"（被告人的意思是录像不属于图画）。上诉法院认为，根据"图画证言"理论进行验真仅仅是验真的方法之一。除此之外，"沉默的证人"理论也可以作为图片等证据具有可采性的理论基础。本案中，争议证据是一段录像，经证人辨认该录像中的毒品交易者就是瓦格纳，录像还清晰地显示了录像制作的时间和日期。在没有任何证据证明该录像被篡改或编辑的情况下，该录像在"沉默的证人"理论支持下可以获得验真。

根据"图画证言"理论，一张照片具有可采性的理论基础是证人见证了事情的发生，但现在无法清晰描述该事件的相关事实，所以用一张图片帮助证人克服语言表达上的问题。但是在上面这个案件中，由于没有那个线人来证明案件发生当时的情况，也就无所谓图画式证言，所以根据"图画证言"理论，这个证据不具有可采性。然而这个案件中，法院仍然允许了该录像证据，它创立了一个新的理论，即"沉默的证人"理论，意指录像带本身就是一个沉默的证人。在现代社会，大多数国家都会允许这样的录像带，比如车祸发生时没有证人在场，则记录车祸发生情况的录像带也是具有可采性的。

---

〔6〕 Wagner v. State, Court of Appeal of Florida, 707 So. 2d 827, Fla. Ct. App. 1998.

随着社会的发展,几乎在每个场所都有监控录像。人们去商场购物有录像;小区、路口、主干道有录像;许多人自己家里也装了监控摄像头。按照“沉默的证人”理论,这都具有可采性。

八、声音识别

很多案件都涉及声音识别的问题,如威胁、恐吓,包括抢劫案件中被害人总是对抢劫者威胁的声音印象深刻。美国《联邦证据规则》第901条(b)(5)规定:证人关于一个人的声音辨认的意见,无论是证人亲耳所闻的声音,还是借由机械或电子传输或者是录音所听见的声音,只要是建立在该声音与说话者相关的任何场合的基础上,就会被认为满足辨认的要求。

根据这个规定,证人对声音在任何时候、任何情况下的熟悉,都可以构成他对声音进行辨认的基础。并不是只有在案件发生前就对所鉴别的声音熟悉才能构成对声音进行识别的基础,案件发生后对声音熟悉一样可以进行辨认。在一个案件中,证人只是在跟被告人两次购买可卡因的过程中有过会见,因此记下了被告人声音;法院判定,虽然证人和被告人之间只见过两次面,但该经历也可以作为证人对被告人声音辨认的基础。这实际上意在表明,最小的熟悉程度都足以构成声音辨认的基础。有时为了识别方便而改进录音质量,即采用科技手段,把录音做一个清晰度的处理,处理之后再进行识别,也是可以的。

案例 10.09 | 录音证据的识别

被告人被指控共谋出售毒品,控方用以证明共谋存在的主要证据就是对被告人进行窃听获得的一段录音。因为录音不是很清楚,所以警察将录音的截录文字作为帮助陪审团理解录音的辅助手段,一并提交给法庭。同时,控方还传唤警察出庭作证,证明该录像带中的声音就是被告人的声音。初审法院容许了这份证据。被告人向上诉法院提出上诉,上诉法院驳回了被告人的上诉,理由是该案中警察作为案件的证人来证明录音带上的声音就是被告人的声音,这只是一个验真,是该证据具有可采性的基础。至于陪审团是否相信这个录音带上的声音就是被告人的声音,还要对证据进行综合评价以后作出判断。

九、电话交谈

电话交谈其实有点类似声音识别,但电话交谈是个非常复杂的问题,我们尽量把它简化。按照美国《联邦证据规则》第901条(b)(6)的规定,对于有关电话交谈的证据,如果证明电话是打给当时分配给下列人员或单位的号码的证据,那么它具有可采性。其中第一种情况是关于特定的自然人。如果有情况证据,包括受话者自己的承认在内,表明受话者就是拨号者意在通话的那个人,那么这种回答本身就可以作为验真的基础。例如,张三给李四打电话,如果有证据表明张三拨打的号码就是电话局分配给李四的号码,那就足以证明李四就是张三想要通话的那个人。

案例 10.10 | 打入电话的验真〔7〕

被告人被指控强奸、抢劫、乱伦、盗窃。案件发生以后,被害人将其告发。警察根据被害人的辨认,在一个拥挤的大街上发现了被告人。但是被告人跑进了一个出租屋,警察赶到这个出租屋的时候,被告人不见了。当时跟被告人站在一起的人告诉警察,被告人的小名叫"跑得快"(Speedy)。警察在这个信息的指引下,再次进入被告人消失的那个出租屋,遇到一个自称是"跑得快"兄弟的人。这个人告诉警察"跑得快"正式的名字叫朱利亚斯·莱恩斯(Julius Lynes),不过不知道他在哪儿。警察就给了此人一张纸条,上面有警察的姓名和电话,告诉他要是"跑得快"回来让他按照这个联系方式来找警察。过了一小时,警察就接到电话,问对方是谁,对方说:"我是跑得快——朱利亚斯·莱恩斯(Speedy – Julius Lynes)。"然后他说:"你找我干什么?"警察回答说:"我们在公寓里面找到了你的刀。"对方一听,说:"噢!不!"警察问他愿不愿意到警察局谈一谈,对方说:"哼,那你得先找到我才行!"就把电话挂了。

上面这段电话交流的内容被作为证明被告人有罪的证据在法庭上出示,法官允许了该证据。该证据具有可采性。实际上这是一个电话交流验真的问题。法庭允许这个证据的理由,是情况证据已经充分证明打电话的人就是警察要找的人:首先,当时跟被告人站在一起的人告诉警察说被告叫"跑得快";其次,自称是"跑得快"兄弟的人告诉警察说,他知道"跑得快"的真名叫朱利亚斯·莱恩斯,但不知道他在哪儿;再次,警察给这个人留下了电话并告诉他如果见到被告人的话让其给警察打电话;最后,警察接到的电话与通话内容本身,显示了他就是警察要找的这个人,即他在电话中承认自己就是"跑得快",并且说出了自己的真名——朱利亚斯·莱恩斯。

第二种情况是关于特定单位。如果一个电话是打给一个特定的单位,并且交谈内容与合理地通过电话处理的业务有关系,那么它也可以用来作为验真的基础,使这个通话内容具有可采性。换句话说,如果电话局分配的电话是分配给

---

〔7〕 People v. Lynes, 1980.

特定单位的,那么只要是拨打了这个电话号码,除非有相反的证据,否则推定该单位工作人员就是接电话的人。

案例 10.11 电话回拨功能与嫌疑人身份的确认[8]

案件发生在 1993 年 10 月 30 日得克萨斯州一个必胜客披萨店内。一个人穿着必胜客的制服跑到该店门口,店面还没开张他就要求进去。在他说服了工作人员让他进去以后,一名女经理来到他面前询问,他声称自己是来参加新人培训的,然后递上一个文件夹。经理打开文件夹一看,里面有张纸条:“把钱交出来,否则我开枪。”经理顺从地把钱交了出来。离开的时候,这个经理说能否看看他的枪。这个人把围裙掀起来:在他的长裤上面,确实吊着一把枪。待其离开后,经理便报警,并给区域经理打了电话。警察来了之后,抢劫犯竟给经理打来电话,问是否有人受伤等情况,披萨店的电话有“ *69”键,可以对最近的来电进行回拨。通过这个功能,警察确定这个电话来自必胜客披萨店的另外一家连锁店。几分钟后,警察在那家店里找到了实施抢劫的男子。此案中,这个回拨的功能就可以直接作为验真的基础。

以上是关于验真的基本内容。我国法律体系中尚无验真这一概念,但是相关的法律制度在性质上实际上已接近或类似于验真。例如,我国 2010 年颁布的《关于办理死刑案件审查判断证据若干问题的规定》第 9 条第 1 款规定:“经勘验、检查、搜查提取、扣押的物证、书证,未附有勘验、检查笔录,搜查笔录,提取笔录,扣押清单,不能证明物证、书证来源的,不能作为定案的根据。”在这一规定中,勘验、检查笔录,搜查笔录、提取笔录,扣押清单等,实际上就是对拟出示的现场搜集的物证、书证等证据证明其来源的基础性证据,其功能和验真有异曲同工之效。

第二节 最佳证据规则

一、基本原则

根据美国《联邦证据规则》第 1002 条的规定,在证明文书、录音、照片的内容

---

[8] Pounds v. State, 1994 WL 543466, Tex. App, 1994.

时，应当提供该文书、录音或者照片的原件。这就是我们通常所说的“最佳证据规则”。因我国台湾地区习惯将书证的原件、复制件称为“原本”“副本”，便将该原则称为“原本法则”；大陆习惯对书证以“原件”“复制件”来称呼，因此本书有时将该原则称为“原件规则”。其适用的范围主要是文书证据，还包括了与文书类似的录音、录像、照片、图片等证据。在我国语境下，应当还包括勘验、检查笔录、侦查实验笔录、辨认笔录等。

原件规则只适用于当文书、记录或者图片的出示是为了证明该文书、记录或者图片内容的情形。所谓为了证明该文书、记录或图片内容时的情形，就是指对文书、记录或者图片内容的真实性产生了疑问的场合。例如，在遗嘱继承案件中，原告主张要继承被继承人的遗产，拿出被继承人的遗嘱，如果是一份复制件，双方对遗嘱内容的真实性发生争议，则该遗嘱复制件通常不具有可采性。在合同纠纷中，往往合同复制件被篡改的可能性很大，因此当一方试图以复制件来证明合同约定内容，对方对该复制件的真实性表示疑问时，该复制件通常也不具有可采性。所以原件规则只适用于在文本即文书的内容、图片记录的内容发生争议的场合，不适用于具有独立性事件的记录。

如果一个记录仅仅是对一个事件做记录，其本身并没有其他价值，则该记录不要求具有原始性。例如，在一个贩毒案件中，警方对贩毒过程中的一个电话交谈做了一段录音。这个录音在法庭上出示，被告人提出反对，称其不是最佳证据，要求由负责窃听的那个警察来到法庭上作证，主张其谈话原件才是最佳证据。该案录音证据最后还是获得了允许。因为这个录音是对毒品交易行为通话过程进行记录，它本身并不存在什么最佳证据的问题。又如，被告人在酒吧被人用酒瓶砸伤，把酒瓶都打碎了，审判时被告人要求控方一定要出示该案中用来殴打被害人的那个原始的酒瓶，则控方无法出示。再如，婚姻关系证明问题，当然可以拿结婚证来证明当事人之间是婚姻关系，但是不只有结婚证能够证明。在西方，如果婚姻双方是在公开场合举行的婚礼，参加婚礼的人都可以作证证明双方系夫妻关系。另外像清偿债务、购买商品、作伪证等情形，都不适用最佳证据规则。

二、理论基础

最佳证据规则的法理基础主要可以概括为以下几个方面。第一，与原件比起来，复制件更有可能出现错误。有的错误是无意造成的，有的是有意造成的。例如，甲男欠乙女 1 万元钱，写了一个借据，乙女起诉甲男，称其欠 7 万元钱未还，并拿出借据的复印件。但其借据复印件很难起到证明作用。因为跟原件比起来，复制件很容易伪造。在原件上把“1”改为“7”，多少会留下些痕迹；但是用复制件,改动起来可以不留痕迹。所以,复制件在证明案件真实情况的时候,有一定的瑕疵。

第二,原件不仅比副本可靠,而且包含很多副本不包含的内容,如笔迹的特征(如果是书写的)、原本所用的纸张等。例如一份合同,签订合同的单位对于用纸特别讲究,所有合同的签订都是用该单位定制的有特殊水印的纸。此时如果是原件,则该水印清晰可见;如果是复制件,水印就无法显现。所以,原件包含了很多副本不包含的内容,这些内容往往能够为对方当事人就文书的意义进行反驳和评判提供重要的依据。

第三,当证明对象为文书内容的时候,与建立在记忆基础上的口头证据比较起来,文书更加可靠,也较少可能出现因记忆错误而造成的缺陷。比如,合同文书要求出示原件,如果当事人没有合同的文本,只是提出一个证人证言来证明这个合同文本是什么,那么证人记忆出现误差的可能性是很大的。而且合同文本对语言的精练性要求比较高,通过记忆往往不能准确地复述合同文本的内容。摩根有一段话强调原件要求的意义:"概文字或其他符号如差之毫厘,其意义则可能失之千里,观察时之错误危险甚大,尤以当其实质上对视觉有所近似时为然,因此之故,除提出文本之原本以供检阅外,于证明文书之内容时,诈伪及类似错误之机会自必甚多。"

| **案例 10.12** | 动画作品适用最佳证据规则〔9〕

塞勒(Seiler)声称,他于 1976 年和 1977 年创造并发表了一种科幻小说生物,取名为"噶溪安跨越者"(Garthian Striders)。1980 年,乔治·卢卡斯发行了一个名为《帝国反击战》(*The Empire Strikes Back*)的动画片,其中包含了巨型机器人之间战争的描写,这些巨型机器人名为帝国漫步者(Imperial Walkers)。1981 年,塞勒取得了跨越者的版权,并以"重构"其于 1976 年原创作品的名义向版权办公室支付了保证金。

塞勒声称卢卡斯的漫步者是从塞勒 1976 年和 1977 年出版的跨越者拷贝而来的。卢卡斯回应说塞勒直到《帝国反击战》发行之前都没有取得他的版权,且塞勒也未能出示先于《帝国反击战》发行之前创作作品的文件。

由于塞勒拟向法庭展示其跨越者,并将在开庭陈述中将其与卢卡斯的漫步者进行对比,地区法官举行了一个有关"重构"塞勒跨越者的证据的听证。根据美国《联邦证据规则》第 1001 ~ 1008 条的规定,地区法院认定,塞勒恶意地丢失或损毁了其声称之作品的原件,因此任何第二手的证据,如《帝国反击战》发行之后重构的

---

〔9〕 Seiler v. Lucasfilm, 808 F. 2d 1316 (9th Cir. 1986), cert. denied, 484 U. S. 826, 1987.

作品,均不具有可采性。在地区法院的裁决意见中,特别地指出塞勒作了伪证,故意并且恶意地毁损或者拒绝交出其作品原件,并且伪造了而且错误地展示了他重构的性质。在证据听证之后,地区法院给了卢卡斯一个简易判决(未经开庭审理直接宣告卢卡斯胜诉)。

塞勒提出上诉。他声称:(1)最佳证据规则不适用于他的作品;(2)即使最佳证据规则适用,美国《联邦证据规则》第1008条也要求由陪审团来决定他的原创作品是否存在以及是否获得验真;(3)《美国法典》第17章第410条(c)有关版权法的规定的适用优先于美国《联邦证据规则》,从而要求容许本案中拟出示的第二手证据。

美国《联邦证据规则》第1001~1008条有关最佳证据规则的规定实际上体现了长期以来的普通法原理。追溯到1700年,该规则并未如同其名称所暗示的那样要求在所有案件中都必须出示文书的原件而不是复制件。很多评论家不称该规则为最佳证据规则,而称其为原始文书规则。

该规则第1002条规定:“为了证明一个文书、记录或照片的内容时,除非本规则或议会通过的法律另有规定,否则应当出示该文书、记录或照片的原件。”该规则第1001条将“文书和记录”界定为“由手写、打字、印刷、照相、脉冲、机械或电子记录或者其他形式的资料汇编产生的字母、单词、数字或者它们的类似物”。

咨询委员会对上述界定的解释如下:“传统上,该规则对原始性的要求集中在对法律关系受词语或数字影响的资料及表达方面。这就意味着该规则与书写具有实质性的联系。今天,技术已经延伸至各种资料储存的方法上,然而信息的实质形式仍然是词汇和数字。因此该规则背后的考虑也就延伸至电脑、照片等系统以及其他现代化的发展方面。”

我们认为本案中塞勒的画作属于美国《联邦证据规则》第1001条(1)所规范的含义范围;因为它们包含了“字母、单词或数字”及它们的类似物。如果作出相反的认定,就会使该规则背后的法律政策受到打击,并导致该规则互相冲突地适用,这显然是不可欲的。

该规则最初的目的是防止不完整的证明和欺骗性的证明。通过要求原件的持有者出示原件,该规则可以防止出示经过改编的复制件和隐藏原件。因此,该规则的目的在很长时期内被认为是防止欺诈。但是威格摩尔指出,即使在不存在欺诈问题的场合,该规则也应予适用。例如,第二手的证据在出示该证据的一方完全出于最大善意的场合也是适用的。威格摩尔还指出,如果该规则的目的仅仅在于防止欺诈,则它就应当只适用于物体和文件,但是事实显然并非如此。

现代社会,该规则得以正当化的理由已经从防止欺诈扩展为对文书在法律中所具有的中心地位的承认。当一个文书的内容成为案件争点时,有关文书中的术语的言词证据比起其他场合的言词证据具有更大的出现错误的危险性。人类的记忆经常不能准确地回忆文书中的术语;当文书中的术语产生争议时,只有文书原本,或者它的真实的副本,能够提供可靠的证明。因此,概言之,我们看到法律关系世界中的文书术语的精确性,人类记忆作为文书术语之可靠证据的可错性,以及不精确或不完整地复制的危险性,都是最佳证据规则关注的重心。

本案中,塞勒的作品就是本案争点。除非对塞勒作品与卢卡斯作品的内容进行交叉比较,否则就无法证明两者之间具有实质的相似性,也就无法证明卢卡斯著作权侵权行为的存在。由于其内容具有实质性,并且必须得到证明,因此塞勒要么必须提供原件,要么根据美国《联邦证据规则》第1001条(1)的规定证明原件已经并非由于他自身的过错而无法寻获。本案中他并未这么做。

本案事实恰好包含了最佳证据规则得以正当化的那些担心。塞勒声称《帝国反击战》侵犯了他的著作权,但他不能提供任何文书证据证明在该动画片发行之前已经存在属于他的原创作品。他提供的第二手证据并不包括作品的真正的副本或复制件,而只是《帝国反击战》发行之后"重构"的作品。简言之,塞勒声称卢卡斯侵权,但是未能提供有关其原创作品的任何证明。

本案中欺诈的危险是显而易见的。该规则必须保证有关侵权的主张包含了所谓被侵权的作品。然而,"重构"有可能与声称的原创作品毫无相似之处,从而不足以作为侵犯其原创作品的证明。不仅如此,此处对该规则的适用还完全符合了该规则对文书内容的担心。塞勒的主张建立在其原创作品内容的基础上,该规则也必将排除根据原创内容重构的证据。在这样的情形下,没有任何"重构"能够替代原创作品本身。

我们的裁决也体现了对该规则体现的防止错误记忆这一政策的支持。塞勒的重构作品是对4~7年之前的所谓原创作品的重构;他关于该作品的细节及大小方面的记忆都有可能已经显著地淡化了。不仅如此,在《帝国反击战》发行之后的重构还可能受到这部动画片的污染,哪怕是不经意的。我们的判决防止了这些问题的产生。

三、原件的界定与判断

(一)原件的定义

根据美国《联邦证据规则》,一个文书或记录的原件是指该文书或记录本身,或者签署或制作该文书或记录者意图使它具有文件或记录本身之效果的东西。一张照片的原件,包括照片的底片,或者由底片冲洗出来的印刷品。根据照片复印出来的才称为复制件。如果是存于电脑或类似设备的资料,任何能够准确反映该资料的打印品或其他输出物,均属原件。

(二)原件的判断

原件的判断取决于实体法的规定。如果当事人试图证明合同的内容,那么当事人签署的那个合同本身就是原件;如果试图证明货物已经交付,那么有收件人亲笔签名的那个收据是交付文书的原件;如果证明货物已经装船,那么船东的记录簿就是该文书的原件。需要注意的是,对原件的判断不完全取决于该文书生成的具体时间或先后顺序,而取决于制作该文书者的意图。比如一个人从电脑里面打印出三份合同文本,后来他觉得那三份不够,又打印了三份,但当事人在合同文书上签名的时候,把后三份签上了,而前面那三份没有签。尽管前三份是从电脑里面直接打印出来的,后三份是复印的,但是因为签名是签的后三份,所以后三份才是原件。对于制作在后的复制件而言,有时候可能会被当成复制的原件,有时候又会被当成复制的复制件,只有当它被当成复制的原件的时候,它才是原件。

一般来说,对原件的判断,根据普通法的规定,可以区分为以下几种情况:第一,当一份通知以手写的方式复制了两份,一份向相对人发出,另一份留存,则任何一份均可视为原件。第二,如果一份文件被当作当事人行为的依据,只需要出示该文件即可,无论该文件是首次制作还是由其他文件复制而成。例如,犯罪分子在墙上张贴反动标语,无论他是从他人处获取的,还是他自己制作的,都是原件。第三,在两份或者多份文书中,如果其中一些是由另一些复制而成的,根据实体法的规定,若其中一份满足该实体法所规定的实质要件,则无论该文书是否由其他文书复制而成,均属原件。比如在电报文书的术语方面,究竟收报人实际收到的那份属于原件,还是发报人发出的那份属于原件,取决于实体法,即提起一个什么样的纠纷。如果一方当事人起诉另一方,错误地向第三人披露了他的财务状况,那么发报人发出的文件是原件。但是如果收报人起诉电报局延误发送电报,则收报人收到的那个是原件。

总而言之,要判断一份文书是不是原件,取决于实体法的规定,也就是要看当事人到底提起一个什么样的诉讼。

四、例外

最佳证据规则原则上要求需要出示原件,例外情况下可以出示复制件。

(一)当事人对副本或者复制件没有争议

美国《联邦证据规则》规定,除非与原件的一致性存在争议,或者是允许复制件代替原件会导致对一方当事人不公正,否则复制件应当在原件获得允许的范围内具有可采性。“除非与原件的一致性存在争议”,即表明只要该复制件与原件的一致性不存在争议,复制件就具有可采性。不存在争议即双方都认可复制件,在这种情况下,复制件是可以出示的。这个规则改变了普通法上的规则。根据普通法,若当事人提供的是复制件,则他要证明提供复制件的正当理由。但是根据美国《联邦证据规则》,只要与原件的一致性不存在争议,就可以提供复制件。这个例外的理论基础是因为现代科技的发达,副本的不可靠性已经降低了。原先印刷的技术比较落后,容易出现问题。如今科学技术发达了,副本不准确、不完整、不清晰的担心基本上已经不复存在。

(二)原件已经丢失或者损毁

损毁通常是指该文书已经不复存在,而丢失则指该文书已经无从发现。丢失不见得已经毁损了,它也许存在,只是无法寻获。但无论是毁损还是丢失,当事人都应当证明他已经为获得该文书的原件尽到了足够的搜索努力。什么叫足够的搜索努力呢?有些法院判定认为足够的搜索努力就是当事人对文书存放的最后地点进行了搜索,或者对最后保存该文书的人进行了搜索或者传唤。而无论结果如何,都叫作已经尽了合理的努力。

如果原件已经丢失或者损毁,则其复制件不需要符合“复制件和原件的一致性不存在争议”这个条件便具有可采性。但是这个例外又有例外——如果是恶意丢失或者损毁原件,则不免除当事人出示原件的义务。它的理论基础在于,如果一方当事人恶意损毁文书,很自然让人认为他一定是有所隐瞒。所以在普通法上,如果当事人自愿而不是基于错误或者意外的原因故意毁灭文书原件,就不得出示任何第二手的证据以证明该文书的内容。但是也需要注意,有时候当事人虽故意毁灭文书,但并非恶意毁灭文书。例如在合同纠纷案件中,当事人相信该合同已经执行完毕而故意毁灭则不是出于恶意。在这种情况下,不妨碍当事人以第二手的证据来证明该合同文书的内容。这是对例外的例外的一个解释。

| **案例 10.13** | 恶意丢失或毁损原件者不被豁免出示原件义务〔10〕

……本案(案情同案例 10.12)中,开庭陈述之前,塞勒表示他计划向陪审团出示其对“噶溪安跨越者”的重构。审判法官认为,在证据未得到容许之前,它不得向陪审团出示。塞勒的律师则重复说他必须在开庭陈述中向陪审团展示塞勒对其作品的重构。因此,法庭在屏退陪审团后举行了一个长达 7 天的听证。听证结束后,审判法官裁决塞勒的重构根据最佳证据规则不具有可采性,因为作品的原件已经

〔10〕 Seiler v. Lucasfilm, 808 F. 2d 1316 (9th Cir. 1986), cert. denied, 484 U. S. 826, 1987.

被恶意丢失或损毁。

塞勒争辩说,如果不考虑美国《联邦证据规则》第1004条(1)的规定,根据该规则第1008条,该案也应当开庭审理,因为本案的关键问题是,重构是否可以正确地反映原件的内容。该规则第1008条规定:"如果一个文书、照片或记录内容的其他证据根据这些规则在条件事实成就的情况下获得容许,则该条件是否成就的问题通常就应当由法庭根据规则第1004条的规定来决定。但是,如果下列争点成为问题:(a)一个声称的文书是否存在;(b)在法庭上出示的另一个文书、记录或者照片是否是原件;(c)有关文书内容的其他证据是否真实地反映了文书的内容,则该争点应当如同案件中的其他争议事实一样由事实裁判者决定。"

塞勒的立场混淆了重构的可采性与其证据力之间的关系。只有在法官裁决该证据具有可采性的前提下,才会由事实裁判者评价证据的证明力。该规则第1008条规定的实质是,当对证据的可采性而不是该证据作品本身的原创性有赖于条件事实的成就时,审判法官应当对条件事实是否成就作出决定。专家咨询委员会对该规则的解释与本案裁决也是一致的:"大部分与本规则适用相关的关于某文书内容的证据之原始性的预先事项,都应由法官来决定……从而规则第1004条列举的那些条件是否成就的问题……也应由法官来决定。"本案中,应当由塞勒举证、作为证据具有可采性的条件的事实是,原件并未被恶意丢失或损毁。如果他能够证明这一点,重构就应当获得容许,从而它们的精确性就应当由陪审团来决定。简言之,由于对重构的容许有赖于原件并未被恶意丢失或损毁这一事实的成就,审判法官已经适当地就它们的可采性举行了听证。(有关著作权法的适用是否优于美国《联邦证据规则》的讨论略)

(三)原件掌握在对方手中

如果一份文书的原件掌握在对方当事人手中,则法律免除举证方出示原件的义务。原件掌握在对方手中和原件丢失、毁坏的结果其实是一样的,其理论基础在于,如果一份文书掌握在对方手中致使当事人无法获取进而出示,那么它和丢失、毁损没有区别。法律不会强人所难,这种情况即豁免了当事人出示原件的义务。

但该规则有几个条件:第一,对方占有或者控制着该文书的原件。如果第三人以对方的名义实际占有或者控制该文书的原件,那么等同于对方占有。有的情况下,唯一能够证明原件处于对方控制下的证据,通常是该文书的原件通过邮递的方式寄给了对方的事实。所以已经广为接受的一个推定是,如果当事人能够证明这个邮件贴足了邮资,并且正确地书写了地址,就应当推定为举证方当事人已经举出了足够的证据证明原件处于对方的掌控之中。第二,要求或通知对方提交原件。如果原件已经丢失或损毁,那么当事人还要尽到合理搜索的努力。如果是对方占有原件,则当事人只有要求对方提交原件,才能算是尽到了合理的搜索努力。在刑事案件中,如果被告人被指控的罪名是非法持有某类文件,则指控本身即可视为通知。第三,对方未能或拒绝提交原件。

(四)原件掌握在第三人手中

文书的原件掌握在第三人手中,该第三人处于该法院管辖之下,但是援引特免权而不提供文书的原件,也就可以豁免当事人提交原件的义务。如果第三人属于对方阵营,以欺骗手段占有该文书,则实际上视同该文书处在对方的控制之下。这和第二个例外——原件已丢失或损毁——没有实质上的区别。

(五)官方记录

对于官方记录,如果能够以符合美国《联邦证据规则》第 901 条(b)(5)或第 902 条规定的方式获得验真,那么可以提交复制件。这是因为,对于一份官方记录而言,如果能够证明它来自一个应当来自的地方,一般就应推定为真实。

(六)不便搬运

如果原件不便搬运,则可以提供复制件。但是 1842 年的一个判例认为,一个刻在棺材板上的内容的证明必须出示原件,所以要把棺材板抬到法庭上。因为棺材板并非无法搬运,所以不能豁免举证方出示原件的义务。

五、我国法律中的最佳证据规则

(一)关于物证、书证可采性的一般规则

最高人民法院《关于民事诉讼证据的若干规定》第 11 条规定,当事人向人民法院提供证据,应当提供原件或者原物;如需自己保存证据原件、原物或者提供原件、原物确有困难的,可以提供经人民法院核对无异的复制件或者复制品。根据这一规定,在民事诉讼中,原则上物证和书证都要提交原件或者原物。如果自己需要保存证据原件、原物,经人民法院同意,即经过核对,该复制件与原件无异,则可以提交复制件。刑事案件中,2010 年颁布的《关于死刑案件审查判断证据若干问题的规定》也是相同的立场。据以定案的物证应当是原物,这是原则。只有在原物不便搬运、不易保存,或者依法应当由有关部门保存、处理或者依法应当返还时,才可以拍摄或者制作足以反映原物外形或内容的照片、录像或者复制品。物证的照片、录像或复制品,经与原物核实无误,或者经鉴定证明为真实

的,或者以其他方式确能证明真实的,可以作为定案的根据。原物的照片、录像、复制品,不能反映原物外形和特征的,不能作为定案的根据。这是刑事案件中物证和文书证据可采性的一般原则。书证也应当是原件,只有在取得原件确有困难时,才可以使用副本或者复制件。书证的副本、复制件必须要与原件核对无误,或者经鉴定证明为真实,或者经其他方式确能证明它是真实的,才能作为定案的根据。

(二)原件、原本要求的例外

我国的证据规则有原则,也有例外,但我国法律和司法解释对例外的规定比较混乱。以民事诉讼为例,《关于民事诉讼证据的若干规定》确定了两个原件要求的例外:一是出示原件、原物确有困难;二是原件或者原物已经不存在。对于第一个例外,如何定义"确有困难",该规定本身并没有明确的界定。对于第二个例外,可以按照英美法系中的原本要求的第二个例外,即原件已经丢失或者损毁来理解。如前所述,我国对物证要求原件或原物本身是没有道理的,实际仅要求该物证经过验真就合理了。至于书证,包括文书、记录、图片等,要求原本或者原件,本书认为是可以的,但是例外也不应当这样笼统和简单地来确定。前文阐述了英美法上的六项例外:第一,当事人对副本或者复制件没有争议;第二,原件已经丢失或者毁损;第三,原件掌握在对方手中;第四,原件掌握在第三人手中;第五,官方记录;第六,不便搬运。本书认为,将来我国在制定证据法典或者有关证据规则的司法解释时,可以参考英美法直接列举几种具体类型的例外。

(三)证明力的优先性

我国的规则还规定了原件的证明力方面的优先性。如《关于行政诉讼证据若干问题的规定》就有鉴定结论、现场笔录等优于其他书证、视听资料和证人证言的规定。当然我国司法解释中的规定不是绝对的,即"一般可以按照下列情形"进行,也可以不按照"下列情形"进行。这就表明这些规定属于指导性规范,不属于约束性规范。

本书认为,在实物证据的问题上,不如首先明确文书、照片、记录、原本、副本这些概念的内涵,使原件要求的适用范围有合理的限定;在这个基础上再完善例外规定。而对于证明力大小的问题,本书认为还是应当自由判断。

第三节 电子数据

一、电子数据概论

电子数据通常被认为属于实物证据的一种。最高人民法院《关于适用〈中华人民共和国民事诉讼法〉的解释》第116条规定,电子证据是指通过电子邮件、电子数据交换、网上聊天记录、博客、微博客、手机短信、电子签名、域名等形成或存储在电子介质中的信息;另外,存储在电子介质中的录音资料或影像资料,也适用电子数据的规定。在刑事诉讼中,根据最高人民法院、最高人民检察院、公安部三机关于2016年9月9日联合发布的《电子数据规定》,"电子数据"是指案件发生过程中形成的,以数字化形式存储、处理和传输的,能够证明案件事实的数据。

根据上述规定,电子数据的主要形式,包括但不限于下列种类:(1)网页、博客、微博客、朋友圈、贴吧、网盘等网络平台发布的信息;(2)手机短信、电子邮件、即时通信、通讯群组等网络应用服务的通信信息;(3)用户注册信息、身份认证信息、电子交易记录、通信记录、登录日志等信息;(4)文档、图片、音视频、数字证书、计算机程序等电子文件。《电子数据规定》还进一步明确:"以数字化形式记载的证人证言、被害人陈述以及犯罪嫌疑人、被告人供述和辩解等证据,不属于电子数据。确有必要的,对相关证据的收集、提取、移送、审查,可以参照适用本规定。"应当说,该规定对于电子数据概念的把握,还是相当准确的。上述规定实际上也表明,电子数据应当适用不同于证人证言、被害人陈述以及犯罪嫌疑人、被告人供述适用的规则。这一定位也完全正确。

从《电子数据规定》的内容来看,有关电子数据的规则既包括电子数据的收集与提取,也包括电子数据的移送与展示,还包括电子数据的审查与判断。其中,电子数据的收集、提取与移送、展示主要属于程序性规范,但它们也会影响电子数据作为证据的可采性。电子数据的审查与判断,则既可能涉及证明力问题,也可能涉及证据资格问题。因证明力问题属于自由心证范畴,本书仍然将探讨的重心集中在可采性问题上。又由于电子数据本质上属于实物证据,在有关可采性问题的探讨上,自然会涉及实物证据的验真、文书证据的原始性等要求;有时候,电子数据的载体需要满足验真的要求;有时候,电子数据作为文书证据需要满足原始性的要求;有时候,验真和原始性的要求都必须得到满足。对此,《电子数据规定》中的一些规定也作了比较充分的规范。

例如,《电子数据规定》第 8 条第 1 款规定:“收集、提取电子数据,能够扣押电子数据原始储存介质的,应当扣押、封存原始储存介质,并制作笔录,记录原始储存介质的封存状态。”该规定就是对电子数据提出的原始性要求。根据这一规定,凡是能够提取原始介质的,都应当提取原始介质。顺理成章地,在法庭上,只要能够出示原始介质的,也应当出示原始介质。《电子数据规定》第 8 条第 2 款还规定:“封存电子数据原始储存介质,应当保证在不解除封存状态的情况下,无法增加、删除、修改电子数据;封存前后应当拍摄被封存原始储存介质的照片,清晰反映封口或者张贴封条处的状况。”这一规定的目的,实际上是为了便于电子数据原始储存介质在法庭上的验真。

《电子数据规定》第 28 条规定,电子数据具有下列情形之一的,不得作为定案的根据:(1)电子数据系篡改、伪造或者无法确定真伪的;(2)电子数据有增加、删除、修改等情形,影响电子数据真实性的;(3)其他无法保证电子数据真实性的情形。根据这一规定,电子数据如符合上述三种情形,既不能作为定案的依据,也不能作为指控犯罪的依据。因此,它既是关于电子数据证明力的规定(在上述情形下证明力为零),也是关于电子数据可采性的规定(在上述情形下不得作为指控犯罪的依据)。一般而言,如果一个电子数据的储存介质满足原始性要求并能够得到适当的方法加以验真,通常也就不会产生以上三种情形。也就是说,如果电子证据能够满足原始性要求和验真要求,通常就具有可采性。至于其证明力,则仍然应当由事实裁判者自由心证。

为贴近时代,本节主要结合 GPS 数据、即时消息和微信信息等现代通讯手段产生的电子数据讨论该类证据的可采性。

二、GPS 数据

GPS 是全球定位系统(Global Positioning System)的缩写。它起源于 1958 年美国军方的一个项目,该项目 1964 年投入使用,20 世纪 70 年代更新,主要目的是为海陆空三军提供实时导航服务,并被广泛应用于情报收集、核爆监测和应急通讯等军事领域。GPS 导航系统由空间系统、地面控制系统和用户接收系统三部分构成。空间系统包括 24 颗卫星,分布在 6 个轨道平面;地面控制系统由主控站、地面天线、监测站和通讯辅助系统组成;用户接收系统就是接收机和天线,简称为用户装置。如今,GPS 已经被广泛用于民间领域,一般的手机上都装有 GPS 用户装置。

案例 10.14 GPS 定位数据应满足原始性要求:美国诉班尼特[11]

2000 年 1 月 27 日,被告人班尼特(Bennett)驾船在美国—墨西哥边境附近沿着加利福尼亚州海岸线向北行驶,科罗拉多警务人员詹姆斯(James)发现了班尼特的船。詹姆斯此时正效力于一个联合工作小组,其主要目标是针对从墨西哥进入南加州的走私活动展开侦查。詹姆斯警官是第一个看到班尼特船的工作组成员,他位于科罗拉多的远西端的罗马角,这是一个从圣迭戈地区突入太平洋的半岛。詹姆斯通过高档双筒望远镜从罗马角望向美墨边境,他从来没有看到班尼特的船越过边境。相反,詹姆斯首先看到这艘船是在北部的皇家海滩码头上,当时船正紧沿着海岸线向北快速行进。

根据工作组在边境附近发现船只的常规程序,当船快要到达圣迭戈湾入口时,詹姆斯通知了工作组的其他成员。海岸警卫队官员塞纳(Sena)收到了詹姆斯关于班尼特的船的通话,并率领一队人员抵达圣迭戈湾入口,意为确保该船符合联邦船舶规格和类型规定。但是一上船,塞纳就遇到两个异常情况。第一,班尼特提供的文件上的船只登记号码与船的号码不匹配。班尼特解释说,他有两艘非常相似的船,所以把船只的文件搞混了。第二,塞纳发现有一个针对班尼特的未完成的州逮捕令。因此,塞纳让班尼特把船开到警方码头,然后告诉班尼特,他们会继续登船检查。

在班尼特的船开往警方码头的途中,塞纳发现了这艘船另外的一些异常情况。这艘船吃水很深,以致游泳跳台都被水淹没了。另外,这艘船还有一个新的高性能引擎,并且有一些塞纳无法计算的空间。抵达警局后,塞纳确认了针对班尼特的逮捕令,遂将他转交给了一名港口警察。当班尼特被带走接受进一步询问时,警官们开始彻底搜查他的船。经过好几个小时的努力,他们尝试了各种方法,如把船钻了三四个孔,结果却一无所获。天色已晚,他们只得先将船存放过夜。第二天,他们将船运送到海岸警卫队,并对船只进行了 X 射线扫描,其结果显示,这艘船藏有 1541.5 磅大麻。

本案的第一个争议焦点是登船搜查行为的合法性。班尼特认为该搜查的很多方面都违反了美国宪法第四修正案赋予它的不受非法搜查的权利,请求排除该搜查获得的证据,也就是那些大麻。通过一场证据听证会,初审法官恩莱特(Enright)认为该搜查行为是依据边境搜查原则并结合塞纳所观察到的异常情况而进行的,因而该搜查行为合法。本院审查了地方法院确定搜查合法性的决定。可参见美国诉塔拉宗案(989 F. 2d)。

本院首先考虑的是,边境搜索原则是否适用于本案。政府具有广泛的权力在

---

[11] United States v. Bennett, 363 F. 3d 947, 2004.

具有边境功能的地方对船只进行搜查,但只有当政府人员“合理确定”(reasonably certain)该船只及其违禁品已经越过边境时才有该权力。可参见美国诉多布森案(781 F. 2d)和美国诉雷耶斯案(631 F. 2d)。“合理确定”的标准高于“合理根据”(probable cause)的标准,参见美国诉凯斯勒案(497 F. 2d),但即便如此,政府人员“合理确定”船只越过边境并不需要建立在已经观察到船只越过边境的基础之上,参见美国诉多布森案。

就本案的情况来看,班尼特的船最开始停在圣迭戈湾入口处。我们此前已经说明,如果执法人员合理地确定一艘船只从美国领海以外驶来,那么在美国码头或美国海域搜查该艘船只,应被视为具有与边境相当的功能,参见多布森案。本案就是这种情况。虽然政府人员实际上没有确定班尼特越过边境,但是他们发现这艘船是从墨西哥方向向北紧沿着海岸线行驶的船,这些事实足以支持他们获得“合理确定”。可参见美国诉波特案(552 F. 2d)(该案认定,不需要达到“绝对确定”的标准)。因此,由于圣迭戈湾入口处位于美国领海,其具有相当于边境的功能,所以搜寻班尼特的船只可以适用边境搜查原则。如果得出相反的结论,那么必将阻碍明智的边境巡逻工作的进行,鉴于船只行驶迅速,且路径未被道路或可见的边境划定。可参见美国诉蒂尔顿案(534 F. 2d)(“在领水外围设置检查站是不切实际的”)。在这里,虽然詹姆斯看不到班尼特的船穿越美国和墨西哥之间虚构的分界线,但他在科罗拉多西部最尖端的优势使他能够合理地确定他所看到的船只来自墨西哥的水域。因为,“截停发生在具有相当于边境功能的地方,并且有坚定的信念认为(班尼特的船)来自(墨西哥)水域”,因此边境搜索原则适用于本案。可参见多布森案。

接下来需要考虑的是,边境搜查原则是否使官员的搜查行为正当化。最近,最高法院认为,政府可以在“没有怀疑”的情况下对汽车的燃气罐进行边境搜查,其进一步解释说大多数边境搜查涉及的车辆都不需要建立在任何可感知的怀疑之上。可参见美国诉弗洛雷斯蒙塔诺案(124 S. Ct.)。如果是因为搜查可能会对被搜查人员的人格尊严和隐私权利造成高度侵扰性,所以要求搜查必须建立在某种程度的怀疑基础之上,那么在搜查汽车的时候,基本不存在这种顾虑。可参见美国诉弗洛雷斯蒙塔诺案。然而,对财产的特别破坏性搜查可能需要合理的怀疑。可参见美国诉弗洛雷斯蒙塔诺案。[如果对某些财产的搜查本身可能造成破坏性后果,那么就会对这种搜查提出不同的许可要求;不过,(搜查弗洛雷斯蒙塔诺的气罐汽车)并不属于这类特殊情形]延伸的边境搜查在实际进入搜查之后,倘若更进一步地侵犯了个人对隐私的正常期待,就需要满足“合理怀疑”的标准才能进行下一步搜查。可参见美国诉阿方索(759 F. 2d)(维持了延伸边境搜查分析的情况下在跨越边境大约36个小时后搜索船只)。

即使假设对班尼特的船只的搜查行为是特别具有破坏性的或延伸搜查——因此可以争论说该搜查是缺乏“合理怀疑”的或者是违宪的——但是,根据美国宪法第四修正案,这项搜查仍然是可以允许的。恩莱特法官在审前听证会上得出了同样的结论,依赖于官员的如下观察:“差异和空间确认和配置(的异常之处),被告人前后讲述的不一致性,(船名)证件号码与提交给官员的文件也不一致,再加上有目击者证明的事实表明该船在各种情况下出现吃水很深的现象。”

有关记录支持了这些调查结果,可以构成“合理怀疑”。如布阿乌案(295 F. 3d)。因此,针对班尼特提出请求排除搜查船只获取的证据的动议,地方法院予以否决的做法是适当的。

本案的第二个争议焦点,在于班尼特是否是“从美国境外”进口了管制物品。虽然边境搜查的合法性足以证明班尼特犯有“持有大麻罪”,但是仍然不能解决是否构成“进口大麻罪”的相关争议。如果想要对非法进口行为定罪,就必须证明被告人从“美国境外的任何地方”向美国进口了管制物品。可参见美国诉卡巴康案(332 F. 3d)。

本案中,虽然当政府人员首次发现班尼特的船时,它正在一路向北行驶(远离墨西哥),但是当时这艘船是在美国水域。因此,在上诉阶段,政府主要依靠其他三项证据表明班尼特从美国境外进口了毒品。第一,美国海关官员钱德勒(Chandler)作证说,他在搜查班尼特的船时发现了一个 GPS,该 GPS 显示,班尼特的船从墨西哥海域前往圣迭戈湾。第二,钱德勒的证言间接地介绍说,班尼特自己承认他已经在墨西哥海域巡视以寻找水肺潜水点。第三,班尼特的狱友作证说,班尼特曾告诉他,他是因为从墨西哥运送毒品而被捕,他曾每周往返墨西哥多次进行毒品活动。

针对以上证据,班尼特认为,采纳钱德勒的 GPS 证据违反了证据规则,并且钱德勒在证言里引入班尼特的供述违反了米兰达权利。班尼特没有质疑他狱友证词的可采性。

班尼特针对钱德勒所作的有关 GPS 的证言提出了最为严重的质疑,该 GPS 是钱德勒在搜查班尼特的船只期间发现的。GPS 设备是使用全球定位卫星来跟踪和记录设备的位置,并因此跟踪其附着的任何对象的位置。该 GPS 随附了一个“回溯”功能,并绘制了船只当天的旅程。钱德勒作证说,回溯特征映射了班尼特从墨西哥罗萨里托沿岸的墨西哥领海到科罗拉多群岛,然后向北行驶到达圣迭戈湾的旅程。相对意义较弱的是,钱德勒还获得了“路线点”(编程到 GPS 中的航海点),这可以协助船长航行到特定的目的地。钱德勒作证说,在过去的一年里,有人在 GPS 中编制了路标,其中包括墨西哥水域的路线点。在交叉询问环节,钱德勒承认他没有获得 GPS 设备本身,也没有从设备中获取任何其包含的数据记录。

初审法院驳回了班尼特的根据最佳证据规则和传闻证据规则提出的针对相关

证言的反对意见,并驳回了他申请法官席前会议(bar conference)的请求。本院经审查,认为这些证据裁决是滥用自由裁量权。参见美国诉帕克案(285 F. 3d)。

根据美国《联邦证据规则》第1002条规定的最佳证据规则,证明"书证、录音文件或照片"时应当提供原件。书证或录音包括"机械或电子录音"或"其他形式的数据汇编"。可参见美国《联邦证据规则》第1001条(1)。照片包括"静物照片、X光片、录像带和电影"。可参见美国《联邦证据规则》第1001条(2)。原件是书证或录音文件本身、照片的底片或印刷品,或者"如果数据存储在计算机或类似设备中,为便于准确反映数据而进行的任何打印输出或其他可见的输出之物"。可参见美国《联邦证据规则》第1001条(3)。

但凡提出证据应适用该证据规则的,证据提出者必须出示原件(或复印件,见美国《联邦证据规则》第1003条)或解释其不能提供原件的原因。可参见美国《联邦证据规则》第1002、1004条。该规则的应用取决于"所寻求的内容是否将被证明"。可参见美国《联邦证据规则》第1002条咨询委员会的说明。"即使作出了书面记录,一个事件也可以通过非文书证据加以证明。"因此,当证人只是识别照片或录像带时,该规则不适用于"正确地代表了他所看到的事件或他熟悉的场景"。另见美国诉沃克格尔案(90 F. 3d)("当一方试图传唤参与了谈话或旁观了谈话的人来作证时,一个磁带录音并不是证明该谈话的最佳证据。在这种情况下,最佳证据规则根本就不适用")。然而,如果证人是试图针对一份书证、录音文件或者照片的内容来作证,却不提供这些书证、录音文件或者照片的实物本身——特别是当证人未曾参与过这些书证等内容所描述的事件时,就应当适用最佳证据规则。可参见美国《联邦证据规则》第1002条咨询委员会的说明。

这就是钱德勒关于GPS的证言之本质,解释了为什么他的证言违反了最佳证据规则。首先,钱德勒看到的GPS显示器是一个书证或记录,因为根据钱德勒的证言,他看到GPS已经编制了关于班尼特船的路线的数据的图形。可参见美国《联邦证据规则》第1001条(1)。其次,钱德勒从来没有真正地观察到班尼特的船依照GPS所描绘的路线航行。因此,钱德勒的证言涉及GPS的"内容",反过来又是班尼特航行的证据。可参见美国《联邦证据规则》第1002条。

在口头辩论中,政府(被上诉方)承认,该GPS证据仅仅是为了表明班尼特从墨西哥驶来。因此,提供关于班尼特过境点的证据,而不是引入GPS数据,类似于提供关于事件的安全摄像机镜头的证据,以证明事件的事实,而不是引入镜头本身。

本院认为,这恰恰是适用最佳证据规则的情况。参见L. A. News Serv. v. CBS Broad (305 F. 3d)("我们认为福克斯关于他在标签上看到的内容所作的报告……根据最佳证据规则,不予采信。")由(313 F. 3d)修改;另见(2d 173 § 14)("报告的案例显示,某方主张使用计算机产生的证据,但是偶尔会违背最佳证据规则,是因为他们提供的证人证言,是基于证人查阅了电脑打印出来的资料,而不是通过引入这些打印资料本身来作为证据。")(引用国家诉斯宾格尔案,283 NC 627)。然而,政府没有引入 GPS 本身作为证据,也没有打印或采用其他输出方式引入这些数据作为证据,恰恰这些证据才是班尼特航行数据的最佳证据。相反,政府只提供了钱德勒基于 GPS 的证言——该证言是关于一场"越境"事件——而他本人从来没有看到过这个事件。

如果原件遗失、被毁坏或无法获取,则有关该书证、录音文件或照片内容的"其他证据"可以被接受。可参见美国《联邦证据规则》第 1004 条。但是政府并没有表示这些证据遗失、毁损或不复可得。在交叉询问过程中,当被问及提供 GPS 或其数据时,钱德勒只是简单地说,他不是 GPS 的保管人。后来,他进一步作证说,"没有必要"提供录像或照片资料,他的证词就是其支持 GPS 内容的主张,此外他别无可说。而且,政府也没有提供任何记录或证据,来证明下载或打印出班尼特 GPS 的数据存在困难或者不可能完成。在我们看到的记录中,政府并不满足排除最佳证据规则的例外情形。因此,我们认为,根据最佳证据规则,钱德勒的基于 GPS 的证词是不可采纳的。

初审法院采纳了钱德勒基于 GPS 的证词,这是一个违宪性质的错误,但是只有当这个错误可能会对判决产生重大影响的情况下,我们才会认为该错误是有害的(United States v. Seschillie,310 F. 3d)。针对本案,我们认为该错误确实有害。

本案中,如果不考虑钱德勒的 GPS 的证词,政府援引用于证明班尼特犯有"进口大麻罪"的其他证据并不是压倒性的。第一,钱德勒颇具倾向性地指出班尼特说他当时曾在墨西哥水域潜水。细究下去,当被问及在班尼特船上发现水肺潜水装备是否是个不正常的现象时,钱德勒说,独自一人在墨西哥海域潜水似乎很奇怪。即使我们假设这个证词没有违反班尼特的米兰达权利,但是事实上钱德勒从来没有作证说班尼特已经承认了他曾在墨西哥海域航行。此外,政府甚至没有向陪审团对钱德勒有关潜水的证词作为引入的外来证据而进行论辩。第二,班尼特狱友的证词同样问题重重,该狱友说班尼特曾经承认自己从墨西哥运送毒品。这个狱友是犯有多项重罪的人,他在接受盘问时坦承,他希望他所作的关于班尼特的证言可以为他新近的一项定罪获得减刑。第三,政府提出的其他证据,只是间接地表明班尼特从墨西哥进口大麻,特别是他的船首先在墨西哥海域附近发现,而且他当时携带了墨西哥比索。总而言之,这些证据并不那么具有压倒性,以至于陪审团会在没有钱德勒基于 GPS 的证词的情况下对进口大麻罪进行定罪。

更重要的是,有充分可信的证据表明,实际上陪审团得出班尼特犯有"进口大麻罪"的结论,主要依赖的是钱德勒基于 GPS 的证词。在陪审团审议期间,陪审团向法庭询问了 GPS 数据和钱德勒基于 GPS 的证词。作为回应,法院下令回读了与钱德勒作证的 GPS 相关部分的证言。此后不久,陪审团就得出了有罪判决。

基于这个记录,我们必须承认,采信钱德勒的 GPS 证词对陪审团的判决造成的影响绝非无关紧要。因此,我们认为,初审法院错误地接受了 GPS 数据和钱德勒有关 GPS 的证词,而班尼特因为这个错误而受到了损害。上诉法院判定,维持班尼特的"持有大麻罪",撤销班尼特的"进口大麻罪"。

在美国诉班尼特这个案件中,法院主要解决的是 GPS 数据的证据属性问题。在认定其应当受最佳证据规则约束的情况下,法院判定 GPS 数据应当满足原始性要求。这并不是说,GPS 数据可以不需要满足验真这个条件。实际上,在班尼特这个案件中,由于控方并没有将记载有 GPS 数据的用户装置拿到法庭上出示,而是凭警察的记忆就 GPS 装置上记载的信息向法庭作证,因此不满足该证据的原始性要求,从而不具有可采性。如果该案中原始的 GPS 用户装置被拿到法庭上出示,则自然满足原始性要求。但是该 GPS 原始装置也应当经过验真,才可能被允许出示。因此,验真仍然是这一类实物证据具有可采性的必要条件。如前所述,它是所有实物证据具有关联性的先决条件。

三、即时消息

即时消息(Instant Messaging,IM),又称即时通信,就是通常所说的能够实时在线聊天的工具,包括网络聊天室、网络会议系统,以及其他在即时通信服务器控制下的通信工具,如"美国在线"(AOL)、MSN Messenger、QQ 等。网络公司针对公司客户开发的服务平台,如京东的客户服务平台、淘宝的阿里旺旺、携程的客户端、百度外卖客户服务平台等,也属于即时消息的范畴。另外,微博、微信等交流工具,也可以归入即时消息这一种类。与 GPS 数据一样,即时消息的应用也日益广泛,在日常生活中甚至与人民已经形影不离。在证据法上,即时消息的可采性也必须满足验真和原始性要求。

案例 10.15 卧底警察"钓鱼"网上猎艳者[12]

因为总有部分成年人在网上引诱未成年人参与性活动,所以一个叫赛勒尤斯(Sirius)的警察想通过网上钓鱼执法引出网上猎艳者。为此,他在"美国在线"上注册了一个账户,账户名是"大家好我是 14 岁的安吉"(Angie14hi,以下简称安吉),看上去就是个女子的名字,地址是 × × 州的安娜维尔(anyville,anystate),出生日期

[12] 根据真实案例改编。

2003年6月8日,性别女,婚姻状况是未婚;"她"对自己的描述是喜欢啦啦队,喜欢闲逛,喜欢小男生,喜欢外出找乐子;她用的电脑是苹果,职业是平时在家里看小孩,照顾弟弟;座右铭是"爸爸不知道的事情不会伤害他",即尽管她做了很多伤害她爸爸的事情,但是只要爸爸不知道就没有关系。然后他又在"美国在线"上注册了一个用户ID和电子邮箱,都是以安吉的名字来注册的。

警察根据他自己的阅读范围和他自己在"美国在线"上聊天的一些经验,深信这样的用户ID、邮件的身份以及会员资料,足以让那些网络猎艳者相信这个叫"大家好我是14岁的安吉"的人是一个14岁的女孩。在完成这些准备活动后他就回去工作了。一直到星期一他再次登录"美国在线"时,很震惊地发现在整个周末,他收到了25封来自不同用户的邮件,大家都对这个14岁的安吉感兴趣。他查看了那些给他发邮件的人的用户资料,有20~25封是来自男性,都是18岁以上或者没有显示年龄。有一些纯粹是无害的打趣开玩笑,但另外一些是非常私人性的,如意图交个朋友等。有一封邮件立即引起了他的注意。标题是"Hi",邮件的内容是:"嗨,我在啦啦队聊天室看到你的,我喜欢啦啦队,我是啦啦队员,你有照片吗?给我回邮件,也许我们可以聊一下。我住的地方离你那个地方不是很远。"

警察把这个邮件存到硬盘里,并把它打印出来。大概上午10时,他再次登录了"美国在线",15分钟的时间里,他收到了8个希望跟他聊天的请求。他很惊讶,居然能够收到这么多聊天请求。他没有时间去查那些人的用户资料,但是他决定跟一个叫雷德伍德(Redd Wood)的人聊天,因为他原先就看到他的邮件了。他很兴奋,觉得这就是他要钓的"鱼"。下面是聊天的内容。

雷德伍德说:"嗨,怎么样啊?"安吉回答说:"你怎么样?"雷德伍德说:"你的名字是叫安吉吗?"安吉说:"是的,你叫什么名字。"雷德伍德说:"我看到你喜欢闲逛和找乐子,是真的吗?"安吉说:"是的,你怎么知道的?"对方说:"我看了你的会员资料,你的会员资料上提到的。"安吉:"哦,我都忘了。"雷德伍德说:"你今天晚上干什么啊?"安吉说:"没事,我不能开车,但是家里没有人。""你要是能开车的话,我家里没人。就是这个意思。"雷德伍德说:"我住的离你不是很远,如果你想做些事,到时候我可以把你捎上,我可以去接你。我们可以去酒吧喝一点啊,然后就……"安吉说:"傻啊你,我才14岁,我没有身份证,去酒吧必须成年人才可以去的。"雷德伍德说:"我可以带上酒,然后我们在别的地方开房,不一定非要去酒吧。"安吉说:"我还是喜欢party。"雷德伍德说:"我们可以喝醉,然后(眨眼)。"雷德伍德说他六英尺高,黑头发,蓝眼睛,很性感。

然后雷德伍德又说:"你还想知道什么呢?"安吉说:"我是不是要告诉我妈妈今天我要在外面过夜啊。"雷德伍德说:"那听上去挺好的,那你想做什么啊?"安吉说:"我不知道啊,你怎么想的啊?"雷德伍德说:"我29岁了,你以前跟比你大的男孩在一起过吗?”安吉说:“没有,只跟我一样大的人混过,从来没有跟比我大的在一起过。”雷德伍德说:“我曾经跟一些和你一样大的女孩在一起过,她们从来没有抱怨过哎。”他又接着说:“我们开一个party,我们可以做一些事情,然后也可以做别的啊,这个你懂的啊,然后‘呵呵’。”安吉说:“我不知道你是谁,我不认识你。”雷德伍德说:“相信我,我是个好人,我不会伤害你的,我不会做任何伤害你的事。只是party而已嘛,然后看看会发生什么嘛。”安吉说:“好吧,如果你答应不做任何伤害我或者我不想做的事情。”雷德伍德说:“好啊。要不我来接你?我们至少可以在一起混。”安吉说:“你说的混是什么意思?”……

他们谈妥了,雷德伍德说绝不做伤害她的事情,他一再强调说他不会做任何女孩不想让他做的事情,让安吉不要把他们之间的事情告诉任何别的人,不要让他陷入麻烦。安吉说没有问题。

警察塞勒尤斯把聊天记录实时地打印出来,以便将来作为证据使用。等聊天结束,警察又申请了一个搜查令,在“美国在线”找到了那个用户名为雷德伍德的人的真实身份,并且从“美国在线”上下载了此人发给安吉的所有邮件。“美国在线”很快就给予了回复。警察了解到这个人实际上是一个中年男子,真实的名字叫吉米·史密斯(Jim Smith)。

到这天晚上,塞勒尤斯通知另外一名警察,要安排一场会面。他们找来一个新来的女警察,她的名字就叫安吉(Angie),21岁,5英尺2英寸高,103磅重。到了晚上,女警察把自己打扮得看上去像14岁的样子。大概晚上8时,安吉给吉米打电话,吉米很快就接了电话,他告诉安吉,说他在机场附近的一个旅馆订了一个房间,房间号是305,然后安吉告诉吉米她晚上9时会到那里,很希望见到他。

到晚上9时10分,女警察坐着车到了旅馆,直奔305房间。她身上没有带武器,她也不确定到底会遇到什么。吉米来开的门并且邀其入内。就在吉米想要给安吉脱衣服的时候,警察破门而入,将吉米逮捕。在吉米的一些随身物品中发现了避孕套和他原先回来给安吉打电话用的手机。

本案需要探讨的证据,就是在“美国在线”这个网络平台上的聊天记录的可采性。警察把这个聊天过程打印出来作为证据提交。辩护人则在审判前提出了一个动议,要排除电子邮件以及在线聊天谈话内容作为本案的证据。如果没有这些证据,没有电子邮件,也没有聊天内容,是不能证明吉米的行为构成犯罪的。吉米是成年人,他的行为无非就是和安吉(女警察)这个成年人约会而已。如果没有聊天记录,就不能证明他下手的目标是一个14岁的少女,因为只有在线聊天的内容才能证明他实际上要下手的对象是14岁的女孩。所以必须要有电子邮件和在线聊天的内容,这也是辩护人申请排除这些证据的基本考虑。辩护人把他提出的动议建立在以下基础上,第一个是美国《联邦证据规则》第1002条,这个规则要求当文书、记录、图片的内容发生争议时必须出示原件。辩护人认为本案就属于记录的内容发生了争议,所以启动了第1002条这个规则,因此控方应当提交记录的原件。

辩护人还声称,根据“美国在线”逐字打印下来的记录,就是一个复制件而已,并非原件。按照辩护人的说法,原件就是原始的电子信息或者文书,应当只能是以电子的形式储存在磁盘里的电子数据。只有那个电子数据才构成原始证据,才是最佳证据,所有其他打印出来的东西都是复制件。

按照辩护律师的说法,唯一能够防止原件被当事人修改或者是无意间改变的方式就是实时保存,而且是用一个软件,或者其他的技术手段。此外还要求不能由警察自己来保存,而应该由中立的第三方技术人员来保存,如此才满足原件的要求,即律师主张电子资料的收集和保存,不能够授权给执法官员。如果由执法官员直接操作,就无法客观地保存案件中的关键证据。因为警察的证明无法排除合理怀疑来证明那个复制件就是控方声称的谈话内容。作为执法人员,不能保证对复制件没有做任何改变,无论这种改变是有意的还是无意的。所有的复制件毕竟都只是第二手的资料,不是原件,就不满足美国《联邦证据规则》第1002条关于原件的要求。这是辩方基于美国《联邦证据规则》第1002条的规定,提出要出示原件的主张。

美国《联邦证据规则》第1003条规定的是例外,即复制件获得允许的前提:第一,它的真实性,就是它和原件的一致性不发生冲突;第二,允许复制件不会导致不公正。辩护方认为,本案当中,复制件和原件的一致性是有问题的,而复制件只要在原件的基础上被改变了,无论是无意的还是有意的,都意味着复制件和原件的一致性发生了问题,所以它不满足这个例外规定的条件。该案中关于原始谈话的复制件无法起到原件的功能,因为其复制的办法不能保证它的真实性和准确性。

该案中,被告方认为联邦执法人员运用实时打印的方法来展示通过“美国在线”进行网络交流的内容,由于它是不完整的或者是不真实的,所以允许它准入可能会导致对被告人的一种偏见,因此被告人希望法庭排除这个证据。

思考 本案中的证据应当被排除吗?如果要排除,理由是什么?如果不排除,理由是什么?本案中辩方律师说得有道理吗?律师根据美国《联邦证据规则》第1002条认为,如果证明文书、记录、图片的内容,则要出示原件。本案当中,争议证据是否属于最佳证据规则适用的案件范围,即属于文书、记录、图片发生争议的场合?而且都不符合例外的条件?另外,是否应该像本案律师主张的那样,所有此类证据都不应该由执法机关来记录保存,而应当由一个其他的中立的技术人员来完成这个工作?

案例10.16是根据真实案件改编的案例。这个案例中,辩方针对控方以现代通讯工具产生的实时信息作为指控犯罪的依据提出了证据法上的挑战和质疑。在2007年,美国内布拉斯加州的联邦地区法院就一个类似的案例作出了裁决。以下是该案的基本情况和裁判要旨。

| **案例10.16** | 聊天室日志的可采性——美国诉杰克逊〔13〕

2001年夏天,邮政调查局的探员马格里茨(Margritz)作为一名卧底,被称作"k8tee4fun",他向被告人杰克逊声称自己是一名14岁的女孩。马格里茨和杰克逊确定了一场约会。经过几次交谈之后,杰克逊开车到了公园,很显然,他是带着他女儿一起去的;但是,他没有停下来,而是开车回家了。随后,官员们去了杰克逊的家,逮捕了他,并扣押了他的电脑。此后,他在州法院被指控为共谋实施性侵犯。2002年2月11日,该指控被驳回,因为内布拉斯加州的法律不认可被告人与作为卧底的政府官员之间的共谋犯罪。2002年11月3日,美国检察署收到这一案件。首先是助理检察官罗科克尔达被安排来处理此案,但是,在他于2004年10月1日退休之前,他对该案什么都没做。2004年9月28日,助理检察官诺里斯被指派处理该案件。2005年2月24日,大陪审团起诉被告人使用电脑故意试图劝诱、诱使和诱骗未成年人从事违反法律的性行为。可参见18 U.S.C.第2422条(b)。

本案中,被告人杰克逊提出动议,请求排除证据并驳回起诉。

本案关于证据问题的第一个争议焦点在于,是否将控方提交的"gnesta18"和"k8tee4fun"之间的所谓在线聊天对话的剪贴式文件纳入庭审证据。

在2001年7月17日和2001年8月14日,马格里茨和被告人杰克逊,分别以屏幕名称为"k8tee4fun"的14岁女孩的身份和屏幕名称为"gnesta18"的身份,通过电脑进行"即时消息"或"聊天"对话。本案中,双方认为,由于计算机丢失或因为没有在电脑上维护或归档即时消息对话,所以没有该会话的原始记录。双方还认为,在这段时间内马格里茨和被告人杰克逊通过计算机进行的对话,不存在从软盘或硬盘驱动器或磁盘驱动器上将原始数据打印输出的文件或副本。那些会话全都未被保存。从马格里茨的证词可见,在那次调查几年后,他在电脑的日常更新过程中清除了电脑内存。因此,控方目前试图引入的证据是马格里茨从在线聊天中复制之后粘贴并保存到(Microsoft Word)文档中的笔记。被告人反对采信该证据。

马格里茨作证说,他进行了在线聊天的"圈套行动",导致了杰克逊被捕。他进一步证明,在每个聊天会话结束时,他都会通过点击并从头到尾拖动来保存"k8tee4fun"和"gnesta18"之间的对话,以突出显示完整的对话。然后,他复制并将

〔13〕 United States v. Jackson, 488 F. Supp. 2d 866, D. Neb. 2007.

整个选项粘贴到 Microsoft Word 的文字处理文档中。他按时间顺序将每个会话保存在一个正在进行的日志中。他进一步证明,他复制并将对话粘贴到 Word 文档后立即自己制作了一个副本,并向该副本添加了一些注释和编辑。他承认,如果没有正确地使用突出和拖动,可能会被略掉一些字,但是,他认为这些复制粘贴的文档没有任何人为的错误,因为他花费了极大的精力不断地回顾屏幕,以确保他在关闭聊天窗口之前准确地获取全部内容。他进一步作证说,他从未以任何方式修改过该文件。同时,他从来没有依赖雅虎的归档功能,因为马格里茨认为它不可靠。

电脑取证专家培登也在听证会上作证。他有 17 年的执法经验,有调查涉嫌儿童犯罪的背景经验,拥有斯波坎市社区学院的电脑工程学位。他曾在电脑法庭训练营接受过培训,就读了 NTI 法医学院并且拥有俄勒冈州的计算机证书。他作证说,他进行过 100 多次调查,并处理过 15 个有关儿童色情的案件。他作证说,他一直在研究硬盘驱动器的比特流图像,这既是硬盘的副本,又是确认"聊天会话"的最佳方法。培登证实,比特流图像将是从证据中如实看到"聊天会话"的唯一方法。按照培登的说法,准确保存计算机聊天的其他方法包括屏幕截图,该截图会作为日志文件保存到硬盘驱动器中,存储在未分配的空间里;或者使用雅虎中的 ypager 日志。他还证实,2001 年已有第三方软件程序可以准确地保存在线聊天,基本的"打印屏幕"和"文件打印"选项也可以捕获整个聊天内容。培登认为,马格里茨采用的剪切和粘贴方法是捕获聊天记录的最不有效的方式。

被告辩称,他想成为这名线上的 14 岁女孩的朋友,并打算将他的侄孙女介绍给"k8tee4fun",而且他和马格里茨之间发生过这样的对话。他声称,在聊天日志中提到的聊天记录或者在失踪的录音带中就包含与以上内容有关的对话。但事实是政府的剪贴文件中没有这样的对话,而录音带则丢失了。

培登在证言中用了很长的篇幅来指出他认为的马格里茨提供的剪贴文档中的多种错误。培登认为这其中的很多错误归咎于操作员(剪贴者)。

上诉法院认定,剪贴式文件在审判中不可采信。

第一,控方承担着证明该文件真实性的证明责任。可参见美国诉布莱克案(767 F. 2d);美国诉坦克案(200 F. 3d)。控方必须从基础上证明"对话记录"是可信赖的。可参见美国诉韦伯斯特案(84 F. 3d)(关于录音文件)。本案中,控方试图引入剪贴的文件的编辑版本。但是,法庭认为培登提供的证据是可靠并可予支持的。培登证实了许多可以用来准确捕获聊天的方法,但是本案的证据并未使用这些方法。如上所述,本文件可能有许多丢失数据的例子、没有意义的时序,以及存在编辑的信息。法院认定,本文件并不准确地代表被告与马格里茨之间发生的整个对话。被告辩称,他同意会面是想向 14 岁的女孩介绍他的侄孙女。被告有权在此基础上辩护,因为这涉及意图问题。被告声称,关于这些内容的信息被排除在剪贴和粘贴文件之外,也未包含在他和马格里茨之间电话交谈的丢失录音里。法院同意辩方意见,认为文件对有关信息数据的遗漏引起了对文件内容本身可信赖性的怀疑。参见美国诉韦伯斯特案(控方必须证明磁带记录的可靠性)。该剪贴式文件明显经过变更、增补和删除,因此,法院认定该文件缺乏法律要求的真实性。

第二,作为替补性方案,被告辩称,基于最佳证据规则,剪贴的文件不具有可采性,因为它不是最佳证据。该规则要求提供原始的书证或记录,以证明内容的真实性。可参见美国《联邦证据规则》第 1002 条。如果计算机打印输出文件的结果能够准确地反映数据,则该计算机打印输出的文件被认为是原始的。可参见美国《联邦证据规则》第 1001 条(3)。复制件也是如此。可参见美国《联邦证据规则》第 1001 条(4)、第 1003 条。根据法庭之前的认定,控方提供的剪贴文件不是准确的原件或复制件,因为如前所述,它不能准确地反映出被告和马格里茨的"聊天会话"。此外,马格里茨通过写入他的编辑意见改变了这个文件。本案的情况与控方提出的那些案例不同,本案在审理过程中,有专家证实该剪贴式文件已被修改。因此,出于同样的原因,法院同样认为该剪贴文件不可采信。基于相同的考虑,法院认为,根据美国《联邦证据规则》第 1004 条,该文件不具有可采性(第 1004 条允许在原件被破坏时提供间接证据)。可参见美国诉格哈特案(538 F. 2d)。很明显,控方提供的文件没有准确地反映原件的内容。

控方严重依赖美国诉坦克案和美国诉辛普森案(152 F. 3d),因此主张"聊天室日志"具有可采性。法院认定,控方依据的案件不能帮助提升本案中该文件的可采性。在坦克案和辛普森案中,所提供的证据都是实际的计算机文件,而不是计算机文件的剪切和粘贴版本。法院不难承认,在计算机上保存的数据和实际电脑打印输出的文件可以作为证据使用。然而,剪切和粘贴文档不是计算机上保存的数据,也不是计算机的打印输出文件。

控方还认为,马格里茨可以使用剪贴式文件来唤醒他的记忆。如果允许马格里茨使用这份文件唤醒他的记忆,那么被告将被迫证明其中包含的信息是不可靠的。法庭对此存在顾虑,在盘问时,被告人将被迫使马格里茨针对该剪贴式文件作证,并对该剪贴式文件进行说明。这将引发陪审团的猜测,甚至推断真实记录的某些部分是存在的。如果允许马格里茨使用该文件来唤醒他的记忆,就相当于允许控方将这些证据间接地提交给了陪审团(参见 Hall v. American Bakeries Co. ,873F. 2d)。因此,本院不允许控方通过剪贴文件来刷新马格里茨的记忆。

被告的该项动议被批准,本院判定排除该剪贴文件作为任何证据目的使用。

第三编　证　明

第十一章　证明责任

证明责任问题既包括证明责任的分配，也包括证明标准和证明对象等内容。证明标准实际上就是关于承担证明责任的一方需要将待证事项证明到何种程度的问题，因此它当然属于证明责任的一部分。证明对象就是关于何种事实需要由当事人加以证明的问题，也就是当事方是否需要按照法律规定对待证事实承担证明责任的问题。在待证事实方面，证据法通常不会从积极的、肯定的角度对案件中哪些事实需要加以证明进行详细的列举，而只会从通常情况下哪些待证事实可以豁免当事方举证责任的角度来加以规范，从而衍生出推定、司法认知以及自认和自白等相关概念与制度。本章仅从狭义上讨论证明责任问题，也就是仅探讨证明责任的分配。

证明责任分配的问题不仅在不同性质的诉讼中存在不同的原则，而且其制度背后的原理也分别受不同法系的影响，进而导致各自使用的概念也存在一定的区别。具体而言，刑事诉讼主要受英美法系影响，更经常使用说服责任、提证责任等概念。民事诉讼主要受大陆法系尤其是德国法影响，更经常使用客观责任、主观责任等概念。为了不致相互混淆，本章对各个不同性质诉讼中的证明责任分配问题分别加以阐述。第一节介绍刑事诉讼中说服责任与提证责任的分配；第二节则尽量避开大陆法系主观责任、客观责任概念的使用，直接以最高人民法院《关于民事诉讼证据的若干规定》对各类具体民事诉讼中的证明责任分配规则进行阐释；第三节阐述行政诉讼中证明责任的分配。

第一节　刑事诉讼中的证明责任分配

刑事诉讼中证明责任的分配主要受英美法系影响。英美法系证据法上关于证明责任的分配存在两个概念：说服责任与提证责任。这两个概念不仅适用于刑事诉讼，也适用于民事诉讼和行政诉讼。但本节仅阐述刑事诉讼中证明责任的分配问题。在我国刑事诉讼领域，法律上并没有说服责任和提证责任这些概念,而仅有“举证责任”这一概念。但在本书看来,我国刑事诉讼中的“举证责任”,实际上相当于英美法系的“说服责任”;而英美法系的“提证责任”,在我国刑事诉讼法上并无相应概念与之对应。因此,在分析相关问题时,不妨以“说服责任”称呼“举证责任”,以“提证责任”称呼具体的证明责任。

一、说服责任

说服责任是指在整个诉讼过程中提出证据证明主张事实之各个要素并使事实的裁判者相信该事实存在的责任。[1] 美国学者认为,说服责任是由实体法规定的责任,它关心的是案件的最终决定;[2]它是在案件审理进行到最后,事实仍然真伪不明时由哪一方来承担败诉风险的责任。[3]

说服责任是一个立体化的责任系统,是一种兼具过程性质和结果性质的责任。在说服责任体系中,不仅包含证明责任的分配,而且还包括证明的标准。英美刑事诉讼中的证明标准通常为“排除合理怀疑”,民事诉讼中的证明标准通常为“优势盖然性”。有关证明标准的问题,虽附着于证明责任,属于证明责任问题的一部分,但本书为突出其重要性,将其单独列为一章,专门进行详细的讨论。

在刑事诉讼中说服责任分配的基本原则是:控方对指控犯罪事实的全部要件承担证明责任,且必须证明到排除合理怀疑的程度。辩方一般不承担说服责任。在美国,美国联邦最高法院在1975年的温斯普一案中明确宣布,根据正当程序要求,控方应当将被告人有罪的事实证明到排除合理怀疑的程度。[4] 在英国,控方应当将被告人有罪的事实证明到排除合理怀疑的程度这一要求由伍尔明顿案所确立。

案例11.01 伍尔明顿案

该案发生于1935年。案件中的当事人为夫妻,被告人为夫妻中的丈夫。二人于1934年8月25日结婚,结婚时被告人21岁,被害人比他小4岁。被告人在一家农场工作,享有较好的名声。同年11月22日,被告人的妻子离开了被告人,回到娘家,与守寡的母亲一起居住。被告人希望她和自己回家,并试图引诱她这样做,但是被她拒绝。在被害人隔壁居住的是被害人母亲的妹妹布莱恩(Brine),也就是被害人的阿姨。1934年12月10日,布莱恩听到被告人在被害人家中的声音:“你究

---

[1] Peter Murphy, *Murphy on Evidence*, 7th edition, Blackstone Press Limited, 2000, p. 102.

[2] Leonard, Gold & Williams, *Evidence: A Structured Approach*, 3rd edition, Wolters Kluwer, 2012, p. 629.

[3] Allen et al., *An Analytical Approach to Evidence: Text, Problems, and Cases*, 6th edition, Wolters Kluwer, 2016.

[4] In re Winship, 397 U. S. 362, 1975.

竟要不要和我回去?""你母亲在哪里?"然后听到门响的声音。布莱恩向窗外张望,看到被告人离开被害人家;她叫了他,但是他没有回答,而是骑上自行车走了。她进入被害人家中,发现被害人躺在血泊之中。子弹击中了她的心脏。被告人对此事件的说法是:他只是想吓唬被害人。他说当他问道被害人是否愿意与他一起回去时她给予了否定的回答,于是他对她说:"如果你不回去,我就会向自己开枪。"为了向她证明这一点,他把枪从夹克口袋里拿出来放在腰部,但是枪走火了,他没有意识到枪是对准被害人的。他不知道该怎么办,于是回到家中和自己母亲说:"我朝我妻子开了一枪。"被告人被捕后,警察在被告人的夹克中发现了一张字条,大致意思是被害人毁了他,所以他必须采取报复行动。[5] 交叉询问时控诉方曾经问过被告人该字条是在事情发生之前写的还是事情发生之后写的,被告人的回答是事情发生之后。他解释说他写完这张字条之后就等待警察的到来,但他打算朝自己开枪以结束自己的生命。不过他没有马上这样做,而是将自己的想法告诉了父亲,结果被他父亲说服,而没有朝自己开枪。

在法庭辩论结束时,法官指示陪审团:控诉方有义务证明本案中被害妇女的死亡是由于被告人的行为造成的,检察官对此应当证明到排除合理怀疑的程度;如果他们完成了这一义务,则被告人应当提出证据,证明其行为属于更轻等级的过失犯罪,或者完全不属于犯罪,而是一个意外事故。这一指示被上院认为是错误的指示,该案被发回重审。维斯康特·桑克为此案判决写的理由是:"在英国刑法之网中有一条可以经常看到的金线,那就是,控诉方有义务证明被告人有罪……如果在案件结束时,就案件整体而言,对于被告人杀死被害人是否出于主观上的故意这一问题,还存在任何合理的怀疑,这种怀疑不论是由控诉方提出,还是由被告人提出,都应当认为,控诉方没有完成对案件的证明,从而应当将被告人无罪释放。不论指控的内容如何以及在何处审判,被告人有罪的事实都应当由控诉方承担,这是英国普通法的一部分,而且任何试图损害这一原则的努力都不会得逞!"

在英国,根据伍尔明顿案判决,如果被告人提出了一个积极的抗辩从而使陪审团对被告人的罪行产生了合理的怀疑,则控方就有义务提出证据消除陪审团的怀疑,否则就应当将被告人无罪释放。但是,这一原则存在一些例外,在这些例外情况中,证明责任的分配仍然值得考虑。在美国,联邦最高法院在 1975 年

---

〔5〕 具体内容原文如下,"It is agonies to carry on any longer. I have kept true hoping she would return this is the only way out. They ruined me and I'll have my revenge. May God forgive me for doing this but it is the Best thing. Ask Jess to call for the money paid on motor bike (Wed.). Her mother is no good on this earth but have no more cartridges only 2 one for her and one for me. I am of a sound mind now. Forgive me for all trouble caused"。

的穆乐尼一案中重申了温斯普一案中确立的说服责任由控方承担的原则。[6] 但是在两年后,联邦最高法院在 1977 年的帕特森一案中,事实上推翻了穆乐尼一案中重申的原则,也就是在特定情况下(在帕特森案中是对被告人极度情绪失常事实),作为例外,要求辩方也要承担一定的说服责任。[7] 这就使有关说服责任分配的规则变得复杂起来。

在我国,1979 年《刑事诉讼法》和 1996 年《刑事诉讼法》对于证明责任的分配都没有明确规定。2012 年《刑事诉讼法》第 49 条(2018 年《刑事诉讼法》第 51 条)规定:"公诉案件中被告人有罪的举证责任由人民检察院承担,自诉案件中被告人有罪的举证责任由自诉人承担。"简言之,被告人有罪的举证责任,由控方承担。

二、提证责任

与说服责任相对应,英美法证明责任中的另一个概念是提证责任,其具体含义是指,当事人在诉讼的不同阶段提出证据证明所主张或所反驳的事实使法庭相信该事实存在的责任。[8] 辨别提证责任由哪方当事人承担的意义在于,当诉讼中的一方当事人申请法庭撤销指控、给予一方当事人简易判决或者直接给出裁决时,法庭就必须判断,承担提证责任的当事人是否完成了其举证责任。如果完成,则诉讼继续进行;如果没有完成,则法庭应准许当事人提出的动议,终结诉讼。[9]

提证责任通常由承担说服责任的当事人承担。例如,在刑事诉讼中,由于控方承担说服责任,因此,控方在诉讼的开始阶段,就必须提出积极的证据证明指控事实的各个要件;如果控方未能举出证据,则法庭会直接宣布撤销案件。在民事诉讼中,原告通常承担说服责任,因此也必须举出证据证明其主张的事实的各个要件;如原告不能举证,法庭也会宣布撤销诉讼。对于辩护方提出的积极辩护主张,则由辩护方承担提证责任;如果辩护方不能举出证据,则法庭将视该辩护主张不存在。[10]

威格默认为,提证责任概念与陪审团审判这种二元制审判方式存在密不可分的关系。它实际上体现着法官对陪审团的控制——并非所有的案件都理所当然地应当由陪审团作出裁决;相反,只有那些有适当理由的案件,才能进入陪审

---

〔6〕 Mullaney v. Wilbur, 421 U. S. 684, 1975.

〔7〕 Patterson v. New York, 432 U. S. 197, 1977.

〔8〕 Peter Murphy, *supra* note 1, p. 103.

〔9〕 Leonard, Gold & Williams, *supra* note 2, p. 631.

〔10〕 Leonard, Gold & Williams, *supra* note 2, p. 631.

团的视野。[11] 因此,尽管在一个诉讼中一方提出的主张能否获得陪审团的最终认同应当由陪审团说了算,但是在很多问题上,当事人必须首先使法官认为有必要将相关的问题提交给陪审团。换句话说,为了能使陪审团考虑并最终决定其主张是否成立(也就是是否完成了法律所要求的说服责任),当事人首先必须使法官相信,当事人已经有了让陪审团考虑的足够数量的证据。如果当事人不能使法官相信其拥有让陪审团考虑的足够的证据,那么法官将直接判决该方当事人败诉。

如前所述,刑事诉讼中,由于控方承担证明被告人有罪的说服责任,在诉讼的开始阶段,提出证据证明指控之各个要件事实存在的责任,也由控方承担。但是在诉讼的不同阶段,提证责任可以在控方和辩方之间转换。

| **案例 11.02** | 银行抢劫案[12]

控方指控被告抢劫便利店。审判中,检察官传唤唯一的证人出庭作证。该证人是便利店的职员,抢劫发生时她正在值班。证人作证说她当时正坐在收银机后面,一名抢劫犯戴着一个滑雪面具走进便利店,用枪指着她,命令她倒出收银机内的钱。她照做了,给了抢劫犯几百美元。抢劫犯命令她不许报警。但在抢劫犯消失后她就立即报了警。该证人证言也是控方唯一的证据。证人在法庭上的证言止步于此。被告申请直接宣告其无罪,理由是这样的证据根本不足以支持一个有罪的裁决。在上述情况下,法庭通常都会批准被告的动议,同意直接宣告被告无罪。因为,控方承担说服责任,以及证明指控各个要件事实成立的提证责任。该案中的要件事实之一,就是对犯罪者的指认。但前述案件中,控方并没有任何证据证明本案被告就是实施抢劫的那个人。在前述证据情况下,即使陪审团裁决被告人罪名成立,也是无法获得正当性的。因此,法官必须批准被告的动议。

如果在该证人作证之后,检察官继续传唤了一名警察,作证说他在接到报警10分钟后在离便利店两个街区之外的地方逮捕了被告人,并从他身上的钱夹中搜出100美元。在上述证据条件下,被告人也提出动议,要求直接宣告无罪。此时,法庭仍然应当同意被告的请求。因为,控方虽然也举出了间接证据试图将本案被告人与抢劫事实联系起来,但由于控方的证据如此微弱以致没有哪个理性的陪审团会排除合理怀疑地认为是本案被告人实施了抢劫。仅仅有证据证明被告人出现在抢劫案现场附近和有证据证明被告人持有少量现金并不足以正当化对被告人的

---

[11] John Henry Wigmore, *Evidence In Trials at Common Law*, Peter Tillers Rev., Little, Brown and Company, Boston, Toronto, 1983, Vol. 8, p. 293.

[12] Leonard, Gold & Williams, *supra* note 2, p. 632.

定罪。

假设在上述证据之外,本案中的第一个证人——那位女收银员,还作证说她记得被抢的钱中,有两张20美元的纸币上面沾了墨水,因此表面被弄脏,但是不能回忆起来到底是什么图案。控方在法庭上继续出示了两张20美元的纸币,上面有人用墨水在纸币背面写上了用于传递信仰信息的话。控方传唤的警察也作证说他在逮捕被告人时在被告人身上的钱夹里搜出了这两张20美元的纸币。在这些证据条件下,法官既可能同意前文所述被告人的动议,也可能否决被告人的动议。同意被告人的动议意味着法官认为一个理性的陪审团不可能在这些证据条件下排除合理怀疑地认为被告人就是本案的抢劫犯。否决被告人的动议则意味着法官认为陪审团在现有证据条件下可能会认定被告人罪名成立。

进一步假设,除上述证据之外,控方证人——那位女职员还作证说,抢劫犯是一名男子,身高大约6英尺,穿着绿色夹克,走路时腿有点跛。警察还作证说,当他逮捕本案被告人时,被告人穿着绿色夹克,走路时腿也有点跛。法庭上,陪审团也能看到,本案被告人身高大约就是6英尺。在这些证据下,被告人仍然申请直接宣告其无罪。此时,法庭通常应当驳回被告人的动议,因为在这些证据条件下,控方已经完成了其提证责任。当然,这并不意味着控方就完成了其说服责任。美国宪法也不允许法官指示陪审团直接给出一个有利于控方的裁决。控方完成了其提证责任仅仅意味着法庭必须将案件交给陪审团裁决。

刑事诉讼中说服责任与提证责任之间的区别表现在:通常情况下,说服责任一般由控方承担;只有在极其例外的情况下,说服责任才由辩方承担;提证责任则可以在控诉方与被告人之间转移;说服责任对应的是整个案件事实,提证责任则既可以是特定的案件事实,也可以是某个案件事实的某一方面;说服责任相应的证明标准是排除合理怀疑,提证责任的证明标准则因不同的当事人而异:对控方而言,因为他必须在总体上将案件事实证明到排除合理怀疑的程度,所以对其证明要求比较高;但对被告人而言,则只需要对控方所主张的事实提出合理怀疑即可。

第二节　民事诉讼中的举证责任

一、基本框架

在英美民事诉讼中,对于任何争议事实的说服责任,均由肯定性地(affirmatively)主张该争议事实的当事人一方承担；另外，如果一个争议事实对于一个主张或抗辩构成实质性要素，则提出该主张或抗辩的说服责任由提出的当事人承担，至于何为主张或抗辩的实质性要素则由实体法规定。[13] 根据上述规则，原告方如果对于构成其主张之实质性要素的任何部分未能提供证明，则法院应当判令原告败诉。但是，被告方的地位却有所不同。诉讼是由原告提起，原告通常会提出积极的主张，而被告则通常对原告的主张予以消极的否认，因此被告不承担说服责任。但是，如果被告并不仅仅是否认原告的主张，而是在原告主张之外提出了积极的抗辩，则被告对其提出的抗辩也负说服责任。例如，在原告起诉被告过失而导致其受伤害的案件中，如果被告仅仅是答辩称自己没有过失，则被告不负说服责任；但如果被告的答辩不仅是主张自己没有过失，还主张原告存在过失，则被告对于原告有过失这一抗辩理由承担说服责任。[14] 在提证责任方面，民事诉讼与刑事诉讼适用的原则基本上是一样的。因此，一旦原告将自己的主张证明到表面可信的证明程度，被告方就必须承担相应的提证责任。

如前所述，我国民事诉讼举证责任分配规则和原理都主要受大陆法系影响，尤其是受德国举证责任分配理论影响。在德国，证明责任被区分为客观责任与主观责任。德国通说认为，主观证明责任又称行为责任或形式上的证明责任，它是指当事人为避免遭受不利于己的判决而承担的、证明自己主张的事实是否存在的责任。客观证明责任又称结果上的证明责任或实质上的证明责任，是指法律规定的要件事实在法律审理的最后阶段仍然真伪不明时，由对该要件事实负有主张责任的当事人承担不利后果的责任。[15] 客观责任是由实体法预先确定的，因此又被称为实体法上的证明责任。主观责任则因直接与诉讼有关，所以被称为程序法上的证明责任。在主观责任概念之下，又进一步区分为抽象责任与具体责任。其中，抽象责任是指抛开具体的诉讼程序和案件事实，就一个抽象的要件事实而言，应当由谁举出证据加以证明的责任。具体责任则是指在一个特定的诉讼中，当法官对某一个特定要件事实已经形成了临时的心证，此时应由哪一方提供证据证明其主张的事实成立的责任。[16]

本书认为，大陆法系证明责任体系中的客观责任，大致相当于英美法系中的说服责任，因为二者都强调不能说服法官时的风险；尤其是英美法系中的"the risk of non - persuasion"这一表述，非常清晰地表明这是一种真伪不明时的证明责任。同时，大陆法系中的主观责任概念，则类似于英美法系中的提证责任，因

〔13〕 Peter Murphy, *supra* note 2, p. 105.

〔14〕 Peter Murphy, *supra* note 2, p. 106.

〔15〕 [德]汉斯·普维庭：《现代证明责任问题》，吴越译，法律出版社 2001 年版，第 22 ~ 36 页。

〔16〕 [德]汉斯·普维庭：《现代证明责任问题》，前注 15，第 13 页。

为二者均属于行为意义上的证明责任。

为了避免由于概念上的不同而产生歧义,本节在民事诉讼证明责任的分配问题上将侧重于对最高人民法院 2019 年颁布的《关于民事诉讼证据的若干规定》所确定的具体原则和规则的理解与阐释。

二、谁主张,谁举证

在古代罗马法上,举证责任分配的第一个原则就是"原告负举证责任,被告不负举证责任"。当然,这种概括显然是不充分的,因为随着对诉讼中各种主张了解的深入,其实诉讼中各方对自己的主张都可能需要承担举证责任,所以后来的法谚进一步将举证责任分配规则表述为"谁主张,谁举证"。但是,"原告负举证责任"的说法,体现了人们对原告方所承担之证明责任的最直观认识。对此,最高人民法院《关于民事诉讼证据的若干规定》第 1 条将其规定为"原告向人民法院起诉或者被告提出反诉,应当提供符合起诉条件的相应的证据"。这一规定是罗马法上"原告负举证责任的"充分体现。同时,《民事诉讼法》第 67 条第 1 款规定:"当事人对自己提出的主张,有责任提供证据。"最高人民法院《关于适用〈中华人民共和国民事诉讼法〉的解释》第 90 条第 1 款规定:"当事人对自己提出的诉讼请求所依据的事实或者反驳对方诉讼请求所依据的事实,应当提供证据加以证明,但法律另有规定的除外。"也就是说,民事诉讼中的举证责任分配于双方当事人。不仅原告应当举证,被告方如果提出诉讼主张或者反驳原告方的诉讼主张,对其主张所对应的事实,也承担举证责任。如果没有证据加以证明,由举证方当事人承担不利后果。这是对"谁主张,谁举证"原则的完美诠释。

案例 11.03 陈某 1、徐某芳、陈某 2 诉上海携程国际旅行社有限公司旅游合同纠纷〔17〕

原告陈某 1、徐某芳、陈某 2 因与被告上海携程国际旅行社有限公司(以下简称携程旅行社)发生旅游合同纠纷,向上海市长宁区人民法院提起诉讼。原告陈某 1 与徐某芳系夫妻,陈某 2 系陈某 1、徐某芳之女。原告陈某 1、徐某芳、陈某 2 诉称:三原告于 2013 年 7 月 30 日与被告携程旅行社签订了《上海市出境旅游合同》,三原告向被告实际支付旅游费用共计 55326 元,被告向原告开具了发票。相关旅游签证由被告代为办理。2013 年 9 月 3 日,原告因故退团,并要求被告退还旅游费用。被告退还 25128 元,在无任何凭据的情况下,扣除了原告 30198 元。后被告又

---

〔17〕 上海市长宁区人民法院第一审,上海市第一中级人民法院第二审,终审判决日期为 2014 年 12 月 19 日。

向原告返还4600元,但被告仍扣留三原告旅游费用25598元。原告认为,原告提前将近一个月的时间通知被告退团,被告完全有足够的时间另行出售旅游名额,不会对被告造成损失。即使按照合同约定,原告解除合同只是承担旅游合同总价5%的违约金。原告据此请求法院判令被告返还三原告旅游费25598元。

原告陈某1、徐某芳、陈某2为证明其诉讼请求,向法院提供了以下证据:(1)《上海市出境旅游合同》、旅游度假产品确认单;(2)发票;(3)收费证明、费用证明;(4)上海市旅游质量监督所旅游投诉终止调解书。

被告携程旅行社辩称:因原告参加的是团队旅游,需要办理团队旅游签证,如原告取回护照则无法办理签证。原告坚持取回护照,被告无奈只能将护照退还原告。原告陈某1因自身事务退团,违反合同约定,应当承担违约责任。原告徐某芳、陈某2无正当理由退团,也应承担违约责任。原告所预定旅游行程时处十一黄金周期间,属于旅游旺季,预先交付给旅游地地接社的费用无法退还。但是被告为尽量减少原告损失,于2013年9月12日退还原告1728元,9月18日退还原告23400元,11月7日退还原告4623元,被告已经尽到了维护客户权益的责任。至于剩余费用,因已经实际发生,被告无法从地接社处取回。故被告请求法院驳回原告的诉讼请求。

被告携程旅行社为证明其主张,向法院提供了以下证据:(1)地接社欧洲之星公司出具的收费证明、取消政策;(2)欧洲之星公司注册证书;(3)奥地利驻华大使馆网页信息。

上海市长宁区人民法院一审查明:……(除争议事实外,法院查明事实与原被告双方陈述事实一致)。一审法院认为:……陈某1因自身原因,在携程旅行社代为办理前往旅游目的地签证时要求取回护照,导致携程旅行社无法代为办理签证,参加原定旅游行程受阻,陈某1要求退团;继而徐某芳、陈某2也要求退团,陈某1、徐某芳、陈某2的解约行为,致使双方签订的旅游合同无法继续履行,陈某1、徐某芳、陈某2行为构成违约,应当承担相应的违约责任……陈某1、徐某芳、陈某2应依约支付携程旅行社旅游合同总价5%的违约金。

同时,双方签订的旅游合同还约定,旅行社已办理的护照成本手续费、订房损失费、实际签证费、国际国内交通票损失费按实计算。原告陈某1、徐某芳、陈某2的旅游签证是由被告携程旅行社代为办理,但携程旅行社并未提供使领馆已经收取陈某1、徐某芳、陈某2办理签证费用的证据,携程旅行社无法证明签证费用已经发生,应当将陈某1、徐某芳、陈某2办理签证的费用180欧元(以当时汇率中间价8.0382,折合人民币1446.88元)如数退还。旅游合同成立后,旅游经营者为履行合同义务即要着手为旅游者办理出入境手续、预定交通工具和膳宿。对旅游所涉交通、住宿的预先落实,既是保证旅游活动能够按约进行的前提,也是前往旅游入境国使领馆办理旅游签证的必备条件。随着上述手续的办理就会发生费用的预付。根据民事诉讼证据举证规则规定,对合同是否履行发生争议的,由负有履行义务的当事人承担举证责任。携程旅行社提供证据证明已向其委托的负责此次旅游活动接待的地接社欧洲之星公司交付费用,欧洲之星公司根据其与携程旅行社协议约定,以陈某1、徐某芳、陈某2取消旅游行程,致其损失3018欧元为由,拒绝退还该笔费用,该节事实发生应当得到认定。由于欧洲之星公司所处地域,其出具的文书需要进行公证、认证。携程旅行社提供上述证据未经公证、认证,在形式上存在瑕疵。而公证、认证需要花费精力及支付相应费用,欧洲之星公司持消极、不配合的态度,客观上为携程旅行社消除上述证据瑕疵造成障碍。如果因此将不利后果由携程旅行社承担,则有失公平。基于本次纠纷缘于陈某1、徐某芳、陈某2解约,而携程旅行社出示的证据因提供方的不配合存在瑕疵,携程旅行社主观上无法消除此瑕疵的因素,对于欧洲之星公司拒绝退还3018欧元造成的损失(以8.0382汇率,折合人民币24259.28元),酌定双方各半承担。携程旅行社需向陈某1、徐某芳、陈某2再退还12129.64元。

综上所述,被告携程旅行社在扣除原告陈某1、徐某芳、陈某2支付的违约金后,应再向陈某1、徐某芳、陈某2退还旅游费10896.62元。据此,上海市长宁区人民法院于2014年8月25日作出判决:携程旅行社于判决生效之日起10日内向陈某1、徐某芳、陈某2退还人民币10896.62元。

陈某1、徐某芳、陈某2不服一审判决,向上海市第一中级人民法院提起上诉。上海市第一中级人民法院经二审查明,认为除3018欧元损失一节事实外,原审法院认定的其余事实无误。

二审庭审过程中,二审法院限定携程旅行社在一个月期限内提供境外证据的相关公证、认证手续,并提供证明损失实际发生的相关证据进行补强。携程旅行社在法院指定的一个月举证期限内又提供了携程旅行社与地接社(欧洲之星公司)的邮件往来记录,旨在证明携程旅行社于2013年8月20日发送给地接社的分房名单和地接社次日发送给携程旅行社的邀请函名单中均包含了陈某1、徐某芳、陈某2;携程旅行社报备给上海市旅游局的出境游客信息表,旨在证明除了陈某1、徐某芳、陈某2外,其他团员均正常出行。陈某1、徐某芳、陈某2对携程旅行社与地接社的往来邮件的真实性不予认可,对出境游客信息表的真实性亦不予认可。

综合双方当事人的举证和质证意见,二审法院认为,携程旅行社提供的三方协议书未经公证、认证,真实性难以认定,且从形式上亦无法判断取消政策为该三方协议书的附件;邮件往来记录也未经有效确认,即使真实也是发生在陈某1、徐某芳、陈某2退团之前,陈某1、徐某芳、陈某2在名单中出现亦属正常;出境游客信息表仅以简单表格形式呈现,亦未有相关行政部门的印章佐证,真实性难以认定,无法证明此信息表为交旅游局备案文件，也无法证明系最终出行人员。故携程旅行社在二审中提交的证据，二审法院不予采信。原审法院仅凭未经公证、认证的欧洲之星公司出具的"收费证明""取消政策"，即认定陈某1、徐某芳、陈某2取消旅游行程致使携程旅行社产生3018欧元的损失一节事实不当，故予以纠正。

上海市第一中级人民法院二审认为：关于"损失已实际产生"和"损失的合理性"的举证责任在于携程旅行社，如举证不力，则由携程旅行社承担不利后果。综观携程旅行社的证据材料，无论在证据的效力和证据的证明力上，以及直接证据、间接证据之间的相互印证上，都无法形成令人信服的证据优势。携程旅行社为其酒店费用损失提供了相关证据，但"收费证明""取消政策"等境外证据未经公证、认证，部分证据无翻译件，形式上明显存有瑕疵，难以证明携程旅行社实际发生了酒店费用的支出；携程旅行社虽辩称其扣除的金额中还包括了已经支付的签证费和保险费，但其未提供支付凭证。法院在二审期间再次给予携程旅行社一个月的举证期限补充、补强相关证据，但其未能进一步有效举证，未提供经过公证、认证的境外证据，仅提供了与欧洲之星公司的邮件往来、报备文件，证明力较弱，难以印证损失已经实际产生并属合理，且均未得到陈某1、徐某芳、陈某2的认可；鉴于携程旅行社扣除相关费用欠缺证据证明，故陈某1、徐某芳、陈某2的上诉请求中部分内容应予以支持。经二审法院核算，携程旅行社应退还陈某1、徐某芳、陈某2旅游费22895.10元（旅游费合计55326元－已退款29751元－应承担的违约金2679.90元）。被上诉人携程旅行社作为从事旅游服务业务的专业公司，在提供旅游服务的过程中，送签、办理保险、订房、交通等均由其安排，其在本案中应当有能力提供实际损失的确凿证据，但携程旅行社却怠于举证，由此产生的不利后果应由其自行承担。

据此，二审法院于2014年12月19日判决如下：（1）撤销上海市长宁区人民法院（2014）长民一（民）初字第1376号民事判决；（2）被上诉人携程旅行社应于本判决生效之日起10日内向上诉人陈某1、徐某芳、陈某2退还人民币22895.10元。

三、具体证明责任

罗森贝克认为，法官应当依据法律规范进行裁判；法律规范的适用应当具备一定的事实条件；当法官对适用规范的事实条件没有形成积极的内心确信时，法官只能拒绝适用该规范；相反，只有当法官对规范适用的事实条件产生了积极的内心确信时，他才能适用该实施条件所对应的法律规范。因此，罗森贝克认为，证明责任的基本原则应当是：如果不适用特定法律规范，其诉讼请求就得不到支持的当事人，应当承担法律规范要素在实际发生的事件中已经得到实现的证明责任,或者说对拟适用的法律规范的事实条件承担证明责任。[18] 罗森贝克证明责任理论的核心要素就是,当事人的主张实际上就是法律规范的适用;为此,当事人必须承担法院应当适用其主张的规范对应的事实存在的证明责任;如果当事人无法举出证据证明其主张的规范对应的事实成立,就应当承担其主张的规范不得适用的后果。因此,罗森贝克的学说在理论上又被称为"不适用规范说"。

罗森贝克的证明责任理论在德国乃至整个大陆法系国家都产生了深远的影响。我国最高人民法院2001年颁布的《关于民事诉讼证据的若干规定》在证明责任分配问题上也是比较明显地采用了这一理论。在合同纠纷方面,前述《关于民事诉讼证据的若干规定》第5条规定,在合同纠纷案件中,主张合同关系成立并生效的一方当事人对合同订立和生效的事实承担举证责任;主张合同关系变更、解除、终止、撤销的一方当事人对引起合同关系变动的事实承担举证责任;对合同是否履行发生争议的,由负有履行义务的当事人承担举证责任;对代理权发生争议的,由主张有代理权一方当事人承担举证责任。[19] 这实际上就是典型的"不适用规范说"。2022年最高人民法院《关于适用〈中华人民共和国民事诉讼法〉的解释》第91条规定:主张法律关系存在的当事人,应当对产生该法律关系的基本事实承担举证证明责任;主张法律关系变更、消灭或者权利受到妨害的当事人,应当对该法律关系变更、消灭或者权利受到妨害的基本事实承担举证证明责任。上述规定仍然沿袭了不适用规范说所秉承的证明责任理论。

案例11.04 赵某诉项某敏、何某琴民间借贷纠纷[20]

原告赵某因与被告项某敏、何某琴发生民间借贷纠纷,向上海市长宁区人民法院提起诉讼。

原告赵某诉称:原告与被告项某敏系朋友关系。2007年7月20日,项某敏以装修房屋为由向其借款20万元,双方约定以年利率5%计息,期限为2年。当日,原告从家中保险柜取出现金20万元,步行至项某敏经营的干洗店内向其交付借款,项某敏当场出具借条。2009年7月23日,项某敏在原告的催讨下支付利息2万元,并请求延长借款期限2年。2011年7月27日,原告再次向项某敏催讨借款,但其仍未能还款。原告认为,因本案借款系项某敏向其所借,借条和催款通知单亦由项某敏签名确认,故其仅起诉项某敏。至于被告何某琴是否应当承担共同还款

---

〔18〕 [德]莱奥·罗森贝克:《证明责任论——以德国民法典和民事诉讼法典为基础撰写》(第4版),庄敬华译,中国法制出版社2002年版,第12页。

〔19〕 该规定被之后颁布的《民事诉讼法》、最高人民法院《关于适用〈中华人民共和国民事诉讼法〉的解释》所吸收。

〔20〕 最高人民法院公报案例。审判法院为上海市长宁区人民法院,判决日期为2013年4月19日。

责任，其不予表态。请求法院判令项某敏归还借款20万元，并以20万元为本金，支付自2009年7月23日起至判决生效之日止按照年利率5%计算的利息。

被告项某敏辩称：对原告赵某诉称的事实均无异议，但其目前无力归还借款。至于涉案借款的用途，其中10万元借款用于装修两被告名下房屋，另外10万元于2007年8月2日用于提前偿还购买该房屋时的银行贷款。因此，涉案借款是夫妻共同债务，应由两被告共同偿还。

被告何某琴辩称：首先，原告赵某主张的借款事实不存在。两被告在2007年自有资金非常充裕，无举债之必要。原告提供的借条是项某敏事后伪造的，何某琴原已申请对该借条的实际形成时间进行鉴定，但因不具备鉴定条件而无法进行，且原告当时并不具备出借20万元的经济能力，其也未提供任何借款交付证据。其次，何某琴对原告主张的借款始终不知情。两被告于2009年6月18日签订协议书，约定对外债务任何一方不确认则不成立，故该笔借款即使存在，也应当是项某敏的个人债务。最后，两被告于2005年9月20日结婚，2010年7月开始分居。何某琴曾分别于2010年8月25日、2011年5月12日向法院提起离婚诉讼。在这两次诉讼中，项某敏均未提及本案借款。目前，两被告的第三次离婚诉讼已在审理中。然而，除本案系争债务以外，另有两位债权人突然诉至法院要求归还借款。显然，本案是原告和项某敏通过恶意串通，企图转移财产的虚假诉讼，应追究两人的法律责任。

上海市长宁区人民法院经审理查明：原告赵某与被告项某敏系朋友关系，两被告系夫妻关系，于2005年9月20日登记结婚。项某敏向原告出具落款日期为2007年7月20日的借条一张，载明：今我项某敏向赵某借人民币200000元正（贰拾万元正），于2009年7月20日前归还，利息按5%计算，落款处由项某敏以借款人身份签名。后原告书写一份催款通知单，载明：今项某敏向赵某借款（贰拾万元正），于2009年7月20日前归还，但已超过期限，至今没还，特此向项某敏催讨借款，落款日期为2009年7月23日。项某敏在该份催款通知单上加注："我知道，因经营不善无钱归还，恳求延长两年，利息照旧。"此后，原告再次书写一份催款通知单，载明：今项某敏借赵某贰拾万元正，经多次催款至今没还，特此向项某敏再次催讨借款及利息，落款日期为2011年7月27日。项某敏则在该份催款通知单上加注："因经营不善无钱归还，恳求延长两年，利息照旧"，并签署其姓名。

另查明，2007年7月19日，被告项某敏名下账号为1001××××××××××3366的中国工商银行账户内余额为167545.34元。2007年8月2日，项某敏自上述银行账户内支取100000元。当日，项某敏向中国建设银行偿还个人购房贷款100000元。

再查明，2009年6月18日，两被告签署协议书一份，确认双方生意经营、房产状况、房屋贷款等事宜,未涉及本案系争借款。双方同时约定“其他债务事宜,双方任何一方不确认则不成立”。2010年7月,两被告开始分居。2010年9月28日、2011年6月1日,何某琴分别起诉至上海市长宁区人民法院,要求与项某敏离婚。上述两案诉讼过程中,项某敏均未提及本案系争借款,后该两次离婚诉讼均经调解不予离婚。2012年8月31日,何某琴第三次起诉要求与项某敏离婚,目前该案正在审理中。

上述事实,有原告赵某提供的、落款日期为2007年7月20日的借条、2009年7月23日的催款通知单、2011年7月27日的催款通知单,被告项某敏提供的中国建设银行个人贷款还款凭证,被告何某琴提供的2009年6月18日两被告协议书、2010年10月13日法院调解笔录、2011年6月1日法院调解笔录,上海市长宁区人民法院依职权调取的被告项某敏名下账号为1001××××××××××2009的中国工商银行账户交易明细以及双方当事人的当庭陈述在案佐证,足以认定。

本案的争议焦点为:原告赵某与被告项某敏之间的借贷关系是否成立并生效以及在此前提之下被告何某琴是否负有还款义务。

法院认为:根据民事诉讼证据规则,在合同纠纷案件中,主张合同关系成立并生效的一方当事人对合同订立和生效的事实承担举证责任。同时,根据《合同法》规定,自然人之间的借款合同,自贷款人提供借款时生效。故原告赵某主张其与被告项某敏之间存在有效的借款合同关系,其应就双方之间存在借款的合意以及涉案借款已实际交付的事实承担举证责任。现原告提供借条意在证明其与项某敏之间存在借款的合意。关于借款交付,其主张因其无使用银行卡的习惯,故家中常年放置大量现金,200000元系以现金形式一次性交付给项某敏。对于原告的上述主张,被告项某敏均表示认可,并称其收到借款后同样以现金形式存放,并于2007年8月2日以其中的10万元提前归还房屋贷款。被告何某琴则明确否认涉案借款的真实性。

本案中,首先,原告赵某在本案中虽表示向被告项某敏主张还款,但项某敏辩称涉案借款用于两被告夫妻共同生活,应由两被告共同偿还。事实上,经法院调查,在两被告的第三次离婚诉讼中,项某敏也始终将本案借款作为夫妻共同债务要求何某琴承担相应的还款责任。基于本案处理结果与何某琴有法律上的利害关系,法院依法将其追加为第三人参加诉讼。后因项某敏的上述抗辩,原告申请追加何某琴为被告。在此过程中,原告及项某敏一再反对何某琴参加本案诉讼,不仅缺乏法律依据,亦有违常理。何某琴作为本案被告以及利害关系人,当然有权就系争借款陈述意见并提出抗辩主张。

其次,基于两被告目前的婚姻状况以及利益冲突,被告项某敏对系争借款的认可,显然亦不能当然地产生两被告自认债务的法律效果。并且,项某敏称其于2007

年8月2日用涉案借款中的100000元提前归还房贷。经法院依职权调查,项某敏银行交易纪录显示当天有100000元存款从其名下银行账户支取,与其归还的银行贷款在时间、金额上具有对应性。此外,项某敏银行账户在同期存有10余万元存款,其购房银行贷款也享有利率的7折优惠,再以5%的年利率向他人借款用以冲抵该银行贷款,缺乏必要性和合理性。本案于2013年3月7日开庭时,项某敏经法院合法传唤明确表示拒绝到庭。上述事实和行为足以对项某敏相关陈述的真实性产生怀疑。故基于以上原因,原告赵某仍需就其与项某敏之间借贷关系成立并生效的事实,承担相应的举证义务。

最后,原告赵某自述其名下有多套房产,且从事经营活动,故其具有相应的现金出借能力。但其亦表示向被告项某敏出借200000元时,其本人因购房负担巨额银行贷款。为此,法院给予原告合理的举证期限,要求其提供相应的证据证明其资产状况和现金出借能力,并释明逾期举证的法律后果。嗣后,原告明确表示拒绝提供相应的证据。法院认为,原告明确表示放弃继续举证权利,而其提供的现有证据亦并未能证明涉案借款的交付事实以及原告本人的资金出借能力,其陈述的借款过程亦不符合常理,故应承担举证不能的法律后果。对于原告的诉讼请求,法院依法不予支持。至于项某敏个人对涉案借款的认可,因其与原告之间对此并无争议,其可自行向原告清偿,法院对此不予处理。

据此,判决如下:驳回原告赵某的全部诉讼请求。案件受理费人民币4300元,由原告赵某负担。

在一些疑难案件中,具体证明责任的分配,仍然会出现一些疑难问题。例如,在"水晶球"案件中,一名老太太在商场花3000元买了一个水晶球,有发票、购物小票等为证;3小时后,老太太拿着一个球返回商场,并带回一张鉴定意见,证明该"水晶球"实为玻璃球,要求商场按照"假一赔十"的店堂告示赔偿30000元。商店则认为,商场出售的球均是货真价实的水晶球,因此拒绝赔偿。双方争执不下,诉至法庭。[21] 对于该案中的证明责任分配问题,理论上也是存有分歧。

思考 在一借款合同纠纷中,原告诉称被告曾两次向其借款共7000元,均未归还,请求被告归还。被告辩称,其仅向原告借款5000元,且已经归还2000元,只同意继续归还3000元。原告出示借据为证,借据第一行载明:"被告欠原告5000元。"第二行载明:"还欠款2000元。"除此之外,借据上并无其他信息。原告认为,

---

〔21〕 原始案情参见《水晶球案件孰是孰非?》,载《文摘报》,http://www.gmw.cn/01wzb/2001-03/18/GB/2001%5E1832%5E0%5EWZ3-1818.htm。

该借据表明,被告分两次向原告借款,第一次借款5000元,第二次借款2000元,因此一共是7000元。被告认为,该借据只能证明被告向原告借款5000元;第二行所载文字表明被告已向原告"还款2000元",而不是像原告所理解的那样,"又欠款2000元",因此只同意还款3000元。问:本案原告是否已完成"被告欠原告7000元"这一主张的证明责任?如本案并无其他证据,你支持原告胜诉还是被告胜诉?

第三节　行政诉讼中的证明责任

我国行政诉讼中的证明责任一般由被告方承担。这既不同于民事诉讼双方分担证明责任的做法,也不同于刑事诉讼中控方单独承担证明责任的做法。当然,这并不意味着行政诉讼中原告方就不承担任何举证责任。本节对我国行政诉讼中证明责任分配的一般原则和原告方承担具体举证责任的规则进行介绍。

一、行政诉讼中证明责任分配的原则

根据2017年《行政诉讼法》第34条的规定,行政诉讼中,被告对作出的具体行政行为负有举证责任。最高人民法院《关于行政诉讼证据若干问题的规定》(2002年7月24日颁布,2002年10月1日施行)规定,行政诉讼中的被告方应当在收到起诉状副本之日起10日内,提供据以作出被诉具体行政行为的全部证据和所依据的规范性文件;被告不提供或者无正当理由逾期提供证据的,视为被诉具体行政行为没有相应的证据。另规定,被告因不可抗力或者客观上不能控制的其他正当事由,不能在前款规定的期限内提供证据的,应当在收到起诉状副本之日起10日内向人民法院提出延期提供证据的书面申请。人民法院准许延期提供的,被告应当在正当事由消除后10日内提供证据。逾期提供的,视为被诉具体行政行为没有相应的证据。

案例11.05　袁某涛、袁某强与德州市陵城区人民政府行政复议受理案〔22〕

原告袁某涛、袁某强不服被告德州市陵城区人民政府作出的不予受理行政复议申请决定书,于2015年8月14向本院提起诉讼。本院2015年8月20日立案受理后,5日内向被告送达了起诉状副本、举证通知书、应诉通知书等。本院依法组成

〔22〕 山东省德州市中级人民法院行政判决书,(2015)德中行初字第51号。

合议庭，于2015年10月28日公开开庭审理了本案。原告袁某强及袁某涛、袁某强共同委托代理人周某林，被告德州市陵城区人民政府委托代理人李某民、卢某到庭参加诉讼。本案现已审理完毕。

原告袁某涛、袁某强诉称：原告在德州市陵城区经济开发区袁庄村生活，近期石济客专线从这里通过，需要拆除原告的房屋，征收原告的土地。德州市陵城区经济开发区制定了《陵城区经济开发区石济客专拆迁安置办法》并决定以此标准对原告进行补偿。原告对此安置办法向被告提起行政复议后，被告以不属于行政复议受理范围驳回了原告的申请。原告认为该安置办法是针对原告等范围内的人作出的，符合行政复议受理的范围，被告的行为事实不清，法律适用错误。因此请求：（1）撤销德州市陵城区人民政府于2015年8月作出的不予受理行政复议申请决定书；（2）判令被告继续受理行政复议申请。诉讼费用由被告承担。

原告为证明自己的主张，向本院提交了两份证据：一是政府信息公开答复书和《陵城区经济开发区石济客专拆迁安置办法》，用于证明行政复议中被申请人行政行为的存在，符合行政复议法所规定的行政复议受理范围；二是不予受理行政复议申请决定书，证明被告不予受理行政复议行政行为的存在，原告主体适格。

被告德州市陵城区人民政府辩称：（1）陵城区人民政府经过反复论证，认为作出不予受理行政复议申请决定书在法律上有认识不到位的情况，现决定自行撤销该决定书；（2）陵城区人民政府决定受理原告的复议申请，并已经在2015年10月27日向原告邮寄了受理通知书。

被告德州市陵城区人民政府在法定举证期限内没有提交证据。在庭审过程中被告向法庭提交了2015年10月27日作出的（2015）07号行政复议受理通知书及邮寄日期为2015年10月27日的邮寄单，用以说明被告已经撤销原不予受理决定，重新作出受理决定。

经庭审质证，被告对原告证据1中的政府信息公开答复书的真实性、合法性无异议，对关联性有异议，认为与本案无关，对《陵城区经济开发区石济客专拆迁安置办法》的真实性、合法性不予认可；对原告证据2真实性、合法性、关联性均认可，对原告的证明目的也予以认可。原告对被告当庭提交的受理通知书及邮寄单据真实性无异议，但认为通知书没有向原告送达，原告至今也没有签收，对原告不生效。

经庭审质证和合议庭评议，本院对各方当事人提交的证据做如下认定：对于原告提交的证据1中的政府信息公开答复书，被告对其真实性、合法性均认可，且该答复书是对原告申请复议的行政行为所作的答复，与本案有关联，本院依法予以采纳；对于《陵城区经济开发区石济客专拆迁安置办法》虽然被告对其真实性、合法性均不认可，但是结合政府信息答复书内容，能够证实《陵城区经济开发区石济客专拆迁安置办法》的存在，因此本院予以采纳。对于原告提交的证据2中的不予受理行政复议申请决定书,系本案争议行政行为,本院不作为证据对其予以评价。

对被告当庭提交的证据(2015)07号行政复议受理通知书及邮寄日期为2015年10月27日的邮寄单两份证据,原告虽主张还未收到也未签收,所以对原告不生效,但该证据系被告在诉讼过程中主动改变原行政行为后才形成,且并非为证明原行政行为合法而只是证实了被告已经改变了原行政行为这一事实。因此,对该两份证据证明的事实本院予以认可。

经审理查明,原告系德州市陵城区经济开发区袁庄村村民,因石济客运专线建设,需要征收原告的房屋,原告对德州市陵城区经济开发区制定的《陵城区经济开发区石济客专拆迁安置办法》不服,于2015年8月7日向德州市陵城区人民政府申请行政复议,2015年8月10日德州市陵城区人民政府作不予受理行政复议申请决定书,并向原告送达。原告对该复议决定不服于2015年8月14日诉至本院。2015年10月27日,被告作出(2015)07号行政复议受理通知书,决定受理原告的复议申请,并当日予以邮寄。

本院认为,第一,通过原告提供的不予受理行政复议申请决定书,能够证明原告向被告提出了复议申请,并在收到被告作出的不予受理决定后,于法定期限内向本院提起行政诉讼,具有诉讼主体资格,符合法定起诉条件。第二,本案中被告在举证期限内未提供任何相关证据材料,根据最高人民法院《关于行政诉讼证据若干问题的规定》第1条第1款之规定,被告对作出的具体行政行为负有举证责任,被告不提供或者无正当理由逾期提供证据的,视为被诉具体行政行为没有相应的证据。被告在举证期限内无正当理由未提供任何相关证据材料,应当承担举证不能的不利后果,且被告在答辩及庭审中亦自认其作出的不予受理决定存在法律上认识不到位的情况,而自行撤销该不予受理决定,对原告的申请予以受理。因此,对于原告要求撤销不予受理行政复议申请决定书并责令继续受理的诉讼请求本院予以支持。庭审中原告坚持要求对被告作出的原不予受理行为作出裁判,但因被告已经改变了原行政行为,并已决定受理原告的复议申请,再判决撤销该不予受理复议决定并责令依法受理已无实际意义。故判决如下:确认德州市陵城区人民政府作出的不予受理行政复议申请决定书违法;本案诉讼费用50元由被告德州市陵城区人民政府承担。

根据《关于行政诉讼证据若干问题的规定》第6条,原告可以提供证明被诉具体行政行为违法的证据。原告提供的证据不成立的,不免除被告对被诉具体行政行为合法性的举证责任。据此规定,行政诉讼中原告提供证据证明被诉具体行政行为违法属于原告的正当权利,并非承担举证责任的行为。另外,根据《行政诉讼法》第35条的规定,在诉讼过程中,被告及其诉讼代理人不得自行向原告、第三人和证人收集证据。这主要是因为,行政行为应当建立在充分证据的基础上,而收集证据的行为应当在作出具体行政行为之前。行政诉讼已经是在行政行为作出之后,在此过程中收集的证据自然不能作为证明之前的行政行为合法的证据。不仅如此,行政诉讼过程中原告或第三人提供的证据,在被告行政程序中没有作为行政行为依据的,也不得作为认定被告行政行为合法的依据。

二、原告对行政行为事实承担举证责任

最高人民法院《关于行政诉讼证据若干问题的规定》第 4 条规定,“公民、法人或者其他组织向人民法院起诉时,应当提供其符合起诉条件的相应的证据材料。在起诉被告不作为的案件中,原告应当提供其在行政程序中曾经提出申请的证据材料。但有下列情形的除外:(一)被告应当依职权主动履行法定职责的;(二)原告因被告受理申请的登记制度不完备等正当事由不能提供相关证据材料并能够作出合理说明的。被告认为原告起诉超过法定期限的,由被告承担举证责任”。

案例 11.06 | 杭州汇能公司诉萧山区所前镇人民政府〔23〕

原告杭州汇能建筑装饰工程有限公司(以下简称汇能公司)不服被告杭州市萧山区所前镇人民政府(以下简称所前镇政府)其他行政行为,于 2015 年 9 月 28 日向本院提起行政诉讼。本院于同年 10 月 8 日立案受理后,于同年 10 月 9 日向被告送达了起诉状副本及应诉通知书。本院依法组成合议庭,于同年 12 月 23 日公开开庭审理了本案。原告汇能公司法定代表人李某祥及委托代理人史某宁,被告所前镇政府委托代理人曹某一、韩某琴到庭参加诉讼。本案现已审理终结。

原告汇能公司诉称:杭州萧山双成钢结构配件有限公司(以下简称双成公司)与杭州铁路工务工贸公司联合在浙赣废弃铁路线依法建造厂房,由原告与双成公司共同使用。2015 年 9 月 1 日,被告向原告发出告知书,内容为:目前被告“两路两侧”整治工作已全面展开,原告所承租的房屋已列入拆除的范围,接告知书后于 2015 年 9 月 6 日前腾空房屋内全部物品,逾期未搬离,将切断水电,一切责任自负。同年 9 月 8 日,原告厂房被停电至今,原告被迫停产。原告认为,被告作为基层人民政府无权对原告厂房进行停电,其对原告厂房停电超越法定职权,且没有事实依据,严重扰乱了原告的正常生产秩序,侵犯了原告的生产经营权,给原告造成巨大经济损失。原告为此向法院起诉,请求判令:(1)确认被告对原告厂房断电行为违法;(2)被告对原告厂房恢复供电,并赔偿因其违法停电给原告造成的损失 70

〔23〕 杭州市萧山区人民法院行政裁定书,(2015)杭萧行初字第 151 号。

万元。

汇能公司向本院提交了以下证据:(1)《关于联合投资开发经营原浙赣线废弃线路 K31 地块的协议》《土地租赁协议书》、公司变更登记核准通知,证明原告作为双成公司与杭州铁路工务工贸公司联合所建厂房的承租人,系本案的适格原告;(2)告知书,证明被告作出断电的行政行为;(3)合同两份,证明原告因被告断电行为导致合同不能履行造成经济损失。

被告所前镇政府辩称:(1)被告主体不适格,应当驳回原告起诉。根据政府规划及"属地管辖、分级负责"的原则,原告承租的违法建筑是由相关政府部门负责拆除的,事实上该政府部门也已经着手对该违法建筑的拆除工作,杭州市萧山区控违拆违领导小组办公室(以下简称区控违拆违办)下发违法建筑项目停电(水)工作联系函要求对包括原告在内的 5 家企业的违法建筑项目实施停水断电措施。因为原告企业的注册地在所前镇,区控违拆违办委托被告传达给所前镇供电所对该违法建筑采取停电措施。故被告既非该违法建筑的拆除者,也非停电行为的决策者或者执行者,未对原告作出与其有利害关系的行为,不应成为本案的被告。(2)相关政府部门对案涉违法建筑采取停电措施是符合法律规定的。(3)根据行政诉讼法的有关规定,原告应当提供证据证明具体行政行为给其造成的损失,否则将承担举证不能的后果。在原告无法证明因停电使其遭受的实际损失以及实际损失与停电之间的因果关系的情况下,要求确认被告行为违法并承担赔偿责任没有事实和法律依据。(4)违法建筑拆除者的行为对象是违法建筑本身,通知与交涉的主体应该是违法建筑的实际控制人,即双成公司。即使原告确因停电行为产生损失,也应该是向出租人主张权利,而不应向被告要求赔偿。综上,请求法院驳回原告的全部诉讼请求。

被告所前镇政府向本院提交了以下证据:(1)违法建筑项目停电(水)工作联系函,证明区控违拆违办委托被告向供电部门传达对案涉违法建筑采取停电措施,被告并非停电行为的决策者或者执行者;(2)未经审批占用铁路用地搭建厂房企业名单,证明原告停电损失应当向出租人主张;(3)《杭州市萧山区违法建筑违法用地快速处置办法》,证明对于违法建筑采取停水停电措施的合法性。

经庭审质证,……本院对上述证据认证如下:原告证据一,经审查,该组证据系双成公司与其他单位签订的协议,证据内容与原告无关,故本院不予采信;原告证据二,经审查,符合证据三性,但该告知书内容只是被告通知原告等承租户在限期内腾空房屋等事实,属于通知性质,并非行政行为的物质载体,更不能证明被告作出断电的行政行为,故该证据对原告欲证明的事实不具有证明效力;原告证据三及被告证据二、三,经审查,与本案不具有关联性,故本院不予采信;被告证据一,经本院庭后核实,该证据复印件与原件核对一致,符合证据三性,故本院予以采信。

经审理查明:……(与原被告所述事实基本一致)。本院认为……提起诉讼应当有具体的诉讼请求和事实根据;公民、法人或者其他组织向人民法院起诉时,应当提供其符合起诉条件的相应的证据材料……本案中,根据原告提供的证据,被告此前虽向原告发送过限期腾房的告知书,告知书内容涉及逾期未搬离将切断水电等内容,但该告知书仅起到通知或催告的作用,并非行政处罚,且告知书本身并不能证明被告对原告厂房实际实施了断电行为。而根据庭审查明的事实,区控违拆违办曾向区供电公司发送了有关对原告等企业实施停电措施的工作联系函,原告的厂房随后即被断电,该事实也进一步说明被告并非对原告实施断电行为的主体。综上,原告以被告为诉讼主体对断电行为提起行政诉讼,缺乏事实根据,不符合起诉条件。据此,裁定如下:驳回汇能公司的起诉。

三、原告对损害事实承担举证责任

如果行政诉讼中的原告就被告的具体行政行为提出了行政赔偿诉讼,则原告对损害事实承担相应的举证责任。对此,《关于行政诉讼证据若干问题的规定》第5条规定,原告对被诉具体行政行为造成损害的事实应提供证据加以证明。

| **案例 11.07** | 林某院诉苍南县灵溪镇人民政府等房屋行政赔偿案〔24〕

上诉人林某院因诉苍南县灵溪镇人民政府(以下简称灵溪镇政府)、苍南县国土资源局(以下简称苍南县国土局)、苍南县住房和城乡规划建设局(以下简称苍南县住建局)房屋行政赔偿一案,不服浙江省苍南县人民法院(2015)温苍行赔初字第9号行政赔偿判决,向本院提起上诉。本院于2015年11月9日受理后,依法组成合议庭,对本案进行了审理。本案现已审理终结。

原判认定:2014年11月4日,三被告对坐落于苍南县灵溪镇渔塘口村525号房屋进行腾空后,予以强制拆除。该强制拆除行为被已经生效的原审法院(2015)温苍行初字第21号行政判决确认违法。2015年6月30日,原告向三被告申请国家赔偿,要求三被告赔偿房屋损失158.058775万元,屋内物品损失4万元,误工费5万元,房租费1.2万元,共计168.258775万元。三被告在收到原告的赔偿申请书后,均未作出赔偿决定。为此,原告向本院提起行政诉讼。

原判认为:《国家赔偿法》第2条第1款规定:"国家机关和国家机关工作人员行使职权,有本法规定的侵犯公民、法人和其他组织合法权益的情形,造成损害的,

---

〔24〕 浙江省温州市中级人民法院行政判决书,(2015)浙温行赔终字第35号。

受害人有依照本法取得国家赔偿的权利。"《行政诉讼法》第38条第2款规定:"在行政赔偿、补偿的案件中,原告应当对行政行为造成的损害提供证据……"可见,只有公民、法人和其他组织合法权益受到侵犯的,国家才承担赔偿责任,且原告应当对行政行为造成其损害的事实承担举证责任。本案中,虽然拆除行为已被确认违法,但原告未能提供证据证明其对涉案房屋享有合法权益,故其对房屋损失的赔偿主张不成立。原告主张的屋内物品损失4万元,也未能提供证据证实三被告在拆除过程中造成屋内财物损失或遗失,对该赔偿请求不予支持。另外,原告主张的误工费和房租费,与强制拆除行为无直接因果关系,也不予支持。据此判决:驳回原告林某院的诉讼请求。

上诉人林某院诉称:(1)原判认定事实不清,与客观情况不符。第一,上诉人的房屋属祖宅,于1990年翻修并一直居住至今。该房屋的宅基地在所在地的村民委员会有登记,并在苍南县国土局有备案。第二,上诉人于1990年翻修涉案房屋,符合当时的土地利用总体规划和村镇建设规划,2008年的《城乡规划法》不适用于本案。第三,原判以上诉人对涉案房屋不享有合法权益为由驳回上诉人的诉讼请求,缺乏法律依据。(2)原判认定证据不当,适用法律错误。第一,原判认定被上诉人提供的录像等证据能够证明其在拆除涉案房屋前已经将涉案房屋进行腾空,缺乏事实和法律依据。第二,原判认为应由上诉人提供证据证明三被上诉人拆除涉案房屋的行为给其造成财产损失,缺乏法律依据。(3)原判未能体现行政诉讼法有关监督行政机关依法行使职权的立法目的。请求撤销原判,发回原审法院重审或依法改判。

被上诉人灵溪镇政府辩称:1992年航拍图、现状图、农保图、测绘图等证据能够证实上诉人于1992年10月31日之后建造涉案房屋,未经用地审批及规划许可,属违法建筑。上诉人未能提供证据证明被上诉人拆除涉案房屋的行为损害其合法权益。上诉人要求赔偿财产损失,缺乏事实和法律依据。原判驳回上诉人的诉讼请求正确。请求驳回上诉人的上诉请求。

被上诉人苍南县国土局、苍南县住建局同意灵溪镇政府的答辩意见。

各方当事人在一审诉讼中提供的证据均已随案移送至本院。经审查,三被上诉人提供的1992年航拍图、现状图、农保图、测绘图等证据能够相互印证,可以证明涉案房屋建于1992年航拍之后。三被上诉人提供的照片、录像等证据能够证明三被上诉人拆除涉案房屋前屋内的物品已被搬到屋外。上诉人在一审庭审中提供的契约、灵溪镇渔塘口村村民委员会及林某锭等村民出具的证明,已超过举证期限,原审法院不予接纳并无不当。出具该证明的人员没有出庭作证,且该证明与1992年航拍图的内容相互矛盾,在没有其他证据相互印证的情况下,该证明不能证明待证事实。原判认定的事实有相应证据印证,本院予以确认。

本院认为,最高人民法院《关于行政诉讼证据若干问题的规定》第5条规定,在行政赔偿诉讼中,原告应当对被诉具体行政行为造成损害的事实提供证据。最高人民法院《关于审理行政赔偿案件若干问题的规定》第33条规定,被告的具体行政行为违法但尚未对原告合法权益造成损害的,或者原告的请求没有事实根据或者法律根据的,人民法院应当判决驳回原告的赔偿请求。本案中,三被上诉人拆除涉案房屋的行为虽已被判决确认违法,但由于上诉人林某院诉称的涉案房屋建造于1992年航拍之后,按照当时及之后修正的我国土地管理法,使用土地建造房屋应经法定部门的审批,而涉案房屋未经审批,且上诉人在诉讼中也未能提供初步证据证明其对涉案房屋享有合法权益。因此,上诉人要求三被上诉人赔偿房屋损失158.058775万元,理由不能成立。由于三被上诉人拆除涉案房屋前屋内的物品已被搬到屋外,上诉人没有提供证据证明拆除涉案房屋的行为造成这些物品损失,且也未提供相关财物凭证,故上诉人要求三被上诉人赔偿屋内物品损失4万元,缺乏事实依据。另外,上诉人要求三被上诉人赔偿误工费5万元、房租费1.2万元,均缺乏法律依据。

综上,上诉人提出的赔偿请求,缺乏事实和法律依据。原判驳回上诉人的诉讼请求并无不当。上诉人林某院的上诉理由不能成立,本院不予支持。据此,判决如下:驳回上诉,维持原判。

第十二章　推　　定

推定是以基础事实推断未知事实的一种证明方法，其功能是明确或转移举证责任的分配。尽管英美法系并不存在如大陆法系那样的证明责任分配理论，但由于推定在英美法系证据法上具有重要地位，使在一些具体事项的证明责任分配问题上，对于那些大陆法系可能通过一些理论命题加以解决的问题，在英美法系则通过推定的方法对具体的证明责任进行分配。因此，推定与证明责任存在千丝万缕的联系，讨论证明责任的分配问题不可能也不应该绕过推定。基于推定本身所包含内容的特定性和多样性，本书单独将其拿出来加以讨论，以便对该问题的阐述能更加充分。当然，由于推定更多属于实体法上的规则，本书对推定的探讨也只能是导论性质的。因此，本书对推定的阐述，仅限于对推定概念、功能的澄清，以及对常见推定的概括和介绍。本章第一节界定推定的概念以及推定与证明责任之间的关系。第二节介绍民事诉讼中常见的推定。第三节讨论刑事诉讼中的推定。

第一节　推 定 概 论

一、证据法上推定的界定

推定就是依据已知事实推断未知事实的一种方法。如该方法的适用达到一定的普遍程度且获得经验及理性之一再确认和验证，则有可能获得法律上的肯定，从而成为证据法上的推定。如法国《民法典》所规定的，推定就是“法律或者审判员依已知的事实推论未知的事实所得的结果”。美国学者认为，推定是在信息不完全的情况下，法律所提供的一种暂时地填补事实罅隙的方法和对策。[1]

通说认为，推定通常包含基础事实、推定事实以及从基础事实到推定事实的

〔1〕［美］尼古拉·雷舍尔：《推定和临时性认知实践》，王进喜译，中国法制出版社 2013 年版，第 1 页。

推论过程三个要素。其中,基础事实就是已知的事实;推定事实是从已知事实中推论出来的事实;推论的过程则是从已知事实到推定事实进行逻辑推理的过程。

推定种类繁多,但其中有些顶着推定之名而并不属于证据法上的推定。在有关推定的所有分类中,首先需要处理的分类是将推定区分为“法律推定”和“事实推定”。所谓法律推定,是指“依照法律的明文规定”,根据已知事实对未知事实所作的推定。例如,我国《民法典》第20条规定,“不满八周岁的未成年人为无民事行为能力人”,这一规定就是一个法律推定,其法律效果就是8周岁以下的未成年人被推定为无民事行为能力人。所谓事实推定,则是在法律没有明文规定的情况下依据已知事实对未知事实所作的“推定”。例如,“一般人喝二斤茅台肯定会醉”,喝二斤茅台属已知事实,“醉”属于未知事实;由“喝二斤茅台”这一已知事实到“醉”这一未知事实的过程,就是事实的推定。这一分类方法曾经为一些证据法学者们津津乐道。二者的区别在于:首先,法律推定的力量源于法律的规定,事实推定的力量源于常识和逻辑。其次,法律推定适用于类型化的场合,事实推定则视具体的案件事实而定。最后,法律推定通常由法院认定,在没有相反证据的情况下自动地作出有利于一方当事人的结论;事实推定则是法庭从具体事实中得出的推论,对法院并不具有当然的约束力。[2] 实际上,二者最根本的区别在于,法律的推定有法律的明文规定;事实的推定没有法律的明文规定。例如8周岁以下的未成年人不具备民事行为能力,有法律的明文规定;一般人喝二斤茅台肯定会醉,没有法律的明文规定。

本书认为,上述分类中提到的“事实推定”,实际上属于“推论”(inference)而不属于“推定”(presumption)。当然,任何推定都包含推论的成分,并且都必然是理性的推论。但是,证据法所讨论的推定都对应着一定的法律规则,并且对应着相应的程序后果。因此,推定通常都是强制性的(mandatory),而推论则是容许性或者说任意性的(permissive);在推定的规则之下,一旦基础事实得到证明,法官必须按照规则假定推定的事实存在;而推论则不然,虽然有时候人们会依据一些基础事实得出某个结论,但是并非所有人都会得出这个结论,因此推论对于法官并无拘束力。[3] 因此,大多数证据法学者认为,将事实推论当作推定来对待的做法,既是不必要的,也是容易产生误导的。[4] 如同穆勒等学者所言:推定就是指法律所规定的强制性推定;“强制性”用在这里都是多余的,因为“推定”一词本

---

〔2〕 Hodge M. Malek Q. C and Specialist Editors, *Phipson on Evidence*, 16th edition, London: Sweet & Maxwell, 2005, p. 136.

〔3〕 Paul C. Giannelli, *Understanding Evidence*, LexisNexis, 2003, p. 54.

〔4〕 Wigmore, *Evidence In Trials at Common Law*, Vol. 9, p. 304; Paul C. Giannelli, *supra* note 3, p. 54.

身就包含了“强制”的意思。[5]

另一种对推定的分类方法是在将推定界定为法律推定的前提下,进一步将其区分为“不可反驳的推定”(conclusive/irrebuttable presumption)和“可反驳的推定”(rebuttable presumption)两大类。不过,不可反驳的推定实际上属于实体法的范畴,严格来说并不属于证据法规范的领域。例如,我国《刑法》规定,与14岁以下幼女发生性关系的,无论该性行为是否经过同意,均构成强奸罪,实际上就是推定14岁以下幼女不具备性自主能力。此类推定与可反驳的推定最显著的区别就是,可反驳的推定在具备基础事实时,法庭必须假定推定事实存在;但是如果对方当事人提出了相反的证据,法庭就可以不受该推定的约束;而根据不可反驳的推定规则,一旦基础事实确立,则反对方当事人不能举出任何证据推翻推定事实的成立。例如,关于14岁以下幼女不具备性自主能力的推定,只要有证据证明性行为的对象为14岁以下幼女,反对方就不能以任何证据证明该主体有性自主能力。在证据法上将这种规则视为推定并无任何意义。因此,这些“推定”虽然也被冠以“可反驳的推定”或“结论性推定”之名,但却与证据法上所探讨的“推定”完全无关。墨菲认为,此类推定完全不能称为“推定”。[6]

因此,证据法上探讨的推定,仅限于法律推定中可反驳的推定,具体包括无罪推定、精神正常推定、婚生子女推定、生育能力推定、死亡推定等。在这些可反驳的法律推定当中,又有一些推定是完全不需要任何基础事实都应当予以适用的推定,如无罪推定、精神正常推定等。因此,也有证据法学者主张将这些推定排除在证据法所探讨的推定概念之外。

二、推定与证明责任的关系

关于推定与证明责任的关系,一种观点认为,推定仅转移提证责任,不转移说服责任。该观点以赛耶为代表。塞耶认为,推定仅仅是对推定事实负提证责任的一方当事人的证据性责任:一旦基础事实得到证明,根据推定法则推论的事实也视为得到证明;此时反对方只有提出相反的证据证明推定的事实不存在,才能推翻该被主张的推定;同时,一旦反对方举出证据予以证明,则该推定即视为不存在。根据赛耶的理论,推定有点像吹气泡:当一方当事人举出证据证明一个基础事实存在时,他就像吹起了一个气泡,推定的事实就是这个气泡;而一旦对方当事人举出了相应的证据予以反驳,则推论的事实就不再被承认,如同气泡被

---

〔5〕 Mueller & Kirkpatrick, *Evidence Under the Rules: Text, Cases, and Problems*, 7th edition, Wolters Kluwer, 2011, p. 689.

〔6〕 Peter Murphy, *Murphy on Evidence*, 7th edition, Blackstone Press Limited, London, 2000, p. 580.

吹破了那样。[7] 所以,塞耶的理论又被称为"气泡破裂理论"(bursting bubble theory)。

另一种观点认为,推定不仅转移提证责任,而且转移说服责任。这一观点以摩根为代表。摩根认为,尽管大量的推定,甚至可以说数不清的推定,其效果都是转移提证责任,但是也有一些推定既能转移提证责任,也能转移说服责任:一旦基础事实得到证明,反对的一方就必须将推定事实不存在这一主张证明到法律所要求的程度。[8]

比较而言,如果将塞耶主张的推定称为"证据性推定"(evidential presumption),则摩根所主张的推定又可称为"说服性的推定"(persuasive presumption)。但由于前面所述的原因,刑事诉讼中的被告人通常并不承担说服责任,这两种理论的区别只有在民事诉讼中才有意义。

美国《联邦证据规则》(草案)对于推定的规定基本上体现了摩根的观点。但是议会通过的规则却拒绝了摩根的理论。美国《联邦证据规则》第 301 条规定:"除议会颁布的法律或本法另有规定者外,所有民事诉讼及其他民事程序中因推定而受不利益的当事人,仅负提出证据反驳该推定之责任,并不因该推定而负担说服责任。整个诉讼中的说服责任自始至终由负有此责任的当事人承担。"[9] 从上述规定的文字表述来看,该规定没有采用摩根的理论是很明显的;事实上,实务界和理论家们都认为美国《联邦证据规则》实质上接受了塞耶的观点。[10]

第二节　民事诉讼中的推定

一、过失推定

过失推定是指在特定情况下,当基础事实成立时,应当认定行为人或当事方存在过失。在我国民事诉讼中,过失推定属于较为常见的一种推定。

---

〔7〕 James Bradley Thayer, *A Preliminary Treatise on Evidence at the Common Law*, 1898, p. 314, 336.

〔8〕 Morgan & Maguire, *Looking Backward and Forward at Evidence*, 50 Harv. L. Rev. 909, 913 (1937).

〔9〕 Fed. R. Evid., Rule 301.

〔10〕 *ABA Section of Litigation*, *Emerging Problems under the Federal Rules of Evidence*, Rule 301, at 37 (3d ed. 1998). See from Paul C. Giannelli, *supra* note 4, p. 58.

案例 12.01 男子术后感染诉请赔偿获赔[11]

2008 年,周某花 5500 元在某民营医院做了生殖整形手术及双侧腋臭切除术。术后,周某私处出现感染。周某到一家大医院治疗了 20 天,花费 8000 元。出院后,周某到民营医院讨说法要求赔偿,其认为手术不但没有达到预期效果,还造成了感染影响了性功能,这都是民营医院治疗不当造成的。经协商,医院退还了 5500 元的手术费给周某,并表示其余损失要等到医疗事故鉴定后再协商解决。后周某向南宁市医学会提出医疗事故鉴定申请,但因双方未向医学会补偿提供鉴定所需的材料,医学会最终终止了鉴定。

2013 年年初,因赔偿未能解决,周某将民营医院告到广西壮族自治区南宁市江南区人民法院,要求医院赔偿精神损害抚慰金等共计 2.3 万元。周某称,医院为其做生殖整形手术超出了该院的医疗范围,医院应当对造成的事故承担赔偿责任。医院方面称,医院是经过卫生局批准的可以做手术的机构,不存在违规行为及超范围行医,周某术后出现感染是因其未听从医生医嘱所致,不是医院的责任。案件审理期间,法院去函咨询卫生监督部门关于该医院实施的此案手术是否超出该医院核准的诊疗科目。卫生监督部门复函称该医院开展的生殖整形手术和腋臭手术,已超出其核准的诊疗科目范围。

江南区人民法院经审理认为,根据《侵权责任法》第 54 条"患者在诊疗活动中受到侵害,医疗机构及其医务人员有过错的,由医疗机构承担赔偿责任",第 58 条"患者有损害,因下列情形之一的,推定医疗机构有过错:(一)违反法律、行政法规、规章以及其他有关诊疗规范的规定……",以及卫生监督部门复函,该医院开展的生殖整形手术和腋臭手术,已超出其核准的诊疗科目范围,故医院在医疗过程中有过错,应由医院承担赔偿责任。经法院审理查明,周某因此次医疗造成的经济损失为 1.4 万元。最终,江南区人民法院一审判决医院赔偿周某精神损害抚慰金等各项经济损失共计 1.4 万元。

二、不利事实推定

不利事实推定,是指一方持有有关某特定事实的证据,经对方请求或法院通知后拒不提交的,应当就该事实作不利于该方当事人的推定。这一推定有点类似文书证据规则中的原件持有人拒不交出文书的原件时,对文书内容作不利于持有人的推定这一规则。只不过,这一规则是在文书证据规则中得到阐述。本节论述的不利事实推定,既包括文书证据,也包括除了文书以外的其他证据。这

[11] 广西壮族自治区南宁市江南区人民法院,2013 年 8 月 2 日。

种推定在民事诉讼司法实务中得到广泛承认和应用。

| 案例 12.02 | 北京知识产权法院合理运用证据规则判令商标侵权人赔偿 1000 万元[12]

2016 年 11 月,北京知识产权法院审结了原告美巢集团股份公司(以下简称美巢公司)诉被告北京秀洁新兴建材有限责任公司(以下简称秀洁公司)等侵害注册商标专用权纠纷一案,依法判决被告秀洁公司立即停止在其制造、销售的混凝土界面处理剂商品上使用"墙锢"字样,并赔偿原告美巢公司经济损失及合理支出 1000 万元。

美巢公司诉称,其系注册使用在"工业用粘合剂、工业用胶"等商品上"墙锢"商标第 3303708 号、第 4882697 号的注册商标专用权人。该商标经与美巢公司被认定为中国驰名商标的"美巢"商标、"易呱平"商标结合进行商业宣传和使用,已经具有较高市场知名度。被告秀洁公司未经许可,擅自在其制造、销售的同类商品上突出使用"秀洁墙锢""易康墙锢""兴潮墙锢"字样。因此,美巢公司将秀洁公司诉至北京知识产权法院,请求法院判令秀洁公司等停止侵权行为,消除影响,并连带赔偿经济损失及制止侵权的合理开支共计 1000 万元。

北京知识产权法院受理此案后,依法组成合议庭,公开开庭审理了此案。

被告秀洁公司辩称,"墙锢"为同类商品约定俗成的通用名称,其使用形式并非商标意义的使用。因此,秀洁公司请求法院驳回原告美巢公司诉讼请求。

北京知识产权法院经审理认为,认定约定俗成的通用名称应以全国范围内相关公众普遍认为某一名称能够指代一类商品为前提,将他人注册商标作为商品名称突出使用亦属于商标意义的使用行为。在本案中,基于双方当事人提交的证据,全国范围内的建筑装修材料经营者、消费者对"墙锢"文字的认知尚未达到指代混凝土界面处理剂商品的程度,不属于混凝土界面处理剂商品约定俗称的通用名称,且被告秀洁公司将上述文字突出使用于外包装桶的显著位置,字体较大,属于商标意义使用,侵犯了原告美巢公司注册商标专用权。

原告美巢公司主张根据被告秀洁公司因侵权所获得的利益来确定损害赔偿数额,尽其所能提供了公开信息渠道可以获知的被告秀洁公司经营侵权商品的相关证据,包括被告秀洁公司的经营规模、侵权商品的单位销售利润、产量、销售时间、销售门店数量、地域范围。针对销售利润部分,原告美巢公司主张根据侵权商品销售单品的价差、毛利率予以酌情确定。针对销售数量部分,虽然没有确切侵权商品的销售数据,但原告美巢公司认为"秀洁墙锢"单品的月产量即达到 1 万吨,且被告

---

[12] 案例来源:"知产北京"微信公众号。发布日期:2016 年 11 月 18 日。

秀洁公司针对"秀洁""易康"品牌设立有单独销售部门,结合其经营规模、销售门店数量、地域范围等因素,"秀洁墙锢""易康墙锢""兴潮墙锢"三款侵权商品总计的单月销售数量酌定为1万吨具有合理性。

在法院审理过程中,被告秀洁公司对原告美巢公司提交的上述证据内容的客观性提出异议。法院向被告秀洁公司释明相应的法律后果,责令其提交反映公司实际经营情况的相关证据,但该公司仍拒不提供相关经营活动的账簿、资料。

北京知识产权法院认为,无论是基于营销策略还是其他考量因素,任何商业主体在宣传推广活动中所使用的言辞都应当表述准确、所使用商业数据都应当务求客观真实,任何通过有悖诚实信用原则所使用的宣传内容获得的不当利益,在侵权责任判定特别是侵权赔偿数额判定中都应当自行承担相应后果。原告美巢公司已尽到相应的举证责任,而证明侵权商品的关键数据,如实际销售数量、销售单价等均由被告秀洁公司掌握,但秀洁公司无正当理由拒绝提供上述证据,且原告美巢公司主张侵权赔偿的考量因素与本案查明的相关事实能够相互印证,被告秀洁公司应当自行承担拒绝提供相关证据的法律后果。

消除影响的使用前提是侵权行为对被侵权人的人格权造成损害,本案中相关公众因近似商标而对商品来源产生误认或关联性认知,损害了美巢公司财产性利益,不涉及对人格权即商誉的损害。因此,法院不支持美巢公司要求秀洁公司消除影响的诉求。

综上,北京知识产权法院依法全额支持了原告美巢公司诉求,判令秀洁公司赔偿美巢公司1000万元。

三、婚生子推定

已婚妇女在婚姻关系存续期间所生的子女,推定为是她与她丈夫所生的子女。简言之,该推定的基础事实是:第一,该子女是该已婚妇女所生;第二,生育时间应当是在合法婚姻存续期间或者虽然在婚姻终结之后但仍然在正常的怀孕期间;第三,怀孕时丈夫还活着。[13] 该推定的推定事实是:该女子的丈夫与该子女之间存在亲子关系。

在英国,一旦基础事实得到证明,则在婚姻关系存续期间双方自愿分居的事实、离婚程序已经开始的事实,甚至生育时该婴儿母亲已经重婚的事实,均不足

---

〔13〕 Peter Murphy, *supra* note 6, 7th edition, p. 581.

以推翻该推定。[14] 但是,如果婚姻关系存续期间的分居是基于法庭的命令,则不仅该推定可予以推翻,而且由于该命令导致该夫妻之间不存在性行为,从而产生一个新的推定:该子女不属于该丈夫所生。但此推定仍然属于可反驳的推定:如果另一方当事人举出证据证明该夫妻在法庭命令的分居期间有过性行为,则上述推定被推翻。[15] 相应地,如果一个婴儿是在法庭命令颁布9个月之后出生,该婴儿将被推定为非婚生。

案例12.03 被告拒绝做亲子鉴定但提供了必要证据,法院驳回原告离婚诉求[16]

原告仲某与被告吴某是夫妻,二人于2010年4月27日生育了一个女儿。原告以被告生育上有障碍,女儿不是被告的为由,诉至江苏省沭阳县人民法院,起诉离婚,女儿交由原告抚养。被告出具医院出生证明和户口簿,称女儿是夫妻二人婚生子女,请求法院驳回原告诉求。庭审中,原告申请对女儿做亲子鉴定,被告认为做鉴定不利于女儿成长予以拒绝。原告遂要求根据最高人民法院原《关于适用〈中华人民共和国婚姻法〉若干问题的解释(三)》(以下简称原《婚姻法解释三》)第2条规定,推定被告与女儿的亲子关系不存在。

江苏省沭阳县人民法院经审理认为,根据原《婚姻法解释三》第2条第1款规定:"夫妻一方向人民法院起诉请求确认亲子关系不存在,并已提供必要证据予以证明,另一方没有相反证据又拒绝做亲子鉴定的,人民法院可推定请求亲子关系不存在一方的主张成立。"本案中,原告仅在诉状和庭审中陈述其女儿与被告无亲子关系,并未提供相关证据予以证实;相反,被告虽拒绝做亲子鉴定,但却向法庭提供了必要证据证明女儿系双方婚生子女。因此,原告主张女儿与被告没有亲子关系的理由无法律和事实上的依据,应承担举证不能的法律后果。

综上,2011年8月18日,法院依法判决不准原告与被告离婚,驳回原告其他诉讼请求。

评注12.01 婚姻法不存在"亲子关系不存在"这一推定

原《婚姻法解释三》第2条第1款规定:"夫妻一方向人民法院起诉请求确认亲子关系不存在,并已提供必要证据予以证明,另一方没有相反证据又拒绝做亲子鉴定的,人民法院可推定请求亲子关系不存在的一方的主张成立。"根据该规定,请求

---

〔14〕 Ettenfield v. Ettenfield (1940), p. 96; Lnowles v. Knowles (1962), p. 161; Maturin v. Attorney - General (1938) 2 All ER 214; Re Overbury, Sheppard v. Matthews (1955) Ch 122. Peter Murphy, *supra* note 7, p. 582.

〔15〕 Hetherington v. Hetherington (1887) 12 PD 112.

〔16〕 江苏省沭阳县人民法院,2011年8月19日。

确认亲子关系不存在的一方，对亲子关系不存在的事实必须举证加以证明。之所以如此，是因为在婚姻法上存在婚生子女推定这一法律上的事实推定。也就是说，只要是在婚姻关系存续期间出生的子女，即推定为婚生子女，婚姻双方即为该子女的父母；除非有相反证据予以推翻。因此，该规定的第一句话，实际上就是基于婚生子女推定所作的规定。但是，该规定的第二句话给人的感觉似乎还存在"亲子关系不存在"这一推定。这实际上是该解释表述不当所致。通常而言，婚姻关系存续期间所生子女，推定为婚姻关系当事人亲生子女，也就是推定为亲子关系存在。该推定为可反驳的推定。因此，当一方当事人举出证据足以证明亲子关系不存在时，该"婚生子女推定"气泡即告破裂，人民法院应当依法认定亲子关系不存在。这一认定系根据相反证据所作的认定，实际上就是根据经验和理性对证据所作的合理推论，并非基于法律对亲子关系不存在所作的推定。法律也不会基于婚姻关系中的一方当事人拒绝做亲子鉴定这一事实就推定亲子关系不存在。确认亲子关系不存在还是要依据主张亲子关系不存在的一方当事人提供的其他证据。

当然，上述司法解释中的"另一方没有相反证据又拒绝做亲子鉴定"这一规定，也可以理解为不利事实推定。如前所述，不利事实推定是指当一方当事人持有某个证据却拒绝提交时，对相关事实做不利于该当事人的推定。亲子关系是否存在，最直接、最简单的方法就是做亲子鉴定。一方当事人主张亲子关系不存在并提供了相应证据，另一方如果确信亲子关系存在，就不应当惧怕做亲子鉴定；一方面主张亲子关系存在，另一方面却拒绝做亲子鉴定，自然让人怀疑其心虚。正是基于这一考虑，最高人民法院才作此规定。

| **案例 12.04** |　双重推定如何认定〔17〕

罗伯特·霍尔作证说他与朱莉·亚金森从 1970 年 10 月开始约会，持续到 1971 年 10 月。1971 年 9 月，他们一起去了康州。他们住在一个朋友家里，并在那里发生了性关系。由于法院传唤，霍尔迅即回到了缅因州的侯尔顿。霍尔作证说自从 1971 年 10 月上旬之后，他就再也没有见过亚金森，除了有一次她到缅因州的监狱去看望他，时间在 1971 年 10 月上旬到 10 月末。霍尔说在那次会见中，亚金森告诉他她准备嫁给杰拉德·阿兰·马歇尔，并且她也已经怀上了马歇尔的孩子。亚金森却作证说，她在会见时告诉霍尔说她怀的是霍尔的孩子。亚金森于 1972 年 1 月和马歇尔结婚。孩子杰伊出生于 1972 年 7 月 20 日。在杰伊的出生证上显示杰伊的名字是杰伊·阿兰·马歇尔，其父亲的名字显示为杰拉德·阿兰·马歇尔。

杰伊出生大约 8 个月后，马歇尔和亚金森离了婚。根据亚金森的请求，离婚命

〔17〕 Atkinson v. Hall, 556 A. 2d 651, 1989.

令书要求马歇尔为孩子支付抚养费。但马歇尔仅支付了75美元。亚金森接受了美国福利机构的帮助,并不断用杰伊的名字来获取帮助。实际上,她也同意,所有与杰伊父亲有关的文件上都是写的马歇尔的名字。

亚金森于1986年根据缅因州统一亲子法向霍尔提起诉讼。审判中,亚金森出示了霍尔给杰伊的生日卡片和照片,卡片和照片上有霍尔的签名,霍尔自称是孩子的爸爸。霍尔作证说他在卡片和照片上签名是因为孩子在生活中没有父亲,并且他在后来的婚姻中对自己的继子也这么签过。血检的结果显示霍尔是孩子父亲的可能性为98.27%。血检没有对马歇尔做亲子检验。亚金森请求法庭指示陪审团,霍尔的血检意味着法律设置了一个霍尔就是孩子父亲的推定,要想推翻这个推定,霍尔必须以排除合理怀疑的证据证明他不是孩子的父亲。霍尔则认为,根据《缅因州证据规则》第302条的规定,由于杰伊是在亚金森与马歇尔合法婚姻存续期间所生,应当推定马歇尔是孩子的父亲,应当由亚金森承担杰伊不是马歇尔亲生这一事实的举证责任,并将其证明到排除合理怀疑的程度。法官没有采纳任何一个推定,而是指示陪审团,亚金森应当证明其主张到优势盖然性的程度。陪审团作出了一个有利于霍尔的裁决,认定霍尔不是孩子的父亲。亚金森提出了上诉。

州最高法院指出,由于血检的结果显示霍尔是孩子父亲的可能性为98.27%,根据缅因州统一亲子法的规定,该声称的父亲应当被推定为是孩子的父亲,且这一证据应当获得容许,并且这一推定只能由清晰而令人信服的证据加以反驳。然而,由于亚金森在产子时已经嫁给了马歇尔,根据《缅因州证据规则》,这就产生了另一个相反的推定(合法性推定)。根据这一推定,亚金森应当排除合理怀疑地证明马歇尔不是孩子的亲生父亲。

《缅因州证据规则》第301条规定了如何解决冲突的法则,那就是:如果两个推定相互冲突,则法庭应当适用有着更加深厚的政策与逻辑基础的推定。如果两者不相上下,则两个推定都应当不予适用。从逻辑上看,98.27%的血检结果似乎比婚姻期间诞生这个事实更具有说服力。然而,从政策的角度看,血检推定却又没什么大不了的。血检推定只要求清晰而具有说服力的证据来推翻,合法性推定则要求排除合理怀疑的证据来推翻。这就说明了两者在政策方面的力度差异。因此,法院认为亲子关系推定(血检)至少不比合法性推定更有力。因此,法庭指示陪审团在一般的优势盖然性证据之下考虑本案的事实并无不当。本案应当维持原判。

四、死亡推定与死亡顺序推定

死亡推定是指一个人在失踪满一定期间(通常为4~7年)之后,即视为已经死亡的推定。这是一个极为普遍的推定。我国2020年颁布的《民法典》第46条第1款规定:“自然人有下列情形之一的,利害关系人可以向人民法院申请宣告该自然人死亡:(一)下落不明满四年;(二)因意外事件,下落不明满二年。”第2款规定:“因意外事件下落不明,经有关机关证明该自然人不可能生存的,申请宣告死亡不受二年时间的限制。”根据上述规定,推定死亡包括三种情形:一种是下落不明(失踪)满四年;一种是因意外事件失踪满二年;一种是因意外事件失踪且经有关机关证明该自然人不可能生存。在上述三种情况下,只要基础事实得到证明,即推定该自然人死亡。

案例12.05　广西富川宣判首例宣告公民死亡案[18]

女子廖某于2013年5月10日中午和丈夫唐某一同到地里插田,怎料在走到麻溪河矮坝水桥中间时,该河水电站突然间开闸泄洪,凶猛的洪水将二人冲走,廖某被冲走后抓住河边的草爬上岸才获救,其丈夫唐某则被水流冲走,报案后众人一直找寻了两个月也未找到尸体。两个月后,妻子廖某向广西壮族自治区富川瑶族自治县人民法院提出宣告唐某死亡的申请。当地公安局出具了关于唐某因意外事故下落不明的书面证明。法院在《人民法院报》上发出寻找唐某的公告,三个月公告期届满,唐某依然未有音讯。

法院经审理认为,唐某过河时被洪水冲入河中至今已六个多月没有音讯,虽经申请人廖某和有关单位多方查找,并依法公告寻找,但仍下落不明,应依法推定其死亡。申请人廖某作为唐某的妻子,其申请宣告唐某死亡,符合法律规定宣告死亡的条件,应予准许。

2013年12月13日,法院依法判决宣告公民唐某死亡,此案系该院审结的首例宣告公民死亡案件。

除了民法上规定的死亡推定以外,继承法上还存在“死亡顺序推定”。所谓死亡顺序推定,是指在被继承人死亡时间无法确定时,根据继承法的原理,对已死亡被继承人死亡的时间顺序所作的推定。对此,最高人民法院《关于贯彻执行〈中华人民共和国继承法〉若干问题的意见》第2条规定,相互有继承关系的几个人在同一事件中死亡,如不能确定死亡先后时间的,推定没有继承人的人先死亡;各自都有继承人的,如几个死亡人辈分不同,推定长辈先死亡;辈分相同,推定同时死亡,彼此不发生继承,由他们各自的继承人分别继承。根据上述规定,继承法上关于死亡顺序的推定,包括无继承人的人先死亡推定、长辈先死亡推定和同时死亡推定三种。其前提条件都是:第一,相互有继承关系;第二,在同一事件中死亡;第三,不能确定死亡先后时间。在满足这些条件的情况下,法律推定

〔18〕 广西壮族自治区富川瑶族自治县人民法院,2013年12月15日。

没有继承人的人先死亡，其财产由其他被推定为后死亡的人继承；如果死亡人都有继承人，推定长辈先死亡，其财产由后辈继承；几个死亡人辈分相同的，推定同时死亡，相互不发生继承关系。

五、邮件正常寄达推定

邮件正常寄达推定，是指邮件在正确书写收件人地址的情况下，在经过正常投递所需时日之后，应当推定为正常寄达，即推定为收件人收到了邮件。

| **案例 12.06** |　鹭菡公司诉绿姿公司欠付承揽合同价款案[19]

原告鹭菡公司与被告绿姿公司从 1992 年开始有业务往来。1993 年 7 月至 9 月，被告共分 22 次向原告下单订制用于化妆品包装的铝盘。原告按被告订单要求的品质、规格、数量进行加工，并按双方约定的方式，分 18 次将产品通过铁路包裹托运方式交付给被告。1993 年 12 月 15 日，原告与被告的副总经理郭某惠核对账目，确认被告尚欠原告价款 176217.09 元（人民币，下同）。后被告通过武夷山窑业有限公司分别于同年 12 月 19 日和 1994 年 1 月 8 日代向原告付款各 5 万元，尚欠 76217.09 元未付。1994 年，被告又向原告订购棉刷、铝盘，也有尾款 1167.91 元未付，合计共欠原告 77385 元。1996 年 1 月 16 日，原告通过厦门今朝律师事务所以挂号方式向被告发出律师函进行催讨，被告董事长尤某于同月 22 日以传真方式复函，声明：被告已变更法定代表人为尤某；旧公司之账款愿以货品抵账，并已于 1994 年由郭副总与鹭菡公司许某泰达成协议；有关 1994 年新公司所欠货款将立即汇款结清。原告于同年 2 月 12 日再次以挂号方式发出律师函给被告，否认以货抵账，并要求被告尽快还款。1997 年 5 月 22 日，原告第三次以同样方式向被告发出律师函催讨，但被告仍未还款。原告遂于 1999 年 5 月 13 日向法院起诉。

另查明：被告的地址自 1993 年起未曾变更。原告曾向南平邮政局查询被告是否收到其于 1997 年 5 月 22 日发出的律师函。南平邮政局于 1999 年 6 月 14 日出具函件，证明因业务档案被 1998 年水灾所毁而无法提供查询服务。此外，原告于 1990 年 7 月 20 日经工商部门批准成立并颁发营业执照，主营百货、五金交电、化工、针织品等，兼营日用精铝制品加工。1996 年 9 月 9 日因公司改制规范，由工商部门重新核发营业执照，除企业性质改为国内合营外，其他事项均未变更，经营范围仍包括日用精铝制品加工。

原告鹭菡公司向厦门市思明区人民法院起诉称：原、被告双方自 1992 年起开始有加工铝盘等业务往来。1993 年 7 月至 9 月，被告共欠原告加工价款 176217.09

〔19〕 厦门市思明区人民法院，2000 年 4 月 11 日。

元,并经双方对账确认。后被告陆续付款10万元,尚欠76217.09元。1994年,被告再次向原告订制铝盘、棉刷,尚欠余款1167.91元,合计共欠77385元。原告分别于1996年1月5日、1996年2月12日、1997年5月22日向被告发出律师函进行催讨,但被告拒不付款。故请求判令被告支付加工货款77385元及逾期付款利息(从1993年12月15日计至清偿之日,以每日万分之四计算)。

被告绿姿公司答辩称:原告并无充分证据证实被告尚欠原告款项。即使存在债权债务,但原告系于1996年9月9日成立的企业,不能作为1993年发生的债务的债权人,且其无加工制作的经营范围,故原告主体不合格。被告并未收到原告于1997年5月22日发出的律师函,本案已超过诉讼时效。故请求驳回原告的诉讼请求。

厦门市思明区人民法院经审理认为:原、被告之间形成的加工承揽业务关系,应确认为有效。原告已依约履行加工制作及供货义务,被告却拖欠部分款项77385元未付,依法应承担逾期付款的违约责任。被告是否收到原告的第三封律师函,是判断本案诉讼时效是否再次中断的事实根据。南平地区邮政局的业务档案因1998年水灾而毁失,致使原告向南平地区邮政局查询却无法取得被告是否签收第三封律师函的证据。此非原告怠于举证,纯系自然灾害所致,原告并无过错。即使法院依职权进行调查,也无法查明客观事实。如适用一般证据规则,则被告可能因拒绝向法庭提供对其不利的证据或作不实陈述而获得利益,有违公平原则。基于本案的特殊情况和相关法律规定,根据本案已知的事实对未知的事实进行合理的推定并无不当。本案已知的事实是原告已按同一名址及邮寄方式寄出三封律师函,被告已收到前两封,在正常情况下,被告也应该收到第三封。也就是说,排除偶然性因素,可以推定被告收到原告的第三封律师函,由此导致本案诉讼时效于1997年5月22日再次中断,原告于1999年5月13日向法院起诉并未超过诉讼时效。当然,推定的事实具有或然性,为慎重起见,应允许被告提出偶然性因素存在的证据来推翻推定的事实,或者陈述特殊的抗辩理由使推定自相矛盾,从而否定推定事实的成立。然而在审理中,被告既未提出证据证明偶然性因素存在,也未提出其他特殊抗辩理由反驳上述事实推定。因而,可以推定被告已收到第三封律师函,其关于本案已超过诉讼时效的主张,不予采信。原告在与被告发生业务往来前就已成立,并存续至今,且其经营范围包括日用精铝制品加工。因此,原告主体资格不存在瑕疵。据此,该院于1999年9月29日判决:被告绿姿公司应于本判决生效后十日内支付给原告鹭菡公司人民币77385元及逾期付款违约金。

一审判决后,被告绿姿公司不服,上诉至福建省厦门市中级人民法院。厦门市中级人民法院经审理,于2000年4月11日判决:驳回上诉,维持原判。

六、因果关系推定

因果关系推定是指在特定诉讼中,只要特定事实能够成立,就应当认定损害结果与该特定事实之间存在因果关系的制度。这方面典型的例子是环境侵权诉讼。在环境侵权诉讼中,当环境污染这一事实成立时,应当推定其与损害结果之间存在因果关系。我国《民法典》第1230条(原《侵权责任法》第66条)规定,因污染环境破坏生态发生纠纷,行为人应当就法律规定的不承担责任或者减轻责任的情形及其行为与损害之间不存在因果关系承担举证责任。这实际上就是从法律的角度设置了一个推定:一旦环境污染的事实成立,推定损害结果和环境污染之间存在因果关系。当然,如同本节提到的其他推定一样,环境污染因果关系推定也属于可反驳的推定。因此,如果行为人能够举证证明其所造成的污染和损害后果之间没有因果关系,自然就可以免除赔偿责任。

| **案例12.07** | 北京一小学生在教室装修后病亡,校方被判赔42万元[20]

小丽在昌平区南口中心七间房小学上学。2012年夏天七间房小学开始翻建、装修,直到2012年9月1日开学,装修仍未完工。2013年1月10日,学校开始装暖气,并在暖气管上刷油漆。小丽的母亲回忆说,2013年1月下旬的一天,她给女儿洗脚,无意中看见女儿脚面和小腿上有好几处出血点。当时她没注意,以为是痦子,但过了两天,她发现女儿下肢上有越来越多的出血点,这时她感觉不对劲了。"但没想到那么严重,开始以为是皮肤病。"小丽的母亲带女儿去附近的医院检查,医生看到小丽脚上的出血点后立即提醒她,"赶紧带女儿去大医院,查查是不是血液病"。2013年1月31日,小丽的母亲带着女儿去了北京儿童医院。经住院检查,2013年3月14日,小丽被确诊为再生障碍性贫血(极重型)。因付不起医疗费,小丽错过了几次通过骨髓移植恢复健康的机会。2013年8月,这个11岁的女孩离开了人世。

小丽的父母认为是学校装修污染导致了小丽的患病并引起小丽的死亡,于是决定起诉学校,要求南口小学(主管七间房小学)赔偿医疗费100万元、护理费26850元、营养费18370元、住院伙食补助费8950元、住宿费2000元、交通费13232元、死亡赔偿金87.82万元、精神损害赔偿金200万元、丧葬费38778元、亲属办理丧葬事宜的误工费5000元。

根据北京市建设工程质量第一检测所有限责任公司出具的检测报告,参照《室内空气质量标准》(GB/T 18883—2002),小丽生前的居所所测项目符合标准要求。

---

〔20〕 北京市第一中级人民法院,2016年6月22日。

小丽的父亲介绍,昌平区教委的书面回复称,七间房小学新建校舍加装暖气并刷油漆后采取了开窗通风的做法。但根据《民用建筑工程室内环境污染控制规范》,“采暖地区的农用建设工程,室内装修不宜在采暖期进行”,因此他认为七间房小学有过错。律师认为,产品合格不代表对人体无害,油漆虽然是合格产品,但在使用说明中强调了在刷漆后房间须开窗通风,而这正是基于油漆本身的有毒、有害性。“因此,法律才要求使用者必须尽到百分之百的警示及注意义务。”

庭审过程中,南口小学辩称,小丽父母起诉的案由为环境污染责任纠纷,因此南口小学不是适合主体。因为2012年南口小学的建设工程是市里面公开招标的,工程发包、工程款结算都是政府行为,施工单位是中标的建筑公司,与南口小学无关。南口小学还表示,该校对环境进行了检测,认为没有任何污染,小丽患再生障碍性贫血的原因无法确定,与南口小学的建设没有因果关系。该校向法庭提交了装修材料质量检验报告,欲证明教室内暖气管道粉刷所用油漆属于合格产品,并称刷漆后教室仅使用了几天,同教室的其他学生均无任何不适。

北京市第一中级法院审理后认为,此案共有四个争议焦点,分别是因果关系、过错问题、法律适用和责任比例。对于小丽患病与学校装修之间的直接因果关系问题,法院认为,根据小丽在2012年8月25日在北京南口华军门诊部的检验结果,其白细胞值为8.8,在正常范围内,而在2013年2月初即被诊断出重型再生障碍性贫血,在该段期间内,依据现有证据可证实,七间房小学在暑期对学校教室进行过装修,在2012年1月10日左右加装暖气并粉刷油漆,依据目前针对再生障碍性贫血致病机理的研究,毒物影响特别是油漆中所含化学毒物苯与再生障碍性贫血之间存在关联,装修之后对房屋进行一段时间的通风换气目前已经成为社会共识。因此,七间房小学的装修行为与小丽的损害后果之间不能排除因果关系。2016年3月29日,北京市第一中级人民法院终审判决南口小学赔偿小丽的父亲夫妇各项损失42万余元。

第三节 刑事诉讼中的推定

一、“明知”推定

“明知”在刑法上是很多犯罪行为的构成要件之一。我国《刑法》总则第14条第1款规定:“明知自己的行为会发生危害社会的结果,并且希望或者放任这种结果发生,因而构成犯罪的,是故意犯罪。”根据该规定,“明知自己的行为会发生危害社会的结果”是所有故意犯罪的构成要素之一。根据刑事诉讼法的规定,控方应当将指控的犯罪的全部构成要素证明到排除合理怀疑的程度。因此,在刑事诉讼中,对于故意犯罪,"明知自己的行为会发生危害社会的后果"这一主观要素,也由控方承担举证责任。但"明知"是一种主观状态,证明起来十分困难,因此刑法分则对于各个不同的犯罪,区别情况设置了"明知"推定,从而相应减轻了控方的举证责任。所谓"明知推定",就是指除非有相反的证据加以证明,否则在通常情况下行为人对自己行为的危害后果存在明知的主观状态。这一推定的效果,就是将不存在明知这一主观状态的举证责任转移给行为人。由于该推定实际上减轻了控方的举证责任,在美国存在诸多争议,法律也对其施加了诸多限制。在我国,相关领域的规则尚不成熟,法律规则有许多模糊之处,实践中也存在一些问题。以下分别举例加以探讨。

| **案例 12.08** | 掩饰隐瞒犯罪所得中的"明知推定":加州人民诉罗德[21]

1980 年 1 月,罗德与同案被告人贝蒂·雷菲尔德住在一起,同时也是贝蒂·布普的二手商店的共同所有人,该商店位于森塔·科鲁兹的斯科德鲁区域。1 月 29 日,一名女子向警方报案说她在布普的商店里看到很多 1 月上旬从她家盗走的物品。警方申请了搜查令,进入被告人的商店和住所,扣押了 60 余件物品,后来均被这些物品的主人认领为被盗物品。因此,罗德与雷菲尔德被指控收买被盗物品罪。

审判中,控方出示了一系列扣押物品作为证据,但陪审团仅认定其中一个物品——一个塞尔玛单簧管——为被盗物品。相应地,本案法院也仅就该物品的相应证据展开讨论。

本案中的单簧管很容易辨认,因为它有一个很严重的裂缝并且装在一个很独特的箱子里。它于 1979 年 11 月在一个叫巴特·歌德斯汀的人那里被盗。歌德斯汀作证说单簧管被盗后不久,他就在附近的二手商店转了转,其中包括布普的二手店,并且向店主们描述了他被盗的单簧管的特征。他作证说罗德就是他在布普二手店说话的那个人,还说自从那次之后他就再也没听说过罗德这个人。

一个叫库尔特·黑赛格的乐器商作证说大约在圣诞之前,他曾经与罗德说过他想买一个单簧管。黑赛格说他曾经给警察打电话询问有关单簧管的事情,但是他只是给圣蛛丝和森塔克拉拉警察局打过电话,没有给森塔科鲁兹警察局打电话,原因是罗德告诉他说他已经打过了。

罗德自己也选择作证。他承认他可能曾经与一个叫歌德斯汀的人谈论过关于单簧管的事情,但是已经不能记得很清楚了,因为他每天与很多人都有关于丢失物品的相似谈话。罗德说他完全不可能自己购买并在店里销售物品,他也没有购买

[21] People v. Roder, 33 Cal. 3d 491, 1983.

过单簧管。他说当他第一次见到单簧管时它已经在店里的存货清单上了。他承认他与黑赛格有过关于单簧管的谈话,他也没有就本案乐器跟森塔科鲁兹的警察局联系过。但他坚称,自己不知道单簧管是被盗物品。

被告人也出示了证据证明店内清单上的很多物品都是大清早从跳蚤市场买来的,雷菲尔德和其他员工在购买物品时确实并不总是遵守商店的"官方"政策——获取拟购买物品的完整且准确的卖家信息。被告人还出示了一本收购物品册,其中包括一个"旧单簧管,计价 20 美元",从"梅乐泰纳处购得,身份证号为 A13084A13"。清单上的签名是雷菲尔德。清单上既没有卖家的电话,也没有明写单簧管的制造商,也没有其他信息表明它是否就是歌德斯汀被盗的那个单簧管。

审判结束时,法庭就无罪推定原则、合理怀疑的概念、收买被盗物品罪的犯罪构成要素等向陪审团作了指示:"收买被盗物品罪的构成要素包括,第一,一个人收购了被盗物品;第二,该人在收购时明知该物品属于被盗物品。"之后,法庭又向陪审团指示,如果陪审团认定:第一,被告人是一个二手商店经营者;第二,他购买或接受了被盗物品;第三,他在购买或接受该物品时是在一个他应当合理地向卖家询问其是否拥有出售该物品的合法权利的场合;第四,他没有进行这样的合理询问——"若如此,则你们应当推定被告人在明知该物品属于被盗物品的情况下购买或接受了该被盗物品,除非从整个证据情况看你们对被告人明知该物品属于被盗物品还存有合理怀疑。"

在评议过程中,陪审团要求澄清后面这一指示。法庭在重复了上述四个要件之后,解释说:"如果你们认定了上述四件事情,则推定就予以适用。推定就是被告人在明知其所购物品为被盗物品的情况下购买了该物品。然而,这只是一个推定——我们有两种不同的推定。一种是结论性的推定,也就是一旦有了这个推定,就不必再往前走了,到此为止即可。本案中的推定并不是这种推定。这是一种被称为可反驳推定的推定。因为,如果你们有了这个推定,假定被告人明知物品是被盗物品,但被告人可以举出证据对其明知是被盗物品这个事实提出合理怀疑。若如此,则该问题对你们依然存在。基本上,它的实质就是,你们是否确信被告人明知物品是被盗物品,或是你们仍然对此还有合理怀疑……"

陪审团恢复评议,并裁决罗德收购被盗的物品罪名成立。罗德提出上诉。

罗德上诉的唯一理由是审判法庭错误地对陪审团作了有关有罪认知推定的指示。罗德抗辩说,根据美国联邦最高法院在阿尔斯特郡法院诉阿兰案(以下简称阿尔斯特案)以及森德斯特罗姆诉蒙大拿案(以下简称森德斯特罗姆案)中的判决,这一推定是违反宪法的,因为它降低了控方应当将犯罪的各个要素证明到排除合理怀疑的程度的举证责任。

在阿尔斯特案中,最高法院曾经解释说:推论与推定就是我们对抗制中对事实发现的主要产品。对于事实裁判者而言,需要经常决定一个犯罪的构成要素是否存在。这些证据机制的价值以及它们在正当程序条款之下的有效性却是随着案件的不同而发生变化的,它们依赖于特别的基础性的要素事实以及这些机制在何种程度上削弱了事实裁判者独立地评价这些证据的自由度。但是,在刑事案件中,任何机制在宪法上的有效性的最终检验者仍然是不变的:该机制不得葬送事实裁判标准在审判中排除合理怀疑地认定最终事实的责任。

在决定一个证据机制是否满足了这一基础性门槛时,最高法院在阿尔斯特案中却又强调了两种不同机制的区别:“一个完全受允许的推论或推定,容许但却不要求事实的裁判者从公诉人的证明中推论出任何要素事实……”以及“一个强制性的推定……能够告诉事实裁判者他或者他们必须从基础事实中认定作为犯罪构成要素的事实,除非被告人能够提出一些证据来反驳两个事实之间的联系”。

对于可容许的推论而言,法院论证说:“由于这一类型的机制留给了事实裁判者相信或拒绝接受推论的自由,因此并未转移举证责任,只有在裁判者不可能以理性的方式将推论事实联系起来的情况下,才会影响到排除合理怀疑这一标准的适用。”法院得出结论说:“只有在这一情况下,才存在对陪审团解释这一推论或陪审团运用这一推论可能造成理性的事实裁判者错误地认定案件事实的风险。”

除此之外,法院又承认,强制性的推定是一个远比排除合理怀疑的担心更加麻烦的证据机制。因为这样的推定告诉事实裁判者,他们必须假定最终事实是存在的,所以它实际上限制了陪审团独立地评价全部控方证据以便决定是否达到了排除合理怀疑标准的自由。基于这一理由,法院认为,对强制性推定的判断应当通过其表面来进行,而不是通过适用来进行。并且,由于控方承担证明被告人有罪的举证责任,控方就不能将其案件的证明建立在推定的基础上,除非该案的证据对推论出推定事实已经能够达到排除合理怀疑的程度。

在阿尔斯特案中,最高法院支持了对被告的定罪,认定基础事实与最终事实之间存在合理的联系。两个星期后,最高法院又在另一个谋杀案件即森德斯特罗姆案中推翻了法官对陪审团的指示。该案中法官指示陪审团:“法律推定一个人基于自由意志实施的行为意在追求该行为的通常后果。”公诉方的抗辩是这一指示仅仅是描述了一个可容许的推论而已。但法院认为,一个理性的陪审员很容易认为这一指示就是一个强制性的推定,并且将其解释为结论性的意图推定,从而将证明意图的举证责任转移给被告人。

本案中涉及的证据机制毫无疑问是强制性推定。如前所见,根据加州的法律,收买被盗物品罪的构成要素之一,就是被告人必须明知他收购的物品属于被盗物品。根据温思普一案确立的原则,控方应当将所有要素证明到排除合理怀疑的程度。

但是根据本案援引的法律,控方的责任却明显地减轻了。首先,一旦控方证明了四个要素中的前三个要素,即被告人是二手货经营商;他收购了被盗物品;他在应当询问出售物品的人是否有权出售该物品的情况下购得该物品;证明的责任即转移给了被告人:他应当证明,在他购买之前,他进行了这样的询问。其次,如果被告人不能满足其证明责任,证明其进行了这样的询问,则第四个要件即为成立。尽管该规则也规定该推定属于可反驳的推定,但该推定的可反驳的属性也仍然不会改变下列事实:如果被告人诉诸控方的证明,则陪审团可以根据被告人是二手货收购者并且在应当询问货物来源的情况下收购了二手货这一事实作出被告人明知其收购的货物是被盗物品这一推定,这一推定事实乃是可允许的,而不是要求陪审团就该被告人明知其收购的货物是被盗物品这一事实的认定达到排除合理怀疑的程度。因此,它属于阿尔斯特案中所描述的典型的强制性推定,因为它告诉陪审员,一旦基础事实确立,被告人就至少必须提供证据来反驳基础事实和推论事实之间的联系。

不仅如此,除了第496条本身的规定以外,《证据法典》的总则性规定还描述了推定的效果,就是强制性的。因此,《证据法典》第600条明确地区分了推定与推论,规定"推定就是法律所要求的从诉讼中已经确认的另一个或一组事实中必须推导出的事实假定",而"推论则是可以从诉讼中已经确定的一组事实中符合逻辑地或者合理地推导出来的结论"。由于第496条明确是建立推定而不是推论,《证据法典》就确认了立法机构实际上意在要求陪审团从基础事实中作出一个有罪的明知假定,除非被告人提出足够的证据反驳这一假定。这样,它当然就符合了阿尔斯特案关于强制性推定的定义。

因此,本案中,我们处理的问题就是一个强制性的推定问题。

由于一系列原因,我们认为本案中的陪审团没有得到适当的指示。首先,尽管法官给予陪审团的指示也许可以解释为推论,但总体上却是模糊的。法官并没有告诉陪审团如果基础事实成立,他们可以但并非被要求推定被告人具有主观上的明知。相反,该指示告诉陪审团,如果他们认定基础事实成立,他们"应当"推定被告人主观上具有明知。

其次,这一模糊的指示由于陪审团请求法庭澄清相关概念时审判法院对推定问题的解释而加剧。如前所述,此时法院审视了犯罪的四个要素之后对陪审团说:"推定就是被告人明知其所购货物是被盗物品而购买了它……"

因此,我们从这一指示中得出结论,陪审团将会对《证据法典》第496条规定的推定解释成降低了控方必须将犯罪的所有构成要素证明到排除合理怀疑程度的要求。如同阿尔斯特案和森德斯特罗姆案所确立的那样,这是一个宪法性的错误。

| 案例 12.09 | 浩天等强奸幼女案[22]

"疯女人"是一个出生于1989年5月2日的女孩的网名,这个女孩4岁时父母离异,她一直跟奶奶过。2002年除夕之夜,她进了网吧,在网上遇到一个叫"百密一疏"的男孩,两个人聊了一宿。第二天晚上她打电话给"百密一疏",说自己不想回家,想找地方住。当晚,二人便发生了关系,这是"疯女人"的第一次。

次日,她又在网上遇到了"热血燃烧",见面后也发生了关系。2月18日晚,流连在网上的"疯女人"遇见了17岁的浩天,话题很快转到了性上,她主动提出去找他。晚上10点多,浩天和两个表兄弟在鞍山市超级饭店见到了"疯女人",她长发,大眼睛,身高1.65米以上,微胖。几人酒足饭饱后,来到浩天父亲的办公室,两个表兄弟先和"疯女人"发生了性关系,之后是浩天。此后,她又与两个网友先后发生了性关系。最后,她遇到了鞍山市某高校学生陈某,在他的宿舍住了十天后被学校发现。接到举报后,公安机关毫不费力地抓获了45天内与"疯女人"发生关系8人中的6人,除了"百密一疏"和陈某。陈某被学校开除后不知去向,而"疯女人"根本就不知道"百密一疏"的真实姓名。

直到这时,浩天等人才知道,原来一直自称19岁的"疯女人"其实还不到13岁。她说伪装年龄的理由是怕他们把她当小孩看待。她只是想知道"性爱是什么样的",在与这些男孩发生关系时,她的心态是"一半愿意,一半不愿意",有时竟是"愿意居多"。对于她主动去找的浩天,她十分坚决地对法官说:"我愿意和他发生关系,我一见到他就喜欢他。"但法律就是法律,浩天等人被指控触犯了《刑法》第236条第2款"奸淫不满十四岁的幼女的,以强奸论,从重处罚"。如果罪名成立,可能被判3年至10年有期徒刑。但浩天的辩护律师却提出,被告人误信了"疯女人"伪装的年龄,并无强奸幼女的主观故意,不该被判有罪。

案件在审判委员会讨论时也出现了分歧,一种意见认为被告人犯强奸罪成立,另一种意见倾向浩天律师的说法,被害人谎称自己19岁,其体貌特征也貌似成年人,且在发生关系时无反抗行为,被告人在不知其真实年龄的情况下与其发生关系,不应认定为强奸罪。而浩天等6名被告人年纪最大的21岁,最小的17岁,认定与否,关系到6个年轻人的一生,法官将疑问呈送到鞍山市中级人民法院,又经辽宁省高级人民法院请示到最高人民法院。

2003年1月17日,最高人民法院发布了题为《关于行为人不明知是不满十四周岁的幼女,双方自愿发生性关系是否构成强奸罪问题的批复》,其中规定:"行为人明知是不满十四周岁的幼女而与其发生性关系,不论幼女是否自愿,均应依照刑

---

[22] 案例来源:《13岁幼女发生8次一夜情 伪装年龄让法官难判案》,载搜狐新闻2003年3月11日,http://news.sohu.com/01/18/news206991801.shtml。

法第二百三十六条第二款的规定,以强奸罪定罪处罚;行为人确实不知对方是不满十四周岁的幼女,双方自愿发生性关系,未造成严重后果,情节显著轻微的,不认为是犯罪。”

根据该批复,涉嫌强奸幼女“疯女孩”的6名男子均已拿到鞍山市立山区人民法院的无罪判决书和鞍山市千山区人民法院准许千山区检察院撤诉的裁定。

案件虽已终结,事件却并未结束。该批复发布后,在社会上引起极大争议。最高人民法院最终于2003年8月宣布上述批复无效。

本书认为,最高人民法院《关于行为人不明知是不满十四周岁的幼女,双方自愿发生性关系是否构成强奸罪问题的批复》中,“行为人明知是不满十四周岁的幼女而与其发生性关系,不论幼女是否自愿,均应依照刑法第二百三十六条第二款的规定,以强奸罪定罪处罚”的规定,实际上是在假定行为人知道对方是幼女的情况下仍与对方发生性关系的行为所做的定性,是在重复《刑法》的规定。“行为人确实不知对方是不满十四周岁的幼女,双方自愿发生性关系,未造成严重后果,情节显著轻微的,不认为是犯罪”这一规定,表明现实中的确存在行为人不知道对方是幼女的情形;既然如此,行为人究竟是否明知对方是不满14周岁的幼女,就应当由承担举证责任的一方举证加以证明;该规定的实质,实际上是对行为人是否明知对方是不满14周岁的幼女这一事实要求由公诉机关承担举证责任。本书认为,最高人民法院的这一批复符合刑事诉讼法关于证明责任分配的基本原理,并无不当。

二、非法占有目的推定

非法占有目的推定,是指在刑事案件中,一旦控方以证据证明某些基础事实存在,即应当认定行为人具有非法占有目的的制度安排。之所以存在非法占有目的推定,首先是因为行为人的主观状态通常难以证明,往往只能以情况证据加以推断。其次,由于刑事诉讼法所规定的案件事实清楚,证据确实、充分(排除合理怀疑)的证明标准比较高,通过情况证据往往难以实现这样的证明标准,刑法从实体法的角度对特定情况下通过间接证据证明的行为人的主观状态作了推定,本质上是在一定程度上降低了证明标准,转移了举证责任(提证责任)。最后,这种证明责任的转移固然可能引起理论上的批评,因为它将提证责任转移给了行为人这一方,降低了控方的证明标准,但从常识和经验来看,行为人的主观状态究竟如何,行为人自己最为清楚。因此,如果这种推定仅仅是增加了行为人澄清自己行为的主观目的这一负担,则这种提证责任的转移仍然在情理之中。

我国《刑法》分则很多罪名都规定了非法占有目的推定。例如,《刑法》第

194 条规定,明知是伪造、变造的汇票、本票、支票而使用的,构成票据诈骗罪。尽管该规定本身并未提到非法占有目的,但诈骗罪的主观要素之一,就是非法占有目的,故该规定的效果必然表现为,明知是伪造、变造的汇票、本票、支票而使用的,推定为具有非法占有目的。因此,这实际上是一个非法占有目的推定。另外,最高人民法院 2001 年发布的《全国法院审理金融犯罪案件工作座谈会纪要》规定:对于行为人通过诈骗方法非法获取资金,造成数额较大资金不能归还,并且有下列情形之一的,可以认定为具有非法占有目的:(1)明知没有归还能力而大量骗取资金的;(2)非法获取资金逃跑的;(3)肆意挥霍骗取资金的;(4)使用骗取的资金进行违法犯罪活动的;(5)抽逃、转移资金,隐匿财产,以逃避返还资金的;(6)隐匿、销毁账目或者以假破产、假倒闭等方式逃避返还资金的;(7)其他非法占有资金、拒不返还的行为。该规定确定的规则就属于典型的非法占有目的推定。实务中,有论者认为该推定为"确定性推定",也就是不可反驳的推定。本书对此不敢苟同。

三、非法持有中的罪过推定

非法持有中的罪过推定,是指在非法持有型犯罪中,一旦某人持有法律规定的违禁品,就推定其具有非法持有的主观状态,从而具有该类犯罪所要求的主观罪过的推定。在我国,非法持有型犯罪主要包括非法持有枪支、弹药罪,持有假币罪,非法持有国家绝密、机密文件、资料、物品罪,非法持有毒品罪,非法持有毒品原植物种子、幼苗罪,以及巨额财产来源不明罪。在上述持有型犯罪中,一旦认定行为人持有了上述事物,即应当认定行为人具有非法持有上述事物的主观罪过。行为人如主张其持有行为系合法持有,负担该主张成立的举证责任。

持有型犯罪中的罪过推定之所以存在,是因为持有型犯罪往往是这类犯罪的更加严重的先行犯罪或后续犯罪的结果状态、过渡状态或预备状态,而对行为人的先行犯罪或后续犯罪的证明难以实现,从而无法认定比持有型犯罪更加严重的先行犯罪、后续犯罪和目的犯罪的情况下,刑法为实现打击犯罪的目的所作的一种妥协和折中处理。例如,巨额财产来源不明罪可能是贪污罪、受贿罪等犯罪行为的结果状态;非法持有毒品罪可能是贩卖、运输毒品罪的过渡状态;非法持有枪支、弹药罪可能是非法买卖枪支、弹药罪乃至故意杀人罪的预备状态。在证据法上,对于持有型犯罪的先行行为、后续行为的证明难度都比较大,因为其犯罪所包含的构成要素比较多。但对于持有型犯罪,则只需要证明行为人持有上述物品、事物即可。因此,在上述这些犯罪中,检控方对于指控行为人犯有贪污罪,受贿罪,贩卖、运输毒品罪,非法买卖枪支、弹药罪及故意杀人罪等罪行如果没有充分的证据,就只能退而求其次,对行为人的非法持有上述事物的行为提出指控。可见,持有型犯罪一方面是对贪污罪,受贿罪,贩卖、运输毒品罪,非法买卖枪支、弹药罪等罪行在难以获得证实情况下的妥协;另一方面又是在妥协后对证明要求的降低。

以巨额财产来源不明罪为例。在巨额财产来源不明罪的刑事指控中,一旦检控方以充分证据证明行为人所拥有的巨额财产与其正当、合法的收入不相匹配,就应当认定其所拥有的巨额财产属于来源不明。此时,被告方即应举证证明其巨额财产来源合法。当然,被告方的举证行为,既属于行使权利的行为,也属于证明责任负担的行为。从举证责任分配的角度而言,如果被告方拒不举证或者无法举出充足的证据证明其巨额财产来源合法,则无法达到刺破推定事实这一"气泡"的效果,推定事实也就获得认定。

值得注意的是,在上述持有型犯罪中,持有的事实推论出罪过要素事实,是否构成证据法上的推定,在理论上存在争议。有的论著认为,上述推定并不成其为推定,仅仅是推论而已;有的论著则明确称其为推定。本书认为,解决这一争议的适当路径,是区分持有型犯罪中的"明知"与"罪错"。"明知",是指持有人对所持有物品的认识状态;"罪错",则是指行为人对持有物品这一行为合法性的认识状态。"明知"不属于推定事实,应当由负有举证责任的一方举证加以证明;"罪错"则属于推定事实,一旦基础事实成立,就应当认定为罪错存在。

"明知"与"罪错"的区分,在非法持有违禁品的犯罪中的意义尤其明显。按照刑法的要求,行为人对于其所持有的事物属于特定违禁品的事实应当处于"明知"的状态。对于行为人"明知"其持有的事物属于特定违禁品这一事实,仍然要由控方承担举证责任。例如,在持有毒品罪案件中,检控方应当对行为人持有的事物明知是毒品这一事实,承担举证责任。如果行为人并不明知自己持有的是毒品,则不能因为其确实持有了毒品,就推定其主观上明知自己持有的是毒品。又如,一个商人在接受一大笔订单后对方以现金支付了一笔巨款(500 万元),实际上全是假币,该商人持有该笔巨款数年而不自知。该案中,不能因为行为人持有巨额的假币就推定其主观上有过错。检控方只有举出证据证明商人明知其持有的是假币,才构成持有假币罪。可见,在这些犯罪案件中,对于行为人对其持有的物品是否明知属于违禁品这一认识状态,仍然应当由检控方举证证明。一旦检控方排除合理怀疑地证明了行为人明知其所持有的物品属于违禁品这一认识状态,就应当推定行为人对于其行为的违法性也就是主观罪错存在认识,也就是推定"罪错"成立。

四、取证程序违法推定

取证程序违法推定,是指当被告人及其辩护人提供了有关取证程序违法的线索或材料之后,即应认定侦查或调查机关取证程序违法的推定。我国《刑事诉讼法》第 58 条第 2 款规定:当事人及其辩护人、诉讼代理人有权申请人民法院对以非法方法收集的证据依法予以排除;申请排除以非法方法收集的证据的,应当提供相关线索或者材料。第 59 条第 1 款规定,在对证据收集的合法性进行法庭调查的过程中,人民检察院应当对证据收集的合法性加以证明。第 60 条规定,对于经过法庭审理,确认或者不能排除存在《刑事诉讼法》第 56 条规定的以非法方法收集证据情形的,对有关证据应当予以排除。根据上述规定,刑事诉讼中,只要当事人及其代理人具备提供了有关非法取证的线索或材料这一基础事实,就应当推定取证程序违法。当然,这是一个可反驳的推定。公诉方可以举出证据反驳这一推定事实,如果证据充分并将取证程序合法的事实证明到排除合理怀疑的程度,则法院仍可认定推定事实不成立。

第十三章　司 法 认 知

司法认知就是诉讼中完全无须证明而由法官直接加以认定的事实。之所以存在无须证明而由法官直接加以认定的事实，首先是因为“正义不会要求法官比其他人更无知”。其次，司法认知的方法加快了审判的速度，从而既节约了时间，也节约了费用。最后，司法认知还可以避免法庭作出与常识相悖的事实认定。例如，对于太阳从东边升起、中国是一个社会主义国家、香港是中国的一个特别行政区等诸如此类的事实，如果在判决中作出相反的认定，就有可能极大地损害司法的权威。

因此，司法认知在诉讼中具有相当重要的意义。本章第一节阐述并分析司法认知的基本含义、司法认知与个人知识的关系，以及司法认知中的程序事项。第二节介绍并分析司法认知的效力模式。第三节结合我国相关法律和司法解释的规定逐一介绍司法实务中常见的允许司法认知的具体事项。

第一节　司法认知概论

一、司法认知的含义：裁判事实

如前所述，司法认知就是诉讼中完全无须证明而由法官直接加以认定的事实。威格默指出，司法认知就是法庭在经过通盘考虑后将一方当事人的主张在不必要求其提供证据的情况下就宣布为真的事实。[1]

毫无疑问，司法认知属于免证事实的一种。对此，格莱姆指出：司法认知建立在这样的假设基础之上：对于特定事实而言，其存在不会受到理性的争议，从而也就不必以提交证据证明的方式来加以确认；因此，当一个诉讼中的事实被当

〔1〕 John Henry Wigmore, *Evidence in Trials at Common Law*, Peter Tillers Rev., Little Brown and Company, 1983, Vol. 9, p. 693.

作司法认知加以确认时，它就是无须以正式证据加以证明的事项。[2] 威格默亦指出：在当事人提出的所有主张或主张的事实当中，有一些是不需要证据加以证明的，其中包括自认的事实、推定事实，以及众所周知的事实或者由于其他特别的原因而不需要当事人提供证据的事实等；在上述事实当中，除了自认以外，众所周知的事实或者由于其他原因而不需要当事人提供证据即可加以认定的事实，就属于司法认知的事实。[3]

| **案例 13.01** | 过量饮酒可致人死亡是否属司法认知事实？[4]

1978 年 4 月 29 日，当时已 18 岁的仇尔卡买了一夸脱的南方慰藉（Southern Comfort）。从大约晚上八点开始，仇尔卡和他的同伴们在一个公园一起将瓶中酒喝干。其中一名同伴叫维尔玛·威尔森，16 岁，狂喝暴饮，喝了其中至少一半。仇尔卡说维尔玛喝了南方慰藉和黑丝绒两种烈酒，并说她喝的酒相对于她的年龄而言的确是有点多。喝完这一夸脱南方慰藉后，这伙人离开公园走到镇上的一个小旅馆。维尔玛很显然已经醉得不行了，好几次跌倒在地上，仇尔卡不得不抱着她走路。仇尔卡把她扶到他朋友的一辆轿车上。轿车就停在旅馆的门外。维尔玛开始出现昏迷或半昏迷状态。

把维尔玛扶上车后，仇尔卡走进旅馆，在凌晨 5 时或 5 时 30 分左右醒来，才想起维尔玛和另一名女孩还在他朋友的车上。仇尔卡和另一名女孩把维尔玛抱进旅馆的一个房间，放到床上。仇尔卡认为当他们抱她进旅馆房间的时候她还活着；他认为她脱掉了自己的鞋子并弄出了一些声音。4 月 30 日下午大约 1 时 30 分，维尔玛被人发现死在床上。

在预审听证法庭上（该程序的目的是由法庭判断控方是否有足够的证据让人合理地相信被告人实施了所指控的犯罪，以便决定案件是否进入下一个程序），控方试图引入专家尸检报告，其中最后一句称："过量的酒精被认为是致命的。"辩护人对尸检报告其他内容均无异议，但对最后这一句表示反对，认为其包含了本属于法庭认定的最终事实。法庭支持了被告方的反对，认为尸检报告中最后这句话不具有可采性。检察官认为尸检报告中的最后一句话应当容许，理由是这一判断证明了过量饮酒和死亡之间的因果关系。郡法院不支持检方立场，指出，调查记录已经表明维尔玛喝掉了瓶中至少一半南方慰藉这一事实，法庭会将这一事实当作常识加以考虑。

---

〔2〕 Michael H. Graham, *Evidence*: *An Introductory Problem Approach*, 2nd edition, Thomson West, 2007, p. 613 – 614.

〔3〕 Wigmore, *supra* note 1, Vol. 9, p. 694.

〔4〕 State ex rel. Cholka v. Johnson, 96 Wis. 2d 704 (1980).

被告方还声称,检方没有证据证明维尔玛的死亡与饮酒之间存在因果关系,因此没有合理根据相信被告人实施了重罪。

郡法院认定,仇尔卡购买了烈酒;南方慰藉是一种可能致死的烈酒;半夸脱烈酒对于一个16岁的未成年人而言是绝对过量了;运用常识不难推导出过量饮酒导致了维尔玛的死亡。据此,法庭认定本案已有适当根据相信被告人实施了重罪,并将该案推进到下一程序(此处辩方争辩的是控方没有完成提证责任,因此本案应当宣布撤销;法院虽不允许检方出示尸检报告中的最后一句话,但认为通过常识即可判断过量饮酒和死亡之间的因果关系,因此认为检方已经完成提证责任,案件可以继续推进)。

检方再次申请法庭容许尸检报告中的最后一句陈述能被当作证据进入法庭,因为这是对尸体进行实验室检验时专家发现的事实,该事实应当被容许证明对维尔玛的血液酒精浓度检验超过了致死的量。经过双方律师辩论之后,法官决定容许该实验室报告中的最后一句话进入法庭。

1978年7月17日,检察官签署起诉书指控仇尔卡构成犯罪。仇尔卡于1978年8月19日向法院申请人身保护令,声称该案没有任何有证据资格的证据支持控方的起诉。仇尔卡声称尸检报告中的最后一句话不具有证据资格,不应当被容许进入法庭。仇尔卡还声称是其他原因导致了维尔玛的死亡。

上诉法院判定,本案没有任何有证据资格的证据支持郡法院关于被告人的行为构成犯罪的认定。郡法院认为,本案证据表明未成年人过量饮酒导致其死亡,这是由实践性知识和常识得出的结论。上诉法院认为,初审法院不恰当地使用了司法认知。上诉法院还认为,尸检报告关于"酒精浓度超过3.5微克每毫升被认为是致命的"这一陈述属于意见证据,不具有可采性。上诉法院得出结论说,没有证据显示究竟多大量的血液酒精浓度才是致命的,因此维尔玛血液中的酒精浓度并不重要。

州最高法院认为,本案尸检报告中的最后一句话确实应当加以排除,但是关于维尔玛死亡原因的事实仍然可以从其他事实中推论得出。南方慰藉是一种能让人喝醉的烈性酒且过量饮用南方慰藉可以致人死亡的事实是众所周知的,因此本案初审法院将其当成司法认知并无不当。

评注13.01　司法认知与立法事实

传统上,司法认知事实仅限于审判中的事实即裁判事实,不涉及立法事实。所谓裁判事实就是在司法审判中法庭就与案件直接有关的当事人认定的事实;所谓立法事实,则是指当法庭或立法机构创制法律或政策时,该法庭或立法机构所认定的事实就属于立法事实;立法事实是法庭或立法机构在适用法律的过程中对法律的认知；它并不直接对特定的当事人产生影响，而是具有普遍的适用性。[5]

立法事实最初由戴维斯提出。戴维斯认为，在法庭或其他机构决定的大多数案件中，立法因素（legislatve element）要么是不存在的，要么是不重要的，因为在这些案件中，法官或（立法）机构所适用的法律和政策都是预先确定的（previuously established）。但是，一旦法庭试图创制一个法律或政策，法官们就必须诉诸立法事实，无论这些事实是否被记录下来。[6] 戴维斯认为，这些立法事实由于并不具备众所周知的特征而无法被归入认知的范畴，但司法实践中这些认知又的确存在。因此，如果坚持传统上关于司法认知的理解，则上述事实均无法获得认可。因此，有必要对司法认知的概念加以扩展，将立法事实也纳入司法认知的范畴。[7]

立法事实的典型事例是霍金斯诉美国一案。该案中，最高法院拒绝就刑事案件中的夫妻特免权进行限制或削减，其理由是：如果允许夫妻中的一方在另一方遭受刑事指控时作出不利于他的证言，则可能使夫妻关系破裂。[8] 这一判定理由包含了对事实的判断，但是该判断中的事实部分却几乎是无可争辩的。

尽管戴维斯的观点获得众多理论家的支持，但美国《联邦证据规则》并没有将立法事实作为司法认知的范畴加以规定。相反，美国《联邦证据规则》仅仅规定了对裁判事实的认知。该规则第 201 条（a）规定："本条仅适用于裁判事实之司法认知。"美国《联邦证据规则》的起草者对此立场的解释是，尽管戴维斯的观点有可取之处——法官在经过审判之后作出裁决所依赖的绝不仅仅是法庭上出示的证据，而是大量的非证据因素（戴维斯称之为非证据事实——non - evidence facts），但是这些因素除了司法认知的裁判事实之外，很多因素与其说是证据事实或非证据事实，不如说属于法官的推理过程。这些事实或因素虽然对法官评价证据和认定事实产生了影响，但是将它们作为正式的司法认知来对待显然是不合适的。[9]

二、司法认知与评价性事实

评价性事实（evaluative facts）是指法官（或陪审员）在对证据进行权衡、讨论、评价并依据证据认定事实时所依赖的背景性知识。最基础的评价性事实包括那些帮助法官和陪审员理解证人证言的证词及其他证据的事实，如一个词语

〔5〕 Kenneth Culp Davis, Judicial Notice, 55 Colum. L. Rev. 945, November 1955, p. 952.

〔6〕 Kenneth Culp Davis, *supra* note 5, p. 952.

〔7〕 Kenneth Culp Davis, *supra* note 5, p. 953.

〔8〕 Hawkins v. United States, 358 U. S. 74, 79 S. Ct. 136, 3 L. Ed. 2d 125 (1958).

〔9〕 Advisory committee's note to Fed. R. Evid, Rule 201(a).

的通常含义,一个成语或俚语的含义,以及各种形式的表示肯定的动作等。[10] 例如,当一个证人被问到被告席上坐着的那个人是不是就是案发现场拿着菜刀乱砍乱杀的那个人时,证人点了一下头,证人点头的动作意味着证人认为被告席上坐着的那个人就是案发现场拿菜刀乱砍乱杀的那个人。不仅普通人会这样理解证人点头的动作,陪审员、法官也会这样理解。又如,当证人在法庭上说看到被告人手里拿着一把"匕首"捅向被害人时,法官、陪审员不需要查字典就知道"匕首"意味着什么。再如,当律师试图质疑证人的可信度,问证人"你是否和被告人有一腿?"证人作出了肯定性回答时,法官、陪审员均能理解"有一腿"意味着什么,以及该事实对评价证人证言可信度的影响。这就是背景性知识,是法官、陪审员在评价证据时所依赖的基础性信息。

由于评价性事实通常属于一般性知识,不属于司法认知事实。在英美法系陪审团审判的语境下,对于评价性事实,律师、检察官通常不会请求法官就评价性事实向陪审团作出指示,要求陪审团就此类事实进行特别的认定。例如,诉讼双方不会要求法官向陪审团解释"有一腿"意味着什么。如果诉讼中的一方试图寻求法官对陪审团作出这样的指示或解释,则通常意味着该方当事人认为该事实属于审判中的司法认知事实而不属于评价性事实。但是,英美法官在指示陪审团时,往往会就一般性的评价性事实作出指示,如会要求陪审团运用有关自然趋势、人类的自然倾向和他们的常识等对正式提交到他们面前的证据进行评价。[11]

三、司法认知与个人知识

评价性事实是法官或陪审员在评价证据时运用的基础性、背景性的知识,是关于人类一般生活经验和一般生活事实的知识。评价性事实的特点在于其一般性、普遍性、共识性。与之相区别的是法官或陪审员个人的知识。个人知识的特点在于其个人性和特定性。例如,在陪审团审判的语境下,法官目睹了一起凶杀案,知道是甲杀害了乙,但是最终被起诉到法官面前的却是丙;审判后,陪审团判定丙为杀害乙的凶手。这时候法官应当怎么办呢?他是接受陪审团的裁决,将丙执行死刑,还是以自己对该案真相的了解,拒绝接受陪审团的裁决,而将被告人丙无罪释放?

英美法早期理论认为,法官无权否决陪审团的裁决;相反,法官只能在接受

---

〔10〕 Mueller & Kirkpatrick, *Evidence Under the Rules: Text, Cases, and Problems*, 7th edition, Wolters Kluwer, 2011, p. 731.

〔11〕 Mueller & Kirkpatrick, *supra* note 10, p. 732.

陪审团裁决之后向国王报告其亲眼所见的事实，并请求国王将被告人宥恕，从而避免被告人被执行死刑。[12] 如今，当法官碰到这种问题时，法官应当就其所知在法庭上作证。也就是说，普遍接受的观念是，当法官拥有对案件的纯粹个人的知识的时候，他不能将该知识伪装成司法认知而直接予以认定，因为这些知识仅仅属于法官个人的知识，虽然他对于法官而言是如此显著，但却并不为其他人和公众所知。[13]

可见，评价性事实和法官的个人知识在决定案件事实的过程中均发生作用，但是相应的规则有所不同。评价性事实作为背景性知识加以运用来判断案件事实，规则上是允许的；而运用个人知识判断案件事实，原则上是不允许的。

该规则同样适用于陪审员。如果陪审员恰好拥有对案件的个人知识，则该陪审员也应当被传唤作证，而不得径行以自己偶然掌握的案件知识作为裁决的依据。这在1884年的一个判例中得到阐述："陪审员没有义务并且也没有权力对任何有着通常理智的人不会信以为真的证言给予证明的力量。例如，当一个证人在法庭上作证说在波士顿的某一天太阳在子夜时分升起，或者密西西比河流入了密歇根湖，或者白就是黑时，这样的证言应当立即予以排除……如果容许陪审团将其裁决建立在与本案争议事实有关的个人知识的基础上，或者建立在个人意见的基础上，却不让他们在法庭上作证，将是十分危险和不公正的。它将剥夺败诉一方当事人对证人进行交叉询问的权利，并丧失法律所设定的有关证言可信度标准所带来的利益。"[14]

但是，如果是陪审员恰好掌握的一般性知识或经验，则并不妨碍作为陪审员判断案情的依据。对此，威格默指出，有关陪审员的个人知识哪些部分可以作为裁判基础、哪些部分不能作为裁判基础的界限是难以划清的；但是，由于挑选陪审团程序的复杂性以及相应的程序保障，允许陪审员以自身一般性知识裁判案件的原则应当不会受到损害。[15]

---

〔12〕 Wigmore, *supra* note 1, Vol. 9, p. 722.

〔13〕 Wigmore, *supra* note 1, Vol. 9, p. 723.

〔14〕 Washburn v. R. Co., 59 Wis. 364, 370 (1884); Wigmore, *supra* note 1, Vol. 9, p. 727; Jon R. Waltz & Roger C. Park, *Evidence: Cases and Materials*, 10th edition, Foundation Press, New York, 2004, p. 749.

〔15〕 Wigmore, *supra* note 1, Vol. 9, p. 701 – 731.

第二节 司法认知的效力模式

一、可争辩说

关于司法认知的效力模式,存在可争辩说和不可争辩说两种学说。其中可争辩说的代表人物是塞耶。塞耶认为,司法认知并不意味着被认知的事实就无可争辩。相反,被认知的事实仍然是可以通过证据加以反驳的事实,司法认知只不过是一个表面可信的认识(a prima facie recognition,民事诉讼法学著作通常将与之近似的 prima facie case 译为"表见证明")而已。[16] 塞耶也承认,司法认知中的很多事实的确是无可争辩的,如密苏里州在诺基山脉的东边、赫福德与威尔士接壤等;但是塞耶也指出,我们没有理由认为,司法认知的事实仅限于这类事实。一个和任何州政府公章相符的公章并不一定真是这个州政府的公章,同样许多盖有政府部门公章的证书并不一定是真正的证书。因此,在许多案件中,对司法认知事实的认定无非就是一种推定,是一种在没有相反证据的情况下认为合理的假定。[17]

因此,塞耶实际上认为存在两种不同的司法认知事实:一种是不可反驳、不可争辩的司法认知事实,另一种则是可反驳、可争辩的司法认知事实。对于后一种司法认知事实而言,司法认知的效果实际上仅相当于一个表面可信的认识,它可以通过反对方当事人的举证而被推翻。

威格默也是可争辩说的支持者。威格默指出,一个司法认知的事项仅仅意味着在反对方当事人未提供相反证据的情况下被视为真实的事实;但是这并不意味着反对方当事人不能提出证据加以反驳。[18] 威格默也注意到有些法院有时会拒绝反对方就司法认知的事实提供相反证据加以反驳,但威格默认为这不过是这些法官在适用实体法的过程中宣称这些证据与本案的案件事实不具有实质性而已。[19]

二、不可争辩说

不可争辩说的主要代表人物是摩根和麦考密克,因此该理论又被称为"摩

[16] James B. Thayer, *Judicial Notice and the Law of Evidence*, 3 Har. L. Rev. ,285, Feb. ,1890, p. 309.

[17] James B. Thayer, Ibid. 16, p. 310.

[18] Wigmore, *supra* note 1, Vol. 9, p. 693.

[19] Wigmore, *supra* note 1, Vol. 9, p. 694.

根—麦考密克理论”。

摩根首先对威格默引用的案例进行了分析，指出威格默关于这些案件中法官不允许反对方当事人就司法认知事实提出相反证据加以反驳是根据实体法得出的结论，但威格默引用的这些案例中没有哪一个法院是为了设定一个实体法规则。[20]

摩根还指出，无论是威格默还是塞耶，均在实际上将司法认知的效果等同于推定。针对塞耶和威格默所主张的可争辩说，摩根提出了一系列疑问：由于法官对于司法认知事项拥有广泛的权力以寻求其认为可靠的信息，如果司法认知在效果上仅仅等同于推定，那么法官通过自己的职权获得的这些信息是否应当向当事人披露？法官所依赖的这些资料的作者是否应当在法庭上接受交叉询问？多少证据可以使法官对于已经进行认知的事项重开争议之门？多少证据可以彻底抵消司法认知所达到的“表面可信”的效果？……对司法认知事项提出争议的当事人究竟是只承担提证责任（burden of producing evidence），还是也要承担说服责任（burden of persuasion）？如果对司法认知事项的反驳不同于另一个推定，则它与推定的区别究竟何在？如果它是一个新的推定，那么它是否是一个应当给予特别对待的特殊推定？[21]

摩根认为，可争辩和不可争辩的对立，并不仅仅是术语之争或概念之争。如果将司法认知事项视为不可争辩的事实，则主张司法认知事项的一方当事人只需要说服法官相信：第一，该事项是如此显著以致其在有理性的人中间不会引起争议；第二，该事项完全可以通过立即可以获得的精确可靠的资料加以直接和准确的展示。一旦当事人完成这一义务，就没有任何人为的规则可以限制当事人向法官提供相关的信息，也没有任何人为的限制可以约束法官以职权获得信息的渠道。换句话说，所有有关证据可采性的规则对于法庭确认司法认知事实而言都不再适用；反对方当事人也可以不受限制地引导法官寻求可靠的资料。如果法官对于该事项是否属于司法认知事项存有疑问，或者所获得的信息和资料并不充分，则法官应当将该事项仍然当作待证事实处理，从而使各项证据规则对于该待证事实的证明仍然适用。如果法官确信该事项属于司法认知的事项，就必须将该事项从可争议事实中予以剥离。摩根质疑道：如果司法认知事项不属于不可争辩的事项，那么司法认知事项和非司法认知事项（纯粹的证据事项）之间的界限又在哪里呢？什么样的标准可以引导律师和法官对二者进行区分呢？什么时候证据规则应当适用，什么时候一般性的标准又应当适用呢？如果司法

〔20〕 Edmund M. Morgan, *Judicial Notice*, 57 Harvard Law Review, January, 1944, p. 285.

〔21〕 Edmund M. Morgan, *supra* note 17, p. 286.

认知的事项属于可以争辩的事项,则有关司法认知之功能及其与推定之间之关系的一切可能的问题都必须加以解决。[22] 因此,摩根总结说,无论是出于理论上的融贯性还是实践中的考虑,都强烈地要求将司法认知事实当作不可争辩的事项来对待。[23]

思考 被告人被指控于2016年农历大年三十晚上8时在北京某高档小区趁主人回老家过年之际入室盗窃。被告人举出证据证明自己当晚晚上8时正在北京某小区的出租屋和室友一起看中央电视台体育频道播出的足球赛,没有作案时间。为反驳这一辩护主张,检方拿出2016年CCTV体育频道的节目单,证明2016年农历大年三十晚上该频道并未播放任何赛事,并请求法庭就此进行司法认知。你是否赞成检方诉求?如法官应检方要求将此事实作为司法认知事实加以认定,辩方是否还可以举出证据证明案发当晚该频道实际上播出了赛事?

三、美国司法实务之通说

在早期司法实践中,关于司法认知的效力问题,也有两种观点针锋相对。例如,在密苏里州,其最高法院大法官格拉韦斯(Graves)曾经代表密苏里州最高法院的多数派指出:"司法认知的事实与本法院所容许的众多推定一样,仅仅是一个证据规则,并且如果这个问题是一个可争辩的问题,或者能够被争辩,则用以争辩该事实的有证据资格的证据应当得到容许。"[24] 根据这一观点,司法认知无非就是证据的一种,或者说司法认知认定的事实也是证据。除此之外,也有更多法院认为,一旦一个事项被认定为司法认知的事项,它就超出了可以用证据加以反驳的事项范围。例如,康涅狄格州最高法院指出:"司法认知取代了证明,并且与证明具有同等的效果。因此,作为一个建构事实的方法,它比证据更为高级。"[25]

到如今,最为普遍接受的观点则是"摩根—麦考密克理论"。但在有些司法辖区,则仍然基于宪法上的考虑,拒绝在刑事案件中适用该理论。[26] 美国《联邦证据规则》也采取了后一种立场。该规则第201条规定:在民事诉讼中,法官应

---

〔22〕 Edmund M. Morgan, *supra* note 17, p. 286 – 287.

〔23〕 Edmund M. Morgan, *supra* note 17, p. 287.

〔24〕 Timson v. Manufacturers Coal & Coke Co., 220 Mo. 580, 598, 119 S. W. 565, 569 (1909).

〔25〕 Beardsley v. Irving, 81 Conn. 489, 491, 71 Atl. 580, 581 (1909).

〔26〕 Wigmore, *supra* note 1, Vol. 9, p. 719.

当指示陪审团,任何被司法上认知的事实都应当被当作结论性事实来对待;但在刑事诉讼中,法官应当指示陪审团,已经司法认知的事实,可以但不必须当作结论性事实来对待。

本书认为,美国《联邦证据规则》在民事诉讼和刑事诉讼中对司法认知的效力加以区分的做法值得借鉴。在民事诉讼中,司法认知事实应当作为结论性事实来对待;刑事诉讼由于涉及公民的人身自由乃至生命,将司法认知事实作为结论性事实不允许提出证据加以反驳的做法,有些过于绝对。

第三节　允许司法认知的具体事项

在我国,最高人民法院《关于民事诉讼证据的若干规定》第 10 条规定:"下列事实,当事人无须举证证明:(一)自然规律以及定理、定律;(二)众所周知的事实;(三)根据法律规定推定的事实;(四)根据已知的事实和日常生活经验法则推定出的另一事实;(五)已为仲裁机构的生效裁决所确认的事实;(六)已为人民法院发生法律效力的裁判所确认的基本事实;(七)已为有效公证文书所证明的事实。""前款第二项至第五项事实,当事人有相反证据足以反驳的除外;第六项、第七项事实,当事人有相反证据足以推翻的除外。"《关于行政诉讼证据若干问题的规定》第 68 条对免证事实也作了相应规定,其中包含了司法认知的事项。

在刑事诉讼领域,最高人民法院《关于适用〈中华人民共和国刑事诉讼法〉的解释》第 72 条第 1 款仅仅对证明对象问题作了原则性规定:"应当运用证据证明的案件事实包括:(一)被告人、被害人的身份;(二)被指控的犯罪是否存在;(三)被指控的犯罪是否为被告人所实施;(四)被告人有无刑事责任能力,有无罪过,实施犯罪的动机、目的;(五)实施犯罪的时间、地点、手段、后果以及案件起因等;(六)是否系共同犯罪或者犯罪事实存在关联,以及被告人在犯罪中的地位、作用;(七)被告人有无从重、从轻、减轻、免除处罚情节;(八)有关涉案财物处理的事实;(九)有关附带民事诉讼的事实;(十)有关管辖、回避、延期审理等的程序事实;(十一)与定罪量刑有关的其他事实。"从该规定的内容来看,最高人民法院对于刑事诉讼中的证明对象作了概括列举的规定,但是并没有从消极的方向对免证事实加以规定,从而对司法认知也就未曾置喙。最高人民法院、最高人民检察院、公安部、国家安全部、司法部《关于办理死刑案件审查判断证据若干问题的规定》也未就刑事案件中的免证事实作出规定。因此,我国刑事诉讼中有关司法认知的事项目前尚无明文规定。本书认为,在统一的证据法典颁布之前,刑事诉讼中的司法认知可以适当参照民事诉讼、行政诉讼中有关司法认知的规定。但由于刑事诉讼涉及人权保障的问题,而司法认知则属于免证事实的事项,其实质是减轻控方的举证责任,在适用时应当特别慎重。

一、众所周知的事实

众所周知的事实(generally known facts),又称显著事实(notorious facts),是指在一个司法辖区内通常所知,且不为一个理智正常的人所争议的事实。〔27〕 墨菲认为,显著事实就是那些普通知识、那些如此显著从而被司法机关认为无须诉诸任何参照和资料即可加以认定的事实。〔28〕 美国《联邦证据规则》的起草者们认为,显著事实应当是“排除合理争议”(beyond reasonable controversy)的事实。〔29〕

在美国的司法实践中,已经司法确认的显著事实包括:(1)社会安全卡通常通过一等邮件传递并且里面通常包含一个回邮信封,发件人会在邮包上勾选若收件人死亡则该邮件自动回邮给发件人;(2) 联邦官员不会巡查州际高速公路;(3)在实行夏时制的达拉斯州,7 月的上午 7 时 30 分属于白天;(4)西南贝尔电话系统包含在洲际通讯系统之内;(5)纽约没有火警装置;等等。〔30〕

二、自然规律和定理

我国最高人民法院《关于民事诉讼证据的若干规定》第 10 条规定的免证事实中的第 1 款第 1 项,是“自然规律以及定理、定律”。自然规律是指一年有春夏秋冬四季、月有阴晴圆缺、人有七情六欲等。自然规律的定理,则包括水在 0℃时结冰、100℃时沸腾,三角形的三内角之和为 180 度,两点之间线段最短,等等。

在美国,《联邦证据规则》规定的第二类司法认知事实是能够通过具有无可置疑之精确性的资料迅速、精确地决定的事实,与我国司法解释中的“自然规律以及定理、定律”有相似之处。根据判例,历史事件、地理知识、生物知识、政治知识、统计学上的知识、科学事实等都已经作为司法认知中予以承认的事项。例如,1999 年的一个判例指出:地理知识很长时期以来已经被作为经受检验的司法认知,其显然的原因就是地理位置属于一般性地没有争议的事实,从而属于一般性地符合美国《联邦证据规则》第 201 条规定的事实。〔31〕 1997 年的一个判例指

---

〔27〕 Paul C. Giannelli, *Understanding Evidece*, LexisNexis, 2003, p. 625.

〔28〕 Peter Murphy, *Murphy on Evidence*, 7th edition, Blackstone Press Limited, London, 2000, p. 575.

〔29〕 *Advisory Committee's Note to Fed. R. Evid.*, *Rule 201*, subdiviiosn (b).

〔30〕 Paul C. Giannelli, *supra* note 29, p. 625 – 626.

〔31〕 United States v. Bello, 194 F. 3d 18, 23 (1st Cir. 1999).

出，下列事实均属于司法认知的事实：(1)科学事实(scientific facts)，如太阳何时升起与降落；(2)地理事实，如某州的边界；(3)政治历史事实，如1958年美国是谁在担任总统；等等。[32] 另外，下列事实均有判例明确宣示为司法认知的事项范畴：人类的血液分组是不会改变的；[33]可卡因来自可卡的叶子；[34]美国在一个特定的日子里处于战争状态；[35]犯罪发生时的那个夜晚，月亮在晚上10时57分升起；[36]等等。

评注13.02　对法律的认知

美国《联邦证据规则》并没有规定司法认知的事项包括法律。美国《联邦证据规则》的起草者们认为："法律究竟以何种方式进入司法程序从来就不是证据法应当考虑的问题；相反，它应当属于程序法规范的事项。"[37]

在历史上，摩根曾经认为，法官作为司法官员对于其司法辖区内的国内法应当进行司法认知。摩根指出：法官有义务知道本国的法律；如果他不知道本国法律，则他必须掌握本国法律；拥有有关本国法的知识，或者具有获得有关本国法知识的能力，是法官职务的组成部分。因此，当人们描述法官对于本国法方面的功能时，通常都说法官对法律进行司法认知。[38] 摩根认为，这种说法本身并没有什么错，因为它是对法官职能的一种描述，目的是对法官应当知道的事项和法官实际知道的事项进行区分。[39]

但是，法官对法律的了解和掌握，并没有延伸至法官对其他司法辖区法律的了解。对于其他司法辖区的法律究竟为何的问题(例如，在加拿大的诉讼中，中国法律究竟如何规定的问题)，在历史上曾经被当作与其他待证事实无异的事实来对待，也依赖双方当事人的举证来证明。但随着时间的推移，这个问题逐渐被当作法律问题来对待，从而也不再受证据规则的约束，而是由程序规则来加以解决。[40]

三、生活经验事实

最高人民法院《关于民事诉讼证据的若干规定》第10条第1款第4项规定，

---

[32] Shahar v. Bowers, 120 F. 3d 211, 214 (11th Cir. 1997).

[33] Graves v. Beto, 301 F. Supp. 264, 265 (D. C. Tex. 1969).

[34] United States v. Umentum, 401 F. Supp. 746, 749 (E. D. Wis. 1975), aff'd, 547 F. 2d 987 (7th Cir. 1976).

[35] Seeback v. United States, 262 F. 885, 888 (8th Cir. 1919).

[36] People v. Mayes, 45 P. 860, 862 (Cal. 1896).

[37] *Advisory Committess's Note to Fed. R. Evid.*, *Rue 201*.

[38] Edmund M. Morgan, *supra* note 17, p. 270 – 271.

[39] Edmund M. Morgan, *supra* note 17, p. 271.

[40] Paul C. Giannelli, *supra* note 29, p. 633.

根据已知事实和日常生活经验法则推定出的另一事实,当事人无须举证加以证明。对此项免证事实,本书称为“生活经验事实”。该规定中的核心要素是“日常生活经验法则”,也就是人类的一般生活经验。无论是根据法律规定确立的事实,还是根据法庭审理已经查明的事实,都必须以日常生活经验为依据,对未知事实进行推论;在这个推论的过程中,不得违背人类的常识、理性和经验。因此,生活经验事实实际上就是英美证据法上的“推论”。它在英美证据法上并不具有特别的法律效力,本质上属于自由心证的范畴。我国司法解释将其特别列举作为免证事实中的一个类别,但并未对何为生活经验事实作进一步界定或列举,因此在实务中仍必然表现为法官自由心证的事项。

案例 13.02 陆某东诉永达公司环境污染损害赔偿纠纷

原告陆某东因与被告上海永达中宝汽车销售服务有限公司(以下简称永达公司)发生环境污染损害赔偿纠纷,向上海市浦东新区人民法院提起诉讼。

原告诉称:原告在被告经营场所的隔壁小区居住。被告经营场所东面展厅的围墙边,安装着三盏双头照明路灯,每晚 7 时至次日晨 5 时开启。这些路灯散射的强烈灯光,直入原告居室,使原告难以安睡,为此出现了失眠、烦躁不安等症状,工作效率低下。被告设置的这些路灯,严重干扰了居民的休息,已经违反从 2004 年 9 月 1 日起上海市开始实施的《城市环境装饰照明规范》的规定,构成光污染侵害。请求判令被告停止和排除对原告的光污染侵害,拆除该路灯,公开向原告道歉,并给原告赔偿损失 1000 元。审理中,原告将请求赔偿损失的金额变更为 1 元。

……经质证,上海市浦东新区人民法院确认以下事实:……(与原告主张事实基本一致)

本案争议焦点是:在自己权益范围内安装为自己提供照明的路灯,能否构成环境污染中的光污染?被告永达公司安装的路灯,是否影响了原告陆某东的权利?被告应否为此承担责任?承担什么责任?

上海市浦东新区人民法院认为:环境既然是影响人类生存和发展的各种天然的和经过人工改造的自然因素的总体,路灯灯光当然被涵盖在其中。被告永达公司在自己的经营场所设置路灯,为自己的经营场所外部环境提供照明,本无过错。但由于永达公司的经营场所与周边居民小区距离甚近,中间无任何物件遮挡,永达公司路灯的外溢光、杂散光能射入周边居民的居室内,数量足以改变居室内人们夜间休息时通常习惯的暗光环境,且超出了一般公众普遍可忍受的范围。因此,永达公司设置的路灯,其外溢光、杂散光确实达到了《城市环境装饰照明规范》所指的障害光程度,已构成由强光引起的光污染,遭受污染的居民有权进行控告……

被告永达公司辩称,涉案灯光没有对原告陆某东造成实际的损害结果。环境污染对人体健康造成的实际损害结果,不仅包括那些症状明显并可用计量方法反映的损害结果,还包括那些症状不明显且暂时无法用计量方法反映的损害结果。光污染对人体健康可能造成的损害,目前已为公众普遍认识。夜间,人们通常习惯于在暗光环境下休息。永达公司设置的路灯,其射入周边居民居室内的外溢光、杂散光,数量足以改变人们夜间休息时通常习惯的暗光环境,且超出一般公众普遍可忍受的范围,光污染程度较为明显。在此情况下,陆某东诉称涉案灯光使其难以安睡,为此出现了失眠、烦躁不安等症状,这就是涉案灯光对陆某东的实际损害。陆某东诉称的这些实际损害,符合日常生活经验法则,根据最高人民法院《关于民事诉讼证据的若干规定》第 9 条的规定,陆某东无须举证证明,应推定属实。永达公司否认光污染对陆某东造成了实际损害,应当举证反驳。永达公司不能举出涉案灯光对陆某东身体健康没有产生危害的证据,该辩解理由不予采纳。

综上,被告永达公司开启的涉案路灯灯光,已对原告陆某东的正常居住环境和健康生活造成了损害,构成环境污染。永达公司不能举证证明该侵害行为具有合理的免责事由,故应承担排除危害的法律责任。永达公司已于诉讼期间实际停止了开启涉案路灯,并承诺今后不再使用,于法无悖,应予支持。因永达公司的侵权行为没有给陆某东造成不良的社会影响,故对陆某东关于永达公司公开赔礼道歉的诉讼请求,不予支持。尽管陆某东只主张永达公司赔偿其损失 1 元,但因陆某东不能举证证明光污染对其造成的实际损失数额,故对该项诉讼请求亦不予支持。

四、已为人民法院、仲裁机构生效裁判/裁决所确认的事实

在英美法上,其他法院或本法院已经发生法律效力的裁判确认的事实,在本法院审理的其他案件中并不具有当然的效力。但是,美国《联邦证据规则》第 803 条第 22 项规定,一个终局刑事定罪判决是在审判后或者有罪答辩之后作出,且该判决判处的是可判处死刑或一年以上监禁刑的罪行时,如果该证据是被用于证明判决中具有关键意义的事实,则该先前定罪判决确认的事实作为传闻的例外具有可采性。简言之,在美国,重罪案件刑事终局判决认定的事实,在其他法院或本院其他法庭审理案件时作为证据具有可采性。在我国,根据最高人民法院《关于民事诉讼证据的若干规定》第 10 条第 1 款第 6 项,已为人民法院发生法律效力的裁判所确认的事实,对于正在审理的案件具有约束力。在行政诉讼中,《关于行政诉讼证据若干问题的规定》第 68 条第 2 款亦规定,除非当事人有相反证据加以推翻,否则已经依法证明的事实法庭可以直接认定;第 70 条规定,生效法院裁判文书确认的事实,可以直接作为定案的依据。

案例 13.03 肯考帝亚公司与富虹油品公司等所有权确认纠纷[41]

肯考帝亚公司(以下简称甲公司)向原审法院起诉称:2008 年 6 月,甲公司将其进口的马卡轮项下 10186.03 吨阿根廷大豆,按约定单价人民币 4075 元/吨(以下未标明币种的均为人民币)转让给富虹公司(以下简称乙公司)。同年 9 月 10 日,乙公司将其进口的康劲轮项下阿根廷大豆以及提单质押给甲公司,9 月 15 日、10 月 8 日,双方签署确认书、《货物置换协议》约定,甲公司以马卡轮项下 52231 吨阿根廷大豆与乙公司康劲轮项下 52231 吨阿根廷大豆等量置换。乙公司已将马卡轮上用于置换的大豆提走。由于乙公司在履行与丙银行之间借款合同过程中,未真实披露康劲轮大豆的权属,导致丙银行认为存放于湛江港的 52231 吨大豆属于乙公司所有,并于 2008 年 11 月 28 日申请广东省湛江市中级人民法院(以下简称湛江中院)予以查封。甲公司为此向湛江中院提出保全异议,被告知“查封大豆的权属问题须经实体审理”而拒绝解封。甲公司遂提起本案诉讼,请求判令乙公司停止侵害其对康劲轮项下堆存于湛江港码头 52231 吨阿根廷大豆(价值 212841325 元)的所有权,并排除妨碍。2009 年 4 月 28 日,湛江中院应丙银行的申请,将系争大豆予以变卖并将变卖所得款提存。为此,甲公司变更诉讼请求为:(1)确认康劲轮项下被查封、变卖的原堆存于湛江港码头 52231 吨阿根廷大豆的所有权归甲公司;(2)判决湛江中院提存的康劲轮项下 52231 吨阿根廷大豆的变卖款及相应利息归甲公司所有,并由甲公司取得。

原审查明:2008 年 4 月 18 日,甲公司、乙公司签订《货物代理进口协议》,约定甲公司为乙公司代理进口阿根廷大豆,甲公司代理进口的马卡轮项下 64000 吨大豆到港后,乙公司持马卡轮正本提单换取了提货单。2008 年 7 月 24 日,乙公司为进口系争康劲轮货物向丙银行申请开立远期信用证,并于同日向丙银行出具信托收据,确认:“本公司同意并确认,贵行享有或自本信托收据出具之日起即取得上述文件及其代表货物的所有权。同时,本信托收据确立了贵行与本公司之间的信托法律关系。贵行为委托人与受益人,本公司为受托人,上述文件及其代表的货物为信托财产。”丙银行于 2008 年 7 月 25 日签署贸易融资融度支用通知书,同意乙公司支用贸易融资额度 2380 万美元用于开立信用证(信用证编号:44710010001034),并向乙公司发出开立信用证通知书。

2008 年 9 月 9 日前,乙公司从丙银行处取得了系争康劲轮货物全套正本提单,并委托湛江市粤西进出口货运代理有限公司(以下简称粤西货代)报关。同年 9 月 10 日,甲公司、乙公司签订《质押合同》,约定:乙公司以康劲轮全套海运提单及其项下的 52231 吨货物向甲公司出质,甲公司确认已经收到乙公司交来的全套海运

[41] 最高人民法院民事判决书,(2010)民四终字第 20 号。

提单,乙公司保证在两个月内与甲公司以现货置换或向甲公司付清货款。同年9月15日,甲公司、乙公司签订确认书,确认以“新货”换“旧货”的方式,由乙公司向甲公司偿还已提货未付款的大豆;乙公司确认将康劲轮项下52231吨大豆的所有权转让给甲公司,甲公司确认将其所有的52231吨大豆的所有权转让给乙公司;康劲轮项下52231吨大豆所有权转移给甲公司后,前述《质押合同》自动失效。同年9月16日,康劲轮抵达湛江港。同年9月18日,乙公司持正本海运提单向康劲轮船方换取得康劲轮项下52231吨大豆的提货单一套(五联),提货单位栏盖有乙公司和湛江元亨船务代理有限公司(以下简称元亨公司)的公章。同年10月8日,甲公司、乙公司签订《货物置换协议》一份,载明:由于乙公司未能如约提取马卡轮项下货物,货物质量将会发生变化,甲公司、乙公司就马卡轮、爱华轮和康劲轮项下货物予以置换,明细如下:乙公司已将其所有的爱华轮项下35000吨大豆与由甲公司代理乙公司进口的马卡轮项下未付款、已先行提货的35000吨大豆进行了等量置换;乙公司现将其所有的康劲轮项下52231吨大豆置换回用于第一次置换的爱华轮项下35000吨大豆以及马卡轮项下剩余的17231吨大豆,即康劲轮项下52231吨大豆所有权归属甲公司,马卡轮项下17231吨大豆、爱华轮项下35000吨大豆归属乙公司。同日,乙公司向元亨公司出具委托书,告知其已按《货物置换协议》的约定,将康劲轮项下52231吨大豆所有权转让给甲公司,现全权委托元亨公司代为办理上述货物交接和提取货物的手续。

2008年12月10日,甲公司、乙公司就欠款事项进行了对账。同年12月16日,甲公司、乙公司在上海市签订《补充协议》,约定由确认书以及《货物置换协议》引发的有关争议,如双方协商不成,任何一方有权在合同签订地有管辖权的法院提起诉讼。2009年4月7日,甲公司向原审法院提起本案之诉。

另查明,因乙公司于议付日届满未向境外议付行承兑付款,丙银行在扣除保证金2352万元后,于2008年12月3日代乙公司向境外议付行垫款支付了信用证款项29322013.95美元,截至2009年7月31日,乙公司偿还了该笔垫款的利息共141515.37美元,余款未付。丙银行催讨未果,遂以乙公司和富虹集团有限公司为被告,向湛江中院提起诉讼[(2009)湛中法民三初字第3号]。2008年11月28日,湛江中院依丙银行提起的诉前财产保全申请作出(2008)湛中法保字第29号民事裁定,并于同年11月30日轮候查封了爱华轮、康劲轮卸下存放在湛江港(集团)股份有限公司(以下简称湛江港公司)仓库的共约72000吨大豆[湛江中院受理的(2009)湛中法民三初字第1号案对该批大豆的查封为第一顺序查封]。2008年12月4日,甲公司持提货单至湛江港公司要求提货,湛江港公司书面回复称:“如提货单上签章的提货单位与提交提货单的货主不一致,则提交提货单的货主应提交该签章单位同意向其转移货物所有权的相关文件。现贵司向我司提交提货单及上述货物所有权转移的文件要求提取货物,由于湛江中院已予以查封,故不能办理有关的货物交接手续。我司在确认法院解除查封后,如贵司向我司提交前述提货单及货物所有权转移的文件正本,则我司同意将前述提货单项下合法通关进口的货物放给贵司。”2008 年 11 月 28 日,甲公司以被查封康劲轮 52231 吨大豆归其所有为由提出保全异议,请求湛江中院解除查封。同年 12 月 11 日,湛江中院依丙银行的申请裁定解除了对爱华轮约 17600 吨大豆的查封。2009 年 1 月 7 日,湛江中院裁定准许上述(2009)湛中法民三初字第 1 号案的原告中国农业发展银行湛江市分行撤回起诉的申请后,本案的查封转为正式查封。2009 年 3 月 17 日,湛江中院书面通知甲公司,其对于康劲轮 52231 吨大豆的权属异议需经实体审理确定,故不予解封。考虑到长期存放影响大豆的品质,湛江中院于 2009 年 3 月 23 日裁定对该批大豆进行变卖,经实际交接清点,以单价 2640 元/吨的价格实际变卖 51854.92 吨大豆,获价款 136896988.80 元(未扣除应支付的关税、增值税及滞纳金、港口费等)存入湛江中院账户。湛江中院于 2008 年 4 月 1 日通知甲公司作为该案无独立请求权第三人参加诉讼。2009 年 8 月 28 日,湛江中院作出(2009)湛中法民三初字第 3 号民事判决,各方当事人均未上诉,该民事判决已生效。

原审法院认为:本案的争议焦点主要集中在以下三个方面:一是本案与湛江中院信用证融资纠纷案件是否属于一案两诉的问题;二是信托收据的法律性质及其效力认定问题;三是甲公司是否已取得系争康劲轮货物所有权问题。

关于本案与湛江中院信用证融资纠纷案是否属于一案两诉的问题,丙银行称,本案系争康劲轮货物权属问题已由湛江中院在信用证融资纠纷案件中进行了审理,故甲公司的起诉属于重复诉讼。甲公司则认为其在湛江中院信用证融资纠纷案中是无独立请求权第三人,不影响其向原审法院提起本案诉讼。乙公司同意甲公司的观点。

一审法院认为,我国民事诉讼法上的“一事不再理”原则,是指同一当事人就同一案件事实、同一诉讼标的不得重复提起诉讼,而诉讼标的是指案件所争议的民事法律关系或实体请求权。就本案而言,首先,本案与湛江中院信用证融资纠纷案件的请求权基础并不相同,本案是甲公司基于其与乙公司之间的易货合同法律关系起诉,而湛江中院信用证融资纠纷案件是丙银行基于其与乙公司之间的信用证法律关系以及信托收据法律关系起诉,两案的诉讼标的不具有同一性。其次,甲公司在湛江中院信用证融资纠纷案件中系无独立请求权第三人,未能提出独立的诉讼请求,如果在本案中不允许其提出独立的诉请,实质上剥夺了其作为系争权属纠纷利害关系人的诉权。最后,湛江中院信用证融资纠纷案件虽已经一审判决并生效,但该判决书中对于系争康劲轮货物权属的认定属于已决事实,根据最高人民法院《关于民事诉讼证据的若干规定》(2001)第 9 条的规定,当事人无须另行举证证明,但本案甲公司如有足够证据推翻,该院仍可作出与上述已决事实不一致的认定。乙公司在湛江中院信用证融资纠纷案件中对丙银行起诉的全部事实予以承认,而在本案中又表示系争康劲轮货物所有权已转移给甲公司,乙公司在上述两案中的陈述相互矛盾。因此,甲公司提起本案之诉符合民事诉讼法关于起诉的条件,并不违反"一事不再理"的原则。

……综上,法院认为,系争康劲轮货物未交付给甲公司,亦不存在法律规定的其他情形,其所有权未发生变动。因此,甲公司要求确认系争康劲轮货物以及变卖款项归其所有、乙公司停止侵权、排除妨碍的诉请,缺乏事实和法律依据,该院依法不予支持。至于甲公司因未取得系争康劲轮货物所有权而遭受的损失,系其与乙公司之间的债权债务关系,甲公司可基于《货物置换协议》向乙公司另行主张。据此,判决对甲公司的诉讼请求不予支持。案件受理费1106007元,由甲公司负担。甲公司不服原审判决,向二审法院提起上诉。二审法院经审理,决定驳回上诉,维持原判。

另外,最高人民法院《关于行政诉讼证据若干问题的规定》第70条、《关于民事诉讼证据的若干规定》第10条第1款第5项均规定,已为仲裁机构生效裁决所确认的事实,可以作为定案的依据,当事人无须举证加以证明。

五、已为有效公证文书所证明的事实

根据最高人民法院《关于行政诉讼证据若干问题的规定》第63条第2项,经公证文书证明的事项在行政诉讼中只具有优于其他书证、视听资料和证人证言的效力,不能免除当事人的举证责任,也不能直接作为定案的依据。也就是说,在行政诉讼中,经公证文书证明的事项并不属于司法认知事实,对于该公证文书所载的事实,仍然需要举证加以证明(当然,该公证文书本身也是证据之一)。但根据《关于民事诉讼证据的若干规定》第10条第1款第7项,已为有效公证文书所证明的事实,可以作为司法认知事实,直接作为定案的依据,免除当事人的举证责任。

案例13.04　上海派克笔有限公司诉上海闸北华联吉买盛购物中心有限公司等商标侵权纠纷[42]

原告上海派克笔有限公司诉称:"PARKER""派克"等系派克笔公司(Parker Pen Products)在中国获得注册的商标,并被列入首批《重点商标保护名录》。原告

[42] 上海市第二中级人民法院,(2004)沪二中民五(知)初字第184号,2004年11月1日。

系上述注册商标的排他许可使用人。派克笔公司授权原告负责保护该公司在中国的注册商标,原告有权对实施侵犯商标权行为的个人或企业提起刑事、民事和行政诉讼。自2003年8月以来,原告发现被告上海闸北华联吉买盛购物中心有限公司(以下简称闸北华联吉买盛)销售侵犯"PARKER"注册商标专用权的假冒"派克"笔,被告上海文亿行商贸发展有限公司(以下简称文亿行)系假冒"派克"笔的提供者。为此,原告于2003年12月申请公证机关对被告闸北华联吉买盛销售的"派克"笔进行公证保全,并于2004年1月向上海市工商行政管理局(以下简称上海市工商局)进行投诉,上海市工商局对被告文亿行销售假冒"派克"笔的行为进行了行政处罚。被告闸北华联吉买盛未经商标专用权人许可,还在其商场内设立了标有"PARKER""派克"注册商标的灯箱和专柜。原告认为,两被告的上述行为侵犯了原告对上述注册商标的排他许可使用权,故诉至法院,请求判令:(1)两被告停止销售假冒"派克"笔的行为;(2)被告闸北华联吉买盛消除灯箱、专柜等物品上附有的"PARKER""派克"注册商标;(3)两被告共同在《解放日报》《新民晚报》上向原告公开赔礼道歉,以消除侵权造成的影响;(4)被告闸北华联吉买盛针对其侵犯原告"PARKER""派克"注册商标使用权的行为,赔偿原告经济损失人民币8万元;(5)被告文亿行对被告闸北华联吉买盛的赔偿金额承担连带责任。

被告闸北华联吉买盛辩称:其对外销售的"派克"产品均由被告文亿行负责进货,其不清楚所销售的"派克"产品是否侵犯涉案注册商标专用权。根据相关法律规定,其已经提供了合法来源,故不应承担法律责任。

被告文亿行辩称:其系被告闸北华联吉买盛所销售的"派克"笔的提供者,其所提供的"派克"笔均有合法来源。原告未提供证据证明两被告销售了假冒"派克"笔。因此,被告文亿行请求本院驳回原告的诉讼请求。

本院认为:……对于(2003)沪卢证经字第5293号公证书所证明事实问题,根据最高人民法院《关于民事诉讼证据的若干规定》(2001)第9条的规定,已为有效公证文书所证明的事实为当事人无须举证证明的事实,当事人有相反证据足以推翻的除外。两被告在本案中并未提供相反证据证明公证封存的"派克"笔并非购自被告闸北华联吉买盛。因此,本院对于两被告的质证意见难以采信……本案中,被告文亿行辩称其"派克"笔来源于三家供应商,原告对此也予以认可,本院对该节事实予以确认。在三家供应商中,裕民公司、力胜公司系原告的特约经销商,是得到原告授权经销"派克"笔的经营者。对此,本院认为,被告文亿行从"派克"笔特约经销商裕民公司、力胜公司购入"派克"笔,说明其尽到了合理的审查义务,即使从上述两公司购入的"派克"笔中存在假冒"派克"笔,亦可以免除被告文亿行的赔偿责任。但被告文亿行所提供的证据尚无法证明其假冒"派克"笔来自原告的特约经销商。因此,本院对被告文亿行认为假冒"派克"笔系来自原告特约经销商的辩称意见,不予采信。根据检查总队行政处罚决定书认定的事实,联新公司确实向被告文亿行提供了大量的假冒“派克”笔,被告文亿行提供的“派克”笔进货清单,亦证明联新公司系被告文亿行“派克”笔的主要提供者。因此,本院确认联新公司向被告文亿行提供了涉案假冒“派克”笔。本院认为,被告文亿行从联新公司处购入假冒“派克”笔,主观上具有过错。

……综上所述,本院认为,两被告共同销售了侵犯原告“PARKER”注册商标普通许可使用权的假冒“派克”笔,两被告应当共同承担停止侵权,赔偿损失的民事责任……据此,判决如下:(1)被告闸北华联吉买盛、被告文亿行停止对原告上海派克笔有限公司“PARKER”注册商标普通许可使用权的侵害;(2)被告闸北华联吉买盛、被告文亿行应在该判决生效之日起10日内共同赔偿原告上海派克笔有限公司经济损失人民币15000元;(3)对原告上海派克笔有限公司的其余诉讼请求不予支持。

评注13.03　我国民事、行政诉讼中的司法认知

最高人民法院《关于民事诉讼证据的若干规定》第10条第1款规定:“下列事实,当事人无须举证证明:(一)自然规律以及定理、定律;(二)众所周知的事实;(三)根据法律规定推定的事实;(四)根据已知的事实和日常生活经验法则推定出的另一事实;(五)已为仲裁机构的生效裁决所确认的事实;(六)已为人民法院发生法律效力的裁判所确认的基本事实;(七)已为有效公证文书所证明的事实。”第2款规定:“前款第二项至第五项事实,当事人有相反证据足以反驳的除外;第六项、第七项事实,当事人有相反证据足以推翻的除外。”《关于行政诉讼证据若干问题的规定》第68条第1款规定:“下列事实法庭可以直接认定:(一)众所周知的事实;(二)自然规律及定理;(三)按照法律规定推定的事实;(四)已经依法证明的事实;(五)根据日常生活经验法则推定的事实。”第2款规定:“前款(一)、(三)、(四)、(五)项,当事人有相反证据足以推翻的除外。”上述规定既包含司法认知的内容,也包含推定、推论的内容。本部分仅对其中的司法认知内容进行检讨。

首先,从司法认知的事项范围来看,我国民事、行政诉讼中的司法认知范围明显窄于英美证据法上的司法认知范围。因为,《关于民事诉讼证据的若干规定》和《关于行政诉讼证据若干问题的规定》的相关条款都只有第1项和第2项明显属于证据法中的司法认知。《关于民事诉讼证据的若干规定》第10条第1款中的第3项属于推定,第4、5、6、7项属于证据的一种,因此只有第1、2项可以视为司法认知。其中第1项属于英美法上的“可通过精确可靠的资料迅速而精确地加以确定的事实”,第2项属于英美法上的“显著事实”。但在英美法中,“可通过精确可靠的资料迅速而精确地加以确定的事实”,除了自然规律和定理以外,还有很多并非自然规

律和定理的事实,如历史事实、地理事实、生理事实等,均属于司法认知的事项范畴。我国最高人民法院将司法认知的范围限定于自然规律以及定理、定律,不知出于何种考虑。

其次,根据上述两个规定第 2 款,除了自然规律以及定理、定律这一类司法认知不可推翻之外,众所周知的事实这一类司法认知和其他本条规定的事实均属于可通过证据加以反驳或推翻的事实,也就是属于可争辩的事实。我国最高人民法院将自然规律及定理、定律排除在当事人可用证据加以推翻的事实之外,而将众所周知的事实规定为可反驳的事实。表面上看起来,似乎最高人民法院在司法认知的效力模式问题上采取了塞耶—威格默的立场,尤其是几乎完全吸收了塞耶的立场。因为只有塞耶是主张存在两种司法认知的:一种是不可反驳的司法认知,另一种是可反驳的司法认知。但实际上,值得指出的是,我国最高人民法院或许完全是凭借自己对司法认知的了解而作出上述规定。因为,无论是威格默还是塞耶,在主张司法认知事项属于可反驳事项的时候,都没有明确指出他们所说的可反驳事项究竟是只包括众所周知的事实,还是也包括可通过精确可靠的资料迅速而精确地决定的事实。事实上,当威格默和塞耶在讨论司法认知究竟是可争辩事实还是不可争辩事实时,并没有将司法认知区分为众所周知的事实和可通过精确可靠资料迅速而精确地确定的事实。换句话说,在塞耶和威格默那里,众所周知的事实和可通过精确而可靠的资料迅速而精确地确定的事实(后者在我国转换为自然规律及定理、定律),在效果上应当是一样的:如果前者属于可争辩的事实,则后者也属于可争辩的事实。

最后,《关于民事诉讼证据的若干规定》中第 10 条第 1 款第 5、6、7 项分别属于对法院生效裁判确定事实的认知、对仲裁机构生效裁决确定事实的认知和对有效公证文书证明事实的认知。严格说来,法院裁判中确定的事实、仲裁机构确认的事实和公证文书确认的事实在英美法上通常并不属于司法认知的事实,这些官方或非官方机构认定的事实最多只能作为证明当事人主张的一种证据来对待,因此当然也是可以推翻的。最高人民法院显然没有意识到这一点,因此笼统地将司法认知与这些事实并列规定,显然是出于对司法认知效力的误解。尤其是《关于行政诉讼证据若干问题的规定》将"已经依法证明的事实"作为免证事实来对待,更是匪夷所思。因为,当事人的任何主张,都有可能是"已经依法证明的事实",不客气地说,只要是当事人证明过的事实,都可以被视为"已经依法证明的事实"。将司法认知的事实与这些事实并列规定,只会增加对这一问题的混淆。

第十四章　自认与自白

如同推定和司法认知一样，自认也是诉讼中的一种证明方法，其效果是免除对方的举证责任。因此，自认的事实也是免证事实的一种。通常，自认免除对方举证责任的规则仅适用于民事诉讼。刑事诉讼中，自白（又称犯罪嫌疑人、被告人供述）也是证据的一种，而且是较为特别的证据。不过，在我国，自白并不免除控方的举证责任，因此，自白的事实不属于免证事实。但是，自白和自认有共同之处。因此，我们将自认和自白放在一起讨论。本章第一节论述民事诉讼中的自认，第二节论述刑事诉讼中的自白。

第一节　自　　认

一、自认的概念

我国台湾地区学者李学灯在比较学术各家对自认的界定之后，将自认简洁精练地定义为："当事人对于他造主张不利于己之事实，于诉讼上为不争执或为承认之陈述。"[1]本书赞同李学灯先生对自认概念的界定，将其转述为：自认，就是当事人对对方或第三方主张的不利于己的事实所做的承认或相当于承认的默认的陈述。最高人民法院《关于民事诉讼证据的若干规定》第 3 条第 1 款规定："在诉讼过程中，一方当事人陈述的于己不利的事实，或者对于己不利的事实明确表示承认的，另一方当事人无需举证证明。"第 2 款规定："在证据交换、询问、调查过程中，或者在起诉状、答辩状、代理词等书面材料中，当事人明确承认于己不利的事实的，适用前款规定。"该规定既是对自认概念的明确，也包含了对自认效力的界定。

理解这一概念需要注意以下几个方面：第一，民事诉讼中的自认必须是当事

〔1〕　李学灯：《证据法比较研究》，台北，五南图书出版公司 1998 年版，第 105 页。

方对不利于己的事实所作的承认或默认。对于有利于己的事实所作的陈述、承认或默认,不属于自认,而应当归入"当事人陈述"这一证据种类。当然,自认也属于当事人陈述的一种,只不过它是有特殊含义的当事人陈述。第二,自认既包括以积极的方式加以承认,也包括以不争执、保持沉默的方式不予抗辩。第三,自认既可以是当事方主动承认,也可以是对对方或第三方主张的事实所作的承认或默认。第四,自认仅限于诉讼上的自认,也就是我国台湾地区学者所说的"正式的自认";诉讼外所作的自认,也就是"非正式的自认",不属于本章所讨论的自认。非正式的自认,也就是诉讼外的自认,通常需借助证人或对方之口转述于法庭,因此可能构成传闻,属于传闻法则调整的范围。本书在第八章对此有颇为详细之论述,此处不再探讨,但须提醒读者注意本章探讨的自认和传闻法则中的自认存在显著的区别。

案例 14.01 | 王某全诉祝某生借贷纠纷〔2〕

原告王某全与被告祝某生、赵某、刘某刚民间借贷纠纷一案,本院于 2016 年 3 月 9 日受理后,依法由审判员潘某生适用简易程序,公开开庭进行了审理,原告王某全、被告赵某、被告刘某刚到庭参加诉讼,被告祝某生经本院依法传唤,在规定时间未到庭参加诉讼,本案现已缺席审理终结。

原告王某全起诉称,2013 年春耕时,被告祝某生经被告刘某刚、赵某担保,向原告借款人民币 40000 元,至 2015 年 1 月 10 日,经结算,被告祝某生共欠原告本息合计人民币 59200 元,三被告给原告出具 59200 元借据一张,重新约定月利率 2 分,当年 12 月末还款付息。逾期,三被告未偿还欠款。原告向法院提起诉讼,要求被告祝某生偿还欠款本金人民币 59200 元,给付 2015 年 1 月 10 日至 2016 年 1 月 10 日按月利率 2 分计算的利息 14208 元,要求被告刘某刚、赵某对欠款给付承担连带保证责任。以后利息原告自愿放弃。诉讼费由三被告负担。

被告刘某刚答辩称,原告所述借款过程均属实,同意偿还欠款;被告赵某答辩称,原告所述借款过程均属实,同意偿还欠款,但得由祝某生先偿还欠款。被告祝某生未出庭参加诉讼,未向法庭递交答辩状。

原、被告争议的焦点问题:原告的诉讼请求是否有事实证据和法律依据。原告王某全为证明自己主张向法庭提供的证据有:借据一份,证明 2015 年 1 月 10 日,被告祝某生经被告刘某刚、赵某担保,向原告借款人民币 59200 元,约定月利率 2% 的事实。经质证,被告刘某刚、赵某对原告提供的证据无异议。被告祝某生未出庭接受质证。经审查,原告提供的证据系原始书证,证据来源合法,内容客观真实,且被

〔2〕 黑龙江省泰来县人民法院,(2016)黑 0224 民初 623 号,2016 年 4 月 18 日。

告刘某刚、赵某不持异议,本院予以采信。另有庭审笔录在卷佐证。通过举证、质证及认证分析,结合庭审笔录,可认定本案如下原告主张的事实。

本院认为,原告王某全与被告祝某生之间的债权债务关系,以及原告与被告刘某刚、赵某之间的保证合同关系,有三被告共同给原告出具的借据为证,且被告刘某刚、赵某不持异议,本院应予确认。被告祝某生在欠款逾期后,久拖不还,侵害了原告合法债权,原告要求被告祝某生偿还欠款本金人民币59200元的诉讼请求,有事实证据和法律依据,本院应予支持。原告按月利率2%主张的利息14208元,有原、被告之间的约定,且不违反法律规定,本院应予支持。原告放弃部分利息,是对自己民事权利的处分;被告刘某刚、赵某在欠款逾期后,未履行担保义务,亦侵害了原告的合法债权。原、被告在借据上未约定为何种担保方式,可推定为连带保证。因此,原告要求被告刘某刚、赵某承担连带保证责任的诉讼请求,本院应予支持。

据此,判决如下:被告祝某生欠原告王某全本息合计人民币73408元,此款被告祝某生于本判决生效后10日内偿还原告;被告刘某刚、赵某对祝某生上述欠款给付承担连带清偿责任;被告刘某刚、赵某在承担保证责任后,有权利向被告祝某生追偿。

应当指出,自认与民事诉讼中的认诺、承诺不同。民事诉讼中,一方当事人承认对方当事人主张,或放弃己方若干或全部诉求的行为,被称为“认诺”。[3]很显然,认诺是对权利的承认或放弃,自认则是对事实的肯定或认可。如案例14.01所示,原告主张被告的给付义务持续至2016年1月10日,2016年1月10日至起诉之日乃至诉讼终结之后的利息,原告均明确放弃。这属于“认诺”。被告刘某刚、赵某对欠款及约定利息及担保等事实均无异议,这属于“自认”。

案例14.02 乐权桌球厂诉嘉威食品有限公司等租赁合同纠纷[4]

原告广州番禺南村镇乐权桌球用品厂与被告广州市嘉威食品有限公司(以下简称嘉威公司)、被告李某租赁合同纠纷一案,本院受理后,依法组成合议庭,公开开庭进行了审理。原告的委托代理人到庭参加诉讼,被告嘉威公司、李某经本院合法传唤无正当理由,拒不到庭参加诉讼。本案现已审理终结。

原告向人民法院提起诉讼,请求判令:(1)被告嘉威公司向原告支付拖欠的租金488950元(暂计至2015年5月31日);(2)被告嘉威公司返还代垫职工工资114715元,并支付利息1720元(暂计至2015年5月31日);(3)被告嘉威公司支付

---

〔3〕 李学灯:《证据法比较研究》,前引注1,第120页。
〔4〕 广东省广州市番禺区人民法院,2016年5月3日。

拖欠的水、电费32961.19元;(4)被告嘉威公司支付保安费8000元(暂计至2015年5月31日);(5)被告嘉威公司支付滞纳金146685元(暂计至2015年5月31日,具体以裁判时为准);(6)被告李某对上述债务承担连带清偿责任;(7)本案诉讼费由两被告承担。

被告嘉威公司、李某均无答辩。

经审理查明:……本院认为,原告与被告嘉威公司于2005年3月22日、2007年5月13日分别签订的《租赁合同》是双方的真实意思表示,未违反法律、法规强制性的规定,符合法律规定,两合同均为有效合同,双方应切实履行。被告嘉威公司未按合同约定支付租金,已经构成违约,应承担支付拖欠租金及违约金的责任。关于租金的金额及滞纳金问题,两合同约定的2014年7月之后的每月租金总额为56620.15元,该金额与原告提供的自行制作的收款收据的月租金为44450元以及原告起诉主张的11个月的租金总额为488950元(每月44450元)不一致,鉴于原告主张的月租金为44450元,故确定月租金为44450元。由于双方签订的两合同的租赁期至2015年5月15日届满,本院认定被告嘉威公司拖欠原告的租金金额为466725元,被告嘉威公司应如数支付给原告;由于被告嘉威公司未依约支付租金,应向原告支付相应的滞纳金,而合同约定的滞纳金标准过高,应予以调整,参照资金占用年利率6%计付滞纳金较适合,故本院认定至2015年5月10日按年利率6%计付的滞纳金为12223.75元,2015年5月11日起的滞纳金以466725元为本金按年利率6%的标准计付至本金清偿之日止,滞纳金的总和以不超过本金为限。由于被告嘉威公司现尚有机械设备存放在涉案的厂房、仓库内,被告嘉威公司尚未交还原告管业,被告应从2015年5月16日起按月租金44450元的标准支付场地占用费给原告至交还场地之日止。被告嘉威公司在租赁期间所欠的至2015年4月的电费29843元已由原告垫付,原告提供了6份广州番禺南村惠丰电子配件厂的收据予以证实,被告嘉威公司应如数返还给原告。至于原告主张被告嘉威公司返还水费3118.19元的问题,因原告未代为缴纳,故本院不予支持。原告主张被告嘉威公司返还垫付工人工资114715元及保安费8000元,因原告提供的承诺书没有被告嘉威公司或李某的确认以及与本案的租赁合同纠纷不是同一法律关系,故本案不作处理,原告可另寻法律途径解决。另外,原告主张被告李某对被告嘉威公司承担连带清偿责任,由于被告嘉威公司是2000年8月14日登记成立的有限责任公司,具有独立的法人资格,被告李某是被告嘉威公司的股东之一及法定代表人,被告嘉威公司成立后从2005年才开始向原告租赁使用的厂房、仓库,这是被告嘉威公司的公司行为,应由被告嘉威公司独立承担相应的民事责任,至于原告主张被告嘉威公司在经营过程中与被告李某之间已经构成混同而对债权人的利益损失,这是被告嘉威公司经营管理的内部问题,与本案不是同一法律关系,原告可寻求其他法律途径解决,故本院对原告此主张不予支持。

综上,依照原《合同法》、《公司法》、《民事诉讼法》、最高人民法院《关于民事诉讼证据的若干规定》,判决如下:(1)被告嘉威公司应于本判决发生法律效力之日起7日内向原告广州番禺南村镇乐权桌球用品厂支付租金466725元及滞纳金(至2015年5月10日的滞纳金为12223.75元,2015年5月11日起的滞纳金以466725元为本金按年利率6%的标准计付至本金清偿之日止,滞纳金的总和以不超过本金为限);(2)被告嘉威公司应于本判决发生法律效力之日起7日内向原告广州番禺南村镇乐权桌球用品厂支付场地占用费,场地占用费从2015年5月16日起按每月44450元计付至场地交付原告营业之日止;(3)被告嘉威公司应于本判决发生法律效力之日起7日内向原告广州番禺南村镇乐权桌球用品厂返还垫付的电费29843元;(4)驳回原告嘉威公司的其余诉讼请求。

本案中原告起诉主张被告返还租金488950元人民币,其自制的"收款收据"(应当是准备在被告支付该款项时交付给被告的凭证,因被告未支付款项,故未交付给被告,而是提交给法院当作证据)显示的租金总额也是488950元。但其提供的书证合同关于租金的约定经计算后总额应为622821.65元。本书认为,本案中原告起诉被告支付租金488950元的行为,以及"收款收据"将租金总额记载为488950元的行为,属于实体权利的放弃("认诺"),不是证据法上的自认。

二、自认的效力

根据最高人民法院《关于民事诉讼证据的若干规定》第3条的规定,自认最直截了当的效力,就是免除另一方当事人的举证责任;对于一方当事人明确表示承认或不予抗辩的事实,举证方无须举证。因民事诉讼实行当事人意思自治的原则,自认的事实即属于双方当事人认可的事实,因此自认不仅免除举证方的举证责任,还对法院在认定事实方面具有约束力:法院不得在双方认可的事实之外,另寻所谓的事实真相,而必须以双方认可的事实作为裁判之基础。对此,我国台湾地区有裁判指出:"法院自应认当事人自认之事实为真实,应即以两造一致之主张,为裁判之基础。""当事人未经合法撤销,自不能更为反对之主张。"〔5〕但若当事人的自认明显违反经验法则或者与已经查明的事实不符,人民法院当然不予确认。对此,《关于民事诉讼证据的若干规定》第8条第2款规定:"自认的事实与已经查明的事实不符的,人民法院不予确认。"当然,人民法院在判决书中对当事人自认的事实不予确认的,应当阐明理由。

〔5〕　李学灯:《证据法比较研究》,前引注1,第113页。

需要注意的是,《关于民事诉讼证据的若干规定》第8条第1款规定:“《最高人民法院关于适用〈中华人民共和国民事诉讼法〉的解释》第九十六条第一款规定的事实,不适用有关自认的规定。”《关于适用〈中华人民共和国民事诉讼法〉的解释》第96条第1款是一项援引性规定,其援引的是《民事诉讼法》第67条第2款。《民事诉讼法》第64条第2款又援引了《民事诉讼法》第58条。根据这些条款,自认不适用于以下事项:(1)涉及可能损害国家利益、社会公共利益的事实;(2)涉及身份关系的事实;(3)涉及环境污染、侵害众多消费者合法权益等损害社会公共利益的行为的事实;(4)当事人有恶意串通损害他人合法权益可能的事实;(5)涉及依职权追加当事人、中止诉讼、终结诉讼、回避等程序性事项的事实。

三、默示的自认

《关于民事诉讼证据的若干规定》第4条规定:“一方当事人对于另一方当事人主张的于己不利的事实既不承认也不否认,经审判人员充分说明并询问后,其仍然不明确表示肯定或者否定的,视为对该事实的承认。”

有民法学者曾经对“沉默表示默认”这一证据法规则表示抗议,因为在民法上“沉默不产生任何权利”。但在证据法上,沉默在很多场合都会产生一定的效果。例如,在刑事诉讼中,英国法曾经规定:被告人保持沉默的,法官可以指示陪审团,对被告人沉默这一事实所指向的事项作不利于被告人的推论。虽然该规则引起学术上的诸多争议,但该规则至少表明,沉默在证据法上是有其证据价值的。之所以如此,是因为人类的所有行为,包括作为或不作为,都会在他人内心产生某种印象,形成某种确信。只不过有时候言者无心,听者有意;有时候言者有意,听者无心罢了。证据法就是根据人类普遍共通的经验总结概括出来的规则,大多数时候是对经验的顺势而为(如此处所说的默示的自认),少数情况下基于特定的目标对人类经验逆流而上(如不得以事后救济的行为证明行为人对事故的发生负有责任等)。沉默,尤其是在不应当沉默的时候沉默,自然会在正常人心中形成有关当事人对沉默的事项是承认或肯定的态度的内心确信。

四、代理人的自认

《关于民事诉讼证据的若干规定》第5条规定:“当事人委托诉讼代理人参加诉讼的,除授权委托书明确排除的事项外,诉讼代理人的自认视为当事人的自认。当事人在场对诉讼代理人的自认明确否认的,不视为自认。”如前所述,民事诉讼中的自认仅限于诉讼中的自认。上述规定实际上重申了自认仅限于诉讼中的自认这一规则。但在司法实务中,民事诉讼中的自认并不仅限于诉讼内的自认。很多时候,诉讼外的自认也被视为当事人的承认。另外,代理人的承认也并不仅限于诉讼代理人的承认;与当事人属于同一阵营的人的承认,即使未获得当事人的授权,也未被委托为诉讼代理人,有时候也被视为当事人的承认。

| **案例 14.03** | 傅某国与重庆金建汽车运输有限公司劳动争议纠纷[6]

原告傅某国诉称,原告于2011年8月23日到被告重庆金建汽车运输有限公司(以下简称金建公司)处从事出租车驾驶工作,被告向原告收取了20000元履约保证金。2015年8月24日,原告在驾驶出租车的过程中发生车祸受伤,该伤经重庆市南岸区人力资源和社会保障局认定为工伤。2015年10月12日,原告出院后被告没有给原告安排任何工作,被告也拒绝返还履约保证金20000元,故原告起诉到法院要求:(1)被告立即支付原告履约保证金20000元;(2)判令被告立即支付原告诚意金19200元;(3)被告立即偿还原告垫付的赔偿款500元;(4)被告立即退还原告出租车计价器年审费65元。

被告金建公司答辩称:(1)双方确系劳动关系;(2)被告确实收取了原告保证金20000元,但由于原告每月未按照规定上缴营收、原告驾驶车辆存在违章信息未处理等情况,被告按照双方约定不予退还该保证金;(3)被告并未收取原告诚意金,故不存在退还的问题;(4)原告并未垫付交通事故赔偿款,即使存在垫付也应当向交通事故相对方主张;(5)对计价器年审费用,被告不予认可。综上所述,请求驳回原告的诉讼请求。

经审理查明,2011年8月23日,原被告签订《劳动合同》一份,约定:合同期限为2011年8月23日至2015年12月31日,原告在被告处从事客运驾驶工作。同日,被告与原告及案外人周某文三人签订《出租汽车车组经营责任合同书》,约定:原告与案外人周某文为被告签约驾驶员,共同组建渝B3T×××出租汽车车组,从事渝B3T×××出租汽车经营;车组成员每人应缴纳设备及风险保证金20000元,以上款项在车组成员不再参与出租车营运时,如无任何约定扣减情形,由公司全额退还(不计息);……2011年8月23日,被告向原告出具收据一张,表明被告收到原告履约责任金20000元。2015年8月24日,原告在驾驶被告公司出租车的过程中发生交通事故并受伤。其后,原告受伤经重庆市南岸区人力资源和社会保障局认定为工伤。原告受伤后至今,未继续上班,双方也未续签劳动合同及《出租汽车车组经营责任合同书》。

上述事实有当事人在审理中提交如下证据并经当庭质证:

原告傅某国提交证据如下:(1)收件回执,拟证明本案已经仲裁前置程序;被告对此无异议。(2)劳动合同,拟证明原被告劳动关系,被告对此无异议。(3)工伤认

---

〔6〕 重庆市南岸区人民法院,(2016)渝0108民初字第08387号,2016年4月6日。

定决定书,拟证明原告于2015年8月24日发生交通事故并受伤,且该伤为工伤;被告对此无异议。(4)收据(2011年9月至2015年7月,共计48张),拟证明原告每月向被告缴纳任务款事实;被告对此真实性无异议,但认为原告并未足额缴纳任务款,因双方约定任务款为20600元/月。(5)收据(2011年8月23日),拟证明被告收取原告20000元保证金的事实;被告对此真实性无异议,但对于原告所缴纳的保证金是否系出租车的保证金不清楚。(6)定额发票65元,拟证明原告垫付的计价器年审费用;被告对此真实性无异议,但对于原告是不是缴纳的其公司出租车计价器年审费用不清楚。(7)保险赔款计算书,拟证明原告代被告向交通事故伤者支付500元赔偿款的事实,且该费用已由保险公司支付给被告;被告对此真实性无异议,但认为不能证明该费用由原告垫付。(8)检定证书(复印件),拟证明原告代为垫付出租车计价器65元的事实;被告对此真实性无异议,但认为不能达到原告证明目的。(9)视频两段,拟证明被告承诺退还20000元保证金及诚意金19200元的事实;被告对此真实性不予认可,认为视频来源不合法,且仅被告法定代表人有对外作出承诺的权力,其他工作人员不具有该权力。(10)录音记录,拟证明被告承诺退还保证金及诚意金的事实;被告对此真实性不予认可,认为不能核对录音对象身份。

被告金建公司提交证据如下:(1)《出租汽车车组经营责任合同书》(复印件),拟证明原告未按被告要求上交营收,退还保证金的理由不成立;原告对此真实性不予认可,表示双方确实签订该合同书,但无法与原件核对。(2)通知、公司文件,拟证明虽然双方经营合同到期,但被告一直要求原告续签,双方经营合同关系并未终止,未达到退还保证金的条件;原告对此真实性无异议,但认为原告并未收到以上文件,且双方经营合同关系已经终止。(3)营业执照,拟证明被告法定代表人系彭某忠;原告对此真实性无异议。

本院认为,用人单位在与劳动者订立劳动合同时,不得以任何形式向劳动者收取定金、保证金或抵押金等,已经收取的应当立即退还。本案中,原被告系劳动关系,被告向原告收取的20000元保证金,按规定应当予以退还;此外,原告、被告双方签订的《出租汽车车组经营责任合同书》已经到期终止,所约定的退还保证金的条件业已成就,而被告既未举示证据证明双方存在继续履行合同的可能,也未举证证明保证金存在合同约定的扣减事项,应当承担举证不能的不利后果。故本院对原告要求被告退还保证金20000元的诉讼请求,予以支持。

对于原告要求被告支付诚意金的问题,因原告当庭所举示的重庆电视台以及南坪镇派出所录制的视听资料中,被告公司员工均对退还19200元予以认可,该两项视听资料均系第三方录制,来源合法,经与原始资料核对无误,可以作为本案认定事实的依据。至于被告认为该视听资料中的人员并不能代表公司的抗辩意见,因被告未在本院规定的时间内对该人员是否系被告公司员工以及其职位等给予明确答复，根据最高人民法院《关于民事诉讼证据的若干规定》之规定，本院将视为被告默认该人员系被告公司工作人员，对被告该项抗辩意见，本院不予采信。综上所述，本院对原告要求被告退还19200元的诉讼请求，亦予以支持。

对于原告要求被告返还其垫付的交通事故赔偿款以及出租车计价器年审费用的诉讼请求，因原告所举示证据并不足以证明该费用系原告垫付，应当承担举证不能的不利后果，故本院对原告该两项诉讼请求，不予支持。

故此，判决如下：(1)被告金建公司于本判决生效之日起5日内退还原告傅某国保证金20000元；(2)被告金建有限公司于本判决生效之日起5日内退还原告傅某国19200元；(3)驳回原告傅某国其余诉讼请求。

五、共同诉讼人的自认

《关于民事诉讼证据的若干规定》第6条规定："普通共同诉讼中，共同诉讼人中一人或者数人作出的自认，对作出自认的当事人发生效力。必要共同诉讼中，共同诉讼人中一人或数人作出自认而其他共同诉讼人予以否认的，不发生自认的效力。其他共同诉讼人既不承认也不否认，经审判人员说明并询问后仍不明确表示意见的，视为全体共同诉讼人的自认。"根据《民事诉讼法》第55条第1款的规定，当事人一方或者双方为二人以上，如果诉讼标的是共同的，则为必要共同诉讼；如果诉讼标的系同一种类的，则为普通共同诉讼。根据前述规定，在普通共同诉讼中，每个当事人作出的自认仅对自己发生效力，对其他共同诉讼人不发生效力；在必要共同诉讼中，当事人作出的自认原则上也仅对自己发生效力，但如果其他共同诉讼人既不否认也不承认且经审判人员说明并询问后仍不表示意见，则该自认对全体共同诉讼人发生效力。换句话说，必要共同诉讼中，彼当事人可以对此当事人的自认予以否认，但必须明确表示意见。

六、限制自认

所谓限制自认，是相对于完全自认而言。完全自认就是不附加任何条件的自认。限制自认则是指附加了限制条件的自认。《关于民事诉讼证据的若干规定》第7条规定："一方当事人对于另一方当事人主张的于己不利的事实有所限制或者附加条件予以承认的，由人民法院综合案件情况决定是否构成自认。"常见的限制自认包括部分自认和附条件自认。部分自认是当事人对对方主张的部分事实予以承认，对另一部分事实予以否认。例如，甲起诉乙欠款20万元未还，既无合同，也无欠条；乙答辩称只欠10万元，另外10万元是甲谎称的。该例中，乙的答辩构成部分自认。附条件的自认比较复杂,在此仅举一例说明:A 公司主张 B 公司向其借款 10 万元未归还;B 公司答辩称确曾向 A 公司借款 10 万元,但 A 公司尚欠 B 公司 10 万元货款,两项债权相互抵消。该例中,B 公司的答辩属于附条件的自认。[7]

七、自认的撤回

《关于民事诉讼证据的若干规定》第 9 条规定:"有下列情形之一,当事人在法庭辩论终结前撤销自认的,人民法院应当准许:(一)经对方当事人同意的;(二)自认是在受胁迫或者重大误解情况下作出的。""人民法院准许当事人撤销自认的,应当作出口头或者书面裁定。"根据上述规定,自认的撤回有两种情形:一是经对方当事人同意;二是有充分证据证明其自认是在受胁迫或者重大误解情况下作出并且与事实不符。对于第一种情形,属于当事人意思自治的范畴,自然无须过多解释。对于第二种情形,应当满足两个条件:首先,必须有证据证明当事人的自认是在受胁迫或重大误解的情况下所作出的,也就是自认不属于当事人真实的意思表示。其次,应当有证据证明自认的事实与真实的事实不符。如果法院经审理查明自认与事实本身并不相符,则应归入自认与事实不符而无效的情形中,即使当事人没有主张撤回自认,法院也应当根据查明的事实形成确信并作出裁判。

案例 14.04 代理人的自认当事人能否撤回:楼某珍与韦某媚委托合同纠纷[8]

上诉人楼某珍为与被上诉人韦某媚委托合同纠纷一案,不服浙江省东阳市人民法院(2015)东商初字第 02463 号民事判决,向法院提起上诉。法院受理后,依法组成合议庭进行审理,本案现已审理终结。

原审法院认定:2013 年 2 月 4 日至 8 月 1 日,韦某媚委托楼某珍将其所有的 607 万元款项以楼某珍名义出借给泰玉隆公司,上述借款均由韦某媚直接汇入楼某珍指定的郭某琴、李某贞账户。其中,2013 年 4 月 25 日,韦某媚委托楼某珍将一笔 207 万元款项出借给泰玉隆公司并直接存入李某贞账户,并由泰玉隆公司直接向楼某珍出具了借据并由楼某珍持有。同年 5 月 14 日,楼某珍将该笔 207 万元款项从泰玉隆公司取回,未返还给韦某媚而挪作他用,其陈述是并入其弟楼某平的借款中,一起借给了案外人王某东。2014 年 2 月 4 日,韦某媚、楼某珍就委托出借的部

[7] 相关讨论,可参见最高人民法院民事审判第一庭编著:《最高人民法院新民事诉讼证据规定理解与适用》(上),人民法院出版社 2020 年版,第 126~127 页。

[8] 浙江省金华市中级人民法院,(2015)浙金商终字第 2853 号,2016 年 3 月 17 日。

分款项进行了结算,楼某珍向韦某媚出具了书面确认材料一份,明确写明“兹有韦某媚委托本人楼某珍,以楼某珍名义存入泰玉隆珠宝首饰有限公司人民币共计叁佰零柒万元整￥3070000,分两笔存入,其中207万元,到期日2014年4月24日……利息由楼某珍每月代付,所产生的风险和责任由韦某媚本人承担……”等内容。后楼某珍于2014年7月11日向韦某媚归还了207万元款项中的本金20万元,并且支付了截至2014年7月的利息。

韦某媚于2015年4月23日起诉至原审法院,要求判令:(1)楼某珍立即返还韦某媚委托合同款项187万元并支付利息损失(利息损失自2014年8月1日起按中国人民银行规定的同期同档次贷款基准利率计算至上述款项实际返还之日止);(2)诉讼费用由楼某珍承担。

楼某珍在原审中答辩称:……韦某媚所述与事实不符。韦某媚是通过楼某珍了解到泰玉隆公司等8家企业及部分高管有使用资金的要求,月利率可以达到2%,韦某媚将款项汇给公司高管或其他账户,由具体资金使用人出具借条,楼某珍以韦某媚的名义持有借条,风险由韦某媚承担。一共10笔款项,汇入李某贞、郭某琴、黄某华等个人账户,借条由泰玉隆公司、玉融科技公司、张某东、楼某玲等人出具。本案所涉207万元款项先由泰玉隆公司出具借条,后由王某东出具借条、金某阳担保,不存在韦某媚所诉楼某珍自作主张的行为。汇入楼某平名下账户的情况,韦某媚是知情并同意的,当天又汇入王某东名下,并由其向楼某平出具了500万元的借条。本案款项由王某东使用,韦某媚是知情的。按照委托合同约定,楼某珍也有权在这些企业及高管内统筹调配资金,这187万元款项也没有流出该约定的体制外。该笔款项王某东、金某阳是签字认可的,金某阳也向韦某媚出具过相应的承诺书。所以,以王某东作为借款人,以泰玉隆公司为借款人都是委托合同约定的内容,也没有给韦某媚增加负担,楼某珍行为是负责任的。

原审法院认为,本案的争议焦点是楼某珍将借款207万元以其弟楼某平名义转借给他人,是否属韦某媚委托事项?本案中,韦某媚委托楼某珍将207万元资金以楼某珍名义出借给泰玉隆公司,后泰玉隆公司归还给楼某珍,楼某珍未返还给韦某媚,其陈述将该款并入楼某平的资金中以其弟楼某平的名义转借给了王某东,为证明此事属实,提供了王某东出具给楼某平的借据、承诺书、情况说明,但这些书面材料均系直接出具给楼某平和楼某珍持有,韦某媚并未收到,故不能证明韦某媚知晓此事。同时,楼某珍亦未提供其他证据证明转借一事系受韦某媚委托或其已将此事告知韦某媚并得到认可。而且在泰玉隆公司于2013年5月14日将207万元借款归还给楼某珍后,2014年2月4日,楼某珍出具给韦某媚的书面确认材料中,还明确写明以楼某珍名义存入泰玉隆公司的207万元到期日为2014年4月24日,而实际上王某东出具给楼某平的借条中载明的到期日为2014年5月14日,这一事实也表明了韦某媚并不知道楼某珍已将该款并入楼某平的资金中转借给了王某东。至于审理中韦某媚委托代理人与韦某媚本人陈述不一致,应以韦某媚本人陈述为准,且韦某媚本人关于楼某珍将讼争款项转借给他人并不知情的陈述与起诉状中的陈述一致,也符合查明的事实。综上,应认定楼某珍将韦某媚委托其出借给泰玉隆公司的207万元转借他人,未经韦某媚同意,超出了受托权限范围,不属于韦某媚委托办理的事项。原审法院认为,韦某媚与楼某珍间存在委托合同关系,楼某珍应按韦某媚指示处理委托事务。韦某媚委托楼某珍将207万元款项出借给泰玉隆公司,泰玉隆公司已将借款归还楼某珍,楼某珍应当交还给韦某媚,现楼某珍仅交还了20万元本金,余款187万元未返还韦某媚,属违约行为,应承担相应的民事责任。故韦某媚的诉讼请求理由正当,于法有据,原审法院应予支持。据此,依照原《合同法》之规定,判决:楼某珍于本判决生效后10日内返还韦某媚委托款项187万元并支付利息损失(利息损失自2014年8月1日起按中国人民银行规定的同期同档次贷款基准利率计算至上述款项实际归还之日止)。案件受理费22652元、保全费5000元,合计27652元,由楼某珍负担。

楼某珍不服上述判决,向法院提起上诉称:原审判决认定事实错误,适用法律错误,严重违反法定程序。

第一,对2013年5月14日楼某珍从泰玉隆公司取出207万元借给楼某平1~2天的临时周转是韦某媚同意的。韦某媚的代理人在2015年9月1日一审第一次庭审中对此明确予以认可,已构成了“诉讼上的自认”,排除了法院对自认事实的认定权。法院判决应受当事人自认事实的约束。依诚实信用原则,作出自认的当事人不得随意撤回自认或再作相反的主张。本案中不存在最高人民法院《关于民事诉讼证据的若干规定》第8条第4款规定的撤回诉讼上自认的两种情形。韦某媚代理人在一审庭审笔录当中共有4处向楼某珍做了回应。在韦某媚向原审法院提供的公安笔录中,楼某珍在向公安机关陈述的时候明确2013年5月14日取出200万元是经过韦某媚同意的。韦某媚向原审法院出示了该证据,说明韦某媚对楼某珍的说法是认可的。另外,楼某珍实际要韦某媚帮忙解决的资金是300万元,因为泰玉隆公司当日只能提供200万元,所以当时韦某媚又另外汇给楼某珍100万元。韦某媚所有1460万元的交付款项均是汇给泰玉隆公司等指定的他人账号的,唯独该笔100万元是直接汇给楼某珍的,根据这一事实,再加上当事人的自认,足以印证取款207万元是经韦某媚同意的。

第二,2013年5月15日,楼某平已不需要借款,就将以上300万元连同其本人的200万元共500万元又存入王某东名下也是经过韦某媚同意的。因为韦某媚临时汇给楼某珍的100万元,楼某珍于次日就从公司支取后返还,韦某媚肯定要过问这207万元的去向。从韦某媚的交付款项清单可以看出,2013年5月15日后,韦某媚还陆续汇款7笔共970万元投资款，充分说明韦某媚强烈的放款意愿，丝毫没有想取回207万元的要求。至于借款以谁的名义出具，并非由韦某媚决定……2014年2月4日楼某珍出具给韦某媚的书面确认材料，是按韦某媚的要求，主要确认307万元投资款的所有权人是韦某媚，避免缺少结算依据，而且这份说明中307万元并非全部都在泰玉隆公司，其中207万元在泰玉隆公司，另100万元是存在金华玉融信息科技有限公司（以下简称玉融科技）的。对存入"泰玉隆公司"的叙述是基于当初委托关系的一种泛指，并非实指。只要泰玉隆公司系"1+8"体制内的公司，均以"泰玉隆公司"来描述，这是泰玉隆公司在"1+8"体制内的核心主导地位决定的。鉴于在实际履行中款项来往的"即时性"，"到期日"的确定已显得十分宽泛，简单以"207万元的到期日不同"来推断"韦某媚对转存至王某东名下是不知情的"，不合情理。原判下此结论必须具备唯一性及排他性，否则与事有悖。同时，从2013年5月15日归还100万元时韦某媚必然要过问另207万元的去向来推定，韦某媚对取出、存入207万元也必是知晓的。

……

第四，楼某珍已全面履行委托义务。泰玉隆公司、富玉宝公司、玉融科技等虽然工商登记时是独立的公司，但从这些公司出具的人事任免文件、用工通知单、定薪通知单、薪酬调整单、抄告单以及股东之间的互相交叉等事实，可以看出这些公司之间存在千丝万缕的关系。金某阳作为泰玉隆系"1+8"体制的董事主席、总负责人的地位十分明显。从所有借款的操作手法上看，泰玉隆系"1+8"体制内的公司是作为一个整体对外吸收存款的。具体由谁出具借条并不固定，但借款出具人代表哪家公司并非由韦某媚确定的。楼某珍只要没有非法侵占这些财产，只要向韦某媚披露存款的最终走向，确保资金在泰玉隆系"1+8"体制内的公司，则楼某珍就被认定履行了委托义务。

……综上所述，请求二审法院：发回重审或依法改判，本案上诉费用由韦某媚承担。

韦某媚答辩称：原审法院认定事实清楚、适用法律正确，程序合法，请二审法院依法维持，理由如下：

第一，上诉状中的理由陈述没有任何事实依据和法律依据。其一，楼某珍主张的知悉事实没有证据证明。对于2013年5月14日楼某珍从泰玉隆公司取出207万元款项韦某媚知悉的陈述没有任何证据予以证明。从法律规定的证明责任和逻辑学的角度来讲，由楼某珍对该事实承担证明责任。本案中，楼某珍陈述的韦某媚代理人对事实的认可已构成了诉讼上的自认的说法是错误的。按照法律定义，自认是对不利于自己事实的承认，本案不存在不利于韦某媚的事实，而且不符合法律对自认的主体、内容等的规定要求，不成立诉讼上的自认。对于本案事实的陈述代理人与当事人有不一致,已由当事人韦某媚对案件事实进行说明并进一步提供补充证据。韦某媚提供补充证据没有违反任何法律规定,该证据能够证明款项取出其并不知情,能以证据证明其主张更有助于对案件的查明。因当事人不在场对事实情况陈述的出入之处,现已由韦某媚进行纠正,这也不属于撤回承认的情形。如楼某珍要证明韦某媚知悉该事实,应由楼某珍按照证明逻辑的要求进行举证,任何主观猜测和不符合逻辑的反向推测均不符合规定,不能免除事实主张的楼某珍的举证责任,同时亦不属于法律规定的无须证明的事实更不能排除法院对案件事实的查明权利。其二,韦某媚补充提供的确认书能够充分证明其不知207万元款项被取出。楼某珍在上诉状中陈述泰玉隆公司在5月14日当天只能提供200万元的说法与事实不符。楼某珍于2013年5月14日从泰玉隆公司取出款项是207万元,取出的是韦某媚于2013年4月25日委托楼某珍存入的那笔款项,且楼某珍并未将取出的另外7万元先返还韦某媚。1460万元款项均汇给泰玉隆公司指定的他人账号等并不能得出韦某媚同意取款207万元的结论。韦某媚因不知款项已被取出,其后曾一直向楼某珍催讨该笔款项,楼某珍在2014年2月4日向韦某媚出具材料一份,明确207万元款项到期日为2014年4月24日。材料内容确认207万元存入泰玉隆公司未到期,反映的是楼某珍在取出207万元的近9个月之后,仍对其已取出207万元事实进行隐瞒。其三,楼某珍提供的王某东出具的借条中的款项与本案没有联系,不能证明韦某媚同意转借的事实。王某东出具给楼某平的借条中,楼某珍的名字系楼某珍事后自行添加,借条注明款项到期日为2014年5月14日,借款人是王某东,月利率约定是2.4%,而楼某珍出具的确认材料中向韦某媚明确207万元款项出借给泰玉隆公司,月利率是2%,在2014年4月24日到期,由此可见该两笔款项并无关联,王某东出具的借条并不能反映韦某媚知悉并同意楼某珍将该款项并入楼某平的资金中转借王某东的事实。本案款项与王某东所借款项到期时间、借款人、金额及利率均不一致,反映了款项并入楼某平的资金中转借的说法不真实,进一步表明韦某媚不知道该款进行转借的事实。另外对于王某东、金某阳等的说法、承诺书之类的材料不能免除楼某珍的返还义务。其四,本案中涉及的泰玉隆公司、富玉宝公司均系独立法人。楼某珍陈述王某东担任富玉宝公司的法定代表人是泰玉隆公司确定的,王某东既可代表泰玉隆公司,也可代表富玉宝公司的说法不符合法律规定。楼某珍陈述的泰玉隆系"1+8"体制的说法与法律规定不符。本案款项明确是存入泰玉隆公司,从楼某珍庭审中的陈述、询问笔录的内容、泰玉隆公司出具的借据、泰玉隆公司取款的证明中均得到印证,上述材料当中均有明确陈述,并且在2014年2月4日楼某珍出具的材料中得到进一步的明确。在委托合同关系中,楼某珍应当依据委托人的指示从事委托事务,款项明确存入特定公司,楼某珍在未得到委托人的许可下,擅自将款项取出并擅自挪用,未予返还。王某东与楼某平之间的行为是与本案无关的借款行为。

第二，原审法院判决认定事实清楚，适用法律正确，程序合法，应予维持。其一，本案委托合同纠纷，双方对款项性质的确定及风险的承担等的内容符合法律关于委托合同纠纷的特征规定。楼某珍应当按照韦某媚的指示处理事务。楼某珍将韦某媚款项取出未及时返还韦某媚，其陈述是并入其弟借款中转借给了他人。上述行为不属于处理受委托事务的内容。没有任何证据证明转借是受韦某媚的指示或得到其认可。其二，本案适用的关于委托合同的法律规定并无不当。本案中楼某珍受托将款项存入泰玉隆公司后，未得到指示不应擅自将款项取出。即使该款项真的被借，韦某媚没有对楼某珍进行转借的指示，楼某珍也从未告知韦某媚款项被转借，应由楼某珍对其行为承担相应责任。其三，审理过程合法。楼某珍代理人认为公安机关强行介入民事纠纷，没有任何依据。综上，原审法院判决在事实认定、法律适用、审理程序方面均合法、正当、正确，请二审法院依法维持。

……本院经审理，对原审判决认定的事实除“楼某珍支付了截至2014年7月的利息”外，本院予以认定。另查明楼某珍向韦某媚支付了截至2014年8月21日的利息。

本院认为，楼某珍与韦某媚之间系委托合同关系，因委托合同产生纠纷，楼某珍作为受托人，其诉讼主体适格。本案的争议焦点是楼某珍将借款207万元从泰玉隆公司取出后的处分行为是否超出其受托权限。首先，案涉207万元借款系韦某媚委托楼某珍存入泰玉隆公司。2014年2月4日，楼某珍出具给韦某媚的材料中写明“兹有韦某媚委托本人楼某珍，以楼某珍名义存入泰玉隆珠宝首饰有限公司人民币共计叁佰零柒万元整，其中207万元到期日2014年4月24日”，这一事实表明韦某媚在2014年2月4日经由楼某珍确认其207万元借款仍存于泰玉隆公司。实际上案涉207万元借款已于2013年5月14日由楼某珍取出。楼某珍主张王某东系泰玉隆公司的股东，其以楼某平名义于2013年5月15日存入王某东的账号的500万元中包含韦某媚的207万元，案涉207万元借款仍在泰玉隆公司体系中，但其提供的证据不足以证明该主张，法院不予采信。法院认为，楼某珍将借款207万元从泰玉隆公司取出后的处分行为已超出其受托权限，并未取得韦某媚的认可。另外，关于已支付的利息问题，韦某媚与楼某珍在二审中一致认可利息已支付至2014年8月21日止，原审法院计算错误，本院予以纠正。关于一审程序问题，一审法院虽未依法重新指定举证期限，但鉴于楼某珍在二审期间也已行使了举证权利，尚不构成发回重审的情形。综上，楼某珍部分上诉理由成立，该部分诉讼请求法院予以支持，其余上诉理由与请求于事实和法律不符，法院不予支持。

据此，判决如下：(1)撤销浙江省东阳市(2015)东商初字第2463号民事判决；(2)上诉人楼某珍于本判决生效后10日内返还被上诉人韦某媚委托款项187万元并支付利息损失(利息损失自2014年8月22日起按中国人民银行规定的同期同档次贷款基准利率计算至上述款项实际归还之日止)。

思考 本案被告楼某珍在二审程序中的一个重要答辩理由是,2013年5月14日楼某珍从泰玉隆公司取出207万元借给楼某平1~2天的临时周转是韦某媚同意的;韦某媚的代理人在2015年9月1日一审的第一次庭审中对此明确予以认可,已构成了"诉讼上的自认"。楼某珍进而主张,原告的这一自认排除了法院对自认事实的认定权,法院的判决受到当事人自认事实的约束。被告还指出:原告韦某媚的代理人在一审庭审笔录当中共有4处对楼某珍的主张做了回应。另外,韦某媚向原审法院提供的公安笔录中楼某珍在向公安机关陈述的时候明确表示2013年5月14日取出200万元是经过韦某媚同意的。韦某媚向原审法院出示了该证据,也说明韦某媚对楼某珍在公安笔录中的说法是认可的。楼某珍的这一答辩意见,在证据法上是否成立?本案一审法院认为,代理人进行自认后,当事人本人可加以否认,对此你是否同意?本案二审程序中楼某珍对自认问题作了更进一步的阐述,如楼某珍所述属实,你是否认为原告方当事人已经有效地撤回了代理人的自认?如你是本案审判法官,你会就此事项形成何种内心确信?

第二节 自 白

一、自白的概念

自白,就是犯罪嫌疑人、被告人供述。我国台湾地区学者李学灯认为:"自白系刑事案件中之被告,就指控犯罪事实之全部或其主要部分,明白自认其有犯罪之行为。"[9]在我国大陆,自诉案件中的刑事被追诉人一律称为被告人,公诉案件中刑事被追诉人则被区分为犯罪嫌疑人和被告人:提起公诉之前称为犯罪嫌疑人,提起公诉之后称为被告人。因此,自白不仅包括被告人供述,也包括犯罪嫌疑人的供述。因为犯罪嫌疑人属于公诉案件中提起公诉之前对被追诉人的称谓,其供述都是在审判之前所为,因此均为审判外之供述。被告人的供述则既可以是审判前所为,也可以是审判中所为。因此,我国大陆刑事被追诉人的自白,

---

〔9〕 李学灯:《证据法比较研究》,前引注1,第202页。

既包括审判外的自白,也包括审判中的自白。

在英美法系,被告人既可以保持沉默,也可以以自己的名义宣誓作证。如被告人选择作证,其提供的证言等同于证人证言,既可能包含对其有利的部分,也可能包含对其不利的部分。在英美法系,无论是有利于被告人的还是不利于被告人的陈述,都当作证人证言对待,法律并不作进一步区分。在我国大陆,《刑事诉讼法》将犯罪嫌疑人、被告人的证言区分为供述与辩解。供述就是承认有犯罪行为的陈述;辩解就是不承认犯罪,或者对犯罪行为具有从轻、减轻或免除处罚情节或理由的陈述。前者即本章探讨的自白;后者则属于犯罪嫌疑人、被告人辩解,虽然也有其特殊之处,但仍可当作证人证言对待,因此本章不予涉及。

二、自白的效力

如本章第一节所述,自认意味着免除举证方的举证责任,并通常排除法院另寻事实加以认定的权力。但是,自白并不具备这样的功能。根据我国刑事诉讼法的规定,证明被告人有罪的举证责任,由控方承担。无论被告人是否承认被指控的罪行,无论其是否就被指控的犯罪作出了供述,控方仍然必须将被告人有罪的事实证明到排除合理怀疑的程度。只不过,犯罪嫌疑人、被告人的自白在符合法定条件的情况下可以被用作指控其犯罪成立的证据。因此,与自认免除对方当事人的举证责任相比,自白仅仅是一种证据手段,它不具有免除控方举证责任的功能,充其量只是在一定程度上降低了对方举证的难度。

在这个意义上,本书将自白置入本章讨论在逻辑上或许并不融贯。本书自第十一章始讨论证明责任问题,第十一章是关于证明责任的通则性探讨,第十二章至本章均属于免证事实的范畴。本章关于自认的内容固然仍属于免证事实,自白却不属于免证事实。本书当然也可以不对自白单独予以探讨,而是如英美法系证据法一样,将自白等同于证人证言对待。自白与证人证言适用的规则其实是一样的,但考虑到自白的特殊性和重要性,仍有必要单列一节,特别对待。

三、自白与自认

自白与自认的区别,不仅存在于二者的效力方面。就效力而言,自认意味着免除对方的举证责任,自白则仅仅是证据之一种,在具备可采性或证据资格的前提下,其证明力由法官自由心证。除此之外,自白与自认还存在以下若干区别。

首先,在内容上,自白必须是明确承认所指控之犯罪或构成该犯罪之事实。“如其所承认之事实,须与其他事实并予考虑,始足推论其犯罪时,则为自认而非自白。”[10]换句话说,自白属于直接证据,不需要经过推理,单独直接就可以证明犯罪事实;自认则属于间接证据,需要与其他证据结合起来,通过推理的方式,证明犯罪事实。例如,在一聚众斗殴致人死亡案件中,被告人承认自己参与了殴打,也承认对被害人实施了刀刺的行为,但不承认具有杀害被害人的主观故意,则对于被告人承认参与殴打并刺杀被害人这一事实,应当认定为自认;至于其是否具有杀害被害人的故意,乃至是否构成故意杀人罪,则应当结合案件其他证据综合加以认定。因此,该案被告人的承认,属于自认而非自白。又如,被告人承认与被害人发生了性关系,但不承认该性行为系强奸,则该被告人的承认,也属于自认而非自白;对于被告人的行为是否属于强奸,仍需结合其他证据加以认定。

其次,自白通常需具备任意性,方具有可采性(证据资格);自认则并无此项要求。在我国刑事诉讼法上,明文规定严禁刑讯逼供、威胁、引诱、欺骗以及其他非法方法获得犯罪嫌疑人、被告人供述,这实际上就是自白(供述)的任意性法则。在民事诉讼中,并无类似规定。不过,如前所述,在民事诉讼中,如一方的自认系受胁迫作出,仍不能免除对方的举证责任。

再次,自认可以默示的方式为之,自白却不可以。自白必然包含了对犯罪事实的承认,对于犯罪事实的个别细节,固然可以在侦查人员讯问时以点头方式表示认可,但沉默却不包含对任何犯罪事实的承认。因此,沉默不构成自白,但可以构成自认。

又次,根据我国民事诉讼法的规定,自认仅指诉讼中的自认,不包括诉讼外的自认;自白则既包括诉讼中的自白,也包括诉讼外的自白。在现代社会,刑事诉讼既包括审判阶段,也包括审前阶段,如侦查、审查起诉等;民事诉讼则仅有审判阶段(指进入法院诉讼而言)。因此,民事诉讼中的自认仅包括审判中的自认(法院审理期间),不包括审判外的自认(案件进入法院诉讼之前的自认)。在与民事诉讼相比较的意义上,刑事诉讼中的侦查、审查起诉均属于“审判外”,也属于“诉讼外”。但对刑事诉讼而言,它们又都属于“诉讼内”。民事诉讼中的自认,不存在侦查阶段的自认、审查起诉阶段的自认、审判阶段的自认的区别。刑事诉讼中的自白,却存在侦查阶段的自白、审查起诉阶段的自白、审判阶段的自白的区别。另外,在刑事诉讼中,一名被告人在甲法院所作的自白,在乙法院应用于对同一名被告人的审判时,则构成“审判外”的自白。此处所谓“审判外”,系指运用证据的审判法院与被告人作出自白的法院不同而已。

最后,民事诉讼中的自认可由当事人的诉讼代理人为之,刑事诉讼中的自白

---

〔10〕 李学灯:《证据法比较研究》,前引注1,第204页。

却只能由犯罪嫌疑人、被告人作出。

四、自白的任意性要求

我国《刑事诉讼法》明文规定，不得强迫任何人自证其罪；严禁刑讯逼供、威胁、引诱、欺骗以及其他非法方法收集证据。这是我国刑事诉讼法对自白任意性所作的明确要求。

对于自白任意性的审查判断，《关于办理死刑案件审查判断证据若干问题的规定》第 18 条列举了以下若干方面：(1)讯问的时间、地点、讯问人的身份等是否符合法律及有关规定，讯问被告人的侦查人员是否不少于二人，讯问被告人是否个别进行等。(2)讯问笔录的制作、修改是否符合法律及有关规定，讯问笔录是否注明讯问的起止时间和讯问地点，首次讯问时是否告知被告人申请回避、聘请律师等诉讼权利，被告人是否核对确认并签名(盖章)、捺指印，是否有不少于二人的讯问人签名等。(3)讯问聋哑人、少数民族人员、外国人时是否提供了通晓聋、哑手势的人员或者翻译人员，讯问未成年同案犯时，是否通知了其法定代理人到场，其法定代理人是否在场。(4)被告人的供述有无以刑讯逼供等非法手段获取的情形，必要时可以调取被告人进出看守所的健康检查记录、笔录。(5)被告人的供述是否前后一致，有无反复以及出现反复的原因；被告人的所有供述和辩解是否均已收集入卷；应当入卷的供述和辩解没有入卷的，是否出具了相关说明。(6)被告人的辩解内容是否符合案情和常理，有无矛盾。(7)被告人的供述和辩解与同案犯的供述和辩解以及其他证据能否相互印证，有无矛盾。该条文还规定，对于上述内容，侦查机关随案移送有录音录像资料的，应当结合相关录音录像资料进行审查。

五、非法证据排除规则

《刑事诉讼法》第 56 条规定，以刑讯逼供等非法方法取得的犯罪嫌疑人、被告人供述，应当予以排除。《关于办理死刑案件审查判断证据若干问题的规定》第 19 条亦规定："采用刑讯逼供等非法手段取得的被告人供述，不能作为定案的根据。"上述规定均属于非法证据排除规则的范畴。其主要目的是保障犯罪嫌疑人、被告人的基本人权在刑事追诉过程中不受侵犯。该规则对于保障无辜者不受错误追究这一消极的实体真实具有积极的意义，但对于打击犯罪这一积极的实体真实则不一定有益。因为证据法的主要目的在于探讨真实的发现，所以证据法学也主要关注发现真实这一价值目标。对于人权保障这一价值，理应由刑事诉讼法学加以探讨。笔者所著之《刑事诉讼法：规则、原理与应用》一书，辟有专章对非法证据排除规则集中讨论，有兴趣者或可参照。

六、瑕疵证据排除规则

与非法证据排除规则不同,瑕疵证据排除规则的目的和功能在于过滤掉那些在形式上有瑕疵,从而影响对案件事实的认定的证据。表面上看,瑕疵证据也在一定程度上不符合法律的规定,因此很容易被当作非法证据来对待,相关的规则也容易被当成非法证据排除规则。但实际上,瑕疵证据之所以被排除,并不是因为取得这些证据的程序侵犯了犯罪嫌疑人、被告人的基本人权或宪法权利,而是因为取得证据的方式、方法存在一定的问题,从而影响对证据内容真实性的认定;容许这样的证据作为定案的依据,可能会分散法官的精力,扰乱法官的思绪,从而妨害其正确地认定案件事实。因此,瑕疵证据排除规则往往是有利于发现真实的,而非法证据排除规则往往是不利于发现真实的。这是二者之间基本的区别。

《关于办理死刑案件审查判断证据若干问题的规定》第 20 条规定:"具有下列情形之一的被告人供述,不能作为定案的根据:(一)讯问笔录没有经被告人核对确认并签名(盖章)、捺指印的;(二)讯问聋哑人、不通晓当地通用语言、文字的人员时,应当提供通晓聋、哑手势的人员或者翻译人员而未提供的。"这一规定就属于瑕疵证据排除规则。排除这两种情形下取得的自白,最根本的原因就是取证的方式不当,从而影响了证据内容的真实性、确定性。有学者将上述规则也称为非法证据排除规则,就是不了解非法证据排除规则和瑕疵证据排除规则之区别所致,导致了理论上的诸多混淆和实务中的各种纷乱。

就讯问笔录而言,由于没有经被告人核对确认并签名(盖章)、捺指印,既有可能是因为犯罪嫌疑人、被告人违心供述,从而违背了自白的任意性原则,也可能是由于犯罪嫌疑人、被告人本来并无供述,只是侦查人员自行书写而成。无论何种原因,都致使审判法官无从判断该供述内容的真实性。若以此作为定案的依据,出现冤案、错案的可能性将大大增加。对于这种真实性无从判断的证据,权威机关采取了将其彻底排除在法官心证范围之外的做法,就是为了防止这类真实性无从确考、可靠性全成疑问的证据影响法官形成正确的内心确信。没有经被告人核对确认并签名(盖章)、捺指印,表面上也违反了刑事诉讼法的规定。但这种违法情形本身并未构成对犯罪嫌疑人、被告人基本人权及宪法权利的侵犯,因此与保障人权并无关系。该规则的唯一目的,就是促进真实的发现,加强裁判中认定事实的精确性。

就聋哑人、不通晓当地语言文字的人而言,法律明文规定讯问时应当为其提供翻译。这一要求既是犯罪嫌疑人、被告人在遭受讯问时应当享有的权利,也是侦查机关在讯问时应当遵守的取证规则。违反这一规则,无疑会导致犯罪嫌疑人、被告人的权利受到侵犯,但更重要的是,它会导致因取证程序存在重大瑕疵而影响供述笔录的真实性、准确性。对于聋哑人、不通晓当地通用语言文字的人而言,如果没有翻译人员在场,侦查人员与这样的犯罪嫌疑人如何进行有效的沟通,就成为严重的问题。在这种情形下获取的犯罪嫌疑人、被告人供述,是否为该聋哑人、不通晓当地通用语言文字的人真实的意思表示,也就成为确切的疑问。在没有翻译人员在场的情况下进行讯问进而形成的笔录,完全有可能是侦查讯问人员自己对案件的猜想。容许这样的证据进入法庭并成为法官定案的依据,就有可能是将侦查人员对案件的猜想作为定案的依据。因此,排除此类证据的目的,也是为了提高法院裁判中认定事实的精确性,而不是为犯罪嫌疑人、被告人获得翻译的权利提供救济。

七、瑕疵证据补正规则

《关于办理死刑案件审查判断证据若干问题的规定》第 21 条规定:"讯问笔录有下列瑕疵,通过有关办案人员的补正或者作出合理解释的,可以采用:(一)笔录填写的讯问时间、讯问人、记录人、法定代理人等有误或者存在矛盾的;(二)讯问人没有签名的;(三)首次讯问笔录没有记录告知被讯问人诉讼权利内容的。"对于上述规定,本书称之为"瑕疵证据补正规则"。有的学者将上述规则称为"可补正的非法证据排除规则",同样是不了解非法证据排除规则的本质,也不了解其与基于发现真实目的设置的证据规则之间的区别所致。究其根本,瑕疵证据之所以可以补救、能够补救的情况下应当补救,是因为瑕疵证据取证程序的瑕疵,导致证据内容的真实性、可靠性发生了疑问;如果能够通过一定的手段消除其中疑问,则证据内容的真实性、可靠性不会发生问题,该证据自然可以作为定案的根据。反之,如果某些证据由于取证程序存在瑕疵,即使通过一定手段加以解释或补正,其真实性、可靠性仍然得不到补救,就只能加以排除。这就是为什么一方面存在瑕疵证据补正规则,另一方面还存在瑕疵证据排除规则的原因。瑕疵证据补正规则和瑕疵证据排除规则虽然也有区别,但无论是瑕疵证据补正规则还是瑕疵证据排除规则,其目的都是促进实体真实的发现,为了增强裁判中认定事实的精确性,而与人权保障这一价值基本无关。在这方面,二者是一致的。这也是它们区别于非法证据排除规则的基本方面。

当然,这并不意味着上述规定中的所有内容都十分恰当和圆满。应当承认,上述规定中的第 1、2 项情形,作为瑕疵证据补正规则加以规定是正确、妥当的。讯问笔录在填写讯问人、讯问时间、记录人、法定代理人等方面存在错误或矛盾,如果能够补正或作出合理解释,加以容许并无问题。普通人在日常生活中写日期出错的情形也十分常见,法定代理人填写错误亦不排除属于听写错误,若仅仅由于这些技术性错误就将关键证据加以排除,就是贬低了发现真实这一诉讼中除人权保障之外最重要的价值。同样地,询问人没有签名,也不会侵犯到犯罪嫌疑人、被告人的基本人权或宪法权利。只要能够提供合理解释,让庭审法官合理地相信这样的瑕疵属无心之失,并适当地加以补正,容许这样的证据对于真实的发现也并无妨害。因此,上述规定中的第1、2项情形作为瑕疵证据补正规则是可以的。

但是,对于第3项情形,即关于首次讯问笔录没有记录告知被讯问人诉讼权利内容的规定,就应当区别对待。如果首次讯问笔录没有记载告知权利内容是由于确实没有告知的,就不存在补正或作出合理解释的问题,而是应当作为非法证据直接加以排除。因为这种情形实际上属于侵犯犯罪嫌疑人、被告人基本权利的情形。如果实施了告知但由于合理的原因而没有记载,则可以通过提供合理解释的方式使该笔录重新具有可采性。对此,上述规定的表述是"讯问笔录有下列瑕疵,通过有关办案人员的补正或者作出合理解释的,可以采用",在立法技术上并没有什么问题。因为该规定为"可以采用"设定了"通过有关办案人员的补正或作出合理解释"这一条件。但由于理论上的混乱,很多学者将瑕疵证据排除规则混同于非法证据排除规则,从而模糊了非法证据排除规则的边界,这表面上似乎扩大了非法证据排除规则的适用范围,实际上反而使非法证据排除规则也被当作瑕疵证据补正规则来对待,进而导致实务中非法证据排除规则实施不力。因此,从理论上正本清源,将瑕疵证据作为瑕疵证据对待,是实现将非法证据作为非法证据对待的先决条件。

八、被告人翻供情形下的自白采信规则

《关于办理死刑案件审查判断证据若干问题的规定》第22条第1款规定:"对被告人供述和辩解的审查,应当结合控辩双方提供的所有证据以及被告人本人的全部供述和辩解进行。"第2款规定:"被告人庭前供述一致,庭审中翻供,但被告人不能合理说明翻供理由或者其辩解与全案证据相矛盾,而庭前供述与其他证据能够相互印证的,可以采信被告人庭前供述。"第3款规定:"被告人庭前供述和辩解出现反复,但庭审中供认的,且庭审中的供述与其他证据能够印证的,可以采信庭审中的供述;被告人庭前供述和辩解出现反复,庭审中不供认,且无其他证据与庭前供述印证的,不能采信庭前供述。"

上述法条中的三款规定,都是针对被告人供述的采信设置的规则。其中第1款是对被告人供述采信的一般原则所作的规定。第2款是对被告人庭审中翻供的情况下其庭前供述采信的条件的规定。第3款是对被告人供述出现反复,分别不同情况予以处理的规定。

根据第1款，对被告人供述（和辩解）的审查，既要结合控辩双方提供的所有证据进行，也要结合被告人本人的全部供述（和辩解）进行。也就是不能仅仅对被告人在法庭上的供述就其内容本身进行审查，而应当结合案内全部证据，包括被告人庭审前后所作的全部供述进行审查，看被告人的供述与案件其他证据是否能够相互印证，以及被告人前后供述是否存在矛盾。

根据第2款，被告人庭审中翻供的，对其庭前供述可以采信，但必须具备一定的条件：第一，庭前供述必须前后稳定，供述一致。第二，庭前供述与其他证据能够相互印证。第三，被告人不能为翻供提供合理的理由；或者虽能提供合理理由，但其辩解与全案其他证据相矛盾。值得注意的是，根据上述法条规定，被告人翻供的，对其庭前供述，必须同时符合以上三个条件方能采信。

第3款规定了两种情形。第一种情形是被告人庭前供述和辩解出现反复，但庭审中供认。对此，该规定设置了采信庭审中供认的唯一条件，即庭审中的供认与案内其他证据能够相互印证。第二种情形是对被告人供述不予采信的情形。对此，该规定也设置了三个条件：一是被告人庭前供述和辩解出现反复；二是被告人庭审中不供认；三是庭前供述无其他证据加以印证。

案例14.05　被告人翻供情形下应如何采信证据：何某等非法经营案〔11〕

公诉机关荆门市掇刀区人民检察院。

荆门市掇刀区人民检察院指控被告人何某、周某甲、蔡某某犯非法经营罪，于2015年1月26日向本院提起公诉。本院受理后，依法组成合议庭，适用普通程序公开开庭进行了审理。

检察院指控，2013年12月至2014年1月，被告人何某伙同他人利用被告人周某甲提供的POS机使用信用卡预授权交易功能，以虚构交易的方式非法给信用卡持卡人办理预授权超贷业务，套取虚构交易金额15%的资金，并收取手续费获利。周某甲给何某提供办理预授权交易的POS机，并与被告人蔡某某为何某提供虚构交易的资金，按所提供资金的金额收取利息获利。在此期间，何某、周某甲、蔡某某共计给周某乙、王某某等12个信用卡持卡人办理了超贷业务，非法套取超贷资金216.16万元。其中何某获利17000元，周某甲获利18000元，蔡某某获利37450元。上述指控，公诉人提供了证人证言，出示了书证等证据证实，由此认为，应当以非法经营罪追究三被告人的刑事责任。

被告人何某辩解称，起诉书指控其犯罪属实，其通过周某甲认识刘某甲后，向刘某甲借用POS机，并将POS机安装在掇刀南京路一个废弃的屋中使用，刘某甲

〔11〕湖北省荆门市掇刀区人民法院，（2015）鄂掇刀刑初字第00023号，2015年5月14日。

的银行卡和密码都在其手中,银行转账也是其操作的。蔡某某只是借款给其,借款目的以及犯罪他并不知情。第二次庭审时,被告人何某辩解称,其是为其他二被告人顶罪,其没有掌握操作技术,刷卡行为不是其完成的,持卡人不是通过其完成超贷业务,资金和POS机不是其提供的。其参与其中,只是做了部分业务。

被告人何某的辩护人提出,何某误认为预授权业务是合法的,其主观上无犯罪故意;超贷行为并没有给银行造成损失;起诉书指控的超贷金额部分证据不足;何某具有自首情节。

被告人周某甲辩解称,其只是介绍何某向刘某甲借用POS机,何某称其借POS机的目的是办理贷款,其只是借款给蔡某某收取利息,并未参与何某使用POS机的犯罪,也不懂POS机的预授权业务。第二次庭审时,被告人周某甲表示认罪。

被告人周某甲的辩护人提出,周某甲只是帮助何某借用POS机,与何某之间是民间借贷关系,不存在犯罪主观故意;银行系统存在漏洞,不能将因此造成的损失作为被告人犯罪金额;国家法律并无使用POS机的明文规定,被告人周某甲不存在违反国家规定的犯罪行为;周某甲具有自首情节。

被告人蔡某某辩解称,其提供资金给何某使用收取利息属实,但起诉书指控其参与POS机犯罪不属实,其不知情。第二次庭审时,被告人蔡某某表示认罪。

被告人蔡某某的辩护人提出,蔡某某只是提供资金,对虚构交易的事实并不明知;起诉书指控的超贷金额事实不清;三被告人的供述均与在公安机关的供述不一致,但符合情理,应当以三被告人当庭供述为准,故指控蔡某某犯罪证据不足;被告人蔡某某的行为没有违反国家规定,起诉书指控被告人犯非法经营罪的法律依据不足。

经审理查明,2013年12月,被告人何某发现利用POS机使用信用卡预授权交易功能,以虚构交易的方式给信用卡持卡人办理预授权超贷业务,可以套取信用卡可用额度15%的资金,遂与被告人蔡某某协商,由蔡某某提供资金和POS机二人共同办理预授权超贷业务。蔡某某表示资金可以提供,至于POS机建议何某向被告人周某甲提请帮助。何某遂向周某甲借用了以刘某甲名义办理的可预授权交易的一台POS机,并将POS机迁移至周某甲位于掇刀区南京路出租脚手架门店的二楼。后被告人周某甲与蔡某某为何某提供虚构交易的资金,何某利用POS机完成预授权超贷业务,交易资金到达与POS机对应的以刘某甲名义开户的汉口银行账户内,再由周某甲将借款本金和超贷资金分别转账处理,周某甲与蔡某某按所提供资金的金额从中收取利息获利。2013年12月至2014年1月,三被告人采用上述方式共计给周某乙、王某某、卞某某、梁某某、赵某、朱某某、孙某某等7名信用卡持卡人办理了超贷业务,非法套取超贷资金120万元。被告人周某甲和何某共同为持卡人周某丙办理超贷业务,非法套取超贷资金38.7万元,因无法办理银行分期贷款，周某丙已将套取资金全部归还银行。被告人何某和蔡某某共同为持卡人张某办理超贷业务，非法套取超贷资金1.8万元。被告人何某为持卡人代某某办理超贷业务，非法套取超贷资金10.1万元。在上述业务中，何某获利17000元，周某甲获利18000元，蔡某某获利37450元。案发后，各信用卡持卡人已与银行达成还款协议。蔡某某已向公安机关退缴全部违法所得。被告人何某、周某甲在审理中已退清违法所得。社区矫正机构建议对被告人周某甲、蔡某某适用社区矫正刑罚。

上述事实，有下列经庭审举证、质证的证据予以证实：……

以上证据来源合法，内容客观真实，且均经庭审质证，对其效力均予以确认。关于三被告人庭前供述的效力问题，根据最高人民法院、最高人民检察院、公安部《关于办理死刑案件审查判断证据若干问题的规定》第22条的规定，被告人庭前供述一致，庭审中翻供，但被告人不能合理说明翻供理由或者其辩解与全案证据相矛盾，而庭前供述与其他证据能够相互印证的，可以采信被告人庭前供述。本案中三被告人第一次庭审时否定庭前供述的理由是未经仔细查看笔录而签名，或者被迫签名，该所述情况和理由不能提供证据证实，不属非法证据的排除事由，且三被告人庭前供述能相互印证，而当庭翻供无合理理由，故本院对其庭前供述予以采信，并作为定案的根据。

本院认为，被告人何某、周某甲、蔡某某使用POS机，以虚构交易的方式向信用卡持卡人直接支付现金，情节严重，其行为均已构成非法经营罪。公诉机关指控的罪名成立。

关于公诉机关指控三被告人虚构交易为持卡人李某乙、黄某甲套取资金的事实，经查，三被告人并无供述为上述二人套取资金的事实，亦无证人李某乙的证言相印证，证人黄某甲虽提供证言，但其证实只是将信用卡交给了易某某，易某某如何操作其并不知情，而易某某在本案中并无作证，因此证明三被告人虚构交易为持卡人李某乙、黄某甲套取资金共计45万元的事实证据不足，不予采信。

关于公诉机关指控为周某丙、代某某、张某套取超贷资金系三被告人共同犯罪的行为。经查，周某丙、代某某、张某三人的业务均由何某办理，但周某丙系周某甲介绍，办理超贷业务所需资金是周某甲提供，张某系蔡某某介绍，所需资金由蔡某某提供，代某某的资金由本人提供，上述事实均有三被告人在侦查机关的供述及证人证言予以证实，并无证据证实系三被告人共同所为，故对公诉机关指控的该事实予以更正。

关于公诉机关指控三被告人为代某某、张某套取资金的金额。经查，代某某、张某的银行透支卡记录和被告人何某、蔡某某的供述以及证人张某的证言均能证实在本案中代某某的超贷资金为10.1万元，张某的超贷资金为1.8万元，故对公诉机关指控的该二项金额予以更正。

关于被告人何某辩解称犯罪行为全部为其所为和其只是参与，主要犯罪行为是其他二被告人所为的两种辩解意见。经查,三被告人在公安机关的供述能够相互印证,证实何某持POS机完成刷卡超贷业务,周某甲掌握银行卡完成转账,蔡某某和周某甲提供周转资金,三被告人乃相互分工合作完成整个犯罪。被告人何某的两种辩解意见均无证据支持,不予采纳。

被告人何某的辩护人提出"何某误认为预授权业务是合法的,其主观上无犯罪故意"的辩护意见。经查,预授权业务本身是合法业务,允许行为人在一定条件下可以消费超过信用卡可用额度的资金,但必须以真实交易为前提,本案被告人何某利用POS机完成虚构交易的业务明显违背使用POS机的结算目的,何某主观上对虚构交易的事实是明知故犯,至于何某主观上是否认识到虚构交易套取资金是违法犯罪行为并不影响犯罪的成立,故对该辩护意见不予采纳。

被告人何某的辩护人提出"超贷行为并没有给银行造成损失"的辩护意见。经查,使用POS机以虚构交易的方式向持卡人直接支付现金,数额在100万元以上,或者造成金融机构资金20万元以上逾期未还,或者造成金融机构经济损失10万元以上的,均可构成本罪。本案中,各信用卡持卡人或已还款,或在案发后与银行达成还款协议,因此金融机构的损失金额未作统计,但并非没有造成金融机构的损失,且本案定罪是以行为人向持卡人直接支付现金的金额为标准,与金融机构的损失金额没有关联,故该辩护意见不能成立,不予采纳。

被告人周某甲的辩护人提出"周某甲只是帮助何某借用POS机,与何某之间是民间借贷关系,主观上无犯罪故意"的辩护意见。经查,在本案中周某甲除帮助何某借用POS机外,还提供资金帮助完成交易并收取利息获利,资金到账后又作转账处理,其作为虚构交易的相对方,对完成犯罪有着不可或缺的作用,且其主观上对虚构交易的事实是明知的,这些事实均有三被告人在侦查机关的供述及证人刘某甲的证言予以证实,故该辩护意见不能成立,不予采纳。

被告人蔡某某及其辩护人提出"蔡某某只是提供资金,对虚构交易的事实并不明知"的辩解、辩护意见。经查,被告人蔡某某提供资金进行预授权业务,但其提供的资金并未发生真实交易,且交易完成后,资金又通过交易对方的账号流回其账户,在这个过程中,虚构交易的事实明显存在,不因蔡某某未有认识即不存在,且三被告人在侦查机关的供述能够相互印证证实蔡某某对虚构交易的事实是明知的,故该辩解、辩护意见不能成立,不予采纳。

被告人周某甲的辩护人提出"银行系统存在漏洞,不能将因此造成的损失作为被告人犯罪金额"的辩护意见。经查,本案系三被告人利用POS机虚构交易,从而套取资金,虚构交易才是套取资金的根本和基础,与银行系统的漏洞没有关系,故对辩护人的该辩护意见不予采纳。

被告人周某甲的辩护人提出"国家法律并无使用POS机的明文规定,被告人周某甲不存在违反国家规定的犯罪行为”，以及被告人蔡某某的辩护人提出“被告人蔡某某的行为没有违反国家规定，起诉书指控被告人犯非法经营罪的法律依据不足”的辩护意见。经查，关于国家规定，是指全国人民代表大会及其常务委员会制定的法律和决定，国务院制定的行政法规、规定的行政措施、发布的决定和命令。中国人民银行《支付结算办法》第6条规定，银行是支付结算和资金清算的中介机构，未经中国人民银行批准的非银行金融机构和其他单位不得作为中介机构经营支付结算业务，但法律、行政法规另有规定的除外。《刑法》第225条第3项规定，违反国家规定非法从事资金支付结算业务的行为系非法经营行为。本案中的POS(point of sales)的中文意思是“销售点”，全称是销售点情报管理系统，是商场、超市等商品销售或服务单位经常使用的一种销售点终端结算设备，可以实现银行卡消费结算功能，但本质上作为消费结算，不能向消费对方支付现金。上述《支付结算办法》即为国家规定，违反规定向银行卡持卡人支付现金即非法从事支付结算业务。因此，最高人民法院、最高人民检察院《关于办理妨害信用卡管理刑事案件具体应用法律若干问题的解释》第7条规定，违反国家规定，使用销售点终端机具(POS机)等方法，以虚构交易、虚开价格、现金退货等方式向信用卡持卡人直接支付现金，情节严重的，应当依据《刑法》第225条的规定，以非法经营罪定罪处罚。该司法解释是具有普遍效力的解释，在实践中能指导司法机关正确适用刑法。以上的部门规章、刑法及司法解释均是本案的法律依据，故被告人周某甲、蔡某某的辩护人的辩护意见不能成立，不予采纳。

关于三被告人的自首情节。经查，三被告人均有主动投案的情节，但在庭审中被告人何某推翻了其在侦查阶段的供述，被告人周某甲、蔡某某在庭审时翻供，但在一审判决前又能如实供述，因此被告人何某不能认定为自首，被告人周某甲、蔡某某应当认定为自首，可以从轻处罚。

综上，判决如下：被告人何某犯非法经营罪，判处有期徒刑10个月，并处罚金4万元；被告人周某甲、蔡某某犯非法经营罪，各判处有期徒刑6个月，缓刑1年，并处罚金4万元。

九、自白补强规则

我国《刑事诉讼法》第55条第1款规定：“……只有被告人供述，没有其他证据的，不能认定被告人有罪和处以刑罚；没有被告人供述，证据确实、充分的，可以认定被告人有罪和处以刑罚。”该规定既是对被告人供述证明力的限制，也是对定罪的证明标准附加的一个条件，因此既是一个证明力规则，也是一个证明标准规则。但总体上，上述规定应当理解为证明标准规则。因此，本书将在证明标准一章对上述规定的含义加以探讨。

第十五章　证 明 标 准

本章讨论证明标准问题。该问题由于延伸至认识论哲学领域，成为众多学者展示才华的阵地。同时，也正是因为其延伸的范围过于难以把握，一不小心就有可能滑入形而上学的泥淖，所以在以经验主义、实用主义和自由主义为基本特征的英美法系，过去对这个问题罕有研究者涉足。但在司法实务中，有关证明标准的判例却十分丰富。在刑事诉讼领域，随着 2012 年《刑事诉讼法》的修正，明确将"排除合理怀疑"作为指控犯罪的证明标准；英美司法中关于排除合理怀疑含义的界定，对我国司法实务尤其具有借鉴意义。在民事诉讼领域，我国也有案例明确认为，民事诉讼证明标准不同于刑事诉讼；英美民事诉讼中有关证明标准的表述及其含义，对我国民事诉讼证明标准的进一步明确，也有相当的借鉴价值。

本章第一节介绍证明标准的含义、证明标准的本质和证明标准的表述；第二节介绍刑事诉讼中的证明标准，重点阐述排除合理怀疑的适用、"案件事实清楚、证据确实充分"的含义、口供补强规则、"孤证不能定案"，以及辩护主张的证明标准；第三节讨论民事诉讼中的证明标准。

第一节　证明标准概述

一、证明标准的含义

证明标准就是指承担证明责任的当事方为完成其证明责任、避免承担其主张不能成立之后果而对其主张应当予以证明，从而使法官对其主张之事实产生确信的程度。诚如墨菲所言，证明标准是指证据对于事实裁判者所能产生的对法庭事实的主观印象所必须达到的确定性或可能性程度，是承担证明责任之当事人为赢得案件，或者为获得某一特定事项之有利裁决，而必须将事实裁判者说服的程度。[1] 因此，它一方面属于证明责任制度的内在组成部分，另一方面体现了证据法对于证据在质量和数量方面的要求。

二、证明标准的本质

证明标准虽然是证明责任法对于举证方在证据质量和数量方面的要求，但这种要求却不是直接针对证据而提出，而是针对法官内心确信的程度而提出。它要求的是举证方对于其证据在说服法官相信其所主张的事实存在方面应当达到的程度。因此，证明标准表述的是人类对于某种特定主张确信的程度。就当事人的角度而言，它是当事人使法官产生确信的一种任务；就法官的角度而言，它是法官对事实之有无的一种心理状态。法律所要求法官对当事人所主张事实之有无必须达到的确信程度，就是当事人承担的证明责任所必须达到的证明标准。因此，证明标准在本质上是关于过去事实存在与否的一种确定性程度，在西方通常被称为可能性或者盖然性程度。

可能性、盖然性，就是确定性。确定性与可能性可以说是同一事物的两个方面：一个事实在人们心中具有多大的确定性，它也就在实际上有多大的存在可能性。但是"可能性"一词通常给人以不确定的感觉，并且推测的成分比较明显；虽然诉讼通常也是对过去事实的推测，但是推测的结果总会以一定的确定性出现。因此，以"确定性"一词作为证明标准的内容，显得更为直观，同时也可以避免"可能性"与概率论之间的关系之争。诚如科耶所言：法律家通常是语言家，却不是计算家，因此，将证据量化或数字化长期以来困扰着法律这一行业。[2] 以"确定性"来代替"可能性"，或许是摆脱困扰的明智之举。

在将证明标准的内容解析为确定性的前提下，仍然必须解决确定性程度的问题。正是因为人们对事物之存在有信念上的强弱之分，所以才会产生诉讼上的证明标准问题。必须指出的是，虽然可以以百分比来形容法官确信之程度，但在实践中，确定性却无法以百分比加以描述。因为人类信念的强弱程度虽然也可以用"比较确信""绝对不信""绝对确信"等形容词加以修饰，但却无法以精确数字加以描述，有时候甚至"只能意会，不能言传"。因此，凡是试图以数学上之精确表述来形容诉讼上之证明程度的企图，到最后可能都会成为泡影。

三、证明标准的表述

人类确信的程度可以分为无数个等级，但并不是说这些关于确信程度的说

---

〔1〕 Peter Murphy, *Murphy on Evidence*, Blackstone Press Limited, 7th Edition, 2000, p. 119.

〔2〕 Kaye, Laws of Probability, in Peter Muphy, *supra* note 2, p. 529.

法均属于法律所规定的证明标准。事实上，证明标准的说法在英美的证据法中通常只适用于审判的场合，也就是只适用于存在正式证明的场合。在美国法上经常提到的有关证明标准的表述主要为三种：优势证明、清晰可信的证明和排除合理怀疑的证明。[3] 其他六种说法与其说是证明标准，不如说是采取特定法律行动需要的内心确信程度。严格说来它们并不属于证明标准的范畴。当然，不排除在未来的立法中可能将其中某些表述作为某些诉讼中的证明标准加以规定。

第二节　刑事诉讼中的证明标准

刑事诉讼和民事诉讼、行政诉讼中的证明标准存在一些显著的差异。本节对刑事诉讼中的证明标准进行阐述。我国刑事诉讼对于定罪的证明标准历来采用"案件事实清楚，证据确实、充分"的表述，理论界甚至一度排斥"排除合理怀疑"这一表述。但2012年修正的《刑事诉讼法》还是在原来"案件事实清楚，证据确实、充分"的基础上，加入了"排除合理怀疑"这一因素。2018年《刑事诉讼法》延续了2012年《刑事诉讼法》的规定。本书认为，排除合理怀疑和案件事实清楚，证据确实、充分是一个事物的两个方面。但出于结构上的考虑，本节将首先讨论"排除合理怀疑"这一表述，之后再单独讨论"案件事实清楚，证据确实、充分"这一表述。除以上表述之外，刑事诉讼中还存在口供的补强规则，以及对辩方所主张的事实应当达到的证明要求，本节亦分别进行探讨。另外，理论上有所谓"孤证不能定案"的说法，本节将在最后一部分予以介绍和评论。

一、排除合理怀疑

刑事诉讼中犯罪的证明标准为排除合理怀疑。排除合理怀疑的说法起源于18世纪，而且一开始仅适用于刑事诉讼中的死刑案件。它经历了从"清晰的印象""理性的怀疑"等阶段，最后才成长并固定为"排除合理怀疑"这一表述。[4]

对于排除合理怀疑证明标准的含义，英国的一个判例说道："合理的怀疑就

---

〔3〕 Kevin M. Clermont, *Standards of Proof Revisited*, 33 Vermont Law Review Spring, 2009, p. 469.

〔4〕 John Henry Wigmore, *Evidence In Trials at Common Law*, Vol. Ⅷ, Peter Tillers Rev., Little, Brown and Company, Boston, 1983, p. 405; Barbara J. Shapiro, *Beyond Reasonable Doubt and Probable Cause: Historical Perspectives on the Anglo-American Law of Evidence*, University of California Press, London, 1991, p. 3-25.

是当你在处理一件你自己的重要事情时你能够允许它这样或那样来影响你作出决定的怀疑。"[5]但在大多数案件中,法官都被建议不要试图对"确信"(sure)或"合理怀疑"的含义给予任何注释性的界定。在其中一个判例中,上诉法院明确指出:如果法官停止对那些不可能定义的事项加以界定,他们的裁决被上诉的可能性将会大大降低。[6]

在美国,人们通常习惯于引用马州首席大法官肖恩在韦伯斯特谋杀帕克曼一案中的说法:"合理怀疑就是指,在对全部证据进行完全的比较和思量之后,在这种状态下陪审员脑海里留下的印象是,他们不能说他们感觉到,对于指控的事实真相,有必要将被告人予以定罪,达到如此的确定……证据必须将事实证明到理性的和盖然性的确定性——这是一种能够说服和指示理解能力,并且满足理性和判断力的确定性……只有这样我们才能说达到了排除合理怀疑的证明。"[7]关于合理怀疑的种种说法,也许并不能帮助我们理解什么是合理怀疑。但通过案例,我们或许可以揭示排除合理怀疑这一证明标准确立与发展的历史,并梳理其可能的内涵与意义。

| 案例 15.01 | "排除合理怀疑"的含义:维克多诉内布拉斯加州[8]

第一被告人维克多在道格拉斯县的地方法院被判犯有一级谋杀罪,被判处死刑。经直接上诉,内布拉斯加州最高法院维持原判。第一被告人向最高法院提请上诉。

第二被告人桑多瓦尔在洛杉矶县高级法院被判犯有四项一级谋杀罪,被判处死刑。经直接上诉,加利福尼亚州最高法院维持原判。第二被告人向美国联邦最高法院提请上诉。[9]

美国联邦最高法院一致认为,法官给陪审团的指示中对"合理怀疑"(reasonable doubt)的定义,并未违反正当程序条款。判决维持。

奥康纳大法官代表全体法官(一致通过)发表意见。

桑多瓦尔和维克多的上诉请求,均认为法官给陪审团提供的固定模式的指示内容中,所包含的对"合理怀疑"的定义违反了正当程序原则,加利福尼亚州和内布拉斯加州最高法院分别驳回了二者的请求。根据温西普一案(397 U. S. 358,90 S.

---

[5] Walters v. R. [1969] 2 A. C. 26, PC; 相同的指示出现在 R. v Gray (1973) 58 Cr. App. R. 177。

[6] R. v. Ching, (1976) 63 Cr. App. R. 7.

[7] Commonwealth v. Webster, 59 Mass (5 Cush.) 295, 1850.

[8] Victor v. Nebraska, 511 U. S. 1, 1994.

[9] 本案是美国联邦最高法院将两个案件合并审理的案件,引用时标注为维克多诉内布拉斯加案,类似于米兰达诉加利福尼亚案(米兰达案是四个案件合并审理的案件)。

Ct),政府对所控的犯罪的每一项犯罪构成内容的证明都必须达到排除合理怀疑的证明标准。虽然这个标准是刑事司法制度中古老而享有荣誉一个内容,但却不容易解释。鉴于本案,法院认为这两个案件中的陪审团指示对“合理怀疑”的定义具有合宪性。

排除合理怀疑的证明标准是正当程序的要求,但“宪法”既不禁止法院对“合理怀疑”进行定义,也不要求他们这样做。可参见胡普特诉犹他州案(120 US7 S. Ct.)。事实上,宪法只要求法庭指示陪审团有必要证明被告的罪责超出合理怀疑,可参见杰克逊诉弗吉尼亚州案[443 US S. Ct. (1979)],并不要求将任何特定形式的词语提供给陪审团来说明政府的举证责任。可参见泰特诉肯图克案[436 U. S. S. Ct. (1978)]。相反,“作为一个整体,指示(必须)正确地把合理怀疑的概念传达给陪审团。”可参见荷兰诉美国案[348 U. S. S. Ct. (1954)]。

只有一种情况,法院认为对合理怀疑的定义违反了正当程序条款。那就是凯奇案[Cage v. Louisiana,498 U. S. 39,40,111 S. Ct. (1990)],该案的陪审员被告知:“(一个合理怀疑)是建立在一个真实的实质基础之上,而不仅仅是夸张和猜想。这样的疑问会引起严重的不确定性,并且由于证据不合格或缺乏的原因而引起注意。一个合理的怀疑不仅仅是一种可能的怀疑。这是一个实际的实质性的怀疑。毫无疑问,一个理性的人能够认真考虑这种怀疑。这种怀疑,所需要的不是绝对的或数学上的确定性,而是一种道德上的确定性(moral certainty)。”

本院认为,该陪审团指令中被重点突出的那些部分使其违宪:“根据人们的普遍理解,‘实际’和‘实质性’的怀疑比判定无罪所要求的‘合理怀疑’的程度更高。当这些指示指向‘道德确定性’而不是证据确定性时,可以清楚地看出,理性的陪审员可以将该指示理解为允许根据低于正当程序条款规定的证明标准来定罪。”

根据荷兰德一案(348 US 75 S. Ct.),美国宪法并未规定只能用任何特定形式的词语向陪审团说明政府的举证责任,只要陪审团指示“整体上正确地表达了合理怀疑的概念”即可。在凯奇案中,法院驳回指控时说明,除其他事项外,合理怀疑“必须是如此……以至于会导致严重的不确定性”,“是一个实质性的怀疑”,并且要求“道德上的确定性”;法院认为一个公道的陪审员可以通过解读该指示,从而作出一个基于低于宪法要求的证据标准的有罪认定。但是,在艾斯特勒诉麦克谷瑞案(502 US 112 S. Ct.)中,法院明确表示,要判断给陪审团的指示是否适当,要考虑的问题不在于这个指示是否“可能”被违宪地应用,而在于陪审团是否具有合理的可能性“违宪地应用该指示”。

本案中的宪法问题是,陪审团是否有合理的可能性,会把这个指示理解为可以在证据不足以满足温西普标准的情况下定罪。尽管有其他法院在处理类似的陪审团指示时,认为那些指示违反了“正当程序条款”,可参见州诉布雷恩特案[334 N.

C. S. E. 2d (1993)]；莫里诉斯特博格案[828 F. Supp (Neb. 1993)]；本院认为内布拉斯加州和加利福尼亚州最高法院作出的这些陪审团指示是符合宪法的。

本院认为，本案给陪审团的指示，整体而言，正确地传达了"合理怀疑"的概念，没有合理的可能性会认为这些指示是允许陪审团在低于温西普标准的情况下定罪。

桑多瓦尔案

1984年10月14日，请愿人桑多瓦尔在洛杉矶的一起帮派事件中，开枪射击了三名男子，其中两人死亡。另外一名男子向警方通报了这起谋杀事件。大约两周后，桑多瓦尔进入那名男子的家，开枪射杀了他。因为那名男子的妻子看到了这一幕，所以桑多瓦尔把他的妻子也杀害了。桑多瓦尔被判四项一级谋杀罪。陪审团认定，桑多瓦尔亲自使用枪支实施了这四个谋杀罪，并对多起谋杀的特殊情况进行了认定。桑多瓦尔因谋杀那名女子而被判死刑，并因为其他三起谋杀罪而不得假释。1992年，加利福尼亚州最高法院维持了定罪和判决。

本案争议焦点如下。

1. 以"道德确定性"来修饰"合理怀疑"是否导致了低于排除合理怀疑的证明标准？桑多瓦尔案中的陪审团指示，给出了"合理怀疑"的定义，其中包含"不能仅仅是可能的怀疑"，而是"依赖于道德证据的怀疑"，这些怀疑致使陪审员对定罪指控的事实缺乏"道德上的确定性"。

桑多瓦尔认为，本案中，初审法院给陪审团作出的关于政府举证责任的说明，违反了正当程序原则，尤其是被重点突出显示的那些部分如下："刑事诉讼中，被告首先被推定为无罪，除非有相反的证据证明被告有罪；如果对他有罪的证明存在'合理怀疑'而令人无法满意，那么，他有权被判定为无罪。在无罪推定的原则下，政府承担着将一个犯罪证明到排除合理怀疑的程度的证明责任。""合理怀疑的定义如下：这不仅仅是可能的疑问，因为与人类事务有关的一切，同时取决于盖然性的证据，都面临着一些可能或假想的怀疑。在整体上比较和考虑所有证据之后，陪审员的头脑里留下的是，对指控犯罪的事实所形成的定罪确信，无法达到道德上的确定性。"

本案中的陪审团指示，可以追溯到一个多世纪前由马萨诸塞州最高法院的首席大法官肖恩在韦伯斯特一案[Commonwealth v. Webster, 59 Mass. 295, 320 (1850)]中所作的陪审团指示："什么是合理怀疑？这个经常使用的术语很好理解，但很难定义。这不仅仅是可能的怀疑；因为与人类事务有关的一切，同时依赖于盖然性证据，都面临着某种可能的或虚构的怀疑。通过整体上比较和考虑所有证据之后，陪审员的头脑里留下的是，对指控犯罪的事实所形成的定罪确信，无法达到道德上的确定性。所有法律独立于证据之外，都青睐于无罪推定；每个人在被证明有罪之前都被认为是无辜的。如果对证据存在合理怀疑,被告就有权获得无罪释放。如果是基于概率的观点将犯罪证明到一个可能的程度,哪怕这种可能性具有很高的概率从而说明指控的事实很可能存在而非不存在,这仍不够;关于指控事实的证据必须达到一种合理的确定性和道德上的确定性,这种确定性可以说服并指导那些具有良知的陪审员理解并认可那些说理和判断。我们认为这就是排除合理怀疑的证明标准。"

在人民诉斯庄案(1866)中,加利福尼亚州最高法院将韦伯斯特指示称为"在所有刑事判例中,对'合理怀疑'这个词做出的最令人满意的定义"。事实上,加利福尼亚州立法会已指示:"法院可以向陪审团阅读本指示,不再需要就无罪推定或确定合理怀疑作进一步指示。"在本案中,法院给桑多瓦尔的陪审团作出了法定指示。

尽管在人民诉布瑞汉姆案中,加利福尼亚州的陪审团指示遭到批评,但是批评的重点在于是否应当将该指示进行立法规范,而不是批评该指示违反了宪法。

桑多瓦尔的主要反对意见是该指示中使用了"盖然性证据"和"道德确定性"。如上所述,这部分内容是从首席法官肖恩的韦伯斯特指示中逐字引用的;如果对该指示的历史背景有一些了解,则有助于评估该指示的持续有效性。

(美利坚)共和国成立之初,律师从17世纪和18世纪的哲学家和历史学家那儿借鉴了"盖然性证据"的概念。詹姆斯·威尔逊(James Wilson)在制定宪法方面发挥了重要作用,并担任了最高法院的原始成员之一,在1790年的法律讲座中,他解释说:"证据分为两种——证明性的和盖然性的。"他还进一步解释说:"证明性证据用来说明抽象的必然的真理,或者观点之间不可改变的关系;盖然性证据则用来说明和从现实之中产生的真实的偶然的真理和联系。"

……

"在盖然性证据中,不仅可能而且通常存在相反的证据;而在证明性证据中,不可能存在这种矛盾的证据。假设可以同时存在两个相反的证明,就等于假定同样的命题既是真实的,又是虚假的:这显然是荒谬的。关于盖然性证据,大部分情况下,对立双方的证据都是真实的;必须对这些相反的推测、相反的证词、相反的经验进行一种平衡考量。"

在19世纪当时有一篇重要的论文谈道:"事实问题仅依赖于盖然性证据得到证明……在普通的生活事务中,通常不需要证明性证据,而且在这些情况下坚持证明性证据,既不合理,又很荒谬。"[S. Greenleaf,证据法3-4(第13版),1876]

"道德确定性"这个词与盖然性证据共享一个认识论谱系。基于这些证据的考量,道德确定性是最高程度的确信。威尔逊在他1790年的演讲中指出:"在一系列盖然性证据中,推论不必经过几个步骤;很可能存在的情况是,推论的前提是真实的,而从中推理得出的结论却是虚假的。""……在道德性证据中,我们不知不觉地建立了一些层次，从可能性到较高概率性，从高概率性上升到最高程度的道德确定性。”

至少有一篇早期论文明确地将道德上的确定性与排除合理怀疑的证明相等同：“证据使陪审团的头脑中对争议的事实形成了一种满足（的确信），完全排除了一切合理的怀疑，构成了对事实的完全的证明……即使是最直接的证据，也只能产生如此高的可能性，这等同于道德确定性。这种确信可以从最高程度，一直经过无数次的下降，直到它在心灵中产生的只不过是赞成特定事实的优势可能性。”[T. Starkie，Law of Evidence 478 2d ed.（1833）]

因此，当首席大法官肖恩在1850年提出韦伯斯特的指示时，道德确定意味着对某种事件或事件的主观认定状态。正如马萨诸塞州最高法院随后解释的：“排除合理怀疑的证明标准……是证明达到了道德上的确定性”，从而区别于绝对确定性。在适用于对犯罪进行的司法审判时，这两处是同义词和等同词。这两个短语都曾被法官们用来给彼此的含义作出一种互相解释。每个短语本身都可以表示（对案件的证明）使具有判断力和良知的陪审团获得了确信，让他们通过理性地分析面前的指控被告人犯罪的证据，不再怀疑存在任何其他合理的可能性。[联邦诉卡斯特雷案（118 Mass，1875）]

事实上，“道德确定性”是“超出合理怀疑”的等价词。

当然，我们认识到，“盖然性证据”这个词不是现代的主流词汇，尽管法院认为它现在的含义与19世纪时的含义并没有什么不同。少数现代词典对盖然性证据作出了定义，与其原始含义一致。例如，《韦伯斯特新二十世纪词典》（1979年第2版）——“基于对人的一般观察，等等，而非证明性的”；《柯林斯英文字典》（1991年第3版）与《牛津英语词典》（1989年第2版）也作出了类似的定义。

此外，本案的指示本身也给出了短语的定义。陪审团被告知，“与人类事务有关的一切，依赖于盖然性证据，都是面临某种可能或虚构的怀疑”，换句话说，绝对的确定性在与人事有关的事项上是无法实现的。在这句话中，盖然性证据只能表示提供证据证明这些事实的经验证据，即审判时提供的证据。

桑多瓦尔案中的其他指示强调了这一结论。法官告知陪审员，他们的职责是“根据审判中收到的证据而不是从任何其他来源确定案件的事实”。法官继续说：“证据包括证人、文字、物质或提供给感官的任何证据，用以证明存在或不存在某个事实。”法官还告诉陪审员“你们不能因为对被告人的怜悯或对他的偏见而受到影响”，而且“不应该仅仅通过情感、猜想、同情、激情、偏见、舆论或公众的感觉来做判断”。这些指示正确地指出了陪审员应该注意他们面前案件的事实，而不是（桑多瓦尔认为）桑多瓦尔的犯罪行为的伦理或道德性质。因此，我们认为这里使用了盖然性证据并无不妥。

2. 陪审团指示中使用19世纪的“盖然性证据”和“道德确定性”这些词,是否导致该陪审团指示违宪?该意见被法院拒绝。虽然这些短语不是主流的现代词汇,但是它们在今天的含义与其原始意义是一致的:基于对人的一般观察获得的证据,而不是基于论证获得。在这里使用的这些词汇没有任何问题,因为该指示正确地指出了陪审员要注意的是案件的事实,而不是(如桑多瓦尔认为)该犯罪行为的道德性质。例如,该指示宣称,“与人类事务有关的一切,依赖于盖然性证据,都面临着某些可能的或想象的怀疑”,盖然性证据只能意味着在审判中提供的与人事有关的实证证据。同样,“道德确定性”可能不会被现代陪审员们认为是“超出合理怀疑的证据”的同义词。但是,因为它与定罪的语言结合在一起使用,必定会被陪审团视为是要求他们对定罪达到一个接近于确定的主观状态(可参见杰克逊诉弗吉尼亚州案,443 S. Ct.),所以他们不会认为这是邀请他们去按照一个低于宪法规定的证明标准来定罪。此外,与凯奇案的情况相反,要说陪审团会因此就认为道德确定性与案件中的证据相分离,其实并不存在这种合理的可能性,因为该指示明确告诉陪审员,他们的结论是建立在证据的基础之上。因此,虽然法院难以宽恕该指示使用了过时的“道德确定性”的短语,但是我们不认为在整个指示中使用这一术语违反了宪法。

桑多瓦尔提出“道德确定性”一词已经失去了其历史意义,现代陪审团将会理解为允许低于排除合理怀疑标准的证据。词语和短语会随着时间的推移而改变意义:在1850年通常容易理解的一段话可能对现代陪审员来说是不可理解的或混乱的。虽然一些现代词典包含了类似于19世纪理解的道德确定性的定义,但是我们愿意接受桑多瓦尔的质疑,即“道德确定性”独立,可能不被现代陪审员认可作为“排除合理怀疑的证据”的同义词。但是,加利福尼亚州法院作出的陪审团指示并不一定因此就被认定为违宪。

首先,桑多瓦尔认为,现代陪审员将道德确定性理解为低于超出合理怀疑的标准。为了支持这一主张,桑多瓦尔指出了一些当代词典的定义。例如,《韦伯斯特新二十世纪词典》——“基于强大的可能性”;《随机家庭英语词典》——“以令人信服的理由为依据”。但是,正如温西普案,我们认为排除合理的怀疑标准本身就是概率性的。“在一个司法诉讼中,针对一些有争议的事实,对于发生了的事情不能获得无可争议的准确认知。相反,所有的事实都可以获得发生与否的确信。”问题不在于把可能性理解为道德确定性,而是陪审团可能会怎么理解这个短语,他们是否会理解这个短语的意思是宪法要求在刑事案件中证明标准要达到一个非常高的可能性。

尽管在这个方面,道德确定性在抽象上是模棱两可的,但本案中法官给出的其他指导意见说明了这个词的含义。陪审员被告知,他们对所指控的犯罪必须有“一个坚定的信念,一个道德上的确定性”。法官已经告诉陪审团,有关人类事务的证据是盖然性证据,道德确定性只能意味着对人类事务的确定性。因此,我们拒绝桑多瓦尔的观点,不认为使用该道德确定性的词语违反了正当程序条款。

其次,桑多瓦尔认为,该陪审团指示要求对被告人的罪行有较高的信心,这将导致即使政府没有履行到排除合理怀疑的证明责任,陪审员也可能确信被告有罪。

法院认为,道德确定性不能与其周围环境隔离。本案和凯奇案不同,本案的陪审团被告知,排除合理怀疑是“在整个比较和考虑所有证据之后,他们对案件定罪的确信达到了道德上的确定性”。因此,该指示明确告知陪审员,他们的结论必须以该案的证据为依据。其他说明强化了这个信息。因此,没有合理的可能性会导致陪审团认为道德确定性与案件中的证据不相符合。

本院认为,陪审团不大可能将“道德确定性”理解为是建议低于正当程序要求的证明标准,或允许他们按照除政府证明的事实以外的因素定罪。但同时,我们也不会宽恕使用这个词。由于道德确定性的现代词典定义证明,该词的常用含义自在韦伯斯特教义中被使用以来已经发生了变化,并且可能会继续保持下去,以至于它与温西普标准相冲突。的确,在美国联邦法院最广泛使用的合理怀疑的定义中不包含任何道德上的确定性。但是,美国联邦最高法院对州法院没有监督权力,在整个指示的范围内,我们不能说使用这个短语导致桑多瓦尔案中的陪审团指示违反宪法。

最后,桑多瓦尔反对法官指示陪审团,“合理怀疑‘不仅仅是可能的怀疑’”。凯奇案的指示中包含几乎相同的内容,但是我们从未认为这部分内容有什么不妥。正如在杰克逊诉弗吉尼亚州案(317 99 S. Ct.)中,我们认为,最起码而言,合理怀疑是基于“理性”的。一个奇怪的怀疑不是合理怀疑。桑多瓦尔的辩护律师告诉陪审团:“任何事情都存在可能性……一颗行星可以由蓝色的奶酪制成。但是,这真的不在我们讨论的范围之内。”这句话使用的“可能”的含义从最后一句中得到了明确的说明,任何事情“都面临着某种可能或想象的怀疑”。因此,我们拒绝桑多瓦尔的这一质疑。

维克多案

1987 年 12 月 26 日,上诉人维克多去了 82 岁老妇人奥马哈的家,他偶尔为她做园艺工作。从一进门,他就用管子打她,用刀割她的喉咙,最后杀了她。维克多被判一级谋杀罪。三名法官组成的审判庭发现维克多曾经因谋杀罪被定罪,而本案中的谋杀行为特别恶毒、凶暴、残忍,这些都属于法定的加重情节。法庭裁定没有法定的减轻情节,最终判处维克多死刑。1991 年,内布拉斯加州最高法院维持了定罪和判决。

本案的争议焦点如下。

1. 维克多案中,法官给陪审团的指示中给出了“合理怀疑”的定义,其中包含:一个(合理)怀疑将不允许对被告判定有罪;对被告人有罪的认定要达到“道德上的确定性”;“实际和实质的怀疑”并不因为案件的“强大可能性”而遭到排除。

维克多的主要争议在于,认为该陪审团指示将“合理怀疑”与“实质性怀疑”等同,是夸大了认定无罪所需要的怀疑程度;该主张被法院拒绝。法院认为只要通过这个指示的上下文的有关短语,就可以消除任何歧义:针对维克多案,法院对陪审团的指示旋即将“实际和实质性怀疑”从一个“仅仅是可能性,从虚幻的想象力或从奇特的猜想”所具有的怀疑中区分开来,从而告知陪审团“合理的怀疑”不是一种臆测;这种说法简直无懈可击(参见凯奇案)。此外,这一指示定义了“合理怀疑”,并选择性地认为,这种怀疑会使理性的人对是否采取行动产生犹豫,法院已经反复支持了这种表述,并且给出了一个共同的基准,从而来确定合理怀疑需要达到怎样的实质性程度。

在维克多的审判中,法官指示陪审团说:“‘合理怀疑’是这样的一种怀疑,会使一个合理谨慎的人,在面对一个更严重更重要的关涉生活的事务时,在相信这些证据所代表的事实是真实的并准备依赖它采取行动之前,会产生暂停和犹豫。毫无疑问,在对所有证据进行全面、公正和不偏不倚的审议后,这种怀疑不允许你们对定罪形成一种道德上的确定性。同时,这种怀疑不需要达到绝对的或数学上的确定性。你们可能相信一个排除了合理怀疑的事实是真相,但是你们要充分意识到你们可能产生误会。你们可能会因为案件具有很高的可能性而认定被告有罪,只要这种可能性足够强大,以至于排除了任何对他有罪的怀疑。合理怀疑是基于证据而合理产生的实际的和实质性的疑问,这源于证据显示的事实或情况或政府缺乏证据,区别于仅仅依赖可能性、纯粹的想象力或者奇特的猜想而产生的怀疑。”

维克多案中的陪审团指示的渊源可以追溯到两类案件:一是大部分内容来自韦伯斯特案指示;二是其余的来自一系列根据“实际怀疑”所作的陪审团指示,使合理的人对采取行动产生犹豫。[10] 1968 年,内布拉斯加州最高法院任命的委员会制定了规范版的陪审团的指示,正是维克多法院使用的指示。

维克多的主要论点是,将“合理怀疑”与“实质性怀疑”等同,夸大了无罪所必需的怀疑程度。我们同意这个句子结构存在一些问题。根据韦伯斯特的第三个新的国际字典:一方面,“实质”是指“并非好像的或想象的”;另一方面,它意味着“在很大程度上被认定”。前一种解释是无懈可击的,但是,后一种解释可能意味着提出了比温西普标准下对无罪的怀疑更高的要求。然而,我们通过语境可以消除任何歧义:“合理怀疑是一个实际和实质性的疑问,区别于仅仅依赖可能性、纯粹的想象

---

〔10〕 原文注释:Whitney v. State, 53 Neb. 287, 298, 73 N. W. 696, 699, 1898; Willis v. State, 43 Neb. 102, 110 – 111, 61 N. W. 254, 256, 1894; Polin v. State, 14 Neb. 540, 546 – 547, 16 N. W. 898, 900 – 901, 1883。

力或者奇特的猜想而产生的怀疑。”

凯奇案的陪审团指示中没有明确区分一个明显的怀疑和一个奇特的猜想。在这种情况下,我们确实认为:“按照普遍理解,‘实质的’和‘严重的’怀疑是比合理怀疑标准下的无罪所要求的怀疑程度更高。”但是我们并不认为仅仅使用了实质性怀疑一次就足以使本案的陪审团指示违宪(参见泰勒诉肯塔基州案,“将合理怀疑定义为一个重大疑问,尽管也许它本身是不可逆的错误,但经常被批评为混乱”)。相反,我们担心陪审团会将上述“严重不确定性”同时解释为“大量疑虑”一词,导致对无罪所必需的怀疑被夸大。在维克多案给出的指示中,上下文清楚地表明,“实质”在存在的意义上而不是怀疑的程度上被使用,本案中不必担心类似问题。

无论如何,该指示提供了合理怀疑的另一种定义:怀疑会导致合理的人对行动产生犹豫。我们反复批准过这种表述,可参见荷兰案(348 U. S. 75 S. Ct.)并比照胡普诉犹他州案(120 US 7 S. Ct.),而在“实质”一词表示无罪所必需的怀疑量化的程度上,让行动产生犹豫作为标准,为这种怀疑需要达到何种程度给出了一个基于常识的标志性的感觉基准。因此,我们不认为陪审团可能会把这项指示理解为任何一种非合理的怀疑。

2. 维克多质疑陪审团指示中“道德确定性”的部分。我们认为,维克多案中,法院给陪审团的指示中包含“道德确定性”一词并不造成该指示违宪。与凯奇案的情况相反,维克多案中的其余部分提供了足够的语境来维持这一词语的含义,相当于这种怀疑足以排除道德确定性,这种怀疑将使合理的人对采取行动产生犹豫;同时该指示告诉了陪审员,他们必须对维克多有罪具有坚定的信念,必须在充分、公正、不偏不倚地考虑所有证据之后确信这种罪责,“应该仅仅由确定事实问题的证据来决定,应该不沉浸于猜测、推测或未经证实的推论”。

3. 维克多认为陪审团指示中援引了“强烈的可能性”(strong probabilities)违宪地使政府降低举证责任。本院拒绝这一观点,因为法院在同一句话中还告知陪审团,这个可能性必须足够强大到足以排除合理怀疑的程度。

我们在顿巴诉美国一案(15 S. Ct. 1895)中说过:“虽然有的陪审团指示使用了‘可能性’(probabilities)和‘强烈的可能性’(strong probabilities)这些词,但它强调了这些概率必须如此强烈以致排除了任何合理怀疑,这种使用毫无疑问是合法的。”这个结论历经了一个世纪的时间而从未丧失效力,所以我们认为顿巴案可以解决这一疑虑。

| 评注 15.01 |　“排除合理怀疑”标准包含了道德的因素

美国联邦最高法院在维克多案和桑多瓦尔案中的判决是一份值得反复阅读、揣摩的判决。在本案例中的大多数场合,本书都将“moral”一词译为“道德的”。尤其是当"moral"与"certainty"连在一起时,本书都将其翻译为"道德确定性"。在英语中,"moral"一词的主要含义,是"道德的""道义性的";但在证明的场合,"moral"一词又有"盖然的"这一含义。实际上,"道德确定性"就是盖然的确定性。只不过,作为证明标准的盖然的确定性,包含道德的意味。因为,"排除合理怀疑"所要求的"道德确定性"实际上包含了这样的意思:负责给人定罪的事实裁判者,只有在达到这样的确定程度——给人定罪并使人遭受惩罚而不会感觉到良心上的不安时,才能认定刑事案件中的被告人有罪。因此,尽管"moral certainty"的准确汉译应当是"盖然的确定性",但是汉语"盖然的确定性"却不足以表达 moral certainty 的全部含义。相反,对于"道德确定性",如果我们将其理解为高度盖然性,并加入良心的因素,则可以完整地传递"moral certainty"这一英文词组的意思。因此,本部分在提到作为刑事案件证明标准的"moral certainty"时,将其译为"道德确定性";在有关证明的场合,则将"moral"一词译为"盖然的"。

二、案件事实清楚,证据确实、充分

我国 1979 年和 1996 年《刑事诉讼法》均将定罪的证明标准表述为"案件事实清楚,证据确实、充分"。根据《人民检察院刑事诉讼规则》第 368 条的解释,所谓"案件事实清楚,证据确实、充分"就是指:(1)犯罪构成要件的各个事实均有必要的证据加以证明;(2)据以定罪的证据均已查证属实;(3)据以定罪的证据之间以及证据与案件事实之间的矛盾得到合理的排除;(4)根据证据得出的结论具有唯一性,即已经排除其他合理可能;(5)根据逻辑和经验法则,得出的结论不违反常理。

本书认为,"案件事实清楚,证据确实、充分"的证明标准,就是"排除合理怀疑"的证明标准。如果控方的证据已经达到了案件事实清楚,证据确实、充分的程度,自然也就排除了合理怀疑;如果控方的证据没有排除全部合理的怀疑,当然也不能认为已经达到了案件事实清楚,证据确实、充分的程度。案件事实清楚,证据确实、充分与排除合理怀疑是一个事物的两个方面。前者是从积极的、肯定的角度描述法官的内心确信程度,后者是从消极的、否定的角度描述法官的内心确信程度。二者在内涵上、本质上是一样的。只是"排除合理怀疑"在很长一段时期内一直未为立法所确认。

2012 年《刑事诉讼法》第 195 条第 1 项再次将定罪的证明标准表述为"案件事实清楚,证据确实、充分"(2018 年《刑事诉讼法》延续了上述规定);第 53 条第 1 款将定罪的证明标准表述为"证据确实、充分";第 53 条第 2 款又规定,所谓证据确实、充分,应当同时满足三个条件:(1)定罪量刑的事实都有证据证明;(2)据以定案的证据均经过法定程序查证属实;(3)综合全案证据,对所认定的事实已排除合理怀疑(2018年《刑事诉讼法》第55条延续了前述规定)。本书认为,这一规定实际上承认了排除合理怀疑就是证据确实、充分。

案例15.02 金某某受贿案[11]

金某某,浙江省诸暨市某街道办党工委书记。2015年1月,金某某被双规,后被刑事拘留、逮捕。2015年7月,检察机关对金某某提起公诉。检察院指控:被告人金某某在担任诸暨市某街道党工委书记期间,利用职务便利为毛某某、赵某某、鲁某某谋取利益,并收受上述人员财物共计人民币358万元。证明金某某收受上述三名行贿人财物的证据,除了被告人金某某在侦查阶段的供述以外,还有三名行贿人的证言。对此指控,金某某及其一审辩护人辩称,起诉书指控事实完全不存在。主要理由是:(1)公诉机关提交的金某某供述系在纪委违法办案的前提下违心供述的延续,三名证人也可能存在相同情形,因此均不能作为定案的依据;(2)公诉机关未移送全部证据;被告人辩解其未收受贿赂的证据材料、同步录音录像没有随案移送;(3)纪委作为职务犯罪侦查前程序的办案机关,同样受法律约束,本案纪委办案人员应当出庭作证却没有出庭作证;(4)公诉机关指控被告人受贿358万元巨额赃款来源不明,没有银行取款记录、借款记录等证据;(5)巨额赃款去向不清。

法院经审理后认定,金某某受贿罪名成立,理由是:被告人对受贿事实多次供认,行贿人亦有稳定陈述,对相关事实(指利用职务便利的事实)均有书证证实,公诉机关提供的证据可以形成完整的证据锁链,被告人金某某收受毛某某、赵某某、鲁某某贿赂款共计358万元的事实应予认定。虽行贿款项来源未提供明确书证,但毛某某在笔录中陈述系备用金、赵某某陈述均为借款、鲁某某陈述系某上市公司负责人,且因本案行贿行为发生在2010年至2014年,已经过较长时间,行贿人确有可能不能准确回忆;关于受贿款的去向,鉴于本案受贿358万元的标的均为货币,货币为流通物、种类物,易于转移,在被告人未供述的情况下确难查实,但并不能以此否定本案受贿事实。因此,对被告人、辩护人的上述辩解,本院不予采纳。辩护人提出要求纪委办案人员出庭作证,鉴于纪委阶段相关材料依法不属于法律规定的证据范畴,故对该申请不予准许。

思考 在金某某受贿这一案件中,被告人、辩护人的主要辩护理由之一,是涉案行贿款来源不明,受贿款去向不清,因此所谓的行贿、受贿事实不能成立。法院

[11] 浙江省诸暨市人民法院,(2015)绍诸刑初字第844号,2016年11月20日。

则认为,尽管行贿款没有书面证据证实其来源,也难以查清其去向,但本案证据已经足以说明行贿、受贿事实成立。你是否赞成法院的观点?本案控方证据是否已经达到法律所要求的"犯罪事实清楚,证据确实、充分"的标准?本案是否已经完全排除了合理的怀疑?为什么?

三、口供补强规则

我国《刑事诉讼法》第55条第1款规定:"……只有被告人供述,没有其他证据的,不能认定被告人有罪和处以刑罚;没有被告人供述,证据确实、充分的,可以认定被告人有罪和处以刑罚。"首先,该规定是对中国古代长期以来"断罪必取输服供词"这一口供中心主义的直接否定。其次,该规定也是对"文化大革命"期间奉行的"逼、供、信"做法的否定。所谓"逼、供、信",就是当犯罪嫌疑人否认犯罪时,采用逼供甚至刑讯逼供的办法;只要有了犯罪嫌疑人供述,即可采信其供述;即使没有其他证据支持,也可以对其定罪。这种做法对于良心犯罪十分有效。因为对于良心犯罪,如果被告人足够谨慎,平时沉默寡言,从不参与公共问题的讨论,更不使用微博、微信等社交工具,只是自己在心里形成自己的看法,其他人无从知晓,也没有物证、书证等证明其犯罪,只有通过被告人自己之口来证实针对他的指控。通常,也只有良心犯罪才可能出现"只有被告人供述,没有其他证据"的情形。传统型的犯罪,如杀人、抢劫、强奸、盗窃等,一定会有案发现场;只要有案发现场,就可以形成现场勘验、检查笔录,甚至形成辨认笔录、被害人陈述、侦查实验笔录等证据。即使是最特殊的行贿受贿犯罪,除了天知地知、受贿人知晓以外,也一定还有行贿人知晓。哪怕是高科技犯罪,如网络诈骗等,其所使用的犯罪工具如电脑等,也属于典型的物证;其在网络上形成的文字、发布的信息,都会形成电子证据。只要侦查人员勤加收集,就不可能"只有被告人供述,没有其他证据"。因此,所谓"只有被告人供述,没有其他证据"的案件,实际上只可能在良心犯罪案件中存在。但在现代社会,对良心犯罪的惩罚正在成为过去。也正因如此,"逼、供、信"的做法也早已没有了市场。

以上是就全案而言。一个案件如果只有被告人供述,检察机关一般不会提起公诉。但不排除在个别案件中,对于部分事实,除了被告人供述以外,还有其他证据加以支持;对另外部分事实,可能就只有被告人供述而并无其他证据。在这种情况下,对于有其他证据证明且能够达到法定证明标准的指控,当然可以认定;对于只有被告人供述,没有其他证据支持的指控事实,应当不予认定。

案例 15.03 邓某定贩卖毒品案〔12〕

被告人邓某定,因涉嫌犯贩卖毒品罪,于2015年12月4日被衡阳县公安局刑事拘留,2016年1月12日被衡阳县公安局执行逮捕。现羁押于衡阳县看守所。衡阳县人民检察院指控被告人邓某定犯贩卖毒品罪,于2016年3月23日向本院提起公诉。本院受理后,依法组成合议庭,适用简易程序,于2016年3月31日公开开庭审理了本案。衡阳县人民检察院指派检察员傅敏出庭支持公诉,被告人邓某定到庭参加了诉讼。现已审理终结。

经审理查明,被告人邓某定系吸毒人员,2015年10月至11月,被告人邓某定从"青松"(另案处理)处购买毒品甲基苯丙胺(冰毒)。除用于自己吸食外,还先后6次在其租住房内贩卖甲基苯丙胺给吸毒人员刘某某、聂某某吸食,每次约0.4克,每次收取100元。以上,被告人邓某定共贩卖毒品甲基苯丙胺2.4克,收取毒资600元。2015年12月3日,衡阳县公安局民警当场从被告人邓某定身上缴获甲基苯丙胺4.86克,在其租住房内查获甲基苯丙胺29.01克。

另查明,被告人邓某定在归案后如实供述了自己的犯罪事实,庭审中,当庭自愿承认被指控的犯罪事实,但辩称缴获的毒品不应计入其贩卖的数量。公诉机关建议对被告人邓某定判处有期徒刑8年至10年,并处罚金。

上述事实,被告人邓某定在开庭审理过程中亦无异议,且有被告人邓某定的户籍资料、抓获经过、扣押、发还物品文件清单、鉴定结论等书证;证人刘某某、聂某某的证言;被告人邓某定在公安机关的供述与辩解等证据证实,足以认定。

本院认为,被告人邓某定违反国家毒品管理法规,先后6次贩卖毒品甲基苯丙胺共计2.4克给他人吸食,其行为符合贩卖毒品罪的构成要件,构成贩卖毒品罪,公诉机关指控被告人邓某定贩卖毒品罪罪名成立。公诉机关指控被告人邓某定从"青松"处购买毒品甲基苯丙胺约52克,经审查,指控该事实的证据只有被告人邓某定的供述,没有其他证据证实,根据《刑事诉讼法》第53条的规定:"……只有被告人供述,没有其他证据的,不能认定被告人有罪和处以刑罚……",对公诉机关指控被告人邓某定从"青松"处购买毒品甲基苯丙胺约52克的事实应不予支持。被告人邓某定辩称,从其身上及租住房缴获的毒品共计33.87克不应计入其贩毒数量。本院认为,根据最高人民法院于2015年5月18日印发的《全国法院毒品犯罪审判工作座谈会纪要》的规定:"对于有吸毒情节的贩毒人员,一般应当按照其购买的毒品数量认定其贩卖毒品的数量,量刑时酌情考虑其吸食毒品的情节;购买的毒品数量无法查明的,按照能够证明的贩卖数量及查获的毒品数量认定其贩毒数量。"本案中被告人邓某定系有吸毒情节的贩毒人员,其购买毒品的数量无法查明,

〔12〕 湖南省衡阳县人民法院刑事判决书,(2016)湘0421刑初63号。

则应按照其贩卖毒品的数量2.4克及查获的毒品数量33.87克认定其贩卖的数量,故被告人邓某定共贩卖毒品的数量应认定为36.27克,对被告人邓某定的辩解意见不予采信。被告人邓某定多次贩卖毒品,应从重处罚,但鉴于缴获的毒品尚未流入社会,没有造成危害后果,可酌情对其从轻处罚。被告人邓某定归案后如实供述了自己的犯罪事实并当庭自愿认罪,依法可以从轻处罚。综合上述情节,决定对被告人邓某定从轻处罚。公诉机关对被告人邓某定的量刑建议合法、恰当,本院予以采纳。

据此,判决如下:被告人邓某定犯贩卖毒品罪,判处有期徒刑9年,并处罚金1万元。

四、孤证不能定案

除了以上口供补强规则之外,理论上和实务中还存在所谓"孤证不能定案"的说法。首先应当说明,"孤证不能定案"只是一个简单化了的说法,其完整的表述应当是"单独一个证据不能认定案件事实"。例如,被害人指控被告人对其实施了非法拘禁,如果全案只有被害人陈述这一个证据指向被告人对被害人实施了非法拘禁这一待证事实,则该待证事实不能认定。通常,在前述案例中,如果全案确实只有被害人陈述这一个证据,则该案也完全不能获得认定。但是,"孤证不能定案"的说法容易让人以为世界上真的存在到了审判阶段都只有一个证据的案件。如前所述,这种案件恐怕只在良心类犯罪案件中才存在。例如,一个人被指控为异端,原因是他信仰基督教以外的宗教。这个人平时并不张扬,他信仰什么通常只有他自己知道。如果通过刑讯逼供获得了他的口供,即只有他自己的供述这一所谓的"孤证"。那么根据所谓"孤证不能定案"的原则,是不能认定这名被告人为异端的。但现代社会早已经没有了所谓"异端罪",因此很难找到全案真正只有一个证据的案件。在前述非法拘禁的案例中,也不可能只依据被害人陈述就将案件起诉到人民法院。至少还会有现场勘验笔录、照片等证据。既然没有这样的案件,所谓"孤证不能定案"的说法也就没有意义。但是,在个别案件中,一部分事实证据比较充分,个别事实只有单个证据加以证明的情形,却是存在的。因此,"孤证不能定案"的准确表述,其实应当是"单独一个证据不能认定案件事实"。

本书认为,单个证据("孤证")仅可能在以下三种情形下存在:一是在立案初期,只有被害人陈述或者其他单个证据;二是在立案阶段和侦查阶段,取得了犯罪嫌疑人供述(通常是在犯罪嫌疑人自首的情况下)或者在没有犯罪嫌疑人供述的情况下取得了其他单个证据;三是在审判阶段,对于案件中的特定事实,仅有单个证据加以证明。对于第一、二种情形，无论如何都能通过侦查和补充侦查收集到更多的证据，从而使这些案件到了审判阶段以后不再满足“孤证”这一条件。因此，我们需要考虑和讨论的也就仅限于第三种情形。对此，民事诉讼、行政诉讼领域均有相应的司法解释明确规定（参见本章第三节的论述），刑事诉讼领域却没有明确规定。本书认为，刑事诉讼涉及被告人的生命、自由等重大利益，对案件事实的认定应当更加严格。因此，从严格约束法官内心确信的角度而言，在我国目前的司法环境下，确立“单独一个证据不能认定案件事实”的规则，虽然在一定程度上也可能会放纵有罪者，但对于保障无辜者不被错误追究，是有相当的积极意义的。

案例 15.04 “一个难以释怀的案例”〔13〕

2009 年 6 月 1 日上午 10 时左右，被害人王某（女）在其居住的小区附近马路边行走时，身后一辆汽车停在她身边，一男子假装问路，把她推上汽车，带至十几公里外的水库无人区。车上三名男子以威胁、恐吓、殴打等手段逼迫被害人说出银行卡密码，抢得人民币 2 万元及手机等物品。案发一个多月后，公安机关抓获犯罪嫌疑人李某、朱某。二人均拒绝供认。经王某辨认，李某正是假装问路的男子，朱某是参与抢劫的犯罪嫌疑人之一。由于王某被拉上车时与李某有过撕扯，公安机关在王某指甲缝里提取到的内容物，经 DNA 鉴定与李某一致。除此之外，本案还有李某在 ATM 上取款的监控录像、取款记录和现场勘查笔录等证据。由于无法获取已抓获的两名犯罪嫌疑人的供述，另一同案犯罪嫌疑人在逃，作案工具小汽车和赃款赃物等均未能起获。公诉机关根据现有证据对李某、朱某以抢劫罪提起公诉。

思考 本案中，对李某指控的证据有哪些？指控李某的犯罪事实是否清楚、证据是否充分？凭这些证据能否对李某定罪？另外，对朱某指控的证据有哪些？是否属于“孤证不能定案”的情形？你认为对朱某的指控是否足以达到“犯罪事实清楚，证据确实、充分”并排除合理怀疑的程度？你是否支持对朱某定罪？

五、辩护主张的证明标准

在刑事诉讼中，被告方不承担说服责任，但是对于被告方提出的积极辩护主

〔13〕 根据实务案例改编。原始出处参见田晓康：《对刑事诉讼“孤证不能定案”的若干反思》，载《法制与社会》2011 年第 12 期。

张和一些程序性主张,被告方承担提证责任。其中,积极的辩护主张包括防卫辩护、依法履行职务辩护、意外事故辩护、无刑事责任能力中的精神失常辩护等。对于这些辩护主张,被告方应当举出一定的证据加以证明,其证明的标准在英美法上通常被表述为"优势证据",有时候表述为"更有可能胜过更无可能"(more likely than not)。这是一种远低于排除合理怀疑的证明标准。在被告方提出了上述主张并举出了一定的证据之后,法官就需要在被告方证据的基础上,判断被告方提出的主张究竟是更有可能还是更无可能。如果法官认为被告方的主张更有可能,就会要求控方继续举证。控方对上述事项不存在的证明,应当达到排除合理怀疑的程度。

另外,对于被告方主张的程序性事项,被告方自己也负有提出证据加以证明的责任。例如,对于回避事项,被告方不能仅仅是简单地声称合议庭某法官不能公正地审理案件,而是应当举出证据证明该特定法官存在《刑事诉讼法》第29、30条所规定的情形。对此,我国《刑事诉讼法》并未明确规定上述程序性事项的证明标准。本书认为,就程序正义的角度而言,当事人及其辩护人提出回避的申请,往往是经过艰难的选择作出的;如果有证据证明法官确实有可能不公正,院长就应当决定其回避。换句话说,对此类程序性事项的证明标准,不宜定得过高,优势盖然性证明标准已经足够。

第三节 民事诉讼中的证明标准

一、英美法上的证明标准二元论

在英美法系,其民事诉讼与刑事诉讼奉行不同的证明标准。刑事诉讼中定罪的证明标准为排除合理怀疑,民事诉讼中的证明标准则主要是"优势证据"(preponderence of evidence)及"清晰且有说服力的证据"(clear and convicing evidence)。

优势证据又称"更有力的证据"(greater weight of the evidence)或"更可能的证明"(more likely than not),通常属于最低限度的证明标准,适用于大多数民事诉讼。[14] 其含义是指,在民事诉讼中,承担证明责任的一方当事人通常应当说服法官相信,其主张所对应的事实存在的可能性大于不存在的可能性。对此,宾夕

---

〔14〕 David P. Leonard & Victor J. Gold, *Evidence: A Structured Approach*, Aspen Publishers, New York, 2004, p. 603.

法尼亚州法院法官对陪审团进行如下指示："你们可以思考一下在有刻度的天平上放上物品。在陪审团评议室进行讨论时你们可以想象性地运用一下这个刻度。你们不妨将所有有利于原告的证据放入一个盘子，将所有有利于被告的证据放入另一个盘子。如果天平的刻度哪怕只是向原告的方向略微有所倾斜，你们就应当判令原告胜诉。"[15]根据这一指示，民事诉讼中要求的优势盖然性就意味着，在审判结束时，如果法官仍然不能决断争议事实究竟为何，则承担说服责任的一方应当败诉。但是值得指出的是，当法官在评价证据、衡量事实时，并不是在原告方主张的事实更有可能还是被告方主张的事实更有可能之间进行衡量，而是在原告的主张更有可能为真还是更不可能为真之间进行衡量。换句话说，对原告关于事实的主张应当通过一个客观的盖然性标准来加以衡量。[16]

清晰且有说服力的证据，有时被称为"直白、清晰且有说服力的证据"（plain, clear and convicing evidence），是一个介于优势证据和排除合理怀疑之间的证明标准。该证明标准仅适用于民事诉讼，在美国的很多州用于审理诈欺案件或者那些当事人试图寻求惩罚性赔偿的案件。[17]

二、大陆法系证明标准的一元论

与英美法系比较起来，大陆法系国家在诉讼证明标准的设定上至少呈现出两大特征：一是刑事诉讼和民事诉讼基本适用相同的证明标准；二是大陆法系很少或基本上不以概率论的方法来讨论或描述证明标准。对此，德国法学家认为："德国的法律与美国法比较起来，在证明标准方面有许多不同。在德国的制度之下，无论是在何种诉讼当中，无论诉讼包含的问题是涉及私法、刑法，还是公法（行政法和宪法），对法官心证的要求都是排除合理怀疑。排除合理怀疑的标准仅仅在制定法明文规定了其他证明标准的情况下才不适用。"[18]法国学者也指出："法国民法和刑法中所要求的证明标准都是一样的：无论民事诉讼还是刑事诉讼，对于一个人的过错而言，法官都应当被说服到没有任何怀疑之阴影的程度。换句话说，法国民法中的侵权和刑法中的过错存在直接的关系。其结果就是，当刑法上的诉讼处于待决状态时，相应的民事诉讼就应当停止，直至刑事诉

---

〔15〕 Christoph Engel, *Preponderance of The Evidence Versus Intime Conviction: A Behavioral Perspective on A Conflict Between American and Continental European Law*, in Vermont Law Review, Spring, 2009, p. 439.

〔16〕 Peter Murphy, Murphy on Evidence, *supra* note 1, p. 107.

〔17〕 David P. Leonard & Victor J. Gold, *supra* note 22, p. 604.

〔18〕 Juliane Kokott, The Burden of Proof in Comparative and International Human Rights Law 18 (1998); Kaplan, von Mehren & Schaefer, Phases of German Civil Procedure (pt. 1), 71 Harv. L. Rev. 1193, 1245 (1958).

讼得出结论为止。"[19]

三、我国民事诉讼中的证明标准

我国《民事诉讼法》第156条规定:"人民法院审理案件,其中一部分事实已经清楚,可以就该部分先行判决。"这表明,民事诉讼中法官对案件事实形成判决的前提是事实清楚;因为只有对事实清楚的部分,才可以作出判决;对事实不清楚的部分,不能形成判决。该法第177条第1款还规定:"第二审人民法院对上诉案件,经过审理,按照下列情形,分别处理:(一)原判决、裁定认定事实清楚,适用法律正确的,以判决、裁定方式驳回上诉,维持原判决、裁定;(二)原判决、裁定认定事实错误或者适用法律错误的,以判决、裁定方式依法改判、撤销或者变更;(三)原判决认定基本事实不清的,裁定撤销原判决,发回原审人民法院重审,或者查清事实后改判;(四)原判决遗漏当事人或者违法缺席判决等严重违反法定程序的,裁定撤销原判决,发回原审人民法院重审。"其中第1、3项的规定,均表明民事诉讼中的证明标准是事实清楚。

值得注意的是,2012年修正的《民事诉讼法》第170条第3项,在2007年《民事诉讼法》第153条的基础上做了更改。2007年的表述是"原判决认定事实错误,或者原判决认定事实不清,证据不足,裁定撤销原判决,发回原审人民法院重审,或者查清事实后改判"。这表明,2007年《民事诉讼法》对于证明标准的规定除了"事实清楚"这一要求以外,还有"证据充分"这一要求。2012年《民事诉讼法》去掉了"证据充分"这一要求。另外,2012年《民事诉讼法》也没有坚持查清全部事实这一立场,而是用了"基本事实不清"这一表述。至少从文字表述上看,2012年《民事诉讼法》相较于2007年《民事诉讼法》在两个方面放宽了对事实认定的证明要求:一是不再坚持证据充分这一要求;二是不再要求全部事实都必须查清,改为只要求查清基本事实。

因此,无论学理上如何争论,在立法上,民事诉讼证明标准与刑事诉讼证明标准已经有所不同,这已是不争的事实。

案例15.05 民事诉讼的证明标准不同于刑事诉讼:孙某与南通百川面粉有限公司不当得利纠纷[20]

原告孙某因与被告南通百川面粉有限公司(以下简称百川公司)发生不当得利

---

〔19〕 Kevin M. Clermont, Emily Sherwin, *A Comparative View of Standards of Proof*, 50 American Journal of Comparative Law, Spring 2002, p. 250.

〔20〕 最高人民法院公报案例。江苏省海安县人民法院,2014年7月5日。

纠纷,向江苏省海安县人民法院提起诉讼。

原告孙某诉称:其原系百川公司仓库保管员。2011年,百川公司发现其与杨某军、张某根的职务侵占行为后,经过协商同意以40万元内部解决,不追究刑事责任。口头协议达成后,孙某委托他人向百川公司账户打入400463.92元,但仍被举报追究刑事责任。2013年,法院刑事判决书认定,孙某共侵占单位财物10万元。故而,孙某多退的300463.92元,应为百川公司的不当得利。请求法院判令被告百川公司返还不当得利300463.92元及利息54000元,并承担本案诉讼费用。

被告百川公司辩称:原告孙某等人侵占百川公司财产所造成的损失,经审计核算达721881元。被公司发现侵占行为后,孙某等人与公司协商,要求不追究刑事责任,口头达成退赔400463.92元的协议,该款并非孙某一人所退。海安县人民法院对孙某等人职务侵占案进行刑事庭审时,孙某承认对审计报告没有意见,而审计报告中孙某等人侵占的财产超出其退赔款。刑事判决书认定赃款10万元,并非孙某等人侵占百川公司财产的全部,孙某通过民事程序要求公司退款缺乏依据。请求法院判决驳回孙某的诉讼请求。

江苏省海安县人民法院审理查明:

2004年,原告孙某开始担任百川公司仓库保管员。2011年,被告百川公司发现孙某与核算员杨某军、生产车间班长张某根等人有共同侵占单位面粉及麸皮嫌疑,但单位找孙某谈话时其拒绝承认。百川公司遂委托江苏中正同仁会计事务所有限公司(以下简称中正同仁),对百川公司2008年5月至2010年12月库存产成品保管情况及与之相关的企业内控、财务管理等情况实施了专项审计工作。2011年3月26日,中正同仁所出具了同仁专审2011第239号南通百川面粉有限公司产成品保管情况专项审计报告。孙某承担审计费20000元。审计结果出来后,孙某、杨某军、张某根等人承认了非法侵占公司财产的事实,要求公司不追究刑事责任,口头协商达成退赔协议,由孙某等人向百川公司退赔400463.92元。孙某通过其亲戚邵某兰,于2011年4月10日、26日分两次共向百川公司账户打款400463.92元,该款中包括杨某军、张某根二人所退款10万元。

2011年10月21日,南通市公安局接群众举报孙某、杨某军、张某根三人涉嫌职务侵占后,移交海安县公安局进行刑事立案侦查。2013年12月16日,海安县人民法院作出(2013)安刑二初字第0195号刑事判决书,认定孙某、杨某军、张某根构成职务侵占罪,三人均被判处缓刑。三人未上诉。刑事判决书查明:孙某于2007年1月至2009年10月,在担任百川公司仓库保管员期间,利用登记百川公司生产的面粉及麸皮出入库数量等工作的职务之便,将积余的面粉及麸皮私自以市场价让他人代为销售,得款人民币2万元,占为己有。孙某、杨某军、张某根于2009年10月至2010年10月,在清点面粉及麸皮入库数量的过程中,采取少计入库数量的手段,将多出的面粉及麸皮,由孙某负责以市场价让他人代为销售,得款人民币8万元。孙某、杨某军、张某根按4∶4∶2的比例分掉赃款人民币8万元。案发后,孙某、杨某军、张某根赔偿被害单位的全部经济损失。

刑事判决书查明的事实与海安公安局海公(经)诉字(2013)393号起诉意见书、海安县人民检察院海检诉刑诉(2013)453号起诉书、海安县人民检察院海检诉量建(2013)453号量刑建议书认定的事实基本一致,将孙某、杨某军、张某根三人侵占直接所得赃款从10万余元,逐步固定为10万元,并明确三人积极退赔被害单位全部经济损失。

2011年12月3日,海安县公安局经侦大队对孙某讯问时,孙某自我陈述:2007年时,我开始把我保管的面粉拿出去卖,主要是把面粉卖给李某英,她在百川公司厂门口有个门面做面粉、挂面生意。2010年10月10日,公司要我把仓库每天的库存数交给公司,我拿不出来。10月20日左右,把仓库的账交给公司后,我就从仓库保管员岗位停职下来,公司停了我的工资,同时开始查我的账。公司董事长唐某根和支书黄某龙两个人先找我谈的,当时我没有承认卖了仓库里的货。审计报告出来后,公司又找我,我承认卖了仓库里的货,我也写检查交给公司,承认卖了公司10多万元的货。到了这个地步,我也不好再出面找公司,我就请了我丈夫的姐姐邵某兰替我处理,邵某兰在市农行工作。邵某兰问我具体弄了多少钱,我实在想不起来准确数目,只讲有10多万元。邵某兰帮我作的主,13万多元。我找了杨某军和张某根商议退钱的事,杨某军退了2万元给我,张某根总共退了8万元。邵某兰替我还到公司账户上的,连同利息共计135463.92元。邵某兰替我把钱退了后,公司又多次打电话找我,讲根据审计报告少掉货物近100余万元,公司要我至少退赔40万元。后来也是邵某兰替我出面到公司处理的,承认退赔40万元,要求公司不要报案。

另查明,同仁专审2011第239号南通百川面粉有限公司产成品保管情况专项审计报告载明,中正同仁所对百川公司2008年5月至2010年12月的库房保管情况进行了检查,检查中发现下列问题:根据孙某提供的收付存月报表和存货清查明细表发现:(1)百川公司2009年5月20日的收付存月报表和存货清查明细表显示实际盘点数面粉比账面数少141825公斤,麸皮比账面数少3880公斤;(2)百川公司2010年11月20日的收付存月报表和存货清查明细表显示实际盘点数面粉比账面数少126775公斤,麸皮比账面数少60120公斤。就此问题审计人员询问了百川公司当时的仓库保管员孙某,孙某未给予合理解释。对于该审计报告,2013年12月12日,海安县人民法院就孙某等人职务侵占案刑事庭审时,孙某在对唐某根证言进行质证中曾表示:审计的人都是唐某根从南京请的朋友,审计的结果认为厂里的损失就是我侵占的,我不认同。但在其后质证审计报告本身时,孙某明确回答没有异议。

审计报告参审人员到庭作证称,上述审计情况已考虑合理损耗,将数据直接相加可作为百川公司2008年5月至2010年11月20日的损失。双方诉讼代理人从南通粮食网共同查询获悉,2008年5月至2010年11月20日海安面粉特一粉的最低出厂价为2680元/吨,该查询结果与海丰米业海安有限公司、泰兴苏中制粉有限公司出具的证明一致。孙某未对价格问题举出相反证据,亦未在法庭规定期限内提出鉴定申请。庭审中,孙某承认其侵占的面粉为特一粉以上。

二次庭审时,孙某将诉讼请求调整为248463.92元及利息54000元,其计算方式为总退赔额400463.92元－杨某军张某根退款额100000元－刑事判决书确定的孙某赃款额52000元＝248463.92元。

江苏省海安县人民法院一审认为:当事人对自己提出的主张,有责任提供证据加以证明,除非法律有特别规定,否则应承担不利后果。本案原告孙某以不当得利提起民事诉讼,应就其单独和共同侵占被告百川公司造成的财产损失低于口头协议赔偿额400463.92元举证证明。从本案现有证据分析,孙某所举证据并未达到证明标准,其理由如下:

第一,口头协议赔偿额400463.92元是双方当事人协商一致的产物,并不违反法律规定。2011年12月3日,海安县公安局经侦大队对孙某讯问时,孙某本人交代邵某兰替我出面到公司处理的,承认退赔40万元,该交代与本案庭审中双方当事人的诉、辩称相吻合。因而,口头协议赔偿额400463.92元是双方当事人合法自愿达成的,并无胁迫、欺诈等非法情形。至于是否报案问题,由于职务侵占罪系公诉案件,受害人无权决定法律应否和如何处理,不应成为认定协议效力的依据。

第二,审计报告经双方当事人认可,应作为本案证据认定损失范围。孙某在上述讯问中交代,其系在审计报告出来后承认侵占犯罪事实的,且在刑事案件庭审中其对审计报告本身直接质证时并未提出异议,而本案庭审中其认可承担审计费20000元。故而,尽管审计报告系百川公司单方委托,但在法律并未完全禁止单方委托鉴定报告作为证据使用的情况下,孙某作为对方当事人在刑事庭审中最终接受了报告,应认定报告可作为损失计算的依据。孙某要求对审计报告重新鉴定,但未提供足以反驳审计报告的证据,法院对其申请不予准许。

第三,刑事判决认定的赃款数额并非等同于作案造成损失的范围,不能简单依据刑事判决认定赃款的数额确定损失范围。通常情况下,犯罪行为给受害人造成直接和间接损失的范围要大于作案人所直接获得的赃款。在处理刑事案件造成的民事损失赔偿纠纷时,赔偿所立足的依据是受害人的损失,而不是作案人所直接获得的赃款。孙某诉讼中的主张,实质上是将刑事判决认定其所获赃款数额与受害人损失范围未加区分、混为一谈,不符合基本法律精神。

第四,刑事案件与民事案件的证明标准不同,不应以刑事案件的高标准取代民事证明标准。处理法律问题,应以现代法律思维和方式进行。随着时代的快速发展,民事证明标准已从刑事证明标准中脱离出来,建立了自己独立的体系,人们不应将刑事证明思维完全带入民事证明之中。刑事案件强调犯罪事实清楚,证据确凿充分,民事案件采行高度盖然性规则,可在一定证据基础上,根据日常生活经验综合判断“推定”。相对而言,民事证明标准一般要低于刑事证明标准。刑事案件认定孙某侵占赃款时,从十几万元、10万余元逐渐压缩固定为10万元,体现了刑事案件严格的证据标准。本案中,双方当事人陈述、刑事案件中孙某的供述、审计报告、证人证言等基本统一,按照高度盖然性标准,相关事实足以证明。即便不将麸皮损失计入,仅按照案发阶段面粉最低出厂价计算,孙某担任仓库保管员期间不能合理解释的损失仅面粉一项即达71万余元[(141825公斤+126775公斤)÷1000×2680元/吨],远高于口头协议赔偿额400463.92元。

综上,本案原告孙某所举证据不足以证明其单独和共同侵占被告百川公司造成的财产损失低于400463.92元,其主张被告百川公司存在不当得利缺乏法律和事实依据,法院不予采纳。据此,判决如下:驳回原告孙某的诉讼请求。

一审判决后,原被告双方均未提起上诉,判决已经发生法律效力。

思考　案例15.05判定,民事诉讼证明标准已从刑事证明标准脱离出来,一般低于刑事证明标准;刑事案件强调犯罪事实清楚,证据确实、充分,民事案件实行高度盖然性规则,可在一定证据基础上,根据日常生活经验综合判断推定。能否根据上述内容,认为人民法院已经在民事诉讼中确立了“高度盖然性”的证明标准?如果是,该证明标准应当如何理解?如果不是,你认为民事诉讼中的证明标准应当如何表述?

四、当事人陈述补强规则

不仅刑事诉讼中有补强证据规则,民事诉讼也存在补强证据规则。在民事诉讼中,如果一方当事人的主张只有自己的陈述,并无其他证据支持,也没有获得对方当事人认可,人民法院对该当事人的主张不得加以支持。不过,如果一方当事人的主张虽没有其他证据支持,但对方当事人予以认可,实际上构成当事人的自认,根据自认的证据规则,应当免除举证方的举证责任。所以,上述规定中的但书,实际上是对自认规则的再次确认。但在刑事诉讼中,一方面,通常是检察官出庭支持公诉,公诉人在名义上属于法律上的当事人,但是其指控却并不能简单地等同于当事人陈述；另一方面，刑事诉讼中也不承认自认规则。所以，即使被告人对控方的指控全部认可，在没有其他证据的情况下，也不得单纯根据被告人供述就直接判定被告人有罪。

五、单个证据不能认定案件事实原则

除了以上当事人陈述补强规则以外，民事诉讼、行政诉讼中还存在单个证据不能认定案件事实的规则。对此，《关于民事诉讼证据的若干规定》第 90 条规定："下列证据不能单独作为认定案件事实的根据：(一)当事人的陈述；(二)无民事行为能力人或者限制民事行为能力人所作的与其年龄、智力状况或者精神健康状况不相当的证言；(三)与一方当事人或者其代理人有利害关系的证人陈述的证言；(四)存有疑点的视听资料、电子数据；(五)无法与原件、原物核对的复制件、复制品。"《关于行政诉讼证据若干问题的规定》第 71 条规定："下列证据不能单独作为定案依据：(一)未成年人所作的与其年龄和智力状况不相适应的证言；(二)与一方当事人有亲属关系或者其他密切关系的证人所作的对该当事人有利的证言，或者与一方当事人有不利关系的证人所作的对该当事人不利的证言；(三)应当出庭作证而无正当理由不出庭作证的证人证言；(四)难以识别是否经过修改的视听资料；(五)无法与原件、原物核对的复制件或者复制品；(六)经一方当事人或者他人改动，对方当事人不予认可的证据材料；(七)其他不能单独作为定案依据的证据材料。"这些规定，使民事诉讼、行政诉讼证明标准在具体的司法案件中更加具有可操作性。当然，行政诉讼司法解释的规定比民事诉讼司法解释的规定还多出了"经一方当事人或者他人改动，对方当事人不予认可的证据材料"，以及"其他不能单独作为定案依据的证据材料"等。本书认为，民事诉讼、行政诉讼中的这些规定，对于明确各自的举证责任，使证明标准更加清晰和具有可操作性，具有积极的意义。刑事诉讼中，对于定罪证据，也应当作出相应的规定。[21]

---

〔21〕 行政诉讼中的证明标准，实际上并非行政诉讼中原告（行政相对人）主张所对应的证明标准，而是行政行为作出时行政机关应当达到的内心确信标准。对此，行政程序法上有较为详细的讨论，本书不予涉及。